第三届"中国法学博士后论坛(2010)"论文集
法治文明与公平正义

Legal Civilization, Justice and Equity

法治文明与公平正义

全国博士后管理委员会
中国社会科学院博士后管理委员会
中国社会科学院法学研究所
最高人民法院中国应用法学研究所
主 编

中国社会科学出版社

图书在版编目（CIP）数据

法治文明与公平正义／中国社会科学院法学所著．—北京：
中国社会科学出版社，2010.10（2012.9重印）
ISBN 978 - 7 - 5004 - 9322 - 8

Ⅰ.①法…　Ⅱ.①中…　Ⅲ.①法治 - 关系 - 平等 - 文集
Ⅳ.①D902 - 53②D081 - 53

中国版本图书馆 CIP 数据核字（2010）第 221581 号

出 版 人	赵剑英
责任编辑	任　明
特邀编辑	成　树
责任校对	修广平
责任印制	李　建

出　　版	中国社会科学出版社
社　　址	北京鼓楼西大街甲 158 号（邮编100720）
网　　址	http：//www．csspw．cn
	中文域名：中国社科网　　　010 - 64070619
发 行 部	010 - 84083685
门 市 部	010 - 84029450
经　　销	新华书店及其他书店

印　　刷	北京奥隆印刷厂
装　　订	北京市兴怀印刷厂
版　　次	2010 年 10 月第 1 版
印　　次	2012 年 9 月第 2 次印刷

开　　本	710×1000　1/16
印　　张	30.25
插　　页	2
字　　数	553 千字
定　　价	45.00 元

弘扬法治文明　维护公平正义

（代序）

最高人民法院常务副院长　**沈德咏**

　　法治文明与人类文明进步事业息息相关。在人类文明史上，社会越是进步，人们的法治观念越强，国家的民主法制建设成就越显著，反过来，法治的文明进步又能极大地促进人类社会的文明进步。在西方社会，资本主义对社会文明的重要贡献之一，就是在资产阶级革命中，在推翻封建专制的同时，建立了资本主义的民主和法治。在人类文明发展史上，社会主义较之资本主义是更高的历史阶段，社会主义应该创造而且可以创造出体现更高形态的社会文明。因此，民主和法治对于社会主义而言，不是外在因素，也不是可有可无的，而是社会主义政治文明的本质要求和应有之义。在当代中国，稳步推进法治建设，促进法治文明进步，是加强社会主义政治文明建设的重要组成部分。坚持依法治国，是社会主义民主政治的基本要求，是发展社会主义市场经济的客观需要，是社会文明进步的重要标志，是国家长治久安的重要保障。

　　公平正义是人类社会的崇高理想，也是法治最根本的价值追求和奋斗目标。在任何历史时期，公平正义的实现途径都是多样的，而在现代社会以法治的方式实现无疑是主流。良好的道德传统有助于实现公平正义，关键是要使之纳入法治的轨道运行，成为法治文明的一部分，方能充分发挥其作用。法治的文明不仅在于有科学、完备的法律体系和法律实施机制，而且在于法治的各个环节都能够充分体现公平正义的精神与价值，更在于通过法治确保公平正义的真正实现。

　　新中国成立60多年来，特别是改革开放30多年来，中国法治建设的各个方面都取得了举世瞩目的成就，不仅有力地保障了中国特色社会主义事业的顺利进行，也为人类法治文明的发展进步作出了重要贡献。当然，社会主义法治国家建设是一项宏伟的事业，不是一朝一夕所能完成的，既要靠一点一滴的逐步积累，还要靠一代又一代人的不懈努力。今年 10 月，党的十七届五中全会通过了关于"十二五"规划的建议，对国家的法治建设做出了重要部署，要求全面落实依法治国基本方略，完善中国特色社会主义法律体系，维护法制权威，推进依法行政、公正廉洁执法，加强普法教育，形成人人学法守法的良好社会氛围，加快建设社会主义法治国家。我以为，加快社会主义法治国家建设，我们尚需在以下几个方面继续做出努力：

一要全面落实依法治国基本方略。1997 年，党的十五大第一次明确提出"依法治国，建设社会主义法治国家"的伟大号召；1999 年依法治国基本方略正式载入中华人民共和国宪法；2007 年，党的十七大再次强调全面落实依法治国基本方略，加快建设社会主义法治国家。"依法治国，建设社会主义法治国家"是上世纪末党和国家做出的重大战略决策和历史性选择。如果说，推进经济体制改革，发展社会主义市场经济标示着中国未来经济的走向，那么可以说，实行依法治国，建设社会主义法治国家则标示着中国未来的政治走向，具有划时代的深远意义。中国法治的基本要求可以概括为四句话，这就是有法可依、有法必依、执法必严、违法必究，涵盖了包括立法、执法、司法、守法在内的各个环节。全面落实依法治国基本方略，就不能仅限于哪一个方面，而是要将法治的精神、原则和要求贯穿到治国理政的方方面面，以更好地保障人民权益和社会公平正义。

二要不断完善中国特色社会主义法律体系。科学、完备的法律体系是一个国家法律制度成熟的标志，也是实行依法治国的基本前提。今年，一个立足中国国情、适应社会主义初级阶段要求、符合改革开放和社会主义现代化建设需要的，以宪法为核心的多层次、多部门的中国特色社会主义法律体系即将如期形成。这是全面实施依法治国基本方略取得的历史性成就，是我国社会主义民主法制建设的一个重要里程碑。目前，现行有效的法律 235 件，行政法规 690 多件，地方性法规 8800 多件，自治条例和单行条例 700 多件，总体上已经满足了中国特色社会主义事业建设中"有法可依"的需求。中国特色社会主义法律体系形成之后，还需要按照科学立法、民主立法的要求，不断完善这一法律体系，以适应加快建设社会主义法治国家进程的需要。

三要切实加强宪法和法律的实施。法的实施，就是要使法从书本上的法律变成行动中的法律，使其抽象的行为模式变成人们的具体行为。弘扬法治文明、维护公平正义，既强调在立法上形成科学、完备的法律制度，又要求法律制度在社会生活中能够得到切实贯彻。在中国特色社会主义法律体系基本形成之后，如何切实确保宪法和法律的实施将成为全面落实依法治国基本方略的重中之重。加强宪法和法律的实施，必须要坚持公民在法律面前一律平等，维护社会公平正义，维护社会主义法制的统一、尊严、权威。当前，法制权威的缺失已成为制约社会主义法治国家建设的主要障碍，必须要着力研究影响法制权威的各方面因素，不断推进观念创新、体制创新和理论创新，努力优化法制环境，切实提升执法、司法公信力和民众对法制的认同度。加强宪法和法律的实施，是一项庞杂的系统工程，涉及到各个社会主体、各个社会领域，关系到全面落实依法治国基本方略的进程，必须要着力抓好执法、司法和守法等法律实施环节。一要依法行政。通过加快法治政府建设，切实规范行政权力运行，保证法律法规得到严格、公正、文明地执行，不断提高行政机关的公信力。二要公正廉洁司法。去年底，中央审时度势，科学决策，提出要深入推进社会矛盾化解、社会管理创新、公正廉洁执法三项重点工作，其中公正廉洁执法无疑是推进三项重点工作的根本保障。司法是社会活动的重要组成部分，公正、廉洁是司法活动固有的品质，也是人民群众评价司法活动的基本标准。就人民法院而言，必须要不断创新审判管理，努力加强司法队伍建设，牢固树立公正廉洁为民的司法核心价值观并落实到具体的司法实践中去。三要加强普法教育。守法是法治文明的重要表现，是维护社会秩序的重要前提，是社会文明状态的基本条件。要通过深入开展普法教育，增强全民法律意识，提升全民法律素质，引导民众的法治观念和行为模式，尤其要提高国家公务人员的法制观念和依法办事能力。普法不是行政机关一家之事，司法机关在法制宣传教育上也大有可为，人民法院在化解民事、行政案件当事人的权利义务纠纷、依法惩治刑事犯罪的同时，能够通过对法律秩序、公平正义的维护，引导民众正确理解和树立社会主流价值观，形成依法行事的行为模式，努力营造人人学法守法的良好社会氛围。

四要继续深化司法体制和工作机制改革。通过深入推进司法体制和工作机制改革，努力建设公正高效权威的社会主义司法制度，保证审判机关、检察机关能够依法独立公正地行使审判权、检察权，切实维护社会公平正义。改革的重要品质就是创新，没有创新，就没有改革；没有创新，就不可能发展。全面落实依法治国基本方略，必须要继续深化司法改革。但深化司法改革是一项长期的任务，必须要坚持科学的原则，积极稳妥地加以推进，既要尊重司法规律，又要强化国情意识，而且还应当坚持群众路线。在改革的实践中，要充分保护群众参与改革的积极性，充分尊重群众的首创精神，坚持从群众中来、到群众中去，最广泛地调动人民群众的积极性、主动性、创造性，充分提升人民群众对司法改革成果的认同和信赖程度。

从人类社会发展的历史进程来看，人类文明具有多样性的特征，这决定了法律文化、法治道路是多样的。作为一个文明古国，中国有着悠久的法律文化传统和丰富的法治实践经验，其他国家也有着各自值得骄傲的法治发展成果，这些都是人类文明成果的重要组成部分，都是值得尊重和珍惜的。在依法治国、建设社会主义法治国家进程中，我们既要看到自己的优势和长处，又要看到自己的差距和不足。对于本国法治建设中好的法律传统和经验要继承好、发扬好，同时又要海纳百川、博采众长，认真学习借鉴人类法治文明的一切优秀成果。只有这样，中国的法治文明之花才能会开得更加鲜艳，并结出丰硕的果实，能够为人类文明的发展与进步做出更大的贡献。

目　　录

论公平正义的观念和现实

高振强*

内容摘要 公平正义观念永存于每个人心中，关系人的精神满足和幸福。追求公平正义的理想是人类社会发展进步的强大动力。公平正义应该是政治追求的首要价值，是相对于政治的其他价值比较而言的，也是相对于真理是思想体系的首要价值、美是艺术的首要价值而言的，政治原则、效率优先不能成为破坏公平、超越正义的借口。另外，公平正义要以一定的社会物质条件为基础，公平正义不能超越经济结构和文化发展。社会政治状况和人们的政治地位的改变作用于人们的政治立场和见解，能够改变人们对于公平正义的思维逻辑。由于现实的复杂性，在立法活动中，公平正义的基础往往不容易把握。法律不可能对所有的公平正义问题立法，也不可能解决所有的问题。应该避免两种倾向：一是片面的政治原则论或效率优先论，认为政治可以超越法律、效率可以超越公平；二是法治万能论，认为有了健全的法律一切问题都迎刃而解。

关键词 公平正义 观念 现实 法治

弘扬法治精神、促进公平正义，是十七大报告提出的重要任务。但是，在观念上和现实中总有人以各种理由反对一定的公平正义，突出的表现有：以效率优先抵制公平，以政治原则超越公平正义，以相对公平正义反对真正公平正义。这些情况与人们对公平正义的理解和一定的社会实现有关，与人对于公平正义的定义和社会的政治经济发展水平有关。公平正义的基础扎根于现实之中，公平正义的实现需要思想、政治、经济、法律等方面协调推进。

---

* 2006—2010 年于中国社会科学院法学研究所博士后流动站从事法理学专业博士后研究，现为国家人力资源和社会保障部教育培训中心办公室副主任。

一、公平正义的基本内涵

公平和正义的含义有所区别。公即公认、共同、公共，平即不倾斜、没有高低凹凸、不相上下、达到相同的高度、平均、平等；社会公平一般指在社会价值上相对公认的平等或同等对待。现代意义上公平的外延一般包括社会成员之间的权利公平、机会公平、过程（规则）公平和结果（分配）公平。正即不歪、符合标准、正直、正当、纯正、合乎法度，义即意义、道理，尤其指合乎道德标准和情义的道理；正义，顾名思义是指一事物或道理符合于一定社会标准的意义或道理，一般指符合于社会理想道德的、有利于人民的道理或事物特性。正义一般分为程序正义（形式正义）、实体正义（实质正义）。

公平一般是就事物之间相比较而言的，正义是就事物的意义和道德标准相比较而言的，正义首先有一个价值标准和判断。公平的事物一般在同一时空中相比较，而正义在某些价值维度上可以跨越时空，直指永恒。如剩余价值的分配不公平，是指在一定时空中相比较的资本家和工人的价值分配的事实不公平；而说这种分配不正义，是指这种分配相对于一定的价值判断或道德标准不符合、相违背，这种价值判断或道德标准相对于一定的阶级意识具有确定性、永恒性。

正义和公平又相互联结、具有统一性。公平是正义的一种承载和体现，正义是公平的价值和要求。公平和正义都包含有正面的社会道德和价值判断的含义，二者一般联合使用。

在政治层面上，"公平正义就是社会各方面的利益关系得到妥善协调，人民内部矛盾和其他社会矛盾得到正确处理，社会公平和正义得到切实维护和实现。"[①] 作为法治精神的公平正义，是指社会成员能够按照良法规定的行为模式公平地实现权利和义务，受到法律的有效保护。公平正义是某些事物的"形式"，同时也是人们对于事物的观念，其观念与现实相互作用，在人的心中辉映、生成、坚持、创造、变化、发展。公平正义表现于人们的认识、意志、情感、理想、价值、追求、奋斗目标，与人的精神幸福相联系，并指向一定的客观标的物。公平正义具有自身发展的独立性和逻辑性，它评价人，也改变人；评价社会，也改变社会。

---

① 出自胡锦涛 2005 年 2 月 19 日在中共中央举办的省部级主要领导干部提高构建社会主义和谐社会能力专题研讨班上的讲话。

二、公平正义观念永存于每个人心中

公平正义之在于人心，直接关系人的精神满足和幸福。公平正义的社会氛围和观念认同是人的思维顺畅、心灵安定、精神愉悦、生活幸福的重要条件。对于违背公平正义的事，人们会感到紧张或不自在。看到别人受到了不公平待遇，很容易联想到自己在同样条件下是否会受到同样的不公平的待遇，不公平正义的社会环境使人心不安。路见不平拔刀相助，行侠仗义，有时不起于利而起于义，而起于精神需要。愤愤不平，在多数情况下是因为"不平"才"愤愤"。

是非正义观念之在于人心，古代儒家学派早有论述："恻隐之心，人皆有之；羞恶之心，人皆有之；恭敬之心，人皆有之；是非之心，人皆有之。恻隐之心，仁也；羞恶之心，义也；恭敬之心，礼也；是非之心，智也。"① 恻隐、羞恶、辞让、是非之心，凡是人都具备；只有这些条件得到满足才是真正的人。为了实现正义，人们可以杀身成仁、舍生取义。② 孟子的说法有主观唯心主义之嫌，但他提出了人心自我满足的应然条件。查士丁尼的《法学总论》在开篇指出"正义乃是使每个人获得其应得的东西的永恒不变的意志"③。西方唯意志主义哲学流派把意志看成世界的动力中心，叔本华、尼采等大力赞赏意志的力量和价值。当代美国哲学家、伦理学家罗尔斯关于正义的论证则从另外一个角度揭示了这个问题。他提出的正义有一个西方文化的近似于唯心主义的假设，但这种假设如此令人信服而为多数人引用，使很多人在精神上找到了关于正义的某种支撑。在罗尔斯假设的"原始的平等地位"和"无知之幕"后面，任何人都不知道他在社会中的地位、阶级立场、社会身份、智慧、天赋等，但一致公认的社会契约就是社会公平。④ 马克思主义否认人的先天意识，但是，承认并重视作为文化传承的公平正义观念的存在和作用，高度重视社会主义核心价值体系建设。

公平正义观念长存人间，是不应该泯灭的。追求公平正义的理想是人类社会发展进步的强大动力。在公平正义遭到破坏的地方，经常看到可贵的抵抗，

---

① 孟子：《孟子·公孙丑上》，转引自孔丘《论语》、孟轲《孟子》，内蒙古人民出版社 2008 年版，第 302 页。

② 同上，第 307 页。

③ ［古罗马］查士丁尼著：《法学总论——法学阶梯》，张企泰译，商务印书馆 1995 年版，第 1 页。

④ 罗尔斯：《正义论》，哈佛大学 Belknap 出版社 1971 年版，第 12 页。

甚至有人为公平正义而献出生命，尤其是在社会矛盾激烈对抗和公平正义受到严重破坏的时候更是如此。人决心以自己的行动改变世界。[①] 人心中的公平正义观念对社会实践的评价和导向作用，是人类进步的不竭动力。人们总是以心中的尺子丈量并打磨世界，公平正义这把尺子对社会现实的丈量和打磨持久而永恒。人们常说"老百姓心中有杆秤"，"天地之间有杆秤"，人们习惯用这杆秤衡量周围的一切。这样的秤或尺子往往表现为人们追求公平正义的意志、理智、价值和情感。行正义之事，是多种文化的道德操守。世界三大宗教都有强烈的善恶观念，基督教伊斯兰教的审判日说、基督教的因果报应说都有自己的善恶标准，这种善恶标准都有自己的正义观念。战争有正义和非正义之分，"得道多助，失道寡助"。政治有正义和非正义之分，政治家们孜孜不倦、滔滔不绝地用公平正义的理由或借口凝聚人心。经济也有正义和非正义之分，公平交易、诚实守信是经济活动的一般准则。

公平正义的观念具有自身的发展逻辑和规律，不断发展变化、丰富完善。社会物质生活条件和状况，决定公平正义的发展水平。改变人们的观念，有时需要从改变社会现实做起。另外，公平正义观念对社会物质生活条件和状况产生着重要影响。人心中的公平正义观念总是希望在客观中实现；人们在改变客观现实的同时，公平正义观念也得到了改变，而观念的改变又进一步推动客观现实的改变。社会心理层面的公平正义观念，分别来看可能表现得不明确、易变化，缺少概念之间的逻辑性，但是从总体上看这种观念又是确定、稳定、有一定发展逻辑的。作为社会意识形态的思想流派或政治学流派一般都有相对确定、稳定并得到严密论证的公正观。这些观念在思想家和政治家的推动下随着社会进步按一定的逻辑发展完善。

三、公平正义应该是政治追求的首要价值

公平正义是政治追求的首要价值，首先是相对于政治的其他价值比较而言的。价值反映主体和客体之间的关系，是指客体满足主体的需要所具有的用途和积极作用，是客体对于主体的意义。政治对于个人的价值表现为政治对于个人需要的满足程度，对于社会的价值表现为它对于社会需要满足的程度，而社会的需要又主要表现为人民群众的需要。政治对于人民群众有什么价值呢？可以说它是阶级斗争的工具，也可以说它是经济发展、市场监管、社会管理的工具，还可以说它是人们实现自由、保障人权的途径。但是，阶级斗争也要讲公

---

① 列宁：《哲学笔记》，人民出版社 1974 年版，第 229 页。

平正义，说政治是阶级斗争的工具，是从政治对于一定阶级的价值来说的。有的阶级搞阶级斗争纯粹为了本阶级私利而不顾人民利益这是我们应该反对的，而共产党人搞阶级斗争的目的也是为了实现公平正义，公平正义的价值高于阶级斗争的价值。发展经济、市场监管、社会管理是就政治的具体价值来说的。实现自由、保障人权不能以违背公平正义为代价，相反，为了实现某种公平正义却可以对人们的自由和权利做出某种限制。一个人的自由和人权不能妨碍别人的自由和人权，如果自由发生冲突，或者人权发生矛盾，就要以公平正义为裁判。不讲公平正义，自由、人权将无法实现和保障。

公平正义是政治的首要价值，也是相对于真理是思想体系的首要价值、美是艺术的首要价值而言的。如果说公平正义体现一种善，那么这三者就分别体现着真、善、美而具有不同的最高价值。正如温家宝总理指出，如果说真理是思想体系的首要价值，那么公平正义就是社会主义国家制度的首要价值。① 区别这些价值可以增强我们政治追求公平正义的自觉性，避免将其与科学的价值混为一谈，具有重大的政治实践意义。历史上的多次"左"的和右的斗争在一定意义上多是由于搞不清这种区别所致。在西方，传统上是政教分离，真理由教会控制，世俗生活由皇帝控制，真理和世俗政治可以并存而分离。我国传统上是"政教合一"，真理和权力全都集皇帝于一身，人们很容易将真理与权力上的公正混为一谈，把掌权者看成是真理和公平的化身。政治应该追求科学真理，但是如果把政治当做追求真理的工具、把真理当做政治的最高价值，容易导致政治理想盲动、政治工具主义，脱离群众甚至背离公平正义，这从"文化大革命"中人们对真理的热衷和对人权公正的践踏可见一斑。在社会领域，真理只有相对于人的生活才有实在意义，真理维护公平正义才能成为善，真理的实现不能成为违背公平正义的理由。

"应该是"不一定"实际是"，现实政治活动不一定追求公平正义，在很多情况下还是某些个人追求私欲和邪念的工具。我们不能说第二次世界大战时期法西斯的政治是追求公平正义的。实际政治中，很多人把政治当做实现自己利益的工具，而不管什么公平正义问题。利益争斗使一些政治人物为了个人利益或本集团利益而拼命争斗，一叶障目不见泰山，甚至狗急跳墙，滥杀无辜。

个人私欲和单个政治事件阻挡不住人类社会追求公平正义的进程，人类社会的政治斗争史也可以说是追求公平正义的历史。历史上有成就的政治家或革命者，即使不在实际上也要在名义上把实现社会公平正义作为最高价值，以此来寻求支持。历史上改朝换代建立起来的王权、皇权或国家政权曾经看起来那

---

① 2008 年 3 月 18 日，国务院总理温家宝与中外记者见面并回答记者提问时强调的观点。

么的威力无比、坚不可摧，奴隶或农民看起来是那样的懦弱和渺小，但是一次次的奴隶或农民起义却把王公贵族和皇帝拉下了马，起到了颠覆作用。起义的口号往往是公平正义的呼声，如"王侯将相宁有种乎"，"等贵贱、均贫富"，"不患贫而患不均"等。一些王公贵族们也惯于用这种名声，曹操之所以"挟天子以令诸侯"，也运用了以天子发号施令的正义性。共产主义者同盟的前身是正义者同盟，顾名思义就是要追求正义。共产主义运动就是为了实现公平正义的社会制度，"真正的自由和真正的平等只有在共产主义制度下才能实现；而这样的制度是正义所要求的"①。

四、公平正义的现实物质基础

公平正义要以一定的社会物质条件为基础。离开一定的社会物质条件，公平正义也就难以说清。罗尔斯在"无知之幕"取得关于正义的观念，其实他推出正义的两条原则中的第二条原则直接地针对于一定的物质条件，即"社会和经济的不平等将安排得：（1）在与正义的储存原则一致的情况下，适合于最少受惠者的最大利益。（2）加上在机会公平平等的条件下职务和地位对所有人开放"。这条原则又被称为差别原则，这条原则实质是要求国家应对社会成员的社会经济差别予以调节，使之最大限度地改善最差者的地位。随着社会发展，这种差别发展变化，公平正义的基础和内容也就发生变化。

马克思指出："权利决不能超出社会的经济结构以及由经济结构制约的社会的文化发展。"② 如果把公平正义看做是一种权利，那么，这项权利受到两个因素的制约：一是物质条件即社会的经济结构，主要是生产方式；二是精神条件即社会的文化水平。但物质条件是根本决定性因素。在原始共产主义社会，必须平均分配消费品，社会成员才不被饿死，平均分配看来是非常公平的，但是这是初级的公平。在奴隶社会，奴隶主给奴隶以生存的可能就表现了公平和正义，而不能奢望奴隶和奴隶主之间的平均问题。有的奴隶是战俘，奴隶曾被看成是会说话的工具，让工具生存下来就被认为是一种人道和正义。在封建社会，人分而有等，土地等物质社会资料因人的高低贵贱的不平等的身份而分配，强化了各方面的不平等，社会上层注重正义而漠视

---

① 恩格斯：《大陆上社会改革运动的进展》，转引自《马克思恩格斯全集》第1卷，人民出版社1956年版，第582页。

② 马克思：《哥达纲领批判》，转引自《马克思恩格斯全集》第19卷，人民出版社1963年版，第22页。

平等，而社会下层则相反，是高度关注平等问题，尤其是许多次农民起义都提出了平等问题。在资本主义社会，资产阶级是高度注重平等而较少关注正义，在资产阶级革命前后更是如此，他们高呼自由、平等、人权，但是在资产阶级向全世界扩张的过程中，又有哪一个征服者具有正义性呢？而社会主义社会既注重公平又注重正义，在社会主义革命和建设中都是如此。社会主义革命就是为了建立更为公平正义的社会经济制度，消灭剥削制度。在社会主义社会，公平正义作为最高价值自觉贯穿于政治、经济、文化之中。从历史发展看出，公平正义的观念随着社会形态和社会物质现实而发生的变化是相当明显的。"平等的观念，无论以资产阶级的形式出现，还是以无产阶级的形式出现，本身都是历史的产物。"①

实现公平正义需要一定的物质基础。管子说："仓廪实而知礼节，衣食足而知荣辱。"具备一定的物质基础，人们除了为生存而奔波、争斗还有余力，才能够追求和完善公平正义这种高层次的东西。当一个人将要饿死或其他基本的生理需求得不到满足时，讲究公正和文雅就相当困难，很少有人像孟子说的那样能够舍生取义或像朱自清那样不为五斗米折腰。生理需求很容易对公平正义的实现形成挑战。根据相对公认的马斯洛的理论，除了生理需求，由较低层次到较高层次还有安全需求、社交需求、尊重需求和自我实现需求等。为了满足这些需求，人们争取生产资料和生活资料的努力也从没有停止过，这种努力和人的需求相联系而又与人的阶级地位、政治派别、思想观念、宗教相作用而变得扑朔迷离、千头万绪。一般认为，只有在较低层次的需求得到满足之后，较高层次的需求才会有足够的驱动力。低层次的需求相对满足了，就会向高一层次发展。追求公平正义的精神需求是一种高层次的需求，属于社交精神需求并与尊重需求、自我实现需求相联系。

在同一时代同一国度，由于社会地位、工作岗位、政治派别、性格、情趣、阅历、爱好等的不同，人们的公平正义观念也往往不同，而对公平正义的实现产生这样那样的影响。社会地位或工作岗位影响思想观念的现象，形象地被人们称为"屁股决定脑袋"，站在什么位置上就要为自身的利益说话并容易惯性地强化对自己有益的观念。同样是为了追求公平正义，有那么多人为不同的利益说话，还有一些人说了不知为谁说的糊涂话，其实一般根源于现实的物质基础。

---

① 恩格斯：《反杜林论》，转引自《马克思恩格斯选集》第 3 卷，人民出版社 1995 年版，第448 页。

五、公平正义的现实政治基础

社会政治状况和人们的政治地位的改变作用于人们的政治立场和见解，能够改变人们对于公平正义的思维逻辑。不平之事见多了，思维惯性会使人接受和麻木不仁，乃至于把它看成平常的事。非正义总是起因于特殊的利益攫取，追求利益者孜孜不倦地为自己辩解，说服大家认可他们的正义性，通过语言把不正义的变成正义的，善良的、缺乏反思的人们会倾向于相信，缺乏心智的人甚至会像维护正义一样维护不正义。抗日战争时期的不少汉奸推崇并支持"大东亚共荣圈"就是如此，时下流行的"腐败无害论"也有此嫌疑。

政治乃是社会公平正义之器，是实现公平正义的重要因素，政治认同、政治体制、政治机制、政治价值取向、政治激励约束等构成了实现公平正义的社会前提和政治基础。因此，实现公平正义也不能超越社会政治发展的历史阶段，应该实事求是，既坚持原则，志向高远，情深义重，又脚踏实地，妥善处理各种关系。

几乎没有哪个政治集团和政治人物会公然否认对公平正义的追求，但是打的旗号各不相同，政治策略各不相同，实际的效果也各不相同。有的明确把公平正义作为政治的最高价值，有的事无巨细大包大揽却不知政府最要紧的是什么；有的认为政府不干预市场是公正的，有的认为政府积极作为方显正义本色。资本主义国家把资本家取得剩余价值的制度看成是公平正义的，社会主义国家却要最终消灭这种制度，由此形成了政治经济制度方面的很大不同，公平正义的实现形式也有着很大不同。

目前我国经济分配领域的效率与公平关系问题已有定论，这就是"初次分配和再分配都要处理好效率和公平的关系，再分配更加注重公平"。但是，在政治领域和政府职能上，效率和公平的关系并没有得到完全的认同。温家宝总理的关于公平正义是制度的首要价值的论述很多人并没有领会，在实际工作的很多方面也并没有得到很好的贯彻。尤其是一些地方政府仍然把效率、GDP和发展作为首要价值，因效率和发展而漠视或忽视公平正义。应该说，发展是第一要务，并不能取代第一价值或首要价值。

有了正确的观念，如果没有良好的体制机制、合适的办法或有力的措施，实际效果也会大打折扣甚至适得其反。西方资产阶级"三权分立"相互制约的目的，是为了防止权力尤其是行政权力对公平正义的威胁，但是事实上形成了某种虚伪性，存在一定的漏洞，很多鼓吹者自己也无法认定这是最好的制度。由于"金喇叭"被部分人掌握，在资产阶层内部的公平胜于不同阶层之间的公平，强势群体享受的公平胜于弱势群体。我国建立起人民民主专政的政治制度，为实现和保障社会公正打下了坚实的基础，但是曾经过分集权和缺乏制约的政治体制影响了公正的充分实现。改革开放新时期，我国推行党政分开、政企分开、政事分开，改善党的领导，改变过分集中的行政权力，依法治国，依法行政，自觉构建公平正义的和谐社会，在体制机制、治国方略等方面为公平正义提供了更大空间。但是，"民主法制建设与扩大人民民主和经济社会发展的要求还不完全适应，政治体制改革需要继续深化"①，公平正义的充分实现还存在体制性障碍和现实性问题。

政治激励和约束，干部选拔制度，对公平正义的实现也有很大影响。如果以 GDP 增长、招商引资为干部任用晋升和日常考量的主要指标，干部们很容易为忙于保增长、忙于招商引资而较少关注公正。政府的动力机制不仅对政府内部工作人员有重要影响，而且对社会也有导向、示范、激励作用。片面的经济发展政策和模式曾对自然资源、生态环境造成严重破坏，自然资源的破坏性利用往往是少数人受益、国家和人民利益受损失，生态环境的破坏威胁人们的身体健康。树立科学发展观就是要统筹兼顾、全面协调可持续发展，为公平正义构建现实基础。

六、公平正义的法治标准和法治保障

一定时期的法律是关于公平正义的观念和经济社会现实发展的阶段性成果。任何国家的法律所基于的法治观念和现实都是变动不居、与时俱进的。正如赫拉克里特所说的"人不可能踏入同一条河里"一样，法治的观念和现实基础也不可能是"同一条河"，但是，法律关于公平正义的标准在既定的法律中得到静止和永恒，也应该在守法者的心中成为信仰和准绳。

法律具有公定力、确定性，它从民意或国家意志的角度告诉我们公平正义的标准，为公平正义实现提供指引，构成公平正义的法治基础。法律所确定的公平主张的正义，可能与专家或其他个人的认识不同，但是它提供了一个起码的标准，并且这个标准是明确和刚性的。这个标准有助于预防和制止人们由于公平正义的不同理解而可能造成对公平正义的破坏，以及对公平正义原则违背的明知故犯的种种争斗。对于没有主张者或认识不清者，法律相当于公正的宣讲员给予指示；对于已经违法者，法律代表公正执行者给予警戒或惩戒；对于

---

① 胡锦涛：《高举中国特色社会主义伟大旗帜，为夺取全面建设小康社会新胜利而奋斗》，人民出版社 2007 年版，第 13 页。

遵纪守法者，法律是公正的化身给予应有维护和保障。而要制定和实施这样的法律，又必须要有何为公平何为正义的观念或精神，这种观念或精神须取得法律制定者的相对一致，形成法律精神的基础，否则法律就难以制定和实施。因此，法治既是公平正义的制度保障，又是公平正义的要求和结果；公平正义观念及其外化既是良法善治的前提和基础，又是法治精神的内容和目的。要实现公平坚持正义，就必须实行法治。

由于现实的复杂性，在立法活动中，公平正义的基础往往不容易把握。对一些复杂问题究竟如何体现公平正义和如何实行公平正义，往往众说纷纭。这根源于利益冲突上，集中体现在公平正义与政治方法、民主要求、科学发展的对立上。从微观上讲，公平正义与政治倾向、民主要求、科学发展这四个方面存在着对立统一，这也是不同的社会阶层、政治派别之间利益的对立统一。政治倾向往往根源于一定的经济基础或阶级斗争，表现为一定阶层或阶级特殊的政治要求并很可能与其他阶层或阶级产生对立，常常以一定的政治策略、政治手腕甚至政治密谋出现而不尽公平正义、正大光明。民主常常以过激的、极端的面貌出现而考量公平正义。

由于社会发展的历史现实性、人们认识的阶段性和法律自身的局限性，法律不可能对所有的公平正义问题立法，也不可能解决所有的问题。应该避免两种倾向性：一是法治万能论，认为一切问题都纳入法治轨道，有了健全的法律一切问题都迎刃而解；二是片面的政治原则论或效率优先论，认为政治超越法律、效率超越公平。

法治万能思想存在于不少法律工作者的潜意识中，因为他们信仰法律、尊重法律，容易形成惯性和错觉，他们所认为法律能解决的社会问题超过了现实可能。他们往往三句话不离本行，动辄以法治论处，有些社会问题的病因本不属于法治的也被归结于法治，其结果是往往解决不了问题而非常苦恼。依法治国是我国政府治国理政的基本方略，法律至上是法治的基本要求，但是，社会发展水平极大地影响着法律的内容和执行效果，法律之外还有许多领域是法律所力不能及的。法律治人，但人决定着法律的内容；依法治国，但法律是国家的意志，被法律所治的国家结构决定着法律的制定和修改。因此，人的状况和国家机构的运转状况都极大地影响着法律的实际效力。如果其中的人和权力机制消耗了法律的敏锐度，法律也就不能发挥其应有作用。况且，不是所有的问题都能够纳入法律轨道，法律的完善需要一个过程，在不属于法律涉足的领域，法律强行介入往往使事情变得更加复杂；在社会条件不成熟的时候，匆忙的立法往往得不到执行，结果会损害法律的尊严。在法律之外还需要其他社会力量的参与，伸张正义匹夫有责。

　　多数情况下，实现公平正义的最大障碍往往是政治借口或效率借口。总有官员抱怨：如果都按法律办事，那么什么事也办不成。有的干部为了实现领导意图、维持哥们义气，不惜违法不惜牺牲，违了法被判了刑还美其名曰讲党性、舍生取义。须知，他们的"党性"不是真正的共产党员党性，他们的哥们义气绝不是公平正义。中国共产党领导人多次强调，党要在法律的范围内活动，党领导人们制定法律又要带头遵守和执行法律。党的权力由人民和法律赋予，为人民服务并在法律范围内活动既合情合理又体现公平正义。违背超越法律，也就违背了公平正义。义，有大义有小义，遵守法律忠于人民是大义，哥们义气是小义，小义服从于大义。效率与公平的关系，我国政策上经历了一个调整过程。改革开放初期的效率优先、兼顾公平政策，主要是对经济机制和导向而言的，并不意味着效率可以超越公平、超越法律。十七大报告要求初次分配和再分配处理好效率与公平的关系，再分配更加注重公平，彰显了在分配领域对公平正义的更加重视，这是对分配领域而言的；在政治和法治领域，十七大报告明确指出："坚持公民在法律面前一律平等，维护社会公平正义。"① 如果公平让位于效率，也就无法实现真正的一律平等和公平正义。

---

　　① 胡锦涛：《高举中国特色社会主义伟大旗帜，为夺取全面建设小康社会新胜利而奋斗》，人民出版社 2007 年版，第 31 页。

农村土地产权与公平正义

柯华庆[*]

内容摘要 30 年来农村土地改革中最重要的制度安排是有意的制度模糊，其后果是强者攫取了模糊产权中的财富。下一步的改革应该是明晰产权和强有力的弱者保护，以及分别通过财产规则、责任规则和不可让渡规则来实现农村土地产权流转中的法律目标。

关键词 农村土地产权 模糊产权 明晰产权 产权保护 实效主义法学

一、法律经济学视野下的中国改革

法律经济学试图回答关于法律规则的两类基本问题。一类是实证性的：关于法律规则对行为的影响与后果。例如，对引起汽车事故的哪一方施加法律责任会导致更少的事故？另一类问题是规范性的：关于法律规则的社会欲求性。最重要的是，法律经济学试图把实证与规范结合起来，通过科学设计的法律规则实现法律规范所要实现的目标，追求法律规范的实际效果。

以此看农村土地产权的变迁，我们发现，农村土地产权是与中国改革的进程相一致的。中国改革开放 30 年之所以取得成功，很多学者试图将其归因于其非常规的经济政策，即混合所有制、模糊产权及政府大力干预的综合，即所谓的"北京共识"。土地是一切物质财富的源泉，改革开放 30 年土地政策上则表现为"有意的制度模糊"：中国的农村改革之所以会取得成功，关键在于中央政府经过审慎的考虑之后，决定将本该成纲成条、没有任何歧义的农村土

* 2002—2004 年于中国社会科学院法学研究所博士后流动站从事法理学专业博士后研究，现为中国政法大学法学院副教授，法律经济分析中心主任。

地产权制度隐藏在模棱两可的迷雾之中①。邓小平的改革思路是："让一部分人、一部分地区先富起来"，然后"消除两极分化，最终实现共同富裕"。可以说，我国农村土地产权制度正是邓小平改革思路的具体化制度设计。改革开放 30 年，每年经济增长率持续接近 10%，现在人均 GDP 是 30 年前的 12 倍。另外，中国总体基尼系数于 2008 年达到 0.47，中国的城镇居民实际人均收入是农村的 5 倍，城乡差距之大为世界之最。可以说，一部分人和一部分地区确实先富起来了。

如果说，"北京共识"中的这些制度确实能够实现"让一部分人、一部分地区先富起来"，我们也要警惕将过去 30 年的成功经验模式化，因为目标不同，手段一般也不相同。按照邓小平的设计，下一个时代的目标是消除两极分化，最终实现共同富裕。我们确实不要被所有制模式所羁绊，可以采取多种所有制，但应该是明晰的多种所有制，而不是混合所有制。需要的是刚性的法治，而不是模糊产权制度或弹性政策。混合或者模糊给予强者浑水摸鱼的机会，造成社会财富分配不均。政府应该与经济保持一定距离，我们需要通过法律规则规范经济行为，建立法治的市场经济，而不是威权的市场经济。在农村土地产权改革上需要走明晰和弱者保护的路子，这是有效实现共同富裕和公平正义的制度设计。

二、现行农村土地产权的模糊性及其后果

30 年来农村土地改革中最重要的制度安排是有意的制度模糊，表现在两方面：一是将所有权与使用权分离，但不稳定；二是在国家与集体之间和农村集体之间产权模糊。

法律人一般讲所有权，所有权意味着占有、使用、收益和处分，是一种完整的、抽象的绝对权利。从所有权角度看，中国土地采取二元所有制：城市土地国家所有制和农村土地集体所有制。在法律经济学看来，权利最终的表现是一种利益，不管是国家所有制还是集体所有制都只是一种抽象的所有制，我们必须将权利落实到具体主体的收益上才有意义。所以，经济学家经常讲产权。产权是界定人们如何受益及如何受损，因而谁必须向谁提供补偿以使他修正人

---

① 何·皮特：《谁是中国土地的拥有者？——制度变迁、产权和社会冲突》，林韵然译，社会科学文献出版社 2008 年版，第 5 页。

们所采取的行动。① 产权是一种权利束，可以采取不同的方式分割给不同的主体，这是现代社会产权的常态。这样一来，法律上的所有权只是处分权和未授予其他主体的剩余权。将一物完全确定为一个主体所有常常是无效率的②，因为不同主体的优势有利于对具体权利的最有效行使。最典型的是现代公司中所有权与管理权的分离。在农村土地产权中，农民是土地最好的占有者和使用者。而土地的处分权归为国家对于加快城镇化和公益设施的建设成本是最小的，而城镇化是中国的发展方向。因为如果处分权归于农民将会大大增加在城镇化和公益设施建设中的讨价还价成本，"重庆最牛钉子户"就是一个例证。所以，现代社会的权利一般不是严格意义上的所有权，而是产权被多个主体分享，即占有权、使用权、收益权和处分权被多个主体分享，甚至于还可以细分。③ 农村土地实行家庭承包经营为基础、统分结合的双层经营体制就是所有权与使用权分离的一种制度安排，大大解放了农村的生产力。④ 但是，现行的所有权和使用权分离是不彻底的，土地承包经营权是不稳定的，很多地区经常根据农民人口的变化重新分配土地，村乡两级集体组织以各种理由剥夺农民的承包经营权，政府征用或征收农民的土地，而仅仅给予很少的补偿或者没有补偿。如果说根据人口变化重新分配土地符合"耕者有其田"的目标，后两项则使农民对土地的使用权受到极大损害。

农村土地模糊产权的第二个表现是在国家与集体之间和农村集体之间土地产权的模糊。国家与集体之间的模糊产权产生于两种情况：农村和城市的交界处，即农村集体所有土地与国有土地之间的交界地带；国有森林、草原和荒地同农村集体所有森林、草原和荒地的交界部分。《宪法》、《物权法》和《土地管理法》都规定城市的土地属于国家，城市郊区的土地属于农村集体所有，但城市与郊区的界限经常是模糊的。《宪法》第九条规定，矿藏、森林、草原等自然资源属于国家所有，法律规定属于集体所有的除外，这样集体要主张对某些自然资源的所有权必须由自己举证，由于农村土地产权的登记工作一直是欠缺的，使得这种举证常常是不可能的。

---

① 登姆塞茨：《关于产权的理论》，载《财产权利与制度变迁》，上海三联书店、上海人民出版社1994年版，第97页。

② 当然，将完整的所有权赋予一个主体有时是有效率的，因为权利分割产生的交易成本有时是很高的。

③ Shavell, *Economic Analysis of Law*, Foundation Press, 2004. p. 10. 中译本《法律的经济分析》，柯华庆译，中国政法大学出版社2009年版。

④ 张五常甚至把这种制度安排说成是邓小平的"中国特色的社会主义"的基础。张五常：《中国的经济制度》，中信出版社2009年版。

　　农村土地产权的模糊性还表现在集体内涵模糊。集体到底是什么，并没有明确。2004 年修改的《土地管理法》第十条的规定是："农民集体所有的土地依法属于村农民集体所有的，由村集体经济组织或者村民委员会经营、管理；已经分别属于村内两个以上农村集体经济组织的农民集体所有的，由村内各该农村集体经济组织或者村民小组经营、管理；已经属于乡（镇）农民集体所有的，由乡（镇）农村集体经济组织经营、管理。"农民集体可以有三个："村农民集体所有"、"乡（镇）农民集体所有"和"村内两个以上的集体经济组织中的农民集体所有"，农村土地集体产权的主体不明确。这使农村土地产权在调整、流转和征用中留下缺陷。尽管《中华人民共和国物权法》第五十九条和第六十条规定了集体所有权的行使方式，但这些规定都非常笼统。正如于建嵘所指出的，现行法律没有明确规定"农民集体"作为土地所有权主体的构成要素和运行原则；没有明确产权代表和执行主体的界限和地位；没有解决"农民集体"与农民个人的利益关系。①

　　所以，从产权的角度看，农村土地的真实状态是三个主体共有制度：国家、集体和农民（简称"三有"制度，而且是不明晰的"三有"）。从《宪法》、《民法通则》、《物权法》和《土地管理法》对农村土地产权的各种规定中也可以看出这一点。

　　1982 年《宪法》第十条规定，"农村和城市郊区的土地，除由法律规定属于国家所有的以外，属于集体所有；宅基地和自留地、自留山，也属于集体所有"。1987 年施行的《民法通则》第七十四条的规定是："法律规定为集体所有的土地和森林、山岭、草原、荒地、滩涂等属于劳动群众集体所有。"2007年施行的《中华人民共和国物权法》第五十八条的规定相同。所以，从法律上看，农村土地集体所有制似乎是无异议的。但是，根据其他法律的规定，农村土地的产权还有另外两个主体：国家和农民。

　　《物权法》第四十一条规定"为了公共利益的需要，依照法律规定的权限和程序可以征收集体所有的土地"，但"应当依法足额支付土地补偿费、安置补助费、地上附着物和青苗的补偿费等费用，安排被征地农民的社会保障费用，保障被征地农民的生活，维护被征地农民的合法权益"。国家可以征收或者征用农村集体所有的土地，只需要给予补偿即可，充分表明农村土地不是严格意义上的集体财产权。而且，《民法通则》第八十条规定："土地不得买卖、出租、抵押或者以其他形式非法转让。"《土地管理法》第四十七条规定："买

---

① 于建嵘：《农村集体土地所有权虚置的制度分析》，载《论中国土地制度改革》，蔡继明、邝梅主编，中国财政经济出版社 2009 年版。

卖或者以其他形式转让土地的，没收非法所得，限期拆除或者没收在买卖或者以其他形式转让的土地上新建的建筑物和其他设施，并可以对当事人处以罚款；对主管人员由其所在单位或者上级机关给予行政处分。"由此可见，我国法律严禁土地所有权买卖、出租、抵押或者以其他形式转让，这部分权利实际上属于国家，因为国家可以通过征收农村集体所有土地然后出让土地。当地政府在征地过程中所表现出来的强势地位实际上与农村土地的部分产权属于国家是密切相关的，当地政府就代表国家。

农民对农村土地产权的享有也是法律所明确规定的，因为农村集体经济组织实行以家庭承包经营为基础、统分结合的双层经营体制(《物权法》第一百二十四条)。土地承包经营权人依法对其承包经营的耕地、林地、草地等享有占有、使用和收益的权利，有权从事种植业、林业、畜牧业等农业生产(《物权法》第一百二十五条)。农民除了对于所承包的土地没有处分权，其他权利都有了，显然，农民是农村土地产权的重要主体。

中国农村土地产权实际上是"三有"。在进行农业生产中，农民对农村土地产权的行使比较充分，但在土地的流转和土地的征收中，作为国家代表的当地政府的权力最为强势，而法律所明确规定的"集体所有"中的集体的权利实际上是最弱的。集体的权利只是在农村非耕地上表现突出。

模糊产权的后果到底怎样？当然这依赖于其所要实现的目标，任何脱离目标的判断都是没有意义的。皮特认为，"制度的不确定性是体制运行的润滑剂——中国当前正处于经济转型时期，正是因为法律条款在土地权属问题上所具备的不确定性，农地产权制度才能得以顺利运行。中央政府希望通过维持集体土地所有权的模糊性，在社会经济和法律的发展过程中化解各级集体（自然村或村民小组、行政村及乡镇）之间的矛盾"[1]。特别是，作为明晰农村土地产权的重要手段的登记工作从 1984 年开始至 20 世纪 90 年代末结束，但是却没有进行到真正的农村土地产权主体——自然村，更没有进行到农民或者农户这个层面。据皮特的考证，中国政府之所以选取了这样的做法，其原因是吸取了中东欧许多转轨国家失败的教训，通过土地承包而不是恢复原先土地所有权的方式实现了土地使用权的私有化，这一独创性的制度成功避免了匈牙利、阿尔巴尼亚和前民主德国曾经出现的问题，这些国家采取了前社会主义时期的财产归属，引发了一系列社会问题。[2]

---

① 何·皮特：《谁是中国土地的拥有者？——制度变迁、产权和社会冲突》，林韵然译，社会科学文献出版社 2008 年版，第 46 页。

② 同上。

但是，模糊农村土地产权的制度设计产生了一系列问题。最突出的表现是强者取胜。卡拉布雷西和梅莱姆认为，任何法律体制所必须面对的首要议题是我们称之为"法授权利"的问题。每当两个或者更多个人的、两群或者更多群人的冲突利益被提交到国家面前，它都必须决定要对哪一方给予支持。如果国家对此不闻不问，实际上是把权利授予给了强者——谁更强壮、权力更大或者更精明谁就会赢。因此，法律所做的根本的事情，就是要决定冲突双方中的哪一方将有权获胜。①　这一理论不仅仅适用于未授的权利，也适用于模糊产权的"公共领域"，当不清不楚的公共领域产生时，不是弱者，而是强者去攫取公共领域中的财富。②　模糊产权所产生的公共领域中的财富比较少时，人们不太关注，因为攫取公共领域中的财富也是需要花费成本的，至少有机会成本。但当公共领域的财富由于外部环境的影响突然递增时，对于公共领域中财富的攫取就变得疯狂了。随着城市范围的不断扩大，许多过去归集体所有的土地都被纳入新建城区的范围之内，随着房地产业的飞速发展，地方政府经常挪用甚至成片出售集体土地。地方政府利用模糊的农村土地产权不经正式的土地产权转移手续征收农村集体所有的土地，土地增殖的财富被地方政府、官员和房地产开发商及其相关人员所攫取。如果说政府"有意的制度模糊"减少了改革之初时的社会冲突，在"让一部分人先富起来"的目标上取得了非常卓越的成效，那么这一基本产权制度违背了权利明晰的基本原则，阻碍了农村集体土地所有权的澄清、维护和登记，造成国家与集体之间、集体之间和政府与农民之间的冲突，最终将加剧社会的不稳定因素。农村土地产权的改革必须内在化这些外部成本，通过明晰产权和有效的保护来实现公平正义和共同致富。

三、农村土地产权的明晰

2008年10月12日中共第十七届三中全会通过的《中共中央关于推进农村改革发展若干重大问题的决定》确立"土地制度是农村的基础制度"。土地

---

①　Calabresi and Melamed, Property Rules, Liability Rules, and Inalienability: One View of the Cathedral. in *Foundations of the Economic Approach to Law*, Avery Katz (ed). Oxford University Press, 1998, p. 94.

②　公共领域的概念来自巴泽尔。巴泽尔认为，由于信息成本等交易成本的存在，任何权利都不是完全界定了的。没有界定的权利于是把一部分有价值的资源留在了"公共领域"里，此时，个人就花费资源去攫取这些财富（巴泽尔：《产权的经济分析》，费方域、段毅才译，上海三联书店、上海人民出版社1997年版，第4页）。实际上，公共领域的概念能够更好地用于模糊产权，有意或者无意的模糊产生较大的"公共领域"，其中的财富可观。

产权制度无疑又是土地制度的核心。《决定》最终确立"稳定和完善农村基本经营制度。以家庭承包经营为基础、统分结合的双层经营体制，是适应社会主义市场经济体制、符合农业生产特点的农村基本经营制度，是党的农村政策的基石，必须毫不动摇地坚持。赋予农民更加充分而有保障的土地承包经营权，现有土地承包关系要保持稳定并长久不变"。实际上仍然坚持农村土地集体所有制。但是，要"赋予农民更加充分而有保障的土地承包经营权"意味着相关的配套制度改革。通过明晰农村集体产权，使得"该谁的就是谁的"，而且，通过清晰界定产权，降低交易成本，使得农地产权流转更加便捷，以实现农业经营的规模化。

下一步的改革应该采取渐进的改革模式，完善农村土地集体所有制。不是取消这种"三有"状态，恢复某一种所有状态：完全集体所有、完全农民私有或者完全国家所有。很多新古典经济学者把科斯定理理解为明晰产权，又把明晰产权狭义理解为私有化。实际上，科斯只是说任何制度都是有成本的，我们应该考察不同制度的"总的效果"。科斯范式可以总结为：该私有的私有，该公有的公有，该共有的共有（或者说，该分有的分有）。事实上，明晰产权的重要性毋庸置疑，但并不表明哪种具体的制度。[1] 产权结构是社会发展的产物，服务于特定时期的需要，标准是哪项产权制度能够实现目标就采取哪种制度，没有哪种制度天经地义是正当的。新的产权的形成是相互作用的人们对新的收益—成本的可能渴望进行调整的回应。[2]

改革的方向应该服务于打破城乡二元体制，实现城乡一体化，这意味着应该有助于城镇化和城镇化过程中农民利益的保护。完善集体所有制的目标是将其变成明晰的"三有"。清晰界定农村土地产权是将来中国农村发展的头等大事，不仅关乎效率，而且关乎公平。清晰界定产权将会大大降低交易成本，使得产权的交易更加便捷，从而提高产权的效率。另外，清晰界定产权将会使得属于农民和农民集体的权利得到保障，而没有清晰界定的产权一般被强者所攫取，在土地产权中的最强者无疑是当地政府，这显然对于本来属于农民的利益

---

① Shavell 指出，我们能够解释为什么财产权可能是社会意义上有价值的，但是它们并不支持一种特定的财产权形式，尤其是并不构成私有财产权的一个论证，私有财产权意味着财产广泛地被私人而不是被国家所拥有（且能被转让）。财产权的好处可能通过不同的财产权制度得到实现。譬如，社会主义国家里对所有权的保护不会引发纠纷，并能避免在财产获取与维护上的浪费，这点与资本主义国家一样。此外，在社会主义国家的企业中，即使工人不拥有他们生产的产品，通过对工人的监督和建立适当的工资结构，对工人工作的激励也是显而易见可以达到的。就此而言，这与资本主义制度下的公司并无二致。*Economic Analysis of Law*, Foundation Press, 2004, p. 7.

② 登姆塞茨：《关于产权的理论》，载《财产权利与制度变迁》，上海三联书店、上海人民出版社 1994 年版，第 100 页。

是一个极大的损害，有违土地权利分配的公平。很多现行的法律都是粗线条的，权利授予不明确提供了寻租的可能性，其中的利益实际上被权势部门、个人和聪明人所攫取，这也是导致社会分配严重不公的重要原因。在即将进行的土地产权改革中，我们至少要做到：

首先，明确集体的内涵。根据各地的情况，将农村土地的所有权明确到自然村。然后制定非常具体的程序决策农用土地的承包和非农用土地的使用、收益等。土地产权如何经营管理、土地产权收益如何分配，由集体内全体农民按照程序自主决定。

其次，在农村土地集体所有制下，将农用土地的土地承包权明晰，将非农土地的使用和收益权明确，这样有利于土地流转，提高土地的规模效应和效率。我们应该研究农民在农地流转上的实践，将一些有效的符合土地改革目标的经验制度化。

最后，建立农村土地金融制度。李昌平提出建立双层（两级）土地金融制度。即：国家要建立土地银行——帮助农民集体实现土地所有权产权；农民集体要建立土地信用合作社——帮助农户实现土地承包经营权产权和住宅产权。农民集体以土地所有权在国家土地银行抵押贷款，充实农民集体（合作组织）的土地信用社本金；农户以土地承包经营权和住宅产权在农民集体（合作组织）土地信用社抵押贷款，以充分实现农户土地或住宅所有权人、使用权人的权益。[1]

四、农村土地产权的保护原则

即将进行的农村土地立法不仅仅应该解决农村土地产权的明晰问题，而且要解决好农民或者农民集体维护自身权利的具体制度。法律不提供具体保护的产权仍然是"强权即正确"，而且保护的方式直接与这项权利的实质利益相关，财产权规则、侵权法规则和不可转让规则对于产权的保护力度是不一样的。[2]

在财产规则下，法律对初始权利进行界定以后，不再对权利的转让及转让价格进行干预。在这一规则下，法律对权利持有人的意愿给予充分尊重，如果

---

① 李昌平：《扩大农民地权》，载《中国土地》2008 年第 12 期。

② Calabresi and Melamed, Property Rules, Liability Rules, and Inalienability: One View of the Cathedral. in *Foundations of the Economic Approach to Law*, Avery Katz (ed). Oxford University Press, 1998, p. 94. 第三种为"不可让渡性"，我把其改为"限制交易规则"可能更适合一些。

一项权利是受财产规则保护的，那么另一个人若想从权利的持有人那里获得这项权利，就只有通过自愿的交易，按照权利人同意的价格才能实现权利的转让。如果购买方不能提出让权利人接受的价格，权利人有权拒绝交易。因此，财产规则是一种事前防范的产权保护规范，它要求以自由让渡的方式来实现产权的转让，这一要求旨在依照权利人自己的意志保障其利益。

在责任规则下，法律对初始权利进行界定，但不要求以自由让渡作为权利转让的方式，一旦权利受到侵害以后，法律要求侵权人向受害人支付损害赔偿金。由于损害赔偿金是按照该权利的所谓客观市场价格决定的，因此并没有考虑权利人的主观价值（可能高于市场价格的部分），这样，损害赔偿金一般就要小于按财产规则转让权利时所获得的收益。因此，在责任规则下，权利受到损害以后，权利人只能得到依据法律作确认的损害赔偿金。[①]

在土地使用权交易中，财产规则保护的是农民从地租的增值中获得的更多利益，而责任规则仅仅保护农民不受损。

从农村土地产权所服务的目标来看，两种规则都是必要的，应该根据交易成本与管理成本的高低适用不同的规则。"在通过市场交易来分配权利的成本很低的情况下，财产权是有吸引力的；当通过诉讼来分配权利的成本很低的情况下，责任规则是有吸引力的。"[②] 这是从效率角度得出的结论。

一项法授权利不可让渡的意思是，不准许其在自愿的买方和自愿的卖方之间进行转让。国家的干预，不仅要确定谁最初享有法授权利、确定如果法授权利被侵占或者消灭必须支付的补偿，而且要在某些或者所有情况中禁止其销售。

大多数物品的大多数法授权利都是混合的。也就是说，规定在不同情况下不同的法授权利。农村土地的法授权利应该按照具体情况采取不同的保护原则。

首先，我们应该区分农用土地与非农用地。非农用地一般属于集体所有和使用，而农用土地真正的权利在农户。农用土地的流转受到国家规制较多，主要是为了保证粮食安全。《物权法》第四十三条规定："国家对耕地实行特殊保护，严格限制农用地转为建设用地，控制建设用地总量。不得违反法律规定的权限和程序征收集体所有的土地。"《中共中央关于推进农村改革发展若干重大问题的决定》的亮点是允许农民流转土地承包权："加强土地承包经营权

---

① 陈国富：《财产规则、责任规则、不可转让规则与农地产权保护——农地征用中农民利益受损的法经济学分析》，载《开放时代》2006 年第 4 期。

② 弗里德曼：《经济学语境下的法律规则》，杨欣欣译，法律出版社 2004 年版，第 65 页。

流转管理和服务，建立健全土地承包经营权流转市场，按照依法自愿有偿原则，允许农民以转包、出租、互换、转让、股份合作等形式流转土地承包经营权，发展多种形式的适度规模经营。有条件的地方可以发展专业大户、家庭农场、农民专业合作社等规模经营主体。"但是，这一交易权利是受到限制的："土地承包经营权流转，不得改变土地集体所有性质，不得改变土地用途，不得损害农民土地承包权益。"这是在"坚持最严格的耕地保护制度，层层落实责任，坚决守住十八亿亩耕地红线。划定永久基本农田，建立保护补偿机制，确保基本农田总量不减少、用途不改变、质量有提高"下的权衡。对于农用土地的流转，农户之间的流转采取财产规则。限制农用土地的非农流转。对于非农土地可以一律采取财产规则。

　　另一个重要问题是征收问题。按照《物权法》第四十二条的规定："为了公共利益的需要，依照法律规定的权限和程序可以征收集体所有的土地和单位、个人的房屋及其他不动产。征收集体所有的土地，应当依法足额支付土地补偿费、安置补助费、地上附着物和青苗的补偿费等费用，安排被征地农民的社会保障费用，保障被征地农民的生活，维护被征地农民的合法权益。征收单位、个人的房屋及其他不动产，应当依法给予拆迁补偿，维护被征收人的合法权益；征收个人住宅的，还应当保障被征收人的居住条件。"也就是说，国家征收集体土地采取的是责任规则。从交易双方对于合作剩余的分配来看，财产规则与责任规则的结果是不同的。责任规则依赖于第三方，第三方的公正性非常重要。在国家征地和城镇化过程中，可能的侵权方是国家或者地方政府，决定补偿标准的也是国家或者当地政府，这样合作剩余的分配就会发生严重偏离。为了公共利益的需要国家征地行为是必要的，因为这样大大降低交易成本。但是我们应该严格限制在为了公共利益的范围，而且严格按照法定程序来界定公共利益和征地。对于非公共利益的土地使用权的交易，应该按照财产规则来保护，这对于保护农民的权益至关重要。

　　立法之前不仅仅要论证立法目标，而且要考虑通过具体法律制度实现目标的可行性和操作性，使得立法目标与法律实施后的均衡一致，这是实效主义法学所追求的结果，恐怕也是所有法律人所追求的。

立法过程的平等参与

易有禄[*]

内容摘要 随着民主立法原则的深入贯彻，我国立法过程中的公众参与呈现出参与广度扩大化、参与深度增强化及参与主体群体化的趋势，表明我国立法民主化程度的不断提高。但不容忽视的是，由公众参与能力的不均衡而导致的表达过度和不足并存的问题在我国公众参与立法的实践中比较普遍，这必将影响立法平等的实现。提高公众参与能力与合理配置政治资源，固然是解决问题的根本之道，但平等的立法程序制度的设置则可能是更为现实与可行的途径。

关键词 立法过程 公众参与 平等参与 程序平等

一、我国公众参与立法过程的发展趋势

近年来，随着民主立法原则在立法实践中的深入贯彻，我国立法过程中的公众参与日益呈现出参与广度扩大化、参与深度增强化及参与主体群体化的发展趋势，表明我国立法民主化程度的不断提高。

（一）参与广度的扩大化趋势

公众参与立法的广度，是指通过各种途径和方式参与某项法案的制定过程，并试图影响立法结果的公众在数量上的多寡，参与的公众数量在整个社会成员中所占的比例越大，参与的广度就越广。虽然单纯用广度这样的数字标准来衡量立法过程的民主性是不够全面的，但它至少在一定程度上体现了公众就某项立法参与的普遍性程度。公众参与立法广度的理想状态，是所有受某项法案影响的社会成员都能参与其制定过程。但事实上，这只能是一个柏拉图式的神话，不用说以直接影响的方式去参与，就是把间接影响的方式也算在内，也

---

[*] 2009 年起至今于中国社会科学院法学研究所博士后流动站从事宪法和行政法学专业研究。

难以让所有受法案影响的社会成员都参与其中。因为特定社会或国家的公众立法参与的广度，要受到其经济发展水平、政治民主化程度、公众参与意识和参与能力等因素的限制。因此，大多数社会和国家的立法过程，在整体上面对的仍然是"沉默的多数"。

随着社会经济的快速发展和政治民主化程度的逐步提高，我国公众立法参与的广度正呈现出日益扩大化的趋势，尤其是在那些和人民群众切身利益密切相关的法律的制定过程中，公众参与的积极性和主动性有了很大程度的提高。从表1的统计数据可以发现，1954—2008年，对于全国人大常委会向社会全文公布征求意见的16部法律草案，社会各界的反响程度是不同的，这主要表现在不同法律草案全国人大常委会收到意见或建议的件数存在较大的差异，但就总体而言，其数量是呈上升趋势的。

表1　　　　16部向社会全文公布征求意见的法律草案（1954—2008）

法案名称	公布日期	征求意见时间	收到意见及处理情况	通过日期
食品安全法（草案）	2008－4－20	至2008－5－20	4838条意见（至2008年4月29日为止）	
水污染防治法	2007－9－5	至2007－10－10	2400多条群众意见，67封群众来信	2008－2－28
就业促进法	2007－3－25	至2007－4－25	11020条意见，约70%来自基层群众	2007－8－30
劳动合同法	2006－3－20	至2006－4－20	191849条意见，创人大立法史新纪录	2007－6－29
物权法	2005－7－10	至2005－8－20	11543条意见，很多都得以吸纳	2007－3－16
婚姻法	2001－1－11	至2001－2－28	4000条左右，草案根据征求意见作了许多修改	2001－4－28
合同法	1998－9－4	至1998－10－15	160多封群众来信，草案根据征求意见作了修改	1999－3－15
村民委员会组织法	1998－6－26	至1998－8－1	541封群众来信，草案根据征求意见作了修改	1998－11－4
土地管理法	1998－4－29	至1998－6－1	675封群众来信，草案根据征求意见作了多处修改	1998－8－29
澳门特别行政区基本法	1991－7－9；1992－3－16	征求意见稿，4个月；基本法草案，4个月	3380条左右，意见书840多份，仅第一次就作了100多处修改和补充	1993－3－31

续表

法案名称	公布日期	征求意见时间	收到意见及处理情况	通过日期
香港特别行政区基本法	1988 - 4；1989 - 2	征求意见稿，5 个月；基本法草案，8 个月	仅第一次就作了 100 多处修改	1990 - 4 - 4
集会游行示威法	1989 - 7 - 6	至 1989 - 8 - 10	根据公民意见，草案中 22 处"不得"减至 12 处	1989 - 10 - 31
行政诉讼法	1988 - 11 - 9	至 1988 - 12 - 31	130 多条意见，300 多封群众来信，根据各方意见作了较多修改和补充	1989 - 4 - 4
全民所有制工业企业法	1988 - 1 - 12	至 1988 - 2 - 25	500 多封来信提出的许多意见和建议被吸收	1988 - 4 - 13
1982 年宪法	1982 - 4 - 26	至 1982 - 8 月 - 31	许多意见被采纳，近百处补充修改	1982 - 12 - 4
1954 年宪法	1954 - 6 - 15	历时 2 个多月	118 万条，对原来的草案再度作了修改	1954 - 9 - 20

资料来源：本表根据全国人大常委会公布的相关数据资料制作。

（二）参与深度的增强化趋势

公众参与立法的深度是衡量一个国家公众立法参与水平的又一个重要的评价指标，它是指公众参与对立法的最终结果所产生的实际效应，换言之，也就是立法过程中的公众参与对立法的结果产生了多大的实际影响。公众参与立法的广度是通过公众参与的普遍性程度，来反映公众立法参与的民主效应；而公众参与立法的深度则是通过公众参与的实际影响，来说明公众立法参与的结果效应。但必须指出的是，在评价一个国家或社会的公众立法参与水平时，应当将这两个标准统一起来进行综合考虑，而不能将它们割裂开来。这是因为，立法过程中公众参与的广泛程度是衡量立法过程是否民主的首要标准，如果立法过程中只有少数人参与，那么这种少数人的参与即使是最有效的，也不能说它是民主的；而立法过程中公众参与的结果效应如何，又会反过来影响公众参与的广度——参与行动对立法结果的实际影响越大，公众参与的动力和积极性也就越高。

衡量立法过程中公众参与深度的标准是公众的参与行动对立法的最终结果产生了多大的影响。因此，评估公众立法参与深度的最直观的方法，就是看公众在立法参与过程中提出的意见和主张，在立法机关最终通过的法律中得到了多大程度的体现。从我国以往立法过程中公众参与的实践来看，立法机关日益重视公众参与的重要性，尤其是在那些与公众生活密切相关的法律的制定过程中，则是尽可能让更多的公众参与其中。但不容忽视的是，对于立法过程中的公众参与，以往我们所追求的似乎更多的只是一种民主的形式，而不是民主的实质。换言之，就是重视公众立法参与的"量"要甚于重视公众立法参与的"质"。这就必然导致立法过程中的公众参与流于形式，而难以产生实际的效应。

从《物权法》、《劳动合同法》、《食品安全法》等法律制定过程中的公众参与的实践来看，我国国家立法机关正日益重视社会各界对法律草案提出的意见和建议，形成了有效的处理机制，使各种意见和建议在法律草案乃至最终通过的法律案中得到体现。例如，在《物权法》的制定过程中，对于各地群众提出的意见，全国人大常委会法制工作委员会将其整理成《各地人民群众对物权法草案的意见》，并通过媒体予以公开发布。此举不仅具有传达和公布民意的形式意义，更重要的是它对于民意在立法过程中作用的切实发挥，具有重要的实质意义。因为将民意公之于众，无疑将在一定程度上对立法者的选择和决断形成一种有形的压力，从而促使立法更多地反映"公意"。全国人大常委会对《物权法草案》的七次审议，每一次新的审议稿都吸纳了社会公众对原草案相关条文提出的修改意见。这表明我国公众立法参与所发挥的实际效应正在逐步增强。

（三）参与主体的群体化趋势

始于20世纪70年代末80年代初的改革开放，在推动我国经济快速发展的同时，也带来了利益关系的复杂化和利益格局的多元化，从而使我国的社会阶层构成趋于多样化，并从中分化组合出许多新的社会利益群体。如果说，在我国改革开放初期政府主导型的社会治理结构下，立法活动对于社会利益群体的变化和发展曾经起过十分重要的作用的话，那么，随着利益群体的形成与发展，随着他们接近和影响立法活动的动力和能力不断加强，我国的立法过程及其结果已经开始呈现出不同利益群体间互相博弈、制衡和妥协的态势。成长起来的利益群体，已经不甘心于被动地接受立法活动的既定事实，转而主动地寻求接近立法活动的途径，从而影响立法活动的过程及其结果。我国现阶段立法过程中的公众参与虽然在组织化程度上仍然不高，像西方国家那样的通过利益集团这样一种有组织的力量来参与和影响立法的现象并不普遍，但是其群体化趋势却日益外显。随着利益群体组织化程度的不断提高和随之而来的各种利益集团的形成，利益集团将成为我国今后公众立法参与的主要组织形式。

所谓公众立法参与主体的群体化趋势，是指在一个利益多元化的社会中，参与立法过程的社会公众根据其利益诉求的不同，总是可以将他们归于特定的利益群体，不同利益群体的人们在立法参与中有着不同的利益诉求，而属于同一利益群体的人们在立法参与中则有着大体一致的利益诉求。这样一来，就必然导致公众立法参与的过程表现为不同利益群体间利益诉求的冲突和同一利益群体中利益诉求的聚合。这点在《物权法》制定过程中就表现得非常明显。综观《物权法》制定过程中的各种热烈的争议和讨论，例如："《物权法（草案）》是否违宪？""国家、集体、私人的物权应否给予同等保护？""政府征收、征用中公共利益如何界定？""物业小区中的绿地、道路、车库、会所应归谁所有？"等等，无不折射出不同利益群体间的利益交锋和冲突。当今中国，无论人们承认与否，法律已日益成为重要的利益调整和分配机制。立法的过程实质就是一个在多重相互冲突的利益之间进行选择和取舍的过程。在这个过程中要使各种可能受到立法影响的利益主体参与其中。面对立法过程中不同利益群体的利益诉求和相互间的冲突，立法机关不仅要做出利益的合理选择和取舍，更重要的是要通过合理的利益整合机制使不同利益群体和谐相处，而不是使他们之间的矛盾和冲突更加表面化和激化。①

二、立法过程中公众参与能力的不均衡

公众参与立法的能力因人、因事、因时、因地而异。因此，影响公众参与立法能力的因素是多样的。其中，公众占有政治资源数量的多少以及运用政治资源能力的差异，直接决定着公众在政治参与过程中作用的大小。公众参与立法的过程实际上是一个多方利益博弈的过程，决定博弈结果的是各利益主体之间政治影响力的大小。政治影响力是政治过程中的决定性因素，而拥有政治资源的多少决定着政治影响力的大小。政治资源是一个人或一个组织影响政治运作过程的关键因素，立法过程也是一种政治运作的过程，在这个过程中，公众的表达能否实现以及实现的程度，取决于公众拥有的立法资源的多少与运用上的程度。参与是一种表达利益的方式，立法作为一个多重冲突利益之间的选择过程，公众参与的过程就是表达其利益的过程。当部分公众有强烈的利益需求，而且有较强的表达能力与物质基础时，他们的表达就会过度。相反，另外一部分公众，虽然有利益需求，但由于表达能力有限，也缺乏相应的物质基础，表达声音就弱，甚至不为立法者所注意，这就会产生表达不足的问题。②

参与能力的不均衡也是我国立法民主化进程中存在的主要问题之一。以

①　参见朱景文《物权法引起争议的启示》，载《中国社会导刊》2006 年第 7 期。

②　参见徐向华主编《新时期中国立法反思》，学林出版社 2004 年版，第 165—166 页。

《物权法》制定过程中的公众参与为例，农民、小区业主和房地产开发企业、物业管理企业等主体，《物权法》中规定的"土地承包经营权"、"宅基地使用权"、"业主的建筑物区分所有权"、"建设用地使用权"等制度和各方的切身利益都是息息相关的，但他们在《物权法》制定过程中的参与能力和影响能力则是不同且不均衡的。对于农民和小区业主而言，虽然他们在人数上是多数，但由于缺乏能够真正代表其利益的利益团体，也就难以形成有组织的力量来和房地产开发企业与物业管理企业博弈，而且分散的农民和小区业主在立法参与的物质基础和专业知识等方面也处于弱势。[①]再加上我国立法机关无论是在人力、物力还是财力上，都是不充分的，因此很难对不同利益群体所表达的利益的正当性与真实性进行准确的甄别。由此导致的是表达话语越多，就越有可能得到立法者的认同，就像俗语中所说的"会哭的孩子有奶吃"。

立法过程中公众参与能力的大小决定着公众参与的实际效应。我国公众参与立法的整体能力不高，而且存在参与主体之间能力不均衡的问题。因此，要推动我国立法的民主化进程，提高公众参与能力是至关重要的。而公众立法参与的能力，归根结底又取决于公众所占有的政治资源的多少及其运用的程度。所以，公众立法参与能力的提高，不仅仅是一个参与技巧提高的问题，它还必然涉及政治资源和相应的物质条件的配置。相对而言，参与技巧的提高只是一个技术层面的问题，通过公众自身的学习和锻炼，再辅之以必要的指导和帮助即可达致。而政治资源和相应的物质条件的合理配置，则要复杂和困难得多。

在当代中国，不同利益群体之间所拥有的政治资源应当是平等的。但由于受各种原因和条件的制约，实际状况和应然水平之间总是存在一定的差距。因为即使人们在政治影响力上是完全平等的，也无法克服各种现实条件的限制。这也就意味着，在现实中要做到公众立法参与机会和能力的完全均等几乎是不可能的。所以，立法过程中的利益表达机会和能力只能是尽量做

---

① 正如有学者所指出的："我国现今立法参与过程中暴露出来的最大问题就是公众的自我适应、自我调整、自我运行与自我发展的能力不够。分散的，呈原子化状态的普通公众在立法决策过程中，往往有一种无能为力的感觉，即使是面对与他们自身利益密切相关的立法决策时，也可能难以让公众以充足的动力与热情投入到影响立法决策的过程。"陈斯喜：《论我国的公众参与立法制度》，载《行政法学研究》1995年第1期。公众立法参与的分散化和非组织化，不仅使参与者自身的参与力量和参与效果受到影响，而且会使立法机关在面对大量的信息和要求时，不堪重负和疲于应付，从而难以对公众的意见和利益诉求形成合理的判断与选择。这对于我国立法的民主化进程而言，并非是好事。

到平等，也就是要给不同利益主体以尽量公平的表达机会，使不同主体的利益和要求能得以公平竞争，尤其是对于弱势群体利益的表达要给予更多的关照。

三、公众平等参与立法过程的程序设置

提高公众参与能力与合理配置政治资源，固然是解决我国立法过程中公众参与能力不均衡问题的根本之道。但是，公众参与能力的提高绝非一朝一夕所能实现，而政治资源的合理配置则更显复杂与艰难。相对而言，一种平等的立法程序制度的设置，对于公民平等地参与立法过程，可能是更为现实与可行的途径。

平等是一个反映人们普遍追求和理想的价值目标。人类平等的理想在法律上转化为"法律面前人人平等"的原则宣示和"平等对待"的制度安排。法律意义上的平等，既包括执法、司法的平等，也应当包括立法的平等。立法平等是指立法应当顺应平等原则的要求，对于所有类属相同的人，都赋予平等的权利，并为他们行使权利创设平等的机会。[①] 立法程序的平等，是立法平等对立法过程提出的必然要求，既是立法平等在立法过程中的具体表现，也是实现立法平等实体目标的前提和保证。立法程序的平等要求在立法程序的制度设置和安排上为参与者提供平等参与立法的机会，并保障其在参与立法的过程中受到"平等的对待"[②]。

平等有机会平等和结果平等之分。立法程序的平等主要是一种机会的平等，即在立法程序运行过程中，每个人均有参与其中的平等机会。就此，美国学者杰瑞·马修指出："程序的平等性就是参与的平等性。"[③] 在立法实践中，并非人人都直接参与立法，但立法程序要保证每个人在同等条件下均有参与立法过程的平等机会。在罗尔斯看来，正义的宪法首先应该是一种满足平等自由原则的正义程序，并且在所有可行的正义安排中，它比任何其他安排更可能产生出一种正义的和有效的立法制度，而平等的参与是实现宪法正义（即政治

---

① 粟丹：《立法平等问题研究》，中国人民大学 2007 年博士学位论文，第 43 页。
② 立法程序的平等当然也包括立法者（立法代表）在立法过程中的平等，例如，在提出法案上，每个立法代表享有平等的提案权；在立法审议中，每个立法代表享有平等的发言权；在立法表决时，每个立法代表享有平等的投票权，等等。本文于此对立法程序平等的论述主要侧重于从公众立法参与的角度来进行。
③ Jerry L. Mashaw, *Due Process in the Administrative State*, New Haven: Yale University Press, 1985. p. 176.

正义）的主要手段，"参与原则要求所有的公民都应有平等的权利来参与制定公民将要服从的法律的立宪过程和决定其结果"。为此，"宪法必须采取一些措施来提高所有社会成员参与政治的平等权利价值"①。

平等参与的道德依据是：每个人都是具有人格尊严的、平等的道德主体。对此，博登海默指出，当那些认为自己同他人是平等的人在法律上受到了不平等的待遇时，他们就会产生一种挫折感，亦即产生一种他们的人格和共同的人性受到侵害的感觉，促使法律朝着平等方向发展的力量乃是人类不愿意受他人统治的欲望。② 因此，将人作为中心的立法程序必须体现对人的平等的尊重，在为每个人提供平等的参与机会的同时，为每个参与者设定平等的程序权利和程序义务，从而保证立法程序的参与者所提出的意见和主张得到立法机关同等的尊重和关注。只有在"平等对待"的前提之下，公众的立法参与才不至流于形式，成为"走过场式"的政治宣传。

在立法过程中要实现平等的参与，就立法程序的设置而言，很重要的一点就是要确立程序中立原则。一般认为，程序中立的要求源自英国普通法上的自然公正原则，即"任何人都不应当成为自己案件的法官"，其目的在于排除偏私，确保当事人受到裁判者的平等对待。在程序中立的适用范围上，多数学者认为，程序中立是对司法程序和行政程序的要求，而不适用于立法程序，因为在立法过程中立法者（立法代表）自身就是不同利益主体的代表，不应对其提出中立的要求。但在笔者看来，程序中立是程序正义的一项普遍性要求，它对立法程序也同样适用，即立法程序也存在中立性问题。理由主要有：

首先，立法程序虽然不像司法程序和行政程序那样，需要一个中立的裁判者对特定当事人之间的利益之争作出权威性的裁判，但是，立法程序同样需要一个中立的程序主持者对不特定的多数人之间的利益之争作出权威性的决断。因此，立法程序也是一种具有判断性的程序，而且是一种判断性很强的程序。而实际上，程序中立的要求不仅针对诉讼程序的裁判主体，而且它已经逐步扩展到任何具有判断性的程序之中。③ 立法权作为一种创制权，其创制的法律规则涉及的是不特定多数人的利益。在立法过程中如果程序的主持者不中立，对部分程序参与者存有偏见，也就难以实现程序平等的要求，或者，如果程序主持者对所立之法存在超出社会成员平均利益的"特殊利益"，立法结果的公正也就

---

① ［美］约翰·罗尔斯：《正义论》，何怀宏、何包钢、廖申白译，中国社会科学出版社 1988 年版，第 211—217 页。

② ［美］E. 博登海默：《法理学：法律哲学与法律方法》，邓正来译，中国政法大学出版社 1999 年版，第 288 页。

③ 参见程洁《宪政精义：法治下的开放政府》，中国政法大学出版社 2002 年版，第 60 页。

只能是空谈。

其次，立法者作为选民通过选举产生的立法代表，其在立法过程中必须代表选民的利益乃是代议制民主的内在要求。因此，立法者对特定的法案有着固有的利益倾向性是显而易见的。① 但是，这不仅不能成为否定立法程序需要中立的理由，反而表明较之于司法和行政程序，立法程序更应该具备中立性。这是因为，立法者作为立法机关的成员，当其参加立法时，对立法过程乃至结果的影响力均远远超过社会公众参与立法时的影响力。这就更需要立法程序具有中立性，以尽量实现立法过程中不同程序参与者之间的平衡。

再次，程序中立包含着两方面的内容：一是对程序主持者或决定者的中立性要求；二是对程序设计本身的要求。就前者而言，这就意味着立法程序的中立，并不是要求单纯的立法者中立，② 而是要求立法程序的主持者中立③。而立法程序的主持者就整体而言一般是立法机关（或立法机关的内部机构），立法机关作为一个整体不应该仅仅是某些利益主体的代表者，在理论上它应当代表全体人民的利益，因此，对其提出中立的要求是理所当然的。④ 就后者而言，立法程序性规则的公平和中立，本身就是自属当然。否则，程序参与者参与机会的平等和受到同样对待的权利就将是无源之水，而成为缘木求鱼。

强调立法程序中立意义重大，因为"当不清楚什么是正确结果时，人们关注程序公正；同样，当不清楚什么是恰当的结果时，人们重视中立。"⑤ 立法过程相对于司法过程和行政过程而言，面对的是非特定的众多"当事人"，需要权衡的利益关系也更为复杂和多变。尽管在现实的立法过程中总是难以达

---

① 如果选民发现他们选出的立法者在某个法案的制定过程中没有"为他们说话"，这将影响到选民对该立法者的信任，从而影响其"选票利益"——在下一轮选举中选民可能不再投他的票，而追求连任可以说是立法者的关键利益。

② 立法者和直接参与立法的公众在立法过程中是作为程序参与者参与其中的，类似于司法程序中的"当事人"，因此，对他们不能提出中立的要求，实际上，司法程序和行政程序的中立，同样不是针对当事人提出的，而是针对程序的主持者提出的。

③ 笔者认为，程序中立对立法程序主持者的要求主要包括：不得有自身的特殊利益掺杂其中；对程序参与者要一视同仁，不得偏袒任何一方；必须排除偏见和恣意因素的影响，保证结果的客观性。

④ 反对意见可能会提出：任何程序的主持者都要由特定的个人来担任，当单个的立法者作为立法程序的主持者时，如何要求其中立呢？笔者的回应是：此时的立法者实际上兼具立法者和程序主持者的双重身份，在其担当程序主持者时仍然应当对其提出中立的要求，为此，在其担当程序主持者职务时，应在立法程序的设置上区隔其自身利益及代表的选民利益对其职务行为的影响。例如，如果这种利益超出了立法者或社会成员从中所能获得的平均利益甚至本身就是一种不正当利益，则应当适用立法回避。

⑤ 宋冰编：《程序、正义与现代化——外国法学家在华讲演录》，中国政法大学出版社1998年版，第378页。

致完全的中立，但至少这项原则的确立可以提供一种反"不正当控制"和拒绝"不正当利益"的根据。在此原则之下，立法程序的主持者基于知识、理性和经验，并在程序参与者和社会公众的监督下，得以客观公正地权衡各方利益，形成公平一致的能够使人理解、支持和接受的立法决定，只有这样产生的法律才能得到民众普遍的服从和遵守。①

---

① 参见王爱声《立法过程的法律控制——阅读〈立法法〉的一个视点》，载周旺生主编《立法研究》（第6卷），北京大学出版社2007年版，第117页。

对哈贝马斯程序主义的再认识

张 秀[*]

内容摘要 作为调解行动标准的正义概念，是类似于宗教、形而上学那样的约束性权威，它隐含在规范有效性之中，通过道德意识的特殊结构所产生的作用，渗透在法律、政治之中。法律正义处于有效性两个向度之间的张力的核心层次。正是这两个向度的内在关系为法律保留了"不可随意支配性环节"与"法律媒介的政治工具化趋势"相抗衡。法律的程序主义建制又是法律正义突破道德正义的最重要原因。

关键词 道德正义 法律正义 程序主义

人们从服从神灵转向认可国家的法律，法律正义就成为现代公民考察服从正当性的一个重要因素。在现代社会，公民要服从法律，必须对法律有认同感。现代公民不应该是屈从于对法律惩罚的恐惧而盲目服从，而应该是对法律进行充分了解和正确判断后做出的理性服从。因此，法律对正义的需要使得正义不局限于福利考虑和欲望满足并通过以正义本身为标准，给欲望与价值设定范围。德国法哲学家哈贝马斯就试图摆脱对人性的先验假设，摆脱对人的偶然性支配来探讨正义问题，哈贝马斯说："一种公平的形成判断过程和形成意志过程的道德眼光，怎样才可能在实证法本身之内加以稳定。"法律规范的有效性，法律正义与道德正义，以及正义问题在道德上如何得到充分的论证，这些都是哈贝马斯法哲学思想中重要的部分。

一、法律正义与法律的规范有效性

法律因何有效？或者说，现代社会的实证法如何获得它的合法性？这是法

* 2009 年 11 月至今在华东政法大学博士后流动站从事法律史专业博士后研究工作，现为华东政法大学讲师。

律正义不可回避的问题。法律具有稳定行为期待的功能，但行为期待的效果有两种，一种是认知性质的，一种是规范性质的。前者表现为"是"的事实有效性，后者表现为"应当"的应然有效性或规范有效性。与行为期待效果相对应的法律也包括两个相辅相成的部分："法律规范和法律行动"的事实性，"法律共同体之内合理推动的理解过程"的有效性。法律规范是一种具有强制性同时又要求获得接受者认可的规范，强制和自由在法律的有效性中是统一的。没有强制性，法律无异于道德或习俗；没有自身的合法性，法律就不是真正的法律，就无法担负社会整合的任务。因此，法律的规范有效性内在于法律，并伴随始终。

对于法律规范的这两种特性，哈贝马斯在《在事实与规范之间：关于法律和民主法治国的商谈理论》中有详尽的论述，他指出：法律规范"一方面是行为的合法律性［Legalitat］，也就是必要时借助于制裁来强制实施的对规范的平均遵守；另一方面是规则本身的合法性［Legitimitat］，它使任何时候出于对法律的尊重而遵守规范成为可能"。① 概言之，法律规范的有效性包含两个向度：一方面为法律的事实有效性（或称合法律性）②，即指法律以国家权威为后盾、强制人们遵守；另一方面是法律的规范有效性（或称为法律的合法性或法律的合理可接受性），指法律必须建立在得到合理辩护的理由的基础之上，才值得人们自愿并自觉地接受、认可和服从。这样，法律的承受者就不必出于惩治的威慑感或国家力量的不可抗拒性而遵守法律。

那么，法律正义和法律有效性是如何连接的呢？这种连接方式需要通过"法律程序与根据普遍化原则和恰当性原则进行自我调节的论辩"的交错关系来说明。正义的法律是"程序过程受特定时空限制的主体间互动的结果"。③因此，他抛出了关于法律正义的程序性与实证性的问题，他用法律的形式平等和事实平等来表示法律正义的程序性与实证性之间的关系。形式平等的关注点是对情境相同的人作相同的对待，事实平等的关注点是对情境不同的人作不同的对待。在复杂的社会条件下，实现权利体系的途径必须保持权利体系的原初意义：同时确保私人自主和公共自主。合法之法是私人自主（表现为法律平

① ［德］尤尔根·哈贝马斯：《在事实与规范之间：关于法律和民主法治国的商谈理论》，童世骏译，三联书店2003年版，第37—38页。

② 高鸿钧先生将 legality 和 legitimacy 分别译成形式合法性和实质合法性，后一概念的含义是指正当的法律不仅仅决定于其形式，还取决于内容，即规则中包含的信念或实体价值。高鸿钧著：《现代法治的出路》，清华大学出版社2003年版，第275—276页。

③ 转引自吉珠达《法律的合法性危机及哈贝马斯的法政治学理论——解读〈在事实与规范之间：关于法律和民主法治国的商谈理论〉》，《中国社会科学院研究生院学报》2006年9月，第49页。

等对待的承受者）和公共自主（表现为法律秩序的具有同等权利的创制者并最终决定了平等对待的标准）之间的循环。这意味着"每一种法律活动同时也可以被理解成对于基本权利的政治自主阐释的贡献，因而作为一个持续进行的立宪过程的成分"，① 作为法律正义关键的法律规范有效性，只有通过"民主地产生法规的程序性条件"才能得到保证。

由此而得，法律正义意味着"一旦法律有效性失去与正义之诸方面的联系——这种联系是超越立法者决定的道德联系——法律的认同也就必然会分散瓦解"②。因此，对法律正义的追问正是对公民是否要服从法律的追问。

二、道德正义与商谈程序的有效性

作为一个道德理论与道德实践问题，正义研究的首要任务是自我反思及确立恰当的规范。而在哈贝马斯的法哲学思想中，法律规范如果要被证明为有效，就必须在由参与者（也就是这些话语表达的当事人）组成的商谈集合体中，经过辩护环节的证明与应用环节的检验，直到这些话语表达所包含的理由被所有参与者接受，有效的判断才能成立。对待正义问题也同样如此。正义的实现通过建立一种得到所有话语主体认同的、公平合理的话语程序和规则下，使每一个人平等、自由的话语权利都得到保障，在建制化的民主程序与规则基础上达成的共识。而在这种共识下法律又因为具备了公众普遍认同的理由而得到所有人的贯彻和遵守，从而在实践上保障了自由平等的正义思想的落实。基于这一点，哈贝马斯的理论在道德哲学中又被称做是话语论理学。在话语伦理学中，正义反映出一种道德视角，"它不偏袒任何特定文化，却处于更深层次，归根结底根植于所有交往行动主体之间的相互承认所具有的对称性之中"。从话语伦理学角度出发，他将自己的正义理论称为"从道德角度提出的正义论"。③

因此，概言之，道德正义就是以道德理由④为论据来进行商谈而形成的正

---

① ［德］尤尔根·哈贝马斯：《在事实与规范之间：关于法律和民主法治国的商谈理论》，童世骏译，三联书店2003年版，第530页。
② 同上书，第604页。
③ 同上书，第77、79页。
④ 哈贝马斯将能够形成共识的商谈论据分为道德理由（涉及全人类利益的普遍的理由）、伦理—政治理由（政治共同体的成员就他们的价值态度和利益立场而提出的理由）、实用理由（为了达到某种目的而提出的技术上的理由），无法形成共识的则以谈判形式实现利益的妥协与平衡。

义。道德正义的宗旨在于表明正义具有道德理想的性质，而且这种道德理想并非难以企及。现代社会通过商谈实践的规则把"对于每个人都是好的"谓词的意义表达出来，把"为什么只有适用于对每个人都好这个谓词的理由才是'适当'的理由"这个问题转换成"为什么普遍化原则应该作为论证的规则接受下来"这个问题，从中提炼出商谈原则（discourse principle，简称为 D）和普遍化原则（universalization，简称为 U），并将这两个互为前提的原则作为道德争论可取得一致性意见的依据，在此基础上结合应用原则（appropriateness，简称为 A），形成确保秩序的规范，主导行为的价值合理性、巩固并扩大社会团结的作用。规范的存在是通过人们对其接受和采纳体现出来的，"所有旨在满足每一个人利益的规范，它的普遍遵守所产生的结果与附带效果，都能为一切有关的人所接受"①，正是这些建立在交互主体性上的可普遍化的规范，使面对道德论争与冲突的参与者，在商谈实践中达到他们普遍接受和同意的结局，进而形成道德共识并克服道德怀疑主义的干扰。由于道德规范诉诸论证程序，正义就内在于论证之中。社会中的人的真实情况与道德理想中的人的情况有差距，为了使不可避免的经验限制和可以避免的来自个体内部和外部的影响中立化，通过论辩理由实现真理救赎的商谈"需要有体制上的防范措施"②，才能创造实现正义所需的条件或满足正义要求，法律正义的思想就是从这种需求中产生的。

道德正义虽然是普遍性的却又是不确定的（或者说是操作性不强的）。因此，哈贝马斯在谈到道德正义与法律正义的关系时指出："由于道德判断涉及的是一般的正义问题，因此，政治正义性问题必须借助于法律手段加以特殊处理。"③ 这种联系通过公正的程序反映出来，而这个公正的程序包含三个组成部分：

（1）话语论证的程序，以交往实践理性的道德运用为标志；

（2）决策程序，也即商议民主；

（3）法律程序，它是对话语论证程序和决策程序的约束性安排。

在话语程序中，人们通过反复论辩对理论或实践问题作出回答，论辩过程是纯粹认识性的，它对正义的作用在于证明正义是可以普遍化的。在现代社会，公正的程序反映的是规范有效性（尽管它包含了内在于语言中

---

① Jurgen. Habermas, *Moral Consciousness and Communicative Action*, Cambridge, Massachusetts: The MIT Press, 1990, p. 65. 与这个观点对应的是原则 D 的主要内容。

② Jurgen. Habermas, *Moral Consciousness and Communicative Action*, Cambridge, Massachusetts: The MIT Press, 1990, p. 92.

③ ［德］尤尔根·哈贝马斯：《包容他者》，曹卫东译，上海人民出版社 2002 年版，第 115 页。

的有效性张力的两个向度），它"既没有把可接受的论据也没有把论辩的过程加以标准化，但它们确实为仅在结果中才成为程序之对象的法律商谈确保了一块活动空间"，因为它"比较严格地调节了有关发生了什么事实的取证过程"。这种程序可以称为内在程序，它源于有合理的动机的推测或假定。这种程序的意义是将法律商谈"转移到实际程序之外"，使法律商谈"免受来自外部的影响"。① 实际程序也就是合法律性，它指的是法律的合法性来自于规则自身或源于被接受的事实，无须任何根基。因此，对内在程序的强调也同样离不开"法律要承担其社会性整合的功能，合法性不能被法律系统内部自我论证的合法律性所替代和消解"这个主题。换句话说，在哈贝马斯看来，合法性不仅仅取决于法律存在的形式，还取决于规则产生的方式是否公正。②

三、严格程序主义对正义理论的考量

商谈程序可以使公民的个人意志达成一种合意，"合意是正当法的源泉；正当法是合意的界限"③，"在道德规范的有效性主张中，占主导地位的是道德判断的类似真理的意义。在实证法的有效性主张中，又补充了法律颁行的不确定性和强制威胁的事实性。但是，根据程序法而产生的、可以强制执行的法律规范的实证性，仍然与对于正当性的主张相伴随、相重叠"。④ 程序可以被假定为是能够产生合理结果的条件，它"赋予制度化意见形成和意志形成过程以合法化力量"，⑤ 是基于一种对理性商谈的信任的产物。公正程序反映规范的有效性，"既没有把可接受的论据也没有把论辩的过程加以标准化，但它们确实为仅在结果中才成为程序之对象的法律商谈确保了一块活动空间，也比较严格地调节了有关发生了什么事实的取证过程"⑥。所以才能保证法律作为一

---

① ［德］尤尔根·哈贝马斯：《在事实与规范之间：关于法律和民主法治国的商谈理论》，童世骏译，三联书店 2003 年版，第 289—290 页。

② 转引自高鸿钧等著《商谈法哲学与民主法治国：〈在事实与规范之间〉阅读》，清华大学出版社 2007 年版，第 364 页（脚注）。

③ 转引自阿图尔·考夫曼《后现代法哲学——告别演讲》，米健译，法律出版社 2000 年版，第 48 页。

④ ［德］尤尔根·哈贝马斯：《在事实与规范之间：关于法律和民主法治国的商谈理论》，童世骏译，三联书店 2003 年版，第 615 页。

⑤ 同上书，第 336 页。

⑥ 同上书，第 289 页。

种非强制的协商——这种协商"是相关人员作为自由平等的契约伙伴而作出的"。① 这种"规则的正当性程度取决于对它们的规范有效性主张的商谈的可兑现性，归根结底，取决于它们是否通过一个合理的立法程序而形成——或至少，是否曾经是有可能在实用的、伦理的和道德的角度加以辩护的"②。

哈贝马斯在探讨法律正义与道德正义的逻辑根基时都回到立法程序的正当性问题上，他指出"以合法律性为中介的正当性之所以可能，是因为产生法律规范的程序也是在道德实践之程序正当的意义上是合理的，是在这种意义上合理地实施的"。③

不过，在此我们还是有必要澄清哈贝马斯的程序正当与实证法学派的程序正当是有很大差别的。例如，实证法学派的代表人卢曼（Niklas Luhmann）曾指出法律正当性诉求需要满足两个要件：

（1）规范的秩序必须是被实证地建立的；

（2）那些受法律约束的人必须要相信它的合法性，也即，相信立法和执法程序的形式正确性。

显然，实证法学派将正当性问题完全还原为合法性问题，即主张人为订立的法律只要符合某种既定的程序就具有正当性，哈贝马斯认为这种观点显然将"正当性信念萎缩成合法性信念"。要防止法的程序正当并不仅仅是形式的正当，还需要加设第三个条件：

（3）这种程序要包含确保每个法权人对于公平程序的主张的权利，亦即符合普遍利益的要求，且这种普遍利益的追求是通过商谈程序来解决的。

由此可见，在法律正义和道德正义问题上，哈贝马斯更重视严格的商谈程序，在他看来，唯有经过公民严格的讨论程序通过的法律才具有正当性的基础。一旦立法脱离了这个程序，有效性和正当性就得不到保障，法律就会滑向专制主义的深渊。"立法的正当性负担从公民资格转移到了商谈性意见形成和意志形成过程的法律上建制化了的程序"上来。④ 在立法程序中，公民通过反复论辩对理论或实践问题作出回答，论辩过程是纯粹认识性的，它对正义的作用在于证明正义也应该是可以普遍化的。之所以在法律正义问题上如此强调程序的重要性就是为了防止法律的建制化扭曲公民的自律性。法律只有在公民的

---

① ［德］尤尔根·哈贝马斯：《交往行为理论》，曹卫东译，上海人民出版社 2004 年版，第249 页。

② ［德］尤尔根·哈贝马斯：《在事实与规范之间：关于法律和民主法治国的商谈理论》，童世骏译，三联书店 2003 年版，第 36 页。

③ 同上书，第 568—569 页。

④ 同上书，第 159 页。译文略有改动。

充分讨论中才不会曲解公民的意愿，才能得到合理的服从。

但尽管哈贝马斯非常关注立法程序的正当性，他的这种关注并没有得到当代正义理论的重要代表罗尔斯的认可。在罗尔斯看来，这种纯粹公平的程序只存在于理想的原初状态之中，也只有在原初状态下，严格的程序正当才能导出法律在结果上也会是正义的。哈贝马斯想把这种理想的程序运用到现实规则中，但又不可避免地要应用"多数决"的原则。由于"多数决"本身的缺陷，它并不必然产生好的结果。因此，罗尔斯在《答哈贝马斯》一文中说："民主决策和法律之所以是正当的，不是因为它们是正义的，而是因为它们是按照一种为人们所接受的正当的民主程序正当地制定出来。极为重要的是，具体规定着这一程序的宪法即使不是完全正义的（任何人类情况都不能如此），也应该是足够正义的。但是它也可以不是正义的却仍然是正当的——加入按照环境和社会条件来看它足够正义的话。"①

但哈贝马斯认为，罗尔斯将正义理论与现实的关系看得过于简单，他忽视了正义需要合法建制的经验特征，而只把正义看做是原初状态的一种无条件的规定，进而把正义看做是组织良好的社会的一种必然产物，后两者都带有浓厚的先验色彩。"正义社会之稳定化的基础不是法律的强制力量，而是正义建制下的生活的社会化力量……这点能够成立的条件是正义建制已经存在了"。②而在罗尔斯的正义理论中，人的道德动机是先天存在的，所有人都必须具备一定正当或正义的思想，这是正常要求和普遍现象，这也是一种社会事实。罗尔斯在《政治自由主义》一文中说："一种合乎理性的正义的政治社会是可能的，惟其可能，所以人类必定具有一种道德本性，这种道德本性是一种可以理解、可以依其行动并足以受一种合乎理性的政治正当与正义观念驱动，以支持由其理想和原则指导的社会的道德本性。"

这样的正义构思显然和哈贝马斯强调通过论辩以理顺有效性两个向度之间张力的方式来把握正义的思路不同。哈贝马斯认为正义离不开良好秩序，秩序的产生要求建制，建制的首要对象是法律，而人的理性是一个需要培养的、开放的过程，是半先验性的，正义的诉求就不是先验存在物，它也需要在理性自身发展过程中严格按照话语论辩的程序进行道德检验，通过检验后才能深入扩展到法律层面。可以说，正义既要道德、法律、政治的共同保证，又是道德、法律相互促进和相互转化的基础。研究法律正义建制的意义在于把正义的法律

---

① J. Rawls, *Political Liberalism*, New York：Columbia University Press, 1996, p. 428.
② ［德］尤尔根·哈贝马斯著：《在事实与规范之间：关于法律和民主法治国的商谈理论》，童世骏译，三联书店2003年版，第72页。

转变成外在于人的意识的、可操作的却又是得到人们同意的约束力量，因为，在多元复杂的社会里，达成完全一致的共识是非常不容易的。建制能够让制度起隐蔽的（沉淀的）德性的作用，从而减轻了个体必须具备高德性的负担。

概括地说，正义要求规范得到尽可能好的理由的辩护，正义要求所有参与者尽可能地把可普遍化的利益作为自己的目标，因此，正义促使人们接近和达成更合理的共识、修正或遗弃不合理的共识，正义有着对合目的性及对善的优越性。由于"法律规范并不是建立在与道德规范同样高的抽象层面之上的"①，能够根据现有情境的事实性来研讨和解决问题，道德渗透正义的抽象性被消除了，而道德渗透在正义中的普遍性则得到了保存："法治国家的法律概念有两个组成因素，即保障平等的普遍性和保障正确或正义的真实性。"② 法律正义和道德正义的区别也正根源于此。在哈贝马斯的法哲学思想中，将承载着道德正义的话语伦理学甚至整个交往行为理论用于国家政治体制和法律体制的改进与完善，是"人的自由和社会公正的实现之必不可少的前提"，③ 法律正义从这里获得规范有效性。但要真正实现社会整合的目的，必须求助于法律建制，后者"既保证了交往行为中有效性主张的商谈可兑现性，又使得商谈中的异议风险得到合理控制，稳定了行为期待"④。法律正义的建制也表明"社会理论天然地具有实践性要求"⑤，这是一种"试图将普遍性和现实性结合起来，主张建立一种超越一切文化和价值观的差异，适用于所有国家、所有人的普世主义的道德秩序和法律体制"的气魄。

---

① ［德］尤尔根·哈贝马斯著：《在事实与规范之间：关于法律和民主法治国的商谈理论》，童世骏译，三联书店 2003 年版，第 188 页。

② 曹卫东、王晓珏、刘北城等译：《公共领域的结构转型》，学林出版社 1999 年版，第 257 页。

③ 章国锋著：《关于一个公正世界的"乌托邦"构想：解读哈贝马斯〈交往行为理论〉》，山东人民出版社 2001 年版，序言，第 4 页。

④ 高鸿钧等著：《商谈法哲学与民主法治国：〈在事实与规范之间〉阅读》，清华大学出版社 2007 年版，第 42 页。

⑤ 章国锋著：《关于一个公正世界的"乌托邦"构想：解读哈贝马斯〈交往行为理论〉》，山东人民出版社 2001 年版，序言，第 7 页。

俄罗斯法治进程中的公民参与

刘洪岩*

内容摘要 公民参与作为维护公民权利及利益诉求、纠正公权力偏差、消除和预防违法行为以及预防腐败的一种有效方法和手段，正逐渐成为俄罗斯法治国家社会公民性型塑和公民权保障的重要表达形式和社会与国家二元互动关系中的平衡支点。在政府、社会和个人之间的和谐互动过程中，公民不再是传统选择代议人的投票者和公共服务及产品的消极消费者，正在逐渐成为自身利益表达、影响公共政策的有生力量和提供社会公共服务的公共管理者的合作伙伴。公民参与正在俄罗斯法治国家构建的进路中彰显出积极意义和重要性。

关键词 俄罗斯 公民参与 公民性型塑 权利价值

公民参与作为公共参与的一种重要表达形式，是治理理论针对西方民主制度的阙如进行反思后的一种回应，体现着公共治理的基本价值。公民参与已成为现代法治国家社会公民性型塑和公民权保障的重要组成部分，对国家权力机关的国家治理活动的民主化、法治化产生了深远的影响。公民参与作为倚重社群主义和合作主义的民间治理的重要表达形式，正逐步地成为公民及社会组织参与公众决策的重要民主表达方式和途径。

一、俄罗斯早期公民参与的历史脉动

虽然公民参与是现代民主制度的产物，但其思想的产生及实践并不是始自现代社会。俄罗斯早期公民参与的历史大体可以分为俄罗斯帝国时期和苏联时期两个阶段。

---

* 黑龙江大学法学院副教授，2008 年至今在中国社会科学院法学研究所博士后流动站从事法理学专业研究。

（一）俄罗斯帝国时期的公民参与

俄罗斯的公民参与具有悠久的历史，早在沙皇时代以前，俄罗斯第一部封建法典——1497 年颁布的伊万三世的《律书》就首次明确赋予公民享有请求的权利。《律书》第 2 条明确规定了公民有权向有司法裁决权的机构或组织进行控诉的权利。"任何向大贵族申诉的人，都不得被赶走，而是由相关部门接待所有申诉人。"但是《律书》中的相关规定过于笼统，对于双方当事人均缺少约束力，这使得在涉及土地诉讼案件中，法官们极力维护封建地主的立场，拒绝农民对土地的合法权益进行确认和保护。为此，农民因不满《律书》的第 2 条规定而抱怨，而法官则指责《律书》第 2 条规定不明，缺乏有效的裁决规则。①

公民参与机制在俄罗斯的确立和发展经历了相当漫长的时间。在彼得一世统治时期内，逐渐规定了公民参与的主体、进行公民参与工作程序以及主管人员和申请人的责任和义务等。在 1550 年的《律书》中又对参与的具体问题进行了明确和具体化。上述两部《律书》对公民参与的管辖权问题进行了明确的规定：

（1）当申请人向其管辖地的被申请人提出申诉时，被申请人应该组成"参议会"；（2）如果申诉人不是按管辖地申诉的话，那么大地主法官应当拒绝对其进行审理，并（按 1497 年《律书》）应当向大公爵或者公爵指派的相关人员说明，或者（依 1550 年《律书》）向沙皇说明，而后者则指定法庭进行调查审理。②

在公民参与权保护的历史发展阶段中，1649 年的《律书》是最重要的一部文件。该律书规定，禁止申诉人直接向沙皇递交呈子，应逐级递交。在向法院和沙皇递交呈子之前，必须先将呈子递交给相应的管理机关，只有在主管机关拒绝受理呈子或者审查机构对案件未作裁决的情况下，申诉人才可以直接向君主申诉。③

在俄罗斯沙皇时代，递呈子者是某些阶层居民与权力机关及官员往来联系的重要手段。在进行行政改革时，彼得一世十分重视有关公民申诉的处理工作，并成立了参议院和事务委员会负责接受民众的申诉请求。虽然成立了专门处理民众诉求的机构，但是参与申请人还是习惯将呈子直接呈递给彼得大帝本

---

① См.: Мюллер Р. Б. Судебники XV – XVI веков / Р. Б. Мюллер, Л. В. Черепнин. Москва-Ленинград，1952г.，Ст. 44 – 45.

② См.: Мюллер Р. Б. Судебники XV – XVI веков. Ст. 195.

③ См.: Соборное уложение 1649 года: Учеб. пособие для высшей школы / М. Н. Тихомиров, П. П. Епифанов. М.，1961г.，Ст. 8.

人。为此，彼得一世在 1722 年 2 月 23 日关于受理呈文并转送政府首脑审查的批示中写道："递交呈文者到处惹麻烦，他们把自己的呈文送交给陛下本人，不让人安宁。"①

彼得一世于 1722 年 4 月 27 日在"枢密院职位"命令中具体明确了呈文工作的具体程序。命令中规定，接受呈文并转送政府首脑审查的人可将对委员会、办公室以及作出不公正裁决的审理机构的申诉呈递给沙皇。在审议申诉时，沙皇下令按照章程和宣誓处理案件。需要指出的是，正是在这一时期，俄罗斯第一次成立了呈文工作部门。②

在彼得一世去世后，叶卡捷林娜一世对该命令进行了修正。如果说以前可以通过递呈子人将下级机关的申诉直接呈报给沙皇的话，那么，叶卡捷林娜一世时期通过枢密院来处理此时民众的参与请求。

1763 年叶卡捷琳娜二世签署了申诉和请愿审议程序的宣言，该宣言规定了民众参与的审议程序，对于应当由审判部门审理的案件，则将申诉书返还给请愿者，以便其将案件递交给审查部门。③ 该宣言的意义在于，首先，该宣言是第一部规定申诉审查程序的文件；其次，该宣言明确了整个国家机关处理申诉的工作程序；第三，该宣言划分了向国家机关参与的行政和司法工作分工。

1810 年 1 月 1 日，M. M. 斯佩兰斯基所拟定的《国务委员会成立宣言》对向国家权力机关进行参与的程序进行了例行修正。根据该法令，在国务委员会中组建一个专门部门，该部门是由委员会下设的一个组成部分——请愿委员会负责的，该委员会直接受理向沙皇提出参与的请愿书。有三种参与申请书属于委员会的职权范围：申诉书、奖励和宽恕请愿书、提案。宣言针对每个申请书都从形式和实质两方面规定了特别的审理程序。宣言还规定了非由国务委员会审查的申请清单，主要包括：匿名请愿、重复请愿（就这类请愿已经给予了拒绝），以及对已失去法律效力决策的申诉。与此同时，宣言还规定了行之有效的向俄罗斯沙皇递交请愿书客观诉讼程序。然而，该宣言并没有废除诉讼程序存在的等级观念，如：仍规定只有贵族会议可以向沙皇申诉，而对于所有其他等级的居民来说，一直到 1905 年 2 月前，一直保持着以前的申请程序。该申请程序受到上级行政机关官员的限制。1890 年 3 月 21 日，申请受理委员会改组为受理沙皇请愿书陛下办公厅。这项命令规定了办公厅的具体工作程序。1895 年

---

① См.: Преображенский А. А. Законодательство Петра I / А. А. Преображенский, Т. Е. Новицкая. М., 1997г., Ст. 86 - 88.

② См.: Преображенский А. А. Законодательство Петра I. Ст. 77 - 79.

③ См.: Чистяков О. И. Законодательство Екатерины II / О. И. Чистяков, Т. Е. Новицкая. М., 2000г., Ст. 516 - 517.

《国务委员会及其改组宣言》对接收和审议申请书的程序稍稍进行了修订。①

在受理俄罗斯民众和其他请愿机关申请的制度中，还设立了事务特别处，其任务是对政府枢密院裁定的申诉进行审查。该机关是与沙皇接收请愿书办公厅同时成立的，该机关是一个按特别委托而行事的机构。特别之处在于该机构只审议那些向办公厅管理总局提交的申请，以及其他申诉、请愿、解释和其他文件等。特别处不处理案件本身，它只是做出一项结论，即提出申请的理由是否充分，有无必要将其移交给枢密院共同会议审议。

综上所述，俄罗斯帝国时期的 1497 年《律书》首次明确规定了向俄罗斯国家机关递交呈文的法律制度准则。该《律书》允许臣民递交申诉，直至沙皇。然而，真正向国家首脑请愿只是到了彼得一世时才成为可能。彼得一世对该领域的立法进行了很大程度的修订，为俄罗斯国家增添了一系列用于审议公民向沙皇请愿的新职位。而叶卡捷琳娜二世也对其臣民请愿给予了不少的关注。

（二）苏联时期的公民参与

1917 年 3 月（俄历 2 月）在俄罗斯爆发的二月资产阶级革命并没有废止俄罗斯帝国时期法律以及其他规范性法律文件的效力，因此，俄罗斯帝国时期确立的公民参与的调整机制没有经历任何改变。直到 1917 年十月革命胜利以后，新生的红色政权废除了帝国时期所有关于处理公民参与的法律和规则。在苏维埃政权成立的最初几年中，苏联根本不存在处理公民表达社会诉求的专项规范文件。处理这类事情的工作原则，直至做出最后决定，都是由列宁亲自参与制定的。②

在苏联最初颁布的宪法中，也没有明确公民参与权。公民参与方面的权利仅仅是由各类决议和其他受法律约束的规范性法律文件调整的。苏联时期涉及公民参与的第一部法令是 1918 年 11 月 8 日全俄苏维埃代表大会通过的《关于准确适用法律》的大会决议。该决议规定了苏维埃国家所有机关和官员，有接受公民控告和请愿的职责。③ 该决议明确了苏维埃国家所有机关和公职人员有受理"共和国任何公民对国家机关办事拖延或对公民合法主张加以阻挠而提出申诉参与"的职责。④ 俄罗斯苏维埃社会主义共和国人民委员会 1919 年

---

① См.: Е. И. Лыскова: Становление и развитие института обращений граждан, // Право и политика. −2007г., −№3. −Ст. 121−125.

② См.: Мальков В. В. В учреждение поступила жалоба... Ст. 6.

③ См.: Мальков В. В. В учреждение поступила жалоба... Ст. 17.

④ См.: Лыскова Е. И. Становление и развитие института обращений граждан // Право и политика. 2007г., №3.

12 月 30 日还颁布了有关纠正国家机关及工作人员办事拖沓的法令。法令中规定了递交和审议公民参与申请的相关程序。1919 年 4 月 12 日全俄中央委员会颁布法令，将监督、受理和审查公民参与申请的职责赋予了国家监督机关。国家监督机关还成立了专门的审议申请、控诉的专门机构。后来，在国家高级机关和中央机关通过的各种法令中，还分析了公民参与案件审查的基本状况，并制定了接待民众诉求的工作程序等。

1958 年 8 月，苏联共产党中央委员会通过了《关于审议劳动者申诉信件、控告和声明中严重不足》的决议，其中提出了吸纳社会人士参与该事务的问题。苏联共产党中央委员会和苏联部长会议 1960 年 2 月 25 日颁布的《关于整顿为民办事和解决其日常需要时官僚作风的措施》的决议，其中也包含有关纠正办事拖沓方面的具体措施。1967 年 9 月，苏联共产党中央委员会通过了《关于完善审议上访信件和接待劳动者工作》的决议，决议中特别强调指出：公民的信件是加强和扩大党与人民联系、鼓励公民参与国家事务管理的一个重要形式，是表达公众意见的手段，也是有关国内生活信息的一个来源。①

苏维埃社会主义共和国联盟最高苏维埃主席团 1968 年 4 月 12 日通过的《有关审议公民建议、声明和申诉程序》的命令②是规定公民向权力机关申诉程序的主要基准文件。该命令确立了对于所有权力机关和社会组织都必须遵守的审议公民参与的原则和处理期限。最高苏维埃主席团强调指出，国家权力机关应该提供和保障公民实施建议、声明和申诉等权利所需的必要条件。国家领导层承认，在实际操作中往往遇到以下情况：未及时审查申请书、未及时正式答复所提出的问题、官员未亲自接待公民、未充分监督所通过决策的执行情况、某些公共机构对现行立法解释工作抓得不够、未分析发生申诉的原因、未采取措施纠正发生类似问题的原因。公民控诉的原因五花八门，其中最常见的原因集中在政府机构的低效率和对民众建议及诉求的怠慢等方面。

在苏维埃时代，处理公民参与的工作被认为是国家和党政机关活动的一个不可或缺的组成部分。人们对权力代表提出的主张被视为民众参与管理国家、人民和党之间的密切联系的具体行为，而公民向官员递交的信件往往是国家机关了解社会各阶层生活信息的可靠来源。在 1977 年的苏联宪法中明确将公民参与的机制在宪法中确立下来。

1977 年在苏联的宪法中首次规定了公民参与的内容。苏联宪法的第 49 条

---

① См.：Мальков В. В. В учреждение поступила жалоба… Ст. 19.
② 《苏联最高苏维埃公报》1968 年第 35 期，第 368 页。См.：Ведомости СНД и ВС РФ. 1968 г. №35. Ст. 368.

中规定："公民有权向国家机关和公共机构提出关于完善其活动、批评工作中不足的建议。"① 另外还规定了公民、社会机构和劳动集体有权参与国家和公共事务管理，讨论和通过全国性和地方性法规和决策（宪法第48条规定）。

当时作为苏联加盟共和国的俄罗斯根据1977年苏联宪法的原则精神也颁布了1978年宪法，其中宪法第47条中明确了公民有"直接以及通过其代表参与社会和国家事务管理"的权利;② 宪法第51条还规定："俄罗斯联邦公民有权向国家机关和官员递交个人和集体的参与申请书，国家机关和官员有义务在其职权范围内审议这些参与申请书，并通过相关决议，按法律规定的期限给予合理的答复。"这一规定表明，公民对权力机构的参与成为公民直接参与国家和公共事务管理的宪法标准。

需要指出的是，自1977年苏维埃社会主义共和国联盟宪法生效后，并没有通过审议公民请求、申诉和声明程序方面的规范性文件。这一时期只是根据1980年3月4日苏联最高苏维埃主席团命令（该命令由1980年6月25日核准批准），以及1988年2月2日苏联最高苏维埃主席团《关于公民建议、申请和申诉审理程序的命令》的主席团令进行了修改。1989年12月，苏维埃社会主义共和国联盟总检察长 А. Я. 苏哈列夫曾向苏维埃社会主义共和国联盟最高苏维埃提交了国家管理机关、企业、机关和组织审议公民参与程序的法律草案。该法律草案递交给了苏维埃社会主义共和国联盟最高苏维埃委员会审议，但并没有得到支持。

1990年苏维埃社会主义共和国联盟最高苏维埃委员会针对公民参与问题，起草了苏维埃社会主义共和国联盟公民参与法草案，并发表在《人民代表》杂志上以便讨论，但该法律草案最终并没有获得通过。③

二、俄罗斯语境下的"公民参与"的理论内涵及实质

现代民主理论的产生，为公民参与政府公共决策奠定了理论基础。由于公民参与本身不具有强制性，因此，公民参与的实质是公民为维护其自身权利和实现其社会诉求的基本表达形式，也是国家权力机关对公民宪政权利和自由保护的主要表达方式及对公民当家做主的民主权利的尊重。反过来，公民参与也

---

① См.: Ведомости ВС СССР. 1977г., №41. Ст. 617.

② См.: Ведомости ВС РСФСР. 1978г., №15. Ст. 407.

③ См.: Иванченко А. В. Российское народовластие: развитие, современные тенденции и противоречия. М., 2003г., Ст. 56.

意味着公民对国家、民族或某种政治团体的认同、服从和忠诚。公民参与作为保护公民权不受侵害的手段之一，通常借助司法、行政等救济手段和固有的合法表达方式（如诉讼、建议、申请等）对侵犯其公民权利和自由的行为予以制裁。公民参与只有借助特定的法律表达形式向主管机关提出申请，才可能会获得国家的支持和保护。① 正是借助公民参与，受到侵犯的权利和自由才能够得到更好的救济，社会正义才能获得匡正，公民的诸多社会诉求最终才能得以实现。

公民参与权作为宪法性权利在俄罗斯的确立体现在《俄罗斯联邦宪法》第 33 条的规定之中："俄罗斯联邦公民有权向国家机关、地方自治机关提出个人意愿及表达个人和集体请求的权利。"基于俄罗斯联邦宪法这一规定，在 2006 年 4 月 21 日通过的《俄罗斯联邦公民参与审查程序法》的第 4 条将"公民参与"这一概念定义为：公民向国家权力机关、当地政府或官员提交的书面建议、声明或者投诉，以及公民向国家机关、地方政府提出的口头呼吁。应当指出的是，俄罗斯将"参与"这一概念做了扩充性解释，他们认为这一概念本身具有综合性，按照国外的立法例，通常也将申请、建议、申诉和请求都涵盖在"参与"这一概念范畴之内。②

此外，在俄罗斯的学术界，许多立宪派学者在其学术论著中都曾试图对"公民参与权"这一概念进行归纳总结。例如：M. B. 卡拉谢娃认为，向公共政权机关提出参与的权利是一项宪法性权利，公民以个人或集体的名义向主管机关提出参与，旨在保护或恢复其受到侵犯的个人权利和合法利益。公民参与国家事务的管理，不仅揭示了国家和公民之间最根本的关系，同时也是整个苏维埃人民意志和社会自由的体现。③ 根据 A. A. 德沃拉克和 A. B. 柳比莫夫的观点，参与权是公民（包括外国公民和无国籍人士）以口头或书面形式向主管机关提出建议、申请的权利，其同时还包括申诉权。④ 与上述定义相比较，C. A. 什罗鲍阔夫对参与权的定义更科学，也更具说服力。他认为，公民参

---

① См.: В. Г. Румянцева, В. В. Им, Институт обращений граждан в органы государственной и местной власти: понятие, сущность, содержание. // История государства и права, 2008г., №14. Ст. 2 - 4.

② См.: например: Пилипенко А. Н. Административная юстиция в зарубежных государствах // Законодательство и экономика. 1996г., №3 - 4; Брэбан Г. Французское административное право. М., 1988г.

③ См.: Карасева М. В. Конституционное право граждан СССР на обжалование. Воронеж, 1989г., Ст. 10.

④ См.: Любимов А. П. Гражданский лоббизм: процедуры и технологии обращения граждан. М., 1998г., Ст. 4; Дворак А. А. Реализация конституционного права граждан на обращения в Российской Федерации: Дис…канд. юрид. наук. М., 2004г., Ст. 54.

与，即公民个人以符合法律要求的口头或者书面形式，向国家机关或地方自治机关表达其意志的一种方式，旨在实现、享有、保护或者恢复其权利和自由。① 虽然上述定义都在一定程度上对"参与权"的含义予以总结概括，但仍存在不足之处，如 А. А. 德沃拉克和 А. В. 柳比莫夫仅通过列举参与方式进行定义过于狭隘，同时没有把公民组织列入参与权的主体。

结合立法及俄罗斯各家学派的基本观点，可以将俄罗斯语境下的"公民参与"概括为根据国际维权法的规则所确立的一项独立、综合的权利保障的法律制度。公民及其组织以口头或书面的形式，以个人或集体的名义向国家机关和地方自治机关提出参与国家事务的管理，旨在保障实现、维护、恢复自身或他人的权利、自由以及合法利益。

俄罗斯学界对公民参与本质的认识存在着不同的观点，其根本原因在于社会生活的复杂多样性以及公民参与方式的综合性。公民参与本身所体现的综合性特点主要体现为公民有权根据其参与管理国家事务，实现和保护自身权利、自由和合法利益，有权将这种方式作为向有关国家及其机关和组织进行信息反馈的渠道，同时也有权通过运用该项权利最终实现其他宪法权利。客观地讲，公民参与是实现民间治理的最重要的途径之一，它运用现行法律规范保障实现公民参与国家事务管理、发表个人意见、维护和恢复被破坏的自身权利、自由和合法利益的宪法权利；主观地讲，公民参与是现行法律规范中某些权利的叠加，其中包括：批评分析政权机关工作的权利；为了改进政权机关及其官员的工作的建议权；公民通过呈报或集体参与，采纳、取消或者修改和补充规范性法律文件以及政权机关所做的其他决定的权利；在实现具体的权利和自由时获得政权机关协助的权利；参与保护（恢复）被破坏的自身或他人自由和合法利益的权利；通报已知政权机关及其官员的违法行为的权利等。

大多数研究过和正在研究公民参与理论的俄罗斯学者和实践家们都认为，可以将公民参与视为公民保护自身权利、自由和合法利益的方式。② Н. Ю. 哈玛涅娃认为，公民参与权是公民保护自身权利和自由的一个重要宪政手段。此外，她还指出，参与权就其表现形式而言是每个公民绝对享有、不受限制且不可割让的权利。③ М. В. 卡拉谢娃和 С. Б. 索鲍列娃也认为，参与是公民保护

---

① См. : Широбоков С. А. Конституционное право человека и гражданина на обращения: Автореф. Дис…канд. юрид. наук. Екатеринбург, 1999г. , Ст. 8.

② См. : Баглай М. В. Указ. соч. 2009г. , Ст. 199.

③ См. : Хаманева Н. Ю. Конституционное право граждан на подачу обращений（Проблемы законодательного регулирования）// Государство и право. 1996г. , № 11. Ст. 12 – 13.

自身权利和自由的最重要的宪政手段。① 一些作者把参与权当作一种自我保护的手段加以研究。A. B. 马里科把这种自我保护方式进行如下分类：向国家权力机关和地方自治机构提出参与；对官员破坏公民权利的作为或不作为控诉；向媒体和维权组织、社会协会提出参与申请。持该种观点的学者还包括 M. B. 巴格莱和 Ю. H. 斯杰错夫斯基。②

此外，M. Ф. 丘达科夫、T. И. 克雷让托夫斯卡娅、H. П. 法尔别洛夫、B. Ц. 基洛夫、Ю. H. 阿里斯特拉托夫、A. A. 德沃拉克一致认为，公民参与是最直接的民主表达形式之一。③ 他们认为，直接的民主形式是指，为了解决重要的社会问题，公民及其组织以直接的方式表达其意志，如对国家权力机关和地方自治权力机构所作的决策施加影响，监督其工作并予以纠正其违背他们的利益需求。令人难以反驳他们认识的观点理由是，事实上公民参与有能力达到这一目标。

也有人认为，公民参与国家权力机关的制度不能被当做直接的民主形式，④ 因为其不能反映和代表所有人的全部意志，也不能让人人都遵守，而且直接的民主制度是由宪法制定的，即公民投票和自由选举（《俄罗斯联邦宪法》第 3 条第 3 款）。因此，他们认为可以把公民参与（请愿）当做所谓的公民院

---

① См.：Карасева М. В. Конституционное право граждан СССР на обжалование. Воронеж, 1989г. Ст. 25；Соболева С. Б. Законность разрешения обращений граждан как фактор обеспечения их защищенности（деликтологический и прокурорско – надзорный аспект）：Автореф. Дис⋯канд. юрид. наук. М.，1990г.，Ст. 15.

② См.：Малько А. В. Конституционное право России в вопросах и ответах：Учебно – методическое пособие. М.，1999г.，Ст. 114；Баглай М. В. Указ. соч. Ст. 280；Стецовский Ю. Н. Право на свободу и личную неприкосновенность：нормы и действительность. М.，2000г.，Ст. 115.

③ См.：Чудаков М. Ф. Правовые проблемы участия личности в осуществлении непосредственной（прямой）демократии：Автореф. Дис⋯канд. юрид. наук. Харьков, 1982г.，Ст. 4 – 7；Крыжантовская Т. И. Представительная и непосредственная демократия развитого социалистического общества：Автореф. Дис⋯канд. юрид. наук. М.，1982г.，Ст. 9 – 11, 14 – 19；Фарберов Н. П. Демократия развитого социалистического общества. М.，1975г.，Ст. 12 – 16；Киров В. Ц. Парадоксы государственной власти в гражданском обществе. М.，1992г.，Ст. 163 – 168；Алистратов Ю. Н. Право граждан на обращения в органы публичной власти и органы местного самоуправления в условиях становления демократического правового государства в России：Дис⋯канд. юрид. наук. СПб.，1997г.，Ст. 63 – 67；Дворак А. А. Реализация конституционного права граждан на обращения в Российской Федерации：Дис⋯канд. юрид. наук. М.，2004г.，Ст. 49 – 52.

④ См.：Комарова В. В. Формы непосредственной демократии в России. М.，1998г.，Ст. 7 – 10；Руденко В. Н. Прямая демократия：модели правления. Конституционно-правовые институты. Екатеринбург, 2003г.，Ст. 109 – 115；Суворов В. Н. Конституционные формы непосредственной демократии：Автореф. Дис⋯канд. юрид. наук. М.，1984г.，Ст. 2 – 5.

外活动制度，即对政权温和地施加影响的一个环节。[①] 因为公民参与仅仅是借助于建议、愿望、申诉等形式来表达公民的意志，而根据建议、愿望、申诉并不是总能做出使所有的或部分的国家权力机关必须履行的决定，[②] 所以说其不能全面且同时保障所有人的全部或者部分利益以及独立自主的意志。

公民个人可以通过各种参与形式来表达自己的意愿，比如，对国家政策的态度或者对任何一个权力机关工作的态度。公民参与可以直接保障公民实现聚会权、集会权、示威权、游行权和防护权，使国家和地方权力机关能关注社会重要问题，而这些参与是上述权力机关研究国家民主发展趋向的决定因素时必须加以考虑的。[③]

三、俄罗斯公民参与权的内容及特点

公民参与权是公民为实现自己政治利益，通过立法倡议对政权机关施加影响，要求公共权力机关提供相关文件、确定和证实有关事实、赋予某种法律地位、进而实现和保护个人权利与自由的权利。

《俄罗斯联邦宪法》第 33 条、第 52 条和第 53 条都规定了公民可以向国家机关和地方自治机关提出个人参与和集体参与的意愿，其中包括对上述机关的决定和作为（不作为）提出申诉。在这种情况下，公共权力机关应听取公民意见，同时保证申请人不会因在参与中所表达的意见和建议而遭受迫害，公共权力机关的这些职责同公民权利是相对应的。向权力机关提出申诉、对相关机关行为提出申诉的宪法保障，是参与权内容的法律基础。随着部门法律调整的具体社会关系的扩大，这种宪法保障还会得到进一步的发展。在俄罗斯联邦宪法中，公民参与权不仅包括部门法中相关的权能，还包含有专门的政治方面的内容：即公民参与国家事务管理方面的权利。就这个意义上来说，公民有权针对以下特殊议题向公共权力机关递交参与申请书：国家实施政治、社会经济改革措施；修改和补充现行法律；废止或法律实施等问题。

---

① См. : Козлова Е. И. , Кутафин О. Е. Конституционное право России. М. , 1999г. , Ст. 84 – 90; Руденко В. Н. Указ. соч. Ст. 109 – 113. КонсультантПлюс: примечание. Учебник Е. И. Козловой, О. Е. Кутафина "Конституционное право России" включен в информационный банк согласно публикации – Юристъ, 2004 г. （издание третье, переработанное и дополненное）.

② См. : Суворов В. Н. Указ. соч. Ст. 6 – 8.

③ См. : В. Г. Румянцева, В. В. Им, А. П. Озерскис: Альтернатива судебной защиты прав, свобод и законных интересов личности —Институт обращений граждан в органы государственной и местной власти. // Государственная власть и местное самоуправление. – 2008г. , – № 5. – Ст. 6 – 9.

在俄罗斯联邦行政法、税法、土地法、海关法和其他一系列部门法中，其规定的参与权不涉及政治方面的内容。此类参与权的特点表现为公民可以要求国家提供某种公共服务，以及按照行政程序对公共权力机关的决定和作为（不作为）提出申诉。俄罗斯某些学者将行政法中的参与权看做是公民行政申诉权。当然，这并没有构成公民对权力机关的某些具体行政行为行使公民参与权的限制。

俄罗斯的公民参与主体由两类构成：第一类是有权向政权机关提出参与的申请主体；第二类是必须在法律规定的期限内以法律规定的程序和形式接受、审理和答复参与申请的审查主体。第一类申请主体主要包括：俄联邦公民、外国公民、无国籍人士及组织（法人形式或非法人形式）。俄罗斯联邦立法对第一类参与主体没有规定限制性条件，只要达到规定的法定年龄和具有相应的行为能力即可。第二类参与审查主体主要包括：俄罗斯国家机关、地方自治机关及其官员。此外，行使某些国家职能的非国家机关及单位也被视为公民参与的审理主体。比如，某些自治性组织——职业（行业）团体就属于这种主体。这些团体被赋予了国家的某些监督和管理职能，比如发放许可证。这类行使某些职权的组织有责任同公共权力机关一样，按照法定的程序来审查公民参与的诉求。

公民参与审查主体的义务是与其相应的权力职能相对应的。其义务①包括：在法律规定的期限内按照法律规定的程序受理、登记、审查和答复公民提出的参与申请；对于没有履行相应义务的政权机关及其官员，责令其改正并根据不作为或消极的作为所可能导致的不良后果，追究其相应法律责任。公民参与任何一项法律规定都确定了权利与义务相对等的原则，权利主体在享有法定权利的同时，必须同样承担相应的法定义务。② 因此，作为公民参与的申请主体在享有相应权利的同时，也要承担相应的义务。其中包括：参与主体不得恶意利用公民参与权达到造谣中伤的目的，如威胁官员（或其家属）的生命、健康或财产，否则要承担法律责任。公民参与主体的上述权利和义务是通过向下列机关提出参与申请来实现的。这些机关包括：俄罗斯联邦总统、俄罗斯联邦国家杜马、俄罗斯联邦委员会、俄联邦政府和权力执行部门及其他机关、俄联邦主体的司法机关、俄联邦主体的权力执行机关、俄联邦主体的首长（俄联邦主体政权最高执行机关的领导人）、上述机关的其他官员、地方自治机关

① См.：Матузов Н. И. Актуальные проблемы теории права. Саратов, 2004г., Ст. 284 – 287.

② См.：Матузов Н. И. Актуальные проблемы теории права. Саратов, 2004г., Ст. 285.

及其官员等。①

根据俄罗斯公民的请求、愿望和要求的差异，公民参与权的领域和范围规定得相当广泛。例如，根据俄罗斯联邦经济发展与贸易部 2004 年 1—7 月在审查企业与联邦权力机关相互关系方面涉及公民参与的 210 起案件的调查结果，有 46 起公民参与案件是缘于公民和组织直接向联邦国家权力机关提出参与申请而提起的，其中包括向俄罗斯联邦经济发展与贸易部直接提出参与申请的案件。

根据对公民参与申请者的诉求内容的不同分析，俄罗斯公民参与主要涉及如下领域：

第一，建议修改和补充有关联邦部委活动方面的现行法律，通过相应的有利于公民和组织的规范性法律文件和单个法令；

第二，请求对有关联邦部委活动方面的现行法律进行解释；

第三，请求提供关于联邦部委活动方面的信息，涉及解释法律问题的除外；

第四，如果联邦部委是涉及国家采购作为订购人的话，建议签订国家合同、许可证合同和投资协议，建议在公开透明的前提下开展合作；

第五，对国家机关所属机构的行为（不作为）提出申诉，请求协助解决具体组织或个体企业主经营活动中的问题等。

通过以上分析我们可以看出，俄罗斯公民参与体现出如下特点：

第一，俄罗斯公民的参与权受宪法保护。《俄罗斯联邦宪法》第 17 条第 2 款和第 55 条第 2 款规定，公民自出生之日起即取得参与权，且在任何情况下都不会因为国家机关、地方自治机关的行为而丧失该权利，但法律另有限制规定的除外，譬如，限制重复参与、恶意使用参与权，未成年人和无行为能力人的参与权利能力的限制问题等。这也就是说，参与权是与生俱来、不可剥夺的，但也存在限制性例外。Ю. Н 阿里斯特拉托夫、В. А. 卡尔塔什金、Е. А. 卢卡什娃、В. С. 涅尔谢祥茨、А. В. 斯特列莫乌霍夫都指出了保障公民参与权不被剥夺的必要性。② 正是由于宪法保障公民的参与权不被剥夺，未成年人

①　См.：Бондарчук Р. Ч., Прокопьев Е. В. Комментарий к Федеральному закону "О порядке рассмотрения обращений граждан Российской Федерации (постатейный)." М.: ЗАО "Юстицинформ", 2007г., // СПС "КонсультантПлюс".

②　См.：Алистратов Ю. Н. Право граждан на обращения в органы публичной власти и органы местного самоуправления в условиях становления демократического правового государства в России：Дис...канд. юрид. наук. СПб., 1997г., Ст. 80; Нерсесянц В. С. Общая теория права и государства：Учебник для вузов. М., 2002г., Ст. 338; Конституция Российской Федерации：Научно - практический комментарий / Под ред. акад. Б. Н. Топорнина. М., 1997г., Ст. 167; Стремоухов А. В. Правовая защита человека. М., 2006г., Ст. 233, 288.

和无行为能力人才得以成为该项权利的主体。因为一个人的年龄和心理健康状况不是其被剥夺权利和自由的标准，但允许法律在特殊情况下对该权利予以限制。

第二，俄罗斯公民参与的主要方式是通过口头或书面的形式（如建议、申请、上诉或者请愿），向有关机关及其官员表达参与意愿并发挥其参与作用。因此，公民有关自由搜集、获取、转达、筛查和传播信息①的权利就可以通过公众参与的方式得以实现。具体表现为：公民有权向国家政权机关要求其提供工作方面的信息，以及涉及主体权利、自由和合法利益的有关信息，但涉及国家秘密和其他受法律保护的秘密除外。②

公民参与是社会舆论诉求的表达方式，也是国家机关和地方自治机关从公民处获得信息反馈的一种手段。Б. Н. 契切林认为："社会舆论反映着国家管理的真实状态，存在的罪恶不会从内部自行消失，而是会反映出来。只有当人民的诉求变得尽人皆知，管理机关才能更快更容易地找到改正不足的方法。"③公民参与作为一种自由表达意见的方式，旨在解决具体的社会问题。然而这种意见表达必须以具体的法律形式（建议、申请、上诉、请愿）作为载体，任何笼统、模糊的意见表达方式都不能归入参与制度之列。④

第三，俄罗斯公民参与通过个人参与和集体参与发挥其作用。即公民能够独自或者同其他主体组成一个团体组织来实现自己的参与权，这个团体可能是已注册的法人或者是没有注册的公民协会。

第四，俄罗斯公民参与的客体为受法律保护的物质财富和精神财富，它们可以是主体与生俱来的，也可以是主体通过合法途径获得的。

第五，俄罗斯公民参与具有坚实的法律基础，其在国家立法中（联邦级的、联邦主体级的和地方级的）都有一定程度上的体现，如：《俄罗斯联邦宪法》、《俄罗斯联邦自治市政府法》、《俄罗斯联邦行政法》、《俄罗斯联邦民法典》、《俄罗斯联邦刑法典》、《俄罗斯联邦家庭法》、《俄罗斯联邦民事诉讼法》、《俄罗斯联邦刑事诉讼法》以及公认的国际法原则及准则和俄罗斯联邦缔结的国际条约和协议。

---

① См.：Сорокин В. Д. Административный процесс и административно‑процессуальное право. М.，2006г.，Ст. 148.

② См.：Государственная тайна и ее защита в Российской Федерации / Под общ. ред. М. А. Вуса, А. В. Федорова. СПб.，2007г.

③ См.：Чичерин Б. Н. О народном представительстве. М.，1899г.，Ст. 54.

④ См.：Экштайн К. А. Основные права и свободы: по российской Конституции и европейской Конвенции. М.，2004г.，Ст. 218‑219.

第六，俄罗斯公民参与制度具有特殊的法律调节机制，其采用特殊的法律表达方式（劝说、强制、上诉、监督和监视）和运用特殊的法律调整手段（行政调查、法律强制措施、刑事追诉等），以及接受多个部门法（行政法、民法、刑法、宪法、自治市政府法和国际法）的调整。

第七，俄罗斯公民参与调整的是公民及其组织与呈报、接受、审理和解决公民参与的国家政权机关之间的法律关系。

四、公民参与和俄罗斯现代法治进程

法治国家的构建是俄罗斯现代社会转型面临的长期目标和根本任务。俄罗斯宪政发展问题作为法治国家的核心要素，需面对改革与发展中的诸多问题，既有国家权力的分配，也有公民权利的保障，还有市民社会层面等问题。① 而法治国家的重要标志是公民的权利和自由受到法律的有效保护，其中最主要的途径就是国家及社会事务管理的公民参与以及私权利如何得到有效保护。在公权力与私权利的博弈中，公民参与在保障公民权益方面发挥了积极作用。

不可否认的是，在个人权利与国家权力的相互博弈关系中，后者总是更强大的一方：首先是因为国家可以通过各种机构维持自身的正常活动，并拥有绝对的权力和专门用于有效体现自己意志的强制工具；其次，国家拥有足够的物质资源来实现自己的权力；最后，国家可以遵循公众利益至上的原则限制个人的权利与自由。作为公权力，其与私权利的区别在于，其一方面要保障社会和国家活动的基础，使其作为社会和国家存在的条件；另一方面又要满足个人的利益。

公民与公共权力机关之间的利益冲突，如不能得到消解或缓和必然最终会导致政治危机，其发生的根源无外乎是公民与政权机关的疏远和民主的虚假。危机发生的根本动因是共同利益与个人利益的不符，个人对国家政权保障公民利益的方式和方法存有异议、对自身政治活动持负面态度，以及公民个人因意识到不能自由表达自己的选择或意愿时而产生的负面心情和感受。②

为了能在社会与国家的二元互动关系之中建立平衡支点，俄罗斯国家必须创建有效的机制，使公民能够对公共权力机关施加影响以及对其活动实施监督。公民参与权的有效保障即可实现这一目标。公民向公共权力机关提出参与

---

① 杨昌宇：《宪政：当代俄罗斯法治国家构建的基础》，《黑龙江省政法管理干部学院学报》2006年第4期（总第55期）。

② 见：Васильева С. В. Право граждан организаций на обращение：нормативная модель и практика реализауии，// Законодательство и экономика，2005 г.，№5. Ст. 23.

意愿，不单是因为他们想要参与国家的政治生活，更为重要的是因为他们希望获得国家权力机关所提供的一定的公共服务。正因如此，在俄罗斯每天都会有公民向公共权力机关提出参与申请。

对于俄罗斯权力机关来说，公民参与是其做出高质量决策、了解公民对社会愿望和需求等相关信息的重要途径，同时也是加强同公民的沟通、满足个人愿望和利益的有效手段。通过公民参与可以掌握社会舆论和公众情绪的动态，发现公共权力机关在行使其职权时的积极趋势和消极趋势。尤其是那种社会影响面较大的集会，将很有可能成为某种能够引起社会关注、引发国家机关和社会舆论思考的"早期报警系统"。因此，俄罗斯国家若拥有了有效的参与审理及其分析和统计机制的话，就可以及时对公民现有的愿望和需求做出反应，这样一来国家就可以建立起同社会的密切联系，避免在"公民与官员"的相互关系中发生冲突。

俄罗斯法治国家构建必须要求建立个人权利、自由和合法利益的有效保障机制并且保障其职能的发挥。在法治国家中，公民的权利和自由具有最高价值。承认、维护及保护公民的权利和自由是国家的义务，它决定了法的本质、内容及适用，也决定着国家权力机关和地方自治机关的工作内容（俄罗斯联邦宪法第 2 条和第 18 条基本精神）。公民参与成为俄罗斯民主法治国家人和公民法律地位及其尊严维护重要的价值判断标准。

法治国家是以发育成熟的市民社会为基础的，现代法治国家需要"中产阶级"在社会结构中取得优势地位。因为在"市民社会中，法律已不是那些拥有经济和政治垄断的人们的意志，而是体现着自由、平等和正义标准的社会各阶层的妥协"①。公民参与是一国社会公民性型塑以及市民社会培养的最直接的方法和途径。市民社会对于法治国家形成的价值在于能够促进法治国家的内在机制的形成：第一，法治作为一种秩序状态，其要求在国家体系内，法律得到普遍遵守且处于至高无上的地位，而维护法治秩序的首要条件是国家权力受到有效制约；第二，法治也体现为秩序维护中的内在理念或精神，法治是确立民主、权利和自由等的价值理念的载体。而市民社会为上述条件的形成奠定了基础：（1）以市场经济为基础的市民社会为法治提供理性规则；（2）市民社会孕育了自由、平等的法治理念；（3）市民社会是民主的坚实基础；（4）以市民权利制约国家权力。②

_____

① См.: В. В. Лазарева: Общая теория права и государства, М., 2001г., Ст. 324.

② 参见何勤华、任超等著《法治的追求——理念、路径和模式的比较》，北京大学出版社 2005年版，第 52—61 页。

　　通过分析公民参与对促进俄罗斯法治国家的构建，我们可以得出如下的认识：

　　首先，公民参与是俄罗斯法治国家的基本要求。公民参与是一个独立于国家而又与国家相互影响的个人或组织联盟（自由、权利、义务、道德、财产等），它形成分散化的权利和利益要求。正是公民参与的这种多元分散的权利和利益要求，不仅分割了国家权力，而且"能够压制国家权力，以迫使国家为社会服务，从而保障和促进公民的权利和自由"①。

　　其次，公民参与是俄罗斯产生"中产阶级"和促进社会阶层分化的优良土壤，其为法治国家提供强大的社会动力和确立"中产阶级"在社会结构中的优势地位。

　　再次，根植于市场经济基础上的公民参与，通过批判法律草案和参与立法等活动来影响国家的法律创制活动，通过执法评价和监督等活动来影响国家法律的实施，② 使法治国家的法律成为市民社会权利和自由的有效保障，而不是国家权力运作的手段。因此，公民参与是俄罗斯法治国家民主的基础力量，它通过对权利、自由的诉求来干预立法和国家活动，限制了公权力自由泛滥。

　　公民参与为自由、权利和秩序的诉求提供了法治国家的价值原则。市民社会的成长是个协调有序的进程，它强调多元论，但又反对激烈冲突，因此市民社会是多元而和谐的。③ 在公民参与的基础上，市民社会形成了平等、自由和权利价值理念，以及建立在多元利益和价值基础上的秩序理念。"法治国家的重要特征之一是对个人权利和自由的现实保证"④，公民的有序参与的诉求和理念为法治国家提供了自由、平等的价值原则。以公民参与为基础的俄罗斯市民社会的构建构成了法治国家的社会基础。同时，公民参与的自由、权利和秩序诉求为俄罗斯法治国家确立了基本的价值原则。

五、结语

　　公民参与是一项体现俄罗斯公民与国家之间独特对话形式的市民社会制

---

　　① См.：Т. В. Кашаиина，А. В. Кашанин，Основы Российского права，М.，2008г.，Ст. 42－44.

　　② См.：Т. В. Кашаиина，А. В. Кашанин，Основы Российского права，М.，2008г.，Ст. 45.

　　③ См.：Т. В. Кашаиина，А. В. Кашанин，Основы Российского права，М.，2008г.，Ст. 42－44.；О. В. Мартышин，Несколько тезисов о перслективах перавового в России. М.，2009г.，Ст. 167.

　　④ См.：В. В. Лазарева：Общая теория права и государства，М.，2001г.，Ст. 349.

度。其在俄罗斯的产生和发展经历了早期的孕育和培养，并在俄罗斯现代社会得以迅猛发展。尽管在对公民参与的基本认识方面还存在不同的理论观点，但这并未能影响俄罗斯国家在以政府主导型的法治国家构建中公民参与权的确立及有效的保障。公民参与已经成为俄罗斯法治构建的主要途径和手段。

同时，公民参与也是俄罗斯预防腐败、纠正公权力偏差、消除和预防违法违纪行为的一种有效方法和手段。在俄罗斯法治国家构建过程中，与俄罗斯市民社会有关的自由权利及利益诉求的实现都是通过公民参与机制来实现的。

在俄罗斯，不同阶层或群体的利益和需要不同，认识和要求也不同。要把他们的利益、愿望和要求体现出来，往往需要通过公民参与的方式来实现。在政府、社会和个人之间的和谐互动动态过程中公民不再只是公共服务和产品的消极消费者，或只是传统选择代议人的投票者，而成为表达自身利益、影响公共政策的有生力量，更是与公共管理者一起提供社会公共服务的合作伙伴。市民社会中公民组织等第三部门以及私营部门，只要得到公众的认可，也可以成为不同层面的权力中心，它们完全能够在不同程度上分担管理公共事务、提供公共物品和公共服务的职责。[1] 俄罗斯市民社会组织通过公民参与方式限制公权力泛滥以保障自身利益的实现。公民参与一方面加强了公民对公共权力运用的制约；另一方面，避免权力部门在制定公共政策时可能导致的公共利益价值取向的扭曲，从而保障俄罗斯公共政策的公共性，提高公共政策的科学性。

---

① 夏晓丽：《政府善治与公民参与——基于治理的视角》，《济南大学学报（社会科学版）》2008年第18卷第3期。

明初里老治吏问题研究

胡兴东[*]

内容摘要 明初治吏实践在中国古代吏治史上有重要影响。明太祖朱元璋在吏治中除了采用国家自上而下的重典外,还借用自下而上的民间里老力量来治吏。明初里老治吏具体可以分为权力上的分权制衡和实践中的监督。分权制衡具体表现在里老们大量解决里内各类纠纷和管理里内日常事务,监督权具体表现在对地方官吏的保举权、劝诫权和控告权。前者主要是减少官吏进入民间社会的机会,让他们的权力滥用没有机会,后者则是直接对官吏采用强有力的民间监督。明初这种治吏的形成主要与明太祖对官吏的不信任、想建立一个无官吏蠹害民间的理想社会和民间里老具有的优势地位等有关。

关键词 吏治 重典治吏 里老

明初太祖朱元璋重典治吏是中国古代吏治史中最为有力、血腥的时期。为了重典治吏,明太祖制定了名目繁多的罪名和刑罚,对违法犯罪的官吏进行严厉的打击和制裁。学术界研究明朝吏治的论文很多,主要集中在明太祖朱元璋"重典治吏"的思想来源、体现、具体法律措施和产生的效果、影响以及对当今我国治吏的借鉴等方面。但对明太祖在治吏中采用非重典的软性但又最为直接、大胆创新的民间里老治吏的研究却是空白。① 明太祖是中国古代治吏最用力的皇帝之一,虽然这当中有他为巩固自己朱姓江山而打击功臣的原因,但想肃清吏治、实现一个无官吏滥用权力的社会也是他内心中的理想和动因。从某个角度看,明太祖是中国古代最具悲剧色彩的皇帝,因为他从理想主义出发,造成了最为血腥的结果,但自己理想的无官吏滥用权力的社会理想却没有实

---

* 2007 年 9 月至 2009 年 9 月在华东政法大学法律史博士后流动站从事中国法律史和法律社会学专业博士后研究工作,现为云南大学法学院副教授。

① 根据笔者的查阅,学术界对明初里老制的研究基本上不涉及里老在治吏中的作用问题。

现。明太祖在高压治吏的同时还采用了软性治吏，那就是建立民间强有力的自治力量，由他们来制衡和监督地方官吏的权力，进而达到吏治的目的。为此，明太祖构建了中国历史上较为完善的基层社会组织制度——里老制度，让民间的自治力量对地方官吏进行制衡和监督。《明大诰》和《教民榜文》① 这两个法律虽然一个是具体打击地方官吏的法律，一个是授权民间自治力量——里老的法律，但都含有一个更为重要的内容，那就是重构一个民间力量对抗地方官吏，让地方官吏的权力受到制衡和监督。

一、明初里老概念问题

明初里老是一种地方特别自治组织，在中国古代民间自治制度上具有重要的历史地位。里老在本质上是一种老人委员会，是中国古代尊敬老人、重经验思想的体现。里老作为地方基层自治群体的领导者，在称谓上在明朝、特别是明初主要有耆宿、耆老、耆民、老人等，其中老人与耆宿是主要称谓，《明大诰》中主要采用"耆宿"、"耆老"等称谓，《御制大诰》中专门有"耆宿"一条；《教民榜文》中主要使用"老人"作为称谓。从明朝史料看，两者有一个时间上的先后关系。按《明实录》记载，洪武二十一年以前多称为耆宿，因为该年八月壬子条中有"罢府州县耆宿。初，令天下郡县，选民间年高有德行者，里置一人，谓之耆宿，俾质正里中是非，岁久更代。至是户部郎中刘九皋言，耆宿颇非其人，因而蠹蚀乡里，民反被其害，遂命罢之"。② 这里明确指出洪武二十一年以前在每里中设有耆宿一人，职能是解决本里内部纠纷。这个时期耆宿的职能，从《明大诰》记载来看与后来里老是一样的，只是这个时期采用的是一人制，而不是委员会制。耆宿设置的时间，至少应始于洪武十四年，因为该年诏令全国编制里甲制。当然，从《明实录》上看，老人制应始于洪武二十七年四月，因为该年壬午条中有"命民间高年老人理其乡之词讼。先是，州郡小民多因小忿，辄兴狱讼，越诉于京，及逮问多不实。于是上严越诉之禁，命有司择民间耆民公正可任事者，俾听其乡诉讼，若户婚、田宅、斗负者，则会里胥决之，事涉重者，始白于官，且给《教民榜》使守而行之"③。从此看，老人制应始于洪武二十七年。但是《教民榜文》中记载该

---

① 比较《教民榜文》和《明大诰》，会发现《明大诰》是以治吏为中心，同时限制和打击民间恶势力。而《教民榜文》则是把《明大诰》中重构民间力量治理吏治的内容整理立法。从内容上看，《教民榜文》的很多内容来源于《明大诰》。

② 《明太祖实录》卷一九三，台湾"中研院"史语所校印本，第2894页。

③ 《明太祖实录》卷二三二，台湾"中研院"史语所校印本，第3396页。

法律在洪武二十一年三月十九日就已经颁行。① 洪武二十一年也许是废除耆宿制而改设老人制。耆宿与老人的主要区别不是在名称上，而是在组织形式上。耆宿制每里只设有一名，而老人制每里最少三人，多则五至十人。《教民榜文》第 3 条中规定"或三名、五名、十名"。② 所以说前者是一人制，后者是委员会制。当然，明人对此没有严格的区分，因为在《嘉靖黄岩县志》中记载有"老人，国初，里各推一人年高有德者为之，以理民事，协官府之不及"③。这里的"老人"，实质上是"耆宿"，而不是"老人"。耆老的名称出现很早，从《明史》上看，朱元璋在称吴王时就有记载，因为有"太祖以吴元年十二月将即位，命左相国李善长等具仪。善长率礼官奏。即位日，先告祀天地。礼成，即帝位于南郊。丞相率百官以下及都民耆老，拜贺舞蹈，呼万岁者三"④。

　　从《教民榜文》看，明初"老人"是一个特殊的概念，不仅指年龄，主要体现在德行、见识、公益心等方面。洪武十八年的《御制大诰》第 8 条中规定："耆宿务必德行超群，市村称善"，⑤《教民榜文》规定："年五十之上，平日在乡有德行，有见识，众所敬服者，俱令剖决事务，分别是非。有年虽高大，见识短浅，不能办别是非者，亦置老人之列，但不剖决事务。"⑥ 从此来看，具有相应职权的老人，年龄仅是一个形式要件，实质要件是品质与才能。在产生上应采用公选制，因为《教民榜文》第 3 条中规定：应"令本里众人推举平日公直，人所敬服者"。⑦ 当然，本文讨论的"老人"，与《教民榜文》中审理案件的"老人"是否一致，还有待进一步确认。但从授权制约监督地方官吏的条文同在《教民榜文》中来看，应属于同一范围的老人。⑧ 本文中为

---

　　① 对于《教民榜文》颁布的时间，按谈迁《国榷》记载，洪武三年二月"召江南富民赴阙，上口谕数千言，刻布之，曰《教民榜》"。按此《教民榜文》最早应始于洪武三年。现在收录入《皇明制书》中的《教民榜文·序言》中记载是在"洪武二十一年三月十九日"，而最后则记载是"洪武三十一年四月"。这就出现现在《皇明制书》中的文本内容是洪武二十一年的还是洪武三十一年的问题。当然，从洪武二十七年的记载看，这里的文本应是洪武三十一年的，但从《皇明制书》的整体行文看，此内容应是洪武二十一年的内容。

　　② 《教民榜文》，载《皇明制书》卷八，北京图书馆古籍珍本丛刊第 46 册，第 288 页。

　　③ 《嘉靖黄岩县志》卷三，《食货志》。

　　④ 《明史》卷五三，《志二十九·礼七·嘉礼》，中华书局点校本。

　　⑤ 朱元璋：《御制大诰·耆宿第八》，《续编四库全书·史部·政书类》，上海古籍出版社，第 272 页。

　　⑥ 《教民榜文》，载《皇明制书》卷八，北京图书馆古籍珍本丛刊第 46 册，第 288 页。

　　⑦ 同上。

　　⑧ 因为从《明大诰》记载看，明初具有对官吏监督权的地方人士除了里老外，还有年壮豪杰等，这样导致两者的范围略有不同。

了使用上的方便，除引文外，一律采用里老称明朝拥有此种权力的人员。

二、明初里老制衡、监督地方官吏形成的原因

明初采用乡里里老制衡、监督地方官吏的原因与重典治吏的原因基本上是一致的，它是吏治措施中的一种。① 明太祖为什么会在重典的强制治吏之下还采用这种软性的治吏措施呢？究其原因，主要有三个方面。

（一）明太祖对官员的不信任和吏治社会理想的驱使

明初形成中国古代历史上特有的重典治吏的法律制度与明太祖对官吏的认识与不信任有关。明太祖一生对官吏有一种天生的不信任感，这从《明大诰》中可以看出，他反复指出"朕设府州县官，从古至今，本为牧民。曩者所任之官，皆是不才无籍之徒，一到任后，即与吏员、皂隶、不才老宿及一切顽恶泼皮，夤缘作弊，害吾良民多矣"②。当然，这种认识与明太祖出身低微，经历过地方官吏的压迫有关。对此，他公开说自己"从小受的苦多"③。参与起义后，内心中一直有一个理想，要建立一个没有官吏为害的理想社会。为了建立这样一个理想社会，他不惜使用残酷的铁血手段来治理官吏，在酷刑的治理下，发现问题并没有得到很好的解决，往往出现"我每日早朝、晚朝说了无限的劝诫言语，若文、若武于中听从者少，努目不然者多……我这般年纪大了，说得口干了，气不相接也，说他不醒"④，并发出"朕不才"的自我否定的感慨。他发现仅由自己自上而下的治吏是不能管理好地方官吏的。于是，他想通过民间力量来实现自己的理想。明太祖自己说过，"此诰一出，尔高年有德耆民及年壮豪杰者助朕安尔良民。若靠有司办民曲直，十九年来未见其人"⑤。明太祖认为自己称帝十九年以来就没有一个官吏是清廉、良正的，只有他在洪武十八年授权民间耆老民人有权捆送违法的地方官吏后，很多民间人士积极配合，吏治上取得了较好的进展。从《明大诰》等自我表白中可以看出他内心中一直有种真实的向往，那就是建立一个无官吏为害的社会。

---

① 认真分析明太祖的吏治措施可以分为重典的强制打击和里老的制衡、监督两种。

② 朱元璋：《御制大诰三编·民拿害民该吏第三十四》，《续编四库全书·史部·政书类》，上海古籍出版社，第341页。

③ 朱元璋：《大诰武臣·序》，《续编四库全书·史部·政书类》，上海古籍出版社，第352页。

④ 同上书，第351页。

⑤ 朱元璋：《御制大诰三编·民拿害民该吏第三十四》，《续编四库全书·史部·政书类》，上海古籍出版社，第341页。

（二）乡里老人的优势

古代中国是一个疆域广大的国家，在国家治理上采用的是官僚体系。秦汉以后形成了庞大的官僚体系，治官吏成为最高统治者的首要任务。国家在治理中出现皇帝治吏、吏治百姓的结构。皇帝为了治理好庞大的官僚体系，设置了各种制度措施，如御史监督制度、严格的考核选用制度等。但是由于地域的广阔，加上信息交流的限制，地方官吏往往一经出任，就在中央控制之外，皇帝没有办法对全国地方官吏进行直接有效的控制。地方治理上出现所谓的"山高皇帝远"、地方官吏自己就是"土皇帝"的现象。在国家治理中，如何治理好地方官吏自然成为治理地方的核心。本质上，在乡土中国社会中，主要的权力滥用者就是地方的官吏。于是采用民间力量来制衡、监督地方官吏自然成为中国古代社会中最好的选择。这样就解释了为什么中国古代国家虽然有不停地加深对民间社会控制的冲动，但在现实中又往往把民间治理尽量交给民间社会自身，而不是由地方官吏来直接治理。

明太祖为了减少地方官吏为害地方，采用的一个措施就是禁止地方官吏随便下乡，进入民间社会。《御制大诰续编》中第十七、第十八分别是"官吏下乡"和"民拿下乡官吏"。在"官吏下乡"中有"十二布政使司并府州县往常官吏不时亲自下乡，扰吾良民，非止一端，数禁不许，每每故违不止"。[①]"朕见府、州、县官吏苦民极甚，特不许有司差人下乡，有司官吏亦不许亲自下乡。法已行，官吏守者且有半，民甚安矣。"[②] 禁止官吏下乡后，民间大量事务交给什么群体来处理呢？是不是所有的百姓呢？这是不现实的，于是交给民间社会中有威望、公正的老人是最好的选择。选择乡里老人作为基层社会中的治理主体，是乡土社会的一种必然，因为在乡土社会中，本里中老人往往是本族的长者，同时是经验丰富者，让他们治理基层社会、解决纠纷具有很强的"公正性"和"可接受性"，在对抗地方官吏的权力上也具有更大的力量。因为他们的知识更能得到其他人的认可，同时他们可以调动本里的其他力量。"从古至今，所在有司，凡公事有大者非高年耆宿不备"，因为老人具有"其高年公事也多，听记也广，其善恶易难之事无不周知，以其决事也必当"，"凡诸有司用是耆宿，无不昌焉"。[③] 本里老人对里内民众纠纷比较熟知，让他

① 朱元璋：《御制大诰续编·官吏下乡第十一》，《续编四库全书·史部·政书类》，上海古籍出版社，第275页。

② 朱元璋：《御制大诰三编·臣民倚法为奸第一》，《续编四库全书·史部·政书类》，上海古籍出版社，第309页。

③ 朱元璋：《御制大诰·耆宿第八》，《续编四库全书·史部·政书类》，上海古籍出版社，第272页。

们调解既可以减轻司法机构的负担，又可以减少当事人因诉讼产生的诉累现象。对此，《教民榜文》中明确说出此优势，"老人、里甲与乡里人民住居相接，田土相邻，平日是非、善恶无不周知"。①

（三）继承元朝民间自治力量的传统

元朝时国家广设社制，其中社长的职能与里老的职能十分相似。社制最初的目标是劝课农桑。从《通制条格》卷一六《田令》、《元史》卷九三《食货志一·农桑》、《元典章》卷二三《劝农立社事条》中看目标是一致的。《元史·食货志》中有"其合为社者，仍择数村之中，立社长以教督农民为事"②。在《永乐大典》所录《吴兴续志》中载有"役法：元各都设里正、主首，后只设里正，以田及顷者充，崔（催）办税粮，又设社长劝课农桑，皆无定额"③。当然，从《立社十四条》的内容看，元朝明确授予社长"劝课农桑"外还有掌管义仓、维持风纪、倡导文教等职，后来增授给社长有防盗贼的义务和权力。对于社长调解民间纠纷，元朝在至元二十八年的《至元新格》中有明确规定，"诸论诉婚姻、家财、田宅、债负，若不系违法重事，并听社长以理谕解，免使妨废农务，烦扰官司"④。所以说把民间基层社会治理授予基层社会中的老人或老人组织是元朝以来的传统。由于元朝的这种传统，明太祖建国时设立耆宿，后来的老人委员会制度都是在元朝经验上发展起来的。只是明太祖把此种权力扩大，形成了全新的职能，导致功能发生变化，即乡里老人从民间纠纷解决者、治理者转变成国家吏治措施的一部分。

三、明初民间力量吏治的内容

明朝地方民间力量吏治中，按《教民榜文》和《明大诰》，里老治吏具体可以分为民间事务治理上的分权制衡，实践中的监督权。分权制衡表现在解决里内各类纠纷和管理里内日常事务，监督权表现在对地方官吏的保举权、劝诫权和控告权三个方面。

（一）民间治理上的分权制衡

明朝初期里老的职权主要体现在《明大诰》和《教民榜文》中，只是

---

① 《教民榜文》，载《皇明制书》卷八，北京图书馆古籍珍本丛刊第46册，第287页。
② 《元史》卷九三，《食货志一》，中华书局点校本。
③ 《永乐大典》卷二二七七，中华书局影印本，第5页。
④ 《元典章》卷五三，《刑部十五·诉讼·听讼·至元新格》，中国广播电视出版社1998年影印本。

《明大诰》中重在授予里老对地方官吏的监督权，而《教民榜文》中的权力更为广泛。整体上看，里老在乡里治理中拥有审理民间各类诉讼纠纷，劝课农桑，主持水利事务，劝导民俗，协同里长、甲首维持乡里治安，预防犯罪等方面的职权。通读《教民榜文》会发现它在本质上与其说是要建立一个新的基层社会组织来治理民间社会，更像是作为明太祖治理地方官吏的一个重要环节和措施。《教民榜文》在序言中明确说明此法律制定的目的，"朕自混一四海，立纲陈纪，法古建官，内设六部、都察院，外设布政司、按察司、府州县，名虽与前代不同，治体则一。奈何所任之官，多出民间，一时贤否难知，儒非真儒，吏皆猾吏，往往贪赃坏法，倒持仁义，残害良善。致令民间词讼皆赴京来，如是连年不已。今出令照示天下，民间户婚、田土、斗殴相争，一切小事，须要经由本里老人断决"①。这里指出，让里老拥有解决民间各类纠纷的原因是因为选任地方官吏时没有办法保证地方官吏的能力和任后不滥用权力。从某个角度看，分权与制衡地方官吏是《教民榜文》授权里老大量职权的内在动因。因为《教民榜文》剥夺了很多本来属于地方官吏的司法权、行政权，让民间形成了一个能与地方官吏制衡的力量。行政权并不作为本文分析的中心，因为在中国古代地方官吏进入基层社会的途径中行政管理并不是最经常的路径，民间社会的管理上一直都由民间各种力量在进行。司法权是中国古代地方官吏日常与百姓交往的途径，所以剥夺和减少地方官吏的司法权就是削减地方官吏为非的途径与机会。

在《教民榜文》上对地方官吏司法权的分权不仅在民事纠纷上，还在大量刑事纠纷上。按《教民榜文》第2条规定，里老可以审理的纠纷有"户婚、田土、斗殴、争占、失火、窃盗、骂詈、钱债、赌博、擅食苗园瓜果等、私宰耕牛、弃毁器物稼穑等、畜产咬杀人、卑幼私擅用财、亵渎神明、子孙违犯教令、师巫邪术、六畜践食禾稼等，均分水分"② 等19类。这十九类纠纷中很多已经超出了民事纠纷范围，而属于刑事纠纷，如窃盗、私宰耕牛、师巫邪术、子孙违犯教令、赌博等。此外，第11条中明确规定大量刑事重案可以在当事人自愿的前提下提交里老审理。"奸盗诈伪人命重事，前例以令有司决断，今后民间除犯十恶、强盗及杀人，老人不理外，其有犯奸盗、诈伪人命，非十恶、非强盗杀人者，本里内自能含忍省事，不愿告官系累受苦，被告服罪亦免致身遭刑祸，止于老人处决断者，听。"③ 这样把大量刑事案件交由里老

---

① 《教民榜文》，载《皇明制书》卷八，北京图书馆古籍珍本丛刊第46册，第287页。
② 同上书，第287—288页。
③ 同上书，第289页。

审理。明太祖认为通过这样设置就能使大量诉讼不进入地方官吏手中，就减少了地方官吏鱼肉百姓的机会和途径，进而减少地方官吏滥用权力的可能和途径。

（二）实践上的监督权

明太祖授权里老拥有监督地方官吏的权力应该较早，至少在洪武十八年前后。在《明大诰》中有相关记载，主要在《御制大诰》和《御制大诰续编》中，只是最为全面的是在《教民榜文》第 25 条中，它明确规定了里老监督地方官吏的权力。

《御制大诰》中详细规定了民间里老们此方面的权力，分别是在第 36 条"民陈有司贤否"和第 45 条"耆民奏有司善恶"中。

自布政司至于府州县官吏，若非朝廷号令，私下巧立名色，害民取财，许境内诸耆宿人等遍处乡村市井连名赴京状奏，备陈有司不才，明指实迹，以凭议罪，更贤育民，及所在布政司、府州县官吏有能清廉直干抚吾民有方，使各得遂其生者，许境内耆宿老人，遍处乡村市井士君子人等联名赴京状奏，使朕知贤。凡奏是非，不许三五人、十余人奏，且如府官善政，即府所属耆民，各县皆列姓名具状。其律内不许上言大臣美政，系干禁止在京官吏人等，毋得徇私党比，紊乱朝政，在外诸司，不拘此律。①

这里为了采用民间力量对抗地方官吏，改变了《大明律》规定不能保称官吏美政的禁止。

今后所在布政司、府州县，若有廉能官吏，切切为民，造福者，所在人民必深知其详，若被不才官吏、同僚人等捏词排陷，一时不能明其公心，远在数千里，情不能上达，许本处城市乡村耆宿赴京面奏，以凭保全。自今以后，若欲尽除民间祸患，无若乡里年高有德等，或百人，或五六十人，或三五百人，或千余人，岁终议赴京面奏本境为民患者几人，造民福者几人。朕必凭其奏，善者旌之，恶者移之，甚者罪之。呜呼！所在城市乡村耆民智人等，肯依朕言，必举此行，即岁天下太平矣！民间若不亲发露其奸顽，明彰有德，朕一时难知，所以嘱民助我为此也。若城市乡村，有等起灭词讼，把持官府，或置官吏害民者，若有此等，许四邻及阖郡人民，指实赴京面奏以凭祛除，以安吾

---

① 朱元璋：《御制大诰·民陈有司贤否第三十六》，《续编四库全书·史部·政书类》，上海古籍出版社，第 253—254 页。

民。呜呼！君子目朕之言，勿坐视纵容奸恶患民，故嘱。①

这里就授权地方里老拥有对地方官吏的保举权、监督权。

《御制大诰续编》第 18 条"民拿下乡官吏"中有：

十二布政司及府州县，朕尝禁止官吏皂隶不许下乡扰民，其禁已有年矣。有等贪婪之徒，往往不畏死罪，违旨下乡动扰于民。今后敢有如此，许民间高年有德者民率精壮拿赴京来。②《教民榜文》第 25 条规定：

朝廷设官分职，本为安民，除授之际，不知贤否，到任行事，方见善恶。果能公勤廉洁，为民造福者，或被人诬陷，许里老人等遵依《大诰》内多人奏保，以凭办理。如有赃贪害民者，亦许照依先降牌内事例，再三劝陈，如果不从，指陈实迹，绑缚赴京，以除民害。凡保奏者须要众皆称善，绑缚者须要从知其恶，务在多人，方见公论，若止三五人，十数人称其善恶，人情伪向，朝廷难以准信，若见官长正直，设计引诱贪赃，或以赃物排陷，妄行绑缚，及有不才官员，因是平日与其交通贿赂，却称为善，妄来保奏，如此颠倒是非，乱政坏法，得罪深重，岂能保其身家。③

从上面条文看，这个权力具体可以再分为保举权、劝诫权和捆绑违法犯罪官吏赴京控告权。三个权力可以分为积极权力与消极权力。积极权力是保举地方清廉、能干官吏免受其他人的诬陷和向中央举荐的权力；消极权力是对违法犯罪、为害地方官吏有劝诫权和赴京控告权。这样让地方官吏受到里老们强有力的监督，让地方官吏的权力受到强有力的限制。为了保证里老能够行使监督权力，明确规定里老人等赴京控告地方相关官员不能阻止，否则要受到严厉的处罚。《御制大诰》第 46 条"文引"中规定"凡布政司、府州县耆民人等，赴京面奏事务者，虽无文引，同行人众，或三五十名，或百十名，至于三五百名，所在关津把隘去处，问知面奏，即时放行，毋得阻当。阻者论如邀截实封律"。④ 此条文在《教民榜文》中得到进一步的规定，该法第 44 条规定"凡理讼老人有事闻奏，凭此赴京，不须文引。所在关隘去处，毋得阻当，余人不许，如有假作老人名

——————————

① 朱元璋：《御制大诰·耆民奏有司善恶第四十五》，《续编四库全书·史部·政书类》，上海古籍出版社，第 256 页。

② 朱元璋：《御制大诰续编·民拿下乡官吏第十八》，《续编四库全书·史部·政书类》，上海古籍出版社，第 275 页。

③ 《教民榜文》，载《皇明制书》卷八，北京图书馆古籍珍本丛刊第 46 册，第 290 页。

④ 朱元璋：《御制大诰·耆民奏有司善恶第四十五》，《续编四库全书·史部·政书类》，第 256 页。

目，赍此赴京言事者，治以重罪"①。在《明大诰》中有此方面记载，从具体案件来看，此法律是得到适用的，因为在洪武十九年三月二十九日嘉定县民郭玄二等两名老人手执《大诰》赴京控告本县首领弓兵杨凤春等官吏害民，途中经淳化镇受到巡检何添观阻挠和弓兵马德旺索要钱钞，最后两人被处死刑。② 明朝此种权力是非常有影响的，里老在明朝有"无印御史"之称。这项制度并没有因明太祖的死亡而消失，在明朝中后期还有记载。

1. 保举权

保举正直、清廉的地方官吏是地方里老们的重要权力。这一权力成为制约地方官吏的重要力量。从《明史》记载看，一些地方官吏在受到陷害、诬告时往往由里老们出面保举，成功脱离打击。如周荣"初为灵璧丞，坐累逮下刑部，耆老群赴輦下称其贤"；李湘"奸人诬湘苛敛民财，讦于布政司。县民千三百人走诉巡按御史暨布、按二司，力白其冤。耆老七十人复奔伏阙下，发奸人诬陷状。及布政司系湘入都，又有耆老九十人随湘讼冤。通政司以闻，下刑曹阅实，乃复湘官，而抵奸人于法"③。此外，一些公正廉洁的地方官吏由于受到里老们的保举而得以留任。如郭敦"迁衢州知府，多惠政。衢俗，贫者死不葬，辄焚其尸。敦为厉禁，且立义阡，俗遂革。禁民聚淫祠。敦疾，民劝弛其禁，弗听，疾亦瘳。在衢七年。永乐初，坐累征，耆老数百人伏阙乞留，不得。后廷臣言敦廉正，召补监察御史"④。贝秉彝"会成祖北巡，敕有司建席殿。秉彝出所贮济用，工遂速竣。帝将召之，东阿耆老百余人诣阙自言，愿留贝令，帝许之"⑤。

2. 劝诫权

里老有权劝诫为恶地方官吏的权力在明初是有记载。对于劝诫权，《御制大诰三编》中记载有一个完整的案例，具体是开州同知郭惟一为恶地方，被地方乡里耆宿等劝诫，但依然不从，最后耆老们赴京控告。

开州同知郭惟一，不畏国法，惟务设计赃贪害民。本州耆宿董思文等再三劝谕本官："如今《大诰》颁行，务在安民，官人不可如此。"其同知郭惟一发忿嗔怪，耆宿董思文等因此赴京陈告。其同知郭惟一率领祗禁人等，将耆宿

---

① 《教民榜文》，载《皇明制书》卷八，北京图书馆古籍珍本丛刊第 46 册，第 294 页。
② 朱元璋：《御制大诰续编·民拿下乡官吏第十八》，《续编四库全书·史部·政书类》，上海古籍出版社，第 296 页。
③ 《明史》卷二八一，《循吏传·周荣传》，中华书局点校本。
④ 《明史》卷一五七，《李湘传》，中华书局点校本。
⑤ 《明史》卷二八一，《循吏传·贝秉彝传》，中华书局点校本。

董思文邀截回州，收监在禁，监死董思文一家四口，以致董思文侄董大赴京告发。其郭惟一枭令示众。①

此案中开州同知郭惟一为害地方，里老董思文等人依据《大诰》的规定向其劝诫，本人不听。于是董思文等人上京控告，他却把董思文等人扣留报复致死，案发后被处死。

3. 赴京控告权

赴京控告权是里老们监督地方官吏中最严厉的手段。从法律上看，此权力是捆绑违法犯罪地方官吏赴京告发权，但在现实中里老们很难做到捆绑违法犯罪的官吏，主要变成赴京告发。这种授权民间里老人等有权捆缚贪赃、滥权官吏至京告发权应很早就出现，因《教民榜文》是在洪武二十一年三月颁行，而《御制大诰三编》中记载嘉定县民蒲辛四是耆宿，"《大诰》未颁时，蒲辛四充耆宿，时常骗要里民周祥二钱物。《大诰》颁行，蒲辛四畏惧告发，父子三人将周祥二绑缚家内，用油浸纸插于周祥二左足大指二指两间，逼令招害民弓兵"。② 从这里看，此种权力应始于《大诰》颁行时。此外，在《御制大诰续编》第55条"民拿经该不解物"中规定"因而卖富差贫，许市乡年高耆宿、非耆宿老人及英壮豪杰之士，将首领官并该吏绑缚赴京。若或深知在闲某人，或刁狡好闲民人教此官吏，一发绑赴京来"。③ 说明此种权力应在此时产生，并且这里授权的范围更广，有里老之外的人。

从记载看，明朝有采用捆绑送京控告的案例，如洪武十八年"常熟县陈寿六为县吏顾英所害，非止害己，害民甚众，其陈寿六率弟与甥男三人擒其吏，执《大诰》赴京面奏，朕嘉其能，赏钞三十锭，三人衣各二件，更敕都察院榜谕市村"；④ 沅州黔卫县安江驿丞李添奇为非地方，最后"致被士民李子玉等率精壮拿获赴京，罪不可容，所以斩趾，枷令驿前"；⑤ 嘉定县出现民人沈显二与周官二将"积年害民里长顾匡绑缚赴京"；⑥ 北平布政司永平府栾

---

① 朱元璋：《御制大诰三编·臣民倚法为奸第一》，《续编四库全书·史部·政书类》，上海古籍出版社，第311页。

② 同上书，第312页。

③ 朱元璋：《御制大诰续编·民拿经该不解物第五十五》，《续编四库全书·史部·政书类》，上海古籍出版社，第292页。

④ 朱元璋：《御制大诰续编·如诰擒恶受赏第十》，《续编四库全书·史部·政书类》，上海古籍出版社，第273页。

⑤ 朱元璋：《御制大诰三编·驿丞害民第四十二》，《续编四库全书·史部·政书类》，上海古籍出版社，第384页。

⑥ 朱元璋：《御制大诰三编·臣民倚法为奸第一》，《续编四库全书·史部·政书类》，上海古籍出版社，第312页。

州乐亭县在出现主簿王铎等"设计害民，妄起夫丁，民有避难者受财出脱之，每一丁要绢五匹"，于是"被高年有德耆民赵罕辰等三十四名，绑缚赴京行问"，此案同时捆了"害民工房吏张进等八名"① 的记载。当然，适用此项权力时更多时候是赴京控告，而不捆绑赴京控告。《御制大诰》中记载有大名府开州州判刘汝霖、罗从礼等五人为害地方，当地老人赴京控告。"致有开州耆民，不忍坐视民患，赴京面奏者五人焉。即遣人按治，果如奏状，于是将州判刘汝霖枭令于市。"② 此案就是由老人告发。

四、明初民间力量治吏的历史经验

无论明初通过里老监督、制衡地方官吏在实践中出现什么问题，都是中国古代吏治史上的一个大胆创新，在治吏上探索了新的途径。

（一）让民间有监督与制衡地方官吏的力量

中国古代基层社会中，地方官吏一直是绝对的强势者，导致他们成为蠹害地方的重要来源。里老制提供了一种来自民间的力量以对抗地方官吏的权力滥用。对此，明太祖直言设立此的目的是提供一种新的力量来对抗地方官吏。"民间若不亲发露其奸顽，明彰有德，朕一时难知，所以嘱民助我为此也。"③ 在明朝里老们被称为"无印御史"，构成了国家对地方官吏监督的两大体制，即都察院的巡按御史和地方里老的监察体系。明宣宗一次在给都察院的训谕中有"洪武中设立老人，以其周知民事，凡乡人小有词讼专令理断，必能辨别是非，劝善惩恶。比数闻老人多营差遣，生事扰民，挟制官吏，贪赃狼藉，莫敢谁何，有'无印御史'之号"，④ 虽然，这里指出里老滥用监督权力，但说明里老成为强有力的对抗地方官吏的力量。从《明史·循吏传》看，明朝里老成为民间监督地方官吏的强大力量，构成了明朝地方吏治中的强有力的力量。

（二）让民间出现了新的权力滥用者

明初创制的通过乡里老人委员会监督地方官吏权力滥用的制度在现实中出

① 朱元璋：《御制大诰三编·县官求免于民第十七》，《续编四库全书·史部·政书类》，上海古籍出版社，第 333 页。
② 朱元璋：《御制大诰·开州追赃第二十五》，《续编四库全书·史部·政书类》，上海古籍出版社，第 250 页。
③ 朱元璋：《御制大诰·耆民奏有司善恶第四十五》，《续编四库全书·史部·政书类》，上海古籍出版社，第 256 页。
④ 《明宣宗实录》卷五九，台湾"中研院"史语所校印本，第 1411 页。

现了新的问题，具体表现在三个方面：首先，里老通过此权力"挟制官吏"；其次，地方官吏强制或勾结里老，出现滥保举的现象；最后，里老成为民间社会中新的权力滥用者。

首先，不良里老通过此种权力"挟制官吏"。此制度设置，本想通过授权地方里老对地方官吏的监督、劝诫、保举等权力制衡地方官吏，出现一股民间的力量来限制地方官吏权力的滥用，然而在现实中由于此权力的存在，出现无良里老们通过此权控制地方政府，出现所谓的"挟制官吏"的现象。对此，洪熙元年巡按四川监察御史何文渊指出里老制度带来"或求公文，横加骚扰，妄张威福，颠倒是非；或遇上司官按临，巧进谗言，易置贤愚，变乱黑白，挟制官府"。① 此种现象在中期后更为明显，宣德三年九月记载有"山东新城知县董谅奏：老人岳景贤等四十一，欺公玩法，前县官不从所欲，为其陷害。今愈肆志，欺凌官府，把持公事，不纳粮税，贻累乡民，乞惩治之"。② 这里指出里老通过自己对地方官吏的监督权实现自己的私利。

再次，地方官吏强制或勾结里老滥保举，以得免罪、留任或升迁。由于里老拥有保举地方官吏的权力，现实中就出现一些地方官吏通过强制让里老们到京保举自己，以获升迁。在《御制大诰三编》中"臣民倚法为奸"记载了建昌县的知县徐颐出现违法犯罪行为，被上级查获后，通过其弟徐二舍强制地方里老们到京保举，证明自己清廉的案件。"行令弟徐二舍会集老人张克成等七十余人，至京妄保。行至江北，只分四十二人赴京，妄诉官有政事。"③ 这里就是知县的弟弟强制老人到京妄保。"有司逼民奏保"中记载有"胶州官夏达可、长子县官赵才、新安县官宋玘、建昌县官徐顺"等人为官时"不以生民为意，恣肆为恶，惟务赃贪害民"，事情发觉后，"公然会集耆民逼令赴京妄行奏保，且与耆民捏词书记，教其熟读，用此面奏"。④ 明宣宗时出现"永宁税课大使刘迪刲羊置酒，邀耆老请留。宣宗怒，下之吏。汉中同知王聚亦张宴求属吏保奏为知府。事闻，宣宗并属吏罪之"⑤。在《御制大诰三编》中"妄举有司"记载有河南府新县主簿宋玘为非地方，耆民刘汶兴等十三人在典史李继业的威逼下赴京保举为非宋玘，最后对于耆民刘汶兴等人是"然耆民刘

① 《明宣宗实录》卷四，台湾"中研院"史语所校印本，第122页。
② 《明宣宗实录》卷四七，台湾"中研院"史语所校印本，第1148页。
③ 朱元璋：《御制大诰三编·臣民倚法为奸第一》，《续编四库全书·史部·政书类》，上海古籍出版社，第310页。
④ 朱元璋：《御制大诰三编·有司逼民奏保第三十三》，《续编四库全书·史部·政书类》，上海古籍出版社，第341页。
⑤ 《明史》卷二八一，《循吏传》，中华书局点校本。

汶兴等见此恶党，不将典史李继业拿赴京来，辄便听从妄奏，其徒流之罪，有所不免"。①

最后，此制度还带来一个更为严重的问题是出现新的民间权力滥用者。洪武二十一年八月废除耆宿的原因就是因为此，"至是户部郎中刘九皋言，耆宿颇非其人，因而蠹蚀乡里，民反被其害，遂命罢之"。② 洪熙元年巡按四川监察御史何文渊指出里老们在乡里成为"使得凭藉官府，肆虐闾阎。或因民讼，大肆贪饕"③。《御制大诰三编》中记载了嘉定县蒲辛四是本里耆宿，他儿子充里长，孙子充为甲首，成为乡里的权力滥用者。"其蒲辛四允耆宿，一男充里长，孙充甲首，皆为乡里之害。及至将周祥二绑缚赴京，通政司验问，足有火烧疮肿。"④ 此案蒲辛四作为本里耆宿，平时骗取周祥二的钱物，后来怕周祥二告发，反而诬告周祥二。从记载看，蒲辛四一家控制了本里，成为新的祸害地方的力量。

（三）没有实现吏治清廉的理想社会

明太祖想通过自上而下的强力治理与民间自下而上的监督两方面入手，对吏治进行全面治理，进而实现他理想的吏治，使民众生活在"日出而作，日入而息，鼓腹而歌曰：无官逼之忧，无盗厄之苦。是以作息自然"的理想社会。这是他对自己的理想社会、吏治目标的描述。他公开宣称"朕尝慕此"。⑤ 然而，现实中吏治并未达到他的预望，反而出现一种可怕现象，只要为官、为吏，自然就会出现腐败，好像官吏职业本质就是腐败。"府官、州官、县官，府吏、州吏、县吏，一切诸司衙门吏员等人，初本一楷民人，居于乡里，能有几人不良，及至为官、为吏，酷害良民，奸狡百端，虽刑不治。"⑥ 同时，对知识的力量在结束官吏的行为上他也产生怀疑，"学者以经书专记熟为奇，其持心操节，必格神人之道，略不究衷，所以临事之际，私胜公征，以致愆深旷

---

① 朱元璋：《御制大诰三编·妄举有司第十四》，《续编四库全书·史部·政书类》，上海古籍出版社，第 322 页。

② 《明太祖实录》卷一九三，台湾"中研院"史语所校印本，第 2894 页。

③ 《明宣宗实录》卷四，台湾"中研院"史语所校印本，第 122 页。

④ 朱元璋：《御制大诰三编·臣民倚法为奸第一》，《续编四库全书·史部·政书类》，上海古籍出版社，第 312 页。

⑤ 朱元璋：《御制大诰续编·科敛驴匹第五十六》，《续编四库全书·史部·政书类》，上海古籍出版社，第 293 页。

⑥ 朱元璋：《御制大诰·吏属同恶第五十一》，《续编四库全书·史部·政书类》，上海古籍出版社，第 257 页。

海，罪重巍山"。① 他甚至发出这样的感叹，"纪年洪武，今十有九年矣。岁不能任贤，以致水灾之济不周，致陈民卖妻，郑民卖子，原武之民艰甚。呜呼！兵凶事也，尚可平之，奸贪小人，甚若凶器"。② 这是一位理想主义者的自白，也是一个中国历史上臭名昭著的暴君的自白。面对吏治，他心力交瘁，发出除官吏之害难于除战乱之苦的感慨。

明太祖是中国古代最具理想主义色彩的君主，他的治吏经历可以说是中国古代吏治史上最"堂吉诃德"式的现象。明太祖的治吏不仅采用了重典，还采用了尽量的权力制约和分权，但由于封建政体的影响，其目标仍然成为水中月、镜中花，空留一片血腥与牢骚。可以说明太祖吏治的努力，特别是法律制度设置的努力，正验证了孟德斯鸠的断言，"中国的专制主义，在祸患无穷的压力之下，虽然曾经愿意给自己戴上锁链，但都徒劳无益；它用自己的锁链武装了自己，而变得更为凶暴"。③

① 朱元璋：《御制大诰·序》，《续编四库全书·史部·政书类》，上海古籍出版社，第243页。
② 朱元璋：《御制大诰续编·克减赈济第六十》，《续编四库全书·史部·政书类》，上海古籍出版社，第294页。
③ 孟德斯鸠：《论法的精神》（上册），张雁深译，商务印书馆1997年版，第129页。

封建特权因素对中国
法治化的制约

王东春*

内容摘要 残存的封建残余和特权因素表现在社会的各个领域，根源是十分复杂的，在中国法治化的进程中，清除思想、政治上的封建残余和特权因素影响，是实现法治的必要前提和基本要求。

关键词 法治 封建残余 特权因素

在中国法治化的进程中，坚决彻底地清除思想、政治上的封建特权因素影响，不仅是法治化的重要步骤，而且是迟早要完成的历史任务，更是实现法治的必要前提和基本要求。

一、法治是历史发展的必然趋势

法治，就是严格依据法律治理国家，最早出现于奴隶制时期。我国古代以商鞅、慎到、韩非为代表的法学家，就反对"礼治"和世袭特权，提出任法而不任人的主张。韩非集法家思想之大成，形成了较完整的依法治国理论。他认为："治强生于法，弱乱生于阿"，① 故必须以法作为人们行为的准则，即所谓"以事，遇于法则行，不遇于法则止"，② 并提出"法不阿贵"，"刑过不避大臣，赏善不遗匹夫"③。韩非重视法的作用，但并不把法看成唯一的治国之道，而是把"法"、"术"、"势"三者结合起来，认为"法"只是帝王所制定的严令臣民遵守的统治手段。我国古代的法治主张是以实行君主集权、确立统

---

* 2008 年至今在中国社会科学院法学研究所法理学、法制史专业从事博士后研究工作，现为河南省三门峡市湖滨区政府副区长。

① 《韩非子·外储说右下》。
② 《韩非子·难二》。
③ 《韩非子·有度》。

治阶级统治为目的的。古希腊亚里士多德提出"由最好的一人或最好的法律统治哪一方面较为有利"的问题，他给法治下了一个定义："法治应包含两重含义：已成立的法律得到普遍的遵从，而大家服从的法律又应当本身是制定好的法律。"① 亚里士多德的法治思想是和他主张共和制相联系的。古代思想家的法治思想在人类历史上具有一定的进步意义，但他们的主张都有阶级性和历史局限性。在奴隶和封建制度下，这种法治思想是不可能实现的。资产阶级在其革命时期，为了反对君主制和封建特权，也强调法治，并把法治与民主联系起来，宣称法是至高无上的，国家要依据法律行使职权，不准非法限制人民的权利，或将法律以外的义务强加给人民。这对反对封建专制制度、保障资产阶级民主和维护其统治秩序起了重要作用。历史在经历了17、18世纪的欧洲启蒙主义思想，19世纪的马克思主义兴起，20世纪的自然法复兴运动以及资本主义民主国家和社会主义国家的建立之后，法治主义逐渐占据了主导地位，成为一种世界性的历史潮流。

社会主义法治是一种新型的法治，它有根本不同于资产阶级法治的社会政治内容，但在形式的规定性方面与前者有许多相似之处。法治原则贯穿于法的创制和法律调整的全过程，反映了社会主义民主政治、经济制度在法律领域的要求。法治无论是作为治国方略还是作为依法办事的原则，已成为社会发展的必然趋势和人们的共识。

二、要法治，就要反对封建残余和特权因素

法治与一定的民主政治相联系，它强调要依法治国，所以法治只能在民主政治中才能实现。在专制制度下，专制者的个人意志凌驾于法律之上，言出法随，君权至上，便不可能真正实现依法治国，尽管也曾出现过严格执法，但法律被作为推行君主权力的手段，对君主的制约仅是所谓的内在道德约束。事实一再表明，在这种专制制度下，依法治国没有保障并一再遭到破坏。君主超越法律，自其下者也不可能一直严格守法。而把依法办事的依据寄托在道德自觉上，这与现代法治的精神完全背道而驰。要法治，就有必要肃清残存的封建残余和特权因素的影响。

残存的封建残余和特权因素表现在各个领域。第一，"从党和国家的领导制度、干部制度方面来说，主要的弊端是官僚主义现象、权力过分集中的现

---

① 亚里士多德：《政治学》，商务印书馆1965年版，第199页。

象、家长制现象、干部领导职务终身制现象和形形色色的特权现象"①。这些严重损害了党和政府的民主生活和民主政治。"搞特权，就是封建主义残余影响尚未肃清的表现。旧中国留给我们的封建专制传统较多，民主法律传统很少。"② 第二，残存的封建特权因素在经济上表现为"经济领域中的某些'官工'、'官商'、'官农'式的体制和作风，片面强调经济工作中的地区、部门的行政区划和管辖，以至画地为牢，以邻为壑"③。这种封建式的经济封闭是与社会化大生产相对立的，是不利于社会主义市场经济的建立和发展的。第三，思想文化上表现为"文化领域中的专制主义作风"④，从根本上违反了繁荣思想文化的"百花齐放、百家争鸣"的方针。思想文化领域中的是非问题不能用行政手段来解决，而应当通过讨论、争辩的方法，去伪存真，澄清是非。第四，社会关系上表现为裙带关系、同乡关系、宗派关系等。"社会关系中残余的宗法观念、等级观念；上下级关系和干群关系中在身份上的某些不平等现象"都是封建主义的残余影响。"现在，任人唯亲、任人唯派的作风，在某些地区、某些部门、某些单位还没有得到纠正。一些干部利用职权，非法安排亲属、亲友进城、就业、提干等现象还很不少。可见宗法观念的余毒决不能轻视。"⑤

　　封建特权因素残存的根源是十分复杂的。首先，马克思主义的创始人设想，社会主义在商品经济高度发达的资本主义基础上产生。但社会主义取代资本主义，是生产资料私有制向公有制的根本转变，实现这一转变取决于多种因素的复合作用，因此社会主义并不一定首先在生产力高度发达的国家发生。事实上，20世纪发生社会主义革命的国家，原先大都是经济和文化相对落后的资本主义国家或半殖民地半封建国家。有的刚刚建国后，又面临着帝国主义的侵略、国内阶级斗争以及经济困顿等复杂形势，这些都影响了反封建的进一步深入，所以封建因素残存较多。其次，我国国情自身有其特殊性。中国封建历史长达两千多年，这在整个世界上都独具特色，封建系统发育特别完整，其封建惯性力量就更大，故对中国政治结构、意识形态的影响特别深远而浓烈。在近代史上，虽然经历过资产阶级改良性质的戊戌变法资产阶级民主革命性质的辛亥革命以及激进的资产阶级民主主义者发动的"新文化运动"，但由于中国资产阶级力量不够强大，所以，尽管推翻了封建王朝，扫荡了封建文化，却始

① 《邓小平文选》第2卷，人民出版社1994年版，第327页。
② 同上书，第332页。
③ 同上书，第334页。
④ 同上书，第294页。
⑤ 同上书，第335页。

终未经历过像法国大革命那样的彻底反封建的社会变革，始终没有真正摧毁和彻底清除封建主义。中国仍是一个半封建的社会。从1919年"五四"运动开始，中国进行了一场反对帝国主义、官僚资本主义、封建主义的新民主主义革命，由于帝国主义的力量过于强大，无产阶级（通过共产党）建立了包括反帝的资产阶级和封建地主、官僚在内的广泛的统一战线；抗日战争胜利后以及新中国成立初的社会主义改造时期，中国面临资本主义和社会主义两条道路的矛盾，当我们与资产阶级尖锐斗争时，由于封建主义与资本主义固有的对立性，我们就要自觉不自觉地利用封建主义作为武器，所以，新民主主义革命虽然坚决地反对封建主义，却没有彻底清除封建主义。"我们进行了二十八年的民主主义革命，推翻了封建主义的反动统治和封建土地所有制，是成功的。但是，肃清思想政治方面封建残余影响这个任务，因为我们对它的重要性估计不足，以后很快转入社会主义革命，所以没有能够完成。"① 再次，近代中国商品经济虽有较大发展，但就全国来说，自然经济半自然经济仍居主导地位，这就使以自然经济为基础的封建政治法律文化尽管受到了民主主义革命的冲击和马克思主义的批判，但仍根深蒂固。中华人民共和国成立后，曾建立了革命法制，镇压了敌对势力，保护了人民利益，但其后受轻商、抑商的封建传统等诸多因素的影响，把商品经济当做资本主义的尾巴去割，实行的是高度集权的，由国家占有自然资源和生产资料、支配一切经济活动的产品经济体制，经济政治一体化，又产生出新官僚主义和个人崇拜，以政（策）代法，民主与法制荡然无存。② 由于社会、政治、经济等方面种种因素的影响，我国封建主义残存较多，但我们不能盲目地把这看做是社会主义制度本身的缺陷，而应用历史唯物主义的眼光来看待。

三、克服制约中国法治化的封建残余和特权因素的对策

首先，市场经济铲除了封建主义生存的基础，是反封建的有力武器，为法治奠定了基础。自然经济是封建主义专制制度存在的经济基础，是产生依附观念、人治思想、等级观念、政治冷漠、个人崇拜、家长作风、官僚主义等一系列与民主和法治格格不入的社会心理和社会观念的土壤。马克思认为，中国的自然经济"这些田园风味的农村公社不管初看起来怎样无害于人，却始终是

---

① 《邓小平文选》第2卷，人民出版社1994年版，第335页。
② 张文显：《法学基本范畴研究》，中国政法大学出版社1993年版，第315页。

东方专制制度的牢固基础"①。"归根到底，小农的政治影响表现为行政权力支配社会。"②

法治是以商品经济为基础的，法治的实现程度取决于商品经济的发展程度。商品经济是与自然经济根本对立的，所以它本质上是反封建的。由于我国在建国后的一定时期内曾把商品经济与社会主义对立起来，没有发挥社会主义商品经济这一天然的反封建武器的作用，社会主义经济体制中的不合理因素，正是封建主义残余的生存基础。我们利用市场经济这一社会化生产的产物，去从根本上铲除一切封建关系及其观念。利用市场经济的社会性，去密切劳动者与社会的互相依赖，打破经济中的某些分散性、区域性；利用市场经济等价交换的平等性，去打破等级制、宗法制的不平等关系；利用市场经济竞争性去打破僵化的旧有传统和习俗等。所以，建立完善的市场经济体制，才能彻底消除封建残余。而且商品经济比自然经济更需要法律规则。这是因为，为了使商品交换有序、有成效地进行，从而满足商品生产者彼此的需要，必须有共同遵守的既定法律规则；为了保护商品经济中互相交叉和冲突的、应当受到尊重和保护的利益，也需要法律规则；为了调整利益冲突和排解商品经济中的纠纷，也需要法律规则。从法律的发展看，法律规则量的变化是与商品生产和商品交换的发展成正比的：商品生产越发达，交换规模越大，法律规则的数量就越多，商品生产和交换萎缩，权利和义务趋于简单，法律规则的数量就相应地减少。所以市场经济能够推动法治的进程。

其次，建立社会主义民主政治，是制度上的清除封建残余和特权因素，惟其如此，才能真正建立现代法治。"我们过去发生的各种错误，固然与某些领导人的思想作风有关，但是组织制度、工作制度方面的问题更重要……领导制度、组织制度问题更带有根本性、全局性、稳定性和长期性。""如果不坚决改革现行制度的弊端，过去出现过的一些严重问题今后就可能重新出现。"③政治体制和法律制度，是高于领导人个人品格的制度，要立足于科学化和民主化，肃清政治生活和社会生活中的"人治"现象，树立社会主义法治思想，建立现代民主政治，从根本上解决制度问题。

现代法治以民主政治为其政治基础，民主政治内在地要求法治。在民主政治下，国家的政治权力一方面来自于人民，人民（作为整体）是权力的源泉；另一方面又被分解为公民（作为个体）的政治权利。公民享有法定的政治权

---

① 《马克思恩格斯全集》第 2 卷，人民出版社 1956 年版，第 67 页。
② 《马克思恩格斯全集》第 1 卷，人民出版社 1956 年版，第 693 页。
③ 《邓小平文选》第 2 卷，人民出版社 1994 年版，第 336 页。

利，并承担着相应的政治义务，国家权力依法运行和操作，公民与国家工作人员之间是委托人和受托人的关系。这样，公民一方面以政治主体的身份参政、议政，增强了政治的社会基础和动力；另一方面又监督着国家机关的运行，防止政治权力的失控和异化，防止以权谋私、钱权交易、弄权渎职等政治腐败行为的发生，防止特权人物凌驾于法律之上，正确处理好党与法、权与法的关系，从而有力地保障法律的实施。实现人民当家做主一直是我们党为之奋斗的目标，这也正是社会主义政治体制改革的核心问题，与社会主义法治建设及反对封建残余相一致。"肃清封建主义残余影响，重点是切实改革并完善党和国家制度，从制度上保证党和国家政治生活的民主化、经济管理的民主化、整个社会生活的民主化，促进现代化建设事业的顺利发展。"①

---

① 《邓小平文选》第2卷，人民出版社1994年版，第336页。

浅谈树立司法权威的工作核心

陈惊天 *

内容摘要 能动是司法的固有属性，能动司法就是司法权怎么发挥的问题。各国对司法能动性的发挥各有不同，这些差别都是基于不同国情的实践考虑，是合理的，也是合乎规律的。我国当前的能动司法，应当在尊重司法属性和规律的前提下，以树立司法权威为目标，以立德、立信两大工作为核心，落实司法为民理念、发挥价值引导功能、突破执行工作僵局、切实监督依法行政、不断提高裁判的可接受性。德乃信之本，信为威之源，威是权之根，只有切实围绕立德、立信工作开展的科学务实的能动司法，才是我们司法权威树立的根本之道。

关键词 司法权威 立德 立信

一、树立司法权威应当以立德、立信为工作核心

权威一词，最早见于《吕氏春秋·审分》："若此则百官恫忧，少长相越，万邪并起，权威分移。"《现代汉语词典》（商务印书馆版）对权威是这样解释的：1. 使人信从的力量和威望。2. 在某种范围里最有地位的人或事物。在西方词汇里，权威一词 Authority，含有尊严、权力和力量的意思。结合权威的汉语以及英文含义，我国学者乔克裕、高其才认为："权威实际上系指人类社会实践过程中形成的具有威望、要求信从和其支配作用的力量与决定性影响。"[①]也就是说权威是"具有使人信服的力量与威望"，权威既来源于强制，又来源于确信和承认。权威的基础是认同与服从，威望产生认同，力量产生服从，两

---

* 最高人民法院中国应用法学研究所和中国社会科学院法学研究所博士后，现为中国行为法学会副秘书长。

[①] 乔克裕、高其才：《法的权威性论纲》，《法商研究》1997 年第 2 期。

者的结果相同就是对权威决定的自觉服从和切实履行。① 权威指的是支配力（权力）和自愿服从的统一，是由内在外在两方面的内容构成，内在的是一种信服的力量，外在的是一种强制力，这里的强制力指的是一种支配力（权力）。外在内容必须以内在内容为依托，否则这种权威不长久。②

司法权威问题是现代司法理论中的一个重要课题，也是长期以来困扰我国司法实践、阻碍我国司法改革进程的十分重要的难题。我国当前司法权威不足的问题已经非常突出，甚至可以说已经严重影响到司法工作的有序开展。司法权威是法治国家的根本要件。只有司法有权威，才能树立法律的至上地位，树立社会良知与道德的基本标准，确立社会活动的基本准则，实现依法治国的基本方略。只有司法权威得以树立，公众才能更愿意将争端提交司法途径解决，并服从司法裁判的结果，社会秩序才得以稳定，经济才得以发展，构建和谐社会的目标才能早日实现。党的十五大提出了依法治国方略后，我国法治进程进一步加快。党的十七大报告又明确提出，要"深化司法体制改革，优化司法职权配置，规范司法行为，建立公正高效权威的社会主义司法制度，保证审判机关、检察机关依法独立公正地行使审判权、检察权"③。综上可见，司法权威问题在我国法治建设过程中已经得到越来越多的重视。而理论界和实务界对于司法权威树立的途径和方法并没有达成一致的认同。笔者认为，司法权威的树立首先立信，要取得让人信服的力量，所谓"国无信不立"讲的也是这个道理。立信的前提是司法本身具有公平公正等良好的"德行"，并且司法支持良好的"德行"和"善"，能够发挥正确的价值引导功能。司法在取得让人信服的力量之后，才会有威望。有威望才会使司法权力的贯彻落实没有障碍，成为司法权力行使的根本保障。可以说，德乃信之本，信为威之源，威是权之根。

2009年，针对新时期人民法院工作面临的形势和任务，最高人民法院院长王胜俊在宁夏、河北、江苏等地调研时明确提出了"能动司法"的理念。④司法的能动性是司法的固有属性之一，能动性的发挥是如何更好地做好司法工作的重大理论问题。能动司法实际上就是法院的司法权怎么发挥的问题。笔者认为能动司法要遵循国家权力运行规律，遵循司法权运行规律，坚持正确的政治方向，坚持正确的价值观念，严格遵守法律规定。能动司法不是"盲动"

---

① 参见孙长春《司法权威的制度构建——以我国法院审判为视角》，吉林大学博士论文，2008年。
② 参见孙发《司法权威研究》，吉林大学博士论文，2004年。
③ 参见顾开龙《论司法权威生成之路径》，郑州大学硕士论文，2008年。
④ 参见《探求能动司法的规律、规则和规范》，《人民法院报》2010年5月12日。

和"妄动",也不宜"乱动"。针对当前的司法局面,我们的司法应当紧紧围绕如何树立司法权威这个核心工作发挥能动。我们只有切实做好立德、立信工作,才是树立司法权威的正道。司法本身也是社会管理的重要手段。司法在社会管理过程中的重要作用就在于确立、巩固、彰显德与信。

为了树立司法权威,我们要围绕立德、立信两项核心,开展五方面工作:落实司法为民理念;发挥价值引导功能;突破执行工作僵局;切实监督依法行政;不断提高裁判的可接受性。

二、司法立德应能动地加强两方面工作

德乃信之本。① 人民法院要落实司法为民的理念,施德于民;要正向引导社会主流价值,布德于世。

(一)落实司法为民理念

对于法院来讲,立德的首要工作是司法为民理念的落实与贯彻,这不但要做到,还要努力让人民直接地感受到、深刻地理解到,这很重要,这是能动司法体现立德内容的核心。

法院自身的立德工作不是一句空话,它需要每位法官全心全意地实践和付出。就如陈燕萍同志一样,她审理 3100 多件案件,无一错案、无一投诉、无一上访。她十几年如一日,"用群众认同的态度倾听诉求,用群众认可的方式查清事实,用群众接受的语言诠释法理,用群众信服的方法化解纠纷",赢得了人民群众的尊重和信任。其实质就在于始终坚持人民法院的人民性,把群众路线贯彻到审判实践中,把群众感情贯穿于办案全过程,真正把人民群众的呼声作为第一信号,真正把人民满意作为根本的评判标准。人民法院的人民性不是一句空洞的口号,不是一个抽象的概念,"陈燕萍工作法"就是对司法人民性最生动的实践说明,也正因为"陈燕萍工作法"处处体现着司法的人民性,才获得了旺盛的生命力,这也是"陈燕萍工作法"的核心价值所在。②

司法为民理念的贯彻与落实,需要我们法院在所有的工作环节,处处为民着想,时时站在人民的立场去思考问题,才能够得到人民的信服与支持。"人

---

① 为政者贵在"崇德"、"养德"、"立德",并依靠自身的道德感召力来拥有为人所信任、为人所信赖的影响力,时刻把道德作为思想的第一道防线,做到"慎独、慎微、慎初",从而以高尚的道德树立良好的形象。

② 参见沈德咏《大家都来学习和实践陈燕萍工作法》,《人民法院报》2010 年 2 月 25 日。

民法院为人民"口号的落实，司法为民理念的落实，要通过一切可能的手段转化为清晰可见的"形"的载体，这就需要我们进一步对司法便民机制进行创新与发展。这种机制外化而成的所有具体措施，都是人们体会和感知法院存在"德"的途径。这项工作的空间是广袤的，能够外化为我们的每一项措施，甚至于我们的每一句话和每一个动作。

（二）发挥价值引导功能

人民法院要充分注意运用司法手段对道德规范进行反复强化、对社会主流价值进行正向引导。这是非常重要的能动司法内容，我们通过审判要尽可能形成良好的社会引导功能，加大法制宣传、以案说法，做到"审理一案、解决一串、教育一片"，从而达到审判的最大社会化效果。

在古罗马时代，即有"法是公平与善的艺术"（Jus est ars boni at aegui）的法谚。审判活动实质上是对社会行为的一种法律评价和价值判断，它解决的不仅仅是当事人之间的权利义务纠纷，还发挥着对社会主导价值观和行为模式的引导功能。审判工作通过对某种行为的肯定或否定引导人们对法律合法化和正义性的认同，实现社会秩序的稳定与和谐。人民法院在审判工作中一定要有发挥社会引导功能的自觉性、使命感，不仅要解决当事人的争议，还要发挥引导人们认同社会主流价值观，尊崇社会正义，促进人心向善、社会和谐。

在当前社会，新型案件不断发生，立法机关不可能随时立法，行政机关在一些时候也无法处理，人民法院可以依据法律的精神和价值确定一些处理原则、处理方式，如果获得社会的认同，就形成一种公共政策。法院作为公共机构之一部分，其主要职责就在于解决纠纷。如果人民法院不能通过审判解决社会纠纷，就可能会引发社会秩序的不稳定。在变革时期，社会公众对于人民法院的作用抱有很高的期待，法院的角色和政治责任要求法官必须尽量想办法来解决疑难案件，维护社会主流价值观。比如，人民法院对"龚建平'黑哨'"案、"齐玉苓"案件的审判就是司法机关对社会需要的积极回应，不仅产生了很好的社会效果，也为人民法院赢得了威信。实际上，司法权在社会中权威的确立，绝不仅仅依赖于法律字面的规定，更有赖于司法机关的实际表现。任何公共机构的存在，都不能仅仅依赖于国家权力，更重要的是其在现实生活中作用的发挥。如果一个国家的司法机构总是表现为缩手缩脚，不能有效地解决问题，那么也很难树立起自己的威信；如果司法机构不能在解决纠纷方面表现出自己的独特优势，那么将失去其存在的必要性。① 坚持利益衡量与价值选择的

---

① 参见江必新《能动司法：依据、空间和限度》，《光明日报》2010 年 2 月 16 日。

方法，注重价值引导功能的发挥和弘扬是法院处理诸多疑难案件的重要法宝之一，更是法院立德、布德的核心手段。

三、司法立信应能动地加强三方面工作

信为威之源，威是权之根。人民法院要提高裁判的可接受性，取信于民；突破执行工作僵局，切实监督依法行政，立威于世。这是取得司法威信，树立司法权威的根本之道。

（一）提高裁判可接受性

如果裁判经常不被人们认可和接受，何来司法威信可言。因此，法院要扩大裁判的可接受性，使纠纷得到实质性解决，这是司法立信之本。

可接受性是指人民法院除了依法办事以外，其司法行为及裁判尚需尽可能为当事人和公众所接受。司法的可接受性不仅包括司法结果的可接受性，而且包括司法过程的可接受性。要实现司法的可接受性，必须充分发挥法院和法官的主观能动作用，消极被动难以实现可接受性的价值。法官应当一方面尽可能使当事人和社会的诉求及观念与法律的精神实质和正义的要求相一致，另一方面要尽可能使司法的行为、程序、方式、裁判尽可能符合当事人和社会的理性要求。这就要求法官要灵活运用法律赋予的自由裁量权，使裁判和处理既不违反法律规定，又可以使裁决结果为社会和当事人普遍接受，这方面有很大的空间。[①]

同时，我们要加强裁判的说理性，裁判文书要论证缜密、说理透彻，如此才能够让人们心服口服，真正做到案结事了服判息诉。当前大量的信访积案，给司法工作带来很大的压力和恶劣的负面影响。实际上其中有很大一部分案件的裁判本身并不存在错误，而是由于经办法官业务能力不高、工作细致不够、说理不充分导致当事人不理解，从而上访不断。我们要切实采取有效措施，以耐心细致、求真务实的态度尽快消化信访积案，让更多的裁判能够为人们所接受。

信的前提是沟通和了解。具体落实到能动司法，就要求法院切实加强民意的沟通，畅通诉求反映渠道，增强司法的公开性和透明性，充分让人们感受到"看得见的公正"过程，这也是提高裁判的可接受性的重要途径。

公正廉洁执法是人民法院公信力的保证，是法官的立身之本，也是提高裁

---

① 参见江必新《能动司法：依据、空间和限度》，《光明日报》2010 年 2 月 16 日。

判可接受性的根本途径之一。公正廉洁的落实在于制度，更在于人民法官的理想、信念、精神面貌。个案中，公正是具体而精微的，能动司法要求法官是有温度的"有心人"而不是冷冰冰的"自动售货机"，这样才能具体而精微地落实公正。处理案件中"望闻问切"，善于抓住"牛鼻子"，把握主要矛盾和矛盾的主要方面，与当事人充分互动，在反复"做工作"的过程中搭建平台，与当事人建立起交流对话的关系。一个公正的结果必然是法官充分发挥了主观能动，结合法律精神，关注了"世俗事务"，耐住了"琐碎"而获得的。要保证公正廉洁执法，需要法官在能动司法中重新定位自身，要明白权来自何处，为谁而司法。能动司法要求法官拓宽视野，不止关注法律本身，更应有政治意识、大局意识、国情意识、为民意识，既入世又出世，融入世间万象，充分考虑社会、群众的心理感受，回应社会、群众现实、情感需求；同时明白自身角色、职责所在，保持中立超脱，不为人情利益所惑，真正将公正廉洁内化为信念、外化为一种坚守。公正廉洁是人民对法官的要求，也是法官的职业素质、职业道德要求。要坚持能动司法，提高司法职业素质，增强运用法律有效解决复杂社会问题的能力，落实公正；提高司法职业道德，将廉洁内化为为人民司法的理想信念，让公正廉洁执法成为人民法院提高司法公信力的重要保证，使人民群众从内心信任法院，认同法院的裁判。①

（二）突破执行工作僵局

从国家权力配置角度看，执行权实质上是行政权的范畴，这几乎是没有争议的。为什么将行政权属性的执行权交由法院来行使，这个权力的衍化和交叉的正当性理由在哪里呢？笔者的观点是，除了成本和效率的考量之外，最重要的是执行权是对司法裁判的落实，是对司法权行使结果的执行，是为司法权立信的核心手段，是司法权威的最基本，也是最根本的保障。因此，当前人民法院要树立司法威信，首要的核心的工作就是突破执行工作的僵局。

2008年开始，在中央有关部门的支持下，人民法院开展了清理执行积案的活动。到2009年10月，全国累计执结有财产案件33万余件，执结标的额约3430亿元。其中不少法院能动司法、创造性地开展执行联动机制，做出了突出成绩。比如，北京法院发挥委托律师调查制度的积极作用，发挥"全国公民身份信息系统"和"全国组织机构基本信息检索系统"的信息资源优势，查找被执行人财产；河南省法院在执行联动中，动员了26个部门的合力，对

---

① 参见吉敏《以能动司法推进三项重点工作》，引自人民法院网，http://chinacourt.org/html/article/201007/30/421071.shtml。

拒不履行义务的被执行人融资、投资、招投标等经济活动进行联合限制；江苏省在每个村民委员会指定 2 名执行联络员，负责协助执行，提供被执行人及有关涉案人员的财产状况等线索；广西法院注重采取拘留、限制出境及追究刑事责任等震慑方式，有效执结案件；四川高院不但建立了执行救助机制，投入资金 4245 万元，而且通过社会信用共享体系，实现执行案件信息与公安、工商、税务等部门的共享，促使债务人自动履行义务，对某些案件还实行舆论曝光；陕西还建立了悬赏执行的机制等。① 这些都是人民法院充分发挥司法能动性的重要体现，我们应继续创新和发展。但是，我们应当看到，这些措施和手段还远远不足以应对当前的司法局面，我们要紧紧围绕执行工作，动用各种社会资源，切实高效地突破执行工作僵局。

（三）切实监督依法行政

人民法院要通过行政审判，监督依法行政，参与社会治理，完成政治使命。从人们的视角看，司法能否平等地、公正地对待个人和国家机关，能够妥善协调国家权力内部关系，才是司法威信的核心表现。故而，加强司法审查功能，监督依法行政，是能动司法立信工作之要。

行政诉讼制度是以制约行政权力的设定、运作为宗旨的制度，行政审判权并不像民事审判权那样，仅以裁决私人间的纠纷为务，而是涉及国家的政治体制及法治的维护。显然，它是一种行政和司法之间的权力制约关系的建构，具有明显的政治性质，即司法介入政治、参与政治等方面的功能。人民法院根据宪法和法律赋予的监督权力，通过依法审理行政案件，监督行政权力的行使，有利于增强行政机关依法行政意识，有利于提高行政效率和行政执法水平，最大限度地消除违法行使权力、滥用权力现象，保证行政管理活动沿着法治化的轨道有序运行。保证依法行政的真正实现，从而促进依法治国这一基本方略的实施。通过行政审判权的行使，还可以合理地调整人民与政府的关系，对于政治稳定与政治运作具有重要的意义。② 司法审查制度不仅在保护公民合法权益、促使行政权力的合法运行方面起了很大的作用，而且改变了人们的传统法律意识，促进了人们法治观念的形成。③ 其对于司法权自身最大的意义就在于通过对其他国家权力的调整和监督，彰显司法的权威。

---

① 参见罗东川、丁广宇《我国能动司法的理论与实践评述》，《法律适用》2010 年第 21 期。

② 参见江必新《能动司法：依据、空间和限度》，《光明日报》2010 年 2 月 16 日。

③ 参见倪寿明《人民法院在推进社会管理创新中的职能定位和政策措施》，《人民法院报》2010 年 3 月 11 日。

四、总结

最高人民法院王胜俊院长指出，能动司法必须对经济社会发展有科学的判断，必须准确把握社会的需要，要进行深入的调查研究，把情况搞清、把问题弄准，才能确保各项措施的科学可行，取得实效，避免帮倒忙。要善于把握分寸，法院能够做的，做了能够取得实际效果的，要努力去做；法院不能做的，做了会产生不好效果的，就不要做。要坚持进退有度，根据形势的变化和需要随时调整司法政策，需要长期开展工作的，要建立长效机制；属于临时性工作的，任务完成后要及时回到本来职责上。^① 司法是一门艺术，而这门艺术的核心就体现在如何保持能动和克制的平衡和协调上。我们既要能动，但又不能盲动、妄动和乱动。能动司法要紧紧围绕司法工作的重点和要点，做好轻重缓急的处理，要动得得法，要动得得所，要切实把握动的时机、动的火候、动的度。司法资源是有限的，根据当前司法权威不足的国情实践，我们的能动司法就是要紧紧抓住立德、立信这两项核心工作展开。人民法院要贯彻落实司法为民理念，施德于民；要正向引导社会主流价值，布德于世。人民法院要不断提高裁判的可接受性，取信于民；突破执行工作僵局，切实监督依法行政，立威于世。这是取得司法威信、树立司法权威的根本之道。

---

① 参见江必新《能动司法：依据、空间和限度》，《光明日报》2010 年 2 月 16 日。

司法改革与审判权
公正行使之研究

主力军*

内容摘要 刑事审判的实体公正与程序公正的平衡是法治社会的一个重要表现，随着法治建设和司法体制改革的深入，有必要进一步完善刑事诉讼程序，以规范司法行为。立法与司法的实践证明，为了实现刑事诉讼中的实体正义与程序正义的平衡，应当立法赋予犯罪嫌疑人和被告人一定的诉讼防御权，对司法机关的权力进行必要的约束，而刑事速审权制度就是其中一个重要的组成部分，有助于实现实体与程序公正的平衡，得出公正的裁判结论。

关键词 司法改革 司法公正 刑事诉讼程序 速审权

民为邦本、法乃公器，和谐的社会需要良好的法治环境，我国社会主义法治经过几十年的建设，在维护人民合法权益，打击违法犯罪等方面已经取得了非常好的成就，也体现了其应有的社会公信力。然而在司法实务中，由于司法程序或者法律制度本身的不完善，导致了一些案件，特别是刑事案件的审理程序不够规范，有些案件久悬不决，使得犯罪嫌疑人或者被告人被长期羁押或者超期羁押，而有些案件又由于限期裁判而忽视了司法程序的公正性，不但增加了司法成本，也使得犯罪嫌疑人或者被告人的合法权益受到了侵害，并进而影响了司法公正和法治的权威。司法裁判的目的是维护社会公平与正义。维护社会公平与正义，不仅要求司法裁判的结论是公正的，而且司法裁判的程序也应当是公正的，即立法者应当充分保障犯罪嫌疑人或者被告人的合法权益，让司法公正得以彰显，而刑事诉讼程序中的速审权制度就是一个保障犯罪嫌疑人或者被告人合法权益的重要制度。

---

* 2006 年 4 月至 2008 年 4 月在华东政法大学博士后流动站从事民商法专业博士后研究，现为上海社会科学院法学研究所副研究员、上海市宝山区人民法院院长助理。

一、刑事速审权制度概念的厘清

（一）速审权制度的起源

英国学者威廉·格拉德斯通（William Ewart Gladstone）曾言"迟来的正义为非正义"（Justice delayed is justice denied）。为了使正义来得及时，一些国家在刑事诉讼法中规定了公开与及时的审理原则。刑事速审权（right to a speedy trial）制度就是刑事审理公开与及时原则的具体体现。该制度最早见诸英国大宪章，但这一制度在英国其后的立法和司法中并没有得到充分的适用和发展。美国的立法借鉴了这一制度，并在其"宪法修正案（六）"中明确规定了刑事被告人所享有的五项基本权利，第一项就是刑事速审权。①

美国刑事速审权是一个宪法性的公民权利，其含义系指在刑事诉讼程序中，被告人有权选择和要求法庭及时审判，目的是为了确保被告人的合法权益不会受到侵害，特别是受到超期羁押的侵害，以维护刑事诉讼中的司法裁判公正与效率原则。② 此后，刑事速审权制度被美国联邦最高法院通过一系列的司法判例予以发展和完善，并从法庭审理程序扩大适用于包括侦查、审查起诉等在内的审前程序。

（二）美国速审权制度

虽然为了避免因审判程序拖延、严重侵害被告人的合法权益，"宪法修正案（六）"规定了被告人在刑事诉讼程序中享有公开和快速（及时）的审判权利，但对于"快速"的理解、快速审理期限的设置以及如何认定被告人享有速审权等具体问题，美国宪法并未作出规定。为了增强速审权在司法实务中的操作性，美国联邦最高法院通过一系列的判例进行了司法解释，并明确提出了"刑事速审权和宪法所保护的任何其他权利一样，都是极其重要的"。③ 但速审权在司法实务中的适用仍有诸多疑义，亟待制定一部单行法，而促使美国制定

---

① In all criminal prosecutions, the accused shall enjoy the right to a speedy and public trial, by an impartial jury of the State and district wherein the crime shall have been committed, which district shall have been previously ascertained by law, and to be informed of the nature and cause of the accusation; to be confronted with the witnesses against him; to have compulsory process for obtaining witnesses in his favor, and to have the Assistance of Counsel for his defence.

② 张吉喜：《论刑事诉讼中的公正审判权》，西南政法大学博士论文，2008 年，第 68 页。

③ Klopf v. North Carolina, 386U. S. 213, 87S. Ct. 988, 118L. Ed. 2d1 (1967).

速审权法案的案例是 1971 年的 Barker v. Wingo 案。[①]

美国联邦最高法院在 Barker v. Wingo 一案中确定了以下几个认定速审权的原则性问题：（1）认定被告人是否享有"宪法修正案（六）"规定的速审权将依据个案而定；（2）除非有正当的理由，审理期限不能过度延迟；（3）如果没有正当的原因而致使审理时间过度延迟，则被告人就有权要求法庭速审；（4）一旦认定被告人的速审权被侵害，那么该诉讼程序必须被终止，已经做出裁判的，该裁判必须被撤销。

该案直接推动了美国国会的立法程序，并于 1974 年颁布实施了"联邦速审法案"（Speedy Trial Act），对联邦法院审理刑事案件的时间、速审权的享有、速审的进行、速审权的例外等具体问题作出了严格的规定，以期能兼顾保护公众与被告人的合法权益，将案件迅速审结，实现司法裁判的公正与效率。

美国法学者认为刑事速审权制度是司法程序正义理论中的程序及时原则的要求，现代法治国家的理念要求刑事审判程序不但要公正，而且应当及时裁判。[②] 因为及时裁判不仅能够达到快速惩治罪犯、震慑潜在犯罪的目的，而且还能够有效保护犯罪嫌疑人或被告人的诉讼防御权，防止案件久悬未决对其造成的不当监禁和司法裁判结论的不公正。

依据美国联邦速审法案，联邦法院对于案件原则上应于起诉后的 70 日内进行审理，但是为了保护被告人的合法权益以及发现案件真实等因素，在坚持快速审判的同时，该法案也规定了若干例外情形，法官可以依职权或当事人的申请，延长法定审理期限。该法案同时也规定了违法导致诉讼延迟的处罚措施，对于违反规定而致诉讼延迟的，应按情况不同定其处罚规范，例如，检察官或辩护人操控程序延滞诉讼的，可以没收律师酬金，对检察官科以罚金。同时，联邦速审法案还具体规定了不同案件的指控及审判时间开始的起算点，对于由于错误审判、重新审判的命令、上诉或抗辩而引发的第二次审判，通常也应当在 70 日内开始。而针对将在指控或审判的"时间计算"中加以扣除的"迟延的期间"，法案也作了具体的规定，并赋予法官一定的自由裁量权。

---

① Barker v. Wingo, 407 U. S. 514 (1972) No. 05—5992. 在该案中，美国联邦最高法院认为，为了保护被告方的合法权益，在刑事审判程序中应当对公诉方和被告方进行平衡性的检验，同时法院应衡量一些因素，以确定被告人的合法权利是否被侵害了，这些因素有：（1）审判程序延迟的期限；（2）延迟的理由；（3）被告人是否提出了速审的权利主张；（4）被告人是否因审判延迟而受到不公正的对待。

② Gollwitzer, Gerechtigkeit und Prozesswirtschaftlichkeit, Kleinknecht – FS, 1985, p. 147; Pfeiffer, Das strafrechtl. Beschleunigungsgebot, Baumann – FS, 1993, 329; Imme Roxin, Die Rechtsfolgen schwerwiegender Rechtsstaatsverstue in der Strafrechtspflege, 1995；［美］伟恩·R. 拉费弗：《刑事诉讼法》，卞建林、沙丽金译，中国政法大学出版社 2003 年版，第 926 页。

（三）速审权被侵害的救济制度

美国刑事速审权赋予速审权被侵害的被告人以请求终止诉讼程序或者减刑权。但是为了平衡被告人和被害人双方之间的权益，其立法同时也规定，如果在6个月内发现新事实或者新证据，当事人可以向法院申请继续审理，让案件有再行审理的机会。倘若法院斟酌情形后，认为被告的速审权受侵害，而且情节重大，基于有权利即有救济的法治原则，给予被告一定的救济权，即终止诉讼程序或者予以减刑等。法院如果要判决终止诉讼程序，应当依法就各款事项进行言辞辩论，让被害人、被告人、公诉机关都表示意见，以避免突袭裁判。

速审权是被告人的一项权利，既然是权利它就可以被放弃，但是被告人在一审中放弃该权利，并不意味着被告人不能在上诉中再主张该权利。同时，一旦被告人向法庭主张该权利，法庭应在综合考虑诉讼迟延的长短、迟延的原因、被告人对权利的主张和被告人之速审权受侵害的程度等情况，做出是否撤销指控的决定。

美国联邦速审法案制定后，法院的审判进度受到了监督，案件延迟和久悬不决的现象得到了控制，其所具有的保障司法公正和快速审判的法律价值，为国际公约和许多国家的立法所认可和借鉴。

二、刑事速审权制度在大陆法系中的体现

大陆法系中的许多国家的立法也都普遍规定了类似刑事速审权的公开与及时审理原则。德国是典型的大陆法系国家，其立法以法典化为名。早期的德国法中并无速审权的概念，1969年德国宪法法院借鉴并吸收了英美法中的快速与公开审判的制度，在其刑事诉讼立法中也确立了类似速审权的制度——"及时或者在合理期限内进行审判的原则"，以规范刑事诉讼程序[1]。德国学者也普遍认为刑事诉讼中的侦查、审理起诉和审判等程序的迟延将会导致案件的延宕多时，使得积案久悬未决，或者导致司法裁判结论的不公，以至于侵害犯罪嫌疑人或者被告人的合法权益。为了避免和解决此类问题，有必要赋予犯罪嫌疑人或者被告人诉讼防御权，而速审权是诉讼防御权的一个体现。[2]

---

[1] Kramer, Die MRK und die angemessene Dauer von Strafverf. und U – Haft, Diss. Tubingen 1973, Berz, Moeglichkeiten und Grenzen einer Beschleunigung des Strafverf. , NJW 82, 729.

[2] Hanack, Zur ueberlangen Dauer von Strafverf. , JZ 71, 705; Gollwitzer, Gerechtigkeit und Prozesswirtschaftlichkeit, Kleinknecht – FS, 1985, 147; Pfeiffer, Das strafrechtl. Beschleunigungsgebot, Baumann – FS, 11993, 329.

德国立法者在刑事诉讼法典中规定了被告人享有公开与及时审判的权利。不过与美国的联邦速审法案不同，德国立法者在刑事诉讼法典中并没有具体规定法庭的审理期限，而是侧重于对羁押期限的规定（一般为 6 个月），德国立法者通过这些制度的立法设计保障了刑事诉讼程序中犯罪嫌疑人或者被告人所应享有的速审权。同时，德国立法者也赋予了被告人速审权被侵害的救济制度，被告人可以主张因为诉讼期间的过度延迟致其速审权受到侵害而要求依法减刑，即速审权的不当侵害可以作为被告人的减刑事由。①

三、我国诉讼期间制度与速审权制度的比较

我国立法和司法实务中虽无刑事速审权的说法，但确立了具体的诉讼期间制度，其目的也是为了限制司法权力，保护犯罪嫌疑人或者被告人的合法权益，具有一定的督促速审功能，因此我国诉讼期间制度与速审权制度具有可比性。

（一）我国诉讼期间制度

依据现行的《刑事诉讼法》及相关的司法解释，我国将诉讼期间具体分为侦查羁押期间、审查起诉期间和审理期间，且都做了较为严格的期间限制。

在庭审前的侦查羁押程序方面，《刑事诉讼法》规定得比较详细，如对犯罪嫌疑人逮捕后的侦查羁押期限不得超过 2 个月；如果犯罪嫌疑人在逮捕以前已被拘留的，拘留的期限不包括在侦查羁押期限之内。案情复杂、期限届满不能终结的案件，可以经上一级人民检察院批准延长 1 个月。依据《刑事诉讼法》第 125 条，因为特殊原因，在较长时间内不宜交付审判的特别重大复杂的案件，由最高人民检察院报请全国人民代表大会常务委员会批准延期审理。

对于检察院审查起诉的期限，我国的法律和司法解释规定，检察院对于移送审查起诉的案件，应当在 1 个月内做出决定，重大复杂的案件，1 个月内不能做出决定的，审查起诉部门报经检察长批准，可以延长 15 日。需要补充侦查的，应在 1 个月内补充侦查完毕，补充侦查以两次为限。

对于法院的审理期限，我国的法律和司法解释分别针对一审、二审、自诉、公诉和被告人是否羁押等情形做了具体的规定。法院适用普通程序审理的第一审刑事公诉案件、被告人被羁押的第一审刑事自诉案件和第二审刑事公

---

① Herzog, Wider den "kurzen Prozess", ZRP 91, 125；［德］克劳思·罗科信：《刑事诉讼法》，吴丽琪译，法律出版社 2003 年版，第 567—569 页。

诉、刑事自诉案件的期限为 1 个月，至迟不得超过 1 个半月；附带民事诉讼案件的审理期限，经法院院长批准，可以延长 2 个月。如果案件属于交通十分不便的边远地区的重大复杂案件，或重大的犯罪集团案件，或流窜作案的重大复杂案件，或犯罪涉及面广、取证困难的重大复杂案件，经省、自治区、直辖市高级人民法院批准或者决定，审理期限可以再延长 1 个月；最高人民法院受理的刑事上诉、刑事抗诉案件，经最高人民法院决定，审理期限可以再延长 1 个月。

　　但由于我国在刑事诉讼具体制度的设立上仍然是以司法机关作为主要规制的对象，而未对涉嫌犯罪方或者被告人的合法权益作充分的考虑，从而使犯罪嫌疑人和刑事被告人的权益并未能很好地得到保护，程序性违法的现象也未完全杜绝。[①]

（二）我国诉讼期间制度不是速审权制度

　　根据当前我国社会和司法实务的实际情况，立法规定了具体的诉讼期间制度，主要是对公安机关、检察机关和法院等司法机关的一种时限约束或者说是对它们权力行使的一种限制，并没有赋予犯罪嫌疑人或者被告人的快速审理请求权。依据我国现行的法律和司法解释，作为调控诉讼进程的诉讼期间制度尽管主观上有使犯罪嫌疑人、被告人尽快结束司法程序的目的，但对于违反期间制度的程序性违法行为并未规定严格的法律责任，对于司法机关违反了法律规定的诉讼时限，犯罪嫌疑人或者被告人也缺乏适当的救济措施，因而诉讼期间制度不能等同于速审权制度。

四、刑事速审权在刑事诉讼程序中的价值

（一）速审权的价值

　　刑事速审权制度与我国现行刑事诉讼期间制度最大的不同在于其有一个完善的速审权被侵害的救济制度。久悬未决的案件经法院斟酌后，如果认为被告人的速审权受到侵害，而且情节重大，可给予减刑或终止诉讼程序的救济，避免被告人权利的继续被侵害。刑事诉讼程序中的犯罪嫌疑人或者被告人为何享有速审权，对此，美国联邦最高法院曾明确阐释，速审权制度能够保护被告人

[①] 万毅、刘沛谞：《刑事审限制度之检讨》，《法商研究》2005 年第 1 期，第 78 页。

三项权益：[①] 1. 防止审判前的不当监禁；2. 保护犯罪嫌疑人或者被告人的合法权益；3. 保护犯罪嫌疑人或者被告人的诉讼防御权，而羁押期间的迟延有时会导致对犯罪嫌疑人或者被告有利证据的丧失，例如，因为审判延滞，导致有利证据灭失、有利证人死亡、有利证人记忆消退导致作证时语焉不详等，无疑会妨碍犯罪嫌疑人或者被告人防御权的行使，不利于发现案件的客观真实，也进而影响了司法裁判结论的公正。

（二）速审权制度是实体正义与程序正义平衡的保障

从"重实体，轻程序"到"实体与程序兼重"的转变是诉讼文明历程中重要的一步。法律程序标志着一个国家的法制文明程度，美国学者罗尔斯1971 年在其《正义论》[②] 一书中提出了对法学理论影响深远的程序正义理论：公正的法治秩序是正义的基本要求，而法治取决于一定形式的正当过程，正当过程又主要通过程序来体现。因此，法律程序是否公正，是否具有正义性，在很大程度上决定了法治能否实现。他认为程序正义包括三种：完善的程序正义、不完善的程序正义、纯粹的程序正义。而完善的程序正义如果不是不可能的，也是很罕见的。

程序正义理论是通过把结果公正和程序公正结合起来考察，认为完善的程序正义是法治的理想，但在现实中是罕见的。不完善的程序正义和纯粹的程序正义都是有缺陷的，要么是只有公正的结果，要么是只有公正的程序。罗尔斯认为，在无法实现完善的程序正义时，应该追求纯粹的程序正义，不能仅仅关注结果是否公正，而要看这种结果的形成过程本身是否符合客观的、正当性的、合理性的标准，特别是在对一个人的生命、财产、自由等各种实体权益加以剥夺、限制之前，公权力的行使者必须遵守基本的法律程序。

程序正义的理论影响了现代公法领域、特别是刑事法律领域的立法与司法。[③] 但是，在实务中也出现了"重程序，轻实体"的片面观点。而刑事诉讼中的速审权制度既追求司法的实体公正，也追求司法效率，保障了司法实体与程序公正的平衡。因为通过速审权制度的设计，不但赋予了犯罪嫌疑人或被告人在审前和审理等程序中速审的权利，而且赋予了他们该项权利被侵犯时的救济权，其速审权被侵害时，犯罪嫌疑人或被告人有权请求无罪释放、终止审理程序或者减轻刑罚。如此设定，不但保证了他们的诉讼防御权得到实现和尊

---

① Barker v. Wingo, 407 U. S. 514 (1972) No. 05—5992.

② ［美］罗尔斯：《正义论》，中国社会科学出版社 1988 年版，第 87—95 页。

③ 胡夏冰：《司法权：性质与构成的分析》，人民法院出版社 2003 年版，第 216 页。

重，对于防止被告人重新犯罪、节省诉讼成本、加强刑罚的矫正功能也有重要意义。因为侦查、审查起诉和审判等程序的过度迟延极可能会造成超期羁押，并进而影响法庭的审判期限，造成司法裁判结果的不公正。[①]

从这个角度而言，速审权制度保护的只是犯罪嫌疑人或者被告人的权益，似乎只是保护了司法效率，并不利于保护社会公众的安全等利益，难言其保护司法公正的作用。但从另一个角度观察，速审权制度对社会公众利益的保护也极为明确，也是预防和迅速打击犯罪所需的。主要体现在以下几个方面：①如果被告人为有罪之人，在审判前又未受羁押，速审的迅速进行可以及时确定被告之罪，并立即执行其刑罚，减少被告人在执行前犯罪的几率；②如果被告人在羁押中，迟延审判会导致其长时间的羁押，[②] 并进而增加政府财政的支出与司法成本；③长时间的侦查、审查起诉与审判可能不利于被告人或者公诉机关，因为司法程序的迟延，可能会导致证人记忆衰退、证据灭失等，不利于被告人诉讼防御权的行使，而且也会使得公诉机关的指控证据薄弱。

五、我国司法改革与刑事速审权制度构建的建议

我国现行刑事诉讼法并无"速审权"的概念，本文借助美国、德国等国家的立法与司法经验，论证赋予犯罪嫌疑人和被告人速审权的利弊，拟提出建构我国速审权制度之刍议。

（一）借鉴速审权制度、完善刑事诉讼法

我国的刑事诉讼立法以司法机关为主要的规制对象，没有把迅速审判权利赋予犯罪嫌疑人和被告人，当审判迟延时他们也很难寻求一个正当的救济途径。从保护被羁押人合法权益的角度而言，可以考虑在刑事诉讼法律中明文规定及时审判的制度及其救济途径。

从比较法角度分析，美国和德国等国家都普遍确立了速审权原则，以初次到庭即决和直接出庭等制度将审前程序与审判程序联为一体，使得很多案件能够得到迅速处理。而且都将诉讼的迅速进行作为犯罪嫌疑人、被告人享有的一项重要权利来看待。根据我国的现状，要确保犯罪嫌疑人、被告人的权利得以保障，赋予其刑事速审权，将是弥补立法上缺陷的一个途径，同时出于治理我

---

① 张卫平：《程序公正实现的冲突与平衡》，成都出版社 1993 年版，第 53 页。

② 邵文虹等：《严格执行刑事诉讼法，切实纠防超期羁押》，《公检法办案指南》2003 年第 12 期，第 98 页。

国刑事司法实践中普遍存在的程序违法行为的考虑，赋予当事人该权利不失为一条有效途径，其立法思路似可借鉴。

（二）完善审前速审制度

完整的速审程序包括三方面：侦查阶段的迅速侦查机制、审查起诉阶段的迅速审查机制和审判阶段的迅速审判机制。速审程序的重心是审前程序。对特定类型的案件，从立案侦查到一审判决，司法机关在确保程序公正的前提下，可以通过简化办案环节、缩短办案期限，以加快诉讼进程、提高诉讼效率的审理机制。

我国刑事诉讼司法实践中，阻碍审前迅速办理的结构性因素主要包括：①办案期限的配置不尽合理，侦查羁押期间耗费与案情的复杂程度不成正比；②审前程序未适当分化，我国虽有普通程序和简易程序之分，但从刑事诉讼整体角度看，程序分流原则并未贯彻始终。普通程序与简易程序仅仅是审判阶段的设置，审前程序并不存在类似的机制，而且简易程序适用范围仍然过窄，程序的简化程度也较为有限。可以考虑借鉴速审权制度，切实保护被羁押人的合法权益，以简化办案环节，改革侦查、审判工作机制和诉讼程序为改革重心，简化案件的审前程序和庭审程序。

（三）完善集中审理制度

为了保障被羁押人的合法权益，也为了发现案件的客观、真实的情况，对于刑事案件应尽量集中审理，以提高法庭审理的效率。集中审理是指法庭对一个刑事案件的审理，除了必需的休息时间外，原则上应持续进行，亦即法庭审理案件从开庭到判决应尽可能地集中审理，不得中断。[①] 具体而言，集中审理至少应当包括以下几个内容：①审理时间的集中性，对于普通的刑事案件应尽可能通过一次言辞辩论期日或者一次开庭即可终结诉讼；②审理主体和审理方式的集中性，除非特殊情况，一个案件应由同一法官参与诉讼全程；③庭期安排的集中性，对于法官审理刑事案件的庭期安排，事实清楚、证据确凿的普通案件应尽可能缩短庭审时间，对于比较重大的或者疑难案件，可以连续不间断地安排几个庭期。

集中审理制度要求法庭审理普通案件应当尽可能通过一次开庭或者最低的开庭次数就完成法庭审理并及时做出宣判，尽量减少无谓的多次开庭审理。在我国司法实务中，对于普通案件的法庭审理普遍存在多次开庭的情形，其中除

---

① 陈光中、徐静村主编：《刑事诉讼法学》，中国政法大学出版社 2000 年版，第 338 页。

了法定的中止审理的情形之外，有相当一部分是由于法院独立程度较低、庭前准备程序不足、案件审批程序繁琐，以及法院各类目标考核等原因导致法官难以通过一次庭审做出判决，因而不得不多次开庭补充调查。多次庭审的现状既不利于提高法庭审理的效率，造成司法资源的浪费，也损害了司法的权威性和公信力。而集中审理制度保障了法庭审理的连贯性，能够提高法官认定事实的准确性，有利于法官基于对庭审信息的新鲜记忆做出公正的判断，提高司法的权威性和公信力。①

六、结语

司法公正要求司法改革，司法改革应当符合人民及当事人的根本利益，我国司法为民理念中的"民"字是一个法律概念而不是政治概念，其含义既包括普通的人民，也应当包括刑事诉讼中的犯罪嫌疑人和被告人。我国刑事诉讼领域存在的超期羁押与立法上的缺陷、某些规定的不合理、监督的不力以及救济手段的缺乏是分不开的，因为在我国传统的法文化中，对犯罪嫌疑人、被告人诉讼权益的保护是相对比较欠缺的。② 而刑事速审权蕴涵了尊重人权的人文理念和人文精神，是保障人的尊严和权益的一个具体制度，通过刑事速审权这一制度，能够合理限制司法权的过度使用和滥用，制约司法人员的行为不致过分偏离法律赋予的应有的职责，以刑讯逼供等手段片面追求实体正义而无视犯罪嫌疑人的程序性权利。

---

① 宋英辉：《刑事诉讼原理》，法律出版社 2003 年版，第 292 页。

② 李忠诚：《超期羁押的成因与对策》，《政法论坛》2002 年第 1 期，第 5 页；朴哲洙：《超期羁押原因分析》，《中国刑事法杂志》2003 年第 4 期，第 5 页。

司法信息不对称对司法
公正的消极影响

韩德强[*]

内容摘要　在信息社会的背景下研究司法公正问题，必须着眼司法审判机制的改进和司法内部管理制度的完善。通过研究司法信息不对称对司法公正的消极影响，从理论上揭示优化司法资源配置、提高司法管理水平是我国实现司法公正的基本方略。

关键词　司法信息不对称　司法公正　司法腐败

在当下中国，从信息经济学的视角研究司法公正问题，不但可以实现方法论上的创新，还能够体现司法工作与时俱进的精神实质，为深化司法体制改革提供有益的理论借鉴。[①]

一、透析个案提出问题

2006 年年底某省基层法院受理一起买卖纠纷案件，原告张某购买被告徐某红木家具一套，价值 7 万元。双方交接后，在质量保质期内，原告发现价值2 万元的衣柜变形，出现裂痕，随即要求被告赔偿。被告查看后，发现原告将一个重达 50 斤的密码箱藏至衣柜内，认为是原告自己使用不当，导致衣柜受损，于是拒绝赔偿。原告诉至法院，提出请求：①要求被告赔偿损失 5000 元；②赔偿律师费、交通费和相关误工费用 1000 元；③诉讼费由被告承担。但其

　＊　中共北京市委党校副研究员，2007—2009 年在中国社会科学院法学研究所从事法理学专业研究。
　①　笔者认为，当前，导致司法不公、司法腐败的主要原因是落后的司法资源配置体系，而不是社会主义的司法体制和司法制度。其中，落后的司法审判管理制度是关键因素，那些动辄就把司法不公、司法腐败归咎于司法体制的观点有失公允。三权分立并不必然产生司法公正，我国现行司法体制并不必然导致司法腐败，同样，司法独立或法官独立也并不必然消除司法腐败。消除司法不公、司法腐败的关键在于完善司法审判管理制度，而不在于变革宏观的司法体制。

隐瞒了曾将密码箱放置衣柜内的事实。被告提出反驳，请求驳回原告诉讼请求，并提交了当时两名维修工人的证言，证明原告曾将密码箱放置衣柜内。法院受理案件适用简易程序审理，经调解无效后，准备做出判决。

面对未知的判决，原告通过熟人关系请到承办法官王某。受请后的王某以被告没有充分证据能够证明原告有使用不当的行为，且所提供证人与其有雇佣关系，证言不具有法律效力为由，做出判决，支持了原告的全部诉讼请求。被告不服一审判决，提起上诉，并经其律师提前协调立案庭的关系，将案件分配给原本熟悉的陈法官承办。受被告之托的陈法官在收到案件后，随即到原告家拍得已移至他处的密码箱的照片和衣柜照片，并主动与合议庭其他两位法官协商取得一致意见后，认定了维修工所作证言的法律效力，以衣柜受损属于原告自己使用不当为由，迅速做出二审判决：撤销一审判决；驳回原告诉讼请求；诉讼费由原告负担。

原告对二审判决不服，向该省高级法院提出申诉，并找到当地质检部门，对衣柜作出了一份质量检测报告，认定该衣柜存在甲醛超标、板面有裂痕、支持架变形等质量问题。该省高级法院立案庭以该报告为新证据受理了原告的申诉，指令二审法院重审此案。在二审法院重审期间，被告申请对衣柜损坏原因进行专门检测，二审法院予以准许，裁定中止案件审理，委托市质检部门进行检测。现该案仍在等待检测结果，没有恢复审理。

这本是一个极为普通、简单的案件，却历经两年，惊动三级法院和两级行政机关，至今没有审理结果，为什么？

本文无意探究该案最终的判决结果和具体的案情细节，而是要通过透析该案具体的审判过程，揭示隐含在司法审判活动中具有普遍性的问题：①一个案件在法律法规允许的范围之内，会存在几种不同的裁判结果，法官的裁判目的有时直接决定了裁判结果；① ②法官对证据取舍与认定所带有的主观倾向，可通过法律方法的充分运用而获得合法性或正当性；③法官一般能够全面掌握各方当事人的诉求和理由以及案件证据事实，有条件对当事人的权益进行权衡和调控；④上述①、②、③问题所包含的内容都具有不确定性和可交易性，任何一方当事人要想从中受益或减损，一般都要与法官发生一定的关联交易。

显然，以上四个问题在各类案件的审理过程中都存在，并在法官与当事人的交流、互动中会产生一系列的作用和后果，直接影响到法官裁判案件的公正

---

① 一些视法律为工具和手段的司法者，善于钻取法律漏洞，利用法律缺陷，最大限度地利用司法自由裁量权，常常把某些案件处理得不合法理、民情，但监督者又无法将这些案件定为冤假错案，因为这些案件没有明显违背法律、法规。

性，直至导致司法不公、司法腐败现象的出现。因此，这四个具有普遍性的问题实际上可归纳为一个本质问题，即司法公正问题。笔者尝试运用信息经济学中的信息不对称理论，[①] 从一个全新的视角进行研究。概括地讲，通过界定司法信息的含义，剖析和反思在法官与当事人之间普遍存在的司法信息不对称现象，[②] 揭示隐藏在司法审判活动中的司法信息交易行为及其危害性，提出消减司法信息不对称弊端的现实对策，来完成这一研究工作。

二、司法信息与司法信息不对称

（一）司法信息的含义

司法信息特指案件的证据事实以及与之相关的各种法律信息和审判信息，由规范信息和事实信息组成。[③]

一般来说，在法治状态下，司法信息是司法活动中的工作成果，不是商品，不可用来交易。司法信息的产生、存在、转化、利用和失效等，都是依据法律法规和规章制度，由特定主体按照法定程序进行管理使用。因此，在公正的司法过程中，司法信息只有价值，没有价格。但当司法信息被法官用来与当事人进行交易时，它便具有了价格，且其价格具有不确定性的特征。

---

① 信息不对称的理论又称非对称信息（asymmetric information）理论，是信息经济学的主要组成部分，1970 年由美国经济学家阿克洛夫（G. Akerbf）提出，阿氏并因该理论获得 2001 年诺贝尔经济学奖。他认为，在信息不对称的市场中，是价格决定商品质量，而非传统经济学的质量决定价格。他以逆向选择模式的汽车旧货市场为例阐述了这一理论的基本原理。在汽车旧货市场中，卖方对汽车质量的信息要比买方掌握得多，市场上的信息分布不均匀，是非对称的，在市场运行过程中，会发生以下现象：一是逆向选择效应产生"劣币驱逐良币"的现象，优品质逐渐被淘汰；二是买方为获取更多市场信息，而付出额外成本或进行不正常交易；三是促使卖方提供低质量的商品；四是卖方欺诈买方获取更大利益的行为受到激励；五是市场信誉逐渐丧失，如果没有政府干预，市场会萎缩并最终关闭。虽然信息经济学的模型是建立在一定约束条件之上的，而现实市场要复杂得多，但该理论对现实社会中的许多现象仍有很强的解释力，并对社会政治、经济、法律等领域产生深远的影响

② 基于司法信息交易行为限于只有在法官与当事人之间存在，本文只论述他们之间的司法信息不对称问题，对于在原被告与律师（代理人）之间、原告与被告之间、承办法官与合议庭其他法官之间、法官与监督机构之间存在的信息不对称现象，不再论述。有学者侧重信息的公开性，从广泛的信息角度出发，研究司法公正问题，与笔者从司法信息的角度，研究司法信息交易行为有本质区别。参见何跃飞《信息不对称理论与司法不公的关系及对策》，来源：中国论文下载中心。

③ 这是笔者根据信息经济学的基本原理对司法领域内存在的各种信息做出的尝试性概括。有学者提出信息法学的概念，其是以社会信息的管理与使用为研究对象，与本文所做研究不是一个研究角度。可参见马海群主编《信息法学》，科学出版社 2002 年版。

（二）司法信息不对称的含义及分类

司法信息不对称是指在司法审判过程中，针对某一特定案件，法官与当事人所拥有的司法信息不对等，法官居于优势地位，当事人居于劣势地位。在司法现实中，法官与当事人之间存在的司法信息不对称状态是一种普遍现象，并不是我国社会主义司法体制所特有的，在以三权分立为主要模式的西方司法体制下，这种现象更为突出，问题在于他们建立了完善的司法管理机制，有效地化解了司法信息不对称存在的种种弊端。

以司法信息的内容是否公开为标准，可以将司法信息不对称划分为两大类：①基于维护司法权威和保守审判秘密的基本要求，以及法官依据自由裁量权在适用法律法规时存在的不确定性因素，而形成的司法信息不对称。维护司法权威和尊重自由裁量权是司法信息不对称的理论根据，保守审判秘密形成的司法信息不对称属于法律所确认和保护的正当状态。②非正当的司法信息不对称，是指当事人应该知晓或者法官应该向当事人公开和释明的司法信息，但法官没有向当事人公开或者释明，致使当事人处于信息闭塞或不知晓的劣势状态。如果法官违背了审判公开原则和司法告知义务，对当事人有意无意地隐瞒或封闭司法信息，致使当事人不能获取或无法知晓上述几个方面的内容，而造成法官与当事人之间的司法信息不对称，就是一种非正当的状态。

三、司法信息交易行为及其对司法公正的危害

司法信息不对称致使法官和当事人之间的司法信息交易行为越来越普遍，在特定的时空条件下，当交易行为达到一定程度和规模时，就会形成一个个隐形的司法信息交易市场，[①] 这种市场永远是卖方市场，市场产生之初就具有垄断性。

（一）司法信息交易行为的基本含义及其构成要素

司法信息交易行为是司法不公、司法腐败的具体形式之一，是指拥有司法信息的法官基于交易目的，利用自己的信息优势和地位优势，通过一定的手段或方法将司法信息转化为商品形式出卖给当事人，从中牟取非法权益的行为。

司法信息交易行为的构成要素主要包括主体、客体和行为方式和交易规则等。其中，司法信息交易行为的主体是指把司法信息作为商品进行交易活动的

---

①　在司法领域，经常挖出的"窝案"就是这种司法信息交易市场化的典型案例。

参与人，包括：作为卖方的承办案件的法官；作为买方的案件各方当事人及其近亲属或代理人；作为交易关系中介方的利益代理人。司法信息交易行为的客体是指具有价格含义的司法信息商品，它是由没有价格的司法信息转化而来。司法信息交易行为的实质就是法官通过与当事人的沟通、协商或者合谋，通过交易行为，将案件事实以及与之相关的法律信息和审判信息转化成司法信息商品，并以司法信息商品为媒介物完成他们之间的权益让渡。

（二）司法信息不对称及其交易行为对司法公正的危害

司法公正是司法体制改革的基本要求和价值目标，是法律正义的现实化。一般包括两方面的内容：一是司法机关对诉讼当事人做出的裁决或处理结果是公正的；二是在整个诉讼过程中，所有诉讼参与人受到公正对待，他们的合法权益得到尊重和保护。凡是与上述内容相违背的任何行为都会对司法公正产生消极影响或造成危害。

正当的司法信息不对称状态并不必然影响司法公正，但其诱发的司法信息交易行为却必然会影响和损害司法公正，这犹如一把双刃剑，一方面通过维护司法权威、保守审判秘密来促进司法公正；另一方面又可能诱发或迫使当事人与法官产生司法信息交易行为，导致司法不公和司法腐败。而非正当的司法信息不对称状态，其存在本身就有违司法公正、公开原则，如法官再利用这种状态进行司法信息交易行为，就是一种违法犯罪行为，对司法公正具有极大的危害性。由此可见，不论何种状态的司法信息不对称都可能对司法公正产生消极影响，不论何种形式的司法信息交易行为都会直接危害司法公正。以司法信息交易行为所危害对象的不同为标准，可分为以下几种情况。

1. 当事人的合法权益受到损害。由于司法信息不对称，迫使当事人为获得所需信息而主动进行交易，这决定了他们在交易过程中处于弱势和从属地位，所要承担的交易风险远远大于其他交易主体，并且由于交易的隐蔽性和非法性，他们所承担的交易风险带有被迫性和不宜公开性，很难得到法律上的有效保护和救济。这时当事人受到的损害是多方面的，不但是知情权、获得公正审判权、所做诉求或应被保护的权益受到损害，还包括当事人为了获取司法信息而额外支付的各种费用。

2. 导致法官队伍素质和案件质量下降，直接影响司法权威与公正。当司法信息资源配置不合理、不科学时，根据逆向选择效应，司法信息交易行为会使得高素质法官逐渐被低素质法官所淘汰。一方面是低素质法官占有更多的司法资源，获取更大的非法权益，笼络更广的社会人际关系；另一方面是高素质法官对司法资源的占有量逐渐减少，在审判工作中的影响和作用逐渐降低，最终离开审判岗位。同时，法官素质的降低直接导致案件质量的降低，使得上诉、申诉、累诉、缠诉案件增多。

3. 司法审判机关的公正形象受到严重影响，降低了司法公信力及其具有的化解社会信任危机的功能。对社会公众而言，法官裁判活动的公正与否就意味着司法审判机关的公正与否。就某一具体案件而言，承办法官拥有的信息量远远多于司法监督者，由于他们之间的司法信息不对称，使得承办法官能够利用监督者不具体承办案件，只听取汇报的情况，而掩盖案件的事实真相，规避司法监督。因此，司法监督部门拥有的司法信息量越少，消耗的监督成本就越高，监督力度也就越软弱无力，承办法官进行司法信息交易的可能性就越大。

四、对司法信息不对称现象的法理反思

在信息化时代，司法信息不对称作为一种客观现象有着不可否认的现实合理性，但其所导致的种种弊端同样不可否认，不容忽视。因此，从法理学的角度认识和理解这个问题，并提出有益的对策，会对司法公正起到积极的促进作用。

（一）司法信息不对称是维护司法权威和保守审判秘密的基本方式，是法律职业神秘性的直接产物，具备一定的合理性与正当性，并不必然损害司法公正

法律职业神秘性根源于法律本身具有的神秘性。法律工具主义和法律专制主义都强调法律具有一定的神秘性。我国自古就有"刑不可知，则威不可测"的思想。[1] 在英国亨利六世时，大法官约翰·福蒂斯丘从理论上阐明了法律职业的神秘性问题，他认为："关于法律具有职业神秘性的思想，即法律乃法官和律师界的特殊科学。"[2] 这对后世影响深远的观点，直接确认了法律职业具有神秘性是法律科学性的内在要求。保有法官的神秘性，尽量减少法官结交社会各界人士，使法官与当事人保持一定距离，既是维护司法权威、增加司法廉洁性的需要，也是强化司法职业自治的需要。[3] 在一定意义上讲，保守审判秘密与维护司法权威相辅相成，互为基础，从理论上肯定了法官独立拥有司法信

---

① 《左传·昭公六年》；孔颖达疏语。

② ［美］爱德华·S. 考文：《美国宪法的"高级法"背景》，强世功译，三联书店 1996 年版，第 33 页。

③ 法律乃一门艺术，有特殊的职业要求和道德规范，法律职业明显区别于其他职业。可参见［英］罗杰·科特威尔《法律社会学导论》，潘大松等译，华夏出版社 1989 年版，第 224 页。

息的正当性。现代法治理论虽然承认保守审判秘密的必要性，但早已摒弃法律工具主义与法律专制主义的司法权威观，更加强调司法的民主性和公开性，强调司法权威的有限性。因此，司法民主与司法权威之间的博弈关系，在一定程度上决定了法官与当事人之间拥有司法信息的对比关系。不过，对于处于社会转型时期的中国，我们还是应强调司法具有权威是司法能够有效运作、发挥效能的基础和前提，明确司法民主化应以保守审判秘密为前提，并且司法的民主化，"绝不能过于平民化或大众化，否则将使司法丧失其应有的尊严"①。特别是在我国司法平民化相对严重的情况下，推行司法民主化更应该注重民主的真谛。

（二）正确认识和理解司法信息不对称与司法公正之间的辩证关系

司法信息不对称之于司法公正具有双重作用：一是消极作用。司法信息不对称是司法不公、司法腐败的诱因和条件，司法不公、司法腐败作为结果反过来又会促进司法信息不对称状态的形成和加剧，如此恶性循环；二是积极作用。司法信息不对称可维护司法权威和秩序、保守审判秘密，进而间接地促进司法公正。在客观形式上，司法信息不对称是信息拥有量的不对称，但其实质是司法资源与司法权力的不对称，法官正是通过垄断司法信息的方式垄断了司法资源和司法权力。由于信息的多样性和无形化掩盖了司法资源和司法权力的财产物质属性，遮蔽了司法信息交易行为的违法性，使得人们不能很好地认识到司法信息不对称对司法公正造成的危害。在主观意识上，当司法资源和司法权力以信息的形式被法官所垄断时，形成的信息不对称状态会诱使低素质的法官产生道德风险②，直接导致司法不公、司法腐败现象的发生。不论是基于理性人还是经济人的假设，法官在规避和不承担司法交易风险后果的情况下，都会最大限度地追求个人利益的最大化。从以上分析可以看出，在司法信息不对称与司法公正的关系问题上，法官起到一种桥梁或纽带的关键作用，法官素质的高低直接决定了司法信息不对称状态的正当与否，决定了司法公正的实现程度。正如哈耶尼指出的："对正义的实现而言，操作法律的人的质量比其操作的法律的内容更为重要。"③

---

① 王利明：《司法改革研究》，法律出版社 2001 年版，第 148 页。
② 道德风险是 20 世纪 80 年代西方经济学家提出的一个经济哲学范畴的概念，即"从事经济活动的人在最大限度地增进自身效用的同时做出不利于他人的行动"。参见乌家培、谢康、王明明《信息经济学》，高等教育出版社 2002 年版，第 207 页。
③ Evan Haynes, *The Selection and Tenure of Judges*, New York, NJ, National Conference of Judicial Councils, 1994 J. p. 5.

五、消减司法信息不对称弊端的现实对策

对司法信息的有效监控和管理是优化司法资源配置的前提条件，是维护司法公正的基本手段。根据信息不对称理论的一般原理，在一定范围内建立司法信息对称机制，特别是建立符合司法审判规律和特点的司法信息流程管理系统。具体而言，主要对策有：

（一）尝试在法官与当事人之间建立司法信息的微观博弈机制，[①] 并扩大他们进行司法信息交易行为的风险责任和经济成本。在增强当事人的维权意识和维权策略的同时，向社会公开获取司法信息的合法渠道和具体方法，扩大当事人的知情权和请求权。对司法审判资源进行优化配置，健全内部监督制约机制，通过微观调控手段将法官拥有司法信息数量的多少与其具体的权力和责任相联系，针对不同类型的案件有的放矢地确定司法信息公开的范围和程度，明确法官释明的权限和失密的责任，有效化解保守审判秘密与信息公开之间的矛盾。同时，根据信息社会的规律和特点，在制定司法信息公开制度的基础上，确立新的标准重新界定审判秘密和不宜公开的司法工作秘密的内容和范围。

（二）降低由于司法信息不对称导致的逆向选择效应，[②] 建立严密的甄别和遴选制度优选法官，制定完善的激励与约束机制提高审判质量。在当前法官任职制度基本确立的情况下，除法官任免制度中的行政化因素以外，司法信息不对称在司法领域产生的逆向选择效应是影响法官优胜劣汰的一个主要原因。同时，为防范和减少法官的司法道德风险，还要建立法官的个人信用档案，形成严密的内控信用体系，并针对不同素质的法官有选择地实行"父爱主义"式管理，[③] 增强法官的自我理性能力，尽量缩小司法道德风险发生的空间。

---

① 在信息不对称、缺乏直接或间接的信息传递渠道的情形下，还可以通过改变博弈规则、机制和制度，构造信息成本最低的契约，以寻求最优（或次优）的制度安排。参见马可·斯达德勒、佩雷斯·卡斯特里罗《信息经济学引论：激励与合约》，管毅平译，上海财经大学出版社 2004 年版，第131 页。

② 逆向选择是指由于交易双方信息不对称和市场价格下降产生的劣质品驱逐优质品，进而出现市场交易产品平均质量下降的现象，其实质是制度安排不合理所造成的市场资源配置效率扭曲的现象，而不是任何一个市场参与方的事前选择。参见詹国枢《逆向选择》，载《经济月刊》2004 年第 2 期，第 91 页。

③ 家长主义（Paternalism）又称父爱主义，分为软家长主义和硬家长主义两种。主要意思是指管理者针对被管理人的实际能力，可以对其适度地予以建议、限制和干预，使其能够理性自治。参见 Kin Laws, Paternalism and Politics, *The Revival of Paternalism in Early Nineteenth—Century Britain.* Macmillan Press LTD（2000）。

（三）根据信息不确定性的概率规则，① 制定严谨细致的约束机制，准确界定法官自由裁量权的裁量限度，尽量减少裁判结果的不确定性，最大限度地增强司法的连续性、确定性和公信力，保护民众对司法的信赖感与期望值。现实中，法官行使自由裁量权所产生的不确定性因素，是造成案件裁判结果不可预知的主要原因，而裁判结果的不可预知性能够诱惑和迫使当事人进行司法信息交易行为。因此，通过制定规则和建立机制尽量将司法信息的不确定性规制在可能性之中，使当事人能够在可预期的范围内求证自己的分析判断，而不必通过交易行为获取相关司法信息。

---

① 普拉特在 1964 年提出的"风险规避理论"中论述了信息不确定性的概率问题，他假定在带有不确定因素的环境中，不确定事件在客观上存在着一定的概率，即所谓的"客观概率"。之后，戴蒙德和拉德纳又提出用"主观概率"表述事先无法充分估计概率的不确定性。参见［美］杰克·赫什莱佛、约翰·C. 赖利《不确定性与信息分析》，刘广灵、李绍荣译，中国社会科学出版社 2000 年版。

能动司法与社会管理
创新的类型化分析

张吉喜*

内容摘要 从法院在社会管理创新中的角色来看，能动司法与社会管理创新的方式包括两种类型：主体参与型和政策引导型。对于前者，部分学者认为其违背了司法权被动性的特征。在国外，后者与司法克制主义的观点相互矛盾。作者认为，这两种能动司法与社会管理创新的类型在当前中国都是正当合理的。

关键词 能动司法 社会管理创新 类型

2009 年 12 月 18 日，在全国政法工作电视电话会议上，中共中央政治局常委、中央政法委书记周永康提出了要深入推进社会矛盾化解、社会管理创新、公正廉洁执法三项重点工作。在此之前，针对新时期人民法院工作面临的形势和任务，最高人民法院王胜俊院长在宁夏、河北、江苏等地调研时明确提出了"能动司法"的理念。自周永康书记提出三项重点工作后，全国法院系统和法学理论界展开了一系列"能动司法与推进社会管理创新"的讨论。最高人民法院常务副院长沈德咏在深入分析能动司法与社会管理创新的基础上，明确指出：能动司法与推进社会管理创新是内在统一、相辅相成的，能动司法是推进社会管理创新的必然要求，推进社会管理创新是能动司法的应有之义。

笔者尝试对能动司法与社会管理创新的方式进行分类考察，以期增进我们对能动司法与社会管理创新的认识。本文首先以法院在社会管理创新中的角色为标准，将能动司法与社会管理创新的方式划分为主体参与型和政策引导型两种类型，并分别对它们进行了举例介绍；接着，本文分析了学术界关于这两种类型的能动司法与社会管理创新相关的争论；最后，本文阐明了这两种类型的

---

* 2010 年 3 月至今，在中国社会科学院法学研究所博士后流动站从事诉讼法专业博士后研究，现为西南政法大学法学院法学博士、讲师。

能动司法与社会管理创新的正当化理由。

一、主体参与型

主体参与型的能动司法与社会管理创新是指人民法院采用独立或与其他部门联动的方式参与社会管理创新。这里需要指出的是，并非所有的有关能动司法的实践都与社会管理的创新有关。这是因为，社会管理是指政府及社会组织对各类社会公共事务所实施的管理活动，社会公共事务的主体是非特定的一般主体。如果自然人、法人或相关组织已经成为诉讼中的当事人，那么就已经进入了诉讼法调整的范围，不再属于社会公共事务。从这个意义上说，法官主导审判与当事人主导审判衔接互动、法官自由心证（主观判断）与法律严密论证的逻辑演绎衔接互动、巡回审判等能动司法的实践都不属于社会管理的范畴。在司法实践中，下列四类能动司法的方式可以归为主体参与型的能动司法创新社会管理。

一是司法审判预警工作机制。司法审判预警工作机制要求，人民法院对影响社会和谐稳定的源头性、根本性、基础性问题，预料在前、应对在前，通过建议、报告等书面形式依程序向有关部门、上级机关报告、通报或告知，配合有关部门积极制定切实可行的预案措施，发挥在社会管理和宏观事务决策方面的前瞻性作用。司法审判预警工作机制在陕西省陇县的社会管理中取得了良好的效果。陇县因为特殊的地理环境和交通状况，交通事故较多。特别是农村购车补贴政策实施后，新购车辆猛增，交通事故量也相应不断攀升。陇县法院及时向县公安局交警大队等部门发出司法预警报告，建议在改进遏制事故措施的同时借助民间力量促进事故纠纷化解。根据陇县法院的司法预警报告，交警大队在县委、县政府及有关方面支持下引入志愿者参与化解纠纷，在交警大队内设立了陇县和谐平安志愿者联动协会交通事故调处分会。民间力量特别是村委会成员和村里德高望重的长者，有效填补了"官方"单纯运用法律难以涉及的空白，获得了当事人的信任，促进了社会矛盾的化解。

二是案件风险评估预警制度。这项制度要求承办部门和承办人对所办案件或所受理的来信来访是否会引发当事人上访、缠访等不稳定因素进行分析、预测和判断，提前采取必要措施。接到通报预警的部门，应当及时安排人员了解熟悉案情或上访人申诉、上访理由和要求，并通知可能涉及的人员，做好启动处理信访紧急事项预案的准备。以陕西省陇县为例，2010 年 2 月 8 日，陇县法院东风法庭接到东风镇尧场村 2222 亩造林承包者刘某诉该村村民秋某等四人排除妨害纠纷一案。审理中，秋某等所在的第二村民小组认为刘某开采的是属于本小组的集体林，要求刘某赔偿财产损害 20 余万元，并称若法院不妥善解决此案，就集体联名赴省会上访。经风险评估，陇县法院在指派主管东风法庭的副院长组织东风法庭开展调查的同时，于 4 月 7 日分别向东风镇政府和县林业局发出风险预警评估意见书。经过各方共同努力，事态基本趋于平稳，事实基本查清，刘某和第二村民小组同意接受调解。

三是诉调对接机制。诉调对接机制是指诉讼解决纠纷和非诉解决纠纷这两种途径和方法之间的沟通、衔接与互动，是一种以法院为主导，多元主体参加构建的诉讼与调解互相作用、司法调解和综合性的社会大调解有机衔接的机制。它通过人民调解、行政调解和司法调解的有机结合，充分发挥诉讼调解与大调解机制各自的优势，使司法审判与社会力量优势互补，形成合力，促使纠纷以更加便捷、经济、高效的途径得到解决。法院通过立案前的建议调解，审理中的委托调解和协助调解，充分发挥大调解机制的优势，并以此增强司法机关公正司法、高效司法的能力。如在审理婚姻家庭、劳动争议、道路交通事故、相邻关系纠纷等类型的案件中，法院通过委托调处中心、人民调解组织、村民委员会、居民委员会、基层派出所、交警大队、工会以及双方当事人的共同亲属等一切有利于案件调解的组织和个人进行调解，或邀请其协助法院调解，充分利用社会资源化解矛盾纠纷。诉调对接机制主要包括以下内容：①人员互动上的对接。比如，法院与交警大队成立联合调解室或道路交通事故巡回法庭，邀请保险公司共同构建法院、交警和保险公司三方联合调解网络，快速有效地解决交通事故引发的纠纷。②程序上的对接。如调处中心调处较大的民事纠纷，经当事人同意，司法可以提前介入，与民调员配合进行联动调解；如果调解不成，则及时引入诉讼程序。③日常工作上的对接。法院通过与司法行政机关、街道（乡镇）、社区等建立联席会议制度、涉及调解协议案件审理情况的通报制度、委托接待制度等，构建较为完整的诉调对接工作网络，强化沟通协调，实现信息互通。

四是民意沟通表达机制。最高人民法院 2009 年 3 月发布的《人民法院第三个五年改革纲要》以及 4 月发布的《关于进一步加强民意沟通工作的意见》，都要求进一步扩大司法民主，尊重和维护人民群众对司法工作的知情权、参与权、表达权、监督权，并充分利用法院网络搜集意见，开门"纳谏"。各级法院通过搭建民意沟通平台，努力从社情民意中把握群众对法院工作的新要求、新期待，为进一步深化司法公开、维护司法公正、提高司法公信力和推进法院工作科学发展奠定了良好的基础。各级法院在充分利用现有的信访接待、院长接待日、举报电话、举报信箱等常规民意沟通方式的同时，注重改进和完善网络民意沟通机制，具体包括：①加强门户网站建设，积极开展法律文书上网工作，对一些有重大影响的、群众比较关心的案件通过网络进行宣传；②建立网络对话机制，通过法庭博客，了解基层群众的司法需求，为群众答疑解惑；③完善网络舆情应对和引导机制，对因审判、执行等工作引发的网民关注的热点问题，及时沟通、疏导，澄清事实，公开接受监督。

二、政策引导型

政策引导型的能动司法与社会管理创新是指人民法院不作为主体直接参与社会管理创新，而是通过司法解释、规范性文件或对具体案件的裁判引导社会管理创新。

第一，通过司法解释或规范性文件引导社会管理创新。

下文以《最高人民法院关于当前形势下做好行政审判工作的若干意见》为例进行分析。为了积极应对经济社会形势变化引发的新情况、新问题，引导群众以理性合法的方式表达利益诉求、及时妥善化解行政纠纷，2009年6月，最高人民法院颁布了《最高人民法院关于当前形势下做好行政审判工作的若干意见》（以下简称《意见》）。《意见》中的相关规定尽管是对人民法院行政审判工作的基本要求，但是对于行政机关的社会管理创新也具有一定的引导作用。例如：①《意见》要求，人民法院"对于行政机关在拉动内需、促进企业发展、实行积极的财政政策和适度宽松的货币政策、压缩行政许可和行政审批事项、防范金融风险等方面实施的各项行政行为，在坚持合法性审查的基础上依法维护和支持"。②《意见》要求，人民法院"要依法慎重受理和审理政府信息公开行政案件，正确处理公开与例外的关系。既要保障公民、法人和其他组织的知情权、参与权、表达权、监督权，促进政务公开和服务型政府建设，又要注意把握信息披露的时间、对象和范围，保证政府信息公开不危及国家安全、经济安全、公共安全和社会稳定"。③《意见》要求，人民法院"要坚持法制的原则性和灵活性相结合，法律标准与政策考量相结合。在对规范性文件选择适用和对具体行政行为进行审查时，充分考虑行政机关为应对紧急情况而在法律框架内适当采取灵活措施的必要性，既要遵循法律的具体规定，又要善于运用法律的原则和精神解决个案的法律适用问题。对于没有明确法律依据但并不与上位法和法律原则相抵触的应对举措，一般不应作出违法认定"。这些关于人民法院行政审判的方向性规定，为行政机关的社会管理创新解除了后顾之忧。行政机关只要沿着《意见》中明确的方向进行社会管理创新，便不会存在在行政诉讼中败诉的风险。

第二，通过个案裁判引导社会管理创新。这方面的典型案件是"刘燕文诉北京大学不授予博士学位案"。刘燕文是北京大学无线电电子学系1992级博士研究生。对刘燕文的博士论文的审查经过了三道程序：其一是博士论文答辩委员会的审查（当时7位委员全票通过）；其二是北大学位评定委员会电子学系分会的审查（当时13位委员中12票赞成，1票反对）；其三是北大学位评定委员会的审查（北大学位评定委员会委员共计21位，对刘燕文进行审查时到场16位委员，6票赞成，7票反对，3票弃权）。根据学位评定委员会的审查结果，学校决定不授予刘燕文博士学位，只授予其博士结业证书，而非毕业证书。这一决定结果未正式、书面通知刘燕文，他为此曾多次向系、校有关部门询问未获得学位的原因，也曾向教育部反映情况，均未得到答复。1997年刘燕文向北京市海淀区人民法院提起诉讼。海淀区人民法院一审判决：①责令北大在两个月内颁发给原告博士毕业证书；②责令北大在三个月内对是否授予刘燕文博士学位予以重新审查；③本案的诉讼费用由被告承担。本案的判决对于大学管理的创新具有一定的引导作用。第一，本案开辟了在教育领域为行政相对人（学生、教员、职工等）提供司法救济的途径。在大陆法系，长期以来盛行一种特别权力关系理论。这种理论认为，学生和学校、公务员和政府、犯人和监狱等相互之间存在着特别权力关系，这种特别权力关系的相对人（学生、公务员、犯人等）不能享受一般公民的某些权利，如向法院起诉对方当事人（学校、政府、监狱等）的权利等。目前西方国家大多通过法律、法规限制这种特别权力关系的适用范围，但我国的法律、法规依然维护这种关系，如行政诉讼法、行政复议法、公务员法等，都没有为涉及内部行政关系的行为提供明确的司法救济途径。这一案件在教育领域首先打破了特别权力关系的限制，开了内部相对人通过司法途径起诉行政主体的先河。第二，本案暴露了教育领域现有管理机制的不完善。首先，教育法、学位条例等对学生权利的保障不充分，如对学生被开除学籍、被拒发毕业证、学位证等没有规定说明理由、听取学生陈述和申辩等程序制度。其次，学位条例有些条款过于抽象，不具体，在实践中容易引起争议。例如，第10条规定学位委员会决定是否授予学生学位，需要经全体成员过半数通过。这里没有规定学位委员会开会时法定的出席人数；没有规定计算的基数是出席会议的全体成员还是委员会的全体成员；也没有规定决定授予学位和不授予学位是否都需要过半数通过等。

三、能动司法与社会管理创新的相关争论

主体参与型和政策引导型的能动司法与社会管理创新具有不同的特征。前者的典型特征是人民法院具有主动性；后者的典型特征是人民法院能动地解释

法律。

在法学理论界，部分学者对主体参与型的能动司法与社会管理创新持否定态度，理由是，其违背了司法权的本质特征之一——被动性。司法权的被动性要求法院的所有司法活动只能在当事人提出申请以后才能进行；没有当事人的起诉、上诉或者申诉，法院不应当主动受理案件。换言之，法院不能主动干预或介入社会生活。司法的被动性也就是我们通常所说的"不告不理"。一百多年以前，法国学者托克维尔通过考察美国司法制度的运作情况，对司法权的被动性做出过形象的描述："（司法权是一种消极性权力），只有在请求它的时候，或用法律的术语来说，只有在它审理案件的时候，它才采取行动……从性质来说，司法权本身不是主动的。要想使它行动，就得推动它。向它告发一个犯罪案件，它就惩罚犯罪的人；请它纠正一个非法行为，它就加以纠正；让它审查一项法案，它就予以解释。但是，它不能自己去追捕罪犯、调查非法行为和纠察事实。如果它主动出面以法律的检查者自居，那它就有越权之嫌。"①在美国学者格雷看来，"法官是一种由某一有组织的机构任命，并应那些向其主张权利的人申请而确定权利和义务的人。正是由于必须有一项向他提出的申请他才采取行动这一事实，才将法官与行政官员区别开来"②。

对于第二种类型的法院创新社会管理，由于我国法学实务界和理论界对其缺乏应有的关注，因此当前也就不存在相应的争论，但是对于这种类型的能动司法在国外也是存在不同观点的。最为典型的是美国关于司法能动主义与司法克制主义的论争。在这里需要指出的是，美国的司法能动主义与我国的能动司法具有不完全相同的含义。美国的司法能动主义是指为了提高社会福祉或者推进政策制定，法院在适用法律时不遵循先例的裁判理念。我国的能动司法则要求发挥司法的主观能动性，积极主动地为大局服务，为经济社会发展服务。从能动司法的这一要求来看，它当然包含法院在解释法律时发挥主观能动性这一含义，但是它更加注重人民法院的功能定位，强调不能将司法简单地定位于裁判纠纷，应当将法院的功能转型为预防和解决纠纷，积极主动地研究社会纠纷的政策和法律根源。从上文对能动司法创新社会管理的分类来看，政策引导型的能动司法创新社会管理与美国的司法能动主义相当。在美国，司法能动主义与司法克制主义是一对相互对立的司法理念。司法克制主义的支持者认为，由于立法者是通过选举而产生的，被视为民意的代表，因此法官应当在法律解释

---

① ［法］托克维尔：《论美国的民主》（上卷），董果良译，商务印书馆1991年版，第110—111页。

② Donald L. Horowitz, *The Courts and Social Policy*, The Brookings Institution, 1977, pp. 22 - 23. 转引自陈瑞华《司法权的性质——以刑事司法为范例的分析》，《法学研究》2000年第5期。

过程中保持最大限度的克制，以实现立法者的原初意图作为法律解释的目标，这样民主才能得到维护。但是，司法能动主义的支持者则认为，法官作为正义的守护神，通过司法来维护少数人的权利是其肩负的重要使命，因此法官应当以维护权利为目标能动地对法律进行解释，这样以权利保护作为终极追求的法治才能得到实现。在司法实践中，法律解释的能动性与创造性是无法避免的，美国大法官卡多佐甚至认为，"司法过程的最高境界并不是发现法律，而是创造法律"①。由于民主和法治同时作为美国社会的制度追求，因此，法官解释法律的价值取向会在民主与法治之间顾此失彼。美国学者艾斯克里奇就此指出，"如果司法判决的目的在于增加法治或合法，那么，司法判决势必时常会与多数人的观念产生矛盾，从而在政治上失去大众的欢迎和赞扬"②。

四、能动司法与社会管理创新的正当性分析

笔者认为，上述两种类型的能动司法与社会管理创新在当前中国都是正当合理的。

（一）人民法院直接参与社会管理体现了人民法院的本质

司法权在世界各国既有共性也有差异，西方三权分立理论基础上的司法权被限制为通过审判解决纠纷的权力。司法权绝不可以超越审判而涉足社会管理。但是社会主义的司法制度从来不讳言法院的工具作用，"不但法院，整个国家都是工具，党也是工具"③。司法权是一种至关重要的执政权，胡锦涛总书记深刻地指出："政法工作是党和国家工作的重要组成部分，必须在党和国家工作大局下开展，为党和国家工作大局服务。"④ 最高人民法院院长王胜俊提出："为大局服务、为人民司法，是人民法院的政治、法律和社会责任。"⑤由此，我国的人民法院在承担裁判案件这一典型的司法职能之外，还应当承担一些与为大局服务相关的延伸职能。人民法院在履行这些延伸职能时，就不再

---

① ［美］本杰明·卡多佐：《司法过程的性质》，苏力译，商务印书馆1998年版，第105页。

② W. Eskridge and J. Ferejohn, Politics, Interpretation, and the Rule of Law, in *The Rule of Law*, ed. Lan Shapiro, New York University Press, 1994, p. 267.

③ 董必武：《改善审判作用》，载《董必武法学文集》，法律出版社2001年版，第255页。

④ 参见2007年12月25日胡锦涛总书记在同全国政法工作会议代表和全国大法官、大检察官座谈时的讲话《立足中国特色社会主义事业发展全局，扎扎实实开创我国政法工作新局面》，《人民日报》2007年12月26日。

⑤ 罗东川、丁广宇：《我国能动司法的理论与实践评述》，《法律适用》2010年第21期。

具有被动性；相反，人民法院在履行这些职能时，是积极主动的。这与司法权具有被动性的基本原理是不矛盾的，因为司法权的被动性强调的是法院不应当主动启动诉讼程序，而法院在履行延伸职能时并不是在启动诉讼程序，当然也就不受被动性的限制。

当然，人民法院在履行延伸职能时应当把握好"度"的限制。既要在法律规定的框架内充分发挥人民法院参与社会管理创新的职能作用，又不能越俎代庖，行使其他部门的职能。

（二）人民法院通过司法解释、规范性文件或对具体案件的裁判从政策上引导社会管理创新契合法律规范的特征

首先，法律的稳定性决定了它不可能朝令夕改，而社会生活每时每刻都在发展、变化，这就使法律往往滞后于社会现实的需要；其次，法律规范只是一般调整而非个别调整，相对于纷繁复杂的社会关系，其内容总是略显原则和抽象；最后，由于立法者自身认识等原因，立法上的漏洞和缺陷在所难免。

历史证明禁止司法能动地解释立法是不明智的。在欧洲，在文艺复兴之后相当长的一段时间内，由于理性主义不但统治着自然科学界，而且还统治了人文社会科学界，以致不少欧洲思想家为防止法官擅权，幻想凭借人类自身的理性制定一部无所不包的法典，而法官的任务仅仅在于找到案情所对应的法条，并将其适用于待决案件。然而，制定一部无所不包的法典以排除法官独立评价的愿望被无情地击破，德国民法典制定前的《普鲁士一般邦法典》就是这一实验失败的例证。该法中的近两万个条文，事无巨细地列举了立法者所能预见到的所有纠纷，但是，这么一部设计精良的法典不久就被历史的车轮碾得粉碎。人们这才意识到，人类理性的有限性与社会经济生活的无限复杂性之间存在着不可克服的矛盾，再聪明的立法者也不可能预见到所有可能发生的纠纷，因而彻底排除法官根据社会现实或具体案情能动地解释法律是不现实的。在美国，卡多佐法官明确指出："规制的含义体现在它们的渊源中，这就是说，体现在社会生活的迫切需要之中。这里有发现法律含义的最强可能性。同样，当需要填补法律的空白之际，我们应当向它寻求解决办法的对象并不是逻辑演绎，而更多是社会需求。"①

中国目前正处于转型时期，社会各方面的制度都在进行着重大的调整，旧的利益格局被打破，而新的制度和规范尚未完全建立起来。新旧体制交替的过程中容易发生各种新型案件，立法机关很多情况下不可能及时地对此做出反

---

① ［美］本杰明·卡多佐：《司法过程的性质》，苏力译，商务印书馆 1998 年版，第 76 页。

应，此时，司法机关的创造性司法活动，有利于我们有效地解决纠纷、化解社会冲突，并为我国社会各项改革措施的平稳推进创造一个良好的法律环境。实践中我们应当注意，这种类型的能动司法与社会管理创新应当遵循法律的基本原则，应在法律原则的直接指引下来填补法律的空白，弥补法律的漏洞，消除法律的疑惑。一旦超越了法律的基本原则，便会造成恣意和擅断，从而导致法律虚无主义。

能动司法视野下的司法调解制度

徐艳阳[*]

内容摘要 司法制度作为人与人相处的制度，和人与人的其他关系一样，既是合作机制，合作在于以最小的成本推进诉讼获得公正而快捷的处理；也是竞争机制，竞争在于其本身就是一种通过两造对抗使法官获得真知的技术设计。相较之下，司法制度坚硬的内核应是竞争是对抗。如果说诉讼可以是不对抗的，就等于说火是可以不燃烧的。调解的结果当然是和谐的，但司法调解不能是大婶式的和稀泥，而应当是非厘清后的和谐。

关键词 能动司法 调解 纠纷化解

在最高人民法院的倡导下，各地法院积极开展探索能动司法，积累了许多宝贵的经验。与此同时，对能动司法持审慎观点者认为，"能动司法"不等同于"主动司法"[①]，"防止能动司法成为盲动司法的遮羞布"[②]，当然，能动司法更不能是妄动司法、乱动司法。司法调解制度作为能动司法的核心内容，其基本内涵、应否提倡、如何提倡则有必要在这一轮的实践与论争中加以讨论和权衡。

一、什么叫司法调解制度？

调解制度是指经过第三者的排解疏导，说服教育，促使发生纠纷的双方当事人依法自愿达成协议，解决纠纷的一种活动。中国当代的调解制度已形成了

　＊ 2010 年 3 月至今为中国应用法学研究所博士后科研工作站与中国社会科学院法学研究所博士后科研流动站联合培养博士后；合肥市中级人民法院庭长。
　① 《能动司法不等同于主动司法》，载《人民法院报》2010 年 3 月 24 日"理论周刊"。
　② 《"防止能动司法变成盲动司法的遮羞布"——一场小规模的司法理念大论战》，载《南方周末》2010 年 5 月 5 日。

基本的调解体系，主要有人民调解、行政调解和司法调解（从广义上说司法调解也包括仲裁调解），其中司法调解是极其重要的调解形式。无论何种调解，都是通过心理上的引导、利益上的诱导而进行的矛盾上的疏导，其本身是不应有强制性的。

（一）民间调解印象

比如：两口子中秋节发生纠纷。男的说："昨天去你妈家带了两只鸡两瓶酒，今天去我妈家为什么就只有一只鸡一瓶酒了呢？"女的说："现在讲平等了？我生的孩子怎么没有一三五跟你姓，二四六跟我姓？"男的说："那你怎么不讲我挣钱比你多？"女的说："啊呸！就你挣的那醋钱还好意思和我比，你的同学我的邻居某某某都下海挣大钱去了。"两口子干得热火朝天，这时邻居大婶来了，提出调解方案：拎两只鸡一瓶酒给爷爷奶奶送去。除了想窥探隐私，大婶是不会傻到使劲向前探索认证他们家的平等问题，大婶会和女的说："谁不说你贤惠呢？鸡都杀好了，不拎去不也坏掉了？你拎去再把它吃回来不就行了？"大婶接着再和男的说："你男子汉，这点肚量没有？少瓶酒你家能掉块肉？哪天再用私房钱给你家补上。"看着两人有所松动，大婶欣慰地说："好了，好了，不许吵了，再吵大婶也不答应了。"

其实，在类似的民间调解中，如果当事人不听劝达不成和解，大婶也并不知道她不答应能怎么着，当事人承受的只是可能的社区疏离的舆论压力。这种压力在乡土秩序中显得比较明显，在乡土秩序逐步瓦解、向市场秩序过渡的历史变迁中日渐淡薄。相比之下，民间调解通常少了国家强制力的支撑，调解方法多了不论是非的狡黠。

（二）人民调解内涵

《人民调解法》第2条规定，本法所称人民调解，是指人民调解委员会通过说服、疏导等方法，促使当事人在平等协商基础上自愿达成调解协议，解决民间纠纷的活动。同时，第31条规定，人民调解委员会调解达成的调解协议，具有法律约束力，当事人应当按照约定履行。按此规定，人民调解除系由人民调解委员会进行的以外，与一般的民间调解并无太大的区别，所达成的调解协议相当于民事合同。只有双方当事人认为有必要的，共同向人民法院申请司法确认，人民法院经过审查确认了调解协议的效力，调解协议方具有强制执行力。如果当事人之间就调解协议的履行或者调解协议的内容发生争议，一方当事人可以向人民法院提起诉讼。

（三）行政调解含义

行政调解是在国家行政机关的主持下，指以当事人双方自愿为基础，由行政机关主持，以国家法律、法规及政策为依据，以自愿为原则，通过对争议双方的说服与劝导，促使双方当事人互让互谅、平等协商、达成协议，以解决有关争议而达成和解协议的活动。行政调解，同人民调解一样，属于诉讼外调解，所达成的协议均不具有法律上的强制执行效力，但对当事人均应具有约束力。

（四）司法调解概念

司法调解是指人民法院对受理的民事案件、经济纠纷案件和轻微刑事案件进行的调解，是诉讼内调解。对于婚姻案件，诉讼内调解是必经的程序。至于其他民事案件是否进行调解，取决于当事人的自愿，调解不是必经程序。法院调解书与判决书有同等效力。对于调解不成的情况，《民事诉讼法》第 91 条规定，调解未达成协议或者调解书送达前一方反悔的，人民法院应当及时判决。

从这些法律规定来看，除了离婚案件，调解并不是必经程序，从中也看不出法律对调解的倾向，但是我国的司法政策导向一直有偏重调解的倾向，司法实践中绝大多数可调解案件都会进行调解。与其他调解一样，司法调解的启动和展开是自愿的，但是因为主持调解的法官通常也是"调不成就判"的法官，司法调解的过程始终笼罩在法官可能判决的压力中。与其他调解不一样，司法调解所达成的调解协议具有强制执行力，因此司法调解成为更重要的调解方式。

二、要不要提倡司法调解制度？

一般而言，一项制度总有利有弊，而对该项制度决定取舍，不仅要对制度利弊进行全面的分析，还要对时空条件下的制度需求进行实际的评估，还要对制弊扬利的方案进行有效的探索。

（一）司法调解制度利弊谈

胡锦涛同志在十七大报告中说，要促进国民经济又好又快发展。在十七大报告的影响下，又好又快地办案成为人民法院的工作目标。

司法调解制度的好处显而易见，其突出的表现在于能够"又好又快"地审结案件。其一，司法调解是一种公平、正义的修复与维护的最大化接近方式。因为有双方当事人的介入和牵制，案件的处理不容易错得离谱，即使在个别案件上发生与法律规定相距甚远的情形，也因民事权利处分权的存在而具有正当性和合法性。此外，调解作为一种温和的纠纷解决方式对于维护熟人社会良好的社会关系有着无可替代的积极作用。其二，司法调解是一种相对快捷的矛盾化解方式。个案可能存在久调不决的情形，但是"与第三者做出有拘束力的判决、无论当事人意愿如何都加以贯彻的审判不同，调解因为给了当事人拒绝的权利，因此可以不必在通过证据的审查逐一认定事实和法律规范的辩论解释上花费时间，也可以不用花钱请律师来处理复杂的程序，当事人能够一下就进入所争议问题的核心，谋求纠纷的圆满解决。"① 因为法官不再需要清晰地发现真相，也不需要精准地适用法律，所以总量对司法成本的消耗较小。此外，对于断裂时代那些因社会结构性对立很难裁定是非的结构性纠纷，司法调解也提供了解决途径。

　　与此同时，司法调解制度的弊端也是不容忽视的。首先，司法调解受双方当事人及法官立场的辖制，总量上最大化地接近公平正义，但是也很难充分地实现公平正义，因此，"司法调解的好是打折扣的好"。其一，虽然说任何协议或条约都是斗争与妥协的产物，虽然说我国民事诉讼法规定调解必须在当事人自愿的原则下进行，但是调审结合的司法制度安排决定了法官同时扮演调停人和裁决人这两种角色，因此调解的自愿性弱化，强迫性强化。其二，真理是相对的，公平也是相对的，不可能做到毫厘不差，对于法官来说，无限地接近真相与公平是其职业奋斗的目标和准则，换言之，司法是围绕真相与公正这一主轴动态平衡的过程。但是，司法调解制度通常是一种向无理者单向妥协的方式，欠钱的少还一些钱，不欠的多少给一点，这种单方"让步息诉"的方式与"权利确认与保护"之间存在着天然的矛盾。其三，司法调解制度还很容易为一种恶意诉讼的情形大开方便之门。在这种情形下，双方当事人串通，隐瞒事实，到法院走程序，欺骗审判人员，得到合法的调解书，以此转移财产、规避法律责任、获取非法利益，损害了第三人的合法权益及集体、国家的利益。

　　其次，司法调解通过双方当事人确认事实和处理方案，诉讼上相对方便快捷，但是司法调解与严格的法治天然相悖，司法调解所带来的不确定性增加了社会管理的成本。因此，"司法调解制度的快是一种付了代价的快"。司法调

---

① 棚濑孝雄：《纠纷的解决与审判制度》，王亚新译，中国政法大学出版社 2004 年 1 月修订版，第 46 页。

解制度在"合情、合理、合法"的口号下鼓励当事人就案件处理进行讨价还价或者互惠式交涉，以实用主义的政治性手法削弱规范以及原则，形成了所谓"双重不确定性"（double contingency）的法律秩序状态。调解势必是温和的柔性的，显然给投机分子减少了投机的风险，破坏了法治震慑下的有序状态，加大了潜在纠纷发生的可能。"在纠纷解决中，如果过分强调调解，而忽视权利义务观念的培育，就可能弱化社会法律意识，妨碍人们行为的可预期性，对市场规划和市场秩序的建立产生不利影响。"①

（二）司法调解制度定位说

对司法调解制度进行定位涉及"中国法学向何处去"的问题，法律的制定或法学的发展究竟应当是先验的还是实用的？这个问题很复杂，但是有两点应当可以形成共识：其一，如果不作为法律制定或法学发展的方向来谈，而是作为一种状态的描述，估计对法律客观存在的实用性不会有太大争议。其二，实用主义法学对法学发展产生了深远影响。庞德将法看成"社会控制的工具"②。古典刑法向实证刑法发展。霍姆斯断言："法律的生命不在于逻辑而在于经验。"③

因此，对司法调解制度进行定位，需要对该制度的实用性进行评估。这种评估应当是全面客观的，而不是悲剧性个例引发的替罪羊式否定。经过全面而客观的评估，我们可以发现：当下司法调解制度有着现实存在发展的必要性。

其一，这是我们的本土背景决定的。"就总体来看，法治是一种实践的事业，而不是一种冥想的事业。它所要回应和关注的是社会的需要（当然，并不排除法律在某些情况下可以推动变革的方式来回应社会的需要）。"④一个社会是否有序，主要是看社会生活是否尊重规则以及规则是否达成了社会生活共识。我们的司法背景是什么呢？乡村中国迈向市场与城市，人治社会意欲实现法治。在这种历史变迁的时代背景下，规则框架中还存在着规则与潜规则、法治规则与乡土秩序两种悖论；根本道路选择上还存在着法治与德治、法治与经治两种游移。在我国这样一个司法背景下，还不能做到严格依法，自由裁量权还不能完全满足司法所需要的弹性，司法调解制度很好地补充了弹性和张力。调解一般在熟人之间、在有长期稳定关系并希望保持这种关系的人们之间更为

① 《能动司法与大调解论坛综述》，http://rmfyb.chinacourt.org/public/detail.php? i=133711。
② ［美］罗·庞德著：《通过法律的社会控制、法律的任务》，沈宗灵、董世忠译，商务印书馆1984年版。
③ Oliver Wendell Holmes, *The Path of the Law*, Reprinted in 78 B.U.l.rev.699.1998, p.705.
④ 苏力著：《道路通向城市——转型中国的法治》，法律出版社2004年版，第31页。

适宜，而审判一般对解决陌生人之间的问题，确认规则更为有效。即使是现代，虽然还缺乏详尽的统计材料的支持，大多数人还是熟人式、圈子式的交往，无论如何司法作为一项产品不能不受制于这样本土背景的客观需求。

其二，这是我们的立法状况决定的。"为了回应迅疾变化的社会，为了加强对社会的组织管理，为了在更广阔的社会空间里建立秩序，也产生了现代的规模化的法律生产——立法，即以理性设计的方式颁布法律，设定社会规则。"① 越来越周延细致的法律体系可以作为更权威的法律标杆来推进民众达成法律共识，反过来法律共识也可以作为更统一的法律标杆来推进立法。"霍尔姆斯法官在其著名的妙语中所强调的：'一般原则不决定具体情形。'举个例子来说，我们知道谋杀是错误的，但对堕胎是否有错却存在分歧；我们赞同种族平等，但在反歧视行动上却意见不一；我们信仰自由，但对提高最低工资有不同意见。人们在某个原则上达成协议与他们在特定情形中的分歧同时并存是一种普遍的法律和政治现象。"② 我国正处于宏大历史变迁中，权利冲突、价值多元，在一些问题上甚至矛盾尖锐，"中国现代化走到今天，先进落后并存，新旧矛盾交织，面临诸多前所未有的挑战。"③民主与发展是全国人民的一致目标，但在诸多重大问题上仍难以形成较为一致的法律共识，这些都为立法造成了巨大的困难。与立法困难不相适应是我们的立法体制。现代的政治体制格局应该是：民主—立法—司法，我们还在进行更为艰巨的政治体制改革，我们还没有建立完善的民主制度，对人民内部矛盾的解决还缺乏系统方案，阶层、板块、地域、行业之间的矛盾被人民这个概念模糊了，立法是不同利益集团利益划分的过程还不能很好地体现出来，专家意见稿＋举手通过成了立法的主要形式。突出的后果是不少重大矛盾没有在立法中解决，而现实生活中的矛盾不会因为立法搁置而延缓发生。即使法律存在冲突，即使法律存在空白，即使具体法律的机械坚守会有荒诞的结果，人民法院也是无权拒绝裁判的，在这些情况下，如果不调解就很难做到兼顾各种利益、各种价值。

其三，这是人民法院的地位决定的。如前所述，法律共识难以实现，详尽立法亦难以实现，"这种协议是未完全具体化的，就这一点而言，它是一个未完全理论化的协议。许多关键工作通常必须由别人临时采取决疑法的判断方式

① 苏力著：《道路通向城市——转型中国的法治》，法律出版社2004年版，第15页。
② 凯斯·R.孙斯坦著：《法律推理与政治冲突》，金朝武、胡爱平、高建勋译，法律出版社2004年版，第35页。
③ 温家宝在联合国千年发展目标高级别会议、第65届联合国大会一般性辩论上的发言，载http://news.sina.com.cn/z/qnfz2010/index.shtml。

来完成。"① "他们（指法官）不但没有天平，而且他们还必须在某种特定的社会异质——对于基本原则问题存在尖锐而且通常棘手的不同意见——面前行事。"② 一方面传统的无所不能的清官情结，另一方面是现代的工具论，这使得我们国家目前的法律文化对法院的期望很高、地位较低。我们国家的法律文化不甚认可人类发展、人类认识的局限，美国法官办的"杰克逊猥亵儿童案"、"辛普森杀妻案"很大程度上与案件客观真实不相符合，也就是我们通常所说的"冤案"，但不用平反，更不用法官个体消灭。法律不强人所难，刑法上尚有期待可能性理论，所有的案子都做到案情明了、适法精准、处理得当是不是对法官的期许过高？在这种高期许的情形下，调解不失为一种各方都能接受的方案。

其四，这是我国司法改革的阶段所决定的。就司法改革而言，自 20 世纪 90 年代以来，中国司法改革的基本导向是职业化和专业化，突出审判和审判方式改革，强调法官消极和中立，律师扮演积极角色，取得了重大进展，但也留下了许多不能不面对的问题：这种司法模式在许多地方，特别是农村基层社会，缺乏适用性和有效性，还远远不能满足人民群众的司法需求。在这种情况下，司法能动势必成为司法改革一种反弹性的需求，司法调解的提倡也随之成为应有之义。

三、如何进行司法调解？

如何进行司法调解？实践中归纳了增进调解意识的"诚心、耐心、热心、公心"四心调解法③，归纳了"通俗的调解语言、灵活的调解方法、合理的调解时机、创新的调解内涵"④ 等具体的调解方法。除了应当加大调解力度、变幻调解手法外，在司法实践中还应注意对调解制度的弊端进行纠偏，以免出现不计其余唯求成功的庸俗司法调解倾向。

（一）对司法调解制度纠偏要注意把握角度的多维

如果对立的观点一无是处，并不会引发真正的争论。古代寓言里有许

---

① 凯斯·R. 孙斯坦著：《法律推理与政治冲突》，金朝武、胡爱平、高建勋译，法律出版社 2004 年版，第 35 页。

② 同上书，第 1 页。

③ 章豪杰：《吴兴不循模式的调解艺术》，载《人民法院报》2010 年 6 月 7 日第 5 版。

④ 俞铁城、张燕：《人民法庭开展调解工作的实践与思考》，载《人民法院报》2010 年 9 月 15 日第 8 版。

多傻子，像郑人买履，像邯郸学步，像杞人忧天，像遇岐而哭。这些傻子被人笑了上千年，现在又有了新的认识。郑人买履遵循的是程序正义，邯郸学步尊崇的是偶像生活，杞人忧天培养的是深谋远虑，遇岐而哭保持的是审慎选择。我们对司法调解制度进行探讨和论证的时候应当对如下基础认识达成共识。其一，对司法调解制度的认识——有利有弊：任何事物都不可能是单一的利或弊，司法上能动的前提应是思想上的能动。其二，对司法调解制度的定位——扬利制弊：现实需要的迫切度和现实危害的控制度的权衡分析。

（二）对司法调解制度纠偏要注意把握坚硬的内核

有一则故事：张飞在做知县时曾经审过一个案子，张三被李四打了，要求张飞做主。张飞把李四打了二十棍，众人皆欢欣鼓舞。张飞接着又把张三打了三十棍，众人大惑不解。张飞说：他打你时，你为什么不以死相拼？还有一则笑话：王五与赵六发生争执，王五大骂赵六，赵六微笑不语，人问其故。赵六说：从来只见狗咬人，从未见过人咬狗。生活哲学常常表现出反复矛盾，好像让人无法自处。其实，这两则故事表面上的矛盾反映着内里的和谐。无论是如佛祖般拈花微笑还是如张飞般叱咤棒喝，都是无所谓的，关键在于有没有内心坚硬的核以及所表现出来的气场。

司法制度内心坚硬的核是什么呢？司法制度作为人与人相处的制度，和人与人的其他关系一样，既是合作机制，合作在于以最小的成本推进诉讼获得公正而快捷的处理；也是竞争机制，竞争在于诉讼本身就是一种通过两造对抗使法官获得真知的技术设计。相较之下，司法制度坚硬的内核应是竞争是对抗。如果说诉讼可以是不对抗的，就等于说火是可以不燃烧的。司法调解制度作为司法制度的一种，也没办法逃脱对抗这一窠臼。调解的结果当然是和谐的，但司法调解不能是大婶式的和稀泥，应当是非厘清后的和谐。

司法调解可以结合但不能混同于民间调解、人民调解，司法调解从民间调解中演化出来，从对人的信赖转向更多地对法的信赖。"当代法治社会中的调解，可以说是包含着利己动机和共同动机两方面的'契约型调解'。从契约性合意的角度来把握调解，意味着一种相对立的意识的存在。按照汇纂式法解释学的概念，契约是相互对立的意思的合同。而传统的东亚式的合意的基础是'和为贵'的哲学，是一种起源于信赖关系的共存状态。因此，法制化条件下的调解与对立性主张的充分议论以及为此设立的程序、法律家的专业性活动是可以并立而存的。正是通过契约关系这一中介环节，调解和法制结合起来了。彻底的当事人主义与律师业务的市场化主张结合起来了。司法程序与私法秩序结合起来了。"①

（三）能动司法视野下司法调解的具体方法

1. 依法调解。依法调解是当代中国一个政治正确乃至无法质疑的说法。《人民调解工作若干规定》第 4 条第 1 款对此做了明确规定，罗干在全国人民调解工作会议上的讲话、曹建明在全国人民调解工作会议上的讲话、段正坤在全国人民调解会议上的讲话对依法调解都有明确的强调。但是，学术界对依法调解还是心存疑虑的，认为"如果真的强调依法，为什么还要调解呢？判决不就行了？"确实，在调解实践中，成功的调解很少真正完全严格按照法律规定，但是，一个调解率高的法官一定是对法律精神领会较深的并传达透彻的法官，调解方案一定与可能的判决走向有着内在的一致。如果太多的调解背离法律的精神，调解不会成功，更不会达成法律效果、政治效果和社会效果三者的统一。

2. 系统调解。《中共中央关于构建社会主义和谐社会若干重大问题的决定》中指出要"完善矛盾纠纷排查调处工作制度，建立党和政府主导的维护群众权益机制，实现人民调解、行政调解、司法调解有机结合，把矛盾化解在基层、解决在萌芽状态"。大调解是指人民调解、行政调解和司法调解的整合和联动，构建人民调解、行政调解、司法调解既充分发挥作用又相互配合的大调解工作体系，使之覆盖社区、村组和各级各部门、各行各业，及时把社会矛盾化解在基层和萌芽状态。系统调解不仅仅指大调解这种调解格局的布置，还应该包含更深刻的意义。人民调解、行政调解如果调解不成可以通过诉讼转为司法调解，在以前这种转向是单向的，但在能动司法的背景下，法院在司法调解中无法孤军奋战，应该动用社会合力，包括党委、人大、行政机关、社团组织、社区组织在内各个部门统筹联手进行调解。实践中，已经形成了问卷调查、电视陪审等方式来确认事实和适用法律，这也是系统调解的有效方式之一。

3. 循序调解。司法调解不只是知识和技能问题，调解能否成功也很看重调解者本人年龄、性别、性情、气质、社会经历、道德权威、身份地位、语言风格、操作手法、处世经验等等。在司法实践中，有的法官费尽口舌也不能调解成功的案件，交到另一个更有经验的法官手里，可能四两拨千斤，很快达成调解协议了。我们国家有着悠久的官本位传统，普通法官的分析不具有说服

---

① ［日］棚濑孝雄著：《纠纷的解决与审判制度》，王亚新译，中国政法大学出版社 2004 年 1 月修订版，代译序第Ⅶ页。

力，换成庭长、院长相对容易让人信服。因此，在法院内部为提升调解率，可以采用循序调解的方式进行，依次交由不同等次的法官进行调解。

此外，在实践中，还归纳了众多灵活的调解方法，如部分调解，即一部分当事人或一部分诉讼请求达成调解，又如判决与调解同时发出的调解。这些调解方案反映了法官在当前情势下为应对日益复杂繁重的诉讼发挥主观能动性做出的创新，这些方法尚需进一步规范、总结和提升。

论远程审判的适用规则

付 雄*

内容摘要 远程审判犹如一柄"双刃剑",其正面意义毋庸置疑,但也带来了许多负面作用。本文针对我国远程审判在操作中暴露出的问题,总结了远程审判司法实践中存在的诸多不足,探讨了适用远程审判的基本原则。作者强调,我们应当在远程审判基本原则的指导下,平衡各方面因素,建立和完善适用远程审判的具体规则,克服远程审判实际应用中的不足。

关键词 远程审判 基本原则 适用规则

随着信息技术的发展和成熟,通过网络技术将位于不同空间的当事人进行集中参加庭审成为现实,运用实时视频传输等信息技术手段服务审判实践已是大势所趋。远程审判在美国等西方国家已经开展多年,① 我国也在近年开展了远程审判的试点,② 并取得了一定的经验,但也暴露出一些问题。整体来看,应当坚持在审判中推广和应用远程技术,这一点已经在司法实践界和理论界取得了广泛的共识,其理由本文不再赘述。同时,更要充分认识到远程审判存在的不足,并通过适用规则的设计加以克服,以更好地发挥远程审判的优势来服务于审判实践。

一、远程审判的不足

远程审判的积极意义已经获得广泛认可,例如,诉讼成本的节约、审理效

---

* 武汉大学法学院博士后流动站从事刑法专业博士后研究工作,现为广州市萝岗区人民法院技术信息科负责人。

① 参见 Diane M. Hartmus, *Videotrials*, Ohio Northern University Law Review, Vol. 23, 1996, p. 7.

② 截至 2009 年年底,我国已经有 10 个省份开始远程审判的试点,最高人民法院也在死刑复核案件中采用远程审判方式。

率的提高、犯罪嫌疑人押解安全性的保证以及当事人诉讼权利的保障等。[①] 但在操作中仍暴露出不少的问题，已经引起司法实践和法学理论界的关注，总结起来，远程审判中存在的问题主要在于以下几方面。

（一）远程审判缺少在场感——减损法庭的威严

司法活动特别是法庭审理具有强烈的仪式性，对于当事人及诉讼参与人来讲，法庭的庄严感代表着正义和公平，能够引发当事人的崇敬和信赖感；对于法官来讲，法庭的庄严代表着正义和约束，能够增强其职业荣誉感和内心约束。但是，远程审判在形式上打破了传统的法庭模式，一定程度上减损了法庭的威严感，这可能导致三个方面的问题：

1. 当事人和法官失去出席法庭的在场感，从而引起微妙的心理变化，减损历经千百年而形成的法庭审理的仪式性和威严感，减损法庭行为的严肃性。[②] 例如，在远程审判中犯罪嫌疑人积极接受审理和证人如实作证的心理都可能弱化。

2. 远程审判可能无法发挥传统庭审的震慑和教育功能。在刑事审判中，威严肃穆的法庭是对犯罪分子的无形压力，可以促使其认罪、减少翻供；在一般案件中，审判的仪式性也可以对当事人和旁听者起到警示教育作用。

3. 更关键的问题是：形式的缺憾可能导致实质的危机，即威严感的减损可能成为导致实质上不公平判决的隐患，至少会降低当事人和公众对判决的信赖感，成为质疑判决公平性的借口。

（二）远程审判弱化审理的真实感和真实性

由于物理空间上存在距离，远程审判存在的另一个主要问题是真实感的减损和真实性的降低，可能导致的具体问题是：

1. 远程审判的距离感会改变当事人及诉讼参与人的感受，导致对审理过程真实性的怀疑，从而降低对法官行为、对方当事人行为的信任，影响审理的过程甚至审理的结果。

2. 远程审判技术存在人为作假的空间，如果开庭信息在网络传输过程中被篡改，就会在实质上损害当事人行为和证据的真实性，最终损害审判结果的公正性。一方面，诉讼参与人和网络技术人员可以利用信息传输的时间差作

---

① 参见范黎红《远程审理的适用空间之展望》，载《法学》2010 年第 2 期，第 148—155 页；王慧《远程审判的理论与现实支持》，载《知识经济》2009 年第 8 期，第 36—37 页。

② 来羽、林盛：《网络审判：严肃性 VS 灵活性》，《浙江人大》2008 年第 8 期，第 23—25 页。

假；另外，信息传输的过程有可能受到外来的破坏和攻击。

（三）远程审判可能对当事人权利造成不利影响

除了形式上的不足之外，远程审判也可能直接对当事人权利造成不利影响。虽然这两方面的不足都会损害审判结果的公正性，但后者对于审判结果的意义更为直接，因此也更加需要注意。

1. 远程审判影响当事人表达的效果，[①] 可能妨碍其诉讼权利的行使。不管在民事还是刑事诉讼中，当事人在法庭上的语言和行为主要是向法官表达，但由于拍摄角度或者远程技术本身的问题，远程审判可能影响法官对当事人请求的反应，从而不利于当事人诉讼权利的行使。

2. 远程审判技术运用能力的不同可能损害当事人的权益。在对抗情形下，当事人对远程技术认识和使用能力的差别可能造成诉讼权利行使能力的不同，从而影响审判结果的公平性。另一方面，不考虑对抗效果，部分当事人也可能不具备正确使用远程技术的能力，从而无法适当行使诉讼权利保护自己的利益，导致审判结果不公平。

3. 由于证据认定的特殊性，远程审判中当事人的举证能力可能受到不利影响，进而导致其权益得不到保护。远程审判中，证人作证和实物举证等都与传统法庭不同，特别在双方证据的类型存在重大差别时，远程审判会改变当事人的举证能力，从而影响证据的认定并改变审判结果。

（四）技术问题对远程审判的不利影响

远程审判依赖于计算机信息技术，也必然受到技术的制约。一方面，不可预料的技术故障可能影响审判活动的正常进行，对于审判活动的效率和当事人权利的行使都可能造成不利影响；另一方面，技术的发展会改变远程审判的客观条件，当事人对不同技术的熟悉和接受程度会影响审判活动的进行，最终可能影响审判结果的公正性。并且，远程审判所依托的互联网通信工具，时刻都面临诸如通信稳定、网络黑客、病毒攻击等安全问题。

二、适用远程审判的基本原则

虽然存在上述诸多问题，但远程审判的积极意义毋庸置疑，在全国范围内推广其应用势在必行。那么，现在的任务就是针对上述问题和不足，设计运用

---

① 范黎红：《远程审理的适用空间之展望》，《法学》2010 年第 2 期，第 148—155 页。

远程技术进行审判的适当规则，以发挥其优势、克服其不足。从实现司法公正和维护当事人权益的基本目标出发，结合远程审判理论研究和实践经验，在司法实践中适用远程审判应当遵循以下基本原则。

（一）自愿性原则

实现司法公正首先要保证当事人权利的有效、公平行使，但是远程审判作为我国审判实践中的新生事物，其对传统庭审模式的改变存在着影响当事人权利行使的现实可能，即远程审判可能改变当事人行使诉讼权利的能力，最终影响审判结果。

为解决远程审判的这一不足，应当遵循自愿原则[①]，由当事人决定是否运用远程审判方式审理案件。首先，自愿性原则的基础是当事人对自己权利的处分自由，这也是确定自愿原则的基本理由。当事人基于自己对远程审判的认识和对自己权益的判断自由决定是否运用远程审判，是克服远程审判对当事人权利行使的不利影响的根本途径。

其次，自愿性原则除了强调当事人的自由决定权外，也要求当事人掌握远程审判的基本知识，这是其自由决定的基础。在了解远程审判的特点、优势以及可能的不利影响的前提下，当事人评估享受的便利或者承担的风险，并决定是否选择远程审判方式，才是真正的自由决定。

在目前阶段，是否运用远程审判应当充分尊重当事人的选择，实行绝对自愿原则。在远程审判为社会所熟知和接受、远程审判技术更加成熟、远程审判适用规则更加完善的条件下，可以确定特定范围的案件原则上运用远程审判，除非当事人提出特别的理由；其他案件由当事人自由选择，实行相对自愿原则。

（二）真实性原则

远程审判在真实感和真实性上与传统庭审存在差距，因此更要注重贯彻真实性原则，即远程审判的规则要能够排除虚假信息、认证真实信息，保证审判活动信息传输的真实可靠。

在真实性目标的追求上，远程审判和传统审判没有区别。但由于远程审判在时空上的特殊性，运用时就要特别注重虚假信息的排除规则，保证在运用远程审判方式时采取合理措施防止当事人或者诉讼参与人制造虚假信息，并防止在传输过程中信息被人为改动或者发生技术错误。

---

① 参见范黎红《远程审理的适用空间之展望》，载《法学》2010 年第 2 期，第 148—155 页。

真实性原则的要求体现在三个方面：一是远程审判规则要足以排除虚假信息，即防止人为制造的虚假信息进入庭审网络传输；二是提高信息传输的真实感，保证真实信息的有效传输；三是采取技术措施，防止信息传输途中发生改变，失去对信息真实性的控制。总之，真实性原则的目标一是去伪存真，以实现信息的真实、有效传输，保证审判活动的效率和公正；二是重建信任，提高真实感，降低或者消除当事人等对远程审判的不信任感。

（三）严肃性原则

远程审判对法庭威严的损害是其最受诟病的缺陷之一，因此，远程审判适用规则的设计要充分考虑严肃性原则，采取措施尽量保证和恢复审判的仪式性，重建当事人和诉讼参与人对法庭的信赖和敬畏，克服远程审判威严性的不足。

为实现上述目标，严肃性原则的要求体现在三个方面：一是严格审判的程式要求，特别是在宣布开庭和休庭、宣读判决等环节不能省略或者随意化。虽然只显示在屏幕上，但法庭仪式也要按照要求完成，甚至更加严格地完成。二是选择合适的场所供在远程的当事人使用，例如，借用当地法庭或者布置国徽和适当的设施，使当事人感到虽在远程但身临其境，体会法庭的威严感。三是严格规范当事人和诉讼参与人的行为，按照出席法庭来要求，即使在拍摄范围之外也不得做出不适合在法庭上做出的行为。

（四）选择性原则

目前，远程审判在国内还处于试点阶段，远未扩展到所有案件。即使在将来，由于远程审理的局限性，不可能也没有必要将其适用于所有的案件。这就需要选择适用远程审判的案件范围，换个角度看就是，适用远程审判应当遵循选择性原则，即结合远程审判的优势和案件的特征，综合考虑公正审判、降低成本、方便诉讼等因素选择适合运用远程技术进行审理的案件进行远程审判，限制远程审判的案件范围，而不是盲目扩大远程审判的适用范围。

选择性原则就是从案件选择上发挥远程审判的优势，避免由于其固有缺陷而导致案件审理的公正和效率受到损害。从一定意义上讲，这是克服远程审判不足的治本之策，即从源头上排除不适合的案件。

选择性原则的要求体现在以下两个方面：一是要求法院根据案件的特征选择适用远程审判的案件，合理划定案件范围，充分发挥远程审判的优势，但不应用于不适当的案件。二是案件的选择要考虑审判的公平性、当事人的意愿、诉讼成本的比较等因素，以保证公平审判、尊重当事人选择、节约诉讼成本为原则。

三、远程审判规则的完善

上述基本原则是相互关联、相互配合的，例如，自愿性原则也体现在选择性原则中，而严肃性原则和真实性原则又是互为条件的。基本原则的确立是完善远程审判规则的前提，但是原则并不具有应用于实践的操作性，因此应当在基本原则的指导下，平衡各方面因素，建立和完善适用远程审判的具体规则。

从法律规定看，远程审判具有法条基础，[①] 但具体规则并不完善。在上文问题分析和原则分析的基础上，现结合远程审判实践中的具体做法，分析其得失，提出适用于远程审判的具体规则如下。

（一）远程审判的案件选择规则

选择合适的案件是发挥远程审判之优势、避免其不足的基本途径，应当从适用范围、适用条件和适用程序等方面确定远程审判的案件选择规则。

1. 远程审判的适用范围

远程审判可以适用于刑事、民事及行政案件，[②] 其中刑事案件是不少远程审判试点法院的首选类型，做法主要是将犯罪嫌疑人安排在羁押场所进行远程审判，这在提高审判效率、保证安全方面效果显著。民事和行政案件更不应拘泥于传统法庭，也都有适用远程审判的成功经验。

比较而言，远程审判运用于法律审的优势更明显，而运用于事实审的障碍更多。我国没有独立的法律审或者事实审，但从审理阶段划分，一审案件必然涉及事实的查明，是否适用远程审判应根据具体情况判断；二审案件如果认可一审认定的事实，单纯的法律适用审查完全可以运用远程审判方式完成；由于再审案件本身比较复杂，如果对事实认定有争议，一般不宜适用远程审判，如果仅仅是法律适用的争议，则应当可以适用远程审判。

因此，远程审判的适用范围应当覆盖全部案件类型，但是不同类型、不同审理阶段的案件在适用程度上存在差别。

2. 远程审判的适用条件

首先，适用远程审判需要当事人的同意。基于远程审判的特殊性，当事人同意应当确定为使用远程审判的基本条件，理由上文已经述及。如果当事人拒

---

① 王慧：《远程审判的理论与现实支持》，《知识经济》2009 年第 8 期，第 36—37 页。

② 参见范黎红《远程审理的适用空间之展望》，载《法学》2010 年第 2 期，第 148—155 页。

绝远程审判，则应当采用传统审判方式。

其次，案件事实相对简单①、易于查明。由于远程审判在事实查明、证据认定上的局限，证据多样、事实复杂的案件一般不应采用远程审判方式。

最后，适用远程审判应当具备一定的物质条件。一是在远程端有合适的场所供使用，足以保证案件审理过程不被干扰；二是要有足够的设备保障，即具备远程审理的配套软硬件设备、成熟稳定的网络，不能使用安全性等指标不足的远程设备，以保证审判活动的顺利进行。

3. 远程审判的适用程序

远程审判的基本程序与传统审判无异，但在启动等方面需要特殊的规则，以保证选择出合适的案件进行远程审判。

首先，远程审判可以经当事人申请和法院批准程序而启动。当事人认为运用远程审判方式比较有利的，应当向法院提出申请。但为了防止远程审判不利于对方当事人，或者排除客观上不适于运用远程审判的案件，应当经过法院的批准才能启动远程审判。

其次，远程审判可以经法院主动提出和当事人同意程序而启动。对于法院认为适合采用远程审判方式的案件，法院可以主动提出适用远程审判，但应当征得当事人的同意，以遵循自愿原则。

最后，无论是当事人申请还是法院主动提出，在决定适用远程审判程序之前，法院都应当告知当事人远程审判可能对当事人权利的影响，特别是民事案件中远程审判对双方举证的影响等问题，以及技术故障的补救方案等。由当事人决定是否采用远程审判方式，防止当事人在审理过程中才发现远程审判的不便而要求重新开庭，造成资源浪费。

（二）远程审判的真实保障规则

1. 远程审判的见证规则

远程审判的基本方式是法官在本院审判庭主持庭审，而当事人在远程场所出席开庭。这样，远程场所的情况就可能脱离法官的监管之外，如何保证远程场所的当事人行为符合法庭规则以及远程场所的信息及时准确地传输到审判庭，是保证远程审判真实性的首要问题。

首先，要实行合议庭派员见证远程场所秩序的制度。无论远程场所设在哪里，审理案件的合议庭都应当派出工作人员——一般是书记员，也不排除是法官——到远程场所，组织远程场所的审判活动，负责与合议庭的联系，见证远

① 范黎红：《远程审理的适用空间之展望》，《法学》2010年第2期，第148—155页。

程场所的当事人行为、证据等，作为合议庭的代表见证远程场所的情况，保证审理秩序和信息真实。

其次，要实行远程审判情况确认制度。对于开庭前远程场所的组织情况，开庭中远程场所的秩序情况，以及开庭后法庭记录的情况等，都应当如实记录并由合议庭派出人员、当事人以及远程场所的其他相关人员进行确认，保留远程审判的进行情况。

最后，要实行远程审判庭审记录的特殊确认规则。除了远程审判的进行情况外，远程审判的庭审记录也需要特殊的确认程序。由于庭审记录不是所有的当事人都在场签字确认，因此需要将记录内容传输、核对并确认。

2. 技术保障规则

可靠的技术也是保证远程审判真实性的基本条件。为保证远程审判中信息的及时准确传输，需要完善相关的技术保障规则，具体包括：

首先，建立远程审判技术保障责任制度。法院的技术人员和技术管理人员应当对远程审判技术和设备情况进行维护、管理和监控，建立管理责任制度，明确因技术失误影响远程审判的责任承担规则。

其次，建立远程审判设备的事前检验、实时验证和事后核对制度。合议庭和技术人员应当共同对远程审判设备进行监控，在远程审判开始之前，检验设备的适用性；在远程审判进行中，及时验证设备是否正常运行；在远程审判结束后，对传输的信息进行及时核对。

3. 证据认定规则

证据通过远程传输之后的效力如何认定存在疑问，[①] 因此在远程审判中对证据的认定规则需要作出特殊规定。

首先，应当明确电子证据的认定规则。在远程审判中，传统的证据如果能够合理地转换为电子证据形式，适用电子证据的认定规则不失为解决证据认定问题的一个途径。

其次，建立特殊的证据审查渠道。一方面，可以通过证据原件的实物传递由法官进行认定；另一方面，可以由合议庭派至远程场所的工作人员履行证据认定职责，或者通过公证等方式明确证据的效力，以适应远程审判的需要。

（三）远程审判的协作规则

远程审判的审判场所分布在不同地方，通过网络而联结为一个虚拟的审判场所。虚拟的统一性并不能否定现实的分散状态，分散的场所之间要有效配合

---

① 参见冯琳《电子法庭审判模式的法理学思考》，载《法治论丛》2008 年第 3 期，第 15—21 页。

共同完成审理过程，除了远程技术的适用之外，各场所相关的主体相互配合是
必不可少的。

1. 远程审判的法院间协作规则

远程审判中法院之间相互提供协助是克服远程审判之不足的理想方式，法
院间的协作可以体现在两个方面：一是审判组织工作的协助，即当事人所在地
法院为审判案件的法院提供送达等工作协助；二是提供远程审判场所，即当事
人所在地法院为远程审判提供审判场所。为了保持审判的威严，审判的理想远
程场所也是审判庭，而审判庭只有当地法院能够提供。

2. 公安机关的协作规则

刑事案件是目前试行远程审判的先行领域，主要便利是犯罪嫌疑人不必离
开羁押场所即可完成审判，节约了警力资源、提高了安全性。这样的远程审判
需要公安机关提供协助，主要是在羁押场所内安排合适的场所作为远程场所，
并进行适当的布置，尽可能符合法庭的要求。在实践中已有成功的例子，如广
州市萝岗区人民法院与广州市第一看守所的协作就取得了良好的效果。广州市
第一看守所专门提供了一间提讯室作为远程审判室，设置被告席，挂上庄严的
国徽，墙壁、内饰、灯光等均按照法庭结构进行内部装修，法庭通过专网与远
程审判设备连接，实际审判效果良好。

另外涉及在押人员的民事、行政案件也可以采用远程审判方式，让在押人
员在羁押场所即可参与案件审判，这也需要公安或者司法部门的配合。

3. 检察机关的协作规则

目前，检察机关也在开展远程公诉系统等信息化项目的建设。远程公诉系
统接入法院远程审判系统后，不但使检察院领导可以实时观摩庭审，监督庭审
现场，还可以利用法院的远程审判系统远程提讯犯罪嫌疑人。不管是作为公诉
人还是审判监督者，检察机关都可以利用远程设施参与到远程审判中来。因
此，检察机关与法院在远程公诉系统与远程审判系统的对接、远程审判的监督
上应当相互协作、相互配合。

4. 其他单位的协作规则

远程审判中其他单位的协作主要是四个方面：一是通信经营者如中国电信
等单位有义务为远程审判提供适当便利和安全保障，协助法院顺利完成远程审
判工作；二是有熟悉法院业务且具有较强实力的软、硬件开发商，研发出能满
足远程审判业务的信息系统；三是有相关资质的信息集成商，根据法院远程审
判建设的要求，协助法院进行信息化建设包括数字法庭建设等；四是特殊当事
人参与远程审判需要相关单位提供远程场所等协助，例如，为方便传染病患者
或者重症患者参与远程审判，医院应当在场所设置、医疗安排等方面提供

协助。

（四）远程审判的转换规则

远程审判作为一种特殊的审判方式，有其适用的客观条件，条件具备时，出于公平和效率的考虑应当适用远程审判；条件改变而不适合进行远程审判时，应当及时改变审判方式。因此，远程审判与传统审判应当具有适当的转换规则，共同服务于公平审判的目标。具体的情形包括：

1. 远程审判的中止规则

如果在远程审判进行过程中出现技术问题或者需要以其他方式完成的事项，比如证据的辨认等，则应当及时中止远程审判，并完善相关的见证程序、庭审记录等，中止原因排除后，再启动远程审判。其中中止期限、已完成行为的效力等应有适当的规定。

2. 远程审判的终止规则

在出现以下情形时，应当终止远程审判，转为传统审判方式进行案件审理：一是中止远程审判的原因在一定期限内无法排除，影响案件的及时审判的；二是审判过程中发现事实复杂，远程审判查清案件事实存在困难的；三是当事人申请转为传统审判方式，经审查有正当理由的。转换为传统审理的，原则上不能否定已完成的审判活动的效力。

3. 部分适用远程审判的规则

对需要多次开庭的案件，如果案件事实已经查清或者证据展示和认定已经结束，仅余法律适用或者证据效力、事实情况的辩论，那么可以在剩余的开庭时运用远程审判方式，以节约成本、提高效率。当然，即使部分适用远程审判，其适用程序和条件也应当严格掌握，符合适用远程审判的规则要求。

中外司法权配置和运行比较研究

吕　芳*

内容摘要　司法权配置和运行在不同法系和不同国家都有不同，不过都需要满足基本的司法权本质要求。在此基础上本文以两大法系为基本分类，以英国、美国、法国、德国为主要分析对象，同时结合其他国家的一些制度性规定，从职权结构和组织体系入手，就民事、刑事、行政审判制度和执行机制以及审判组织、审级、审判管理等方面进行比较分析，并得出一些评价性结论。

关键词　司法权　配置　运行　机制　比较

司法权作为国家权力的一种，是与立法权、行政权相提并论存在的。根据我国宪法和组织法以及一些习惯性说法，"司法权"有三种含义，即最广义的泛指所有适用或执行法律的权力；中等含义是指法院与检察院的审判权与检察权；狭义的概念则专指法院的裁判权力。而国外司法制度中的"司法权"，一般都是围绕审判权展开的，司法权被定义为法院的居中裁判权，许多国家的宪法中都有类似的文本规定，即"司法权由各级法院行使"。即使使用广义的司法概念，也是围绕法院审判权力展开，即将与审判相关的权力、活动或制度作为司法制度的组成部分，如俄国宪法第七章"司法权"中，规定了"司法权通过宪法、民事、行政和刑事诉讼程序实施"。因此，本文分析的司法权配置与运行，就是专指法院审判权力的配置与运行。从世界范围看，以"当代"为时间坐标，中外司法权配置与运行的机制各有不同，原因主要是宪政体制的不同。而宪政体制之不同，历史传统的影响在其间占据重要地位，这也是不同国家法院的文化力量之所在。① 除此之外，经济和社会等因素也会影响一个国家的司法权配置和运行。"司法权作为一个'问题'，只能是一系列重大的社

---

* 2009—2010 年在中国社会科学院法学研究所博士后流动站从事宪法学专业博士后研究工作，现为国家法官学院副教授。

① 参见吕芳《中国法院文化研究》，人民法院出版社 2008 年版。

会变革的结果而非原因。因此，观察、分析和解决司法权的问题，也必须立足于时代与社会的变迁。"① 尽管如此，司法权在国家权力的配置中，不同国家仍然存在一些基本相同的规律，这些规律源自法院审判活动的基本要求，这也使得司法权配置和运行的比较研究成为可能。这些基本规律包括审判中立、独立、公正、效率、程序化、职业化、权威性等，他们共同构成人类法治文明的基本发展方向。当我们对司法权配置和运行进行比较研究时，一直都会以这些基本规律和原则作为"前见"②。实际上，以实现"公正"为核心价值观念的法院，一般而言应该满足以下要求：第一，司法面前人人平等；第二，对于行政机构和案件一般当事人都能保持司法的独立和公正；第三，法官法定原则；第四，当事人有权在合理的期限内得到法院的判决；第五，法院作为公共服务机构，其服务必须具有效率和效果。③ 只不过不同国家通过不同的司法职权配置和安排，满足上述条件的方式不同而已。

中国最高人民法院 2009 年发布的《人民法院第三个五年改革纲要(2009—2013)》，就如何优化司法职权运行机制，提出"以审判和执行工作为中心，优化审判业务部门之间、综合管理部门之间、审判业务部门与综合管理部门之间、上下级法院之间的职权配置，形成更加合理的职权结构和组织体系"。因此，本文的比较研究，以两大法系为基本分类，以英国、美国、法国、德国为主要分析对象，同时结合其他国家的一些制度性规定，从职权结构和组织体系入手，就民事、刑事、行政审判制度和执行机制以及审判组织、审级、审判管理等方面进行比较分析，并得出一些评价性结论。

即使同样的历史渊源，相同法系国家的司法职权配置也有很多的不同。但是，总体而言，各个国家在当代司法改革的进程中，都不约而同地选择了在保留自己传统的基础上向其他国家学习的道路，即使是以保守而闻名于世的英国，也允许"议会至上"原则与"三权分立"原则并存。因此，我们可以越来越多地看到英美法系和大陆法系两大法系的融合，以及相同法系不同国家之间的融合。

一、法院在国内的设置与国家结构密切相关

所谓国家结构，是一个国家中央和地方权力划分的结构，通常有两种，即

---

① 葛洪义：《司法权的中国问题》，《法律科学》2008 年第 1 期，第 40 页。

② 也称"先前理解"，是阐释学派最早提出的一种理论，主要指对于文字理解所需要具有的之前长期学习积累的知识、感觉、基本判断等。

③ 范明志等译：《法院案件管辖与案件分配：奥英意荷挪葡加七国的比较》，法律出版社 2007 年版，第 4 页。

联邦制和单一制。与此相适应就有联邦制国家的法院设置和单一制国家的法院设置。在单一制国家，只有依照国家权力机构立法所设置的法院体系，地方政府无权设置法院，如英国本土和法国等。在联邦制国家，法院设置并不相同，大致有三种形式：第一，"二元双轨制"，以美国为代表，联邦宪法设置了一套联邦的法院系统，不同的州宪法规定了本州的法院体系，两套体系平行并列，没有隶属关系。这种司法职权的配置模式，保证了地方的司法权独立性。第二，"一元单一制"，以奥地利为代表，州或邦并没有司法权，联邦对于案件有专属管辖权，即使是邦法院的设置，也是由联邦宪法规定的；第三，"混合制"，以德国、加拿大等国家为代表，尽管有联邦和州两套法院体系，但联邦法院是州法院的上诉法院，同时地方法院的设置由联邦法律规定，而不是由地方立法规定。从上面的分类我们可以得到一个结论，即将司法配置权集中在中央是世界上比较通行的做法，即使是联邦制国家结构下，"一元单一制"和"混合制"模式也强调联邦宪法和法律的司法配置权以及司法裁判的最终决定权单一集中在最高法院。以美国为代表的双轨制模式，在世界范围是属于极少数的。

二、对法院专门化问题有不同规制

法院审理案件，一般都将案件按照不同的部门法进行范畴分类。最基本的两个归类范畴是民事和刑事。以英国的英格兰和威尔士为例，其有两大法院系统：刑事法院系统和民事法院系统。二者各有自己的四级审级体系。但并没有专门的行政法院或行政法庭，隶属于行政机构的行政裁判所行使类似司法的裁判权，对其裁决不服，或者对一些政府行为不满都可以到高等法院王座法庭的行政法分庭提起申诉，即该法庭拥有对公共机构作出的决定是否违法的司法审查权。英格兰和威尔士之所以没有专门的行政法院，而将其混入到民事法院中，并适用统一的 1998 年民事诉讼法，在于如果设立了专门的行政法院，"人们觉得这种设置会给予公职人员和公共机构以法律特权，而这与法律面前人人平等的信条是不相符的"[①]。美国的司法审查权也是由普通法院行使，可见，由普通法院（一般分为刑事审判和民事审判两大范畴）行使行政裁判权，是英国和美国这样的普通法系国家的一种传统考量。而在大陆法系国家，普通法院并没有监督行政机构的权力，因此需要专门的行政法院行使行政裁判权。这其中以法国的行政法院为代表。

---

① 范明志等译：《法院案件管辖与案件分配：奥英意荷挪葡加七国的比较》，法律出版社 2007 年版，第 132 页。

目前，不管有没有专门的行政法院，刑事、民事、行政三大类型案件的区分在不同国家都已获得普遍的接受。三者分类的主要依据在于：首先，案由不同；其次，程序不同；最后，专业性倾向。实践中，在普通法院中设立专门性法庭，根本原因在于该专门性法庭受理案件的案由不同于其他法庭，但诉讼程序并无本质区别；而设立专门法院，则一般情况下不仅案由不同，诉讼中适用的法律程序也有不同。另外，各种类型的专门性法院设立的主要理由一般都是专门的法院可以使法官更加专业化，从而面对日益复杂的诉讼案件，以此提高案件审理的效率和公正性，这里面的着力点在于专业性倾向。因此 20 世纪以来，各国的专门法院种类和数量都在增加，诸如专利法院、劳动法院、税务法院、军事法院、审计法院等专门法院。这里面的理论问题在于，在法院设置问题上，是否有必要过分突出专业化？法官是全能的好，还是专业性强更符合司法规律？中国在当下的司法职权配置的改革中，也面临着一些专门性法院的或撤或设问题。从国外看，不同的国家有不同的做法。奥地利倾向于根据需要在不同的地区设立专门的法院来处理特定领域的案件，而不是在普通法院中增加业务庭。在一些大城市如维也纳设立劳动法院、商事法院，以应对日益增多的该类型案件。但是在其他地区，仍然由普通法院来处理这样的专业性案件，主要原因就是这类案件还是少数。葡萄牙也采用类似的方法，即在法律中明确规定，当案件数量达到一定程度，就可以设立新的专门法院或专业性法院，而不是在普通法院中设立专业化的审判庭。这证明，即使有专业化的要求，案件数量也是专门性法院设立的重要考量因素。

而在传统上属于大陆法系的挪威，尽管也有专业化的工业纠纷法院，但总体趋势是反对法院专业化，低级别法院的法官需要审理所有类型的案件，即原则上所有的法院都拥有完全的类别管辖权。这与英美法系传统类似。实际上，挪威并非完整意义上的大陆法系国家，是一个混合型法系的国家，主要例证就在于判例法在其法院审理中的重要地位。因此在法院分类管辖问题上，挪威法院具有英美法系的一般特征，即并不倾向于设立专门性分院，同时要求法官是通才。如英格兰和威尔士的王座法庭中，尽管根据需要分出很多专业性法庭（分庭），如负责知识产权案件的专利法庭、负责海事案件的海事分庭等，但对法官并没有进行分类。其他例证，如加拿大的魁北克省是典型的英美法系和大陆法系的融合地区，其法院在设置时也只有普通法院和专业化的行政法院，只不过有一些案件根据案由和标的的价值来确定由不同级别法院审理，法官被要求能够处理任何类型的案件。

由上，我们可以作出一个比较一般性的总结。第一，在法院专业化问题上，英美法系国家倾向于在普通法院设立不同的专门化法庭处理案件，大陆法系国家倾向于设立不同的专门性法院来处理同类型案件。第二，专业化法院设立应当综合考虑案由、程序、专业化和案件数量，并且应当具有灵活性。第三，在法官的专业化问题上，还是倾向于认为法官应当能够处理所有法律领域的案件，同时尽量实现自身的专业化。即使在大陆法系的德国，法院按照不同部门专业划分出五大类管辖区，某一类管辖区法院又按照案件不同题材划分出不同的分庭，但仍然强调通过周密的案件题材计划将不同类型的案件混合编组，从而避免司法过分专业化的弊病。这种弊病包括需要大量的法官人数以及法官可能会对长时期处理同类案件产生执业倦怠。第四，在普通法院中增加专业化法庭，可能会导致审判职能的冲突，法官也可能因为越来越专业化而难以在法院中流动，但其好处在于在普通法院的内部就可以更便捷地把某类案件分配到在该部门法领域更具有明显优势的法官手里，并且使审判结果更有效益。另外，从法院内部对案件审理管辖进行分配和调整，一方面可以适应不断增加的案件数量；另一方面，则不需要从组织法角度进行体制的重大变革。

三、不同级别法院司法职权配置在于审理的级别不同

我国所谓的"上下级法院"的概念在许多西方国家的司法体制中是不存在的。一般意义上，各个国家都按照审级的标准，分初审法院、上诉法院、终审法院，也就是实行三审终审制。① 尽管在英语中也有关于 lower court（court below）与 upper court（court above）的说法，但更多的是 trail court 与 appeal court 的区分，而且根据布莱克法律字典的解释，这两种类别的法院也是以"上诉"来进行解释的，并没有任何意义上的附属关系。② 初审法院多为基层法院，受理轻微的刑事、民事案件；上诉法院多为区域法院，受理基层法院的上诉案件。终审法院则各有不同，普通法系国家一般是经过事先筛选，有限的案件进入到最高法院审理，最高法院成为终审法院，因此这种三审终审是选择性的；而大陆法系国家的三审终审则是必然的。在判例法国家，初审法院和上诉法院的区别主要在于审理范围的不同，初审法院对事实和法律适用进行双重的判断，而上诉审法院仅就法律问题进行判断，即初审法院是否在法律适用上有错误。③ 大陆法系国家的上诉法院通常既审理法律问题，也审理事实问题，也允许新证据的提出。另外，不论是普通法系，还是大陆法系，最高法院都是

① 不同国家审级并不相同，有的是三级三审，有的是四级三审。
② 参看 Black's Law Dictionary, *Deluxe Eighth Edition*, p. 379.
③ 不过这并非绝对，英格兰和威尔士若上诉法院同意，也可进行事实审的规定。

终审法院，而绝少上诉审的职责。这实际上是不同审级法院的定位问题。

在三审终审外，还有作为补充性的再审程序。有学者认为，比较而言，大陆法系比较注重再审程序，因为再审程序所维护的诉讼利益仍然是当事人的实体性私权，而英美法系则将再审程序看作是救济程序，"英美国家的再审模式不仅与我国的有别，即便与大陆法国家相比较，也可以看出显而易见的差异。这种差异主要体现在两个方面：一是在英美国家，再审程序通常并不受关注，这一点尤其表现在解决私权纷争的民事诉讼中。二是英美国家的再审程序即便有启动的必要，也通常是基于维护正当程序的理由"①。

这其中与我国司法职权配置的根本不同点在于：三审终审意味着审级与级别的不同，即国外法院只有"审级"的差别，而我们则是法院的"级别"差异，有一定的行政级别因素。从审级的角度理解，诉讼程序就成为一个有时间先后的诉讼活动流程，是平行向前发展的。在初审之后设立上诉程序，并不是因为上诉法院的法官素质更好、更聪明，而是为了给当事人提供一种纠错的机会；在上诉审之后设立一个终审程序，也不是源自终审法院一定会比上诉法院更高明、更正确、更公正这个理由，而是满足一种公共诉求：重要的案件必须经过慎重考量后才能判决，这种审慎就是第三次审理。而所谓重要的案件，往往是关系公共利益的案件，或者是有关重要法律问题的疑难案件。如美国联邦最高法院的首要职能从来就不是裁断当事人之间的纠纷，而是解决社会政策方面的重要问题。美国最高法院在司法体制中绝对的地位也强化了这种特征。"最高法院成为备受尊敬的机构，它一半是司法的裁判所，一半是政治教长，它虽然体验到民众的期望，却没有成为后者的俘虏；它受制于自己的传统而分担治国之责，但它同样时刻警觉，其分担的职责不能超过其能力所及。"② 这种对于最高法院的赞誉并不算过分，因为在美国的司法历史上，不同时期的最高法院确实发挥着不同的司法和政治作用，如马歇尔法院对司法审查权的确立，使得联邦最高法院超越了各个州，从而加强了联邦的权力，战后最高法院运用宪法正当程序原则对于自由的坚决捍卫，为自己找到了新的定位。尽管许多最高法院的判决被后来出台的宪法修正案所取代，但"美国的最高法院显然是世界上最有权势的法院，也没有任何现实的理由认为这一事实会在可预见的将来改变"③ 却是一个事实。而从行政上下级别角度理解诉讼程序，上下级

---

① 汤维建：《论我国民事再审制度的模式变迁》，载中国民商法律网，2010 年 2 月 22 日访问。

② ［美］罗伯特·麦克洛斯基：《美国最高法院》（第三版），任东来、孙雯、胡晓进译，中国政法大学出版社 2005 年版，第 16 页。

③ 同上书，第 290 页。

法院的关系就成为一个上级法院比下级法院更具有优越性、权威性的审判监督关系，是垂直的。它的基本假设是：每一级别的上级法院都比下级法院优越，无论是审判资源、法官素质、司法能力，还是对司法公正的维护，因此对案件的审理永远处于一种纠错的过程中，有多少个级别的法院，就有多少次对案件的不断"重新审理"。笔者认为，这源自一种最基本的"性恶论"假设，即下级法院的裁判是不值得信任的，是需要监督的。这样的制度设计，刚好迎合了诉讼当事人的不断"上告"心理，即输了官司的当事人会认为上级法院的法官一定会做出有利于自己的裁判，因为上级法院更聪明、更权威。但吊诡的是，之前我国的有关诉讼法将再审程序的启动权力赋予了法院和检察院，当事人只有提起申请的权利。当开启再审的大门难之又难，而人们对于程序级别的认知又被潜在地鼓励时，上访自然成为另外一个宏大的宣泄渠道。在当代司法职权配置的改革中，"改革和完善再审制度"也成为一个重要的命题。笔者认为，在结合我国过去的制度传统时，应当明确，再审程序应当被定位为补救性程序制度，是对当事人诉讼权利的一种尊重。另外，再审制度应当随时而变，并通过这种变化使之适应于社会对司法救济的观念需要以及实践需要。

四、法院行政管理与审判管理严格区分

不管是英美法系还是大陆法系国家，在法院行政管理问题上都存在由行政部门主导的倾向。因为在权力分立宪政体制之下，司法权与行政权的界限十分清楚，法官是审理案件的司法官员，对于行政管理并不在行，也不是专家，因此交由行政部门统一进行管理不仅经济，而且有效率。不过，审判管理则属于司法审判职能的一个部分，因此在案件分配、案件排期等审判管理问题上，则由法院自己管理。这种职权配置模式的弊端在于：第一，导致司法部门可能会过于依赖行政部门，从而出现行政部门对司法部门施加影响的局面。这种影响既表现为对法院管理所需经费的控制，以德国为例，各个政府主管部门的司法部长在内阁会议上共同商讨各自负责管理的法院所需要的经费数额，而这个数额是与议会预算中的法官职数、书记官以及法院其他工作人员的具体人数密切相关的；也表现在对法院日常运行的管理问题上。因此，尽管在这些国家，法律会对政府主管部门的管理与法院自我管理之间做出精密的平衡，仍然不能避免上述问题的出现。另外一种管理模式则是法院完全自我管理。以日本为例，在日本最高法院，有独立的科室组成法院行政管理部门，自我实现行政管理和审判管理。这种模式与中国目前的模式相同。

在中国当代司法改革中，借鉴西方国家经验，已经意识到法院行政管理与

审判管理的不同，因此将行政管理与审判管理进行了分离。各级人民法院设立了专门的审判管理机构，最高人民法院第三个五年改革纲要中继续提出"改革和完善审判管理制度。健全权责明确、相互配合、高效运转的审判管理工作机制。研究制定符合审判工作规律的案件质量评查标准和适用于全国同一级法院的统一的审判流程管理办法。规范审判管理部门的职能和工作程序。"

五、执行权定位问题

对执行权的性质与构成问题的定位是构建一个国家执行制度并进行执行立法的基础。执行权的性质决定着执行机构的设置和执行程序的构建，又决定着执行机构内部组织的构成及其人员的身份地位。目前关于执行权的性质主要有三种不同的观点：司法权说、行政权说和综合说。[①] 笔者认为，执行权是一种相对独立的、处于司法权与行政权边缘的国家权力，尽管从基本特征来看，它既有司法权的被动性，又具有行政权的单向性，但并不能因为这些特征而简单地将其归入行政权或司法权的范畴。也正是因为执行权的独立性，在当代中国司法改革中，"审执分立"已经确立，执行权被分解为执行裁决权与执行实施权两种权力并相互制约。按照最高法院第三个五年改革纲要的要求："严格规范执行程序和执行行为，提高执行工作效率。规范人民法院统一的执行工作体制。完善高级人民法院对本辖区内执行工作统一管理、统一协调的工作机制。完善执行异议和异议之诉制度。贯彻审执分立原则，建立执行裁决权和执行实施权分权制约的执行体制，当事人提起的执行异议之诉由做出生效裁判的原审判庭审理。规范诉讼中财产控制措施的工作分工，完善评估、拍卖、变卖程序，健全执行程序中的财产调查、控制、处分和分配制度，制裁规避执行行为。配合有关部门建立健全执行威慑机制，依法明确有关部门和单位协助执行的法律义务；推动建立党委、政法委组织协调、人民法院主办、有关部门联动、社会各界参与的执行工作长效机制。"

执行权是作为国家权力出现的，是源自法院裁决的一种司法衍生权，因此在大陆法系国家也好，英美法系国家也好，法院都设有专门的执行人员或机构，不过在具体的执行程序和措施上各个国家有自己不同的特点和法律规制。总的来看，尽管西方国家法律权威比较高，法院裁判具有较强的民众支持率，法院判决的执行状况也并非令人满意。实际上，裁判获得自动执行的比率在西

---

① 参见杨荣馨、谭秋桂《标本兼治解决"执行难"——民事强制执行法专家建议稿起草问题研究》，载《政法论坛》2004 年 7 月第 22 卷第 4 期，第 139—140 页。

方国家也并不很高。面对这种情况，各个国家都在进行相应的改革，以期有所改变。英国执行制度改革走得最远，将执行权力配置在市场主体之间，有其可行性，但在中国并不适用，因为中国法治建设实践的历史并不长，市场体制发展也不完善，且存在诚信缺乏等现象。可以借鉴法国和德国的间接执行制度，即通过法院罚款或短期拘留等手段督促当事人主动执行，而不宜过多采用强制执行措施。

日本改革司法制度促进社会管理

胡云红[*]

内容摘要 通过日本司法制度改革的理念及其刑事、民事、行政等司法领域的改革可以看出，日本的司法改革实际上是旨在充分发挥司法能动性的改革。它通过完善一系列的司法制度，保障国民参与司法，提高司法的透明度和民主化，从而实现司法的社会公共职能，使司法为国民服务、为经济服务，继而为整个国家的各项社会管理提供服务。

关键词 司法改革 民主 公正

一、日本司法改革的背景

日本司法改革，是为了使司法符合社会需要，而对其机能（即实务中应有的状态）进行的改革。无论是日本 1948 年的战后司法改革，还是 1964 年临时司法制度调查会的意见书，乃至 2001 年司法制度改革审议会的意见中，都明确了这一点。

那么，21 世纪初的日本司法制度改革，应当符合社会的哪些需要呢？实际上，关于这个问题并没有简洁的答案。当时，即使是提倡司法制度改革的人们，也未能就社会对司法有何种需求或要求这个问题达成完全的共识。司法制度改革审议会亦是如此。受 20 世纪 90 年代"新自由主义"（neo-liberalism）政治经济理论的影响，许多审议会委员在论证司法制度改革时的理论基础接近于"新自由主义"的福利国家政治经济理论。但"新自由主义"理论并非绝对占支配地位的理论，最终，审议会认为综合各个委员的见解更能体现实际社会情况。即司法制度是为了保持社会活动的稳定性建立必要的公共机制。

---

* 2010 年 3 月至今为中国应用法学研究所博士后科研工作站与中国社会科学院法学研究所博士后科研流动站联合培养博士后。

建立满足社会需求的公共机制，原本是对行政活动的要求。而将其作为对司法制度的要求，是这次司法制度改革的特征。之所以如此，是因为站在寻求从国家的规制中脱离出来的自由经济活动的立场上看，对干扰市场活动者进行事后制裁和救济是司法职责之所在。当国民认为国家及其行政部门不能充分保护其权利时，应当通过司法救济改变国家及其行政部门的管理方法。故主张公共职能主义者认为，由于一方面国家的公共性在衰退，另一方面个人的公共性尚未确立，导致社会公共性的不完善，应综合克服这两方面的缺陷，这就需要为了确立公共性而扩充司法统治和支援。

作为保持社会动态稳定性的公共结构的司法应当是什么样的司法呢？2008年秋，百年一遇的金融、经济危机突然席卷全世界。其后的1年间，各国政府为了避免其金融系统的瓦解都大规模介入经济领域管理。"自由企业活动"的世界在国家的庇护下得以幸存，这使得先前倡导"新自由主义"者不得不销声匿迹。虽然此次事件不过是证明了先前批判的新自由主义有可能造成的危险，但并不足以全盘否定新自由主义。例如，无论是新自由主义还是公共主义者都赞成应当实现由过去的"过度的事前规制、调整型社会"向个人自律转换，即通过公共支援型社会形态实现正当的自制过程。如此，需要通过整备、扩充"自治过程的公共支援"和"事后监督、救济"等机构，确立司法的社会公共管理职能。

二、日本司法制度改革的过程

日本司法制度改革审议会在1999年7月开始审议至同年12月21日整理的"论点"中，对当前存在的司法问题进行了描述。其中包括"司法活动未向国民开放，其存在疏离于公众"、"律师、法院门槛过高，不近人情"、"司法活动难以理解不利于国民利用"、"针对社会、经济的急速变化情况，司法活动不能做出迅速性、专门性应对，难以充分满足国民的期待"、"不能充分发挥对行政的检查机能"等关于司法机能不完善的指责。导致上述问题产生的根本原因在于法院的官僚性倾向与民主主义要素的脆弱以及司法领域的权威性、封闭性和特权性。而解决这些问题的关键在于，去除司法领域的官僚性特点，使其民主化、公开化、透明化和行业化。

针对司法领域行业性的批判，将会动摇其传统的专业性特点，从社会需要出发对司法活动以及法学家重新定义，把新自由主义和公共主义中的观点与司法改革理论相结合。使司法担当起"自治过程的公共支援"与"事后监督、救济"机制的职能，必须实现"由法庭内部向外部"、"由事后处理程序向支援"、"从适用规则到创造规则"的转变。为此，需要扩充司法整体机能和人力资源。

鉴于上述原因，日本司法制度改革审议会确立了司法改革的三大核心，即"建立更容易利用、更容易理解、值得信赖的司法制度"、"确保质量的同时丰富司法专业队伍"、"通过导入国民参与诉讼程序等方式提高国民对司法的信赖程度"。

三、日本司法制度改革的现状

2009 年 5 月日本开始施行"陪审员参加刑事审判法"，同年 8 月陪审员审判开始施行。陪审员制度的实施，意味着 2004 年司法改革法制化的各个实施策略已全部进入运用阶段。各项新制度以司法制度改革的综合理念为基础形成一个有机的体系。

陪审员制度作为一项司法制度，得到了极大的关注。陪审员制度不仅改变着司法与地方居民的关系，而且，其全新的审理模式也改变着刑事审判实务。同时，陪审员制度也影响到法律界人士的职务环境和培养法律人才的方法。

除了陪审员制度之外，刑事司法领域中的改革还包括增加了被害人参加制度、诉前整理程序等制度。同时，日本在民事、商事和行政法领域内也进行了一系列的改革。这些改革措施都是以满足社会需求，保障社会稳定，提高司法透明化为前提进行的。其根本目的在于通过发挥司法的能动机制，促进社会管理。

总之，日本司法制度改革的现状，应从综合的、动态的视角出发，对其进行评价。需要在实践中不断发现问题，分析问题。要根据社会需要，即社会时代对司法的要求去进行客观分析，使司法制度改革符合社会需求，这种改革将是一项永久的事业。

四、日本的刑事司法改革

（一）刑事司法改革的视点

1. 现实中存在的问题

日本刑事司法改革的重要考量是，对其刑事司法现实，以宪法和国际人权法以及刑事诉讼法的理念为基准，进行真正的认识。

日本现行宪法是在反省旧宪法下存在着刑事司法对人权严重侵害的实际情

况基础上制定的，为了充分保障犯罪嫌疑人或被告人的人权，在第31条至第40条中规定了审问权、传闻证据的排除、沉默权、排除自供等权利。随着宪法的制定，刑事诉讼法也进行了全面的修订，详细规定了刑事人权保障制度。刑事程序中的宪法原则，即正当程序、强制处分法定主义、令状主义、接受辩护人援助的权利、犯罪嫌疑人、被告人在严格的要件下初次被束缚人身后，应在辩护人的援助下，作为与检察官对等的当事人，通过公开的法庭诉讼活动，由法院做出有罪或无罪判决。简而言之，现行刑事诉讼法就是要构筑宪法上的刑事人权保障规定具体化，重视通过搜查、审判的正当程序，强化对犯罪嫌疑人、被告人的人权保障，"宁可放过十人，不可错判一人"的司法体系。

　　然而，之后日本刑事诉讼法运用的实际状态却远远背离并极大歪曲了宪法与刑事诉讼法的理念。即犯罪嫌疑人原则上人身都受到束缚，成为拥有强大搜查权限的搜查机关的调查对象，搜查以在密室中获得自供为中心，以调查的名义制作大量的文书，根据检察官的追诉裁量权作出起诉或不起诉的决定。即使审判阶段就犯罪事实存在争议的情况下，犯罪嫌疑人经过长期身体束缚，如果不承认事实的话，就不能恢复身体自由。而且，是否有罪起诉前就已决定，审判只是简单的追认搜查文书乃至变成连续追认的场所。故公开审判被极度形式化。检察官的立场绝对强大，与旧刑事诉讼法下的程序一样，成为"纠问主义的检察官司法"。

2. 作为刑事诉讼改革出发点的死刑再审无罪案件

　　揭示上述事实的最直接的案件是死刑确定的4起案件，即1983年至1989年期间已经确定为死刑的案件，经再审后相继被判无罪。造成这种误判的原因，不仅在于承办案件的个别检察官、法官资质、能力的低下，也说明了刑事司法体系中存在着造成误判、冤案的不合理构造。

　　2007年经再审被判处无罪的富山冰见事件，暴露了逼供的现状，被告人12名全部再审无罪的鹿儿岛志布志事件以及2009年被强行拘禁达17年半的足利事件的再审，都证明了刑事司法体系构造的缺陷。

3. 改革的方向

　　鉴于上述实际情况，国际人权规约委员会建议日本刑事司法中应谋求对被告人或犯罪嫌疑人身体束缚的正当化、改善密室中以自供为中心的搜查，使搜查程序公正化、透明化（即改善自供中心主义、审讯搜查过程的可视化和辩护人的调查会见权），实现证据开示和审判的能动化等。

　　因此，日本刑事诉讼中的首要课题是克服目前的利用束缚人身获取犯罪嫌疑人自供为中心的搜查体系，确立防止冤案产生的新的体系。

4. 司法制度改革审议会意见书及刑事司法改革法案化

司法改革审议会意见书中，全体委员一致认为"今后，应当确保日本的刑事司法符合国民的期待"中的"国民"，不仅包括被告人、犯罪嫌疑人，更包括作为第三者去看待刑事案件的"一般国民"。故此，意见书中的刑事司法改革的基调为，刑事司法整体要拥护犯罪嫌疑人、被告人的权利和利益，强化辩护权的同时，维持社会秩序保障国民生活的安全。

2004 年 5 月，陪审员法案即刑事诉讼法修正法案通过。2005 年，审判前整理程序施行，其结果是认可了证据开示请求权。2006 年，法务大臣发布了检察厅审讯部分要进行录音、录像的命令。2009 年开始，部分警察署也开始施行对犯罪嫌疑人审讯时进行录音、录像制度，使审讯过程的可视化问题得以大大实施。

（二）审判前整理程序与证据开示

根据 2005 年 11 月 1 日起施行的刑诉法修正案，导入了审判前整理程序。其后 1 年半的时间里全国实际适用该程序的案件为数不多。特别是东京地方法院的这种倾向尤其严重。

然而，2007 年 4 月之后，检察厅公布了"陪审员审判案件全部适用审判前整理程序"的方针后，适用该程序的案件急速增加。

审判前整理程序，不仅可以适用于陪审员审判案件，也可以适用于其他案件。其运用情况如何对司法实务影响极大。因此，如何恰当运用审判前整理程序，也是今后探讨的课题。

1. 审判前整理程序的概要与存在的问题

（1）审判前整理程序的目的及对象案件

审判前整理程序的目的，是为了保证持续、有计划、迅速地进行公开审理而制订审理计划。

陪审员审理的案件，必须适用审判前整理程序，而其他案件，如果辩护人认为适用该程序有利的情况下，应当向法院提出适用该程序的申请。但应当注意的是，虽然辩护人、被告人适用审判前整理程序的情况下，可以使防御对象明确化、行使证据开示请求权，从而可以充分做好防御准备，但是另一方面，在与被告人交流困难的案件中，这些整理程序反而会造成程序负担。

（2）审判前整理程序的内容

审判前整理程序，即在指定审判前整理程序期日或是实际会合期日的基础上，决定书面等文书的提出期限并以此形式进行整理。

具体而言包括以下几点：

　　A　检察官提出书面的预定主张、证据调查请求，检察官对辩护人提出证据开示的请求；

　　B　类型证据开示请求；

　　C　辩护人书面提出的预定主张、证据调查请求、针对检察官请求证据辩护人的意见；

　　D　主张关联证据开示请求；

　　E　审理预定的策划、争议点以及确认证据整理的结果。

　　（3）主张明示义务、证据限制规定

　　类型证据开示结束后，辩护人必须向法院及检察官明示其"证明预定事实以及审判期日中将要进行的事实及法律上的主张"。

　　应当明示的预定主张的内容包括：

　　A　证明预定事实（根据证据调查请求想要证明的事实）；

　　B　其他事实上的主张。包括：

　　a. 主张积极事实的情形（例）

　　重要的间接事实；成为任意性争议根据的事实；成为正当防卫、责任能力的根据的具体事实；量刑上的重要事实。

　　b. 针对检察官主张的事实提出争议性主张（例）

　　主张否认主要事实、重要的间接事实，辩护人有必要终止整理程序中必要证据调查请求。

　　（4）被告人的出席

　　审判前整理程序期日，检察官、辩护人必须出席，被告人有出席的权利，但不是义务。

　　2. 证据开示的概要与存在的问题

　　（1）证据开示的目的

　　审判前整理程序中证据开示请求权，与依据诉讼指挥权下达的证据开示命令不同，是请求开示非常广的范围内的证据的权利。

　　通过证据开示，辩护人可以判断检察官请求证据的证明力，提出证据意见以及驳回证据的方针，制定切实的辩护方针。即证据开示请求权是计划审判中为了充分行使被告人的防御权所不可或缺的制度。因此，作为辩护人，必须在尽可能的范围内请求开示证据。

　　（2）类型证据开示

　　类型证据开示的要件包括：类型符合性、重要性（认为能够判断特定的检察官请求证据的证明力的重要证据）、相当性（重要性程度以及为其他被告人防御准备符合开示的必要性程度并且考虑到该开示可能产生的弊害及其程度，认为相当的情况下）。

实践中，在明确识别开示对象的证据基础上，只要符合类型符合性，与特定减产管理请求证据有关联即可。包括：证物、检察证明调查书或类似文书、实际情况勘察文书或类似文书、鉴定书或类似文书、检察官请求预定证人的证言记录、被告人以外的人的证言记录等、被告人供述、被告人审讯情况报告书。

（3）主张关联证据开示

主张关联证据开示的要件是关联性和相当性。

（4）针对证据开示请求法院的裁定

如果检察方对辩护方提出的开示请求不加回应的情况下，可以请求法院作出裁定。裁定的请求必须以书面作出，请求法院裁定检察官对一定的证据进行开示。对法院裁定不服的，可以提出即时抗诉。

（三）审讯的可视化

针对刑讯逼供的现象，刑事诉讼法要求对警察及检察方的审讯进行录像。辩护人可以请求所有审讯过程录像的证据开示。

（1）秘密审讯造成的冤案：

①鹿儿岛志布志事件

2003 年发生的鹿儿岛志布志町的违反选举事件，于 2007 年经鹿儿岛地方法院判决无罪案例中，关于认定并不存在的违反选举行为，从任意审讯阶段开始，警方就实施了刑讯逼供。

②富山冰见事件

2002 年，富山冰见市发生了强奸未遂事件，接受警方任意审讯的犯罪嫌疑人，警方告知犯罪嫌疑人家属已经抛弃他的虚伪事实等给其造成心理上的负担，刑讯逼供，致使犯罪嫌疑人被迫招供，其后，犯罪嫌疑人被捕，虽然在法院进行拘留质问的时候其否认了自己的罪行，但后来由于警察持续逼供，同年11 月富山地方法院高岗支部判处犯罪嫌疑人有期徒刑 3 年。其服刑 2 年零 2 个月后，获得假释。2006 年 11 月，真正的罪犯落网，证明了先前的冤案，于是检察官请求再审。2007 年 4 月富山地方法院高岗支部决定再审，同年 10 月做出无罪判决。

由此可见，刑讯逼供现象即使在现在也存在着。

（2）可视化的必要性与国际动向

改善刑讯逼供现象，就有必要实现审讯过程的全程录像、录音的“审讯可视化”。

1998 年 11 月，国际人权规约委员会的最终见解中表明："委员会对刑事审判中多数有罪判决都是建立在自供基础上的事实深感担忧。为了排除逼供导致自供的可能性，委员会强烈建议严格监视在看守所及其他关押地对犯罪嫌疑人实施的审讯，并用电子方法记录该审讯。"

2004 年 1 月，世界最大的法律界团体国际法律界协会探讨了日本政府导入对犯罪嫌疑人审讯进行录音、录像记录制度的可行性，建议应加速海外调查的速度。

2007 年 5 月，联合国酷刑委员会建议："应对警察拘留或者关押地中对被拘禁者的审讯，通过全程电子记录及录像等方法，对其进行体系性的监视。"

另外，联合国国际人权规约委员会在 2008 年 10 月 31 日发表了第 5 次日本政府实施联合国市民及政治权利国际规约情况报告书，并建议就审讯的全过程进行录像。

（3）与陪审员制度的关系

刑事诉讼规则第 198 条第 4 款中规定"检察官对有关被告人或者被告人以外的他人的供述进行审讯状况作证的情况下，尽可能将审讯情况作书面记录，对与审讯有关的其他资料的利用，必须努力做到迅速、准确地作证"，以谋求通过客观资料对审讯情况的作证进行举证。

陪审员制度要求审理过程中尽可能提出明了的证据，防止对陪审员造成过大的负担。

为了避免围绕自供的任意性、信用性，以及针对搜查官长时间的证人调查和长时间的讯问被告人等无休止的争论，对审讯过程进行全程录音、录像是最有效的方法。

（4）足利事件的教训

1990 年栃木县足利市发生了诱拐幼儿杀人事件。因菅家利和的 DNA 与被害人内衣上残留的 DNA 一致，故栃木县警察要求其任意同行，协助调查。以科学搜查作为举证证据强行逼供，菅家被迫招供并被逮捕、起诉。

菅家在一审结束时曾否认其犯罪事实，但第一审的宇都宫地方法院和上诉审的东京高等法院都认可了 DNA 鉴定和自供的信用性，2000 年最高法院也无视辩护方要求再次进行 DNA 鉴定的主张，驳回上诉，判处无期徒刑。

2002 年，菅家的辩护团独自进行了 DNA 的再次鉴定，并根据该鉴定请求宇都宫地方法院再审。2008 年 12 月，该地方法院以辩护方的鉴定结果不可信为由，再次驳回辩护方请求。在上诉审中，东京高等法院命令再次进行鉴定，结果发现犯人的 DNA 与菅家的并不一致。检察厅承认了 DNA 鉴定的错误，2009 年 6 月，菅家从其服刑达 17 年之久的千叶监狱被释放。

2006 年，法务大臣和最高检察厅副检察长就审讯过程进行全程录音、录像发布了试行令。其后在多个地方检察厅施行。

（四）打破人质司法，防止冤案产生

（1）拘留、保释有关的宪法、国际人权法上的五原则与改革课题

A 无罪推定原则；

B 身体不受束缚原则；

C 比例原则；

D 作为最终手段的拘束原则；

E 身体拘束的合理性争议手段保障原则。

（2）最近的冤案与人质司法的实际情况

鹿儿岛事件是人质司法弊端的典型体现。2007 年，鹿儿岛地方法院对违反公职选举的志布志事件的 12 名被告人做出无罪判决。在 12 名被告中，6 名被告作了虚假供述，其中 3 名，直至保释后才承认其虚假供述。造成该虚假供述的原因之一就是人质司法。由于被告人长期被拘留，在威逼利诱下做出虚假供述。

（3）改善策略

A 创设起诉前保释制度；

B 改正刑诉法第 89 条 1 号中关于权利保释对象外犯罪规定的限制；

C 去除权利保释除外事由或者严格除外事由；

D 创设出庭确保措施；

E 导入保释保证保险制度。

除上述改革外，日本刑事诉讼法中还规定了便于陪审员制度实施的直接主义和口头主义以及传闻法则的严格化、确立犯罪嫌疑人、被告人的接见交通权等，以充分保障犯罪嫌疑人、被告人的人权，防止冤案错案的发生。

通过上述日本刑事司法制度改革可以看出，修订后的刑事诉讼法增加了一系列保障犯罪嫌疑人和被告人人权的新的制度，这一方面有利于预防刑事诉讼中冤案、假案的产生，另一方面，也对稳定社会秩序，提高司法公正和透明度具有重要意义。

我国目前刑事司法中也存在着逼供、冤案错案现象，如何完善刑事司法制度，提高国民对刑事诉讼的参与程度，进一步加强司法程序的透明度，建立有效的国民对司法的监督和参与机制，预防冤案、错案的发生，是缓解社会矛盾、提高司法队伍素质、维护和谐社会环境亟待解决的课题。因此，笔者认为，我国应当借鉴日本的成功经验，对人民陪审员制度进行改进和完善，在司

法机关的审讯过程中导入录音录像等证据保留制度，以充分保障刑事司法的民主化和司法透明化。

五、日本司法支援中心的建立

日本司法支援中心于 2006 年 4 月设立，同年 10 月开始开展业务。2004 年日本国会通过了"综合法律支援法"，确立了"无论民事、刑事案件，在全国范围内要实现能够为解决法律纠纷提供必要的信息和服务之社会"的基本理念。据此，国家开展法律支援业务，为国民提供民事、刑事等综合服务。司法支援中心与法科大学院及陪审员制度一道，是三大司法改革之一，是对国民的日常生活产生极大影响的改革。

根据综合法律支援法，从事法律支援活动的主体是日本司法支援中心，其业务内容主要包括：

（1）提供信息；

（2）民事法律扶助；

（3）法院指定辩护；

（4）司法过少对策；

（5）犯罪被害人援助。

此外，还受国家或地方公共团体等非营利性法人的委托展开业务。

首先，日本司法支援中心是独立的行政法人，受法务大臣的监督。但是日本司法支援中心中有关理事长、监事的任免，业务方法、中期目标以及中期计划的认可等问题，法务大臣必须听取最高法院的意见，故相对于纯粹的独立行政法人，该中心具有司法法人的色彩。

其次，司法支援中心在制度上确保辩护活动的自主性和独立性。

再次，该中心是非公务员型的彻底的民间主导型组织。

日本司法支援中心的本部设在东京，目前在全国 50 个地方法院本厅所在地设置事务所，并根据业务需要设置派出机构。

日本司法支援中心实际上是在国民与法院之间起到了桥梁作用，其通过为国民提供司法信息、法律援助，为政府提供司法建议、对策等业务活动，实现对社会的间接管理。从另一个层面反映了司法活动对社会的影响。

六、日本的民事、商事诸制度现状与课题

除刑事司法之外，日本的民事、商事制度也进行了改革。例如，民事诉讼

的充实和迅速化，债权法的修订，增加了特定土地划界制度，完善了国际民事诉讼，成立了 ADR 基本法，对仲裁法、劳动法、知识产权诉讼制度等进行了一系列的改革。这些制度都与国民的社会生活和国家的经济活动息息相关。因此，这些司法改革在满足社会需求的同时，也在一定程度上实现了司法对社会管理的创新。

（一）裁判外纷争解决机关（ADR）

制定 ADR 基本法后，日本设置了各种 ADR 机关，以解决纠纷。

1. ADR 的必要性

司法制度改革审议会意见书中，就 ADR 制度存在的意义，进行了如下陈述："社会中发生的纠纷，其大小、种类等多种多样，适应纠纷的性质以及当事人的实际情况，完善纠纷解决方法，使司法接近国民，防止纠纷的扩大化具有重大意义。而裁判外纷争解决手段，与严格的审判程序不同，是发挥利用者的自主性、保护隐私及营业秘密等非公开的解决方式。该方式简易、迅速、经济，可以充分发挥不同领域专家的智慧解决细致问题，并且不以法律上存在的权利与义务为限，根据实际情况解决问题，是必要的纠纷解决方法。"

2. ADR 利用促进法的制定

2004 年 12 月 1 日，日本公布了"裁判外纷争解决方法利用促进法"，即 ADR 基本法。在该法中，规定了总则、认证纷争解决手续的业务（法务大臣的认证、基准、欠格事由等）、与认证纷争解决手续的利用相关的特例（时效的中断、诉讼手续的中止、调停前置等特别规则）、杂则和罚则、附则等。另外，ADR 基本法对于时效中断、诉讼程序的中止、调停前置相关特别规则等赋予法定效果。

3. ADR 机关的评价

ADR 基本法公布后，日本成立了许多 ADR 机构。包括海运集会所的仲裁、国际商事仲裁协会、日本商品期货交易磋商中心、日本知识产权仲裁中心、独立法人国民生活中心、财团法人家电制品中心、境界问题磋商中心、建筑工程纠纷审查会、财团法人交通事故处理中心等。

日本律师协会也设置了 29 个仲裁中心。在解决纠纷特别是医疗纠纷、医疗过失的专门性问题上发挥了积极作用。

ADR 的实施与利用，从一定程度上缓解了法院的压力，同时也减轻了国民诉讼负担，提高了纠纷解决的效率和专业化程度。同时，鉴于日本国民普遍存在厌讼的心理，通过 ADR 机制解决纠纷可以促进国民积极主动地解决现实存在的纠纷，稳定社会经济秩序。

（二）仲裁法

2003 年 8 月日本公布了新的仲裁法，2004 年 3 月 1 日起施行。仲裁法的制定，是社会发展的复杂化、多样化、国际化的产物，是就完善纠纷解决制度达成共识下的产物。

1. 仲裁法的构成

仲裁法由总则、仲裁合意、仲裁人、仲裁庭的特别权限、仲裁程序的开始以及仲裁程序的审理、仲裁裁决的终了、仲裁裁决的取消、仲裁裁决的承认及执行决定、杂则、罚则等 10 章 55 条及附则 22 条构成。

2. 仲裁法的概要

①仲裁合意应以书面明确化，鉴于通信手段的发达，承认通过电子邮件达成的合意。

②围绕仲裁人的选定及仲裁人权限的限制，设立了防止程序停滞不前的规定，即在尊重当事人自主性的前提下，当双方不能达成合意时，按照国际标准确定内容。

③仲裁裁决书的记载内容、取消事由等按照国际标准加以完善。

（三）知识产权纠纷解决制度及知识产权法制改革

为了满足知识产权纠纷中企业方迅速性和专门性的要求，日本对知识产权纠纷解决制度进行了改革。

关于知识产权纠纷，首先表现在改善诉讼制度及其运用，同时通过利用裁判外纠纷解决机制解决知识产权纠纷。

日本对于专利权、实用新型和集成电路利用权以及程序的著作权有关的诉讼第一审法院由东京地方法院和大阪地方法院专属管辖。故知识产权诉讼提起困难。因此，日本知识产权仲裁中心的支部和派出机构，对于在东京地方法院和大阪地方法院提起的有关专利权诉讼困难的当事人，提供了裁判外纠纷解决手段。

其次，在实体法上，日本还对专利法中的专有权利进行了充实。另外对著作权法的权利限制进行了修订。

（四）劳动法制上的改革

最近，劳动法针对社会生活中存在的工作与生活难以调和的情况，修订了包括劳动时间法制在内的一系列法规。制定了诸如劳动契约法、劳动审判法等，以实现劳动者工作与家庭的调和，稳定社会秩序。

修订的主要内容：

①消减加班时间与提高津贴的比率；

②改正年次带薪休假制度。

劳动法与国民的生活密不可分，直接影响着社会稳定。要实现能动司法，通过司法途径解决劳动纠纷，保障劳动者的权益，是稳定社会秩序的根本基础之一。因此，劳动法的改进和完善也应是我国司法改革的重点之一。特别是如何保障外来务工人员的工资待遇和其他相关生活问题，如何规范企业加班制度和津贴问题，如何保障劳动者健康的心理状态，都是今后劳动法需要解决的课题。

（五）垄断禁止法的改革

2009 年 6 月，日本对垄断法进行了修订。将排除型的垄断、优越地位的滥用以及不当廉价出售等一部分不正当竞争纳入课征金的对象中。在卡特尔、商议等起主导作用的企业课以课征金 50% 的罚款。适用课征金减免的对象企业由原来的 3 个扩大到 5 个，不正当竞争相关的罪刑从 3 年以下调整到 5 年以下。此外，在企业合并上将原来股份公司的事后报告制，改为事前申请制。

目前，我国也存在着行业垄断问题，垄断不仅造成不正当竞争，而且还会导致社会收入不公，继而引发社会矛盾。因此，不仅反垄断法的制定势在必行，而且在司法实务领域，如何运用司法机制预防和制止垄断行为，维护正常的经济秩序，也是我国司法改革面临的课题。

（六）构筑企业内部管理体系，推动企业社会责任活动的支援

2006 年 5 月开始施行的日本新公司法，要求在大公司设置管制委员会，以确保业务正当进行，即要求构筑以公司内部管理为中心的企业管理体制，由管制委员会决定企业管理体制的概要并将决定内容记载于事业报告中。而且，公司法实施规则中还要求企业集团提交有关确保其业务正当开展的报告。这种旨在实现经营的健全化、透明化的制度，不仅适用于大公司，而且向日本全体企业渗透。

实现企业内部管理体系，需要律师、公司法研究人员、企业实务者以及司法部门在理论和实务两方面加以指导，律师协会和法院可以对其进行法制方面的支援。

另外，为了加强企业的社会责任，也需要从司法上对企业进行监督和指导。企业的社会责任，是企业在遵守法律法规的前提下，为了实现自然环境和社会的持续发展，应当作出何种贡献，以获取社会信任提高企业价值，其结果

是使企业自身也得到持续性发展的思维方式。这需要确立企业社会责任伦理，并从人权、劳动、消费者权利等社会问题上对企业进行指导和教育。

七、行政司法制度改革

（一）行政程序的民主化

为了确保行政活动的正当、强化司法对行政的检查监督机能以及为市民提供迅速地权利救济，从政策的决定到实施乃至评价的整个过程，都必须贯彻民主化规则，保障信息的透明化与市民参加程序。

为了保障上述行政司法改革的目的，日本于1994年10月1日起开始施行行政程序法。其内容主要包括对行政活动中申请的处分、不利处分、行政指导以及申报等制度。行政程序法是以行政法学及审判实务中的理论为基础，明确行政程序中市民权利的法规。其法律精神应当是一切行政活动的指针。

（二）公务员制度的公正化

为了防止公务员渎职以及其他不当行为，只靠每个公务员的自觉性以及强化行政内部的监督体制是不够的，特别是对于包括组织在内的违法行为，这种机制是无力的。

因此，为了使市民积极追究行政责任，进行司法审查，日本创设了具有卓见成效的公民权利代言人制度、纳税者诉讼等制度。

（三）行政诉讼改革

日本于2004年对行政诉讼法进行了修订，扩大了国民救济范围（原告适格的扩大、义务诉讼的法定、作为当事人诉讼的确认诉讼的运用等），充实、促进了诉讼审理活动（作为法院说明处分的资料的提出制度等），提出了更便利地运用行政诉讼的策略（简化上诉程序中被告适格、在国家作为上诉诉讼被告时，管辖法院扩大至对原告住所地具有管辖权的高级法院所在地的地方法院），提出诉讼的期间延长至6个月，新增了提出诉讼期间、审查请求前置、裁决主张以及判决前的临时救济制度等。

八、结语

通过日本司法制度改革的理念及其刑事、民事、行政等司法领域的改革可以看出，日本的司法改革实际是旨在充分发挥司法能动性的改革。它通过完善一系列的司法制度，保障国民参与司法，提高司法的透明度和民主化，从而实现司法的社会公共职能，使司法为国民服务、为经济服务，继而为整个国家的各项社会管理提供服务。

可以说，社会管理是司法活动的目的，而司法活动又促进了社会管理的创新，二者相互促进，相辅相成。司法制度的创新是社会管理创新的一部分。因此，我国现阶段的司法改革应当着眼于整个社会活动，一方面通过审判具体案件解决社会纠纷，缓解社会矛盾，另一方面，通过典型的案例为新出现的社会问题提供解决方案。同时，司法活动还应当包括为社会经济活动和行政活动提供法律援助与咨询、指导等多方位的服务，极大限度发挥司法的能动作用，实现司法的社会价值。

公众参与和行政正义的实现

董　皞　肖世杰[*]

内容摘要　现代社会的复杂情势必然导致政府职能发生巨大转变，在此转型过程中积极行政的拓展与自由裁量权的扩张必然导致对形式法治构成挑战。在明确授权原则和专家理性模式均不足以保证行政正义的情况下，在行政过程中尝试引入公众参与，庶几可为实现行政过程中的公平正义增加可能。诚然，欲使公众参与发挥积极效果，必须辅之以必要的配套制度。

关键词　形式主义法治　积极行政　自由裁量　行政正义　公众参与

一、传统形式主义法治及其所遭遇的危机

以英儒戴雪（A. V. Dicey）为典型代表的古典法治主义者主张，在立法、行政、司法三权分立之政治架构内，立法职能只能由民选的代议机关行使，作为非民选的执行机关，行政机关的职能是根据立法机关的指令来行使法律赋予的行政管理职能，而不应享有自我赋权和自我立法的权力。[①]根据这种形式主义法治理论，公民个人的自由、财产等权利在立法上可由经其选举的代议机关制定的法律予以保障，行政机关在行使行政权力的时候，负有保护公民所享有

---

　　* 董皞，2002—2004 年 9 月在中国社会科学院法学研究所博士后流动站从事法理学专业研究，现为广州大学副校长，教授，武汉大学博士生导师。

　　肖世杰，2007—2009 年 9 月在中国社会科学院法学研究所博士后流动战从事法理宪法学专业研究工作，现为广州大学人权研究中心副教授。

　　① 从规范的意义上说，行政机关没有独立的立法权力，其本身的合法性来自于代议机关的授权，该授权可以形象地被视为由一根"传送带"将代议机关的合法性传送到行政机关。关于"传送带理论"（the transmission-belt theory）的具体叙述与介绍，请参见 [美] 理查德·斯图尔特《美国行政法的变迁》，沈岿译，商务印书馆 2002 年版，第 6—11 页，以及 F. Goodnow, *the Principles of Administrative Law of the United States*, New York. : Putnam, 1905, pp. 6 - 8。

的自由、财产等洛克式的消极权利的义务。

可以认为，在立法机关授权明确、要求行政机关必须作为或必须不作为的情况下，行政正义完全可以通过这种严格的规则主义来达到形式正义的目的。然而，随着现代社会生活的日渐繁复，政府职能发生了巨大的转变，传统行政法仅保护公民自由、财产不受侵犯的"消极行政"理念显然满足不了现代社会"积极行政"的要求。事实证明，试图依靠传统形式主义法治来实现行政正义的主张注定只能是"消极行政"时代的理想。正如有的学者所洞察到的，"将政府权力控制在制定法规定的范围内并确保一种最低限度的形式正义，已经不再是衡量行政行为合法有效与否的充分标准了"。[①] 因此，在没有具体的规范指引和明确的授权之情况下，行政机关理当如何作为，如何才能在行政过程中实现正义则成为现代行政法的重大课题。

1. "积极行政"对行政正义所带来的挑战

本来，市场经济条件下，政府的功能与角色应当定位于放松管制，由市场机制对各种资源予以充分的配置。然而，由于市场机制同样会存在先天不足和"市场失灵"，因而在客观上需要行政部门对市场经济条件下的各种利益进行积极主动的干预、调整和规制，根据社会中各类主体的需求做出及时的调整和回应，以为市场失灵现象提供一种纠偏机制。实践证明，政府干预在市场经济条件下是非常必要的。

此外，同样由于市场这种非人为机制的先天弊端，如果放任自由经济的发展，则势必在社会中造成甚至强化极大的不平等，从而不利于社会正义的实现。因此，传统行政法意义上的政府仅在洛克式的消极意义上保护人民的自由和财产权利不受侵犯的"消极行政"显然难以适应现代社会的需要，政府除了消极地收敛其权力工具以不致对公民的权利进行侵犯以保障其自由之外，还必须承担起广泛地干预经济、安排福利的社会责任以为其实现自由提供一定条件。有学者正确指出，"当代国家已经不是只需要从社会的外部保障国民的安全和自由交换秩序就足够了的'夜警国家'，而是为了实现特定的政策目的更直接和积极地干预经济活动，或为了从实质上保证国民的生活而广泛地提供种种服务的'福利国家'或'社会国家'"。[②] 从"夜警国家"向"福利国家"或"社会国家"的过渡，实际上便是"消极行政"向"积极行政"的转型。

---

① Richard B. Stewart, *the Reformation of American Administrative Law*, Harvard Law Review, Vol. 8, (1975), p. 1759.

② ［日］棚濑孝雄：《纠纷的解决与审判制度》，王亚新译，中国政法大学出版社 2004 年版，第 251 页。

然而，不容忽视的是，由于积极行政涉及的领域已涵盖社会生活的方方面面，其调整对象远不止传统行政法意义上所需保护的自由和财产范围。① 因此，这就给传统行政法带来了挑战。事实上，行政机关所需干预的事项越多，对社会生活调节力度越大，其所需做出的决定（决策）也就会越多，相应的越有可能影响到行政正义之实现。近年来，全国各地因企业改制、征地拆迁、行政给付、环境保护、工程建设、福利安排、资格赋予等引起的为数众多的行政纠纷，很大程度上即是社会转型时期"积极行政"理念与行政正义张力相互博弈下的结果。

而且，在积极行政理念下，部分出于行政管理效率的考虑，② 许多本应通过政治（立法）过程予以协商解决的价值问题难免被行政机关简约为事实问题，运用技术理性简单地予以解决，而没有顾及相关社会公众的偏好和诉求，从而容易受到社会公众的抵制和抗拒，这也在很大程度上构成了对行政正义的挑战。

（二）自由裁量权的扩张对形式主义法治的冲击

与积极行政紧密相关联的是自由裁量权的扩张问题。根据形式主义者的主张，行政机关只能根据立法机关的法律指令来执行管理社会的职能，而不应当享有任何的自由裁量权。但事实证明，这种主张在现代社会注定是不可能的。随着现代行政的高度复杂化和专业化，特别是基于行政管理效率和经济效率等方面的考量，③ 行政领域自由裁量权的扩大是必然之势。著名法学家罗斯科·庞德通过实证考察后得出结论认为，"没有一个法制体系能够做到仅仅通过规则而不依靠自由裁量来实现正义，不论该法制体系的规则系统如何严密，如何

---

① 譬如有的利益（领取福利救济、获得某种资格等）与政府之间的关系是一种持续的、获利性的关系。See Richard B. Stewart, *the Reformation of American Administrative Law*, Harvard Law Review, Vol. 8, (1975), p. 1681.

② 当然，行政决策的出台并不是一个简单的效率问题，而往往会经历一个复杂的过程。美国学者汉德勒认为，绝大多数行政机关均是在一个充斥着形形色色政治力量的场域内行事的，这些政治力量包括立法机关、行政机构及其官员以及经过一定程度的精心组织的各种政治的、社会的和经济的实体和利益阶层。此外，内部官僚系统、行政机关及其官员的传统和期待也都是行政机关采取行动的重要情境因素，这些因素对于行政机关政策的选定、执行和执行的有效性以及行政机关对社会的最终影响所具有的作用，要远远超过行政法机制之考量。See Joel F. Handler, *Controlling Official Behavior in Welfare Administration*, Vol. 54, California Law Review, (1966), pp. 479 – 485.

③ 尽管通过广泛授予行政机关自由裁量权以促进经济效率和行政效率与传统行政法模式意欲维护的私人自主权相左，但实践证明，一个不能提高效率的制度注定要失败。See A. B. Wolfe, *Will and Reason in Economic Life*, J. Soc. Phil., Vol. 1, (1936), p. 238.

具体。所有的实施正义的过程都涉及规则和自由裁量两方面"①。根据美国学者理查德·斯图尔特的归纳，自由裁量权主要来源于以下几个方面：一是立法机关可能授权每个行政机关在特定领域承担完全责任，并且明确指出，在这个领域内，行政机关的选择完全是自由的；二是立法机关可能发布旨在控制行政机关选择的指令，但是由于这些指令的概括性、模棱两可性或含糊性，它们没有明确限定针对具体情形应做出什么选择；三是立法机关排除对行政行为的司法审查。② 在以上三个来源中，导致自由裁量权泛滥的主要因素在于立法机关所制定的法律或指令缺乏明确性，尽管造成这种模糊性的原因是多方面的，比如说既有客观上立法者的智识的局限性、经验的可变性、语言文字的局限性；又有主观上的立法动机和故意回避等因素，等等。但是，无论如何，只要存在自由裁量权，便可能存在不同类型的主体对事实的判断、对价值的估量以及对规则的理解上的不同见解，因而避免不了行政争议的发生。而且，在自由裁量权这根"魔棒"的指使下，可能使得其他限制措施更是显得力不从心而难以控制行政机关的恣意妄为，从而影响行政正义的实现。正如有学者所言，"这些发展（指自由裁量权——引者注）还削弱了在外部控制基础上产生的限制原则；当我们希望政府积极地、但更为公平地行使其权力时，这些限制原则就无济于事了"③。甚至可以认为，行政机关所拥有的自由裁量权越大，便越可能对公民的权利造成侵害，行政领域之正义目标也就更加难以达到。在行政机关拥有过大的自由裁量权的情况下，形式正义是存在较大问题的。④

综上所述，传统形式主义法治要求行政机关的行政行为符合立法指令并借此促进行政正义的模式显然不能适应现代社会积极行政的发展。因为，"在可适用的制定法含糊或模棱两可，或者授予行政机关宽泛权力的场合，传统模式所提供的形式正义之保障和形式正义之理性在很大程度上被付诸虚幻"，⑤ 因而行政正义的实现自然便成问题。

---

① 参见 R. Pound, *Jurisprudence*, Harvard Universit Press, 1959, p. 355。转引自王锡锌《公众参与和行政过程——一个理念和制度分析的框架》，中国民主法制出版社 2007 年版，第 18 页。

② 参见 [美] 理查德·斯图尔特《美国行政法的变迁》，沈岿译，商务印书馆 2002 年版，第 12 页。

③ Richard B. Stewart, *the Reformation of American Administrative Law*, Harvard Law Review, Vol. 8, (1975), p. 1811.

④ See John Dickinson, *Administrative Justice and the Supremacy of Law in the United States*, Cambridge: Harvard University Press, 1927, p. 146.

⑤ Richard B. Stewart, *the Reformation of American Administrative Law*, Harvard Law Review, Vol. 8, (1975), p. 1700.

二、行政正义何以可能

由上可知，随着现代行政职能的变迁，积极行政与自由裁量已是不可避免。相应的，如何在当今"行政国"（administrative state）语境下实现行政正义，自然成为现代行政法的重大课题。下面我们尝试对行政正义几种可能的实现途径进行初步探讨。

（一）立法机关授权应当明确或禁止向行政机关宽泛授权

理论上说，按照理想的"传送带"模式当然有利于行政正义的实现。因此，禁止立法机关的宽泛授权或要求其对行政机关授权明确便成为行政正义之实现之首选途径。然而，实践证明，这种形式主义法治模式显然满足不了现代积极行政的发展。

第一，立法机关无法也无力就行政机关所可能面临的问题事先作出明确具体的立法或授权。

立法机关若要就行政机关所可能面临的各种情况作出明确具体的立法或授权，就必须就各种问题进行连续不断和深入细致的调查、分析和决定。然而，同样由于现代行政生活的高度复杂性，行政机关可能面临的问题日新月异且层出不穷，使得立法机关根本没有办法（没有能力）就这些问题作出明确具体的规定。实践证明，立法机关即便有能力就某些情况作出若干立法规定，其实际上所耗费的成本往往是相当巨大的，因而甚至往往让人怀疑这种做法的必要性。而且，由于立法所具有的天然的滞后性，即立法的节奏往往要慢于行政的节奏，因而即便立法机关具有充分的立法能力，行政机关亦不可能等到立法机关就相关问题作出立法之后才作出决定。因此，基于高昂的立法成本和行政效率等方面的原因，由立法机关采取授权禁止而进行具体而微的立法不甚符合积极行政之现实状况。

第二，即便进行具体明确之授权或制定详备之立法，同样难以避免行政机关宽泛的自由裁量权之存在。

实践证明，即便立法机关对行政机关的授权是明确具体的，或者其制定的立法相对详备，然而结果却证明这同样难以避免自由裁量权的存在。第一，诚如戴维斯教授所言，立法规则越是具体细致，其漏洞可能就越多。[①] 因为，越

---

① See Kenneth C. Davis, Discretionary Justice: A Preliminary Inquiry, University of Illinois Press (1971), p. 16.

是具体明确的规则，其包容力便越弱，因而远远不能涵摄现实生活中待处理的社会问题。"法有限，理无穷"，这永远都是法律之于现实的无奈与窘迫。自然，对于法律漏洞的弥补，实践中当然只有通过行政机关的自由裁量权来进行；第二，无论如何，即便法律制定得再完美无缺，我们也不得不承认，法律适用过程本身即是一个自由裁量权行使的过程。这是因为法律中所规定的各种情况，均是就实践中可能出现的或业已出现的各种情况予以抽象而借助法律话语对之采取的一种表达。法律适用过程则是将实践生活中的具体事实进行理论抽象后，按照法律编码予以类型化，然后再对号入座，最后判断其如何具体适用法律。可见，法律适用过程中所认定的"事实"亦不过是法律化了的事实，即按照我们现存的法律编码进行过价值判断的事实，而这个价值判断的过程实际上就是一个自由裁量的过程。也就是说，行政过程实际上是对多个受影响的特定利益的各种情形进行分析，然后重新衡量和协调隐藏在立法指令背后的模糊不清的或彼此冲突的政策。法学家罗斯科·庞德通过实证考察后认为："没有一个法制体系能够做到仅仅通过规则而不依靠自由裁量来实现正义，不论该法制体系的规则系统如何严密，如何具体。所有的实施正义的过程都涉及规则和自由裁量两方面。"[1]

（二）专家理性模式

一种强有力的观点认为，专家理性模式是实现行政正义的较好途径，一是专家所具有的中立性可以保证决策的客观性；二是专家所拥有的专业性可以保证结果的准确性。然而，政治实践一再表明，所谓的专家在理性目的的达成上并不一定比社会公众具有绝对的优势。第一，社会公众可以提供专家可能未掌握的决策据以依赖的信息。随着现代社会的高度发达，社会问题愈渐繁复，一项理性决策的作出往往需要数量相当充分的信息，而这些信息不是决策专家所能全部掌握的，而需要社会公众予以补足。在现代社会许多领域，专家甚至也难堪其负。根据德国社会学家乌尔里奇·贝克的观点，现代社会既是一个技术理性高度发达的社会，同时也充满了自然和人为的灾害，因而也是一个风险社会，在风险应对和风险决策领域，人人都不是专家。[2] 此外，社会公众，特别是决策结果对其利益有较大影响的公众，其所掌握的相关信息（如权益相关

① See R. Pound, *Jurisprudence*, Harvard Universit Press, 1959, p. 355. 转引自王锡锌《公众参与和行政过程——一个理念和制度分析的框架》，中国民主法制出版社 2007 年版，第 18 页。

② See Ulrich Beck, Risk Society：*Towards a New Modernity*，trans. M. Ritter（London：Sage），1992.

人的意见与诉求等）也可能更是专家所未能了解的，尽管其对决策结果的理性化不一定发挥直接的作用，但却对决策结果或裁判结果的理性化是绝对不可或缺的。第二，专家理性亦不过是一种"有限理性"。经验世界告诉我们，专家并不是全知全能的，其智识也具有一定限度，超过该限度就难堪为专家了。一个人在某一方面的极度理性可能正好反衬出其在另一方面的不甚理性或极不理性。第三，更为重要的是，所谓的"理性"本身即是一个具有多重面向的概念，尽管此处难以对其进行详细分析，但无论如何，"理性"绝不仅仅指"专家理性"或"工具理性"，① 它至少还应包含"大众理性"和"价值理性"。也就是说，行政领域中的诸多事务，不能仅仅依赖专家通过其专业技术来予以处理，② 而应充分尊重社会公众或利益相关人的价值偏好和价值诉求。实际上，一项不民主的决策显然很难符合科学性的要求。从此意义上说，决策的民主性与科学性是密切相关的。

（三）公众参与途径

由此看来，对于现代行政中的积极行政和自由裁量权，禁止宽泛授权和专家理性模式均难以保证行政正义的实现，因此我们只有转而依靠其他途径。

在积极行政过程中，尽管要求立法机关就行政机关所涉事务制定具体而微的授权规范在客观上不可能实现，但是，这并不意味着行政机关在这种封闭的行政过程中能够取得当然的自我合法性。实际上，根据有关学者的判断，现代行政机关的相当一部分职能毋宁是根据相互冲突的私人利益在特定事实情形中的状况以及相关制定法所体现的政策予以调整的。③ 既然如此，我们可以将行政过程予以重构，将其模拟或还原为立法过程，为利益相关人的参与搭筑一个坚实的平台，使参与者的建议与意见能够得到充分的交流与沟通，其价值诉求能得到完整的表达与体现，从而达成一致意见或达成罗尔斯意义上的"重叠共识"。我们认为，将这种民主发酵素掺入行政过程，不但可以增进决策的科学性，而且通过这种民主化模拟可以强化决策结果的可接受性，从而达到弥补

---

① 为与"价值理性"对应，也许这里采用"目标理性"代替"工具理性"更妥。参见高鸿钧等编《社会理论之法：解读与评析》，清华大学出版社 2006 年版，第 190 页。

② 如有学者认为，现代社会中繁荣的经济成果应以何种方式被分享，这不是一个可以交由专家运用其专业技术予以简单处理的问题。See Schwartz, *Legal Restriction of Competition in the Regulated Industries*, Vol. 67, HARV. L. Review, p. 435.

③ See Richard B. Stewart, *the Reformation of American Administrative Law*, Harvard Law Review, Vol. 8, (1975), p. 1683.

或克服行政机关自我立法—自我执法的合法性危机,[①] 进而促进行政正义的实现。因为此时，我们至少有理由相信，"在缺少涵义明确的法律规定和可确定的公共利益的情况下，公正的结果出自一个所有关系人参与其中、所有利害关系人都得到考虑的程序"[②]。

三、公众参与发挥效应的相关制度保障

必须说明，我们在此文中提倡将公众参与引入现代行政过程，试图在行政过程中注入类似于政治过程（立法过程）的民主酵素，其意旨在于敦促行政机关能够公平地履行行政职能，更好地在行政过程中实现公平正义。因此，我们在本文中倡导的公众参与，当然不仅仅停留在表面上和形式上的参与，而是提倡一种富有意义和实效的参与，这种参与既不仅仅是一种形式上的行为，也不完全是一套抽象的理念，更不是一种仅在形式上具有一副空壳的民主手段，而是一种既具有形式意义更具有实质内容的权利实现方式。[③] 因此，公众参与绝非灵丹妙药，不是将其简单地注入行政过程即可取得公平正义之社会效果，它还需要有一套完整的配套机制作为辅助，方可发挥其预期效果，实现其所欲达致的理性与正当化目标。具体言之，除了需要在考察社会公众或利益相关人是否在形式上参与到行政过程当中，在实体上考量各种相互冲突的利益是否得到公平合理的代表之外，还离不开以下诸因素，如行政机关的诚意与主动，政府部门充分的信息公开以及与公众进行富有诚意的理性协商，对参与方的诉求予以负责任的回应，以及采取较为合理的决断机制，等等。[④] 限于篇幅，下文仅谈几种保障公众参与充分发挥效应的主要制度保障。

（一）信息公开制度

信息在公众参与中具有极其重要的意义。相应的，信息公开制度是公众参与发挥作用的首要保障。有学者认为，"参与者对特定利益的认知能力、参与

---

① 该立论基础为社会契约论，即，立法机关的权利来自人民的让渡，故其所不能或不愿为之事，不能擅自授权行政机关行使，而应将之予以返还，交由让渡权利的人民来决定。

② Richard B. Stewart, *the Reformation of American Administrative Law*, Harvard Law Review, Vol. 8, (1975), p. 1750.

③ 理论界常常将参与权表述为一项程序权利，看来是存在一定问题的。其实，在某种意义上说，其实体方面的意义甚至比程序方面的向度更为重要。

④ 参见王锡锌《公众参与和行政过程——一个理念和制度分析的框架》，中国民主法制出版社2007年版，第43—44页。

过程的学习能力、根据目标而选择手段的行为能力以及参与者根据利益诉求而进行有效组织化的能力，在很大程度上都依赖于参与者对信息的拥有和控制"①。的确，如果公众在参与行政过程之前对相关信息没有相对完整的了解，或者各利益群体在信息拥有量上不均等，则信息掌握不利者在参与过程中的各种能力（如参与能力、组织能力、对决策结果的影响力等）就会受到较大的局限与影响，因而即便其参与了行政过程，但参与效能肯定会大打折扣。相反，社会公众对相关信息了解得越多越透，各利益群体在信息拥有量上越是均等，参与主体的参与能力和参与效能就越高，而且参与效率相应可能就越高。因此，我们甚至可以说，信息公开是公民参与得到实质性体现和发挥良好效能的前提条件。

（二）理性的协商制度

参与的核心涵义在协商。既然提倡公民实质性地参与到行政过程中去，就不能仅将其行为定位在"参与"，而更要尊重参与者的"表达"、"主张"和"要求"。参与的目的在于表达与协商，参与权的实现自然也离不开理性的协商机制。当然，协商需要主体之间具有平等的法律地位。根据传统行政法理论，作为管制者的行政机关和相对人之间的地位是不平等的，因为前者往往是根据立法机关制定的法律来依法行政，既不必要也不可能与后者进行讨价还价式的协商。然而，现代社会的复杂性表明，行政机关的许多法律依据实际上是其自己颁布的规章或规定（而不是立法机关制定的法律），其合法性本身则值得检省。而且，许多具体行政事务的处理甚至缺乏法律条规的指导，而是行政机关自由裁量下的决定结果，因而它们不仅在正当性方面存在问题，而且在合理性方面也可能会存疑问，特别是 Max Weber 意义上的理性科层制在中国的行政官僚体制中尚未建立的条件下，更有必要在行政机关与相对人之间进行理性的沟通与对话，甚至也要求司法机关超越法律特别是有关行政规章之规定积极地行使其司法上的自由裁量权。

此外，随着当今行政国时代的来临，行政领域内涉及越来越多的价值判断，甚至事实问题与价值问题屡屡缠绕，难以分判。相应的，行政过程也越来越显得如同政治过程。既然如此，就有必要在行政决策等公共领域中引入公众参与和理性协商机制，为公众的价值选择之表达提供一个良好的平台，方可体现出对参与者个人主体性的尊重。因为，对于价值问题，更重要的是个人的主

---

① 王锡锌：《公众参与和行政过程——一个理念和制度分析的框架》，中国民主法制出版社 2007 年版，第 113 页。

观偏好问题，因而不宜由行政机关和技术专家来决定，而应当与行政相对人进行充分的协商，并在此基础上最终达成共识或罗尔斯意义上的"交叠共识"。唯有如此，只有在平等的协商中尊重其价值诉求和价值选择，才能通过对个人主体性的尊重来强化决策结果的正当性或可接受性，从而有利于实现行政正义。

（三）合理的决断机制

行政过程所需处理的问题，通常可将之分为价值问题和事实问题两大类。对于前者，一般应充分尊重参与者的主观意志之选择，方才体现对参与者主体性之尊重；对于事实问题，则可由技术理性来加以解决，因为专家往往比一般公众更具有权威性。但正如上文所述，实践中价值问题与事实问题往往纠缠不清，难以界分。就理想状态来说，一项决策既要满足正当性之要求，又要满足理性之要求。正当性与理性的关系是，正当性在一定程度上可以实现理性的要求，不正当的决策往往即是不理性和不科学的；但理性往往很难达到正当性标准，理性只是理性，不能取代正当性，特别是有时所谓的"理性"或"专业性知识"，可能只是专家为突出自身的重要性而自封的，或是对其利益的自我维护，以及对某些知识垄断话语权。而且，许多所谓的技术性知识，其实都隐含了若干价值预设，例如，行政过程中常常使用的经济学成本—效益分析方法及其知识，其实暗含了对经济学方法的垄断性地位的认同和对其他技术知识的排斥。

因此，在决策过程中，完全可能出现以下情况，即决策结果的理性与正当性之间发生紧张与冲突：即符合理性的结果可能不具有正当性，符合正当性要求的结果可能显得不甚理性。例如，行政机关或相关专家认为符合理性的决策并不一定符合公众的价值判断和主观喜好，因而被认为是不可接受的；而公众的判断和选择有可能被决策者或相关专家认为并不符合理性的要求。在这种情况下，笔者认为，原则上仍应以决策结果的正当性为主导，特别是对于涉及价值判断的问题，原则上应更多地尊重公众的选择以强化决策结果的可接受性，因为对于价值判断，原则上是一个主观偏好问题，并没有高下优劣之分，因而自然亦不存在专家比公众具有更为高尚或合理的品味；对于事实和技术问题，决策者在作出周密、理性的决策方案后，社会公众仍难以接受的，我们认为可采取以下方案，一是引入中立的专家制度，对决策依据作出有关具体的说明，以强化行政决策的公信力；二是有必要在行政过程中提倡一种积极与反思的方法论，即决策者应当明白，行政机关在作出有关决策时，实际上并不是（当然也不可能）在拥有极其丰富的知识的情况下得出的、其合理性不容置疑的结论，而是严重存在着美国学者詹姆斯·斯科特所说的"国家简单化"的现象，即"国家机构没有，也不可能有更多的兴趣描述整个社会现实"，因此"需要一个知识过滤器将复杂性过滤到可管理的程度"。这种经过"过滤"的知识具有以下五个特征：它是国家感兴趣的实用主义事实；是成文的文件事实；是静态的事实；是集合的事实；是用平均值来表现的标准化的事实。① 因此，很显然，国家将作为决策所倚靠的知识进行了简单化和片面化，它排除了一些在国家看来没有实用价值的事实，排除了生活中发生的事实，排除了动态的事实，排除了个体的事实，排除了不能被平均化的事实。这种过滤与排除，本质上是一种"分类上的垄断"②。因此，根据这些知识作出的决策，当然难免不失之偏颇而在理性上大打折扣。对此，美国政治学者德博拉·斯通便指出，"理性分析必定是政治的，这种分析总是包括了将一些事情包括在内和将另一些事情排除在外的选择"③。也就是说，决策者据以作出决策所倚靠的事实不一定是客观存在的事实，而只不过是经过裁减和过滤的事实，其本身即是掺入了决策者价值判断的事实，甚至可以借用德博拉·斯通更为极端一点的说法，即决定政策的是（事实在政治过程中的——引者注）意义而并不是事实本身。④ 因此，决策者对于自己的判断大可不必过于自信，其所解决的问题往往能够从完全相反的立场来予以作答，或者正如笛卡儿所告诫我们的，我们只是"必须"在两种方案中选择一种而已，而不是因为我们选择的就是一种明显正确的方案。

---

① 参见［美］詹姆斯·斯科特《国家的视角：那些试图改善人类状况的项目是如何失败的》，社会科学文献出版社 2004 年版，第 104 页。

② 郭巍青：《公众充权与民主的政策科学：后现代主义的视角》，白钢、史卫民主编《中国公共政策分析》（2006 年卷），中国社会科学出版社 2006 年版，第 288 页。

③ ［美］德博拉·斯通：《政策悖论——政策决策中的艺术》，顾建光译，中国人民大学出版社 2006 年版，第 393 页。

④ 参见［美］德博拉·斯通：《政策悖论——政策决策中的艺术》，顾建光译，中国人民大学出版社 2006 年版，第 394 页。

行政合同诉讼论纲

王旭军[*]

内容摘要 本文针对受理及诉讼结构混乱、审查依据及方式不统一等行政合同诉讼存在的问题，分析了认识上的模糊、立法层面的欠缺等原因，在进行比较研究的基础上，提出了受理、诉讼结构、审查原则等方面类型化的解决路径。

关键词 行政合同　诉讼　类型化

行政合同作为"权力因素和契约精神有效结合"的行政手段越来越被广泛的应用，成为行政管理、实现政府职能的重要方式。[①] 但由于现代行政权的扩张和民法与行政法的相互渗透，以及现实社会生活中民事、行政行为的交叉等多种因素引发的纠纷，[②] 合同行为和法律、政策、行政措施变化之间的冲突日益凸显，[③] 各方的权益保障问题亟待解决，[④] 而我国至今还没有形成一套完备的司法救济制度，致使一些当事人求告无门、救济失范。[⑤] 因此，建立周延而有效的司法救济机制就显得尤为迫切。[⑥]

一、行政合同概述

行政合同是源于大陆法系诸国行政法领域中的重要概念，[⑦] 又称行政契

---

* 2010 年 3 月至今在中国社会科学院法学所博士后流动站从事宪法与行政法学专业博士后研究，现为内蒙古高级人民法院副庭长。

① 吴国干：《近年来国内行政合同研究概述》，载《资料通讯》2001 年第 3 期，第 34 页。

② 杨荣馨主编：《民事诉讼原理》，法律出版社 2003 年版，第 30 页。

③ 黄晓星：《行政合同违约责任之研究》，载《海南大学学报》（人文社会科学版）2003 年第 6 期，第 135 页。

④ 吴国干：《近年来国内行政合同研究概述》，载《资料通讯》2001 年第 3 期，第 34 页。

⑤ 张步洪：《中国行政法学前沿问题报告》，中国法制出版社 1999 年版，第 63 页。

⑥ 余凌云：《论对行政契约的司法审查》，载《浙江学刊》2006 年第 1 期，第 29 页。

⑦ 罗臻、任平：《略论我国行政合同的司法救济》，载《天府新论》2008 年第 6 期，第 157 页。

约、公法契约，是国家行政机关为了实现行政管理目的，与公民、法人和其他组织之间或国家机关相互之间，经过协商，双方意思表示一致达成的协议①。对于行政合同的性质学界颇有争议，有人认为，行政合同的目的就是实现行政管理目标，因而它是通过合同这种特殊形式间接行使国家行政管理权的一种具体行政行为。也有人认为，行政合同不是一种行政行为，而是一种双方行为，是合意的产物。笔者以为，对于行政合同的性质不应片面地定性为行政或民事行为，毕竟行政合同是带有行政性质的合同。② 它实质是在公法领域形成的发生行政法律效力的双方合意，是以合同形式达至公务目的，是游离于行政行为与私法合同之间的特殊形态，是一种交叉边缘性法律制度，因而内容上兼具行政性和民事性。③ 一方面，它至少有一方是行政主体；④ 内容具有公益性；在合同的履行中，行政主体既是签订行政合同的一方当事人，同时，又是该项合同的管理人，有权对合同的履行进行指导和监督。⑤ 更主要的是行政主体具有行政优益权。⑥ 另一方面，行政合同以双方意思表示一致为前提，具有明显的民事合意性，合同订立要平等协商，双方要遵守自愿、公平、诚实信用的原则。这些都是民事契约精神在行政合同中的体现。⑦

二、行政合同诉讼存在的问题

在司法实践层面，各地法院对行政合同纠纷案件的认识和审判存在较大差异，结果也是千差万别。⑧ 主要体现在以下几个方面。

（一）受理及诉讼结构混乱

"行政合同案件是否可诉，应否纳入行政诉讼的轨道，是一个有争议的问

① 王连昌主编：《行政法学》，中国政法大学出版社1994年版，第225页。
② 罗豪才主编：《行政法学》，法律出版社1999年版，第252页。
③ 涂师铭、郭海龙：《行政合同争议的司法救济途径》，载《法制与经济》2007年第10期，第77页。
④ 一般情况下，在行政合同中，一方是从事行政管理、执行公务的行政主体，另一方是行政管理相对人，且行政主体处于主导地位并享有一定的行政特权。
⑤ 毕可志：《论对行政合同的司法救济》，载《长白学刊》2004年第4期，第47～48页。
⑥ 行政优益权是指国家为保障行政主体有效地行使职权、履行职责，赋予行政主体职务上或物质上的许多优先和受益条件，行政主体享受这些优益条件（或曰优惠条件）的资格和可选择性。
⑦ 杨解君主编：《中国行政合同的理论与实践探索》，法律出版社2009年版，第163页。
⑧ 朱锡贤、孙彪：《完善我国行政契约司法救济制度之构想》，载《人民司法》2001年第7期，第461页。

题。"① 有学者主张以下几种行政合同案件可诉：在合同履行中行政机关依合同条款行使监督权、处罚权的行为；合同中约定行政机关要实施某一具体行政行为而未予实施的行为；行政机关通过具体行政行为的变更、终止废除行政合同的行为。② 也有学者建议，可以考虑先实行列举受理，由最高人民法院在有关行政契约案件审查的司法解释中直接明确行政审判庭可以受理的案件种类，辅之以开放性的弹性条款，逐步向以判例为注释的概括受理过度。③ 但实践中，最高法院于 1991 年发布的《行政诉讼法实施意见》，第一条就排除了行政合同适用行政诉讼救济，而在 1999 年发布的《行诉解释》中，又对其受理采取了默认态度。④ 另外，行政合同的救济到底属民事审判的范畴还是行政审判的范畴也很混乱。很多学者（尤其是公法学者）认为，民事诉讼救济方式往往无法兼顾公共利益与个体利益，会限制人民法院对案件的全面审查。⑤ 但行政诉讼也只能基于形式上的审查，而无法通过实质审查撤销行政合同中出现的违约行为，从而保障合同相对方的合法权益。⑥ 而且如果全部按照行政案件操作，行政诉讼的被告恒定为行政机关或法律、法规授权的组织，其利益受到损害时救济渠道不畅。⑦ 目前在实践中，很多行政合同案件由民事审判庭依民事合同规则处理。⑧ 1984 年最高人民法院发布的《关于人民法院经济庭收案范围的通知》中，明确规定农村承包合同纠纷案件和经济行政案件由人民法院经济庭受理。而对于行政机关单方变更、解除等权力性行为，有时又作为行政诉讼案件进行合法性审查。1999 年颁布的《行政复议法》又似乎倾向于将行政合同纳入行政诉讼范围，且在司法实践中也产生了一系列的行政合同诉讼判例。⑨

（二）审查依据及方式不统一

解决行政合同纠纷究竟应该适用什么样的规则和方式，是民事规则，还是

① 于安、江必新、郑淑娜编：《行政诉讼法学》，法律出版社 1997 年版，第 104 页。
② 李春雨：《解决行政合同案件的路径依赖》，载《社科纵横》2008 年 6 月第 23 卷，第 118 页。
③ 余凌云著：《行政契约论》，中国人民大学出版社 2006 年版，第 146 页。
④ 根据最高人民法院于 1999 年 11 月 24 日颁布的《关于贯彻执行〈中华人民共和国行政诉讼法〉若干问题的解释》中规定："公民、法人或者其他组织对具有国家行政职权的机关和组织及其工作人员的行政行为不服，依法提起诉讼的，属于人民法院行政诉讼的受案范围。"可以看出，最高人民法院取消了具体行政行为的概念条款，刻意地回避了具体行政行为的表述，而使用了行政行为。
⑤ 江平、张楚：《民法的本质特征是私法》，《中国法学》1998 年第 6 期。
⑥ 李春雨：《解决行政合同案件的路径依赖》，载《社科纵横》2008 年 6 月第 23 卷，第 117 页。
⑦ 同上书，第 118 页。
⑧ 杨海坤主编：《中国行政法基础理论》，中国人事出版社 2000 年版，第 270 页。
⑨ 李靖源：《我国行政合同救济制度初探》，引自期刊网。

公法规则？在这个问题上发生了激烈的争论。① 有人主张，应首先适用行政法律规范和规则。行政合同是基于行政法律规范而产生的，不论是行政合同的内容还是行政合同的签订和履行，都具有行政行为的性质，因而法院对行政合同案件的审理，只能按行政程序进行，从实体法上也必须适用行政法律规范。② 也有人主张行政合同尽管不同于一般的民事经济合同，但毕竟是一种合同，符合合同的一般特征，具有合同的一般属性，因而对行政合同案件的审理不能绝对排除民事法律规范和规则的适用，尤其需要依据合同的一般规则和原理。③ 还有学者认为，对于行政合同诉讼，应在行政诉讼基本原则继续适用的基础上，有范围、有限度地引入民事救济的规则，但其适用范围应限制在涉及行政合同的行政诉讼。④ 所以有学者说，行政契约既然是行政法上的概念，就应该循着公法与私法二元论去探寻、构建不同于民事合同的、为行政契约所特有的法律体系与结构。行政合同中双方当事人意思自治的限制，决定行政合同应适用行政实体法律规范和行政诉讼法律规范，通过司法审查程序予以解决。但这样的思维进路很容易与民商法学者发生激烈的碰撞。⑤ 后者主张，行政合同是双方当事人意思表示一致的协议，这些体现了民商法的自治原则。因此应适用合同法律规范进行调整。⑥ 然而，我国目前立法对行政合同的法律适用缺乏明确规定。

（三）审理标准及原则各异

对行政合同案件到底采取什么样的审查标准，如何去审查？有人认为，与解决民事合同纠纷一样，法院不仅要判断契约当事人有没有违法问题，也要判断当事人有没有不恰当履行行政契约的行为，进而才有可能作出正确的裁断。⑦ 也有人认为，法院应当主要审查行政契约的签订过程中是否违法或者有过失？行政契约是否有效？行政契约的履行是否合法、适当？是否存在违法或违约行为？⑧ 还有的学者主张，在审查原则上应针对行政合同案件的特点，建

① 余凌云：《论对行政契约的司法审查》，载《浙江学刊》2006年第1期，第30页。
② 毕可志：《论对行政合同的司法救济》，载《长白学刊》2004年第4期，第48页。
③ 同上书，第48页。
④ 涂师铭、郭海龙：《行政合同争议的司法救济途径》，载《法制与经济》2007年第10期，第77页。
⑤ 余凌云：《论对行政契约的司法审查》，载《浙江学刊》2006年第1期，第30页。
⑥ 2003年最高人民法院行政审判工作会议主题报告中指出，审理行政合同案件，法律有特别规定的，适用法律的规定，法律没有规定的，可以适用合同法的规定。
⑦ 余凌云：《行政契约论》，中国人民大学出版社2006年版，第162页。
⑧ 同上。

立起由合法性、合理性、合约性①三方面组成的审查原则体系。② 还有人主张，将行政契约支解、剥离出类似具体行政行为的东西，置其他有机组成部分于不顾，以便套入现有行政诉讼的模型之中。但这样操作会造成对其他行为的虚置状态，尤其是那些与行政机关变更或废止契约的行为有着内在关联的行为。要是审查，很可能会审查到契约当事人是否存在先行违约的问题，这又是民事和行政交叉的问题，到底是按民事标准来审查还是按行政标准来审查？③

三、成因的解读

（一）对行政合同认识模糊

行政合同由来已久，但在以往的相关理论研究中，由于我们对行政合同概念和性质没有形成正确的认识，限制了它的发展。④ 我们甚至都不知道到底应该把它放置在哪个框架下去认识和研究。行政合同的公私法属性一直也是学界争论不休的话题，自然对其纠纷的解决也没有找到一个令人满意的答案，公法学者似乎更推崇采用司法审查即行政诉讼的方式解决，而民法学者一直持有异议，⑤ 加之行政合同是介于公私法领域的特殊游离体，其行为自身的特殊性和复杂性导致目前的行政合同救济制度不是很完善，也影响了行政合同司法救济制度的统一。所以有人说行政合同救济理论之所以迄今不发达，很大程度上都是因为对行政合同本身的特点关注不够，缺少有效救济途径与结构的缘故。⑥

（二）立法层面的欠缺

我国立法上对行政合同未予认同，直到现在我国还没有一部法律明确规定行政合同。有关行政合同的立法都是针对特定领域的行政合同制定的单行法律法规，立法零散且相互间极不一致，即便在单行的法律中，都倾向于适用民事合同制度，例如，政府采购合同就明确规定适用《合同法》。尤其是救济问题，更是没有形成关于行政合同司法救济制度的完整法律体系，唯一可循的就

---

① 对是否符合合同约定的判断，在民法上一般表述为"违约审查"。参见杨解君主编《中国行政合同的理论与实践探索》，法律出版社 2009 年版，第 174 页。

② 杨解君主编：《中国行政合同的理论与实践探索》，法律出版社 2009 年版，第 174 页。

③ 余凌云：《论对行政契约的司法审查》，载《浙江学刊》2006 年第 1 期，第 30 页。

④ 张树义：《行政合同》，中国政法大学出版社 1994 年版，第 150 页。

⑤ 杨解君主编：《中国行政合同的理论与实践探索》，法律出版社 2009 年版，第 163 页。

⑥ 李靖源：《我国行政合同救济制度初探》，引自期刊网。

是散见于部门法、国务院各部委的规章、条例和最高人民法院的司法解释、批复的个别规定。① 这种立法的不完善，必然会影响到司法救济的有效性和统一性。

（三）学科交叉的影响

从我国行政法的发展历程来看，行政合同的救济受民商法理论的影响较大。② 在理论研究层面，公私法都没有形成行政合同司法救济的独立体系，还将行政责任混同于民事责任，③ 而行政诉讼本身又脱胎于民事诉讼，因为在1989 年《行政诉讼法》颁布此之前，行政案件的审理就适用 1982 年颁布的《中华人民共和国民事诉讼法（试行）》。另外，大多数涉及行政合同的部门行政立法过程中，起草者多为民商法、经济法学者。这些学者在涉及合同问题时自然是以民事合同理论作为指导。④ 可见，行政合同的救济从产生到发展都深深打上了民法烙印，使得行政合同制度没有形成自己特有的救济规则，更没有形成学科间的对话⑤

四、域外行政合同诉讼比较

（一）英美法系国家

在英国，由英王来决定法院是否有对行政合同案件的管辖权，⑥ 即申诉人向英王提出权利请愿书，英王根据内政部长的建议在请愿书上批准公平审理，然后由法院按照一般的法律原则审理这个案件。⑦ 到了后来，此类案件都可以直接到有关法院起诉。另外，行政人员的雇佣合同纠纷也可以通过某些行政裁判所解决。⑧ 这也正如史密斯（Be Smith）所言，如果政府行使公法的职能，而合同法又没有给当事人提供适当的救济，依据合同采取的行为就应该接受司

---

① 朱锡贤、孙彪：《完善我国行政契约司法救济制度之构想》，载《人民司法》2001 年第 7 期，第 461 页。

② 同上。

③ 如《民法通则》第 121 条有关国家机关责任的规定。

④ 王军：《美国合同法》，中国政法大学出版社 1996 年版，第 9 页。

⑤ 涂师铭、郭海龙：《行政合同争议的司法救济途径》，载《法制与经济》2007 年第 10 期，第 77 页。

⑥ 张树义：《行政合同》，中国政法大学出版社 1994 年版，第 151 页。

⑦ 同上书，第 151 页。

⑧ 同上书，第 150、155 页。

法审查原则的控制。① 在美国，早期的行政合同案件是由行政机关裁决，该裁决"对于有关当事人来说应是最终的、终结性的裁决。法院对此不得予以司法复审"。后期，大法官道格拉斯不同意把政府的裁决视为最终的，他认为这一原则具有广泛适用性和极大的破坏性。这样做把每个签订合同的官员都变成了独裁者。国会采纳了这一观点，于是通过了一项法律，规定行政机关对政府合同案件的裁决必须接受联邦法院的复审，从此开始了法院对政府合同案件的司法审查。②

（二）大陆法系国家

法国是行政合同运用最广泛的国家。③ 法国行政法发展之初，面临的也是普通法院和行政法院（Conseil d'Etat）权能边际的划分问题。④ 由权限冲突法庭（Tribunal des Conflits）来决定哪些事项归行政法院管辖，⑤ 其对行政合同的管辖权划分也是采取这样的方法，法院处理此类案件的权力和审理的效果是考虑的主要因素。⑥ 一般来讲，行政法院对行政合同有审判权，其完全管辖权之诉可以撤销、变更行政机关的决定，也可以判决行政主体负赔偿责任，可以审判行政机关单方面行为、双方面行为、法律行为和事实行为。⑦ 德国虽然宣称90%的契约属性没有争议，但公私法契约的判断至今仍在争论不休。⑧ 德国的经验是看契约确定的权利义务是否有法律依据，若有法律依据，则根据该法规本身属于公法或私法来识别契约的公、私法属性。若没有法律依据，则根据公法是国家特别法的通说，视契约确定的权利义务本身是只有公法行政主体

---

① Cf. de Smith, Woolf&Jowell, *Judicial Review of Administrative Action*, London, Sweet& Maxwell, 1995, p. 178.

② 张树义：《行政合同》，中国政法大学出版社 1994 年版，第 152 页。

③ 涂师铭、郭海龙：《行政合同争议的司法救济途径》，载《法制与经济》2007 年第 10 期，第 77 页。

④ 在法国，对行政契约中的行政主体责任，在提起诉讼前，均可通过行政补救途径来解决。例如，因公共工程承包合同产生的争议可以通过以下途径解决：（1）向行政机关申诉；（2）协商解决；（3）仲裁。

⑤ Cf. Jurgen Schwarze, Europan Administrative Law, Office for Official Publications of the European Communities &Sweet &Maxwell, 1992, p. 101.

⑥ 余凌云：《行政契约论》，中国人民大学出版社 2006 年版，第 145 页。

⑦ 张树义：《行政合同》，中国政法大学出版社 1994 年版，第 154 页。

⑧ 许宗力：《双方行政行为——以非正式协商、协定与行政契约为中心》，载杨解君编《行政契约与政府信息公开——2001 年海峡两岸行政法学术研讨会实录》，东南大学出版社 2002 年版，第 63 页。

才能拥有还是任何人都能拥有来认定，前者是公法契约，后者是私法契约，[①]然后来解决行政合同的争议。

五、行政合同诉讼的类型化路径

（一）受理的类型化

对于受案的问题，笔者认为应把握两个类型化的标准：第一，行为标准，即起诉人只要是针对被告实际侵犯其合法权益（包括人身权、财产权或其他合同权利）的行为提起的诉讼都应该受理。如在行政合同履行过程中，认为合同相对方违法或违约行使法律法规规定或合同约定的权利；或对行政机关行使监督指挥权、违约制裁权及单方变更或解除合同的行为不服；抑或认为行政机关不履行或不适当履行法律规定或合同约定义务的。[②] 第二，诉求标准，即起诉人诉求具有正当性，如认为行政机关的缔约过失行为损害其合法权益的；认为行政机关缔约违反公开、平等竞争原则的；认为行政机关与他人订立行政合同损害其合法权益的；[③] 请求确认合同相对方行为（或行政合同本身）违法、无效；或停止侵权；撤销合同，赔偿损失的案件，人民法院原则上都应受理。

对于受理的行政合同案件应纳入行政诉讼范畴还是民事诉讼范畴的问题，余凌云教授认为，对于在那些民法体系和民事审判庭中已经得到处理，而且处理效果也不错的契约，没有必要再重新调整管辖权。[④] 对于以往民事审判中感到纯粹用民事规则解决起来比较棘手、必须适用一定的公法规则的行政合同案件，通过明确管辖权的路径，划归行政审判庭。[⑤] 按照行政案件处理的判断标

---

① 许宗力：《双方行政行为——以非正式协商、协定与行政契约为中心》，载杨解君编《行政契约与政府信息公开——2001 年海峡两岸行政法学术研讨会实录》，东南大学出版社 2002 年版，第 64 页。

② 李红霞：《我国行政合同司法救济制度的思考》，载《中共四川省委党校学报》2005 年第 3 期，第 84 页。

③ 同上。

④ 余凌云：《行政契约论》，中国人民大学出版社 2006 年版，第 145 页。

⑤ 他建议将以下几类行政合同归由行政审判庭管辖：政府特许经营合同；环境保护行政协议；国有土地出让合同；公产公务承包合同；政府采购合同；BOT 投资合同；国家机关聘任制干部的聘任合同；行政委托合同；计划生育合同。余凌云：《行政契约论》，中国人民大学出版社 2006 年版，第 150 页。

准是：第一，以契约标的，即公法上的法律关系作为判断基础；① 第二，案件纠纷中涉及公法因素，无法用民法规则解决；第三，从审判效果上看，对个案纯粹适用民法规则会出现不合理的结果，或者不利于依法行政和法治政府建设目标的实现。② 笔者同意余凌云教授的观点，但对于民事和行政案件的界分还要划定标准，以便于实践的操作，具体来讲，就是通过对行政合同类型的划分来区分民事和行政的审理范围，即按照行政合同有无给付内容或对价义务为标准划分为行政化行政合同和民事化行政合同。对于前者，没有给付内容，也无对价义务的，一般纳入行政案件的审理范畴。对于后者，有给付内容或存在对价义务的，要根据纠纷性质、主体地位和诉讼请求综合考虑审理类型，例如，对主要要求审查行政主体行为（包括合同行为）合法性的，即使有赔偿的请求，也一般按照行政案件对待；对于其他基于平等地位关系产生的诉求，应在合同类型化的基础上，考虑按民事案件对待。③

（二）诉讼结构及模式的类型化

对于行政合同案件中行政主体的起诉资格问题，余凌云教授主张应当在传统的行政诉讼制度之外另行构建解决行政契约纠纷的双向性诉讼结构，而绝不应该将行政契约硬塞入具体行政行为的范畴之中。④ 因此有人建议，应当突破只允许相对人起诉的规则，赋予行政机关相应的起诉权，允许行政机关提起诉讼和提出反诉；在审理行政合同案件时，根据原告的诉讼请求对有关双方的行为进行审查，而不是仅对行政主体一方的行为进行审查，⑤ 以利于纠纷的全面解决和诉讼效率的提高。⑥ 对此，笔者认为，认可行政合同民事救济途径，本身就意味着对合同双方地位平等性的认同。因此，赋予行政主体的民事诉讼起诉资格无可非议，因为行政机关为了公共利益需要和国家利益至上原则，虽可单方解除合同，但针对类似合同相对一方违约情况的处理，行政机关不能单方

---

① 许宗力：《双方行政行为——以非正式协商、协定与行政契约为中心》，载杨解君编《行政契约与政府信息公开——2001 年海峡两岸行政法学术研讨会实录》，东南大学出版社 2002 年版，第 63 页。

② 余凌云：《行政契约论》，中国人民大学出版社 2006 年版，第 150 页。

③ 这个做法多少有些类似于有些学者提出的分类审查法，就是要分析争执的问题，分清争议的行为或权益属性，分类分别审查，适用不同的法律规则。参见余凌云《论对行政契约的司法审查》，《浙江学刊》2006 年第 1 期。

④ 余凌云：《行政契约论》，中国人民大学出版社 2006 年版，第 161 页。

⑤ 李靖源：《我国行政合同救济制度初探》，引自期刊网。

⑥ 赵永奇、王正平：《行政合同争议的司法救济途径》，载《发展研究》2007 年第 9 期，第 180 页。

面将其意志强加给相对方。① 但对于建立双向性诉讼结构等特别规则的建议笔者既不倡导，也不反对。因为在行政诉讼法中单独为行政合同另立门户的可能性不大，而且还会引起整个行政诉讼审查模式和构造的改变，带来不必要的麻烦。而现有的法律框架尚有应对的措施和办法，即对涉及公权力行使的适用行政法规，通过行政诉讼解决；涉及私权利部分适用民事合同规则，按民事合同之诉处理。② 包括确定允许行政机关起诉的条件、解除原则、举证责任、确认合同效力以及对违约责任的处理。③ 另外，笔者对行政附带民事的审查方式④还是认可的。⑤ 同时，建议在行政诉讼中应建立必要的反诉制度。⑥

（三）审查原则的类型化

行政合同案件应当如何审查，把握什么样的原则？ 实务界一直莫衷一是。笔者以为，对行政合同案件的审理，要根据受理后的案件类别来确定审查的原则和重点。如果按照行政案件进行审查，则其原则和重点如下：第一，合法性原则。对行政合同行为合法性审查的重心应放在行政合同签订和履行合同的特权是否合法与适当；相对人的权利是否真正得到实现；⑦ 行政机关有没有违反法律有关授权的强制性规定；⑧ 行政机关是否有权对法定职责和义务作出事先的处分或者承诺；行政契约的执行方式是否和授权法赋予行政机关履行的法律义务性质相吻合；⑨ 行政契约的签订是否违反法律有关程序的特别规定；行政契约的签订是否违反关于第三人保护之规定；行政机关是否为相对人提供了足够的信息，以保障其知情权和参与权；行政契约是否违反形式要件之规定；⑩ 行政主体行使监督和指挥权的行为是否合法；行政主体变更和解除合同是否合

---

① 行政合同救济的价值取向，就是在平衡行政主体与相对方之间的法律和利益关系，不能厚此薄彼。

② 罗臻、任平：《略论我国行政合同的司法救济》，载《天府新论》2008 年第 6 期，第 158 页。

③ 吴国干：《近年来国内行政合同研究概述》，载《资料通讯》2001 年第 3 期，第 34 页。

④ 《最高人民法院关于执行〈中华人民共和国行政诉讼法〉若干问题的解释》(1999 年 11 月 24 日) 第六十一条规定：被告对平等主体之间民事争议所作的裁决违法，民事争议当事人要求人民法院一并解决相关民事争议的，人民法院可以一并审理。

⑤ 该制度的优势在于：第一，诉讼经济原则，减轻当事人诉累；第二，判决统一原则，避免法院就两个具有内在交织性的案件做出相互矛盾的判决；第三，提高审判效率，节约审判资源，及时解决纠纷；第四，符合公法私法化、私法公法化的现代法律总体发展趋势。

⑥ 余凌云：《论对行政契约的司法审查》，载《浙江学刊》2006 年第 1 期，第 25 页。

⑦ 毕可志：《论对行政合同的司法救济》，载《长白学刊》2004 年第 4 期，第 48 页。

⑧ 如果法律对执行方式有明确规定，或者明确禁止采取协议方式，违反上述要求，就构成违法。

⑨ 这种法律义务不适合用行政契约方式来履行，必须由行政机关单方实施的行政行为来实施。

⑩ 余凌云：《论对行政契约的司法审查》，载《浙江学刊》2006 年第 1 期，第 24 页。

法；行政主体行使制裁权是否合法；[①] 主导性权利的行使是否遵循正当程序的要求；[②] 行政主体行使法定优益权的行为是否合法。第二，合理性审查原则。行政主体的意思表示是基于自由裁量权而做出的，对自由裁量权加以审查就必须适用合理性审查原则。[③] 对行政合同进行合理性审查，有助于防止行政主体以行政合同的"合法"形式出卖公权力。[④] 因此，在行政合同的合理性审查中着重应审查行政合同的订立是否符合合同的目的；[⑤] 合同订立是否出于正当考虑，所为意思是否符合一般性常理；合同的变更、解除是否基于公共利益的考量。[⑥] 另外，在行政合同的履行过程当中，行政机关享有的特权是否以公益需要为前提。[⑦]

如果按照民事诉讼模式进行审查，其原则和重点如下：第一，合约性审查原则（有效、无效、可撤销）。在行政合同中，行政主体不仅要遵循依法行政原则，还必须履行合同义务，因此，合约性审查原则必然是行政合同案件审查原则之一。[⑧] 法院必须审查行政契约的签订过程中是否违法或者有过失（缔约过失）；行政契约是否有效；行政契约的履行是否适当，有无损害对方利益；是否存在违约行为。[⑨] 余凌云教授主张，只有当民事规则无法有效解决行政合同上出现的问题时，才考虑创设和适用新的公法规则。[⑩] 第二，平等性原则。平等原则要求任何一方都不享有凌驾于对方的特权，不得将自己的意志强加于对方。在行政合同缔结过程中，行政机关要以平等的主体身份与相对人进行协商，双方就权利与义务达成一致，使行政合同成立。在行政合同的履行过程中，非公共利益的需要不得行使行政优益权，否则要平等地承担违约责任。

（四）举证责任分配的类型化

对于行政合同案件中举证责任如何分配的问题，有人主张，以"谁主张，

[①] 吴国干：《近年来国内行政合同研究概述》，载《资料通讯》2001年第3期，第34页。
[②] 余凌云：《行政契约论》，中国人民大学出版社2006年版，第156页。
[③] 例如，德国《行政程序法》关于缔结双务合同的条件明文规定了"对待给付按整体情况判断适当，并与行政机关履行契约给付有实质联系"。这个实质联系的判断是一个合理性的判断。参见联邦德国1997年《行政程序法》第56条第1款。
[④] 杨解君主编：《中国行政合同的理论与实践探索》，法律出版社2009年版，第174页。
[⑤] 其审查的主要依据是成文法规则的法理依据，诸如公共利益原则、符合公共利益和行政管理目的的原则、社会公平正义等。
[⑥] 杨解君主编：《中国行政合同的理论与实践探索》，法律出版社2009年版，第174页。
[⑦] 毕可志：《论对行政合同的司法救济》，载《长白学刊》2004年第4期，第48页。
[⑧] 杨解君主编：《中国行政合同的理论与实践探索》，法律出版社2009年版，第174页。
[⑨] 余凌云：《论对行政契约的司法审查》，载《浙江学刊》2006年第1期，第24页。
[⑩] 余凌云：《行政契约论》，中国人民大学出版社2006年版，第156页。

谁举证"为原则，以行政机关行使契约主导性权利时负主要举证责任为例外。① 还有人认为，在行政合同违约责任及其赔偿或补偿方面，对于行政主体与行政相对方平等行使处分权利的合同行为，实行谁主张谁举证的原则；对行政机关职权行为的合法性，包括涉及合同的合法性问题和行政机关实施强制措施及行政处罚的合法性问题，由行政机关负责举证。② 在笔者看来，行政合同作为特殊的法律关系，既是行政机关作为公法主体行使行政权力的行为，又是行政机关作为私法主体行使相应权利的行为。对于举证责任的分配问题仍应类型化操作。第一，对合法性问题，行政主体应就自身缔约权的合法性，如自身是否具备相应的缔约资格，签订行政合同是否有相关法律依据，是否违反禁止性规定以及是否超越职权范围承担举证责任。另外，行政主体就其单方面行使变更、撤销、终止、解除等优益权的行为是否合法承担举证责任。③ 另外，行政主体还要就自身是否遵守缔约程序的合法性，如是否保证所有参与竞争者都获得了平等的对待承担举证责任。第二，对合理性问题，行政主体需就自由裁量权的行使是否合理、正当，是否可以达到行政目的等问题承担举证责任。④ 第三，对合约性问题，举证责任应随着提供证据的责任在双方当事人之间转换。例如，原告主张行政主体违约，而被告就存在不可抗力或情势变更事由的事实承担举证责任。这种举证责任的转换，将责任固定由原告或是被告承担转向根据主张的不同和案情的不同而变化，体现了合同的平等性，有利于法院对案件的公正审理和判决。⑤

（五）法律适用规则的类型化

在行政合同案件中，如何适用法律？笔者认为，第一，按照行政诉讼审理的行政合同案件，应以行政实体法律规范和行政诉讼法律规范为主，同时根据行政合同的特别法规和法律关系的具体性质参考适用经济和民事法律规范和规则。⑥ 因为行政合同、经济合同和民事合同的性质界定和范围归属在一个较长的时期内处于相对不确定和不稳定状态，为了弥补行政立法的不足，兼顾行政

① 余凌云：《行政契约论》，中国人民大学出版社 2006 年版，第 128 页。
② 涂师铭、郭海龙：《行政合同争议的司法救济途径》，载《法制与经济》2007 年第 10 期，第 77 页。
③ 杨解君主编：《中国行政合同的理论与实践探索》，法律出版社 2009 年版，第 175 页。
④ 同上。
⑤ 同上。
⑥ 李红霞：《关于行政合同司法救济制度的思考》，载《中共四川省委党校学报》2005 年第 3 期，第 84 页。

合同公法和私法的双重性质，因而对行政合同的司法审查不能绝对排除经济法律法规和民事法律法规的适用。[①] 在此问题上，笔者较为赞同余凌云教授的观点，毕竟行政合同是借助了一种契约观念和结构，私法上的契约调整规则和原理所体现出的一些共性的东西，在行政合同纠纷的处理上还是应该有适用的可能和余地的。[②] 这一观点在 2003 年最高人民法院行政审判工作会议主题报告中得到证实，即审理行政合同案件，法律有特别规定的，适用法律的规定；没有规定的，可以适用合同法的规定。[③] 第二，按照民事诉讼审理的行政合同案件，自然应以合同法等民事法律规范为主，但在必要时应参考行政法律依据，因为"在依法行政理念和符合行政目的性原则的支配下，契约自由在行政契约中的适用空间要受到一定的限制"，依法行政原则对契约自由原则的限制就体现在行政机关所拥有的行政优益权上。例如，在某一行政合同中规定的合同义务与行政机关正在或将要执行的公共管理义务发生矛盾，公共管理机关在履行契约义务时有合法的特权，可以不履行契约义务，可以单方面变更或者终止契约等。[④] 这种情况下就非常有必要将两类法律规范结合起来判断合约性、违约责任的承担等一系列问题。

（六）判决的类型化

对于行政合同的判决类型化是必要的。第一，按照行政诉讼审理的案件，针对原告认为行政主体一方违法或撤销合同的行为，法院可以做出对该行为的维持、撤销判决，并且可以判令行政主体继续履行合同。[⑤] 行政主体承担责任的方式主要是停止违法侵权、纠正不适当的行政合同行为、撤销违约的行政行为、责令履行合同义务和行政赔偿；相对人承担违约责任的方式主要是强制履行法定义务、接受行政主体的监督和制裁以及损害赔偿等。[⑥] 另外，对于行为主体行使行为优益权的行为可以作出维持、撤销等判决方式；在合同履行过程中，对行政机关在行使变更或撤销权、对相对人监督、制裁等行为过程中显失公正时，可以作出变更判决；对行政机关以行政合同处理的事项，有的虽然违

---

　　① 李红霞：《关于行政合同司法救济制度的思考》，载《中共四川省委党校学报》2005 年第 3 期，第 84 页。

　　② 余凌云：《行政契约论》，中国人民大学出版社 2006 年版，第 150 页。

　　③ 在审理行政合同案件时适用合同法原则是很多国家的做法。大陆法系德国和法国分别以法律和判例规定、确立了法院审理行政合同案件适用合同法原则的规范。

　　④ 艾阳、肖婧：《行政合同问题初探——从行政诉讼的几个难点谈行政合同法律适用》，载《内蒙古电大学刊》2006 年第 4 期，第 23 页。

　　⑤ 杨解君主编：《中国行政合同的理论与实践探索》，法律出版社 2009 年版，第 177 页。

　　⑥ 李靖源：《我国行政合同救济制度初探》，引自期刊网。

法或不当，可以判决行政机关重新订立和执行行政合同。① 第二，按照民事诉讼审理的案件，针对行政合同的效力，法院可以作出行政合同无效的确认、撤销、变更、解除四种类型的判决。同时还要针对行政契约中的效力的确认以及违约责任的处理作出相应的判决。② 以下情形，可根据原告的诉讼请求，撤销行政合同：因重大误解而订立的；在订立时显失公平；以欺诈胁迫手段或乘人之危而订立的。如果撤销会导致公共利益的重大损失，人民法院可以不予撤销，但应责令行政主体补偿原告因继续履行合同所遭受的损失。以下情形可以认定行政合同无效：行政合同的形式违反法定的强制性规定；合同当事人不具备法定的缔约能力；行政合同的缔结方式或程序违反法定的强制性规定；合同内容侵害国家利益、公共利益或第三人利益。人民法院认为行政合同有效，行政主体应继续履行的，应当判令在合理期限内继续履行。行政主体一方违法的，可以判决撤销该行为，③ 同时，还应设立变更或解除合同和确认合同效力的裁判形式。④

最后，不论是民事案件还是行政案件，行政合同毕竟是基于当事人意思表示一致而成立的，这种合意足以构成对行政合同纠纷进行调解的法律基础。因此，可以将调解制度引入行政合同诉讼中。⑤

六 结语

行政契约尽管是在公法与私法融合、交叉的边缘滋生的产物，但是，在对行政契约纠纷的解决机制上绝不是合同法（民商法）和行政法的简单拼加，而是按照行政契约纠纷涉及的公法因素，以及援用合同法（民商法）规则能否有效解决有关纠纷的原则，决定适用不同性质的法律规定的判断过程。⑥

---

① 涂师铭、郭海龙：《行政合同争议的司法救济途径》，载《法制与经济》2007 年第 10 期，第 77 页。

② 余凌云：《行政契约论》，中国人民大学出版社 2006 年版，第 128 页。

③ 杨解君主编：《中国行政合同的理论与实践探索》，法律出版社 2009 年版，第 177—178 页。

④ 张树义：《行政合同》，中国政法大学出版社 1994 年版，第 136 页。

⑤ 艾阳、肖婧：《行政合同问题初探——从行政诉讼的几个难点谈行政合同法律适用》，载《内蒙古电大学刊》2006 年第 4 期，第 25 页。

⑥ 余凌云：《论对行政契约的司法审查》，载《浙江学刊》2006 年第 1 期，第 25 页。

我国信访制度重构的理论探索

田文利*

内容摘要 要对我国信访制度进行完善，必须回到基本原理上来，即法治是价值、规范和事实的动态统一体原理、道德与法律辩证关系原理及实体与程序、权利与权力辩证关系原理。从这三个基本原理出发，对信访制度进行完善，包括成立独立的国家信访委员会，在信访委员会内部设立立法信访、执法信访和司法信访等专职机构，设立职业化的信访专员制度，建立三角形的信访事件处理结构，以受理立法、执法和司法中出现的公法问题为信访职能，信访委员会配备现代化权力体系，建立冷却、缓解、修复、调解、等待、救助、安抚制度，信访委员会的合议庭建制实行开放式的组合，实行终极封顶的申诉制度，信访委员会不收取任何费用，信访委员会重在解决问题而非追究责任等 12 个制度设计要点。

关键词 信访 制度 权利 权力 模式

一、引言

缘何从基本原理上进行信访制度重构？

众所周知，目前我国信访制度存在着各种各样的问题，信访制度是保留还是取消、抑或进行功能完善，在理论界和实务界都有诸多的说法。笔者以为，单单从信访制度的发展历史以及世界其他国家的监督专员制度发展历史及社会成效来看，信访制度的存在有着深厚的社会、法律及文化基础，更何况我国又处于社会转型期，各类矛盾层出不穷，我国社会对信访制度的需求显而易见，因此，这样的制度不宜贸然取消。这样，剩下来的选择就只有改革、完善一条

---

* 2006 年 9 月至 2009 年 6 月在中国人民大学哲学院伦理学专业做博士后研究工作，现为河北工业大学人文与法律学院副教授，河北工业大学法伦理研究所所长。

路可走。而又当如何进行改革与完善呢？是局部完善还是整体调整？

要回答这样的问题，笔者以为，要对目前信访的形势有一个客观的认知：首先，从各部门所反映出来的信访问题来看，这些问题基本上出自于信访机构以外，也就是说在信访机关之外另有问题的源头。质言之，是立法、执法或者司法环节出了问题，然后才被信访人从种种渠道会聚到各级信访机关。其次，从信访量众多、信访机构的普遍存在、耗费大量社会财富、信访解决成功率低下这几个矛盾的现象来看，可能并不是信访机关不想解决问题，而是根本解决不了问题。因此，从这两个客观现象可以推测出来，是产生信访事项的制度和信访制度本身出现了问题，这两种问题可以归结为我们常常讲到的体制问题。

而要解决体制上的问题，就需要我们回到制度设计的基本原理上来。笔者以为，如下的三个基本原理，是信访制度进行整体完善所不能回避的。

二、信访制度重构所必须运用的三个基本原理

原理一：法治是价值、规范和事实的动态统一体

法是存在于价值、规范和事实三个不同界域中的统一体。在这三种界域当中，法律分别以价值形态、规范形态和事实形态存在。法的这三种形态既有明显区别、彼此独立，又互相连接并互相转化。价值的本质是一种主观追求，是应然的彼岸，是人们对于未来生活状态的一种期待；因此，价值形态的法一般以理念的形式存在于人们的意识当中。规范的本质是对于应然的宣示和对实然的调整，是一套指令系统；规范形态的法常以文字和文本的方式存在于现实当中。而事实则是与应然相对应的实然状态，是人们基于规范的约束而形成的与理想有所关联的事实，以人们的各种行为方式体现出来的事实实际上是法律所调整的事实。价值、规范、事实，这三者的统一构成了法的动态的生命。从这一基本原理出发，可以揭示出法治的新结构与新内涵，即法治是一个包括立法、守法、执法和司法及其后的反思评价不同阶段及其不同内容的完整统一体。

这一原理的意义在于区分法治的不同阶段，明确不同阶段的任务，进而揭示法治的完整统一过程，使法治成为一个动态的、不断追求更高价值的整体。

对于信访制度来说，信访制度恰恰处于整个法治过程的反思阶段，这一阶段的目标在于对前面的立法、执法和司法过程进行反思，对错误的地方进行修改和完善（见图1）。

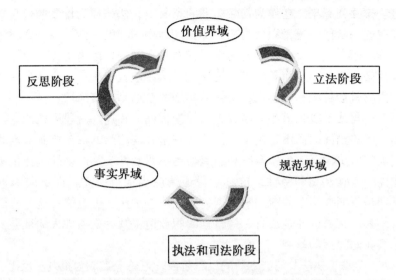

图 1   法治是价值、规范和事实的动态统一体示意图

原理二：道德与法律辩证关系原理

道德与法律的辩证关系具有阶段性的特征，在立法阶段和立法、执法之后的反思阶段，道德规范是高于法律规范的，而在执法和司法阶段，法律规范高于道德规范。

第一，立法阶段，道德应当指导法律的制定。这一阶段道德应当成为立法所要参照的标准，法律本身的正当性不能来源于其自身，而只能来源于道德，因此它必须服从于道德。换言之，不符合道德的法律是没有权威的。① 在这一阶段，关键要解决两个问题，一是将哪些道德规范法律化，这一问题指向了道德法律化的限度；二是通过何种技术手段将道德法律化，使法律能够以特有的技术反映道德的要求并落实道德的主张。从法律体系而言，法律的价值、基本原则和具体规范都是道德渗入法律的有效渠道，通过价值引导②、原则设定③和条文规范确认等，使抽象的道德原则转变为具体的法律操作技术。

第二，执法阶段，道德应当辅助法律实施。由于道德的要求已经在第一阶段纳入到法律规范当中，因此在这一阶段应以法律规范为唯一标准，而不是将

---

① ［美］富勒：《法律的道德性》，郑戈译，商务印书馆 2005 年版，第 213 页。

② ［英］彼德斯坦、约翰香德：《西方社会的法律价值》，王献平译，中国人民公安大学出版社 1990 年版，第 38 页。

③ ［美］迈克尔·D. 贝勒斯：《法律的原则——一个规范的分析》，张文显、宋金娜、朱卫国、黄文艺译，中国大百科全书出版社 1996 年版，第 13 页。

道德与法律并列起来。在作为判断标准的意义上，法律成为首要的也是唯一的标准。在这一阶段，道德则成为法律实施和运用的辅助，而不是主宰或进行过多的干预。但在这一阶段，道德的作用依然是存在的，因为道德可以通过影响执法者和守法者的内心而起到潜在的作用。从一般规律来讲，个体道德的水平越高，执法就会越顺利，反之，法律的实施就会遇到很多障碍。

第三，司法阶段，道德应当成为法律的辅助。在这一阶段道德同样是法律实施和运用的辅助，而不是主宰。由于法院是实现法治的重要机制，因此，这一阶段也应以法律至上为根本准则。道德的不明确性、不严格性应让位于法律的明确性、准确性和严格性，这一阶段道德应当保持中立，而不应当直接介入，特别是不能作为案件的判断依据，形成法外之法。但道德在这一阶段并不是无所作为，它可以通过法官、检察官的职业道德及诉讼参与人的社会公德系统产生潜在而间接的影响。

第四，立法、执法及司法之后的反思阶段，道德应当成为批判、反思、修改法律的标准。这一阶段通常为人们所忽视，但这一阶段却是至关重要的，它是整个过程的必要连接和更新机制。虽然目前有的国家已经开始了立法评估的探索，[①] 但总的来讲这一必要阶段在现有的法律体制当中，还远未成熟，甚至还没有明显或者特别的制度性标志。这一阶段的主要任务是对整个法律体系进行评价，并在此基础上对已有的法律进行完善。在这一阶段，对法律进行评价的标准仍然应当来源于道德，合理性高于合法性。在通常意义上讲，公正、自由、平等、宽容、效率等价值是人们经常用来进行批判、检验法律制度的标准（见表1）。

表1　　　　　　　　　道德—法律关系四阶段理论解析

法的阶段	1. 立法阶段	2. 执法阶段	3. 司法阶段	4.（立法、执法、司法之后的）反思阶段
参与主体	立法主体与立法参与人	行政主体与行政相对人	司法主体与司法参与人	各种评判主体
阶段目的	确立法律规范	运用法律规范进行选择和判断	运用法律规范进行事实判断	修改或废除法律规范
道德与法律关系内容	以道德规范引导法律规范的制定，以法律规范形式落实道德主张	以法律为唯一判断标准，道德通过作用于法的各种主体，配合法的实现	以法律为唯一判断标准，道德通过作用于法的各种主体，配合法的实现	以道德为标准之一，评价法律，修正法律的不公和低效之处
道德与法律作用之主辅关系	道德为主，法律为辅	法律为主，道德为辅	法律为主，道德为辅	道德为主，法律为辅

①　参见《德国和欧盟的立法效果评估制度》，载国务院法制办公室秘书行政司编《政府法制参考》2005 年第 10 期（总第 183 期）；《美国的行政立法成本效益评估制度》，载国务院法制办公室秘书行政司编《政府法制参考》2005 年第 16 期（总第 189 期）。

这一原理的意义在于，使道德与法治能够有协调的关系，以道德引导法治，使法治符合道德要求，使法治成为真正的"良法之治"。

对于信访来说，这一原理揭示了国家的伦理观念高于国家法治体系的客观规律，法治的建设应当以国家伦理为基本前提，否则法治非但难以保证其公义性，反而容易堕入恶法的深渊。

原理三：实体与程序、权利与权力辩证关系原理

实体与程序、权利与权力之间的关系常常交织在一起。从法治的整体过程来看，公民的每一项公法权利的实现过程，都需要经历一个动态的过程。

第一，公民在公法上的实体权利的实现需要公权力的介入，公民首先必须先以程序性权利作为最终获得实体权利的开端。

第二，程序性权利是公民实体性权利向公权力提出介入性请求的起点，在这个关节点上，公民的程序性权利与国家的程序性权力发生对接。

第三，实体性公权力介入公民的实体性权利，或给予、或剥夺。公权力的实体裁判是实体性权力实现的主要方式。

第四，公民通过对实体性权力的接受来得到其实体性权利。

由此可知，公民实体性权利的实现是一个动态过程，这是一个由程序性权利到程序性权力、再通过实体性权力的裁判才最终实现实体性权利的过程。

这一原理的意义在于区分程序与实体，权力与权利，动态地揭示公民权利的实现过程，进而明确公权力在此过程中的服务性、辅助性责任。

从信访制度而言，区分信访中程序与实体、国家权力与公民权利之间的关系十分重要，这是建构科学信访制度的隐性前提（见图2）。

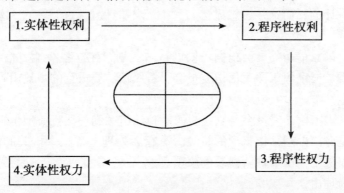

图2　实体与程序、权利与权力的辩证关系原理示意图

三、信访制度的重新架构要点

在具体的设计方案之先，我们还要将上述原理融合到以下不同层位的制度设计理念当中，然后才能在设计理念的指导下完成制度设计。首先，坚持民主、法治、诚信的基本理念，按照信访的性质来定位信访机关所存在的位置及其在国家机关体系中的地位。其次，在保障人权、监督促进公权、追求和谐的核心理念指导下，以解决信访问题为核心，建构具有双向功能的信访制度，在具体的事件中修复受到损害的公民权利和运转不良的国家权力，从而为建设健康、文明、稳定的社会秩序打下坚实的基础。再次，在科学、开放、整体的理念指导下，重新架构信访的制度结构，即改变立法、执法、司法机关各设机构、各自为政、权力分解的结构模式，改变信访体系封闭、互为障碍、互相推诿的现状，走出信访机关只能转信不能办理、信访人到处窜访、被信访机关又拒不改正的人为性制度怪圈。

由此，我们将前面所论证的几个基本原理和新的设计理念融合起来，那么信访制度的"新模样"也就"呼之欲出了"。

（一）成立独立的国家信访委员会

释义：

第一，所谓成立独立的国家信访委员会，指的是在组织的设置上信访机关要脱离产生信访问题的机关，好将问题集中起来处理，目的在于为信访事项的处理创造一个公平客观的环境。我们目前的制度是依照"谁主管、谁负责"的思想来设计的，而这一思想显然与"自己不能做自己的法官"这一基本的原则相违背。

第二，国家信访委员会根据不同的行政区划，建立各级地方信访委员会。地方信访委员会隶属于国家信访委员会，各级信访委员会的主任由人民代表大会选举产生。

第三，国家信访委员会与立法机关、执法机关和司法机关地位平等，国家信访机关是专门处理信访事项的机关，有权力处理上述三个机关的信访事件，处理范围仅限于信访事件所涉及的事项。

依据与理由：

第一，从法治统一性原理来看，信访处于立法、执法和司法之后的反思阶段，它是一个对前面的机关处理结果的一个判断。因此，信访委员会必须独立，否则信访就没有可能改正前面机关所犯的错误。

　　第二，鉴于我国特殊的宪政体制，应当在横向上单独设立一个信访委员会，使其产生于人民代表大会并对人民代表大会负责，与国家行政机关和司法机关并列，专门处理上述国家机关的信访事项。

　　第三，国家信访委员会的规模与信访事项的多少有关，在社会矛盾比较多的时候，信访委员会的规模会大一些，而随着问题的不断解决，信访委员会的规模就会缩小。就如同人体的免疫系统，在人体不健康的时候，专门处理外来病菌，信访则专门用来调整法治体系中的各类问题，舒缓各类社会矛盾。

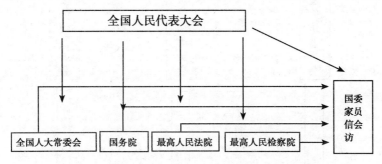

图3　国家信访委员会与国家职能机关的关系示意图

（二）信访委员会内部设立立法信访、执法信访和司法信访等专职机构

　　释义：

　　第一，所谓信访委员会内部设立立法信访、执法信访和司法信访机构，指的是信访委员会的内部机构设立要与法律过程和法律组织相对应。对于立法机关来说，信访是一种对立法主体及其行为进行介入的一种方式，信访委员会的意见很可能形成对立法的修改建议；对于行政机关来说，信访是一种对行政主体及其行政行为的再处理方式，是对行政主体的行政行为进行监督、改正的方式；对于司法机关来说，信访是一种对司法主体及其行为的再处理方式，是对司法行为进行评价、监督和修改的行为方式。

　　第二，信访委员会内部还可以根据需要设立其他专门、特别的内部机构以及时回应社会各种需求。

　　依据与理由：

　　第一，从法治统一性原理来看，信访事项从其来源上看，可以分成三类，一是来自于对立法机关的信访，二是来自于对执法机关的信访，三是来自于对司法机关的信访，这三类信访，其主要的内容和特点都不尽相同，因此，需要建立专业化的处理机制。

　　第二，我国目前对信访事项的分类有建议类、求决类、涉法涉诉类、群体信访类、跨区信访类等，这种分类方式的弊端是分类标准模糊，结果重叠，既容易产生空白的管理，又可能产生重复或循环的处理结果。

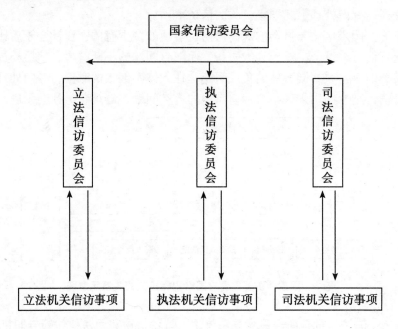

图4　国家信访委员会内部结构示意图

（三）设立职业化的信访专员制度

释义：

第一，信访专员是指信访委员会内部设置的专门处理各类信访事项的国家公务员队伍，以专业化、职业化为基本特征，其知识结构主要以法学、社会学、公共行政管理学、心理学为主。信访专员要形成我国一支独特的维护法律体制、维护社会安定的专业"特种部队"。

第二，信访专员处理信访事项，以公平正义、和谐友爱为目的宗旨，以解决问题、舒缓矛盾为根本目标，综合运用政治、道德、法律手段解决信访问题，保证国家的稳定和安全。

依据与理由：

第一，我国目前的信访制度中，信访人员的非专业化倾向十分明显，信访行业既不是公务员序列中的一个必要组成部分，也不是专业职称中的一个组成部分。这种不甚清晰的角色定位影响了信访事业的发展，因此，我们国家需要下大力气进行队伍和人才建设。

第二，从财政支付上看，各级政府从事信访接待的人员数量十分庞大，且各级政府为解决信访事项而支付的各种隐性经费也相当巨大。如果能将这支队伍集中管理、统一培训、集中出击，不但可以提高信访解决效率，而且还会节省大笔财政经费的支出。

第三，依据道德与法律辩证关系原理，信访处于立法、执法和司法之后的反思阶段，由于法的有限性和不完善性，就需要我们从道德，特别是国家伦理的角度对法律体系进行批判和反思，这一点对于我国目前法治体系不完善的现状来说尤其重要，如果意识不到这一点，就意味着要承担很多"恶法"所带来的诸种后果。

（四）建立三角形的信访事件处理结构

释义：

所谓三角形的信访处理结构是与直线式信访处理结构相对而言的，前者是一种司法裁判模式，中间是信访机关，两头是信访人和被信访人。后者是行政转交模式，上面是信访机关，中间是信访人，下面是被信访机关。三角形模式的权力在于信访机关，信访人与被信访人是地位平等的主体，这样的结构有利于解决问题，而直线模式的权力则在被信访人，信访人与被信访人的地位不平等，解决信访事件的权力在于被信访的机关。这种结构造成两种恶性循环，一是信访人找信访机关—信访机关转交给被信访机关—被信访机关报复处理信访人—信访人越加不服—向更上的高层信访—被信访机关再截访的恶性循环，二是信访机关督促被信访机关—被信访机关隐瞒事实真相—信访机关不信任被信访机关—被信访机关对付信访机关的恶性循环。

依据与理由：

第一，目前信访机关只能转信、不能办理，只管过程、不管结果的"直线"模式，结果自然形成"信访人着急到处审、信访机关催促千百遍、有权机关就是拖着不办"的局面。这种模式的弊端就是三家都不得不浪费系统资源：信访人转圈告状最后还是落到冤家手里，在原来不公的基础上有可能再加上打击报复，信访机关接待了半天都得转出去，因为信访机关根本无权介入具体事件，只能靠有权机关，而有权机关又是当事机关，如果改正错误就得受错案追究。这就是"死胡同"式的直线式模式。

第二，信访制度的本质是透过信访事件的审查，有效地更正国家权力在前面程序中所犯的错误，是对前面行为的一种审查，因此，这样的审查应当由外力介入，而不应当交由原处理机关自己做自己的法官，否则，其结果只能是再重复一遍自己的错误。这是目前之所以出现越级信访、集体上访、打击报复、矛盾升级的制度性原因。因此，迫切需要建立"直接受理、直接调查、直接办理、直接建议、直接执行"的"三角形"模式，这种结构模式的好处是信访机关容易发挥职能优势，获得权威和效率，全面解决大量、多种类型的信访案件（见图5、图6）。

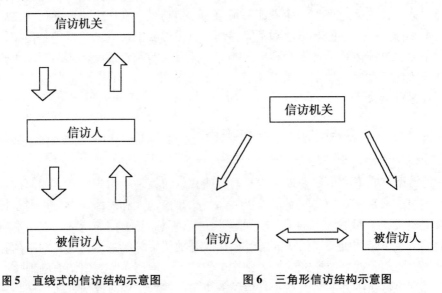

图5　直线式的信访结构示意图　　　　图6　三角形信访结构示意图

（五）以受理立法、执法和司法中出现的公法问题为信访职能

释义：

信访委员会的受理范围与其内部机构设置具有一致性，信访委员会受理的问题包括立法、执法和司法这三类公法问题。这三类问题是其自身所不能有效解决的，立法机关没有立法评估制度，执法行为又不能全部纳入行政复议和行政诉讼的司法审查范围，而司法行为更是难以监督，涉法涉诉案件数量众多。这里需要强调的是，信访委员会受理的案件必须是立法、执法和司法任何一个机关已经形成明确结果的案件，在形成最后结果之前，信访委员会不能受理，以免影响立法、执法和司法机关行使权力。

依据与理由：

第一，信访的职能是解决问题，解决法治过程中任何一个环节所出现的问题，通过解决问题恢复国家权力机关的正常状态，维护其权威。

第二，信访机关的权力与立法、执法和司法机关的权力性质不同，后者属于第一层位的权力，而信访机关的权力则属于第二层位的权力。第二层位的权力在第一层位的权力正常运行时不进行干预，只有在出现问题时才进行干预，而且只能按照程序干预具体问题。

第三，司法不是保护正义的最后手段，更不是唯一手段。在进入司法程序之前和司法之后设置辅助性、补充性的手段是为提高制度整体效率所必需。

（六）让信访委员会配备现代化权力体系

释义：

所谓配备现代化的权力体系，指的是要使信访委员会拥有软权力和硬权力两个全面权力装备系统。软权力包括调查权、建议权、报告权、公开权、支持权、督促权、联席会议召集权、受理权、交办权、转送权、协调权、督促检察权、研究权、指导权等；硬权力包括裁判权、救济权、命令权、制裁权、执行权等。硬权力在软权力数次不发生作用的情境下使用，这样先软后硬、以硬托底的方式有助于树立信访委员会的权威，提高信访案件解决效率。

依据与理由：

第一，一个国家权力机关的权力，向来是根据它的性质、功能来配备的。信访的权力是综合性的，第二层次的权力，不宜直接运用硬权力，信访委员会可以在信访人和被信访人之间进行调处，根据情况提出调查报告和改正建议，由被信访人自行改正执行，如果被信访人经过敦促后拒不改正，则信访机关有权力运用强制性权力保证信访委员会的意见被执行，可以说这是一种"软权力在先，硬权力在后"的模式设计。

第二，在现代行政当中，硬权力的作用越来越受法治程序的限制，而软权力的方式则适用广泛。没有软权力，权力会产生暴力倾向，而没有硬权力，则权力的权威性就会下降。因此，权力的软硬要适中，而且要交错运用。

（七）建立冷却、缓解、修复、调解、等待、救助、安抚制度

释义：

所谓冷却、缓解、修复、调解、等待、救助、安抚制度，是指在信访委员会受理之后，针对不同的信访事件可以采取相应的措施以调适对立情绪、缓解社会矛盾，为正式解决信访案件提供一个有利的协商环境的制度体系。

依据与理由：

第一，各类信访事件中都可能带有对立情绪，这种情绪是使信访不断升级的内在因素，如果这种负面情绪不能得到有效控制，将会极大损害社会稳定。因此，制度设计时不能忽视这种隐形的不安全因素。

第二，在受理之后，对于那些生活有困难的信访人先给予生活上的帮助是

十分必要的。在这些体现国家伦理关怀的地方，国家应当义不容辞地承担起照顾公民的责任。

第三，对于一个害病的人来说，有病的部位应当精心呵护，同样道理，对于一个国家来说，有问题的地方就是国家机器"害病"的地方，更应当特别"照顾"。

（八）信访委员会的合议庭建制实行开放式的组合

释义：

所谓信访委员会的合议庭建制实行开放式的组合，指的是信访委员会在审理信访案件时要采取合议庭审查的制度，设置简易程序、一般程序和特别程序，分别适用于简易案件、一般案件和特别疑难案件。合议庭成员实行"三三制"原则，三分之一来自信访委员会内部的信访专员，由信访人和被信访人在信访专员中分别指定，共同组成一个合议庭；三分之一来自相关问题的职业专家，信访委员会建立立法专家、执法专家和司法专家的专家库，由信访人和被信访人在专家库中分别指定以共同组成一个合议庭；最后的三分之一从普通公众中分别指定，共同组成一个合议庭。这是一个"三三制"的开放式的合议庭，充分体现信访的民主性特征。

依据与理由：

第一，人民民主是我国宪政体制的核心原则，这一原则贯穿于整个制度当中。国家信访委员会的设立和运行也要直接体现这一原则。"三三制"的合议庭组合能够更加鲜明，也更切实地体现这一原则。

第二，对已经形成的事实进行审查、纠正本身就需要加倍的权威，而如果信访人没有信访专员的选择权，很容易让信访人产生怀疑。这种由信访人亲自参与形成合议庭的制度能够给信访人更大的信任，从而增强信访结果的说服力。

（九）将信访的实体性审查和程序性审查分开处理

释义：

所谓将信访的实体性审查和程序性审查分开处理，是指在信访事件的审理当中，实体性审查和程序性审查是一分为二的两个程序，先进行实体性审查，再进行程序性审查。实体性审查意见由合议庭提出，如果提出意见的过程没有违反程序性的规定，则由信访委员会加盖公章，成为一个生效的信访裁判意见。程序性审查不能改变、代替实体性审查的内容和结果。

依据与理由：

第一，依据实体性权力与程序性权力的辩证关系原理，程序性权力与实体性权力是两种不同性质的权力形式，彼此之间不能互相代替。目前我国司法程序中合议庭的权力常常受到审判委员会的制约，其根源在于程序性权力与实体性权力没有能够区分开来。

第二，从"刘燕文诉北京大学"一案可以得到启示，北京大学的学位委员会不应该修改院一级的学位委员会的决定，否则就会出现历史学家决定物理学的博士论文是否通过的荒谬局面。①

（十）信访实行终极封顶的申诉制度

释义：

所谓终极封顶的申诉制度是指如果信访人认为信访的结果不公正，可以从基层的信访委员会一直逐级上诉到国家信访委员会为止，国家信访委员会是最终极的信访形式。

依据与理由：

第一，信访的价值目标是实现正义，多次的审理结果可以更加客观地判断正误。

第二，在信访者和被信访者之间存在着弱势与强势之间的强烈对比，让弱者多得到一些制度机会更能体现制度对他们的关怀和照顾。

（十一）信访委员会不收取任何费用

释义：

所谓信访委员会不收取任何费用，是指信访委员会，是国家的公权力机关，不应当以营利为目的。

依据与理由：

第一，国家公权力机关不是以营利为目的的，本不应当收费。

第二，信访问题产生于国家公权力机关，是一种专门的权力对另外几种权力的补充和帮助，是公对公的事，是国家的一项职能，应当由国家担负成本，因此不应收费。

第三，信访问题虽然是由信访人提出，但最终受益的是国家，不应由公民私人支付任何费用。

第四，有人担心滥访、滥诉的情形，但这至少说明信访人是信任国家信访机关的，而信访机关的接待，不但可以讲明道理，宣传法治，而且于无形当中

---

① 参见胡锦光《中国十大行政法案例评析》，法律出版社 2005 年版。

将社会不安定因素稳定下来。

（十二）信访委员会重在解决问题而非追究责任

释义：

所谓信访委员会重在解决问题，指的是信访委员会不以追究责任为第一目标，断开与责任追究制度的直接关系，而是转而建立间接关系，给予公务员以一定次数的纠错机会，超过一定次数之后再建议进行行政处罚或刑事处罚。

依据与理由：

第一，我国目前信访制度的一个障碍就是将信访与责任追究机制短路连接，只要一个公务员被人信访，他的升迁、工资、岗位就受到直接的影响。因此，为保护自身利益就拼命压制信访。这样的制度设计使各级政府视信访人为不安定因素，容易让信访被"妖魔化"。信访的问题不但不能解决，反而成为各级政府严格防范的目标，信访的真正含义被严重扭曲。

第二，对立法人员、执法人员和司法人员给予一定的宽容度十分重要，任何行业都需要有一个改错的过程，如果断然将这一过程删除，等于将一个永不犯错的神话强加给公务员，对公务员来说，这种苛刻的要求也意味着不公平。

民主法治进程中的社会管理创新

胡水君[*]

内容摘要 当代中国的现实状况与发展任务决定了必须创新社会管理，这至少需要理顺政治与行政、权力与权利、国家与社会三种关系。首先，创新社会管理主要是一个治理或行政层面的概念，应该将社会管理和国家政治制度建设区分开来，同时形成社会管理与依法治国的良性互动。其次，行政层面的社会管理创新，在发展方向上，需要朝保护人权和公民权利的目标迈进，在服务中管理，在管理中服务。最后，创新社会管理也要适应现代社会的分工和分化趋势，充分发挥社会的自组织功能，实现职能转变，优化管理模式，形成政治国家与公民社会的良性互动。

关键词 创新社会管理 政治制度 人权 公民社会

我国在改革开放初期就已提出社会治安综合治理的方针。约十年后，1991年，《中共中央、国务院关于加强社会治安综合治理的决定》发布。同年，《全国人民代表大会常务委员会关于加强社会治安综合治理的决定》出台。全国人大常委会的这一决定，使社会治安综合治理有了明确法律依据，后来也成为各省制定社会治安综合治理条例的主要依据。又一个十多年过后，到2004年，《中共中央关于加强党的执政能力建设的决定》专门就加强社会建设和管理提出了一些新的理念和思路，强调"推进社会管理体制创新"，"更新管理理念，创新管理方式"。2006年，《中共中央关于构建社会主义和谐社会若干重大问题的决议》再次强调"创新社会管理体制"，并以较大的篇幅对完善社会管理作了更加全面、细致、具体的工作部署。党的十七大以来，完善社会管理，加强社会建设，得到了越来越多的强调，以致社会管理创新与社会矛盾化解、公正廉洁执

* 2003—2005年在中国社会科学院法学研究所博士后流动站从事法理学专业研究，现为中国社会科学院法学研究所研究员，法理学研究室主任。

法一起被确定为我国政治和法律实践中的"三大重点工作"。

历史地看，从改革开放初期提出"社会治安综合治理"，到 21 世纪初期提出"创新社会管理体制"，显然与我国经济和社会发展发生深刻变革有着紧密联系。随着改革开放进程的加深加快，一些新的社会问题和情况呈现出来，例如，"单位人"向"社会人"转变、新的经济和社会组织大量涌现、互联网迅速发展、大量群体性事件发生等。这些新情况对社会管理提出了新的问题，例如，如何看待越来越多的非政府组织在赈灾、环境保护、人权保护等方面发挥的积极作用。这些新情况也对社会管理提出了新的要求和任务，如互联网管理，原来的社会管理模式及其相关制度显得相对滞后，由此就需要创新社会管理体制。就此而言，新出现的迫切需要处理的现实社会问题和事务，构成了社会管理创新的现实动力，而社会管理创新也需要紧紧围绕这些现存社会问题和事务的处理来展开。

不过，社会管理创新若仅拘泥于此还是不够的。为避免头痛医头、脚痛医脚的被动处境，它也需要立足现代发展趋势，放眼未来而作长远考量。这样才能更准确地辨明创新的方向，找到更为宏观、持久、稳固，也更为根本的创新路径。按照战略部署，我国在建党一百周年时要全面建成小康社会，在建国一百周年时要"基本实现现代化"，由此看，未来 40 年，应是我国民主法治进程大力推进、社会发生更为深刻变革的历史时期。[①] 就此而言，社会管理创新，既需要在过去 30 年的实践经验基础上，开拓对解决现实社会问题切实有效的新办法，也需要立足现代发展趋势，提出新的理念和模式。

把现实状况与发展趋势结合起来考虑，创新社会管理至少需要理顺政治与行政、权力与权利、国家与社会三种关系。在很大程度上，这三种关系也可以说就是社会管理与民主法治、个人权利、公民社会的关系，它们在我国当前的政治和法律实践中并不总是一致的，例如，"当场击毙"、"游街示众"等传统管理方式与法治以及权利保护的要求就存在深刻矛盾，因此，有必要专门提出来研究讨论。

一、形成通过社会管理治"点"与通过民主法治建设治"面"的良性互动

创新社会管理，首先需要辨明社会管理的性质。社会管理，虽然在

---

　① 更详细的分析，参见中国社会科学院法学研究所课题组：《实施依法治国基本方略发展规划研究》，载李林主编《全面落实依法治国基本方略》，中国社会科学出版社 2009 年版。

我国向来具有很强的政治性，并且关系政治大局，但从学理上看，它主要是一个治理或行政层面的概念，而不是一个国家政制或政治层面的概念。

一般而言，政治主要涉及国家政权、国家权力配置、国家正式机构及相关制度，如立法权、政府、司法制度等；治理或行政则主要涉及国家正式制度下的各种权力行使和管理活动。社会管理具有政治性或政治功能，并不意味着它本身就是一个国家政治制度层面的概念。实际上，国家政治活动与社会管理活动在主体、对象和方式等方面都有重要不同。在国家政治实践中，立法、政府和司法部门之间在法律上有明确的职责分工，彼此不能互相僭越，而在社会管理活动中，则表现出明显的动态性、灵活性以及综合运用各种力量等特点。社会管理，特别是社会治安综合治理，通常可以将公安、检察、法院各个部门协调起来，齐抓共管，运用政治的、法律的、行政的、经济的、文化的、教育的等多种手段以及调解、协商、疏导等各种方法，来解决社会问题和处理社会事务。尽管通过社会管理也经常能够达到政治稳定、社会安宁，但它与通过国家正式制度的建设来达致的政治安定并不能画等号。也就是说，社会管理与国家政治制度建设，处在两个不同的层面。

将社会管理与国家政治制度建设区分开，具有重要的实践意义。它意味着，实现国家长治久安，既存在社会管理这样的行政路径，也存在国家政治制度建设这样的政治路径，不能因为社会管理在很大程度上能够带来政治稳定和社会安宁，就忽视国家政治制度建设，或者以社会管理取代国家政治制度建设。例如，人民法院通常被认为具有惩治犯罪、化解矛盾和维护稳定的职能，因此，自改革开放以来，它一直是社会管理的实施主体。而从政治的角度看，司法其实是监督审查其他国家权力的一种重要的国家权力形式，也是公民权利最终也最有力的法律救济形式。就此而言，尽管人民法院的确可以承担一些社会管理职能，但将法院仅仅作为社会管理的实施主体看待是不够的，在构建民主法治国家、"基本实现现代化"的道路上，更需要从国家政治机构的高度来审视司法，更需要从政治体制改革的高度来审视司法改革，既发挥司法在解决纠纷方面的社会作用，又发挥司法在审查权力、保障权利方面的政治功用。

由此来看，创新社会管理需要与推进国家民主法治建设结合起来，形成社会管理与依法治国的良性互动。亦即，既通过完善国家民主法治建设来减少由政治权力运行不规范所引发的社会问题，为权利救济提供切实有效的司法渠道，也使长期以来形成的用来解决社会治安问题的独特社会管理方式在民主法治框架下得以充分发挥其积极功效，同时从政治和行政两个层面来解决社会问题和处理社会事务，开拓具有中国特点的民主法治下的"民本"治理道路。①

二、遵循现代政治权力运行逻辑的要求在社会管理中坚持权利保护取向

无论是政治层面的国家民主法治建设，还是行政层面的社会管理创新，在发展方向上，都需要朝保护人权和公民权利的目标迈进。这在很大程度上是由政治权力在现代社会的运行规律所决定的。

政治权力通常既有消极后果，也有积极后果。消极后果主要表现为生杀予夺、残害身心，积极后果主要表现为保护人的身体和生命，为民造福。按照有些理论，政治权力的运行存在古今差异，有一个从消极效果向积极效果转变的历史过程。在古代社会，政治权力主要表现为"消极权力"，它通过对人身体的损害和生命的剥夺、通过威武残酷的刑杀场面来显示其权威，由此，不能"让人死"的权力是无效的、没有权威也没有生命力的。而在现代社会，政治权力主要表现为"积极权力"，它沿着各种精微的渠道，通过保护人的身体不受损害、延长人的寿命、维护人的健康、提高人的体能和智能等来显示其权威，由此，不能"让人活"、让人健康安乐的权力是无效的、没有权威也没有生命力的。② 政治权力在现代社会的这种运行规律，决定了它要持续运行下去，必须时刻以保护人的身体和生命、改善人的体能和智能为念，或者说，以保护人权和公民权利为目标，并且能够切实有效地达到这一点。因此，人的"自然权利"通常被认为是现代政治新的起点，而酷刑、肉刑、公开的残酷刑杀场面乃至死刑等也在现代社会逐渐衰落。③

从现代政治权力的这样一种处境看，对人权和公民权利的保护，实际上是政治权力在现代社会得以持续存在和运行的正当性渊源之所在。这是政治权力得以存续的现代逻辑。按照这一逻辑，政治权力与人权和公民权利在现代社会并不是一种此消彼长的关系，而是一种相伴相生的关系——人权和公民权利为现代政治权力的存续提供正当基础和理由，政治权力也成为实现或保护人权和

---

① 参见胡水君《民主政治下的为民之道——对政治、行政及其关系的一个分析》，《法学研究》2007 年第 3 期。

② 参见 Michel Foucault, *The History of Sexuality*, Volume 1: An Introduction, New York: Vintage Books, 1980。

③ 参见 [美] 列奥·施特劳斯《霍布斯的政治哲学》，申彤译，译林出版社 2001 年版；[美] 列奥·施特劳斯《自然权利与历史》，彭刚译，三联书店 2003 年版；[法] 福柯《规训与惩罚：监狱的诞生》，刘北成、杨远婴译，三联书店 1999 年版。

公民权利不可或缺的重要条件。现代政治权力与人权和公民权利之间的这种相伴相生关系，不仅体现在现代宪法和法律制度中，而且渗透在社会生活的各个领域和行政司法的各个环节，甚至延伸到对犯罪嫌疑人和罪犯的人权保障上。

具体就社会管理创新而言，鉴于古今政治权力运行方式的历史转型以及政治权力据以存续的现代逻辑，社会管理在方式上也需要实现从消极管制到积极的权利保障的历史转变。"在服务中实施管理，在管理中体现服务"，与这种历史转变是一致的。从权益、福利、帮助、服务等有利于当事人的角度切入，而不是单纯地从基于强制权力的管制出发，来加强对流动人口、刑满释放人员以及其他特殊人群和区域的管理，更符合现代权力的运行逻辑，也更有利于行政权力有效进入管理领域。保护人权和公民权利、造福于民，可谓社会管理的"牛鼻子"，抓住这个"牛鼻子"，也就找到了社会管理据以安身立命的依托。通常，人们习惯于从传统的"民本"思想那里，寻找沿着保护人权和公民权利实施社会管理的价值根据，而实际上，它也可以从现代权力运行逻辑那里找到科学根据。

三、有效发挥社会组织和社会团体在社会
管理和公共服务中的积极作用

创新社会管理不仅要适应现代政治权力的运行逻辑，也要适应现代社会的分工和分化趋势，充分发挥社会的自组织功能，实现职能转变，优化管理模式，形成政治国家与公民社会的良性互动。

按照社会学理论，社会团结有"机械团结"和"有机团结"两种形式。在机械团结形式下，集体意识强、社会分工少、人的个性和相互依赖弱，因此，社会主要通过压制性或惩罚性的制裁来实施管理。在有机团结形式下，社会分工高度发达，人的个性和相互依赖强，集体意识淡薄，因此，社会主要通过恢复性或补偿性的制裁来实施管理。[1] 随着社会分工更趋发达，社会管理大体经历了从强行的刑事惩罚向民事赔偿或补偿的历史转变。此外，功能分化被认为是现代社会的基本特征，按照功能差异，现代社会日渐分化出政治、经济、法律、宗教等诸多子系统，由此不复存在传统社会那样的高度整合，而各系统及其制度也变得越来越独立化、专门化和技术化，[2] 社会管理因此势必从全面管理转向专门管理。

---

① 参见［法］涂尔干《社会分工论》，渠东译，三联书店 2000 年版。

② 参见 Niklas Luhmann, *A Sociological Theory of Law*, London：Routledge & Kegan Paul, 1985。

从分工更趋细密、功能日益分化的现代发展趋势看，创新社会管理也需要实现职能转变。亦即充分发挥各类社会组织和社会团体的社会功能，实现政府从全能管理、单一主体强制管理向职能管理、多元主体互动管理的转变。这种转变要求政府从全面管理、从过多过杂的社会事务中摆脱出来，将一部分社会问题和事务转由专业化程度更高或更适合管理的社会组织和社会团体去管理，而把精力更加专注地投入到公共服务、法律执行等方面，改变政府部门单打独斗的局面，形成政府、企业、社会组织、社会团体、社区等多元主体共同承担社会管理职能的综合格局。这种转变，使社会领域免受政府权力不必要的强行管制，有助于整合社会管理资源，增强社会的自组织和自主协商功能，扩大公民社会组织参与社会管理和公共服务的空间，形成政府主导与社会组织运作良性互动的管理模式。而且，从长远看，这种转变也有助于社会自发地形成自己的规则和秩序，促进民间习惯和公民社会的良性发育。

从全面管理向职能管理转变，并不必定削弱政府的社会管理，而是使政府的社会管理从不该干预的社会领域退出来，而在需要政府管理或提供公共服务的方面做得更强、更有效。就此来说，现成一个高效、精干、有力的职能政府其实是创新社会管理的重要一环。

此外，从国家与社会的角度看，政府既需要通过社会管理来维持基本的社会秩序，也需要通过提供公共产品，充分有效发挥公共服务职能，发展社会保险、社会救助和社会福利事业，形成惠及全民的社会保障体系，从社会源头上防范社会矛盾的形成和激化，从社会层面为社会管理创造良好的外围环境。

转型期民间组织的法治使命

马长山[*]

内容摘要 改革开放 30 年来，中国民间组织迅速崛起，并呈现着特殊的发展路径，具有复杂深刻的社会背景。数量巨大的民间组织不仅成为克服传统中国"两极化"关系模式和思维定式的重要力量，也在中国民主法治进程中承担着重要使命，形成了"柔性"的纵向权力分割分解机制、组织化和群体化的权利保护机制、自主平衡的民间秩序生成机制、立足"草根"的公民性塑造机制等。尽管我国的民间组织发展还存在一定的困境和问题，但是，其重要作用和功能却不可低估，其发展前景不可小觑。

关键词 社会转型 "两极化"关系模式 民间组织 法治进程

众所周知，中国正经历着重大的社会转型，也即由农业社会转向商业社会、由等级社会转向大众社会、由礼俗社会转向法理社会、由集权社会转向民主社会。在这一整体转型中，民间组织悄然兴起，并成为推进民主法治进程的新兴动力。

一、传统中国"两极化"的关系模式和思维定式

众所周知，中国是一个具有几千年封建社会传统的国家，但是，中国的封建社会与西欧中世纪的封建社会却有很大的差异。西欧封建社会虽然整体上是一种君权神授、等级身份、宗教禁欲的状态，然而它毕竟建立在王权、教权、贵族权和市民权的多元权力斗争与整合基础上，并且形成了领主分封的契约关系、世袭权利和相对自由精神。它打破了大多数古代文明的显著单一性，使得

---

* 2006—2009 年 10 月在中国社会科学院法学研究所博士后流动站从事法理学专业博士后研究，现为黑龙江大学法学院教授，博士生导师，法学理论与法治发展研究中心主任。

多种社会组织形式、多种精神和原则、多种利益要求在其中同时并存着，相互制约和抗衡，任何单一的权力、组织或者原则都不能征服、驾驭和控制其他力量，也就是说，这种多样性防止了单一性和独断性，从而大大消解了专制主义滋生的基础。虽然14—15世纪进入了专制主义时代，但随后便遭遇了启蒙运动和资产阶级革命，最后按照启蒙精神和原则，社会公众与国家"订立"了民主契约，建立起宪政体制和权利保障机制，民间组织日益发达并承担着自主自治、民主管理的职责，以此来抵御国家权力的不当干预、建立自由平等的社会联系和组织自己丰富个性的私人生活。可见，西方社会具有一种"社会自主性"的历史传统，这成为西方走向民主法治的一份重要历史资源和现实动力。

在传统中国，则是另一幅迥然不同的景象。皇帝是绝对的、单一的、不容置疑的至高权力中心，国家和社会则是皇权王室的放大、扩展与延伸，广大社会成员生活在皇权等级、儒法宗族的封建关系网中。在这里，皇权、特权和宗族权威无所不在，形成了国家权力深入社会、管控一切的"国家主义"价值体系和生活模式，民间组织及其自治管理也就很难形成气候。这一方面导致了"公共生活与私生活'两无'的社会格局"，[①] 同时也形成了皇权奴化民众、民众"官逼民反"的状态和国家与社会相对立的"两极化"关系模式和思维定式。在这种模式下，国家权力为了建立"统一秩序"就必须进行全面监控、严密管理，而这必然导致社会发展的僵死阻滞、甚至危及政权的存在；为了缓解这一危机，就又必须放权给社会，而一旦放松管制，社会就会因缺少自律力量、自律意识、自律习惯和自律机制，出现放任不羁、混乱和动荡的"无政府"状态，于是，国家权力就要"卷土重来"，重新进行严厉管制，以恢复"统一秩序"。这样，就形成了"一统即死、一放即乱"的历史怪圈，进而在"专制"和"无政府"的两极状态中徘徊，人们在心态上也是尊崇皇权与造反心理二者同时并存，造反成功者也最终都当了皇帝。新中国成立后，建立起了社会主义制度，大大推进了社会的发展进程。但是，受极"左"思潮和封建残余的影响，推行了"一大二公"的中央集权体制。这无疑仍然是国家控制、吞噬一切的管理模式和运行状态，一方面是无所不在、无所不能、无所不管的国家权力，而另一方面则是被动服从、分散无为的"人民群众"，社会自律机制、自律力量以及国家和社会的良性互动关系仍没有建立起来。

毋庸置疑，几千年的中国历史，一直是农业文明的历史。历史上著名的商鞅、王安石、王莽、张居正等时期的社会变革，都只是封建体制内部的变革，

---

① 刘泽华：《中国传统政治哲学与社会整合》，中国社会科学出版社2000年版，第263页。

尤其是都未能改变农业文明的性质。即便是蒙古族、满族等北方少数民族外来"入主"中原所建立起来的元、清等王朝，也导致了"征服者被征服"的结果。虽然形成了民族大融合，但农业文明的性质依旧。然而，1978 年来的改革开放与历史上所有的社会变革都不同，它使得中国几千年的农业文明发生了断裂，开始转向商业文明，并融入了全球化进程。从这个意义上说，1978 年以来的改革开放是中国历史上最重要的、涉及中国文明性质转变的伟大历史变革。正是在这一进程中，国家利益和公共利益"一统天下"、国家权力高度统合监管社会的状况发生了重大改变。随着多元利益崛起和权利诉求日增，国家也不断回缩放权，出现了"民进官退"的发展趋势，这就为社会的多元化、自主化、个性化发展提供了广阔空间和平台。于是，传统中央集权的政治化控制，就让位于民主化、法治化、市场化管理。在国家权力回撤后所形成的巨大社会空间中，如果没有相应的自律力量填充、替代，那就必然还会出现控制盲点和行为失序，"一统即死、一放即乱"的历史怪圈还会"卷土重来"。当下中国民间组织的广泛兴起，就承担起了这一职责。它横亘在国家和社会之间，成为二者之间的缓冲平台，既制约国家权力、又进行自主管理，既推进民主、又建立自律秩序，防止传统中国那种集权专断与"无政府"的两极交替状态，从而对转型期的法治进程具有重要意义。

二、转型期民间组织的悄然崛起

中国法学界关于民间组织与法治的研究是从 20 世纪 90 年代开始的，但是，中国民间组织的成长实际上从 20 世纪 70 年代末就已经开始了，是中国整体社会转型的重要反映。正是由于中国特定的历史文化和政治经济背景，民间组织的成长也就展现着特殊的成长路径。

(一) 中国民间组织的成长路径

由于诸多历史和社会现实因素的影响，中国民间组织的成长有着特殊的路径。简而言之，中国的改革开放是由政府来推动的，但主要立足于经济和社会变革，因而政治体制改革却相对滞后（这与俄罗斯相反）。这样，政治改革既是民间组织的推动力量，同时又是民间组织进一步发展的制约力量。这无疑就决定了民间组织与政府既依赖又抗争的复杂关系和发展路径。目前，中国民间组织的发展主要分为五种类型：一是原来就具有行政性质和职能的民间社会组织（如工会、妇联、共青团等）；二是由政府职能部门转化为民间社会组织（1993 年政府机构改革：纺织行业总会、轻工业总会等）；三是政府支持的社会组织（如各种行业协会、学会等）；四是民间自发形成的社会组织（如立足民间需要而兴起的一些民间组织：青岛船东协会、温州服装商会、齐齐哈尔塑料门窗协会等）；五是尚未登记但仍活跃于社会上的各种民间组织（如各种同学会、同乡会等）。相关调查显示，目前全国性行业协会全都是基于行政手段而组建的，国家经贸委直管的 15 家行业协会，有 9 家是由其直管的国家工业局直接转制而来；北京行业协会的领导层 80% 具有行政级别，1/3 协会的主要负责人由业务主管部门推荐或决定产生。而青岛有 53.5% 的社团仍由党政领导干部兼任其领导职务，52% 的社团人事任免权归于业务主管部门。[①] 可见，中国民间组织的成长在总体上还是具有较重的行政化、依赖性色彩。

（二）民间组织兴起的社会背景

改革开放以后，政府机构也进行了一系列的改革，主要取向是精简机构、简政放权。改革分为五次：

1982 年的改革，国务院的工作部门由 100 个减到 61 个，人员编制减少 25%；1988 年的改革，国务院的工作部门由 72 个减到 68 个，人员编制减少 20%；1993 年的改革，国务院的工作部门由 86 个减少到 59 个，人员编制减少 20%；1998 年的改革，国务院的工作部门由 61 个减少到 52 个，人员编制减少 47.5%；[②] 2008 年的改革，国务院的工作部门由 31 个减少到 27 个，人员编制未增加（见图 1、图 2）。从上可以看出，政府机构改革的导向是越来越趋向于宏观调控，机构和人员越来越精简，从而放松了社会管制范围和幅度，为民间组织成长提供了广阔的发展空间。

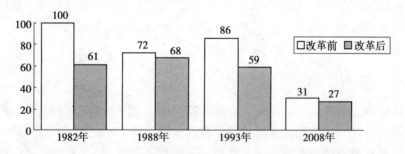

图 1　1982—2008 年政府机构改革国务院工作部门数量变化情况

① 参见翟鸿祥《行业协会发展理论与实践》，经济科学出版社 2003 年版，第 238 页；吴玉章《社会团体的法律问题》，社会科学文献出版社 2004 年版，第 380 页。

② 沈荣华：《积极稳妥地探索实行职能有机统一的大部门体制》，《光明日报》2008 年 2 月 28 日。

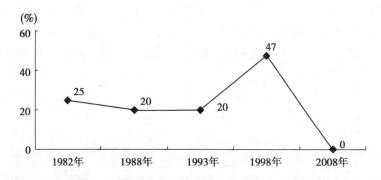

图2　1982—2008年政府机构改革国务院工作部门人员编制变化情况

改革开放初期，中国基本是单一的公有制经济，国内生产总值中公有制所占比重为99%，经过30年的发展，发生了重大的变化。在1978年，全民所有制工业企业数量占24%，在工业总产值中占77.63%，集体所有制工业企业数量占76%，在工业总产值中占22.37%。随着市场经济的持续快速发展，到2007年，在全部规模以上工业中，国有及控股企业数量仅占6.1%，工业总产值占29.5%，集体企业数量占3.9%，工业总产值占2.5%（见图3）。

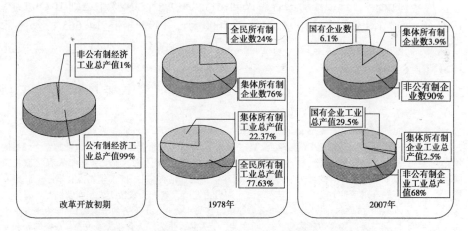

图3　改革开放初期、1978年和2007年我国经济结构变化情况

伴随着国有企业的转制，私有经济飞速发展。2007年全国登记的个体工商户为2741.5万户，私营企业551.3万家，分别比1992年增长0.8倍和39.1倍（见图4）。在规模以上工业中，非公有制企业数量达到30.3万个，占全部规模以上工业企业数的90%（其中外商及港澳台投资企业占总数的20%），占总产值的比重为68%。在改革开放初期，几乎所有城镇从业人员都集中在

公有制企业，而到 2007 年，城镇国有和集体单位从业人员则只占全部城镇从业人员的 24.3%。① 从上可以看出，私营经济获得了迅猛发展，民间组织的经济基础日渐厚重，而且，随着经济的多元化，价值观念、生活态度、行为模式也日益世俗化、多元化、自主化（婚恋、择业、理想、追求、权利等）②。

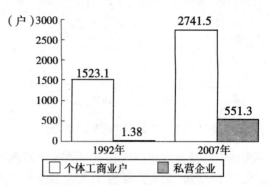

图 4　1992 年和 2007 年我国个体工商业户和私营企业变化情况

（三）民间组织的发展态势

1988 年全国有登记注册的各类民间组织 4446 个，1993 年达到 167506 个，1997 年达到 181318 个；1998 年是 165600 个，1999 年是 142665（含民非 5901），2001 年 210939 个（含民非 82134），2004 年 289432 个（含民非 135181）（见图 5）。③

2005 年登记注册社团 171150 个，基金会 975 个，民非 147637 个，总计

---

① 参见 http://www. gov. cn/gzdt/2008/10/29/content_ 1134672. htmt。

② 在穿戴习俗方面，清代男留发辫，女裹"金莲"。服式一般为大襟布纽，袖口裤脚宽大。男的冬日多数穿长衫，夏着短服，戴八棱（瓜皮）帽、工纱帽，少数老人戴风兜。秀才举人有"蓝衫顶戴"作礼服。女衣长过膝，有的襟边袖口饰以带状纱织花边，俗称"栏杆"。未婚女梳辫子，已婚女梳发髻，中老年妇女则系包头或绉纱。辛亥革命后，男去发辫，剃光头或留短发。女解缠足，青年妇女渐兴短发。穿戴随之渐变。男性公教人员多穿中山装（小翻领，上下各两个假袋）。学生多穿学生装（无翻领，左胸与腰两侧各一暗袋）。还有军便装、工人装，也为广大青年普通衣着，富家妇女和女生多穿旗袍，农民衣式沿旧，无大变化。旧时劳动群众衣着主要是蔽体保暖，很少讲究款式美观。

20 世纪 50 年代，中青年妇女曾一度风行列宁装，大翻领、双排纽、腰两侧斜插袋，并束布腰带。60 年代，一度受"红卫兵"穿着影响，普遍喜穿绿军装。改革开放以来，衣着讲究美观、舒适，款式繁多且变化快。以往注重服饰厚实耐穿的观念，遂嬗变为追求衣着新颖雅观，部分高收入阶层的妇女日就华丽。黄金项链、手镯，以至祖肩露胸的上衣和超短裙，已在部分青年女子身上出现。参见 http: //zhidao. baidu. com/question/82296723. html。

③ http: //www. chinanpo. gov. cn/web/showBulltetin. do? id = 20151&dictionid = 2201，2002 年以前的基金会含在社会团体内。

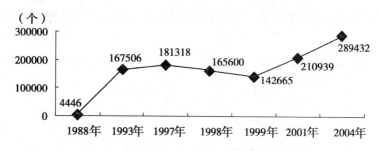

图5　1988—2004 年我国民间组织总数量变化情况

319762 个；① 2006 年登记注册的社团 191946 个，基金会 1144 个，民非
161303 个，总计 354393 个。职工人数 4199000 人，其中，社会团体 2654722
人；② 2007 年登记注册的社团 211661 个，基金会 1340 个，民非 173915 个，
总计 386916 个（见图 6）。职工人数 4568515 人，其中社会团体 2885287 人③

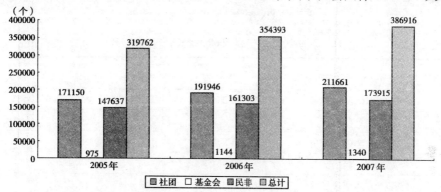

图6　2005—2007 年我国各类民间组织变化情况

　　2008 年登记注册的社会团体 23 万个，比上年增长 8.5%；就业人数 475.8
万人，比上年增长 4.2%；形成固定资产 805.8 亿元，比上年增长 18.2%；各
类费用支出 964.8 亿元，比上年增长 7.2%；社会组织增加值 372.4 亿元，比
上年增加 21.1%，占第三产业（服务业）增加值比重 0.31%；接收社会
捐赠 103.4亿元（接收捐赠实物折价 26.1 亿元）。基金会 1597 个，民非

①　http：//www. chinanpo. gov. cn/web/showBulltetin. do？type = pre&id = 20152&dictionid =
2201&catid = .

②　http：//www. chinanpo. gov. cn/web/showBulltetin. do？type = pre&id = 22371&dictionid =
2201&catid = .

③　http：//www. chinanpo. gov. cn/web/showBulltetin. do？type = pre&id = 27550&dictionid =
2201&catid = .

18.2万个，总计约41.4万个（见图7）。^① 这些民间组织活跃于社会的经济、政治、文化和社会舞台，在参政议政、自律管理、利益代表、权利主张、公益事业等方面发挥着重要的功能和作用，成为中国民间组织的主导力量。

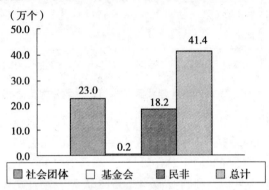

图7　2008年各类民间组织数量情况

表1　　　　　　　　　　与2007年比较2008年社团运营情况

	数量	增幅（%）
社会团体（万个）	23.0	8.5
就业人数（万人）	475.8	4.2
固定资产（亿元）	805.8	18.2
费用支出（亿元）	964.8	7.2
社会组织增加值（亿元）	372.4	21.1（0.31）
接受社会捐赠（亿元）	103.4（26.1）	—

三、民间组织的法治使命

改革开放30余年来，民间组织获得了飞速发展。最新数据显示，到2009年6月底，我国各类民间组织已达41.16万个，其中社会团体22.8万个，民非18.2万个，基金会1622个。^② 这些民间组织在政治、经济、文化和社会生活中发挥着重要作用，特别是在转型期负有重要的法治使命。

---

① http：//www. chinanpo. gov. cn/web/showBulltetin. do? type = pre&id = 30672&dictionid = 2201&catid =.

② 参见 http：//www. gov. cn/gzdt/2009/08/05/content_ 1384120. htm。

1. 形成了"柔性"的纵向权力分割分解机制

权力分立制约是防止权力独断的根本手段，因而是近代以来法治运行和发展的重要前提。但是，随着垄断资本主义时代的到来，出现了国家与社会的相互渗透和交织，行政权力急剧扩张，传统的三权分立机制发生了动摇。于是，如何重建国家权力的制约机制就成为亟须解决的时代课题。为此，"超越左和右"的"第三条道路"开始兴起，它致力于探索国家与社会的新型合作关系和"治理"机制，"全球社团革命"就成为从"统治"走向"治理"的基本动力。这就是说，逐渐崛起的民间组织构成了国家与社会合作的关键平台和新的权力制约分割机制，从而构成当代法治的重要支撑力量。

在中国，正在大力推进民主法治进程。然而，"三权分立"在中国既传统，也无现实存在的制度空间。因此，对国家权力的制约更多的只能走纵向分割分解的道路，而且中国正处于社会转型期，不能采取对抗式的激进分权，只能采取非对抗的"柔性"分权，这样才能更好地避免"两极化"关系模式和行为定式的重演，在和谐有序的环境中推进民主和法治。改革开放以后民间组织的兴起，正是国家简政放权、鼓励培育环境下的当然结果，它以组织化形式和群体化力量，来进行利益表达、反映呼声、自主管理和民主参与，既与国家权力合作，又分解国家权力，从而形成了"柔性"的、纵向的国家权力分割分解机制，在一定意义上构筑了一道抵御国家权力扩张和滥用的堤坝，也促进了政治生活和社会生活的公开化、多元化和民主化，从而推进民主法治进程。

2. 形成了组织化、群体化的权利保护机制

在任何时代、任何国家，个体权利面对国家权力时都是弱不禁风的。而在当今全球化时代，公司权力的扩张、对个体权利的侵蚀也并不比国家权力逊色太多。这就意味着，个体权利与自由面临着国家权力和公司权力的双重威胁。因此，要想使个体权利和自由获得可靠保障，社会成员就必须联合起来，形成社会组织，并以组织化形式和群体化力量来表达愿望、主张权利、捍卫自由。特别是在中国，官本位浓重，垄断企业势力庞大，加之个体自由和权利的保护渠道不健全、不完善，个体的力量更显脆弱。因此，民间组织就成为保护个体权利和自由的重要后盾和屏障。如1997—1998年间海南省企业协会就以自身组织力量，促进了海口狮子楼大酒店董事长雷献强受非法拘禁案的解决，保护了个体权利和自由。如果没有海南省企业协会的介入，单凭雷献强的个体力量恐怕很难取得这样的效果。

3. 形成了自主平衡的民间秩序生成机制

西方经历了几个世纪的民主法治演进历程，而中国民主法治进程才短短30年。这30年间，社会呈现出日益高涨的多元化、世俗化和自由化发展势头，众多的自由和权利得到了快速释放。与此同时，中国又缺少民主法治传统和习惯，对自由和权利的心理承受力不足，因此，多元化自由和权利之间的摩擦、冲突也就在所难免，社会秩序也面临着严峻的考验。近年来的道德滑坡、假冒伪劣、恶性竞争、行为失范等就可见一斑。面对这一情况，不可能再用国家一统天下、规划社会的办法来解决，而只能用社会自律的办法来化解。民间组织正是立足不同群体利益主张和权利诉求的社会自组织力量，它们能够在多元利益、多元权利和多元自由的冲突与合作中，进行理性对话和自主协调，从而促进多元和谐秩序。如 2001 年劳动保障部、中华全国总工会和中国企业联合会联合组成的协调劳动关系"三方机制"、中国消费者协会对四大银行"借记卡收费"的交涉对话、温州烟具业行业协会对恶性竞争的"行业治理"等，都取得了很好的效果，促进了自主平衡的民间秩序的形成。

4. 形成了立足"草根"的公民性塑造机制

中国有几千年的封建社会传统，"臣民意识"、"草民意识"浓重，而公民意识匮乏。而很多发展中国家的经验表明，推进民主法治进程，一个很大的问题并不是制度构建，而是人的问题。现代的制度在传统的人面前，往往是废纸一张，民主机制很难运行，社会秩序也很难建立。因此，培养社会成员的公民品格和民主技能就显得十分关键。在目前的社会体制下，人民代表大会和政治协商制度、听证制度等都能提供一定的公民性品格和民主生活技能的培养机制，但是，它的容量是十分有限的。对大多数社会成员而言，还得靠日常生活中的相应机制来培育。这一机制的最好平台就是民间组织，它通过行业治理、自主管理、民主参与、公益服务、社区矫正等"民间治理"活动，能够推动公民参与的热情，搭建民主参与的公共平台，能够培养公民的民主意识、法律观念、公共精神和社会责任感，塑造适于民主法治需要的公民性品格和民主生活技能。从而构成了推进民主法治进程、建立和谐秩序的新兴动力。

四、民间组织的发展困境与对策

尽管中国"民间治理"的兴起具有重要的民主意义和法治价值，但这并不是说它是理想化的。恰恰相反，它存在一定的困境和问题。

首先，是行政依附性问题。尽管这一问题在其他国家也会出现，但中国可能更为突出和典型。我们知道，中国具有"国家主义"的雄厚基础和邻里密切互惠的传统，而缺少民间自治的意识、习惯和传统。在这一历史文化背景下，中国民间组织的发展及其"民间治理"就难免产生一定程度的行政依附效应。据笔者对黑龙江省民间组织情况的调查（与东、西部相比居中，是大省，有一定代表性），官办 34.0%、官民合办 41.8%，合计 75.8%；民办 24.2%，其中：省级占其总数的 16.1%，市级占其总数的 9.9%，县级占其总数的 29.1%。由此看来，民办数量总体较少，基层远离权力中心，其依附性反而较弱。①

这样，一方面，国家对民间组织的管理、扶持和鼓励，在相当意义上是令其成为政府行政职能的实际延伸和助手，力图借此更好地实施社会管理和维持社会秩序。因而，要在人、财、物等各方面来控制或制约民间组织，甚至使其成为机构改革的重要分流渠道；而另一方面，相当数量的民间组织也出于风险、收益和绩效考虑，往往主动靠近政府，甚至热衷于向政府要编制、要经费、争职能，以寻求其合法性、权威性，而不是在服务性和代表性上下工夫。② 这样，在很多时候民间组织就成为政府的"雇员"，而不是合作的"伙伴"，缺少社会性和自主性，因而也就很难充分发挥其"民间治理"的功能。

其次，是动员能力和公信力问题。尽管中国的民间组织在近年获得了快速发展，但它们的动员能力和公信力一直不很理想。这里面自然包括政府对民间组织的资源控制、市场经济发展程度不高等因素的影响，但更重要的是，民间组织的覆盖范围不大，在对黑龙江省民间组织的调查中发现，覆盖率能达到 80% 以上的，省级民间组织占其总数的 31.2%，市级民间组织占其总数的 27.0%，县级民间组织占其总数的 31.5%。③ 而发展较好的上海行业协会的平均覆盖率也只有 50.7%，而全国性行业协会的覆盖率一般不超过 40%。④ 因而，其代表性差。再者存在领导层和工作人员老龄化、"非精英化"的问题。如几年前的调查数据显示，北京行业协会中年龄超过 60 岁的会长就超过了 40%。⑤ 因而业务活动的组织能力和服务能力差。领导机构行政附庸化，因而对成员的权益主张和维护的能力差，甚至可能会出现与政府的某种"共谋"。这样，就使得成员对其缺少认同感、皈依感和"家园感"，加之人们普遍缺少通过自组织力量解决问题、谋求发展的信念和习惯，因而，民间组织在收缴会费、自治管理及其他业务活动中，往往得不到成员和社会应有的信任和支持。

---

① 参见马长山《法治进程中的"民间治理"——民间组织与法治秩序关系的研究》，法律出版社 2006 年版。

② 参见翟鸿祥《行业协会发展理论与实践》，经济科学出版社 2003 年版，第 215 页。

③ 参见马长山《法治进程中的"民间治理"——民间组织与法治秩序关系的研究》，法律出版社 2006 年版。

④ 参见余晖《转型时期行业协会的发展不足及其阻因》，http://www.finance.sina.com.cn。

⑤ 参见翟鸿祥《行业协会发展理论与实践》，经济科学出版社 2003 年版，第 238 页。

这样，就呈现出明显的动员能力不足和公信力缺乏，而这种不足和缺乏又反过来抑制了民间组织的健康发展及其"民间治理"功能的充分发挥，从而降低其动员能力和公信力。

再次，是民主空间问题。改革开放 30 多年来，中国的政治民主化进程取得了重要成就，"民间治理"也开始兴起，但仍不能满足现实社会发展的需要，仍需进一步深化政治体制改革。民间组织在"民间治理"活动中，缺少应有的制度保障；国家的公共事务管理和公共服务领域对民间组织的开放度还不够；民间组织也未能进入人民代表大会、政治协商会议等"体制内"平台，等等，因而民主空间尚需大力拓展。

基于这些困境和问题，我们认为，民主化是当今世界发展的主流，但是通向民主的道路却不能只有一条；法治也不仅仅是权力制约和自由保障，它在很多时候是一种多种要素和力量的平衡。无疑，中国要走向民主法治，就必须大力培育民间组织，推动多元权利对国家权力的分割制衡，促进自由、平等、权利和多元价值的实现，这样法治秩序才能建立起来。但是，中国的民间组织发展却不宜有太多与国家对抗的性质。这就意味着，采取渐进主义策略，并建立民间组织与国家的互动合作机制，才是中国更为现实的选择，也才能避免传统中国那种集权与"无政府"的"两极"交替状态的重演，从而推进社会转型与和谐稳定。因此，充分发掘"民间治理"的功能和潜力，就成为推进中国民主法治进程、促进和谐秩序的重要环节。

其一，拓展开通民间组织在"体制内"的民主参与渠道。改革开放 30 多年来，中国的民主法治进程不断加快，但是，民主参政议政的空间还需要进一步拓展。目前，在"体制内"的人民代表大会、政治协商会议等还没有民间组织的界别，这无疑是民间组织民主参与的一个重要"瓶颈"。因此，有必要把民间组织纳入"体制内"民主参与渠道，使民间组织在国家政治生活中有更大的作为，并为"民间治理"提供更好的宏观环境和民主条件。

其二，开放公共事务管理和公共服务领域。目前中国的民间组织更多地致力于自身利益的代表和权利维护，而在"公共政治"中的作用没有得到有效发挥。因此，政府和相关公共服务部门应进一步开放公共事务管理和公共服务领域，积极挖掘民间组织的潜力，在基层自治和社区治理（如社会治安综合治理、居委村委自治、环境整治工程、市场自治管理等）中，更多动员和发挥民间组织的力量和作用。同时，民间组织也应更积极主动地投身于"公共政治"。这样才能形成政府、公共部门、相关单位和个人、民间组织等共同动手、互动支撑的"多中心、多向度"的治理结构，从而培育民主法治的社会根基和多元和谐秩序。

其三，提高民间组织的公信力和动员能力。由于多种因素的制约和影响，中国人过多地相信政府，而对民间组织信任度不够，公民参与度也就不高。因此，就需要政府继续缩小行政干预和职能辐射范围，让民间组织拥有更广阔的发展参与空间。特别是在当下社会转型期和民间组织的成长期，政府应该在政策导向、经费筹集、授权委托、业务活动等方面给予民间组织大力支持和帮助。同时，民间组织也应该积极组织立竿见影的业务活动，广泛吸纳并动员公民参与，从而扩大影响和提升动员能力，更充分地展现民间组织的"民间治理"功能。

其四，提高公民的民主法治意识和参与精神。只有公民对民间组织的信任依赖和广泛参与，民间组织才有良好基础，也才会为"民间治理"注入生机和活力。公民民主法治意识的高低，就成为"民间治理"兴衰的关键因素。事实表明，西方较为成熟的民主法治国家，也十分注重公民教育和民主法治精神的培养。因此，在中国集权专制文化浓重、没有民主法治及公民传统的国情下，更需要进行必要的民主法治精神"启蒙"，特别是应把它纳入公民教育和普法规划，以强化民主参与意识和公民精神，进而促进"民间治理"的蓬勃发展，为民主法治进程提供重要而持续的社会动力。

刑法的宪法基础

许道敏*

内容摘要 宪法的至上性是与法治紧密联系在一起的概念，刑事法治必须以宪法为基础。只有从根本上全面接受宪法的实定规范乃至自然精神对刑法的指导，才能使刑法成为国民的护身之物，实现民众与国家之间的良性调适。真正的宪法应当是民权的忠实记述，贯彻这一要求的民权刑法体现了中国特色社会主义刑法的基本精神。

关键词 刑法 宪政 民权 民权刑法

一、刑事法治与宪法的至上性

宪法的至上性是与法治密切联系在一起的概念，也是法治的基本标志之一。近代法治理论认为体现自然法原则的宪法是法治的基石。在自然法理论中，"自然"是一种统治原则，它遍及整个宇宙，而宇宙是由一种实体组成的，这种实体就是理性，因此自然法就是理性法；人类作为宇宙的一部分本质上是一种理性的动物，服从理性的命令，根据人自己的自然法则安排其生活；理性作为一种遍及宇宙的万能的力量是法律和正义的基础。① 因此自从西赛罗以后，自然法的效力高于制定法的观念成为一种共同的、能为人们普遍接受的法律准则。根据这一准则，"法"只包含符合人类理性的自然法以及符合自然法的制定法两种，凡不符合自然法的制定法均属于无效，因为它本身就不能称之为法律，近代法治理论以此为基点展开。

在刑事领域，罪刑法定主义成了法治的基本要求。罪与刑之所以需要法

---

* 2001 年 7 月至 2003 年 7 月在中国社会科学院法学研究所博士后流动站从事法理学专业博士后研究，现为最高人民检察院职务加罪预防厅高级检察官。

① ［美］E. 博登海默：《法理学：法哲学与哲学方法》，邓正来译，中国政法大学出版社 1999 年版，第 13 页。

定，美国独立宣言的起草人托马斯·杰弗逊总统关于近代立宪主义精神的演说道出了其中的原委："信赖，在任何场所都是专制之父。自由的政府，不是以信赖，而是以猜疑为基础建立的。我们用制约性的宪法约束受托于权力的人们，这不是出自信赖，而是来自猜疑……因此，在权力问题上，不是倾听对人的信赖，而是需要用宪法之锁加以约束，以防其行为不端。"① 现实状态中，刑罚权自然掌握在国家机关手中，如果我们进一步深究，既然刑罚权为国家所掌握，行使刑罚的主动权便是国家的了，而长期以来的观念认为，法律是统治阶级意志的体现，是统治阶级领导国家制定和认可的产物，那么统治者为何要自己束缚自己、自己剥夺自己的行动自由呢？事实上，罪刑法定不仅是刑法的基本原则，也是宪法的基本要求，日本等国还直接将罪刑法定原则写进了宪法，就是因为法律体系中宪法具有至上的地位，而其他法律无非是宪法精神在某一领域的表述，正如美国学者奥斯特姆所说，"宪法是一种契约"。它是人民与国家之间达成的契约，而这个契约的主要内容，就是对国家权力的限制、规范和对国民权利的保障。刑罚以其特有的严厉性显示其威慑力量，这似乎是统治者借以统治的镇国之宝，事实上，刑罚不是统治者固有之物，而是国民出于维护自身权利的需要，通过制定刑法，对国家行使刑罚权加以确认和限制，从而将刑罚权让渡于国家。正因为对国家的刑罚权让渡存在"猜疑"，主张罪刑法定原则才显得必要，刑法与宪法一样，不能不是一种"约法"。

　　近代宪法文本多以权利宣言的形式出现，表明确认和保障权利是宪法的核心内容。法国1789年的人权宣言更在其第16条中宣明："凡权利无保障和分权未确立的社会，就没有宪法。"根据当今国际宪法学理论的通说，在权利保障与分权制度的关系上，前者是核心或目的，后者则是为了实现前者而设定的一种装置或手段。日本学者芦部认为，宪法中的权利宣言与统治机构两个部分，实为目的与手段的关系。② 立宪国家奉为立国之本的自由，除了其积极的一面，除了国民对国家事务的参与外，还有其消极的一面：即特定国家的国民自由，对国家来说就是不可能触犯的个人自由范围的保证，就是国家活动不可逾越的界限的承认。在宪法的诸多方面作用中，确认的作用和限制的作用，规范的便是权力，刑罚权则是它的重要组成部分。国民的权利保护客观上需要刑罚，同时刑罚权的发动又有威胁人权的潜在危险，这更加表明了国民权利保护上对权力确认和限制的双重需求。于是有学者提出，限制政府权力的范围并规

① ［日］杉原泰雄：《比较宪法学新论》，吕昶、渠涛译，社会科学文献出版社2000年版，第22—23页。
② 徐秀义、韩大元：《现代宪法学基本原理》，中国人民公安大学出版社2001年版，第491页。

范它的运行最终是为了控权，可以说宪法的主要功能在于控制，宪法是"控
权法"。[①] 人类宪政制度史已经清楚地表明，所有的宪法现象和宪法行为无不
是围绕着权力的行使和权利的保障而展开的，同样，一切宪法关系也都只能是
权利与权力关系的升华。正如美国学者特利索里尼所说，"宪法具有双重功
能，即授予权力并限制权力"。经典立宪思想基于将国家视为一种必要的恶的
观念认为，一方面，人类社会的有序发展、人类福祉的不断增进，有赖于超越
个人力量之上的国家权力予以保证；另一方面，国家权力又是非常危险的，因
为权力行使者都一样是利益最大化和权力最大化的追求者，权力随时都有异化
的可能，而强大的国家权力是个人力量所远远无法抵御的。所以人民必须制定
一个永久性的根本法，在授予国家权力的同时，又要对国家权力的行使进行有
效的限制，以保证国民的权利免受国家权力的恣意侵害。

依照以自然法为基础的法治观，制定法的法律效力不是由国家机关或者统
治者自己决定，而是由高于制定法的自然法决定。由此可以认为，任何国家机
关的权力都是有限制的，因为除了自然法至高无上之外，不存在任何绝对的权
威，任何绝对的权威都是对自然法的背叛。于是，启蒙学者从自然法理念出
发，认定由人民制定的宪法是最能反映自然正义的法律，因为它是人类理性的
直接体现，其效力自然高于其他法律，只有宪法才是检验其他制定法的标准。
因而实现刑事法治，最根本的是要对刑法的宪法基础具有明晰认识，宪法是人
民权利的记述，刑法是人民制定和认可的国家行使刑罚权的基本规范，其依据
是人民权利的固有性，其归宿是人民权利的实现。

二、宪法对刑法的指导

当今社会，宪法具有最高法律效力已为立宪国家所公认，不少国家的
宪法都就此专门作了规定。我国宪法也明确规定："一切法律、行政法规
和地方性法规都不得同宪法相抵触。"刑法灌输宪法的精神尤为必要，一
方面，刑法以其独特的社会生活调整方式，彰显国家权力的强大威力，在
保障人民权利的需求上给予有效的满足，担负着保护人类生存环境、保障
国民权利、保证法规范统一的艰巨任务；另一方面，刑罚固有的特殊严厉
性，决定了国民对国家的刑罚权托付必须保持猜疑的态度，以防止国家刑
罚权的发动反过来危及自身。因此，只有从刑法的根本上全面接受宪法的

---

① 朱福惠：《宪法之上——法治之本》，法律出版社 2000 年版，第 61 页。

实定规范乃至自然精神对刑法的指导，才能使刑法成为国民的护身之物，实现民众与国家之间的良性调适。

社会主义国家应当以限制最小范围的自由来保护最大范围的自由。因此，刑法对处罚范围的规定必须合理，如果过多地限制公民的自由，必将违背宪法的宗旨；反之，如果让许多严重侵犯他人自由的行为合法化，则不利于保护大多数公民的自由。这正是罪刑法定主义原则的真谛——对国家刑罚权作出合理的确认和限制。刑法对各种犯罪的处罚作了明确规定之后，犯罪人的自由也得到了保障，即犯罪人只在法律规定的范围内承担刑事责任，而不接受法外的制裁。民主主义、尊重人权、保护安宁是罪刑法定原则的思想基础。"为了市民的安宁，法律设计的内容必须是确定的。"这条格言表明了罪刑法定主义的明确性要求。[1] 因为公民根据规则生活才有安宁，规则混乱必然导致生活的混乱。

基于对法西斯主义的反思，罪刑法定主义已经作为一条重要原则写入二战后的《日本国宪法》。日本学者寺岛建一针对刑法实施中的状况指出：可以这么说，现代法制度的现实作用，不是基于宪法的法原理，而是"日美安全保障条约"支配下的"安保的法原理"，这一法原理使宪法的人权条款失去实际意义。在此背景下，国民在行使市民权利时经常受到国家权力无限制的干涉，因刑罚侵害人权的危险性处处存在，所谓宪法对基本人权的保障成了不过是形式性的保障。如何从形式保障到确立实质保障，是围绕人权的当前课题。实质保障的要求是，导入违宪立法审查，行使为宪法保障的市民权利时，以立法确立与国家权力、刑罚并行的"人权侵害条款"。现代刑法便是这种保障的重要一翼，发挥自由保障机能，在理论上便是罪刑法定主义。[2] 据陈忠林教授在译著《意大利刑法学原理》序中介绍，意大利学者从分析刑法调整手段的特殊性入手，得出刑罚"都是直接或潜在的限制罪犯人身自由的手段"的结论，并以这一结论为根据来说明"当一种制裁措施直接或潜在地涉及剥夺人身自由时，立法者是不能随心所欲的；只有在最适当，即'完全必要的'情况下，立法者才有权规定刑事制裁"。这种看法在国外刑法学大师们的论述中，也并不鲜见。但是，强调宪法对刑法的制约作用，强调宪法中有关"'刑罚'、'刑事责任'以及有关保护人身自由的规定"，是"立法时规定刑罚"、"实践中运用刑罚"所"必须遵循的基本准则"（此书原作者帕多瓦尼语），这是欧洲，

① 张明楷：《刑法格言的展开》，法律出版社 1999 年版，第 29—31 页。
② ［日］寺岛建一：《罪刑法定主义的现代课题》，载吉川经夫先生古稀祝贺论文集《刑事法学的历史和课题》，东京：法律文化社 1994 年版，第 63 页。

特别是二战后意大利刑法理论和实践的鲜明特点。这是因为，意大利没有用新的刑法典取代 1930 年刑法典，而那些对法西斯专政在意大利轻易执政的闹剧记忆犹新的意大利人却仍审慎地担心，不用具有强烈民主精神的二战后宪法对刑法规定的内容进行诠释或限制，很难保证专制主义不利用原有的刑法框架借尸还魂。此外，意大利还通过违宪审查制的确立，使宪法成为对立法、司法、行政机关有直接约束力的行为准则，一切被控违反宪法的法律、法令及政府机关的决定，都可能因被宪法法院裁定违宪而失去效力。任何不以宪法为依据对刑法所作的解释，都可以说没有法律依据。这即是意大利刑法学家同样言必称宪法的原因所在。

现代刑法主要流派都流觞于意大利，而每一流派的创立都与对犯罪本质的探索息息相关。就现实来说，由于意大利二战后违宪审查制度的确立，任何与宪法规定不合的刑法规范都可能被判违宪而失去效力，因而当今的意大利刑法学者们不得不思考犯罪的实质与宪法所维护的利益之间的关系。在这种形势下，意大利刑法理论对犯罪本质的探讨，也开始脱离传统的将犯罪归结于"侵犯了社会生活根本条件"、"违反了共同文明生活的基本规则"、"具有严重社会危害性的行为"、"同国家利益和需要对立的行为"等主要在法律以外的社会伦理、道德、政治领域寻找理性答案的做法，出现了在法律制度内部，即根据宪法维护的基本价值来界定犯罪本质的倾向。我国学者李海东也提出，社会危害性被国内刑法学界理解为犯罪的实质，即认定一个行为是否构成犯罪的根本标准。至于什么是违法的本质，什么叫危害社会，以什么标准来认定是不是危害了社会等实质违法问题，依照社会危害性理论则无法回答。因而他认为社会危害性理论为刑法的泛道德解释与执行开了方便之门。我们认为，犯罪的实质便是权利侵害，刑法维护人类的生存条件，目的也是为了权利的全面实现。目前国内有极力提倡法益侵害说的主张，我们认为这不符合我国宪法维护权利的基本精神，因为法益是法律所保护的利益，而事实上，法律对法益作出确认之前，权利就已经客观存在。法不过是对权利的确认和记述而已，真正的宪法应当是民权的真实记述。

三、刑法对宪法的贯彻

刑罚是国家对于公民权利与利益可能造成损害的最激烈的方式，也是个人与社会发生冲突时可能产生的最严重的后果。因此，刑法在一个社会中最敏锐地体现着国家与公民的关系，以及社会的现实价值观念和社会对于源于本身的弊病的责任感和态度。对此耶塞克有一句很贴切的话："刑法在某种意义上是我们文化状态最忠实地反映并表现着我们国家占主导地位的精神状态。"① 正因如此，比之于其他各部门法，刑法更应忠实地反映宪法的要求。我国刑法为从实定法全面贯彻宪法要求做出了新的努力，现行刑法典明文规定了罪刑法定原则、刑法面前人人平等原则、罪刑相适应原则。这三项基本原则的确立，既有利于同犯罪行为作斗争，又有利于切实保障公民合法权益；既有利于推进法治化进程，又有利于维护法律的公正性；既有利于实现刑法的目的，又有利于达到刑罚的最佳效果。这是我国刑事立法的重大进步。但由于我国长期积淀的刑法工具化认识尚未清除，刑事法治所要求的法文化有待建构，刑法有效约束刑罚权运行的使命尚难完成，必须从实定法到刑法观念彻底变革，真正实现宪法所提出的"中华人民共和国一切权力属于人民"的宪法要求。宪法是民权的记述，为了贯彻宪法对民权的保障要求，在此有必要呼吁民权刑法的主张。

民权刑法是依照主权在民的宪法原则，要求国家刑事活动以保障人民权利为出发点和归宿的应然刑法。"民权"之"民"，既包括作为全体的人民或国民，也包括作为个体的市民或公民；民权既包括人民或国民的权利，也包括市民或个人的自由与人权。"民权"是这些权利和自由的总称。传统刑法理论认为刑法主要机能在于社会保护和人权保障两个方面，这是正确的。如果进一步深究，我们不难发现，社会保护和人权保障的最终目的，还是在于保障人民的权利既不受犯罪行为的侵害，也不受国家刑事司法活动的任意并吞，因此在当前推进政治生活科学化的语境下，我们认为民权刑法的立论是具有观念引领功能的。如果将历史上的刑法简单地从国家与公民在刑法中地位的角度，在整体上分为两大类：民权刑法与国权刑法，也许能给我们提供一些其他分类不易发现却又有意义的认识。国权刑法的理念是一切从根本上取决于能否更有效地保护国家利益，以国家为出发点和功利目标；与此相对应，民权刑法是以保护国民的利益为出发点，而限制国家行为的刑法。我们认为，民权与国权，在特定的历史条件下是可以取得一致的；但在刑法理念上，民权刑法观与国权刑法观则是势不两立的。我们希望国内法学界能够对民权刑法的理论构造展开充分讨论，因为从理论价值分析，民权刑法可能代表中国刑法理论发展的基本走向：第一，民权刑法旨在排除国家刑罚权发动和行使中的一切恣意，从观念上树立实体法和程序法的人权保障意识，包括以罪刑法定、无罪推定为基本理念的法律信仰，是人道、法治刑法文化的中轴理论；第二，在我国重义务轻权利文化传统积重难返的特殊地缘范围内，民权刑法立论的成立和广泛认同，是清除传统刑法文化积弊的快捷方式；第三，随着民权刑法理论的成熟，最终将被上升

---

① ［德］李斯特、斯密特：《德国刑法教科书》，徐久生译，法律出版社 2000 年版，第 31 页。

为刑事政策，从而指导刑法规范的理性重构，在刑事立法上完成依法治国必然要求的规范选择；第四，民权刑法贯穿相关法规范制定、执行、遵守的全过程，将为法的实现提供基本力量。

在刑法领域贯彻宪法，实现法治，还需强调民权刑法的以下要义：第一，国权刑法实即权力刑法。法的历史类型划分的传统方法未必适用于刑法，权力与权利的消长关系才是刑法的演变标志。第二，民权刑法乃是权利刑法。马克思认为，立法者不是在创造法律，而是在表述法律，即通过法的实定过程表述应有权利和已有权利。法典就是人民自由的圣经。刑法以权利为出发点和基础，并以权利的实现为终极目标，便是民权刑法的特征。第三，刑法的本体是民权刑法。法本体是法的终极性存在，是法现象存在的根据和理由，它决定着法现象的产生和变化。自由的权利是人类固有的东西，刑法的本体应该是人民固有的权利，也就是说，从终极意义上看，刑法的属性应该是民权刑法。第四，民权刑法本体论正是自然法学派与马克思主义刑法观的整合。它既承认刑法的本体是权利意志，又看到了权利本质不是抽象的理性，而是人与人之间的利益关系。

当今中国面临最大的法治难题是，一方面，群体上访、缠讼上访所表现出来的非理性民权诉求非比寻常；另一方面，维护治安、确保稳定的非常规管理举措频繁实施。在此背景下更需高扬民权刑法的旗帜，力挽民权民生的诸多磨难。民权刑法体现了中国特色社会主义刑法的基本精神，社会主义的高度发展是民权与国权取得一致的唯一希望。社会主义国家与资本主义国家在意识形态上的重大区别之一，就是前者从阶级社会的现实出发，承认统治者具有未能完全代表全体国民利益的阶级偏私。因之刑罚权工具性运用上的偏私性必须以刑法的公正性加以制约，刑法是关于刑罚的法，两者具有规范与被规范的对立关系。刑法对刑罚的规范是通过全体社会成员基于其固有权利对国家刑罚权的确认和限制两个方面实现的。如果认为，刑法是统治阶级意志的单极体现，进而把刑法作为阶级统治的主要工具，那么，刑法作为法的公正性将丧失殆尽。可见，社会主义的基本属性决定了社会主义国家尤其强调刑法具有通过确认和限制国家刑罚权的途径对人民权利加以保障的基本功能，它不允许阶级社会中的统治阶级脱离刑法的约束任意动用刑罚。一些资本主义国家对法学的研究如此深入，却未能揭示刑法与刑罚如此明晰的界限，原因就在于他们的意识形态中对阶级社会这一客观存在的认识模糊。基于阶级社会客观存在的真理性认识，社会主义国家特别强调刑法的本体是民权刑法，这是我国刑法理论应有的独到之处，也是当代中国刑法学者与其他发达国家刑法学者平等对话的基本资格。

共识理论引入刑事裁判
问题的可能性

彭海青*

内容摘要　共识理论是当代哲学研究中致力于研究如何从冲突走向和谐的一种理论。关注当代较有代表性的共识理论的共性，对于我们深刻理解共识理论、运用共识理论解决其他问题，具有显明的理论与实践意义。刑事裁判问题与共识理论在研究起点与研究终点方面具有相似性、在认识观念方面具有相通性、在基本要求方面具有一致性等表明我们运用共识理论解决刑事裁判问题具有可能性，有关刑事裁判共识的研究必将成为未来刑事司法领域的研究重点。

关键词　共识理论　刑事裁判问题　刑事裁判共识　可能性

建设社会主义法治国家的治国方略确立以来，我国立法活动空前繁荣，然而，立法毕竟是国家机关强加给社会的规则，是一种人工规则，而正如黑格尔曾指出的，"人工规则的重要特点是，并非不可违背，乃是不应违背，人的思想绝不无条件地符合它们"。① 虽然按照法治原则，法律应当被遵守，但"这种应当里，总是包含一种'软弱性'，即某种事情，虽然已被承认为正当的，但自己却又不能使它实现出来"。② 虽然立法意欲创造某种秩序，但由于事物内部、事物之间本身存在经过长期博弈选择而内生的规则，由其产生的秩序才是长久和稳定的，所以，当人工规则与这些内在规则相左时，"有法律、无秩序"的现象便出现了。我国目前存在的"申诉、信访、刑事裁判难以获得当事人认同"、"刑事裁判与民意冲突"等现象屡见不鲜的现实表明，与

---

* 2006 年 7 月至 2008 年 11 月在中国社会科学院法学研究所博士后流动站从事诉讼法专业博士后研究，现为北京理工大学法学院副教授。

① 陈康：《论古希腊哲学》，商务印书馆 1990 年版，第 533 页。

② 黑格尔：《小逻辑》，贺麟译，商务印书馆 1980 年版，第 208 页。

"有法律、无秩序"相对应的思考是缘何裁判在而和谐缺位。共识理论是当代哲学研究领域致力于研究如何从冲突走向和谐的理论，本文拟将共识理论引入刑事裁判领域，创建刑事裁判共识理论，期望对实践问题提供一种解释的工具。

有关共识的理论，国内外尚未形成一致的观点。哈贝马斯的观点、罗尔斯的观点都是当代较有代表性的观点。哈贝马斯属于批判法学派中法兰克福流派，而罗尔斯则属于新自然法学派。两者的哲学观迥异，然而却都共同关注共识问题，并创设了各自的共识理论体系。两种共识理论的差异固然重要，比如，它们的代表设置不同（前者共识理论的代表设置为"生活世界"；后者则为"原初状态"）、适用界域不同（在哈贝马斯看来，其共识理论是完备的，具有普适性；而罗尔斯起初认为其理论也是普适性的，后来意识到仅适用于政治领域）、侧重点不同（前者侧重程序共识的探讨；而后者更多侧重实体的共识的探讨）——这些差异成为两者争辩的焦点，[1] 以及学界关注的焦点，但笔者认为，关注与提炼二者的共性，对于我们深刻理解共识理论、运用共识理论解决其他问题，具有显明的理论与实践意义。刑事裁判问题与共识理论的契合之处，表明运用共识理论解决刑事裁判问题的可能性。

一、问题的起点与终点

哈贝马斯的交往共识理论与罗尔斯的重叠共识理论在研究起点与研究终点方面具有共性。在研究起点上，这两种理论都面临因各种原因而导致的矛盾与冲突状态，这种状态将会对社会的存续与正常发展产生消极影响。比如，哈贝马斯交往共识理论的研究起点是当代发达资本主义社会所加剧发生的冲突，涉及生命质量问题、平等问题、干预问题以及人权问题等，其原因是由于当代发达资本主义社会的文化体系压抑了人的本能欲望，禁锢了人的思想，造成了人与人之间的不信任。[2] 罗尔斯重叠共识理论的研究起点是在目前理性多元论的社会中，存在不同的却又合乎理性的诸种自由主义政治观念，诸种观念必然存在矛盾与冲突，这样一种合乎理性的完备性学说无法确保社会统一的基础，社会因此也将无法保持稳定与和谐。[3] 在研究终点上，这两种理论都试图实现一

---

① ［德］哈贝马斯于1995年3月在《哲学杂志》第92期上发表了《通过理性之公共运用的和解：评罗尔斯的〈政治自由主义〉》，紧接其文后即是罗尔斯的《答哈贝马斯》。

② ［德］哈贝马斯：《作为意识形态的技术和科学》，转引自哈贝马斯《交往行动理论》，洪佩郁、蔺青译，重庆出版社1994年版，中译本序，第14页。

③ 参见［美］罗尔斯《政治自由主义》，万俊人译，译林出版社2000年版，第141页。

种和谐与稳定的社会状态。比如哈贝马斯试图通过鼓励主体之间通过交往行动来消除社会关系中的矛盾与冲突，实现整个社会的和谐与一致。① 罗尔斯试图通过对自由主义政治观念重叠共识的实现，得到人们的顺应，以期实现社会的长治久安。②

法院进行刑事审判活动，做出裁判的起点是有犯罪行为发生需要追究刑事责任，所以历经立案、侦查、起诉等诸程序环节到达审判阶段，要求法院对被告人的罪与罚问题做出裁判。因而刑事裁判的起点是因为犯罪行为侵犯了公民、国家、社会的利益，引发了社会矛盾与冲突，并且是和平时期最严重的社会冲突形式——犯罪。这样，刑事裁判问题与共识理论所研究的问题在起点上具有相似性。刑事裁判的理想目标是解决社会冲突，恢复社会秩序，维系社会和谐，因而，刑事裁判问题与共识理论所研究的问题在终点上也具有相似性。

二、有关解决认识问题的观念

在认识论视野中，对于真理的追求应当是最高目标。以此为指导，发现真理应当是解决认识上分歧问题的关键，而共识理论不再囿于对某些可能难以达成共识的主客观因素的纠缠与追问中，以实用主义的思维范式实现对问题的解决。哲学解释学认为：自然界需要说明，而对人则必须去理解，哲学解释学建议在人文世界的研究中用"理解"代替自然科学的"因果解说法"③。这样有学者提出"社会科学的真理来自于当事人的共识"④。比如哈贝马斯的"交往共识理论"本质上是一种程序共识理论，共识只能是关涉规范与价值之多元性的处置程序，共识只能在程序问题上才是可能的、有意义的。罗尔斯针对有关形成重叠共识的政治观念是否为真的责问回应道，如果所有公民都能从他们自己的完备性观点（无论其完备性观点可能如何）出发，将该政治观念作为真实而合乎理性的观念而予以接受时，就无所谓对真理的回避了。因为由于我们要寻求给正义问题以公共证明的一致性基础，且由于我们无法合乎理性地期许人们对这些争议的问题达成任何政治的一致，所以，我们只能转向那些我们似乎可以通过公共政治文化而共同分享的根本性理念。⑤

---

① ［德］哈贝马斯：《交往行动理论》，洪佩郁、蔺青译，重庆出版社 1994 年版，第 4 页。
② ［美］罗尔斯：《政治自由主义》，万俊人译，译林出版社 2000 年版，第 25 页。
③ 参见梁慧星《民法解释学》，中国政法大学出版社 2000 年版，第 113 页。
④ ［德］罗伯特·阿列克西：《法律论证理论——作为法律证立理论的理性论辩理论》，舒国滢译，中国法制出版社 2002 年版，第 127 页。
⑤ ［美］罗尔斯：《政治自由主义》，万俊人译，译林出版社 2000 年版，第 159—160 页。

共识问题属于认识问题，但由于这种认识已经不仅是主客体之间的关系，而且还涉及认识主体之间的关系，涉及主体之间共同认识的效果问题，因而其不仅属于认识论范畴，还同时属于价值论范畴。对于共识的追求，表明在处理认识分歧问题时已经不囿于认识论领域，而是跨越至价值论视野。刑事裁判也是法官的一种认识活动，法官的认识活动当然应当符合认识论的一般规律，考虑对案件事实与法律适用有个科学的认识。但为恢复社会秩序，实现社会和谐，也应当考虑到诉讼主体与社会公众对刑事裁判认识的一致性问题，既有科学的态度，又有人文关怀精神，以体现刑事裁判合规律性与合目的性的统一。可见刑事裁判问题与共识理论在认识观念方面也具有相通性。

三、基本要求

尽管哈贝马斯的交往共识理论与罗尔斯的重叠共识理论在实现共识的代表设置上有所谓生活世界与原初状态的差别，但在共识的实现方面也提出了某些共同的要求，而刑事裁判问题与共识理论的基本要求是具有一致性的。这些要求可以概括为以下几项。

（一）民主

不论是交往共识还是重叠共识的实现，都要求主体的充分参与和程序的公开，体现了民主方面的要求。比如依据哈贝马斯的观点，每一个有语言和行为能力的主体都应当自由平等地参与话语的论证，论证还应具有公开性和持续性。[1] 罗尔斯指出，在宪法共识的第一阶段，被接受的自由宪法原则就保证了某些基本的政治权利和自由，建立了调和各种政治对手并决定社会政策问题的民主程序。在这一范围内，公民的完备性观点就是合乎理性的——如果说它们以前还不是合乎理性的话。于是，简单多元论便趋向理性多元论，宪法共识即可达成。[2]

民主是近代资产阶级思想家在反对封建司法专断过程中所倡导的先进理念，为法治发达国家刑事诉讼法律所普遍践行。司法民主主要表现在以下两个方面：一是程序必须是公开的、透明的，而不是封闭的、秘密的。二是所有程序参与人都积极有效地参与程序的全程，整个刑事诉讼程序不应是国家机关专权运行的过程，而应体现为国家机关与程序参与人、权力与权利共同参与运作的过程。上述两个方面通过审判公开制度、辩护制度等予以实现。可见，刑事

---

① ［德］哈贝马斯：《交往行动理论》，洪佩郁、蔺青译，重庆出版社1994年版，第66页。
② 参见［美］罗尔斯《政治自由主义》，万俊人译，译林出版社2000年版，第174页。

裁判的民主性使共识的达成成为可能。

（二）沟通

沟通是要求共识的实现应当通过说服等方式，建立在主体运用其自由意志而作出的认同性判断的基础之上，而不能采用其他强逼、胁迫等违背主体意志的方式而获得虚假的"共识"。比如，哈贝马斯认为，通过交往行动所形成的共识，是一种非强迫的理解，是许多参与者的行动在一种通过理由动员的基础上合作化的相互信赖的一种讨论过程，每一个有语言和行为能力的主体自觉放弃权力和暴力使用的前提下，自由平等地参与话语的论证，而有通过合理动员、说服达到一致同意的那种论证，才是讨论。参与论证者必须普遍举办的前提是必须排除一切不管是从外部施加于理解过程的，还是从理解过程本身内部产生的强制力，从而也必须摒弃真实寻求合作以外的一切动机，应以特殊的方式摆脱压制和不平等的谈话状态。交往理性的概念本身表明，合理性归根结底就是通过论证演说促使自愿联合和获得认可的力量的中心经验。① 罗尔斯认为其所谓重叠共识的政治观念是建立在道德观念基础上的，都是采用呼吁、劝说的方式，使得公民之间的信任和信心不断增强，从而从临时协定经由宪法共识而达致重叠共识的。②

刑事裁判的过程大致可划分为对抗与合作两种模式。在对抗制与合作制下控辩双方都有沟通，在合作制下，这种沟通的直接目的是追求共识与共赢，而在对抗制下，沟通主要是基于法庭规则的被迫行为，其直接目的是为本方的胜诉。当然，在法庭的特殊环境下，在诉讼的特殊场景中，对抗也可能走向共识。传统刑事诉讼理论认为，"审判的目的在于揭示曾经发生过的事情，对抗制是达到这一目的的最好方式"③，因为真相能通过双方对同一问题的强有力的陈述而获得最好的发现。但是，由于对抗制的诸多弊端逐渐显露，如裁判结果对控辩双方而言具有不确定性、被告人被长期羁押、被害人得不到及时抚慰、耗费司法资源等，在近现代刑事诉讼中，越来越倡导合作，如调解、辩诉交易、恢复性司法等纠纷解决方式被越来越多的适用就是例证。而且，即使在对抗式的诉讼程序中，也讲求合作，比如证据开示、迟延量刑等协商性制度的存在。刑事裁判存在合作，并且合作逐渐扩大化的趋势表明，共识理论可以运用于刑事裁判中，并且其运用空间还会逐渐增大。

---

① ［德］哈贝马斯：《交往行动理论》，洪佩郁、蔺青译，重庆出版社 1994 年版，第 65—66 页。

② ［美］罗尔斯：《政治自由主义》，万俊人译，译林出版社 2000 年版，第 174—179 页。

③ 熊秋红：《刑事辩护论》，法律出版社 1998 年版，第 116 页。

（三）宽容

宽容是指要求共识的形成应当是一个求同存异，既寻求共同方面，又能够容纳不同意见的过程，而非指彻底消灭异议，排斥异己。比如，哈贝马斯在回应对其共识理论抹杀个性，取消话语的多元性责问时指出，共识是建筑在对个性和多元性的承认之上的，其要在多元的价值领域内，对话语论证的形式规则达成主体间认识的合理的一致。因而，它所努力寻找的恰恰是一条将人从社会压制下解放出来的道路。① 罗尔斯认为，把容忍原则应用到哲学本身上去，尽量尝试去回避哲学、道德及宗教上有争议性的那些问题，尝试着不去肯定也不去否定任何宗教的、哲学的或道德的观点，或者是与它们有关联的对于真理与价值地位的哲学说明。在罗尔斯看来，其所谓的重叠共识是由所有合乎理性却又相互对立的宗教学说、哲学学说和道德学说所组成，在多少还算公正的立宪政体里，这些学说很可能世代相传并赢得相当数量的信奉者。② 并认为，这种重叠共识应当包括每一种观念相关的利益，这样公民们就可以在他们的完备性学说内把这种政治正义观念看做是真实的或合乎理性的，无论他们的观点可能如何。③

关于刑事司法的宽容问题，早在弗兰西斯·培根时期就被意识到了。培根在其《论司法》一文中指出："尤其在刑事案件中，为法官者应当注意，毋使本意在乎警戒的法律变为虐民之具。在有关人命的大案中，为法官者应当在法律的范围内以公平为念，毋忘慈悲；应当以严厉的眼光对事，而以悲悯的眼光对人。"④ 自 20 世纪初，刑罚目的刑论取代报应刑论以后，以刑法谦抑为原则、以非犯罪化和非刑罚化为主题的世界性刑法改革运动兴起并持续至今。目的刑主义认为，无论刑罚对已然之罪的事后报应多么公正，都不可能改变犯罪行为已经发生这一事实，也不可能弥补犯罪所造成的恶害，或者恢复犯罪行为发生前的原状。因而，"刑罚妥当与否，只能依据刑罚作为维护社会秩序的工具，实施它的可能效果来评价"⑤。马克思也曾指出：对于犯罪现象重要的不在于如何严厉地惩罚犯罪分子，而在于对所有的犯罪行为予以彻底的揭露。随着刑法思想观念上的更新，刑事诉讼法中传统的有罪必诉、有罪必罚的观念逐渐松动，只要被告人在刑事诉讼中采取合作的态度，比如认罪、主动赔偿损失

---

① ［德］哈贝马斯：《交往行动理论》，洪佩郁、蔺青译，重庆出版社 1994 年版，序。

② ［美］罗尔斯《政治自由主义》，万俊人译，译林出版社 2000 年版，第 15 页。

③ 参见［美］罗尔斯：《政治自由主义》，万俊人译，译林出版社 2000 年版，第 412—413 页。

④ ［英］《培根论说文集》，水天同译，商务印书馆 1983 年版，第 194 页。

⑤ ［美］理查德·霍金斯：《美国监狱制度——刑罚与正义》，中国人民公安大学出版社 1989 年版，第 263 页。

等，对其处罚就会采取比较宽容的态度。这些观念的转变也为共识理论应用于刑事裁判提供了空间。

（四）信用

哈贝马斯与罗尔斯的共识理论都讲求共识的实现应当有信用保证，要求主体在追求共识的过程中应当真诚不欺、可以信赖。比如，哈贝马斯对交往行动者的要求之一即是所宣告的发言者的意图和含义要与所表达的一致。[①] 罗尔斯认为，宪法共识在深度和广度方面的扩张形成重叠共识，有赖于随着政治合作的不断成功，公民之间的信任和信心不断增强。[②]

契约精神是现代性的重要精神维度之一，以契约精神为支撑的信任和诚实信用机制自然成为现代性的重要制度维度。刑事裁判程序中的信用主要包括以下三个方面内涵：

一是在法官方面，法官应当恪尽"释明"职责，诚实地告知、解释分析有关诉讼的一切事项，特别是有关利益得失的。如果被告人坦白，那么对其先前的"优惠"承诺应切实履行。

二是在检察官方面，检察官应当基于客观义务履行其控诉职责，比如向辩护方披露其掌握的所有证据，禁止庭后背着辩护方向法官移送证据。

三是在被告人方面，被告人的坦白或其提供的证据应当是真实的，不应在从轻处罚的利益驱动下掩盖罪行或犯罪情节。被告人应当真诚地向被害人赔礼道歉，其所承诺的赔偿金应当按期足额交付。

四是在被害人方面，被害人提供的有关受害证据应当是真实的，不能夸大其词。对被告人所作的撤诉承诺等也应当切实履行。

目前刑事裁判程序中以信用为基础的制度很多，如证据开示、辩诉交易、调解、迟延量刑等，并且还特别强调对欺骗行为的禁止与惩罚，如禁止以欺骗、引诱等方式获取证据，以欺骗、引诱方式获取的证据不能作为定案的根据，还设有伪证罪等罪名。这些规定表明，刑事裁判活动是讲求信用的，这是共识有可能实现的另一保障。

四、结语

有关共识问题的研究是一个不断拓宽的研究领域，有广阔的发展前景。尽

---

① ［德］哈贝马斯：《交往行动理论》，洪佩郁、蔺青译，重庆出版社1994年版，第141页。

② 参见［美］罗尔斯《政治自由主义》，万俊人译，译林出版社2000年版，第174页。

管当代有关共识问题的研究重点似乎并未在法学领域，也并未引起刑事诉讼法学界的充分重视，但是，由于刑事裁判涉及公民的生命权、自由权、财产权等基本权利的予夺，为确保其法律效果与社会效果的双重获得，积极促进诉讼主体与社会公众对裁判的认可非常重要。这涉及一国刑事司法的社会公信力，甚至刑事司法制度的存在根基。所以，在以后的研究中，共识的理论与实践必将向刑事司法领域扩展，有关刑事裁判共识的研究必将成为未来刑事司法领域的研究重点。目前有关协商司法、恢复性司法以及和谐司法等方面的研究，在很大程度上是从共识角度对现代刑事司法的创新，只是由于缺乏共识理论的指导，这些研究的自觉性还不够强。事实上，上述先进理念已经进入实践与操作领域，只是由于缺乏理论的支持与论证，探索往往是盲目的和缺乏正当性的，并且由于实践中的效果和经验并未上升为一般原则和规范，因而难以推广。所以，我们认为，在未来刑事诉讼法学的研究中，应注重从共识角度对刑事诉讼理论进行反思。

无罪与有罪辩护的共存

向 燕[*]

内容摘要 本文通过对辩护律师与被告人在决定权上的分配、无罪—有罪辩护的外部制度原因以及弊端等具体问题的分析，探讨目前我国司法实践中存在的无罪—有罪辩护共存的现象。作者指出：无罪—有罪辩护不能保证实现个案中被告人的利益，危害了辩护制度的健康发展，也有违于法治国家的基本理念。要使无罪—有罪辩护之怪现象消失、辩护律师与被告人的辩护权形成合力，不仅需要完善程序规范，更应着力于制度环境的改善。

关键词 无罪辩护　有罪辩护　共存　制度原因

一、引言

近年来，在一些获得社会公众强烈关注的刑事案件中，被告人与辩护律师在对有罪或无罪的辩护方向上产生了重大分歧，分别作出了有罪或无罪的陈述和辩护，引起了社会各界的极大争议。譬如，在"李庄案"的二审审判中，李庄在庭审中认罪，其律师仍坚持作了无罪辩护，最终二审改判，李庄获得了量刑从轻的结果。在轰动一时的"陕西华南虎"事件中，涉嫌诈骗罪和非法持有枪支罪的周正龙，在二审中突然认罪，面对周正龙的认罪伏法态度，辩护律师当庭提出质疑，并继续了原有的辩护策略。① 法院坚持两项罪名成立，但综合考虑了周正龙认罪态度好和辩护的因素，裁决对原判的两年零六个月有期徒刑宣告缓刑。②

---

* 2009 年 7 月起至今在中国社会科学院法学研究所博士后流动站从事刑事法学专业博士后研究工作。

① 杨彦：《"华南虎"假照案二审改判周正龙获刑 2 年半缓期 3 年》，《人民日报》2008 年 11 月 18 日。

② 张静：《周正龙重获人身自由已回家 改判因其认罪态度好》，2008 年 11 月 18 日 13∶49，新民网 http：//news. sina. com. cn/c/2008 – 11 – 18/134916676940. shtml。

对于同属于辩方的被告人和辩护律师，本来应站在一致的立场展开与控方的对抗，但被告人当庭认罪或是不认罪，打乱了原本协调一致的辩方立场。一些律师坚持了原有的辩护策略，以至于辩方出现了两种相互对立的观点。在司法实践中，这样的现象并非罕见。有律师坦称，在他30年刑事辩护经历中，大约有3%~5%的案件中，存在被告人认罪、他辩无罪，或者被告人认为无罪、他作有罪辩护的情况，目的是追求更好的辩护效果。[①] 此种现象引起了学界和律师界对律师辩护权的争议。一种观点认为，律师享有独立的辩护权，有权对被告人承认有罪或无罪的案件作出相反的辩护；另一种观点主张，律师的独立辩护权具有一定的限度，为避免辩护效果的相互抵消，对于被告人当庭认罪或翻供，律师应当尽量与被告人协调和沟通，然后选择被告人不反对的辩护思路。笔者在结论上基本赞同第二种主张，但认为，如果仅仅从辩护效果来认识律师辩护权的行使，并未准确揭示出目前我国刑事辩护权所面临的理论和实践问题。无罪辩护与有罪辩护"同台竞技"的现象，实质是律师辩护权与被告人的诉讼权利在行使方向上产生了根本分歧所致。辩方内部出现的矛盾及其解决，不仅是律师职业伦理需要厘清的理论问题，还应深入探寻影响辩护权正常行使的制度原因。笔者拟对辩护律师与被告人在决定权上的分配、无罪与有罪辩护共存的外部制度原因以及弊端进行探讨，指出唯有致力于辩护制度内部程序的规范和外部环境的改善，才能促使本来薄弱的辩护权形成合力，保障宁纵勿枉的刑事诉讼理念的真正实现。

二、辩护律师与被告人在决定权上的分配

无罪与有罪辩护共存的现象，是因为律师和被告人在基本的辩护立场上存在分歧。在法庭上，被告人在接受控方讯问、法庭辩论阶段以及最后陈述阶段，皆享有表达自己有罪或无罪的权利。律师享有的辩护权与被告人享有的诉讼权利产生矛盾之时，究竟谁享有决定权，应当从辩护权的性质入手分析。

在我国刑事诉讼法中，辩护人是独立的诉讼参与人。他既不从属于犯罪嫌疑人、被告人，也不从属于人民检察院和人民法院，具有独立的诉讼地位。[②] 辩护律师独立于被告人，意味着尽管辩护律师因接受被告人的委托或有关机关的指定而享有辩护权，但并不是单纯地按照被告人的意思提供辩护协助。除了

---

① 赵蕾、雷磊：《李庄案辩护：荒诞的各说各话》，《南方周末》2010年8月12日。

② 参见《刑事诉讼法》第82条，陈光中、徐静村主编《刑事诉讼法学》（修订二版），中国政法大学出版社2001年版，第81页。

保护被指控人的利益外，他还负担了保护公益的任务，不得妨碍国家的追诉和审判活动。辩护律师独立于人民检察院和人民法院，表明辩护律师不能将自己作为控诉一方，将被告人陷入不利的诉讼境地；律师也无法像法官一样行动，全面追求实体真实和社会正义。总的来说，辩护律师既是被告人利益的代理人，也作为自主的司法单位承担着社会职责。

辩护律师承担的社会职责，也正是一些律师在庭审中强调其违反被告人的意思进行辩护的主要根据。在"李庄案"中，辩护律师认为，"如果我们做有罪辩护，那会成为中国法治史上一大污点"，在当时的情况下，我们没有必要和法庭作对，也没有权利退出这场具有重大意义的审判。① 在周正龙案中，辩护律师也持这样的立场，"不能说当事人认了，我们就举手投降。在当时，我们觉得应该继续履行律师的职责"②。通过这些言语可见，辩护律师已将自己投身于为维护法律和正义的斗争中，以辨明案件的是非曲直为己任。问题是，律师肩负的社会职责是否有如此之高，能够对抗被告人的意志呢？

笔者以为，律师肩负的社会职责，必须是在维护被告人合法权益的框架内履行。律师的辩护权来源于被告人享有的辩护权利，是以协助被告人行使辩护权，保证其获得公正审判为基本出发点。为维系被告人与律师之间的信任关系，并巩固建立在此信任关系基础上的辩护制度，律师不得片面追求积极的客观真实和正当程序，提出不利于被告人的证据和法律，以公共利益的名义牺牲被告人的利益。律师所追求的社会正义，只能在个案中实现，也只能在有利于被告人的实体真实和程序正义的限度内践行。维护被告人的合法权益是确立辩护律师独立地位的核心，也获得了我国法律的明确承认。我国刑事诉讼法第35条、律师法第31条皆规定，辩护人的责任是根据事实和法律，提出犯罪嫌疑人、被告人无罪、罪轻或者减轻、免除其刑事责任的材料和意见，维护犯罪嫌疑人、被告人的合法权益。

"维护被告人的合法权益"，不仅是律师辩护权的行使范围，也构成了被告人与律师在意见相左时分权的依据。毋庸置疑，作为辩护辅佐人的律师应当通过充分的对话和沟通，努力争取被告人对辩护方向、内容和策略的理解和认同。但在沟通之后双方仍各执己见时，就需要确立准则来判断决定权的归属。在对何谓被告人的"合法权益"产生分歧时，可以分成两类事项来看待：

权益的"合法"与否的判断权可以委之于作为法律专家的律师，由他自由选择有关法律技术的诉讼策略和辩护内容，不受被告人意志的限制。此点在

① 赵蕾、雷磊：《李庄案辩护：荒诞的各说各话》，《南方周末》2010年8月12日。
② 同上。

我国《律师职业道德及执业纪律规范》中亦有体现。该法第 27 条规定，为维护委托人的合法权益，律师有权根据法律的要求和道德的标准，选择完成或实现委托目的的方法。因此，在涉及专业知识和技能的决策，有关案件和证据的法律评价，律师应当享有充分的决定权。

对关系到被告人重大"权益"的选择，律师不应越俎代庖，而应由被告人自己决定。在我国刑事诉讼中，伴随着诉讼程序的当事人主义改革，作为诉讼主体的被告人不仅享有程序的申请权、参与权，还享有对实体权利和程序权利的处分权。例如，被告人承认有罪或不认罪、是否愿意进行刑事和解，关系到他是否进入普通程序简易审或刑事和解程序，并直接影响其定罪和量刑。被告人对其重大实体、程序权利的处分权，应当优先于律师的辩护权，这主要是由以下两个事实决定：一方面，被告人是刑事诉讼中不利后果的承担者，与案件结局有着切身的利害关系。对于那些可能影响其重大实体权利的事项，应当由被告人决定。同时，被告人作为诉讼主体，应当享有充分的程序决定权，不应由律师的职业判断来取代其诉讼主体的选择，更不应沦为律师实现其社会职责的工具。另一方面，对于何种选择会产生最有利于被告人的后果，律师的判断也未必正确。即使再高明的律师，也无法取代法官的判断，准确预测判决的结果。在涉及被告人利害关系的重大事项中，律师若不能保证其最大限度地维护被告人的合法权益，就绝不应将个人的专业判断置于被告人的意愿之上。美国联邦最高法院在其判决中已表明了相似的立场，许多问题的决定权，例如，是否放弃辩护、是否自愿认罪、是否放弃陪审审判、是否作证、是否上诉，只属于被告人本人。辩护人可以就上述问题向被告人提出建议，但决定应由被告人自己做出。除上述基本权利之外，美国最高法院则认为辩护人的日常辩护活动应由自己负责。[①] 对关系被告人重大实体、程序权利的事项，在被告人做出选择前，辩护律师应当向其提供充分的法律咨询意见，但不得以己之见取而代之。因为这些权利的行使，代表了被告人对何种选择更为符合自身利益的基本判断。

三、无罪与有罪辩护共存的外部制度原因

如果仅将问题的讨论停留在律师职业伦理的层面上，指责律师辩护权对被告人的自决权的侵犯，我们无疑忽略了潜伏在问题背后的深层原因。在刑事诉讼中，当被告人是否有罪难以确定时，本应遵循"疑罪从无"的原则，在我

---

① ［美］F. 费尼：《刑事辩护的伦理道德问题——美国的经验与教训》，郝红宇译，《外国法译评》1998 年第 2 期。

国的《刑事诉讼法》中亦有具体规定，即法庭在证据不足、不能认定被告人犯罪时，应作出无罪判决的规定。可见，被告人"罪疑"时，对于辩方最为有利的诉讼策略是作无罪的辩护，但司法实践中的情形却正好相反。无罪和有罪辩护在法庭上的共存，大多都是基于获得有利于被告人判决的现实考虑。被告人突然改变陈述，或是辩护人坚持自己的立场，都是相信自己的选择有利于被告人的利益。在一些案件中，辩护律师作出相反的辩护还获得了被告人明示或默示的认可。① 此种怪现状的出现，主要根源于我国刑事司法制度对辩护权的外部限制：

其一，实践中无罪判决的稀缺，导致了作无罪辩护的风险极大，致使辩方难以放弃有罪陈述或辩护带来的刑罚利益。在司法实践中，刑事案件的无罪判决率低到令人震惊的程度。2008 年，全国法院审理刑事案件被告人共计1008677 人，其中被宣告无罪的仅 1373 人，仅占所有被告人的 0.13%。2009年，全国法院审理刑事案件被告人共计 997872 人，其中被宣告无罪的为 1206人，占总数的 0.12%。② 对于如此渺小的胜诉几率，那些熟谙实务的律师根据其经年累月的经验，对普通的案件通常不会冒险去作无罪辩护，反而认为，通过提出被告人罪轻或者减轻、免除其刑事责任的材料和意见，才是最大限度地维护其利益。同样，被告人在对作出无罪辩护的预期非常小的时候，也面临着不认罪很可能获得较重刑罚，而认罪却能获得从轻量刑的艰难抉择。在法庭审判的巨大压力和公诉人的说服教育之下，被告人极易突然改变供述，转而承认有罪。尤其那些引起公众关注的刑事案件，更是如此。③

我国刑事司法中的低无罪判决率，并不意味着追诉和审判的高精准度，而是与公检法流水式作业④的诉讼结构和相互配合的工作机制密切相关：一是处于流水线最末端的法庭难以推翻追诉机关对案件的有罪定性。由于证人出庭难以实现，法庭缺少独立发现事实的手段，审判不得不严重倚赖侦查机关移送的

---

① 中广网：《一女子涉嫌非法经营不认罪，律师作有罪辩护》，http：//www. cnr. cn/zhfw/xwzx/zhxw/200706/t20070622_ 504496776. html（2010 年 8 月 23 日访问）。

② 参见《2009 年全国法院审理刑事案件被告人判决生效情况统计表》、《2008 年全国法院审理刑事案件被告人判决生效情况统计表》，数据来源于最高人民法院网站。

③ 在 2010 年 3 月的央视大火案的一审中，即使在庭审过程中，有的被告人对指控有异议，部分律师作了无罪辩护，但在最后陈述阶段，竟没有一个被告人称自己无罪。朱燕：《央视大火案 21 被告审理结束，部分律师作无罪辩护》，《新京报》2010 年 3 月 26 日。

④ 流水式作业的诉讼构造是指侦查、起诉、审判者三个完全独立而互不隶属的诉讼阶段，犹如工厂生产车间的三道工序。公安、检察、裁判机构在这三个环节上分别进行流水作业式的操作，通过前后接力、互相配合和互相补充的活动，共同致力于实现刑事诉讼法的任务。参见陈瑞华《刑事诉讼法前沿问题》，中国人民大学出版社 2000 年版，第 231 页。

案卷。一个刑事案件一旦被侦查机关做出移送审查起诉的决定后，此案被告人最终就极有可能被定罪。① 二是现行的国家赔偿制度使法院的无罪判决成为确定做出拘留、逮捕决定的公安机关、检察机关和做出有罪判决的一审法院是否应承担国家赔偿责任的重要依据。一旦法庭做出无罪判决，在之前参与诉讼程序的专门机关及相关人员皆会承担追究其责任的不利后果。因此，法院做出有罪判决也面临着强大的外部阻力。三是我国司法实践中每年进行的年终考核是以法庭的判决来评价追诉机关的工作业绩。对侦查部门、公诉部门的业绩考核，法院的有罪判决率是一项重要的指标；而对下级法院的业绩考核，上级法院的改判率和发回重审改判率也是重要标准。公、检、法机关因为与案件的各种利害关系被紧紧捆绑在一起，致使法院做出的无罪判决会严重影响参与诉讼的其他专门机关的利益。因此在司法实践中，面对来自"兄弟单位"的重重阻力和发现真实之手段的缺乏，法院难以做出无罪的判决。这同时意味着不论是被告人还是律师，选择无罪陈述或辩护将承担着巨大的风险。

在一些省市，为防止律师"阻碍"严打任务的完成，司法行政部门对无罪辩护案件进行严格管理，也极大地降低了辩护律师进行无罪辩护的积极性。在严打期间，律师作无罪辩护的案件必须执行集体讨论和专案汇报制度。② 一些律师在总结办案经验时说，对于严打案件，"一旦进行无罪辩护，很有可能会被法官误认为认罪态度不好，从重判刑"，从维护当事人权益的角度，本来可以以"情节显著轻微危害不大的，不认为是犯罪"进行无罪辩护，只能选择"劝当事人认罪"的辩护策略。③ 刑事司法中的"严打"片面追求效率而忽视人权保障的倾向，无疑使本来少之又少的无罪辩护雪上加霜。在渺茫的无罪判决、拒不认罪被从重判刑和认罪获得宽大处理的利益权衡中，辩方内部极易出现一方固守原有观点，一方调整辩护策略的分裂局面。

其二，检察官客观义务和法院职权调取证据在实践中流于形式，有利于被告人的证据只能由辩方提出，这就迫使被告人和律师在辩护上形成分工。

对辩护律师在法庭上截然相反的辩护，被告人的态度往往是认同、默许或是放任。这是因为，在难以获得无罪判决的情形下，律师的有罪辩护或许是向法庭揭示被告人从轻情节的唯一途径。尽管依据刑事诉法的规定，检察官肩负

---

① 熊秋红：《冤案防范与权利保障》，《法学论坛》2010 年第 4 期。

② 律师首先应将案件提交律师事务所集体讨论，并向司法局和律协等相关单位进行专案汇报，听取指导意见。参见无锡市司法局、无锡市律协于 2002 年 3 月 31 日颁布的《关于进一步加强我市律师在"严打"整治中刑事辩护工作的意见》。

③ 《钟×章等涉嫌开设赌场案结案后感：有罪辩护——中国式辩护的最佳选择》（王思鲁律师办理案件材料），http：//www．jylawyer．com/ShowArticle．aspx？ArtId＝1628（2010 年 8 月 23 日访问）。

着全面调查证据的客观义务，法院也可以依职权调查核实证据，但在司法实践中，除了辩方自己，往往没有其他机关能够主动关注有利于被告人的证据。

检察官客观义务是指检察官应依法保持客观公正的立场，不偏不倚地履行职能，既要注意不利于被告人的事实和法律，也要注意有利于被告人的事实和法律。检察官客观义务不仅是联合国刑事司法准则确认的一项准则，而且在我国刑事诉讼法中也有充分的依据。我国刑事诉讼法第 43 条要求检察人员应当收集证实被告人有罪或者无罪、犯罪情节轻重的各种证据，并在第 37 条规定，辩护律师可以自行调查取证，也可以申请人民检察院收集、调取证据。但在司法实践中，侦诉机关往往疏于收集和保全有利于被告人的证据，更不用说在法庭审判中主动提出被告人罪轻、免除刑事责任的证据。同时，由于 1996 年刑事诉讼法修订时，为强化庭审的对抗性，引入了折中的起诉状一本主义，检察机关移送给法院的证据仅包括"证据目录、证人名单和主要证据复印件或者照片"。也就是说，即使检察机关掌握了有利于被告人的证据，这些证据也无法经由控方移送而出现在法庭上，进入审判者的视野。

我国刑事诉讼法要求法院以事实为根据、以法律为准绳进行审判，因而也赋予了法官依据职权调查证据的权力。但根据我国刑事诉讼法第 158 条的规定，法院主动调取证据的范围仅限于"有疑问"的证据，这就将庭外调查证据的范围限于可能影响事实认定的证据，而将有利于被告人的自首、立功、悔罪等从轻证据排除在外。

有鉴于上述种种不能，对于罪疑案件，辩方内部出现了在辩护上的分工：被告人承认有罪，从而构成从轻情节，将被判处无罪的希望寄托于律师的无罪辩护；抑或被告人不认罪，但由律师对其罪轻情节予以揭示。在我们批判辩方暧昧不清的立场时，也应清楚地认识到，它正反映了辩护权在制度上孤立无援的虚弱状态。

四、无罪与有罪辩护共存的小利与"大弊"

不可否认，无罪与有罪辩护共存是辩护权在外部制度的挤压下，在夹缝中生长的一种辩护模式。被告人和律师分别作出有罪和无罪的陈述或辩护，虽然可能取得有利于被告人的诉讼效果，但也极可能将被告人陷于更为危险的处境。无罪与有罪辩护无非有两种情形：一是被告人不认罪，律师作出有罪辩护。在此情形下，律师的有罪辩护可能抵消被告人无罪辩护的效果，致使法庭自始就心存疑窦，难以对被告人无罪形成内心确信。二是被告人无奈选择认罪，由律师作出无罪辩护。尽管刑事诉讼法强调"重证据，重调查研究，不轻信口供",但长期以来,我国司法实践中不论追诉机关还是审判机关,都极为重视口供的证明力。对于罪疑案件,被告人都认罪了,法院也正好得以"疑罪从有",依据口供获得内心确信。这样一来,被告人获得无罪判决的希望也就更加渺茫。司法实践也表明,一些选择无罪与有罪的辩护策略的被告人,最多也不过是获得免予刑事处罚的有罪判决。① 简言之,无罪与有罪辩护共存可能有利于被告人,但也很可能造成这样的结果:无辜的被告人不能获得无罪的判决。

无罪与有罪辩护共存的辩护模式不但不能保证实现个案中被告人的利益,从长远来看,也会危害辩护制度的健康发展。在无罪还是有罪的重大事项上,律师不受任何限制地做出独立于被告人的选择,这样的辩护方式充分反映了现今律师辩护权的过度膨胀。且不论在职业道德和素质良莠不齐的律师队伍中,一些律师会误导当事人而草菅人命,即便是高明的律师基于善意作出有悖于被告人意愿的辩护,无罪与有罪辩护模式也有违于法治国家的基本理念:在任何法治国家,即使律师群体代表的是社会精英,也无法容忍让律师个人的职业判断取代制度的保障。

选择有罪和无罪辩护共存,虽是无奈之举,却也从根本上助长了"宁枉勿纵"的思想和司法流弊。凡受刑事控告者,在未依法证实有罪之前,应有权被视为无罪。② 无罪推定原则为各法治国家刑事诉讼程序普遍采纳的基础原则,其中的合理内核也为我国刑事诉讼法第 12 条所吸收。根据无罪推定原则以及由其引申的疑罪从无规则,对于无法经过证明并获得确信的犯罪事实,应做出无罪的判决。我国刑事诉讼法所明确承认的这些原则和程序规范,皆反映了相对于惩罚每一名罪犯,刑事诉讼法更倾向于保障无辜的价值选择。尽管无罪推定原则和疑罪从无的规则仅约束作为裁判者的法官,但"宁纵勿枉"的刑事诉讼理念却是每一名法律职业者所应遵循的训诫。辩护律师对罪疑的被告人,在轻易地选择"自以为"有利于某名被告人的有罪辩护时,也正在屈服于"宁枉勿纵"的思想和司法流弊,无形中成为恶化中国司法环境的帮凶。

五、结语:追求程序的完善和制度的改变

无罪与有罪辩护共存之怪现象的解决,首先是一个有关律师伦理的问题,

---

① 参见樊辉《被告人自愿认罪而适用普通程序,辩护人可否作无罪辩护》,http://chinalnn.com/Html/Article/Class77/Class83/83_246684.html(2010 年 8 月 22 日访问)。高胜科:《央视大火案一审宣判》,http://www.caijing.com.cn/2010-05-10/110436591.html(2010 年 8 月 22 日访问)。

② 《公民权利和政治权利国际公约》第 14 条第 2 款。

即辩护律师与被告人在有罪或无罪辩护方向上产生分歧时，应当如何处理。对于此类涉及法律技术的问题，法庭审理程序的完善即可解决。在法庭审理中，律师与被告人分别作出有罪和无罪的陈述或辩护之时，律师可要求法庭暂时休庭，以便与被告人进行沟通和交流，以求获得辩护意见的协调。但经沟通双方仍各持已见时，被告人对其实体权利和程序权利享有的处分权，优先于律师的辩护权。也就是说，被告人有权决定辩方整体的辩护方向。倘若律师无法接受，可主动解除委托关系，而被告人可另行委托辩护人，法庭审理延期进行。

　　倘若律师并未提出休庭请求，坚持作出有悖于被告人陈述的辩护，必然会影响被告人无罪或有罪陈述的诉讼效果，损害被告人的自决权。鉴于被告人在法律知识方面处于劣势，理应获得更多的程序保障。此时应当课以法庭主动制止律师继续辩护的义务，且询问被告人是否需要短暂休庭与其律师沟通，告知其若最终仍和律师意见相左，可根据刑事诉讼法第 39 条拒绝律师继续为他辩护，也可以另行委托辩护人辩护。

　　要使无罪与有罪辩护共存之怪现象消失，辩护律师与被告人的辩护权形成合力，不仅需要完善程序规范，更应着力于制度环境的改善。就诉讼结果而言，无罪与有罪辩护的辩护策略不论是有利于被告人的利益，还是不利于被告人的利益，都只是一种"可能性"而已。如果在一国的刑事司法制度内，辩方只能将被告人的生命、人身自由和财产等基本权利付诸某种诉讼策略的可能性，无疑是一个制度性的悲剧。悲剧的根源不是因为我们在理论上认识不足、不在于法律缺乏无罪推定和疑罪从无的规定，而是在"控制犯罪"的强大指挥棒下，公、检、法等职权机关皆已被牵涉进抵制"无罪判决"的利害关系群体中。

刑事人身检查之性质探析

王志刚*

内容摘要 刑事人身检查（以下简称"人身检查"）是一种常用侦查措施。从实施范围看，人身检查既包括对被检查人身体外表特征与身体内部的检查，也包括对被检查人身体样本的采集；从基本属性看，人身检查则兼具任意侦查与强制侦查的双重属性；从与其他相关刑事诉讼措施的关系看，刑事人身检查则既有别于人身搜查，又区别于刑事勘验或鉴定，具有鲜明的独立性特征。本文从上述三个角度对这一措施的性质进行了全面分析。

关键词 刑事人身检查 范围界定 基本属性 关系辨析

人身检查又称为身体检查、活体检查，是指刑事诉讼过程中，侦查人员为了确定被害人、犯罪嫌疑人的相貌、肤色、特殊痕迹、伤害部位和程度、智力发展和生理机能等情况，依法对其人身进行检查的一种活动。这项措施在给刑事案件侦查带来便利的同时，也给公民权益带来威胁。由于人身检查是直接针对人的身体所实施，因而它对公民隐私权、身体权等权利所造成的威胁又比其他侦查行为更为明显。我国现行刑事诉讼法关于人身检查的相关规定简单且粗疏，明显滞后于实践发展的需要，立法供给的不足使得这一措施在实践运行中出现了一系列问题。因此，对人身检查之性质进行全面分析，既可深化对这项措施的理论认知，也有助于推动其在法律层面的进一步完善。

一、人身检查的范围界定

人身检查中的"人身"究竟指的是身体表面还是身体内外？对"人身"的检查仅仅是表征查看抑或包括对身体样本的采集？其实施范围如何把握？由

---

* 2010 年 7 月至今，在重庆大学法学博士后流动站从事刑事法学专业博士后研究工作。

于现行立法过于简单，上述问题并未得到明确，而现有的司法解释或学理解释也对其缺乏进一步厘定，范围界定的模糊在客观上造成了我国目前司法实践中对于各种人身检查手段不加区别地类推使用。① 随着科学技术的发展，人身检查措施的实施方式将更加多样化，② 因此有必要对人身检查的范围进行分析和界定，这样不仅有助于从学理上深化对其认识，也有利于从立法上对其进行合理设置。

（一）人身检查的立法模式

从当前世界主要法治国家和地区的立法情况来看，人身检查范围的界定与该国或地区的立法对于人身检查这一措施的规定具有直接关系，而概括来看，目前主要有这样几种界定方式。

1. 搜查模式

这种模式是指将人身检查作为搜查的一种特殊形态在立法中进行规定，以美国为代表。在美国，搜查的范围包括人身、住宅、文件和财产，③ 自美国联邦最高法院 1966 年在 Schmerber v. California④ 案的判决中明确"抽血检测行为"构成美国联邦宪法第四修正案所规定的"对身体的搜查"之后，美国联邦最高法院又通过一系列判决明确了提取指纹、毛发、体液、呼吸样本等身体样本以及通过手术获取体内物证行为的搜查性质。⑤ 至此，美国刑事诉讼中的人身检查（physical examination）成为一个范围非常广泛的概念，作为一种特殊类型的搜查行为，它既包括体表检查（strip body search）、身体腔穴检查（body cavity search）、进入身体内部进行的检查（bodily intrusion examination），又包括提取身体样本的检查（bodily sample search）⑥ 等。

---

① 在目前司法实践中，从体表查验到 X 光机照射、从提取指纹到抽取体液，我国侦查机关的权力来源都是现行法律关于人身检查规定中的概括授权，尽管不同人身检查方式的强度不一、对被检查人基本权利的侵害程度也不同，但在启动门槛、审批程序等方面，我国现行法律并未作出区别性规定。

② 除了目前比较常见的体表检查、提取指纹、抽血、采尿之外，国外实务上已经出现了很多引发争议的人身检查手段，比如开刀取出子弹、穿刺抽取脊髓液、脑室充气术、测量男性生殖器反应的检测术、施以催吐剂取出胃容物或取出胃液等，参见林钰雄《刑事诉讼法》上册，中国人民大学出版社 2005 年版，第 331 页，脚注 82。

③ Wayne R. Lafave, Search and Seizure: A Treatise on the Fourth Amendment, 4th ed, West Group Publishing, 2004, p. 2.

④ Schmerber v. California, 384 U. S. 757 (1966).

⑤ See Michael G. Rogers, "Bodily Intrusion in Search Of Evidence: A Study in Fourth Amendment Decision Making", 62 Ind. L. J. 1181, 1199 (1987).

⑥ William J. Simonitsch, "Visual Body Cavity Searches Incident to Arrest: Validity Under The Fourth Amendment", 54 U. Miami L. Rev. 665, 669 (2000).

2. 勘验、鉴定二分模式

这种模式是指人身检查分别被作为勘验和鉴定措施在立法中进行界定，其以日本和我国台湾地区为代表。在日本，勘验、鉴定都属于验证核实证据的方法，由于勘验和检查程序中都涉及对人身体的检查，而其方式又存在差异，因此这种模式下的人身检查又被分为"勘验中的人身检查"和"鉴定中的人身检查"。"勘验中的人身检查"是指用五官对人身的状态进行认识，① 即对身体表征和伤害状况的检查；"鉴定中的人身检查"则是指采集血液、胃液等体液，皮肤片、指甲等身体组织器官的一部分进行的检查。② 和日本立法体例相似，我国台湾地区的旧"刑事诉讼法"以及 2003 年修订的新"刑事诉讼法"也将人身检查分别规定于勘验和鉴定的章节③。

3. 独立形态模式

这种模式是指人身检查被作为一种独立措施在立法中进行规定，其以德国为代表。德国刑事诉讼法将人身检查与拘提、逮捕、羁押、搜查、扣押等传统形态的侦查行为进行了并列规定，并以被检查者为对象划分了对被追诉人的人身检查和对第三人（被害人、证人及其他人员）的人身检查。人身检查被界定为"包括探知被告身体本身的状态或特征，提取血液、胃物、尿液等组织成分、取出体内的异物以及检查被告精神状况等在内的身体检查处分"④。

（二）我国人身检查范围的界定

从以上分析可看出，我国现行刑事诉讼法对于人身检查的规定方式大体可划归上述第三种模式，即"独立形态模式"。这种将人身检查作为一种独立侦查行为进行界定的模式比较清晰，便于对人身检查措施集中规定，避免了将人身检查界定为搜查或分散规定于勘验、鉴定中所带来的授权基础不明、实体要件不一、判断界限模糊这种"空泛而破碎"⑤ 之弊端。但如上所述，我国立法所规定的人身检查之范围如何界定？对此我国理论界存在不同理解，概括来看，主要有两种观点：第一种观点认为人身检查仅是对被检查人身体外表特征的检查，并不包括内部检查以及对身体样本的采集，身体采样与人身检查存在

---

① ［日］松尾浩也：《日本刑事诉讼法》上卷，丁相顺译，中国人民大学出版社 2005 年版，第82、83 页。

② 同上书，第 84 页。

③ 参见林钰雄《刑事诉讼法》上册，中国人民大学出版社 2005 年版，第 331 页。

④ ［德］克劳思·罗科信：《刑事诉讼法》（第 24 版），吴丽琪译，法律出版社 2003 年版，第317 页。

⑤ 林钰雄：《干预处分与刑事证据》，台北元照出版公司 2008 年版，第 59 页。

区别，因而主张对人身检查与强制采样分别进行立法规定；第二种观点则认为人身检查既包括对被检查人身体外表特征检查与身体内部的检查，也包括对被检查人身体样本的采集，即人身检查与身体采样之间是一个种属关系。

笔者同意后一种界定方式，理由在于：

第一，从立法的目的看，身体采样是人身检查的应有之义。我国现行刑事诉讼法第105条第1款对人身检查的目的作出了明确规定，即人身检查是为了"确定被害人、犯罪嫌疑人的某些特征、伤害情况或者生理状态"。尽管刑事诉讼法并未对上述内容进一步界定，但从相关规定可知："特征"是指被害人、犯罪嫌疑人的体表特征；"伤害情况"是指伤害的位置、程度、伤势形态等；"生理状态"是指有无生理缺陷以及各种生理机能等。[1] 由上述立法不难得知，人身检查之目的在于通过对被检查人身体状态、性质、机能等查验，达到查明案件事实的目的。而欲实现上述目的，需要一系列检查手段的综合应用才能完成，因此无论体表查看、身体采样或者内部探查，都是人身检查的不同手段，其目的具有同一性。

第二，从域外立法来看，身体采样也大都归属于人身检查范畴。美国将人身检查视为搜查的一种，其范围既包括体表检查（strip body search）、身体腔穴检查（body cavity search）、进入身体内部进行的检查（bodily intrusion examination），又包括提取身体样本（bodily sample search）。[2] 而德国的人身检查既包括体表查看、毛发采集等"非侵入式检查"，又包括抽血、抽取脊髓液、手术取证等"侵入式检查"[3]，而"用抽血实验所取得的基因分析结果，如果是用来确认行为人的身份，亦属身体检查的范畴"[4]。日本尽管将人身检查分为鉴定性人身检查和勘验性人身检查两种，但并不影响我们对其人身检查范围的理解：勘验性人身检查是指用五官对人身的状态进行认识，[5] 即对身体表征和伤害状况的检查；而鉴定性人身检查则是指对血液、胃液等体液以及皮肤片、指甲等身体组织的采集和检验，[6] 可见其人身检查的范围也相当宽泛。我国台湾地区旧"刑事诉讼法"以及2003年修订的新"刑事诉讼法"中除了对身体

---

[1]　参见《人民检察院法医工作细则》（1988年1月28日起施行）第13条。

[2]　See Simonitsch, supra note 6, at 665—69.

[3]　[德] 克劳思·罗科信：《刑事诉讼法》（第24版），吴丽琪译，法律出版社2003年版，第317—323页。

[4]　参见张丽卿《验证刑事诉讼的脉动》，台北五南图书出版公司2004年版，第153页。

[5]　[日] 松尾浩也：《日本刑事诉讼法》上卷，丁相顺译，中国人民大学出版社2005年版，第82—83页。

[6]　同上书，第84页。

表面的勘视性检查进行明确之外，也都对于人身检查的范围作了比较明确的列举性规定①。

第三，从立法技术角度来讲，新设置一种侦查行为不利于实践操作。客观而言，我国现行人身立法的主要缺陷在于程序规范的缺失以及对人身检查技术发展（如 DNA 检测）应对的迟滞，而并非立法目的之明确，实践部门在案件侦查中也已习惯于将提取指纹、脚印，采集血液、尿液等行为理解为人身检查，因此若增设一种新型的侦查行为——"强制采样"，客观上会增加一线侦查人员的认识难度，影响这一措施的实际操作效果。因此，笔者主张将与人的身体有关的检查行为归为人身检查的范畴之内，然后在此前提下规范实施程序，以便于实践操作。

二、人身检查的基本属性

从基本属性看，侦查行为可分为强制侦查行为和任意侦查行为两种类型，不同的归类将享受不同的"司法待遇"：如果属于强制侦查行为，其适用要受到严格限制；② 如果属于任意侦查行为，则侦查机关无须特别授权就可自行实施。

（一）强制侦查与任意侦查的区分标准

强制侦查与任意侦查的区分发源于日本，就二者之区别而言，在日本主要有以下三个判断标准：①"直接有形力标准"，即以实施措施一方的手段为标准来进行判断，如果行使了直接强制的有形力，就是强制措施，反之则是任意措施③。②"压制意志标准"，即以是否压制个人意志为标准，只有压制个人意志并限制身体、住所、财产的行为才是强制措施，否则就是任意措施④。③"侵犯权益标准"，即以受处分措施一方受到侵犯的标准来判断是否是强制措施，而不考虑是否采用了强制力⑤。上述标准都从不同角度体现了强制侦查与任意侦查的区别，但也各有缺陷，"直接有形力标准"回避了强制手段的多样性，并且它也无视一些侦查行为虽然没有直接实施物理有形力的强制，但可能对公民的基本权益造成重大伤害的事实，因此此标准并不合理；"压制意志

---

①　参见我国台湾地区"刑事诉讼法"第 205 条。
②　参见孙长永《强制侦查的法律控制与司法审查》，《现代法学》2005 年第 5 期。
③　［日］田口守一：《刑事诉讼法》，刘迪等译，法律出版社 2000 年版，第 76 页。
④　同上。
⑤　同上书，第 30 页。

标准"忽略了对公民权益的侵犯这一基本要素的考量;"侵犯权益标准"忽视了个人对自身利益的自治性。①

我国有学者提出了"强制性侵权"与"个人自愿性"双重要素的认定标准,并指出,"强制侦查与任意侦查是根据侦查行为是否由相对人自愿配合为前提而对侦查行为所作的分类。任意侦查指不采用强制手段,不对相对人的生活权益强制性地造成损害,而由相对人自愿配合的侦查……强制侦查指为了收集或保全犯罪证据、查获犯罪嫌疑人而通过强制方法对相对人进行侦查……"② 笔者赞同这种区别方式,主要原因在于:对强制措施实行法定主义和令状主义的根本原因就在于强制侦查行为之本质在于强制性地侵犯公民基本权利,如果这种侦查措施不得不实行之时,就需要对其进行严格约束,以防止侦查机关滥用。而任意侦查措施之所以允许宽松使用,③ 原因在于其基本不侵犯或者只是轻微侵犯公民的权利。此外,基于个人意思自治原则,公民个人拥有对自身利益的处理权,因此个人的自愿性毫无疑问也是必须要考虑的一个标准。

(二) 人身检查行为的双重属性

按照上述划分标准,人身检查在表面上带有鲜明的强制侦查行为特征④,但笔者认为,若将人身检查笼统的归入强制侦查行为也失之片面,从"强制性侵权"角度来看,人身检查其实兼具强制与任意的双重性质:当提取指纹、毛发、唾液等"非侵入式检查"时,由于对被检查人基本权利侵害程度较低,应当认定为任意侦查行为;当采用抽血、体内采尿、抽取脊髓等对公民基本权利侵害较大的措施时,由于对公民基本权利的侵害程度较大,则应当认定为强制性侦查行为,对其实施提出更高要求。

德国有学者指出,"身体检查处分,原则上得经由同意而免除干预的授权,亦即被告若是自愿性同意进行身体检查者,除非所涉及的是特别危险的检查或违反公序良俗,否则,原则上国家机关可以不用依照法定的干预程序来进行身体检查处分"⑤。这种观点指出了个人自愿放弃权利对侦查机关程序义务

---

① 参见李明《监听制度研究——在犯罪控制与人权保障之间》,法律出版社 2008 年版,第 26—27 页。

② 孙长永:《侦查程序与人权:比较法考察》,中国方正出版社 2000 年版,第 24 页。

③ 任意侦查也不是完全随意的、自由的侦查,也要受必要性、紧急性和相当性的限制,但它一般由侦查机关自我决定、自主进行,因此侦查机关对其运用相比强制侦查之运用更为自由。

④ 参见杨雄《刑事身体检查制度的法理分析》,《中国刑事法杂志》2005 年第 2 期。

⑤ 转引自林钰雄《干预处分与刑事证据》,第 89 页。

的卸除，但这种同意是否就会改变此种人身检查的强制侦查属性？

笔者认为，被检查人的"同意"一般情况下是可以改变其强制侦查行为的属性，但是对于被检查人侵害较大的人身检查措施，比如，通过外科手术方式进行的人身检查，并不会因为被检查人的同意而改变其属性，即使被告人同意进行此种方式的人身检查，侦查机关仍需承担法律对强制侦查所要求的程序义务。如德国在立法中即体现了这种精神，对公民权利侵害较大的人身检查措施（如抽取脑、脊髓液）的使用采用"绝对法官保留原则"，即不因被检查人同意而免除对侦查机关的司法审查。①

三、人身检查与相关刑事诉讼措施的关系

（一）人身检查与人身搜查

所谓搜查，是指"侦查机关为发现犯罪证据、查获犯罪人，对嫌疑人以及可能隐藏犯罪证据或嫌疑人的其他人的身体、物品和其他有关场所进行搜索、查看的一种侦查行为"②。

对于人身检查和人身搜查的关系在不同的国家和地区存在不同的理解。在美国，人身搜查与人身检查是一个种属概念，人身检查是人身搜查的一种特殊形态，但从现有收集资料情况来看，除美国外，其他大多数国家和地区的立法都对人身检查与人身搜查进行了区别，而且大都是依据"目的"以及"实施方式"两种方式进行区别。

以"目的"为标准的区分方式强调：对人身进行搜查的目的在于寻找藏匿在身体表面、随身衣物（含外衣、内衣）或身体自然开口（含口腔、耳穴、肛门在内）的证物，通常该证物属于身体之外的"异物"，并不属于身体自然状态的一部分，而且实施上述搜查不需要动用医疗辅助器材；而人身检查则是以身体本身的物理性质、状态作为证据目的的刑事诉讼措施。我国台湾学者林钰雄在指出人身检查与人身搜查的区别时即是以上述标准进行界定③。

以"实施方式"为标准进行的区别方式则认为以身体为对象的搜查只能限于人的身体表面，所有进入人"体内"的措施，尤其是必须以医疗器材辅助才能进行的措施，比如抽血、开刀、插入内窥镜等，都属于人身检查而非搜

① 转引自林钰雄《干预处分与刑事证据》，第69页。
② 孙长永：《侦查程序与人权：比较法考察》，第93页。
③ 参见林钰雄《干预处分与刑事证据》，第21页。

查，德国理论界通说即采用这种观点。例如，德国学者克劳斯·罗科信指出，人身搜查是指对身体的表面或在身体的自然状态下的凹窝及开口进行检查；人身检查除上层含义外，还包含着对身体之特定程度下之侵害，例如，为确认血液中酒精含量、腰部穿刺术等所做的抽血。① 但这种观点主要考虑了人身检查与搜查所侵犯公民基本权的种类、方式以及范围的不同，对于实施目的却并未考虑。

上述两种区别方式都有其局限性。前一种方式对藏匿于"体内的"异物（如体内藏毒）则难以提供合理的解释，如果以这种观点，包括开刀取子弹、灌肠或以催吐剂取出证物、鸭嘴钳取出体内毒品的行为，都有可能划归为搜查的范畴。但是，这些侵犯身体健康权和完整权的手段并不是典型的搜查行为，也不是立法者设定搜查要件时所考虑的要素，而保护公民免受不合医学规则的身体健康的侵犯却正是人身检查措施的特殊性及其实施要件所考虑的重点所在。第二种方式也存在不足之处，比如，寻找犯罪嫌疑人藏匿于头发内的毒品予以扣押与采集犯罪嫌疑人头发以供鉴定比对，两者虽然都是在身体"表面"进行，并且都会附随暂时性的限制自由，但是二者却存在较大区别。

笔者认为，可以采用一种"目的"与"方式"相结合的判断标准，也即"目的"为主要判断标准，所有以身体本身的物理性质、状态作为证据目的而进行的查看、采集及检测的措施，都属于人身检查。此外，除"目的"外，尚需考虑实施的手段，如需采用抽血、插入医疗器材（如内窥镜）等穿刺性手段在内的所有对人身体内进行的措施，则应该属于人身检查。

（二）人身检查与勘验②

人身检查与勘验存在许多相似之处，在我国，勘验和人身检查的法律地位和性质是相同的，但适用对象却有所区别。我国大多数学者认为勘验的对象是与犯罪有关的场所、物品、尸体等在性质上属于"死"的事物，检查的对象是与案件有关的"活人"的身体，正是在这个意义上，检查具有"人身检查"之特定含义。③ 笔者赞同大多数学者对于勘验和检查内涵的界定方式，理由在于：犯罪有关的场所、物品、尸体，在性质上都属于"死"的事物，本身不

---

① ［德］克劳斯·罗科信：《刑事诉讼法》（第 24 版），第 317 页。

② 需要特别说明的是：由于我国现行刑事诉讼法将人身检查作为与勘验、鉴定相并列的一种独立侦查行为，因此在此前提下讨论人身检查与勘验和鉴定界限与区别具有现实意义。但若置于将人身检查分散规定于勘验、鉴定之中的国家和地区（如日本和我国台湾地区）讨论，由于其对于人身检查性质的理解与我国有所差异，因而本文在此所得出之结论对其可能未必适用。

③ 参见樊崇义《证据法学》，法律出版社 2001 年版，第 164 页。

能作为具体权利义务的主体，一般只能作为权利义务的客体存在。在勘验过程中，主要是对于与犯罪有关的场所、物品、尸体有权利义务的相对人合法权利的保护，三类对象在这点上具有相同的性质。人身检查则不同，人身既是权利义务的主体，也是权利义务的客体，只要实施人身检查，必然就会侵犯相对人的人身权及由此衍生出的其他合法权利，因此在程序设置和实施方法上，人身检查的使用必须更为谨慎，将其单独规定更有利于对被检查人权利的保护。

（三）人身检查与鉴定

人身检查与鉴定也有许多相似之处，其与鉴定的竞合之处在于人身检查之中的采样检查。笔者认为，人身检查和鉴定是彼此独立的两种侦查行为，二者存在明显区别：其一，二者实施目的不同。人身检查以为鉴定等诉讼工作提供可对比性材料等为目的；鉴定则是对已经收集到的证据进行检验核实，鉴定人只需要做出客观准确的鉴定结果，无须对案件作推理判断。其二，二者实施主体不同。鉴定不仅适用于侦查阶段还适用于审判阶段，其实施主体具有中立性，并非侦查人员；而人身检查尽管在大多数情况下是由医生执行，但对于是否实施人身检查措施，仍然是以侦查人员是否建立了合理的怀疑或可能事由为根据来进行判断，强制力也来自于侦查人员。此外，根据回避原则，侦查人员和作为诉讼参与人的鉴定人员又是不能兼容的两种角色。由此可见，鉴定和人身检查是两种不同措施，采用人身检查获取身体样本进行鉴定时，二者是一种目的与手段的关系，也即鉴定是目的，人身检查是为了获取鉴定材料、达到鉴定目的的手段。人身检查措施所包含的私权与公权的价值冲突主要体现在强制检查的正当性根据以及实施方式的适当性、必要性上，而非鉴定的具体模式和规则。

综上可知，人身检查是一种兼具强制侦查与任意侦查之双重属性的特殊侦查行为，其既有别于搜查，也有别于勘验和鉴定，具有鲜明的独立性特征。

非法证据排除规定面临的四大问题

韩 旭[*]

内容摘要 "两院三部"联合发布的《关于办理刑事案件排除非法证据若干问题的规定》已经实施，虽然实施的效果仍有待观察，但是"规定"自身存在的若干技术性问题使得我们对排除规则的实施效果不乐观。排除规定主要面临四大问题：一是非法言词证据的内涵外延不明确；二是对"二次自白"的排除没有作出规定；三是"毒树之果"规则缺失；四是非法言词证据排除后能否重新取证问题不明确。上述任何一个方面都足以使排除规则在实施中大打折扣，甚至面临着整体被规避或被架空的危险。对此，我们应当给予足够的重视。

关键词 非法言词证据 二次自白 毒树之果 重新取证

经过多年的酝酿，最高人民法院、最高人民检察院、公安部、国家安全部、司法部联合制定的《关于办理刑事案件排除非法证据若干问题的规定》和《关于办理死刑案件审查判断证据若干问题的规定》终于颁布施行。"两个规定"的颁布实施对于防止冤案、保障人权无疑具有重大意义，也显示了中央最高司法机关追求司法公正、提升司法公信力的决心。然而，诸多"重大意义"的实现还有赖于规则在实践中的真正落实。尤其是《关于办理刑事案件排除非法证据若干问题的规定》（以下简称《规定》）在实施中面临的问题可能会更多，遇到的阻力可能会更大，实施的效果可能会更差。在《规定》实施伊始，如果我们能够理性看待非法证据排除《规定》在实施中可能遇到的问题，清醒地认识其未来的实施效果，那么这一研究对推动"规定"的正确实施以及刑事诉讼法再修改关于排除规则的科学构建也许有所裨益。基于

---

* 2009年7月至今在中国社会科学院法学研究所博士后流动站从事诉讼法专业博士后研究工作，现为四川省社会科学院法学研究所副教授。

此，本文拟以非法证据排除"规定"为研究对象，分析"规定"自身存在的若干突出问题及其对实施可能产生的消极影响，在此基础上，提出了实践中应当注意的相关事项。

一、"非法言词证据"的内涵、外延如何界定？

非法言词证据内涵和外延的界定是排除规则得以正确实施的前提。《规定》第一条规定："采用刑讯逼供等非法手段取得的犯罪嫌疑人、被告人供述和采用暴力、威胁等非法手段取得的证人证言、被害人陈述，属于非法言词证据。"表面上看似乎非法言词证据的内涵和外延已经明确了，实则不然。

（一）非法言词证据是否仅限于采用刑讯逼供、暴力、威胁手段所取得？

如果答案是肯定的，那么又该如何理解条文中的两个"等"字？对此可以从以下几个方面作出分析：其一，根据《现代汉语词典》的解释，"等"字用于列举之后有两种相反的含义：一是"表示列举未尽（可以叠用），如京、津等地、纸张文具等等"；二是"列举后煞尾，如长江、黄河、黑龙江、珠江等四大河流"。① 那么"规定"中的"等"字究竟是表示列举未尽还是表示列举后煞尾？在此语焉不详。根据有关学者对我国刑法条文中"等"字的辨析，得出的结论是："等"字均表示列举未尽。② 笔者认为，"两院三部"的"规定"如果也被视为刑事诉讼法组成部分的话，那么刑事诉讼法和刑法尽管是程序法与实体法的关系，但二者在性质上皆属于限制公权力、调整国家与公民个人之间关系的公法范畴，因此应当遵循相同的解释精神，即《规定》中的"等"字也应理解为"列举未尽"。其二，从语义学和日常语言习惯看，如果是表示"列举后煞尾"，通常"等"字前面至少有两项以上的并列内容，否则就没有必要用"等"字煞尾。照此理解，"采用刑讯逼供等非法手段"中的"等"字很难被解释为"列举后煞尾"，而解释为"列举未尽"可能更符合日常用语习惯，因为"等"字前面只有刑讯逼供一项内容。其三，根据刑事诉讼法"存疑作有利于被告人解释"的原则，"存疑"不仅是事实存疑，也应包括对法条理解和适用的存疑，根据该项原则，"列举未尽"的解释显然是有利于被告人的解释。

如果按照"列举未尽"来理解，那么"等"字究竟包含了哪些非法方法？

---

① 参见《现代汉语词典》，商务出版社 1992 年版，第 277 页。

② 参见戴长林、周小军《新刑法条文中"等"字意义辨析》，《法学》1999 年第 7 期。

采用威胁、引诱、欺骗取得的口供以及采用引诱、欺骗取得的证人证言、被害人陈述是否属于非法言词证据而应予以排除？对此可以从两个方面来理解：一是从《规定》与已有司法解释相统一的角度看，非法言词证据不应限于《规定》列举的情形。《最高人民法院关于执行〈中华人民共和国刑事诉讼法〉若干问题的解释》第 61 条规定："严禁以非法的方法收集证据。凡经查证确实属于采用刑讯逼供或者威胁、引诱、欺骗等非法的方法取得的证人证言、被害人陈述、被告人供述，不能作为定案的根据。"《人民检察院刑事诉讼规则》第 265 条规定："严禁以非法的方法收集证据。以刑讯逼供或者威胁、引诱、欺骗等非法的方法收集的犯罪嫌疑人供述、被害人陈述、证人证言，不能作为指控犯罪的根据。"上述的"解释"和"规则"并未因"两院三部"《规定》的实施而失效，它们仍然是具有法律效力的司法解释。二是从最高法院领导的有关报告中亦可得到印证。最高人民法院熊选国副院长于 2009 年 11 月 1 日在中国刑事诉讼法学研究会 2009 年年会上作了《关于我国刑事证据制度的改革与完善》的主题报告，指出"以欺骗、引诱等非法方法获取的证据，也是非法证据"该报告即是针对当时已经定型但尚未出台的"排除非法证据若干问题的规定"的内容所作。[①] 如果认为该报告的内容代表了最高法院对后来颁布的《规定》中"非法证据"的理解与适用，那么采用"威胁、引诱、欺骗"方法获取的言词证据即应被视为《规定》中的"非法言词证据"。最高司法机关也许是认识到了司法实践中的"威胁、引诱、欺骗"的具体情况比较复杂，不能一概而论，因此在《规定》中就采用了"等"字这种模糊处理方法，通过对"刑讯逼供"进行列举的明示方式突出排除以此取得的口供，这既反映出最高司法机关在对非法证据处理上的一种矛盾心态，也反映了《规定》的出台仅是为了遏制刑讯逼供的应急之需，给人一种缺乏统筹考虑和"头痛医头、脚痛医脚"的感觉，是"立法"技术不成熟的表现。

（二）如何理解刑讯逼供的含义？

我国《刑法》第 247 条虽然规定了刑讯逼供罪，但对刑讯逼供的行为方式并未予以明确。2006 年 7 月 26 日《最高人民检察院关于渎职侵权犯罪案件立案标准的规定》首次以司法解释的形式对刑讯逼供罪的行为方式作出规定，刑讯逼供罪被明确为"司法工作人员对犯罪嫌疑人、被告人使用肉刑或者变

---

① 参见熊选国《关于我国刑事证据制度的改革与完善》，载崔敏主编《刑事诉讼与证据运用》第 6 卷，中国人民公安大学出版社 2010 年版。《规定》颁布后，笔者进行了比对，发现该报告的内容与《规定》基本一致。

相肉刑逼取口供的行为"。排除非法证据"规定"中的刑讯逼供行为也许达不到刑讯逼供罪的严重程度，但其客观行为是否与刑讯逼供罪的行为方式相同？也就是能否套用刑讯逼供罪的司法解释即"使用肉刑或变相肉刑逼取口供"？对此，在实际操作中可能存在着不同的认识。如果将"规定"中刑讯逼供取证方法仅仅理解为刑法上的使用肉刑或变相肉刑逼取口供，那么实践中被排除的口供将大大减少，排除规则的实施将大打折扣，不仅不利于遏制违法取证，反而有可能姑息怂恿肉刑以外的其他更残忍、更严重的侵犯人权现象的发生。近年来，随着对刑讯逼供责任人追究和惩罚力度的加大，明目张胆地使用肉刑进行暴力逼供的现象越来越少，取而代之的是对犯罪嫌疑人精神的折磨和摧残，有时这种精神摧残比肉体折磨更令人痛苦，更容易获取口供，且更不易留下"痕迹"。例如，采取疲劳战术，进行长时间的连续审讯（俗称"车轮战"）；熬夜，长时间不让睡觉；服用药物；催眠；等等。因此，对刑讯逼供行为的内涵不能仅仅理解为肉刑或变相肉刑，还应当包括精神折磨和造成精神痛苦的行为。美国《国际百科全书》对"刑讯"下的定义是："刑讯是一种故意使肉体或心理上承受痛苦的体罚。"[①] 我国1986年签署、1988年批准生效的《禁止酷刑和其他残忍、不人道或有辱人格的待遇或处罚公约》（简称《反酷刑公约》）明确"酷刑"的概念为："酷刑"系指为了向某人或第三者取得情报或供状，为了他或第三者所做或被怀疑所做的行为对他加以处罚，或为了恐吓或威胁他或第三者，或为了基于任何一种歧视的任何理由，蓄意使某人在肉体或精神上遭受剧烈疼痛或痛苦的任何行为，而这种疼痛或痛苦又是在公职人员或以官方身份行使职权的其他人所造成或在其唆使、同意或默许下造成的。该《公约》第15条明确规定："每一缔约国应确保在任何诉讼程序中，不得援引任何业经确定系以酷刑取得的口供为证据，但这类口供可用作被控施用酷刑者刑讯逼供的证据。"我国既已加入该公约并批准生效，那么按照"公约必须信守"的国际法原则，我国政府应该切实承担履行公约的义务。国际公约的履行最终需要通过转化为国内法才能得到贯彻落实，如果国内法与公约内容不一致，应当通过修改完善法律，使国内法与国际公约保持一致，当然我国声明保留的条款除外。既然《反酷刑公约》规定的"酷刑"包括了肉体或精神痛苦，并将由此取得的口供予以排除，那么从贯彻落实国际公约的角度看，"两院三部"《规定》中刑讯逼供的内涵也应当理解为肉体折磨或精神痛苦而不仅仅是前者。唯有如此，"规定"的实施才有利于遏制实践中较为隐蔽而又普遍的变

[①] 转引自陈云生《反酷刑——当代中国的法治和人权保护》，社会科学文献出版社2000年版，第28页。

相刑讯逼供行为。

二、"二次自白"应否排除？

侦查实务中，一个普遍的事实是：侦查人员对犯罪嫌疑人的讯问往往不止一次，形成的讯问笔录也不止一份，嫌疑人对同一案件事实作出数份相同或相似的口供。这数份口供既可能是由同一讯问主体制作的，如侦查阶段的办案人员，也可能是由不同的讯问主体制作的，如案件在侦查阶段和审查起诉阶段，分别由侦查人员和检察官讯问制作。如果能够证明最初的口供是采用刑讯逼供等非法手段获取的，那么以犯罪嫌疑人第一份口供为基础、此后在合法的讯问程序下作出若干份相同或相似的口供，就是所说的"重复性自白"。《规定》第2条仅规定："经依法确认的非法言词证据，应当予以排除，不能作为定案的根据。"而对在非法口供的影响下形成的合法口供应否予以排除则没有作出规定。如果仅仅根据上述条文的字面意思理解，既然此后的自白是以合法方式获取的，那么就不应当被视为非法言词证据，也就不存在排除规则的适用问题。但是，如果按照此种理解去执行，非法言词证据的排除将徒具形式。因为，在"二次自白"等重复性自白仍然可以作为定案根据的情况下，即使排除了第一次的非法自白又有何意义？前后两次或多次自白之间的联系并没有阻断，后来的自白表面上看起来是合法的，实际上是第一次非法自白的延续，以后的自白都会在第一次非法自白的阴影下产生，反复性自白的任意性、真实性仍受到怀疑。实践中，很少会出现侦查人员每一次讯问嫌疑人时都对其实施刑讯逼供的情形，更多的情况是在审讯的初期侦查人员对嫌疑人实施刑讯逼供等非法手段取得其自白，一旦有了第一次自白，在此后一系列的审讯中，嫌疑人面对同样的审讯人员很难再作出不同或相反的供述和辩解。因为，嫌疑人在作出第一次自白时已经被侦查人员"驯服"或"打怕"了，其后只能按照先前的口供继续说下去，否则会因"态度不老实"招致更严重的刑讯。犯罪嫌疑人的这种心态可能一直会延续到审查起诉阶段的检察官讯问时，虽然更换了一个讯问主体，但在大多数文化程度不高、法律知识欠缺的嫌疑人看来："他们都是一回事，他们是一伙的。"

容忍二次自白或重复性自白的证据能力，实际上是割裂了事物之间的内在联系，是一种"只见树木不见森林"形而上学的思维方法。允许采纳重复性自白不仅难以从根本上彻底遏制非法取证行为的发生，而且会鼓励侦查人员规避法律，"以形式上的合法掩盖实质上的非法"，从而大大降低非法证据排除规则的实际效用。正是基于此，国外对重复性自白的证据能力原则上都是持否定态度。例如，按照德国联邦最高法院对德国刑事诉讼法典第 136 条 a 中确立的针对非法讯问所得证据的排除规则的解释，被告人所作的陈述只要受到法律所禁止的讯问行为之影响的，即不得作为证据使用。不仅如此，该条款所确立的证据使用禁止具有继续性效力，也就是被告人即使在后来的程序中接受合法的讯问，但只要其陈述仍然受先前违法讯问行为的继续影响时，则该陈述仍然不得作为证据使用。① 日本学者认为："反复自白是根据违法获得的自白中获得的同一内容的自白。是否否定反复自白的证据能力，取决于第一次自白与第二次自白的关联性。第一次自白是对警察作出的，而第二次自白是对检察官作出的，如果第一次自白是根据违法程序获得的，犯罪嫌疑人不知道欠缺证据能力，那么第一次自白的违法性波及第二次自白，第二次自白也予以排除。"② 日本的判例也是否定反复自白的证据能力。判例指出，在警察局用暴力进行带有肉体痛苦的讯问所获得的自白，没有任意性；此后向预审人员和检察人员供述的自白，无法断定这种自白是受前一阶段警察长期不法关押的影响还是由逼供获得的自白，应当否定这种自白的证据能力。③ 英国在 1984 年《警察与刑事证据法》实施后，通过一系列主导性判例否定了"二次自白"的证据能力，其排除的理由归纳如下：后来的供述是第一次供述的直接结果；第一次讯问的污染在第二次讯问的时候仍在发挥作用；两次讯问是紧密联系的，无论是时间上还是内容上，因为第二次讯问是以重复第一次讯问中已经发生的情况的方式开始的。④ 我国在贯彻落实"规定"、实施非法言词证据排除规则过程中，应当借鉴国外的做法，对与违法自白有因果联系或关联关系的重复性自白也应予以排除，只有这样才能实现彻底排除虚假供述和保障人权的目的。如果对"二次自白"问题不作规定，实践中不予排除，那么非法自白排除规则的实施将毫无实效。

三、"毒树之果"如何处理？

所谓"毒树之果"是指以刑讯逼供等非法手段取得的口供为线索获得的其他证据，即派生证据，这里主要是指实物证据。例如，在故意杀人案件当

---

① 参见赵彦清《受基本人权影响下的证据禁止理论——德国刑事诉讼中的发展》，《欧洲法通讯》第 4 辑；转引自陈瑞华《比较刑事诉讼法》，中国人民大学出版社 2010 年版，第 185 页。
② 参见［日］田口守一《刑事诉讼法》，刘迪、张凌等译，法律出版社 2000 年版，第 251 页以下。
③ 同上书，第 249 页。
④ 参见郑旭《非法证据排除规则》，中国法制出版社 2009 年版，第 143 页。

中，侦查人员通过刑讯取得犯罪嫌疑人口供，然后根据该口供提供的信息寻找到被害人尸体和杀人用的凶器。按照《规定》，刑讯取得的口供予以排除没有问题，但是对尸体、凶器这些"毒树"结出的"果实"该如何处理则没有作出规定。也许有人会说，我国的非法证据排除不应走得太远，现阶段能够将非法言词证据这棵"毒树"砍掉已经很不错了，还遑论什么丢弃"果实"的问题？尤其在我国目前社会治安形势依然面临巨大压力的情况下，如果砍"树"弃"果"则会导致定罪信息和证据的流失，造成放纵犯罪、打击不力的后果。上述说法在某种程度上固然有一定的道理，也许中央最高司法机关正是基于此种考虑，才在制定《规定》时对"毒树之果"问题未作出规定。然而，如果我们换一个角度去思考问题，那就是从抑制警察违法、维护司法廉洁性以及保障非法言词证据排除规则的实施效果等方面观察，我国对"毒树之果"一概不予排除未必适当。首先，如果这类证据得以作为判决之基础，则证据使用禁止的良法美意根本无法达成。检警大可规避禁止以不正当方法取供之规定，先违法讯问，再以间接获得之证据，证明嫌疑人之罪行，以收异曲同工之效。① 实践中在"限期破案"、"命案必破"的巨大压力下，侦查人员为尽快破案不惜刑讯逼供以求获得印证性证据。其次，如果不排除派生证据，即使排除了原始的非法口供，那么这种排除也仅是一种形式上的排除而非真正意义上的排除。因为，从表面上看虽然刑讯逼供取得的供述被排除了，但由于根据口供的内容侦查人员确实在某处获得了证实犯罪的物证，口供的真实性由此得到了印证，此时尽管口供失去了证据能力，但其可信性反而会得到加强。而对于一向追求"实质真实"的我国法官而言，看重的是证据的真实性、证明力而非证据能力或证据资格，其结果是非法口供的排除不但没有削弱法官对被告人有罪的信念，反而增强了这种确信。这也许与非法言词证据排除规则实施的初衷背道而驰。最后，如上所述，《规定》对重复自白问题未予明确，实践中"二次自白"等重复性自白一般不予排除，这就使得那些没有被排除的重复性自白与以该自白为线索获得的实物证据相印证。因此，即使初次自白经确认系非法取得并予以排除，那么这种排除其实并无多少实际意义，对定案并不产生实质上的不利影响。德国学者罗科信认为，证据使用禁止之效力亦可深达间接取得之证据上，因若不如此，则证据禁止就太容易被规避了。② 日本的田口守一教授也认为："如果不排除派生证据，排除法则就失去了精髓。"③

---

① 林钰雄：《干预处分与刑事证据》，北京大学出版社 2010 年版，第 206 页。
② 参见［德］克劳思·罗科信《刑事诉讼法》，吴丽琪译，法律出版社 2003 年版，第 223 页。
③ ［日］田口守一：《刑事诉讼法》，刘迪、张凌等译，法律出版社，第 245 页。

通过以上分析，笔者认为刑诉法再修改时有必要对"毒树之果"的法律效力问题予以明确。笔者的观点是，既不能完全承认其证据能力，也不能一概否认其证据能力。其实，世界上除了美国对"毒树之果"实行较为彻底的排除外（当然也有一些例外），其他一些法治发达国家对"毒树之果"也并非是一概予以排除，综观这些国家对派生证据的处理规则，所排除的主要是那些与"毒树"有密切联系、受其"污染"的"果实"，因为只有排除这样的"果实"才能对刑事执法人员的违法取证行为起到抑制作用，才能真正达到排除法则实施的目的。我们应当借鉴国外的一些普遍做法，建立我国的"毒树之果"规则，可考虑对以刑讯逼供为线索所获得的实物证据原则上应当予以排除，唯有如此才能从根本上遏制警察实施刑讯逼供的动因。在确立这一原则的同时，还应当设置若干例外，即如果检控方能够证明存在"合法因素介入"、具有"独立来源"或者"最终必然发现"的情形，那么该实物证据就不应被排除。因为，在上述情形下，已经发生的刑讯逼供行为，对于最终的证据结果即实物证据的获得并不产生决定性影响，也就是"毒树"与"果实"之间的因果联系已经被切断，所以排除该派生证据并不能发挥其对刑讯逼供责任人的威慑作用。

四、非法言词证据排除后能否重新取证？

《规定》明确要求非法言词证据应当予以排除，不能作为检察院批准逮捕、提起公诉和法院定案的根据。但是对非法言词证据被排除后是否允许重新取证则未规定。《人民检察院刑事诉讼规则》第 265 条第 2 款规定："人民检察院审查起诉部门在审查中发现侦查人员以非法方法收集犯罪嫌疑人供述、被害人陈述、证人证言的，应当提出纠正意见，同时应当要求侦查机关另行指派侦查人重新调查取证，必要时人民检察院也可以自行调查取证。"可见，在审查起诉阶段侦查机关收集的非法言词证据一旦被检察机关排除是允许重新调查取证的。但是，由于审查起诉阶段对非法言词证据的排除一般不具有典型性，真正有意义的还是审判阶段法庭的排除。如果法庭启动了非法言词证据的先行调查程序，并且经过控辩双方的举证、质证和辩论，法庭能够确认被告人审判前的供述、被害人陈述和证人证言是非法取得的并予以当庭排除，那么公诉人可否以刑诉法第 165 条为依据、以补充侦查的名义进行重新取证？如果法庭当庭不表明排除与否的态度而是在一审判决书中予以排除，那么一旦检察机关提出抗诉或被告人提出上诉，在二审期间检察机关可否重新取证？这些都是《规定》实施后实践中将会面临的问题。

如果允许重新取证，非法言词证据排除规则将起不到威慑、阻吓侦控人员违法取证的应有作用。因为，他们会认为即使非法证据被排除了也无所谓，只不过是再费一次事、重新来一次而已，反正对指控或定案不会产生什么影响。因此，为了防止"规定"实施后侦控人员以重新取证规避排除规则的实施，必须明确非法言词证据一旦被排除，无论在哪个诉讼阶段均应当禁止重新取证。因非法证据被排除导致逮捕、起诉、有罪判决证据不足的，应当分别做出不予批捕、不起诉的决定或者做出无罪判决。对重新取证问题如果不给予限制，非法证据排除规则的实施必将大打折扣。允许重新取证实际上是对刑事执法人员违法取证行为的姑息和纵容，因为即使犯了错误也没太大问题，反正还会有改正的机会。不仅如此，允许重新取证还是对国家极其宝贵的司法资源的一种浪费，等于是国家要为执法人员错误的司法行为"再埋一次单"，增加了司法错误的成本，因此，即便是出于诉讼效益的考虑，也应当禁止非法言词证据排除后通过重新取证予以合法化。

厦门市受刑事追诉"农民工"法律援助研究

张品泽*

内容摘要 对受刑事追诉的"农民工"实行法律援助是实现司法公正的基本要求,也是《公民权利和政治权利国际公约》的必然要求。本文就厦门市"受刑事追诉'农民工'法律援助现状"、"阻碍受刑事追诉'农民工'获得法律援助的原因"、"法律援助对受刑事追诉'农民工'的作用改善"以及"受刑事追诉'农民工'法律援助的途径"等问题进行了实证调查和深入分析。

关键词 刑事追诉 "农民工" 法律援助

一、引言

在我国,农民占了人口的大多数。据中国法律年鉴统计,在所有受刑事追诉者中,农民及其衍生的"无业人员"也占了大多数。近年来,我国农民受刑事追诉的比例一直高居不下,一个重要的原因在于:"农民工"占城市受刑事追诉者的比例越来越高。相对于刑事控诉方而言,受刑事追诉者显然处于不利的弱势地位。相对于其他身份的被追诉者而言,"农民工"在法律知识、经济收入、文化水平等方面的不足,进一步弱化了其诉讼地位。此外,在他们所处的陌生环境中,社会人际关系对其也大大不利。我国刑事辩护率一直很低,农民占受刑事追诉者的多数,"农民工"又占农民犯罪的多数,因此,"农民工"刑事辩护率也非常低下。

如果缺乏律师帮助,受刑事追诉"农民工"很容易成为"冤、假、错"案的受害者。对我国这样一个农业大国而言,对受刑事追诉的"农民工"实

---

* 2005年7月至2007年7月在中国社会科学院法学研究所博士后流动站从事诉讼法专业博士后研究,现为中国人民公安大学法律系副教授。

行法律援助是实现司法公正的基本要求，也是《公民权利和政治权利国际公约》第 14 条 "人人完全平等地有资格享受最低限度保证" 的必然要求。

2009 年 12 月 6—11 日，在国际司法桥梁项目基金资助下，笔者带领 5 名调研组成员就 "受刑事追诉'农民工'法律援助"，问题分别对厦门市法律援助中心、市检察院、市中级法院、翔安区和思明区公安分局进行调研，以下是本次调研后整理的报告。

二、厦门市受刑事追诉"农民工"法律援助现状

（一）厦门市法律援助中心的报告

厦门市居民约有 250 万人，外来人口（其中大部分是 "农民工"）也已达到 250 多万，是一个典型的外来人口（"农民工"）相对集中的城市。贫困 "农民工" 犯罪嫌疑人、被告人获得法律援助的比例很小，他们很少主动向法律援助中心申请法律援助。大多受刑事追诉 "农民工" 是外地人，一旦涉嫌犯罪，因不适合取保候审，被拘捕的可能性大大超过本地人。如果想向法律援助中心申请法律援助，只能由其亲属花费差旅费来厦门办理，而且需要提供相关书面证明材料，这些因素往往导致其亲属不愿意来厦门申请法律援助。

起初，厦门市法律援助中心提供的刑事法律援助多，民事法律援助少。可是，自 2002 年之后，民事案件开始超过刑事案件，因为在法律援助初期，只有刑事诉讼法规定了法律援助。后来，民事法律援助案件影响力越来越大，增加速度也很快。考虑到民事案件法律援助的工作量大于刑事案件，因此，补贴高于刑事案件。

据厦门市法律援助中心统计，2007 年、2008 年、2009 年法律援助案件的总数分别为 709 件、949 件和 925 件，其中刑事法律援助案件分别为 123 件、122 件和 97 件，各占 17.3%、12.9%、10.5%，呈现逐年下降趋势。犯罪嫌疑人获得法律援助极少，仅为 4 件、2 件和 0 件，"农民工" 犯罪嫌疑人几乎难以获得法律援助，仅为 2 件、2 件和 0 件。贫困刑事被告人获得法律援助为 104 件、111 件和 89 件；贫困 "农民工" 被告人获得法律援助为 86 件、103 件和 73 件，各占刑事法律援助的 69.9%、4.4%、75.3%；未成年人获得法律援助的案件数是 24 件、12 件和 6 件；可能判处死刑的被告人获得法律援助分别为 31 件、36 件和 46 件。可见，尽管整体上刑事法律援助比例很小，但是，贫困 "农民工" 被告人法律援助仍然是法律援助的重点。

（二）厦门市翔安区、思明区公安分局的报告

据厦门市翔安区和思明区公安分局统计，在侦查阶段，约有10%的案件有律师介入，但是，几乎没有法律援助案件。多数犯罪嫌疑人不了解有聘请律师的权利。在第一次讯问中，侦查人员中约有90%的人均履行了告知嫌疑人聘请律师的义务。但是只是个程序，并没有给予太多的提示。大部分嫌疑人（80%—90%）都不想请律师。有小部分的犯罪嫌疑人会要求转达家属，申请法律援助。不过，嫌疑人的家属来申请法律援助的也很少。警察与律师的关系不是太好。在侦查阶段，一般是不愿意律师介入太多的。在人身伤害的案件中，有的犯罪嫌疑人会主动申请法律援助，也有些办案警察会引导犯罪嫌疑人申请法律援助。

对于"农民工"来说，特别是外来人口，没有本地户籍，没有合适的保证人，不能保障对嫌疑人的控制，因此，申请取保候审比较难，监视居住基本上也无法执行。

（三）厦门市检察院的报告

由于厦门市检察院没有以"农民工"的方式统计法律援助，因此，本次调研未能提供相关数据。检察院认为，公安机关比较排斥法律援助，它们比公安机关稍微好一些，与律师的接触也多一些。律师更愿意做民商案件，其中主要原因可能是刑事案件的补贴较低。80%—90%都是"农民工"的侵财案件。在侦查阶段，公安机关如果能及时收集证据，就能避免嫌疑人在庭审中的翻供，也就不会担心嫌疑人申请法律援助。然而，现在的公安侦查人员素质和技术均达不到要求，证据收集是个很大问题。

对于公安机关批准逮捕申请，检察院通常都会同意，其主要目的就是为了避免外来人口逃逸，因此，受刑事追诉"农民工"的逮捕率较高。长期以来，检察系统内每年进行的绩效考评，也要求保持较高的批捕率。相应的，受刑事追诉"农民工"的取保候审率就会很低。最近，厦门市检察院从人权保障的角度考虑，同"农民工"受雇用的企业进行沟通、劝说，让这些企业作为保证人，为被逮捕的"农民工"办理取保候审。

（四）来自厦门市中级法院的报告

2006年，厦门市中级法院制定了《关于刑事诉讼法律援助工作的实施细则》，把法院必须指定法律援助中心提供法律援助的案件扩大到9类案件的被告人，加大了对被告人获得法律援助权利的保障，但是，经济困难"农民工"

被告人并未被包括在上述 9 类案件之中。法院受理案件后，在送达起诉状副本时，都会告知经济困难"农民工"被告人有权向法律援助中心申请法律援助，法院不再受理当事人的申请，但是可以协助其申请法律援助。对于这种情形，由法律援助中心审查是否符合经济困难的标准，是否提供法律援助。

在法院指定辩护方式法律援助案件中，未成年"农民工"被告人（通常都是第二代或第三代"农民工"）所占的比例较高。获得法律援助的未成年人，不一定都是经济贫困，有的家属虽然有钱自己聘请律师，但是出于某种原因而不愿意聘请律师，如缺乏聘请律师的法律意识、对其所涉嫌犯罪的愤恨；认为聘请律师作用不大等。现在第二代或第三代"农民工"不劳而获的思想很普遍，这些"农民工"犯罪很多不是因为生活所迫，而是受网络的严重不良影响，人性沦落。对于这些二代"农民工"犯罪，即便没有辩护律师，法院也不会帮助其申请法律援助律师的。但是，如果是共同犯罪，多个被告人之间有互相推诿刑事责任的情况，其中有被告人聘请了律师，为了避免不公，法院便指令法律援助机构为其中没有辩护人的"农民工"被告人提供法律援助。

据厦门市中级法院统计，2007 年、2008 年、2009 年刑事案件的辩护率分别为 28%、31.81%、29.21%，刑事法律援助案件数分别为 332 件、399 件、341 件，未成年被告人获得法律援助分别为 288 件、345 件、282 件，各占 86.7%、86.5%、82.7%，可能被判处死刑被告人获得法律援助分别为 44 件、54 件、59 件，各占 13.3%、13.5%、17.3%，且所有获得刑事法律援助的被告人，没有一件是专门为贫困"农民工"被告人提供法律援助的，说明在审判阶段，法院只在法律规定应当指定辩护人的范围内要求法律援助中心提供法律援助，法律援助中心没有接受或批准一件被告人申请法律援助的案件。

比较厦门市法律援助中心与厦门中级法院的统计数据，笔者发现，二者间在贫困"农民工"法律援助方面存在较大的不同：前者数据显示，主要是保障贫困被告人（"农民工"）获得法律援助，后者则显示没有一件是专门因被告人（"农民工"）的贫困而获得法律援助的。鉴于法院对法律援助的中立地位，本调研组更相信法院的统计数据。

三、阻碍受刑事追诉"农民工"获得法律援助的原因

（一）厦门市法律援助中心的报告

目前，中国无法拥有像西方发达国家那样巨大的辩护律师资源来满足法律援助的全部需求。按照现行有关法律，受追诉的贫困"农民工"大部分都是

法律援助的"夹心层"——既不属于法院必须指定法律援助中心提供法律援助的类型，本人也没有主动申请法律援助的意识，其家属更不愿花费一笔较大的差旅费用，从遥远的家乡来厦门帮助其申请法律援助或聘请律师。

当前，受刑事追诉"农民工"获得法律援助，大大少于"农民工"追讨雇主拖欠工资民事案件的法律援助，其主要原因是，获得法律援助的"农民工"讨薪很多成功案例，较容易在"农民工"中传播，加之新闻媒体的大量报道，其影响面很大，绝大多数"农民工"对此类法律援助均已了解，并积极效仿和参与。相反，对于受刑事追诉"农民工"，尽管获得了法律援助，但是，一方面，被判处无罪的机会很少，其结果通常与没有法律援助的案件没有实质性差别，因此，不可能像追讨工资那样鼓舞"农民工"，效仿者或追随者也缺乏积极性；另一方面，公安机关、检察院对律师在侦查和起诉阶段的介入一向不欢迎，也限制了媒体的报道和宣传。此外，"农民工"涉嫌侵财类案件的比例最大，一方面本身贫困，舍不得花钱聘请律师；另一方面，竟然还出现某些嫌疑人希望被拘捕判刑，从而解决自己吃饭和住宿的基本生存问题。多数受追诉"农民工"认为，法律援助与否都不会改变案件的最终结果（实体正义观念在中国普遍存在于大众），因而，也就不关心法律援助。

（二）厦门市翔安区、思明区公安分局的报告

其一，有相当比例的受刑事追诉"农民工"都曾多次从事盗窃、抢夺、诈骗等犯罪，而有证据证明的犯罪事实往往只是其中一两次，他们对自己漏罪心存侥幸，觉得无冤枉可言，没有必要请律师帮助。

其二，侦查、起诉阶段聘请律师的费用大约需要 1 万—2 万元。多数受刑事追诉"农民工"并不是很清楚法律援助是完全免费的，有一部分农民工因贫困才去盗窃，担心难以支付高昂的律师费，因此，不敢申请法律援助。

其三，有些生活极端贫困，难以维持生计的"农民工"，因盗窃财物数额不大而受到刑事追诉时，他们宁愿被判刑，去蹲监狱，以解决吃饭和住宿，也不愿去申请法律援助，争取被判处较轻的缓刑。① 可见，"农民工"犯罪是一个社会问题，当他们最基本的生存权都难以获得保障时，获得法律援助的权利已经无关紧要了。

其四，有些受刑事追诉的"农民工"有冤情，通常都选择进行信访，而不是申请法律援助。因为，信访可以向多个部门同时进行，且可以多次多人反复长期进行，直到有满意的结果。

---

① 曾有一个外来"农民工"因抢劫被捕，在讯问时说："就是希望坐牢，因为那里有吃有住"。

其五，对于一些事实清楚、证据充分的案件，"农民工"通常都认罪伏法，不想再去申请法律援助或聘请律师。他们没有认识到，即便自己有犯罪行为，但是，在律师帮助下，可以全力维护合法权利，进行有利于其从轻、减轻或免除刑事责任的辩护，以及保障其程序性权利不受侵犯。

其六，一些从事法律援助的律师职业道德低下，责任心不强，辩护质量低下，损害了法律援助律师形象，致使"农民工"认为与其申请法律援助，不如找熟人托关系，让公安机关、检察院或法院给予照顾，开脱其罪行。

其七，公安机关认为，律师的介入对犯罪嫌疑人是有帮助的，但对他们则是不利的，往往造成侦查的障碍。在侦查阶段，办案刚刚开始，许多证据都还没有固定下来。公安机关担心不少律师的职业道德和素质不高，会教唆犯罪嫌疑人翻供或不说实话。一旦律师介入，会影响证据（尤其是口供）的进一步收集。多数警察对法律援助都有抵触情绪。当前公安机关侦查技术还存在很多不完善的地方，获得嫌疑人口供显得很重要。翔安公安分局每年无口供的案件仅为1—2起。口供仍然是移送起诉的必要证据。公安机关每年的绩效考评并不考查法律援助情况。对于嫌疑人主动要求法律援助的，一般不会转告相关法律援助机构。除非修改刑诉法，强行规定，侦查人员必须向法律援助机构及时转达嫌疑人的法律援助申请。

（三）厦门市检察院、法院的报告

一些受刑事追诉"农民工"很清楚自己的犯罪事实，因此，即便检察院告知其申请法律援助的权利，他们也不愿申请。特别是多次盗窃案件，只有证据证明其中一次的被告人并不想请律师。

法律援助律师相对聘请律师而言，获得的报酬较少，因此，对提供法律援助的积极性也不高，辩护质量也不高。通常是看哪个律师手头没有案件就交给他/她办。这些提供法律援助的律师，通常只是在开庭前了解一下案情，出庭时走个过场，在庭审中，常常出现一些低水平的辩护律师，发表一些令法官啼笑皆非的辩护意见。这样的法律援助对被告人几乎没有实质性帮助，也难以影响案件的判决结果。同样，受刑事追诉"农民工"对法律援助律师的积极性也不高，没有期望法律援助律师能够提供多大帮助，法律援助对他们没有吸引力。

从诉讼职能上看，检察官与辩护律师是对抗排斥的关系，法官则相对中立，因此，检察院对法律援助较消极，其系统内年度考核指标主要是起诉率、不起诉率、抗诉率、撤诉率。法律援助率并不是考核的指标。检察院虽然专门给律师设立一个接待室，但是，法律援助方面仅仅是告知和转达告知被告人法律援助的诉讼权利，没有进一步的保障法律援助的职责。

法官虽然期望促进法律援助，在庭审中能够通过控辩双方的辩论，让法官更明白案情，但是，鉴于在证据不足情况下也难以做出无罪判决，因此，无罪辩护的意见也很难被采纳，影响了法律援助律师的辩护积极性。

四、法律援助对受刑事追诉"农民工"的作用

受刑事追诉"农民工"往往知道法律援助的作用不大，但是律师来了以后，他们在心理上毕竟还是有一种安慰的作用，有助于减轻、缓解他们与办案人员的对抗情绪。在侦查阶段，法律规定了法律援助律师有权帮助嫌疑人申请取保候审，但是，对于"农民工"而言，保证人和保证金都无法提供，就算是给了保证金，办案人员也不敢要，因为外来"农民工"没有固定的住所，也没有固定的收入，就算是交了保证金，还是不能保障其不逃跑。因此，取保候审很难获得批准。这项权利实际上被虚化了。

同样，对"农民工"这样一个特殊的群体，无论有无法律援助，都无法改变那些涉嫌小额盗窃罪（如盗窃 2000—3000 元）的"农民工"被处以较重刑罚的结局。按照我国刑法规定，这些小额盗窃罪，应当被判处缓刑，可是，考虑到"农民工"是外地人，流动性大，如果判处缓刑，则缓刑考验期的监督很难执行，因此，就将其升格为实体刑罚。此外，本地人犯罪，可以通过赔偿被害人以换取减刑的做法，对于外来"农民工"被告人也是难以适用的。

可见，在上述情形下，法律援助给受刑事追诉"农民工"的帮助空间被大大压缩了，其作用也受到较大的限制。

对于情杀、伤害、家庭暴力等案件，案情本身存在争议的情形较多，多数被告人也不像盗窃、抢劫等侵犯财产类案件那样愿意认罪，法律援助律师能够发挥较大的辩护作用。

据厦门中级法院统计：2007 年、2008 年和 2009 年厦门中级法院撤回起诉案件分别是：15 件、18 件和 12 件，免于刑事处罚的案件分别是：5 件、4 件和 9 件。上述撤回起诉、免除刑罚案件辩护率几乎均为 100%（除了 2008 年撤回起诉的辩护率是 78%），但是，值得注意的是，这些撤诉和免除刑罚的案件中辩护人没有一件是法律援助提供的律师，也就是说，获得法律援助被告人的最终都被判处有罪。

五、改善受刑事追诉"农民工"法律援助的途径

改善受刑事追诉"农民工"法律援助状况是一个循序渐进的过程。目前，

有很多援助需求无法满足，导致辩护率很低，从保障受刑事追诉"农民工"法律援助的角度来看，应当加大从立法层面上的保障，扩大对贫困犯罪嫌疑人、被告人的法律援助范围。规定凡是属于该范围的犯罪嫌疑人、被告人都必须要有辩护律师。

受刑事追诉"农民工"很多方面都处于弱势地位，扩大或保障他们获得法律援助的权利，重要的途径就是加大筹集法律援助基金。目前，各地方财政对法律援助的经费支持在相当程度上决定了当地法律援助的范围。因此，对于法律援助经费特别困难的地方，可以设计通过对民事法律援助胜诉后，收取部分费用的方式，积累基金，以此支持补充刑事法律援助的经费。对此方式，有反对者认为，以民事法律援助来养刑事法律援助的模式会造成管理的混乱。在我国，法律援助诸多制度都尚处于摸索阶段，如果规定民事法律援助收费的话，就会造成人们对法律援助性质的误解，违背了法律援助的宗旨。法律援助是政府的职能，政府应当把法律援助作为一个"民心工程"来认真对待。

在西方发达国家，法律援助经历了几百年，才建立起相对完善的格局，中国的法律援助才刚刚起步，只能在发展中进步和完善。此外，我国富人向法律援助基金捐助的风气没有真正形成，社会和国家应当宣传和鼓励捐款方式筹集法律援助基金。

对厦门市而言，扩大受刑事追诉"农民工"法律援助范围需要得到市财政支持。厦门的经济状况较我国其他地区好，政府每年给出法律援助专项资金，但在刑事和民事法律援助案件之间并无明确分配。财政是按照前一年度（刑事和民事）法律援助案件总量来拨付经费。

对于在年度经费总数不变的情况下，能否通过收缩民事法律援助方式，增加受刑事追诉"农民工"法律援助范围？厦门市法律援助中心认为，不可能违反现行法律，刻意压缩民事法律援助数量。增加刑事法律援助的可行方式，只能是要求财政增加法律援助经费总额。对于法律援助中心来说，未来一年究竟有多少人来申请法律援助，难以准确预知。这种被动性，使得我们在申请法律援助资金时，无法提前划分刑事和民事法律援助的资金比例。最理想的途径就是从立法层面上，降低刑事法律援助获得批准的标准，强制规定对贫困的受刑事追诉"农民工"必须给予法律援助，这样才能从根本上解决问题。这种修改，很可能会导致在总量不变的情况下，把民事法律援助经费转移到刑事法律援助中。

刑事法律援助保障了人的最基本权利，希望这样的立法能够越快越好。但是，民事法律援助强调的主要是当前社会的稳定。民事案件的关注面比较广，普通老百姓认为讨薪的"农民工"是弱势群体，而被告人、犯罪嫌疑人无法获得广大民众的同情。民众的观念很难转变，无法从司法公正和人权的角度来看待问题，他们普遍认为犯罪嫌疑人、被告人都是坏人。如果把原本保障讨薪"农民工"法律援助的部分经费转移作为受刑事追诉"农民工"法律援助经费，那么，经媒体报道后，会引起民众的不满甚至社会群体性事件的发生，而这种结果是政府部门极不愿意看到的。因此，立法如果想做出上述调整还面临较大的实际困难。

对于经济困难的"农民工"，应当拓宽他们获得法律援助的渠道。很多"农民工"都不知道申请法律援助的途径，对法律援助申请方式也不了解，或者觉得申请法律援助是件很麻烦的事情，仅凭他们自己的文化知识是难以获得批准的。因此，建议法律援助有关立法应当细化规定一些可操作的措施，最大限度简化申请法律援助的手续，保障"农民工"群体能够快捷方便地申请获得法律援助，从而提高这部分人群的法律援助比率。此外，还要逐渐提高参与法律援助律师的积极性；提高公安机关、检察院在侦查、起诉阶段告知犯罪嫌疑人、被告人申请法律援助权利的积极性。

多数受刑事追诉"农民工"不懂得如何收集对自己有利的证据，因此，应当促使公安机关和检察院积极参与保障受刑事追诉"农民工"及时获得法律援助。

厦门市法院认为，法律援助的审查决定权应当统一赋予法院，这样有利于法律援助的批准客观公正和简便快捷。目前是由法律援助中心审查决定法律援助申请，结果每年实际获得批准的法律援助的申请极少。因为，法律援助中心往往会出于多一事不如少一事的心理，而不愿意多办理法律援助案件，阻碍法律援助制度的正常运行。其实，如果由法院来审查法律援助申请，也存在以下顾虑：一是担心会增加法院的工作量；二是法律援助中心会抱怨法院决定的法律援助案件太多，不情愿将此审查权交给法院。法院提出如下建议：拓宽法律援助渠道；保障被告人的法律援助的知情权；细化保障法律援助的措施。如果真正拓宽的话，律师的数量是够的，因为近两年律师的人数也在不断增加，如果法律援助案件可以作为新执业律师实习案件，或者作为一种谋生手段，也是很好的途径，毕竟目前的法律援助工作量不大，每个案件还可以获得 1000 元的报酬，而法官写几万字的判决书，还得不到 1000 元。

从对抗转向合作：公平正义
实现的效率追求

冀祥德*

内容摘要 目前，世界法治国家刑事诉讼中的控辩关系，不断地从控辩平等对抗走向控辩平等合作。本文通过对"从对抗转向合作的必然性"分析、"从对抗转向合作的若干基础"论证以及"从对抗转向合作的基本模式"的列举，进一步强调：控辩双方在平等的基础上从对抗转向合作，是公平正义实现的效率追求。

关键词 控辩合作 控辩对抗 刑事诉讼

从以搏斗来查明事实真相的骑士精神时代开始，对抗制诉讼已经从单纯的身体竞赛转变为更为理性的查明事实真相过程，但同时也更加要求对被追诉人权利加以有效保护，有效保护的一项基本要求就是：对手之间的平等武装（the need for an equality of arms among opponents）。刑事案件本身具有事关基本人权、案情扑朔迷离、审理周期漫长等明显特点，而为保障处于弱势的被告人能与国家追诉权平等对抗，一方面，刑事司法中规定了沉默权、不得强迫自证其罪、辩护权等充分有利于被告人的制度；另一方面，基于对于国家权力的限制，法律又对控方的取证与指控等作了严格的规范，如排除合理怀疑的刑事证明标准，非法证据排除规则等，控方的权力行使存在一系列的约束羁绊。控方为求得对被告人的追诉，在投入了大量的金钱和精力后，能否达到追诉的成功，还要"摸着石头过河"。另外，还有案件高昂的成本和巨大的司法资源投入，如在刑事诉讼中为揭露、证实、惩罚犯罪和保障人权而由司法机关和诉讼参与人支付的人力和物力，包括当事人聘请律师的支出和担保、通信、食宿、差旅费用；控方耗费案件的人力、物力和财力；法官、陪审团审理案件所耗费

---

* 2004 年 7 月至 2006 年 7 月在中国社会科学院法学研究所博士后流动站从事诉讼法专业博士后研究，现为中国社会科学院法学研究所所长助理、法学系务副主任、法学研究所研究员。

的经费、时间和精力、证人出庭作证的报酬，等等。强制措施之同意行为、暂缓起诉、辩诉交易、特别程序等控辩合作方式的出现，使得如此诸多的一系列问题都得以迎刃而解。从经济学的角度研究效益观，只有以较低的投入收到较高的产出才是合理的，也才是合乎经济正义的，而高投入低产出则是对资源的浪费，有违于满足最大多数人的最大利益的基本功利原则。

众所周知，公正和效率是现代社会司法制度的两大价值目标。随着社会的快速发展，进入刑事司法视野的社会矛盾越来越多、愈来愈复杂，而刑事司法资源的增长，无论是人力还是物力均具有明显的滞后性。因此刑事司法面临着这样一个必须解决的重大课题：如何在现有的司法资源配置下，有效解决刑事司法视野中日益增多的问题，控制犯罪的恶化，维持社会秩序的基本平衡。此时，效率的价值目标便与刑事司法的价值追求统一起来，即在追求公正的同时，在刑事诉讼程序中引入司法效益观。控辩平等对抗无疑既有利于实现实体公正，又有利于保证程序公正，同时也有利于保障人权。但是对抗的前提必然是司法资源的大量占用和司法成本的高昂投入，包括辩方（被追诉人）时间、精力、物质的耗费，结果必然是诉讼效率的降低。所以，世界法治国家刑事诉讼中的控辩关系，不断地从控辩平等对抗逐步走向控辩平等合作。如果说，司法权与行政权的分离、控诉权与审判权的分离、控辩平衡分别是刑事诉讼的第一次、第二次和第三次革命的话，我认为，控辩双方在平等的基础上从对抗转向合作是刑事诉讼的第四次革命。

一、从对抗转向合作的必然性分析

社会生活关系的纵横交错决定了冲突的发生是必然而不是偶然。犯罪只不过是一种冲突的升级。对于冲突可以有下列几种不同的反应模式：一是容忍；二是用新的冲突解决原来的冲突，以眼还眼，以牙还牙；三是通过冲突双方的协商解决冲突，即冲突中的双方由对立转向对话，共同探讨冲突产生的根源，开诚布公地讨论双方在冲突中的责任分担，并找到解决冲突的办法；四是通过冲突双方之外的第三方解决冲突，如仲裁、诉讼等方式。上述第三种方式和第四种方式分别被日本法学家棚濑孝雄称为合意型的冲突解决方式和决定型的冲突解决方式，在棚濑孝雄看来，合意型方式更能适应不同主体的独特状况，而控辩合作就是一种合意型解决犯罪案件的方式。

现行的刑事责任理论将刑法视为国家规定的违反其生存条件的价目表，在这张价目表中，任何犯罪行为都有一定的代价，犯罪越严重，代价越大，犯罪人实施了一种具体的犯罪行为后，国家就有权按价求偿，要求犯罪人接受价目表上规定的刑罚，而犯罪人一旦服刑完毕，其所负的刑事责任也就不复存在了。用控辩合作的方式解决刑事案件，应当被视为刑事司法的一个文明进化模式，通过对犯罪做出的一种独特反应，有别于改造性的和报复性（只是惩罚）的反应。控辩合作实行的一种办法是：在一项具体犯罪中有利害关系的所有各方聚在一起，共同决定如何消除这项犯罪的后果及其对未来的影响。

　　从世界范围来看，由于犯罪率的不断攀升对诉讼效率的需求，同时也因为国家追诉目的从惩罚犯罪到控制犯罪的转变，当今世界刑法的发展趋势是刑罚的人格化和轻刑化，随之引发的刑事诉讼的发展趋势就是逐步扩大以刑事速决程序处理案件的范围。在我国当下，刑事诉讼法的修改正在如火如荼地进行。围绕公正与效率的主题，如何在保证诉讼公正的前提之下，节约司法资源，提高诉讼效率，成为本次修法的重点。这是因为：一方面，犯罪率不断上升，司法资源严重短缺的现实导致案件大量积压，办案效率低下；另一方面，抗辩式诉讼机制的引入和疑案从无规则的建立，使检察官在刑事诉讼中败诉的风险加大。如何走出这些困境是每一个司法改革者所不得不面临的现实问题，而现有的一些改革措施往往顾此失彼。我们在这样一种情势之下研究控辩合作诉讼模式的构建，其意义无疑是现实的、功利的和有价值的。

　　我认为，控辩对抗固然是刑事诉讼的应有规律，但是，激烈的对抗，不仅会增加诉讼成本、直接加剧控辩之间的紧张关系，而且无疑会影响到以案件为中心的多种利害关系人之间的和谐关系。控辩合作模式的运用，就是解决如此诸多问题的一把"金钥匙"，它不仅可以实现司法效益的最大化，而且可以体现司法和谐的现代价值追求。以控辩合作的典型模式辩诉交易为例，在侦查阶段，它将会缩减警方调查取证以及为破案而付出的各种人力、物力和其他成本，缩短侦查周期；在审查起诉阶段，可以减轻检察官的胜诉压力以及为获取胜利而付出的诸多精力；在审判阶段，法院不需要主持开庭程序，控辩双方不需要出庭对抗，证人不需要出庭作证，周而复始的举证、质证、交叉询问等一概免除。因此辩诉交易使得司法机关及时地了结案件，及时地将犯罪与处罚联系起来，其结果并不是因此而牺牲了公正，而恰恰反映了一种动态的公正，因为真正的司法公正是应当具备效率的司法公正。漫长的诉讼期拖累了被告及其家庭成员，导致司法机关不堪重负，同时也导致社会公众对公正程序的失望，副作用随之产生。即使经过漫长审判之后，判决给了被告人所谓的公正，但是被告人所受的身体和精神的磨难都已经无法挽回，刑法特殊预防和一般预防的功能收效显微，正所谓"迟到的正义为非正义。"辩诉交易的结果是使得司法机关、被告人以及被害人在自愿明智的前提下都得到了满意的结果，无疑是诉讼效益显著的一项司法制度。从经济学中的效益观而言，只有以较低的投入收到较高的产出，才是合理的，也才是合乎经济正义的，而高投入低产出，则是对资源的浪费，有违于满足最大多数人的最大利益的基本功利原则。

控辩合作的司法效益价值不仅在理论上是成立的，而且在现实中也得到了印证。美国通过辩诉交易制度解决了90%左右的刑事案件，这已经不再是鲜为人知的事情了，但是在这个百分比里面增减一定的幅度将会带来的后果可能是很多人都无法预计的。美国联邦法院就在 Santobell v. New York 一案的判决中认为："如果每一项刑事指控均要经受完整的司法审判，那么州政府和联邦政府需要将其法官的数量和法院的设施增加不知多少倍。"[1] 美国前最高法院首席大法官沃伦·伯格甚至指出，"即使将适用辩诉交易的案件比例从目前的90%降到80%，用于正式审判所需要的人力、物力等司法资源的投入也要增加一倍"[2]。从辩诉交易在美国自发产生到今天30多年的实践来看，辩诉交易不仅已经彻底融入美国的司法制度，而且已经成为确保美国刑事司法制度得以正常运转的重要保障。所以，有学者预言：如果没有了辩诉交易制度，"整个美国的刑事司法制度就会面临崩溃的危险"[3]。而且，辩诉交易制度通过允许犯罪人在诉讼的早期阶段，以向被害人和社会表达愧疚的方式，给付被害人相应的金钱赔偿，这样也会使得被害人从精神上和物质上都得到安抚，更有利于促进社会正常关系的恢复。我认为，辩诉交易从在美国之发端，到在加拿大、英国、德国之实践，再到意大利、俄罗斯、法国等国家之广为传播，成为这些国家一项以简约程序处理大量刑事案件的司法制度，其之所以在一片抨击与责难声中，仍能保持如此旺盛的生命力，根源于该制度之生成与发展所独具的、其他诸多刑事司法制度所无法媲美的合作、和谐的魅力。

二、从对抗转向合作的若干基础

上述研究表明，控辩合作对于纠纷的解决和社会关系的恢复，显然是现实的和功利的。然而，这种合作不是无条件的、任意的，而应当是有条件的、合意的。笔者认为，控辩合作应当建立在如下基础之上：

---

① Santobell v. New York, 404, U. S 251, 260 (1971).

② Jeffrey J. Miller, "Plea Bargaining and Its Analogues Under the New Italian Criminal Procedure Code and in the United States", 22 N. Y. U. J. Int' LL. &Pol. 215 (1990).

③ 参见冀祥德《全球视角下的辩诉交易》，载《首届中国法学博士后论坛论文集——法治与和谐社会建设》，社会科学文献出版社2006年版，第298页。

（一）平等性基础

"平等"是控辩合作的重要内容，刑事诉讼活动是在当事人双方权利对等、义务对等、地位对等的情况下进行的，并且这种平等性要得到对方的认可。平等合作中"平等"就体现为控辩双方人格和地位的平等，这种平等可以说是对刑事诉讼中的强权和特权的否定。控辩平等为控辩合作提供了主体条件。

控辩合作中的控方：在两造对抗、当事人主义的诉讼模式之下，公民和国家在诉讼中的地位是平等的，不存在行政关系中的隶属与强制。检察官作为当事人一方参加控辩合作，与律师进行协商谈判的资本就是其手中掌握的广泛的自由裁量权，当一个案件可能负担败诉风险的时候，检察官就可以行使自由裁量权与辩方进行讨价还价，放弃部分控诉，以换取被告人的有罪答辩。由此可见，检察官在控辩合作中类似于民事诉讼中的原告，与被告处于平等的地位，享有一系列的权利处分权。

控辩合作中的辩方：与检察官的自由裁量权相对应，只有被告在控辩合作中享有对权利的完全处分权，才能与控方进行平等的合作。被告作为理性的个体，在自己面临被判重罪的情况下，有权选择有罪答辩，从而达到最有利于自己的目的。宪法中确立了被告人与检察官地位的平等；在刑事诉讼中，有证据开示制度保证被告方获得与控方对等的信息，使被告方有能力和控方处于实质上的平等地位；在司法实践中，有发达的辩护人队伍为被告提供合作帮助，不至于使势单力薄、缺乏法律专门知识的被告人无力与检察官抗衡。

（二）自愿性基础

"自愿"是合作得以达成的前提，在控辩合作中被告人作出的有罪答辩必须是出于自愿，否则控辩合作不能成立。在美国，一旦被告对控方的指控作有罪答辩，就意味着被告自动放弃了宪法中规定的三项权利：反对自证其罪的权利、要求陪审团审判的权利和对不利于自己的证人的质证权利。因此，法官在接受有罪答辩前，必须询问被告，确认被告是出于真正的自愿，并且告知被告作出有罪答辩的后果，一旦得知被告的意思表示是非自愿的，法官不得接受有罪答辩。在美国还有一系列的诉讼制度保障被告在作有罪答辩时是出于完全的自愿，而非检察官的威逼利诱，如沉默权的赋予、证据开示和律师辩护等。

（三）合意性基础

控辩合作是建立在相互意见一致的合意基础之上的，每个人只对自己的行为负责，只有在这样的基础上建立起来的关系才对所有当事人有约束力，并导出合作协议必须信守的结论。控辩合作本质上是控辩双方在利益驱动之下与对方达成的一种合意，合意的内容是进行风险的交换，就控方而言，是减轻指控罪名、减少指控罪数及减轻量刑等；就辩方而言，是承认有罪。若是控辩双方达不成合意，那么控辩合作和一般民事合同一样无法成立。传统的正规刑事诉讼是非合意性的，这在我国的刑事诉讼中可见一斑，两方无法就定罪量刑进行讨价还价，更无法将讨价还价的结果交给法官，检察官承担着被告可能被判无罪的风险，被告承担着可能被判重罪重刑的风险，刑事审判的结果对双方来说都是不可预测的。而控辩合作克服了这种传统刑事审判的非合意性，满足了人们追求未来生活确定性、避免冲突的愿望。控辩双方的合意并不是一般意义的妥协，而是在平等自愿的前提下进行的，其基础还是控辩平等的对抗，只不过这种对抗是私底下的以合作协议的方式完成的。

（四）互利性基础

从制度和功能的角度来说，合作是当事人认为对自己有利、对对方也有利的一种交易，没有这一点，双方当事人无法进入合作关系。由此可见，合作是一种世俗的实用主义的活动。在控辩合作中，互利是促使控辩双方进行合作的动力。在普通的刑事程序中，审判的结果是非赢即败，而通过控辩合作可以使控辩双方达到"双赢"，检察官避免了昂贵诉讼成本之下的无罪判决的风险，节约了司法成本并达到尽快惩罚的目的；被告避免了受到最严重惩罚的风险，也避免了长期羁押的身体痛苦和公之于众的精神痛苦，被害人还可能在合作中获得被告人给予的经济补偿，控辩合作使各方得到了利益，这是一种互利互惠的机制。

（五）诚信性基础

诚信是控辩平等合作的要素之一，控辩合作本身是在当事人合意的基础上建立的，当事人的合意自然导出"约定必须遵守"的规则，而控辩合作反过来又使诚信制度化，使得诚信通过制度化的手段和社会组织手段明确下来，对守信的人给予奖励，对不守信的人给予惩罚。例如，在辩诉交易中控辩双方达成交易协议，被告不得随意撤回答辩，检察官不得随意反悔。根据《美国联邦刑事诉讼规则》第32条（d）项规定，只有被告人说明理由，法庭才允许其撤回有罪答辩，其他情形被告人的"违约特权"也让步。作为控诉机关，也要在交易达成以后兑现承诺，被告人与政府有了答辩交易，法庭应该确保被告人获得"应得物"，同时在确定政府是否履约时，可以适用控辩合作的基本原理，即，如果被告人履行了协议中的义务，那么政府必须受协议的约束。如果被告从政府那里得不到充分的回报，那么控辩合作就会存在潜在的不公平。

控辩平等合作在刑事诉讼中的运用有利于贯彻人权的观念和民主的精神。平等合作下的合意使得被追诉人可以和民事诉讼的当事人一样自由处分诉讼权利，被追诉人在某种程度上掌握了自己的命运，而不是被动地成为追诉和审判的客体，通过平等合作解决的案件不会出现诉讼请求被搁置、身体自由被束缚、公开审判下被曝光以及对不确定的审判结果的猜测和惶恐。由此可见，合作观念和对抗思想相比，最大的特点在于其可以为参与者能动性的发挥提供空间，从而实现其主体性，体现对人权的尊重。另外，我们通过控辩平等合作还可以看到，在最严肃的刑事诉讼领域内，政府与公民在人格上是平等的，并且这种平等通过协商机制得到实现，这是民主精神高度发达的表现，也对整个诉讼制度乃至公权领域弘扬民主精神起着典范和促进的作用。

三、对抗转向合作的基本模式

通过对现代两种典型意义的刑事诉讼模式分析来看，在当事人主义诉讼结构形式中，奉行的是司法竞技（Judicial Sports）理论，刑事诉讼是以控辩双方的高度对抗向前推进的。与职权主义诉讼形式相比较，当事人主义诉讼的这种运行机制导致了两种现象的必然发生：一种现象是诉讼各方（包括国家在内）需要为诉讼投入更多的资源，因为对抗会使每一个案件的处理程序变得冗长和复杂，时间、精力和财力的增加便是不可避免的。另一种现象是使得诉讼的结果更加具有不确定性，控辩双方在诉讼过程中所面临的败诉的风险更大。有时，一个律师的精巧辩护完全有可能使得一个本来有罪的被告人被无罪释放。这两种现象的存在都迫切需要一种控辩合作机制的存在，通过这一制度既可以使大量的刑事案件在动用正规的审判程序之前就已经得到解决，有限的司法资源可以投入到更为棘手的案件中，又可以使控辩双方对诉讼结果有着相对确定的心理把握，即同时解决当事人主义诉讼中的高投入和高风险双重难题。从这个意义上讲，控辩平等合作就是为了弱化当事人主义诉讼的过分对抗化和竞技化所带来的弊端。

在我看来，在现代刑事诉讼活动中，控辩双方平等合作的方式至少可以有如下几个方面。

（一）强制措施之同意行为

强制措施的同意行为是见于一般强制措施适用的司法令状主义，追诉机关为了避免繁琐的程序给追诉犯罪带来的困难，被追诉人为了排除自身的犯罪嫌疑或者避免时间的耗费，同意追诉机关对其有关搜查、扣押、盘查、监听、测谎、身体检查等强制措施的适用，而法律也认可这种经过同意而采取的强制措施行为。

强制措施的同意行为作为控辩双方在侦查程序中合作的一种形式，从本质上看是控辩双方就强制措施适用的一种合意。被追诉人通过意思表示，表明其愿意接受追诉机关对于自己权利的干预，该种意思表示作为一种权利上的放弃，是通过自愿来支配或者行使自己的权利与自由。在强制措施的同意行为适用比较典型的美国和德国，同意行为的正当化构成必须同时满足三个条件：其一，同意者必须具有同意的能力，即具备理性判断的能力，正确认识事物的能力，独立自我决定的能力等，对同意事项的内容、范围、意义、后果有正确的理解与把握，避免因自身能力的缺陷而受到控方权力的侵害；其二，同意者的自愿性，即任何强制措施中的同意行为，都必须是出于自由意志的、自愿的同意，否则就不能援引同意作为干预措施的合法性基础；[1] 其三，追诉机关必须履行规范的告知程序，保证被追诉人同意行为的自愿性。这主要是从国家诉讼义务的角度，平衡国家追诉机关和被追诉者个人之间的权力（利）落差，避免强制措施的错误风险。在美国，不仅学者主张事前告知（informing or warning）受干预者有拒绝同意的权利，甚至法院也认为警察必须事前告知被搜查人在自愿同意搜查之前有权合法地自由离开（legally free to go）。[2] 如果同意行为未具备上述条件，将会导致同意无效，追诉机关凭借该同意所发动的强制措施，也就不具备合法性和正当性。

"经当事人同意后的搜查"规则是美国控辩平等合作的一种形式。美国的搜查规则实行严格的司法令状主义。搜查必须经过法官的批准，并获得关于搜查的主体、时间、场所和内容的令状。搜查措施中的司法审查制度有效地保护了被搜查人的权利，但是，也在一定程度上影响了及时获取证据、控制犯罪的社会需要。所以，1973 年美国联邦最高法院在"舒涅克罗斯诉巴斯达蒙特"（Schnekloth V Bustamonte）一案中确立了"经当事人同意后的搜查"规则。在没有获得司法令状的情况下，只要当事人予以合作，同意搜查，所获取的证据即可不被排除。

（二）有条件的暂缓起诉

从某种意义上讲，暂缓起诉从形式上看似乎只是检察官自由裁量权的行

---

① 林钰雄：《刑事诉讼法》（上册），台北：学林文化出版公司 2001 年版，第 254 页。
② Ohio v. Robinette, 519 U. S. 33 (1996).

使，但其却蕴涵了控辩平等合作的丰富内容。暂缓起诉权是指检察机关对于犯罪嫌疑人，根据其犯罪性质、年龄、处境、危害程度及犯罪情节、悔罪表现等情况，依法认为没有立即追究其刑事责任之必要而做出的暂时不予提起公诉的权利。其内涵是：要求犯罪嫌疑人在一定期限内履行一定义务，如果犯罪嫌疑人在期限内经考察确实履行了规定的义务，检察机关做出不再予以起诉的决定，诉讼程序终止；如果犯罪嫌疑人在期限内经考察没有履行规定的义务，检察机关做出提起公诉的决定，依法请求法院进行审判。暂缓起诉制度是起诉与不起诉之间的一种过渡性措施，确立它本身就体现了保障犯罪嫌疑人合法权益的精神。

（三）本土化的辩诉交易

辩诉交易（Plea Bargaining）是一种典型意义的控辩平等合作。作为一种在美国司法制度中自发生成的诉讼模式，辩诉交易以控辩合作的形式，凸显出其案件纠纷处理中方便、快捷、高效和节省司法成本的显著特点。1970 年，美国联邦高等法院在 Brady V. U. S 一案的判决中正式确认了辩诉交易合法性。[①] 1974 年 4 月美国修订的《联邦地区法院刑事诉讼规则》以立法的形式确认了辩诉交易在司法制度中的法律地位。笔者研究发现，尽管在美国反对辩诉交易的声音一直不绝于耳，但是，美国司法界目前大多数人却并不倾向于废除这一制度，而是主张在努力抑制其弊端和不断改良中，进一步发挥其任何其他制度所无法替代的功能。[②] 客观上讲，辩诉交易的理论与实践是在"啧啧骂声"中，我行我素、跌跌撞撞地成熟与发展起来的，其由秘密到公开再到合法化的成长历程，完全合乎了达尔文"适者生存"的生物演化理论。可以预见，辩诉交易在美国，将在激烈的批评声中日臻完善，并继续在美国的刑事司法体制中发挥积极作用。另据笔者研究，辩诉交易在英国、法国、德国、意大利、俄罗斯、日本等国家的发展和实践情况也与美国、加拿大类同。[③] 可见，辩诉交易这种控辩合作模式，在解决有限的司法资源与大量的刑事案件之间的矛盾时所显示出来的巨大作用，体现了其追求司法正义、司法效益和司法和谐的共同价值。

---

① Brady V. United States, 379, U. S. 742, 752—53 (1970).

② See Stephen Schulhohofer, Is Plea Bargaining Inevitable? 97 Harv. L. Rev. 1037 (1984).

③ 详见冀祥德《建立中国控辩协商制度研究》，北京大学出版社 2006 年版。

民法的内部体系初论

陈永强*

内容摘要 体系化是民法法学方法论的一种基本思维方式，它不仅将整个民法规范按照一定的逻辑合理地组织在一起，更是使法律的价值在民法内部形成一个无矛盾的统一体。内部体系由法律原则所构成，法律原则之间存在着相互补充、相互限制的协作关系。法律原则之间及其与下位原则之关系的阐明可以揭示民法规范的内在价值脉络，避免法律适用中的评价矛盾。

关键词 民法 内部体系 法律原则 体系化

体系是一种正义思维，它把整个法律秩序看做是一个协调、规范的价值标准所组成的有序结构。基于"相同事物相同对待"的正义要求，法律秩序必须构成一个统一的价值评价体系。法律规范之间及具体规范与整体法律秩序之间的价值关联性，就构成了体系。体系思维是法学家所必备的两种基本素养之一。[①] 其一方面将法律规范予以抽象化，另一方面又将具体法律规范视为整体法律秩序的一部分。"体系化之任务即在于说明并实现法律秩序在价值判断上的一贯性和统一性"。[②] 然而，任何法律"都不是一次性的锻造物，而是充满了紧张对立和不能解决的矛盾"，[③] 因而，"体系化研究民法，以发掘法律规范内在的一体性及其一贯性的意义关联，乃是法学工作的重要目标"[④]。它有助

---

* 2009 年 7 月起至今，在中国社会科学院法学研究所博士后流动站从事民法学专业博士后研究工作。

① 萨维尼将体系素养和历史素养视为法学家所必备的两种科学精神。参见［德］弗里德里希·卡尔·冯·萨维尼《论立法与法学的当代使命》，许章润译，中国法制出版社 2001 年版，第 37 页。

② Claus—Wilhem Canaris, Systemdenken und Systembegriff in der Jurisprudenz, 2. überarbeitete Auflage., Berlin, 1983, S. 18.

③ ［德］伯恩·魏德士：《法理学》，丁晓春、吴越译，法律出版社 2003 年版，第 126 页。

④ ［德］卡尔·拉伦茨：《法学方法论》，陈爱娥译，商务印书馆 2003 年版，第 120 页。

于阐明法律内部的价值评价系统，并使整体法律秩序形成一个无矛盾的统一体。自萨维尼将体系方法作为民法研究的基本方法以来，体系方法就成了民法学方法论的核心内容。不同时代的法学方法论赋予了体系不同的内涵，从概念法学到评价法学的历史变迁中，民法学经历了由形式的法学向实质的法学的转变，形式的法学是外部体系的特征，实质的法学则是内部体系的特征。历史地阐明这个区分是必要的，因为当今许多民法问题的争论都处于这两者之间。

一、外部体系与内部体系的区分

（一）体系的概念：从萨维尼到概念法学

1. 萨维尼的体系概念

萨维尼的法学方法论贯穿着两条基本原则：历史性原则和哲学性原则。历史性原则是指"把立法视为在给定的时间内自我形构的东西"①。法乃是历史的实存，它是"完全客观、完全独立、排除任何个人意见的东西"②，所有这些客观存在的事物的知识便构成了历史知识。历史性原则不仅为法学提供了研究的基本素材，还为法学建立了基本的方法：法律是特定时代赋予特定民族的，为了揭示法律所蕴涵的思想，必须对"制定法律的那个时期进行历史考察才能阐述法律的历史规定性"③。萨维尼在确立了法素材之后，又提出了整理法素材的基本原则，即哲学性原则。萨维尼将"哲学性"与"体系性"等视同观，哲学性原则就是要将法素材视为一个整体，每一要素都是法整体的一个部分，每一部分只能在整体意义脉络中才能被认识。因此，体系就等于解释的各种对象的统一。④

萨维尼提出，体系化的目标在于将多样的法素材进行整合，阐明其内在关联并形成一个统一体。要达到这一目标，体系需要借助一个逻辑媒介，即形式。所有的形式要么用于阐明单个法律规则的内容，即定义与划分；要么用于整合多个法律规则。⑤ 前者在于阐明概念，使每个概念符合法律现实；后者在于揭示法律规范本身的内在关联。萨维尼的方法论强调法律制度本身是一个有

---

① ［德］弗里德里希·卡尔·冯·萨维尼、雅各布·格林:《萨维尼法学方法论讲义与格林笔记》，杨代雄译，胡晓静校，法律出版社 2008 年版，第 6 页。
② 同上书，第 71 页。
③ 同上书，第 78 页。
④ 同上书，第 21 页。
⑤ 同上书，第 23 页。

机体系，而所有的法律制度则构成一个更大的有机体系，这个有机体系乃在于
实现康德之人格自律性伦理之法的独立存在——一个人的自由意志与他人自由
意志的协调。① 同时也认为法存在漏洞，解释者应对其内在价值予以填补。②

2. 概念法学

　　普赫塔（Puchta）的概念法学承继了萨维尼方法论关于体系的统一性与完
备性的追求目标，并将此统一性与完备性委身于"概念的谱系"：法律家应该
透过所有中间环节向上与向下追寻概念的来源，向上一直追溯每个法的来源到
法的概念，再从这个最高的法的概念向下推到直达个别主观的权利为止。③ 按
照逻辑法则，全部法学概念构成了一座金字塔，概念成为"体系之砖"，它独
立存在，并具有自我生产能力。"从最高级别的法律概念（法律思想）到主观
权利及其规范之间都存在必然的逻辑演绎链条，任何有经验的法律工作者都能
够发现这个链条。"④ 从而，仅依凭单纯的逻辑推导就能得到正确的法律答案，
所谓的法律规范也就只不过是经由概念进行的"科学的推论"的产物。由此，
法条的正当性只建立在体系的正确性与逻辑的合理性之上，法的形成只是
"概念的演变"。⑤

　　概念法学产生了多方面效果：首先，概念体系具有产生一切法规范的功
能，而概念金字塔的构建及其逻辑推导属于科学事业，因而唯有经过严格学术
训练的法学家才有资格从事立法工作，这就证立了"学术性创造的法源性
质"⑥。立法的权力也由此被转移到不是从事政治的法学家们的手中。⑦ 其次，
由概念体系构成的法秩序是一种封闭的体系，其独立于生活关系的现实之外，
并不承认法漏洞的存在，因概念金字塔是具有自我"创造力的建构"，法漏洞
可以被逻辑一贯地予以填补。由此，法官成了一部涵摄机器，法律适用降格为
一种纯粹的技术过程，法官只听从抽象概念的逻辑必然性的推导，任何社会的
评价和伦理的、法律政策的、宗教的考量皆被排除在外。"学术语句在逻辑上
之概念与体系的正当性足以证立语句的正当性。"⑧

---

　　① 参见［德］弗朗茨·维亚克尔：《近代私法史——以德意志的发展为观察重点》（下册），陈
爱娥、黄建辉译，上海三联书店2006年版，第385页。
　　② 参见［德］弗里德里希·卡尔·冯·萨维尼《当代罗马法体系Ⅰ》，朱虎译，中国法制出版社
2010年版，第173—187页。
　　③ 参见［德］弗朗茨·维亚克尔：《近代私法史——以德意志的发展为观察重点》，第387页。
　　④ ［德］伯恩·魏德士：《法理学》，第209页。
　　⑤ 参见［德］弗朗茨·维亚克尔：《近代私法史——以德意志的发展为观察重点》，第387页。
　　⑥ 同上书，第386—387页。
　　⑦ ［德］伯恩·魏德士：《法理学》，第221页。
　　⑧ ［德］弗朗茨·维亚克尔：《近代私法史——以德意志的发展为观察重点》，第417页。

（二）内部体系与外部体系的区分

普赫塔的概念法学塑造了典型的"形式理性"的法律思想模式，使得整个法学知识领域达到了无与伦比的精确化。但此种远离社会现实的概念体系及其涵摄模式忽略了法的目的和价值，从而为后世法学所批评，体系概念也由此得以矫正和发展。黑克（Heck）的利益法学首次将体系区分为外部体系与内部体系。① 黑克对编纂概念（Ordnungsbegriffe）与利益概念（Interessenbegriffe）进行了区分。② 并认为，利用编纂概念而形成的秩序为外部体系；而由利益的"冲突裁断"（Konfliktsentscheidungen）及其间的"事物上的关联"形成的体系，称为内部体系。③

自黑克以来，人们将"内部体系"指称为实质性的序位关系（Rangordnung）、价值体系，也即将整个法律秩序理解并解释为内部无矛盾的统一体或"意义整体"。④ 与依形式逻辑构建的抽象概念组成的外部体系不同，内部体系以"法律原则"为基石。⑤ 卡纳里斯认为，体系须具备统一性与一贯性这两个基本特征，依形式逻辑构成的概念体系以及黑克的由生活利益关系构成的体系都不适用于法学。⑥ 因为存在于法秩序中的内在意义的统一性是由正义思想所推得，它不是逻辑上的而是评价上的统一性。卡纳里斯认为，法律原则处于价值（Wert）与概念（Begriff）之间，在概念中其价值隐而不显，法律原则恰好可以将价值显现出来，它比较适合再现法秩序中价值的统一性。⑦ 在此，我们遵循拉伦茨—卡纳里斯对体系的划分与界定，外部体系指称以"抽象概念"为基础构造的体系，内部体系则是指以"法律原则"为基础的体系。内部体系具有以下几个特征：

1. 内部体系的开放性和发展性

外部体系的构造方法在于：从作为规范客体的构成事实中分离出若干要素，由这些要素形成类别概念，而借着增减若干要素，形成不同抽象程度的概

① See note 2, S. 35.
② 参见黄茂荣《法学方法与现代民法》，中国政法大学出版社2001年版，第443页。
③ See note 2, S. 35. 卡纳里斯认为，利益法学没有将现实中利益与法律规范中的利益价值判断真正区分开来，在逻辑上与伦理上都没有形成统一性。在生活关系与法体系之间缺乏联系的媒介——价值标准，这些价值标准须由一般法律原则或法律思想来表达。See note 2, S. 36.
④ ［德］伯恩·魏德士：《法理学》，第330页。
⑤ ［德］卡尔·拉伦茨：《法学方法论》，第317页。
⑥ See note 2, S. 25.
⑦ See note 2, S. 50.

念，以此形成体系。① 此种体系可以通过概念推演得出所有结论，并在逻辑上保持不相矛盾。演绎式的概念构成的体系在很大程度上必然会趋于僵固，在理念上倾向一种终结性的体系。② 相反，由法律原则构成的体系则是"开放的"（die Offenheit）。③ 因为，原则并非一律适用绝无例外，只有通过其彼此之间相互补充、相互限制的交互作用，原则的固有意义才能显现出来。原则还必须透过一些具有独立实质内容的下位原则及个别评价行为而将之具体化。④ 其次，内部体系还是一个"不完全的体系"，内部体系不能将所有规范或规整集合成一体。⑤ 因为内部体系是由一整套正义的原则所构成，而这些原则都是在总结人类经验中已经被认识的法的原则，这个总结也仅是一种"暂时的总结概括"。⑥

2. 价值导向的法学方法

外部体系的思考方法中，概念的逻辑涵摄工作被认为是一种价值中立的思考过程。为了获得法的安定性，法律适用者被免去了价值评价的职能，借此避免法官的个人主观判断。由此，支撑一个法秩序的所有基本价值评价及其意义关联被掩埋。而内部体系则旨在将此等价值标准及由法律原则所生的意义脉络彰显出来，并在整体上构成一个意义的内在统一体，此属价值导向的法学思考方式。法律规范作为裁判规范，通常以一定的价值评价为基础，这些价值评价体现着"法律赋予特定利益广泛的保护，对其他利益则不予保护或仅予较小的保护，其命令或禁止特定行为方式，对于违反行为予以制裁；权利之许予或拒绝，或者危险的分配"⑦。因而，在将法律规范适用于特定待决案件时，需要将规范中所包含的价值评价付诸实现。此等价值评价的实现尤其须借助于法律原则，通过"揭示原则与下位原则之间的脉络关联，还可以扩充法秩序的认识，同时有助于规范解释及漏洞填补，因为在法的续造之过程中，借此可以维持评价上的统一性及一贯性"⑧。

外部体系与内部体系的区分在一定程度上是必要的，它有助于辨析法学所关注的侧重方面，但这个区分不是绝对的，内部体系也需要以外部体系为桥

---

① 参见 [德] 卡尔·拉伦茨：《法学方法论》，第 16 页。

② 同上书，第 45 页。

③ See note 2, S. 50.

④ 参见 [德] 卡尔·拉伦茨《法学方法论》，第 46 页。

⑤ 同上书，第 18 页。

⑥ [德] H. 科殷：《法哲学》，林荣远译，华夏出版社 2002 年版，第 232 页。

⑦ [德] 卡尔·拉伦茨：《法学方法论》，第 94 页。

⑧ 同上书，第 47 页。

梁。一方面，外部体系受到内部体系的修正，以确保法的价值体系的统一性；另一方面，内部体系需要借助外部体系以保障法的安定性。两者协调一致才能在法的妥当性与安定性价值之间维持平衡。

二、内部体系的构造原理

法律原则是内部体系构造的基石，拉伦茨将其描述为"在从事法律规范时指示方向的标准，依凭其固有的信服力，其可以正当化法律性的决定"[1]。在此意义上，法律原则可以作为法律规则及其裁判结论的正当性根据。因而，在法律解释与适用过程中，一方面需要通过具体化来贯彻法律原则所含的价值评价以维护其一贯性，另一方面则需依法律原则来协调各项冲突以维护价值评价的统一性。下面对法律原则的一般原理进行研究。

（一）法律原则的类型体系

按照不同的区分标准，我们可以将法律原则区分为法条式原则与开放式原则、技术性原则与伦理性原则。

1. 法条式原则与开放式原则

依据法律原则是否可被直接适用的程度，拉伦茨将原则区分为法条式原则与开放式原则。所谓法条式原则是指"已经凝聚成可以直接适用的规则，其不仅是法律理由，毋宁已经是法律本身"[2]。而开放式原则是指那些不具有规范特质的原则。拉伦茨指出，法条式原则是"法律虽未明白言及，但因法律就其例外特为明定，可见其仍包含于法律之中者。立法者之所以不明白言及，因其认为该原则系如此理所当然之事，因此根本不须提及原则，而只须表明其例外情况"[3]。拉伦茨认为，宪法中的"无法律则无刑罚"、"一罪不二罚"、人身自由的保障、法官独立原则等都属于法条式原则，这些法条式原则都是以作为开放式原则的法治国原则的具体化。同样，在私法中，作为法条式原则的契约自由原则及债权契约形式自由原则也是以作为开放式原则的私法自治原则为基础。区分法条式原则与开放式原则的意义在于：开放式原则须借助法条式原则"向特定的方向具体化、明朗化及标准化"，法条式原则处于开放式原则与

---

① ［德］卡尔·拉伦茨：《法学方法论》，第 348 页。
② 同上书，第 353 页。
③ 同上。

具有不太严格的构成要件的法规范之间。① 拉伦茨的这一区分在于说明法律原则的阶层关系：法条式原则乃是开放式原则的下位原则，它可由开放式原则导出，或者说法条式原则皆可归入高一阶层的开放式原则之下。拉伦茨也承认这一区分仅具有相对意义，开放式原则与法条式原则之间是流动的，"并不能精确指出由哪一点开始，原则已经借法律被具体化到可以视为法条形式的原则"②。

2. 技术性原则与伦理性原则

按法律原则所显现的伦理特性，法律原则可以分为技术性原则与伦理性原则。伦理性原则是那些承载并直接宣示特定价值评价的原则，如诚信原则；而技术性原则是那些并不直接表现其价值的原则，如债权相对性原则、物权公示原则等。技术性原则较伦理性原则更为具体化，它以问题为导向，是原则向规则的过渡形态。物权法上的公示原则、物权法定原则等都属技术性原则。此类技术性原则通常也服务于特定的价值，如物权法定原则与物权公示原则均旨在维护交易安全，保护信赖利益。保护信赖原则是法律行为交往中的基本原则，但"它没有法律伦理方面的基础"，"保护信赖往往只是一种旨在提高法律行为交易稳定性的法律技术手段"③。技术意义上的信赖保护原则是诚信原则的子原则。在位阶关系上，技术性原则可归入伦理性原则之下。在此，区分技术性原则与伦理性原则的意义在于：当技术性原则所得出的价值判断结论与伦理性原则相冲突时，后者可以修正前者或者限制前者的适用。技术性原则受到伦理性原则的指导和调整。

（二）法律原则之间的位阶关系

由法律原则构成的内部体系必然存在着内在的阶层秩序，即原则与原则之间存在着位阶关系，阐明这一位阶关系是内部体系重要任务。拉伦茨认为，作为最高层的法律原则乃是"一般法律思想"，此类原则有：法治国原则、社会国原则、尊重人性尊严的原则及自主决定与个人负责原则。拉伦茨认为，在这个内在的阶层秩序中，相对于财产法益，基本法所赋予的生命、自由、人性尊严显然具有较高的位阶。相反，在私法领域中，自主决定、自我负责以及信赖责任诸原则，相对于有责性原则及其他损害责任的归责标准，彼此间并无一定

---

① ［德］卡尔·拉伦茨：《法学方法论》，第 353 页。

② 同上。

③ ［德］卡尔·拉伦茨：《德国民法通论》（上册），王晓晔、邵建东等译，法律出版社 2003 年版，第 59—60 页。

阶层秩序，自何处起某原则应将其主导地位让位给其他原则，法律常未作最后的规定。因而，只能借相互补充、相互限制的协作方式，才能得到原则本来的意义内涵。① 由于人是私法的出发点，法律以承认人的人性尊严和生命为前提。因而，在法益类型中，生命法益与人性尊严处于最高的阶层。由此可以推导出，每一个人都有权要求他人尊重他的人格、不侵害他的生存，包括生命、身体、健康和他的私人领域；每一个人对其他任何人也都必须承担这种尊重他人人格及不侵害他人权利的义务。② 由这一相互尊重的义务我们可以进一步建立平等原则、自由原则、公平原则与安全原则。这些原则处于法的价值的核心，其间不存在明显的阶层关系，如拉伦茨所论，它们之间只能是相互限制、相互协作的统一。自由原则在民法上表现为私法自治原则，它又进一步演化为合同自由原则、自己责任原则、婚姻自由原则、遗嘱自由原则等；这些下位原则成为具体部门法的指导思想，如合同自由原则带来了合同的形式自由、要约与承诺的生效规则、探求意思表示真实的解释规则等。公平原则则可以产生比例原则、均衡原则，③ 这些原则经由实体法规则体现出来，如合同价款与标的物价值均衡、损害赔偿的可预见性规则、期待利益的损害赔偿、侵权损害赔偿与实际损失的均衡等。基于安全原则，则可以产生诚实信用原则、不害他人原则，诚实信用原则可以借着具体化而表现为信赖责任原则、权利失效理论、禁止权利滥用和禁反言等类型。各个主导法律原则及其下位原则可以形成一个内在的阶层秩序——子内部体系。各个"子内部体系"的相互联合则构成了整个内部体系。在整个内在阶层秩序中，原则所显示的意义脉络并非总是"单向的"，而是"对流的"，原则需要借助其具体化阶段，后者又须与前者作有意义的联系才能被充分认识。内部体系的形成必须以一种"交互澄清"的程序来达成。④

（三）法律原则之间的限制与协作关系

法律原则与规则不同，规则以有效或无效的方式适用，法律原则的适用则

① 参见［德］卡尔·拉伦茨《法学方法论》，第350页。
② 参见［德］卡尔·拉伦茨《德国民法通论》，第47页。
③ 王泽鉴将比例原则归属于诚信原则之下，认为，一方当事人不为义务的履行，影响权利人利益轻微，其拒绝受领造成损害甚大，不合比例原则，其行使权利违反诚实信用原则。参见王泽鉴《民法总则》，中国政法大学出版社2001年版，第557页。此时，不合比例原则的权利行使会导致诚信原则的违反，因而，上位原则与下位原则的位阶关系不是绝对的，而是存在着"对流"与"交错"，它们共同构成一个相互限制与补充的统一体。
④ 参见［德］卡尔·拉伦茨《法学方法论》，第349页。

并非如此。例如，法定书面形式要件的合同规则中，未采用书面形式的，合同便归无效。相反，按照遗嘱自由原则，人们可以根据自己的意愿设立遗嘱并将自己的财产自由处分给他人。但仅依据遗嘱自由原则并不能得出自由设立的遗嘱是有效的，它还受到未成年子女保护原则的限制。原则有"分量"（weight）之别，① 其相互之间可能冲突，因而原则必须衡量或平衡，而规则无须作这样的衡量，规则关注例外。"权衡"是原则的特定属性，② 这个属性要求我们必须对相互可能冲突的原则进行协调，使原则的分量保持一致。

原则的一般性程度也存在差异，如遗嘱自由原则的一般性不如处分财产的自由原则，后者的一般性程度又不如私法自治原则。一个原则会受到更一般的原则的支持，反过来，更一般的原则也可以推导出次一级的原则。例如，私法自治原则可以导出合同自由原则。然而，法律的价值是多元的，理解一部法律通常需要多种原则的协调。如合同法，单凭合同自由原则尚无法充分理解合同如何需要严格履行，自由原则如何能够产生不自由？在此，理解合同法需要另一条原则：安全原则。安全原则建立在社会伦理的基础上，人必须在社会中才能生存，"人是政治动物，天生要共同生活"③。"只有当人与人之间的信赖至少普遍能够得到维持，信赖能够作为人与人之间的关系基础的时候，人们才能和平地生活在一个哪怕是关系很宽松的共同体中。"④ 安全原则包括人身安全和财产安全，财产安全又可以分为静态安全和动态交易安全。合同法注重交易安全的保护，在交易领域，信守诺言是自然法所赋予的一项一般义务，⑤ 如果没有这项义务，人与人之间就处于一种不信任的关系中，可能因背信弃义而引发争斗，从而对安全构成威胁。由此，法律将诚实信用原则确立为一项基本原则来保护处于特定关系中的当事人的正当期待。"任何一方当事人都应当谨慎维护对方的利益、满足对方的正当期待、给对方提供必需的信息——总之，他的行为应该是忠诚的。"⑥ 在意思表示的解释中，法律以受领人可理解的意思表示为准。在意思表示撤销时，须赔偿对方的信赖利益。表见代理中则赋予表

---

① ［美］迈克尔·D. 贝勒斯：《法律的原则——一个规范的分析》，张文显等译，中国大百科全书出版社1996年版，第13页。

② ［美］罗纳德·德沃金：《认真对待权利》，信春鹰、吴玉章译，中国大百科全书出版社1998年版，第19页。

③ ［古希腊］亚里士多德：《尼各马科伦理学》，苗力田译，中国人民大学出版社2006年版，第202页。

④ ［德］卡尔·拉伦茨：《德国民法通论》，第58页。

⑤ ［德］塞缪尔·普芬道夫：《人和公民的自然法义务》，鞠成伟译，商务印书馆2009年版，第89页。

⑥ ［德］卡尔·拉伦茨《德国民法通论》，第58页。

见代理行为以法律效力来保护善意信赖者。信赖保护思想在侵权法领域产生了危险控制义务：持有危险物的人应控制危险物的危险，防止造成他人损害，未尽该义务的，则生损害赔偿责任。尽管保护正当的信赖属于法秩序最根本的要求之一，但它也受到其他原则的限制。如在无完全民事行为能力人为法律行为的情形，他方当事人善意信赖其为完全民事行为能力的，其善意信赖仍不受保护。因信赖原则所保护者乃在于交易安全，而无完全民事行为能力人的人格法益高于交易安全法益，从而须优先保护。

公平原则与诚实信用原则在合同法中形成了交错的秩序关系。依诚信原则，合同应无例外的履行，但遇"情势变更"，合同仍可以不履行，此时，伦理正当性问题受到结果论取向的公平原则的影响。双务合同中，双方当事人的给付与对待给付之间应保持基本的均衡，维持适当的比例关系。此种适当比例的均衡关系被称为等价原则，所谓等价，既包含主观意义上的等值，又包含客观意义上的等值。主观等价原则意味着货物的价值由每一方合同当事人自己做判断。客观等价原则则要求货物的价值应当符合市场价值，当买卖价款严重偏离市场客观价值时，当事人可依据重大误解或显示公平来撤销合同。合同法司法解释（二）第 26 条确立了情势变更时可以变更或解除合同的规则，因不可归责于双方当事人的情势变更导致合同的对价均衡关系严重破坏的，法官由此可以借公平原则来调整合同。

合同自由原则、诚实信用原则、公平原则皆为合同法的主导性原则，它们之间是一种相互协作的关系。合同自由原则是公平原则的前提，同时又受公平原则和诚信原则的限制。在诚信原则与公平原则之间，诚信原则指向行为的伦理正当性，而公平原则指向结果的均衡性，两个原则之间又构成了一种相互限制的关系。法律原则之间协作关系是内部体系的一个特点，它们之间并非对立存在，而是相互补充并相互限制。通过这种协作，整体法秩序的价值脉络及个别原则的效力范围及其意义才能得以清晰显现。①

三、内部体系的法学方法

内部体系的法学方法是一种以价值为导向的法律思维方法，其统一的价值体系的获得需要借助三种思考形式：功能界定的概念、类型化及法律原则。下面将阐明此三者对于法秩序内部形成一个统一的价值评价体系的贡献以及法益衡量所应遵循的原则。

---

① See note 2, S. 55.

（一）功能性概念

法律概念有以一定事实为基础者，有以一定的价值评价为基础者，前者为技术性概念，后者为功能性概念。以形式逻辑为基础所构成的"种类概念"，大部分是纯技术性概念，如汇票、支票、支付通知、预告登记、异议、登记顺位、载入及注销登记等概念。① 这些概念所涉及者乃特定的事实问题，如不动产登记，特定权利是否已经进入不动产登记簿并为其载明，可以通过查阅而得出结论。技术性概念的关注点是"有"或"无"，它们基本上与价值无涉，也不能借助价值来对其获得新的认识。相反，多数法律概念则属功能性概念，盖法律规范之设计皆在于实现一定的规范目的，这些概念具有目的论特质，它应归属于原则之下。② 这些概念只有回归于法律原则才能被妥当认识。如"过失"、"善意"等纯粹规范性概念，都需要"配合各该规整的意义脉络中的功能来确定其内涵"。③ 功能性概念的关注点是"多"或"少"，它们是程度上的区别，而不是非此即彼。

功能性概念也常包含技术性要素。如法律行为概念，其核心乃在于意思表示以及私法效果，是以发生私法效果为目标的私人的意思表示，这一构成被赋予了技术特点，被称为"法律行为的技术性概念"。④ 此一技术性要素涉及两个方面：意思表示的事实构成性以及作为法律行为之本质的自治的价值被排除在该定义之外。而作为"自主与他人形成法律关系的工具"的法律行为概念为功能性概念，它是"基础或结构概念"。⑤ 技术性要素在于将法律原则的价值即私法自治功能转化成法教义学上可以掌握的法条或概念，但技术性概念最终又需要回归于原则自身。想要理解实证法秩序所规定的各项评价决定，"就不能停留在法律技术性的概念上，毋宁须进一步探究一方面隐藏于法律技术性的概念之后，另一方面亦可由之透视的功能规定的概念"⑥。在私法自治原则下，法律行为乃是其工具，个人有权力按自己的意思与他人形成法律关系。由此，限制行为能力人因不具有完全的管理自己事务的能力，其效力因而受到限制，未经法定代理人追认即归无效。无民事行为能力人则由法定代理人完全代理。在代理制度中，如果无本人之授权，任何他人皆不得以本人名义从事法律

① 参见［德］卡尔·拉伦茨《法学方法论》，第104页。
② See note 2, S. 50.
③ 参见［德］卡尔·拉伦茨《法学方法论》，第356页。
④ 同上。
⑤ 同上书，第358页。
⑥ 同上书，第359页。

行为，因为私法自治权归属于本人。无权代理行为只有经本人的追认，始生效力，"追认"意味着本人意思的参与及私法自治权的行使。无权处分的情形亦是如此，无权处分行为的效力须经本人追认。在单方行为与双方行为、负担行为与处分行为等法律行为的类型中也无不体现出私法自治原则的精神。私法自治原则经由实体法得以具体化并为进一步发展法律提供正当性依据。"功能"或"价值"赋予了法律概念以生命力，它使得各项规范有机的联系在一起，维护了内部体系的价值统一性。功能性概念意味着法律概念必须向法律原则回归。

（二）类型化

概念方法的前提是：当且仅当概念的全部要素在特定客体上全部重现时，此客体（案件事实）才能被涵摄于此概念之下。[①] 但法律概念中经常包含一个或多个不能被单纯涵摄的要素，如"重大事由"，仅凭单纯的逻辑涵摄尚无法得出结论，它必须借助特定社会经验才能判断。类型方法则与之不同，描述类型的各种因素则不需要全部出现，它们可以有不同的强弱阶段，而且在一定的范围内可以彼此交换。类型不仅是个别要素的积累，更是个别特征结合所构成的"整体形象"。[②] 因为所有被考量的个别特征都取向于促成"整体类型"的中心价值，故而，类型化思考方法总是维持其与指导性价值观点间的联系。也只有在指导性价值的意义脉络中才能对具体案件作类型归属的判断。在此意义上，类型归属乃是一种价值导向的思考方式。[③] 建构类型的价值在于：认识不同规整整体"内在"有意义的脉络关系。[④] 类型化的基本思想在于实现"相同事务相同对待，不同事务不同对待"的正义目标。

在权利体系的构建中，传统民法创造的请求权与物权之区分是抽象概念式的，非"相对的"权利，即为"绝对的"权利，两者相互排斥。因而，当出现经预告登记的权利及租赁关系之占有人的权利之性质归属问题时，便无法认定。相反，假如将请求权与支配权作为法的类型，受预告登记所保障的能够对抗第三人的权利为其中间形式，就能够理解此种权利的效力。此一权利被称为

---

① 参见［德］卡尔·拉伦茨《法学方法论》，第100页。

② 同上。

③ 类型与概念之间也并非截然对立，其中仍有一些流动空间。除象征性的因素外，通过确定若干不可或缺的要素，类型也可以接近概念。类型描述还可以被当做形成概念的前阶段，有时所谓的概念定义，事实上是一种类型描述。参见［德］卡尔·拉伦茨《法学方法论》，第101—102页。

④ 参见［德］卡尔·拉伦茨《法学方法论》，第347页。

"消极的支配权"，① 它虽然发生对抗第三人的法律效果，但对物本身并未取得直接支配权。此债权产生了排他效力但并非独立之物权。在基于债之关系的占有人的权利中，占有人可以对抗原所有权人的返还请求权，因而兼具请求权及对物权的特征。它属于权利的中间类型，被称为"相对的支配权"。我们可以在这个分析的基础上进一步推演，在不动产租赁关系中，占有人不仅可以对抗原所有权人的返还请求权，还可以对抗第三人（包括买受人），法律的意旨在于保护具有合法权利基础的占有人的利益不受他人剥夺。于此相似，已占有但未登记的不动产购买人亦属于基于债之关系的占有的情形，那么，按照"准物权"或者"事实物权"来保护占有人就是一项正当的结论。② 由此，占有人的履行登记请求权的性质也就可以确定，它应不受两年短期时效的限制。否则，在逻辑上无法理解占有人为何既可以对抗第三人又可以对抗原所有权人但却不能要求登记。于此，在所有权保留的买卖中、分期付款买卖中也存在着相似的结构，应当对此予以统一保护。

（三）法律原则对价值评价体系的统一性塑造

内部体系最终需要仰赖法律原则及其具体化来确立并实现法秩序价值评价上的一贯性与统一性。法律原则作为一种指导思想，其不含具体的构成要件及法律效果，因而不能将之直接适用于具体个案。但是，通过立法或司法实践确立类型的方式可以将法律原则具体化。如缔约过失责任、权利失效、权利滥用之禁止、禁反言等皆属于诚信原则的具体化类型。主导性法律原则既可以整合整个法秩序的价值，又可以利用其发展法律，从事法的续造。如依据宪法的人性尊严原则推导出民法上之一般人格权，并受侵权法所保护。其正当化的根据在于：宪法对于人格赋予崇高的伦理地位，而且，依经验所示，法律个别的规定（如名誉的保护或姓名权等规定）不足以对人格权提供充分的保障。③ 民法典人格权规定的不完整造成了很大的法律漏洞，这个法律漏洞经由主导性法律伦理原则创设一般人格权而得以填补。

在私法领域，卡纳里斯与拉伦茨主张将信赖责任原则作为一项与私法自治原则并随的私法上的根本原则。④ 信赖责任是指以信赖的构成要件为依据而课予履行义务或损害赔偿义务，此一责任的关键在于：只有当信赖的构成事实属

---

① 参见［德］卡尔·拉伦茨《法学方法论》，第 347 页。
② 孙宪忠、常鹏翱：《论法律物权与事实物权的区分》，载《法学研究》2001 年第 5 期。
③ 参见［德］卡尔·拉伦茨《法学方法论》，第 297 页。
④ 同上书，第 350—351 页。

于义务人的负责范围时，才能正当化基于信赖的构成事实所生的责任。卡纳里斯在此提出了两项归责原则：有责原则与危险原则。危险责任取决于：较诸信赖者，造成信赖的构成事实之人是否"更宜于"承担因误导或——在持有证件的情况——滥用所生的危险。如果后者明知其表示不正确的，则自宜由其承担危险。① 依我看来，这些下位原则的构成同样需要进一步回归上位原则，"信赖"只不过是诚信原则的一个要素，而诚信原则要求一个人应当是尽了诚信义务的人，而不是一个什么事都没做的人。② 因而，在诚信原则中，单纯的不知并不符合诚信的要求，诚信既包含主观的善意信赖（不知情），又包含客观的诚信义务。借这个主客观统一的诚信原则，我们可以进一步理解相关的信赖责任的法律规范。代理权授予行为的争议中，有采无因说，即代理的基础法律关系与代理权授予行为在法律效力上不相联结，代理权授予行为不因其基础法律关系的无效而无效。此一无因说乃在于最大限度地保障交易安全，然而，民法所谓的交易安全保护都是建立在诚信原则之上，一个恶意的人被认为是不值得保护的人。因而，授予行为无因说无正当性依据。对台湾地区"民法典"第 108 条第 1 项"代理权之消灭，依其所由授予之法律关系定之"的规定，我们应作扩张解释，当基础法律关系无效或被撤销时，代理权亦同归消灭。③ 唯在第三人善意时则赋予其效力，并按表见代理决定。在表见代理中，第三人基于对无权代理人的权利外观的善意信赖而进行的交易行为有效，我国《合同法》第 49 条所使用的术语是"有理由相信"，此处应解释为不但是不知情，而且是尽了相应的审查义务后作出的判断。单单的"不知情"并不符合此处的"有理由相信"。《物权法》第 106 条的善意取得制度中，"善意"的解释也应遵循同样的标准，"善意"的判断不在于"不知情"，而在于是否尽了合理调查义务。如果第一购买人已占有不动产的，次购买人未尽合理调查义务即非善意。《物权法》第 191 条第 2 款"抵押期间，抵押人未经抵押权人同意，不得转让抵押财产，但受让人代为清偿债务消灭抵押权的除外"也应以保护善意第三人的角度加以阐释。在未经登记的抵押财产中，善意第三人应予保护，合同有效并可以取得抵押财产的所有权。④

---

① 参见［德］卡尔·拉伦茨《法学方法论》，第 350 页。

② Diane Chappelle, Land Law, Person Professional Limited, Fifth Edition, 2003, p. 83.

③ 王泽鉴主张授予行为无因说，参见王泽鉴《民法总则》，中国政法大学出版社 2001 年版，第 465 页。

④ 参见陈永强《论抵押物转让的法律效果——以对我国物权法第 191 条的解释为中心》，载《政治与法律》2009 年第 9 期。

（四）法益衡量的原则

法律原则存在"分量"之别，因而法律原则之间的冲突通常需要通过由法律原则所保障的目的（如自由和安全）进行比较和权衡，从而实现不同利益之间达成公正的妥协，并以此实现利益的最大化（Optimierungsgebot）。在一方的利益与自由和他方的利益与自由的划界过程中，按照利益最大化原则，就需要尽可能高标准地实现处于较高位阶的法律原则所追求的目的，尤其是宪法基本权利。[①] 法益衡量需要"对各项法益产生的效用或损害作出评估，进而根据此种利和弊的数量，尤其是一方面受到积极影响，另一方面受到消极影响的法益的数量对这一决定作出总体评价"[②]。在此，法益衡量需要遵循三项原则：比例适当原则（Grundsatz der Verhaeltnismaessigkeit）、过度禁止原则（Übermaßverbot）和让路原则（Ausweichprinzip）。[③] 比例适当原则要求各项冲突的法律原则所欲求的目的应处于一个适当的比例关系。例如，在规定一项意思表示在什么条件下可以被撤销的问题时，一方面需要考虑私法自治原则，另一方面也需要考虑交易过程中的信赖利益保护原则。同样，在解释一项意思表示时，既需要探明意思表示人的真实意思（自治原则），又需要从意思表示受领人可理解的立场来认识（信赖保护原则）。按照比例适当原则，"侵害所带来的益处与另一利益被侵害的程度之间要有适当的比例"乃是指前者必须大于后者。[④] 如新闻自由与他人的一般人格权，划定这两者的权利界限时，尤其需要遵循比例原则来进行法益衡量。新闻报道如果以扭曲、诋毁的方式侵入个人的私生活领域，则新闻自由应受一般人格权的排斥。新闻媒体应对其信息来源的可靠性进行审查，避免对个人私生活进行不正当的侵入，并应考量报道的新闻对公众的意义以及对当事人名誉可能造成的影响，两者之间是否保持适当的比例。只有当侵害人格权的陈述"依其内容、形式及附随情事，客观上系为达成法律所认可的目的之必要手段时"，始能借"保护正当利益"为由得以正当化。[⑤] 在法律原则存在冲突时，如果存在多个解决方案，而每个方案都会带来一方法益的损害，则应按照过度禁止原则，即应选择对法益损害最小的方案。在同样可以达成目的的多数手段中，应选择造成侵害后果最轻微者。如果有一个解决方案可以达到所欲求的目的，这个方案不会造成对法益的侵害，此时，则应遵

---

① 参见［德］齐佩利乌斯《法学方法论》，金振豹译，法律出版社2009年版，第86页。

② ［德］齐佩利乌斯：《法学方法论》，第79页。

③ 参见［德］齐佩利乌斯《法学方法论》，第87页。

④ ［德］齐佩利乌斯：《法学方法论》，第151页。

⑤ 参见［德］卡尔·拉伦茨《法学方法论》，第283页。

循让路原则，即优先选择这一方案。① 法益衡量经由这些原则可以确定法益的权重，也就在一定程度上确定了各项法律原则的"分量"以及效力范围，以最终达成利益的最大化效果。

四、结语

由法伦理原则、下位原则及在不同情形下的具体化类型所构成的内部体系，为法律规范提供了正当性依据并使法秩序的价值评价的统一性显现出来，借此，我们才能正确地理解法律的意义脉络。但是，寻找基本的法律原则本身、对各该原则效力范围的确定、对多数原则之间相互作用、相互限制、相互补充之认识却并非一目了然。本文的体系化工作也只是一个初步的尝试，内部体系需要借助对时代精神的领会而不断发展，其目标在于无限接近的实现实质正义。内部体系具有"动态性"（die Beglichkeit），是一个动态体系。② 法学的内部体系化工作仍是一项持久的任务。

① 参见［德］齐佩利乌斯《法学方法论》，第 87 页。
② See note 2, S. 74.

关于《公司法》修改的探讨

马更新* 郭淑慧**

内容摘要 新《公司法》实施之后，很多的制度设计较以往的规定相比，都有了很多的提升和完善。但是，由于各种各样的因素，《公司法》在运行过程中亦显示出很多先天性的缺陷和制度设计上的不够细致。笔者在本文中主要针对部分法条的措辞、公司的转投资、股东与债权人利益的保护、股东会的召集、公司的强制解散和股份回购等六个方面进行了探讨，并提出了一些修改建议。

关键词 公司法 缺陷 修改

2005 年《公司法》修改之后，在制度设计、逻辑体系、用语规范性上都有了很大的提高。这显示出我国《公司法》正在朝着一个更加先进、更加规范、更具实用性的方向发展。但是正如常言道：前途是光明的，道路是坎坷的。在朝着更高的方向迈进的过程中，《公司法》也难免暴露出一系列的缺陷和不足，并亟须在各种探讨和修改中得到完善。本文中，笔者即尝试将在学习和工作中遇到的一些困惑和问题总结出来，并在比较诸多观点的基础上提出自己的一些建议。

一、关于《公司法》部分法条的措辞

（一）《公司法》第 23 条

该条规定：设立有限责任公司，应当具备下列条件：股东符合法定人数；股东出资达到法定资本最低限额；股东共同制定公司章程；……笔者认为，本

* 中国政法大学民商经济法学院商法研究所副教授，中国社会科学院法学研究所 2005 届博士后。
** 中国政法大学民商经济法学院 2010 级民商法专业硕士研究生。

条中采用"股东"这一概念不够恰当。在一个已经成立的公司中，其出资人称为股东，而在公司设立阶段，对未来要成立的公司的出资人应称为发起人。所以，笔者建议将此处的"股东"改为"发起人"。

(二)《公司法》第84条

该条规定：以发起设立方式设立股份有限公司的，发起人应当书面认足公司章程规定其认购的股份；一次缴纳的，应即缴纳全部出资；分期缴纳的，应即缴纳首期出资。以非货币财产出资的，应当依法办理其财产权的转移手续。发起人不依照前款规定缴纳出资的，应当按照发起人协议承担违约责任。

此条规定的问题在于，发起人是按照章程的规定缴纳其认缴的出资额的，然而在未按期足额缴付时承担的是违约责任，违的"约"则是发起人协议。在这里，是否存在着前后用语不一致的问题呢？

笔者认为，发起人协议并非公司设立阶段的必备文件。而公司章程是公司登记成立前的必备文件，只是在成立后才对全体股东、公司、董事等人员生效。在公司成立前它相当于发起人之间的协议，因此在公司成立前仅仅对发起人有效，但是它毕竟不是发起人协议，所以在立法表述上，建议将"应当按照发起人协议承担违约责任"改为"应当按照公司章程承担法律责任"。

(三)《公司法》第148条

该条规定：董事、监事、高级管理人员应当遵守法律、行政法规和公司章程，对公司负有忠实义务和勤勉义务。

笔者认为，其中的"勤勉"并非法律术语，公司法中也未对其内容进行界定。在认定相关人员的责任时，主观上的过错往往是按照是否尽到合理的注意义务来认定的。因此，建议将这一措辞改为"注意义务"。

(四)《公司法》第217条

该条第三项规定：实际控制人，是指虽不是公司的股东，但通过投资关系、协议或者其他安排，能够实际支配公司行为的人。

该条是对公司的实际控制人外延的规定。依据该规定，公司的实际控制人的概念排除了公司的股东。但是现实中会出现这样的情况：A公司持有B公司的股权，但并非B公司的控股股东，同时A公司基于投资关系、协议或其他安排而实际对B公司进行了控制。此时，根据公司法对实际控制人的定义，A公司却不能属于B公司的实际控制人。笔者认为，这样的规定是不妥当的。与控股股东相对应的是持有股份比例较低的小股东，但是这些小股东通过投资关系、协议或者其他安排也可以成为公司的实际控制人。

　　解决《公司法》第217条的立法疏漏，诸多学者见仁见智。中国政法大学李建伟教授认为，解决《公司法》第217条第三项的逻辑缺陷，可采用的技术措施有二：一是不改变"实际控制人"的定义，将《公司法》第217条第2项的"控股股东"的定义改为"控制股东"的定义；二是不改变第2项"控股股东"的定义，将第3项"实际控制人"的范围由"虽不是公司的股东"改为"虽不是公司的控股股东"。①

（五）《公司法》第184条

　　该条规定：有限责任公司的清算组由股东组成，股份有限公司的清算组由董事或股东大会确定的人员组成。逾期不成立清算组进行清算的，债权人可以申请人民法院指定有关人员组成清算组进行清算。人民法院应当受理该申请，并及时组织清算组进行清算。

　　笔者认为，"清算组"的表述不够准确。《公司法》上的清算组意在强调清算主体是一个整体组织，即有限责任公司的清算组由股东组成，股份有限公司的清算组由董事或股东大会确定的人员组成。但对于一人有限公司而言，由于其股东只有一人，称其为"清算组"不够准确。因此，笔者认为应改为"清算组或者清算人"。

二、关于公司的转投资问题

　　《公司法》第15条是关于公司转投资的规定。根据目前我国的规定，转投资是指公司对其他企业进行股权投资也取得利润的行为。转投资有助于企业经营的多元化、扩大利润来源。但同时，这一行为也有很多的弊端。表现为：第一，容易导致虚增资本和实质性的减资，给债权人和其他相关主体的利益造成损害；第二，容易给董事、监事带来控制股东会的机会，造成公司治理的困难；第三，母公司容易利用子公司来规避法律义务甚至做出违法的行为。基于上述种种原因，有必要对公司的转投资行为进行必要的限制。我国《公司法》主要从投资对象的角度对公司的转投资行为进行了限制，确保了公司转投资行为的规范化。但总体而言，《公司法》关于公司转投资的规定的缺陷是显而易见并亟须改进的。具体表现在以下方面：

---

　　① 李建伟：《关联交易的法律规制》，法律出版社2007年版，第35页。

（一）对公司转投资决定的表决程序

根据《公司法》第 16 条的规定，公司向其他企业投资或者为他人提供担保，依照公司章程的规定，由董事会或者股东会、股东大会决议。同时结合《公司法》第 104 条的规定，可以认为，如果是股东大会进行决议，在公司章程没有特别规定的情况下，公司转投资属于普通表决事项，只需经出席会议的股东所持表决权过半数通过即可。

笔者认为，《公司法》的上述规定存在两个问题：①对转投资表决权的归属做的是任意性的规定。《公司法》规定公司章程可以决定转投资表决权由董事会或者股东（大）会行使。现实中，董事会的成员大多代表了大股东的利益，中小股东很难在董事会中有一席之地。这样一来，董事会做出的转投资的决议很有可能损害中小股东的利益。②从《公司法》的以上规定可以看出，公司转投资的表决程序是非常简单的。只需出席会议的股东所持表决权的二分之一即可通过决议。但是，从中小股东保护的角度来讲，控制股东完全有可能通过影响股东（大）会决议而将公司的全部净资产甚至把全部总资产都转投资出去。如此一来，小股东权益即遭到了侵害。而且，公司的转投资对公司的发展来说意义重大，转投资对股东权益的影响，在某些情况下并不亚于公司合并或分立。这一行为对公司、债权人、股东都会产生很大的影响。因此，笔者建议从以下方面对转投资行为的表决程序进行完善：①将公司转投资行为的表决权强制赋予股东（大）会；②对转投资行为的表决程序进行更加严格的规定。比如，将其纳入特别表决事项。由全体股东①（或者出席会议的股东②）所持表决权的三分之二以上通过，公司才可以对外投资。

（二）在转投资形式方面

《公司法》第 15 条规定："公司可以向其他企业投资；但是，除法律另有规定外，不得成为对所投资企业的债务承担连带责任的出资人。"此条改变了旧《公司法》中的表述方式——"公司可以向其他有限责任公司、股份有限公司投资，并以该出资额为限对所投资公司承担责任"，考察新《公司法》的立法背景，此处将"有限责任公司、股份有限公司"改为"企业"，是为了把非公司制企业法人，主要是指全民所有制企业法人、集体所有制企业法人、中

---

① 在有限公司里要求股东会决议的计算基数为全体股东。

② 在股份公司里要求股东大会决议的计算基数为出席会议的股东。

外合作经营企业法人、外资企业法人等容纳进来。① 从这可以看出，《公司法》对转投资对象的范围的界定还是呈现出了一个扩大的趋势。但是我们发现，《公司法》第 15 条对转投资对象的规定还是有所保留的，即未包含合伙企业。对此，学界的解释是：我国公司不能做其他合伙的合伙人，因为合伙人要承担连带的责任。② 只有将合伙排除在转投资对象之外，才能减轻公司的投资风险和可能发生的公司债务负担。③

　　但是公司真的不能自由地向其他企业投资吗？我们应该注意到，《公司法》第 15 条指出：除法律另有规定外，不得成为对所投资企业的债务承担连带责任的出资人。笔者对此的理解是，如果法律另有规定，则公司可以成为其他企业的普通合伙人。2007 年 6 月生效的《合伙企业法》第 2 条第 1 款规定了"合伙企业"的含义："本法所称合伙企业，是指自然人、法人和其他组织依照本法在中国境内设立的普通合伙企业和有限合伙企业。"该条的"法人"并未排除公司。因为，该条可以视为公司可以向合伙企业投资的法律依据。同时，《合伙企业法》也规定某些特殊主体：国有独资公司、国有企业、上市公司以及公益性的事业单位、社会团体，不可以成为普通合伙人。该限制合理与否在此不作评述。只是，从《合伙企业法》中可以看出，公司实际上是可以成为对外投资的普通合伙人的。因此，笔者认为，无论从现实的角度还是从整个法律体系的连贯性、一致性的角度来看，《公司法》有必要取消对公司转投资对象范围的限制。

（三）公司法对公司的转投资及其限制的规定中缺少对于"交叉投资"的规定

　　现实中，交叉投资的现象较为普遍，但是《公司法》对这一问题却没有做出任何规定。这意味着对交叉投资采取了较为放任的态度。然而，公司彼此之间的相互持股往往会导致相关公司的管理层滥用其控制权进行关联交易，这势必会影响到其他股东以及公司债权人的利益。因此，笔者认为应当在公司法中增加对交叉投资的限制性规定，以保护公司其他股东及债权人的利益。

三、关于股东、债权人利益的保护问题

（一）关于股东知情权

　　《公司法》第 34 条规定：股东有权查阅、复制公司章程、股东会会议记

① 赵旭东主编：《公司法学》第 2 版，高等教育出版社 2006 年版，第 193 页。
② 赵旭东：《新〈公司法〉的突破与创新》，载《国家检察官学院学报》2007 年第 1 期。
③ 施天涛：《公司法论》第 2 版，法律出版社 2006 年版，第 132 页。

录、董事会会议决议、监事会会议决议和财务会计报告。股东可以要求查阅公司会计账簿。股东要求查阅公司会计账簿的，应当向公司提出书面请求，说明目的。公司有合理根据认为股东查阅会计账簿有不正当目的，可能损害公司合法利益的，可以拒绝提供查阅，并应当自股东提出书面请求之日起十五日内书面答复股东并说明理由。公司拒绝提供查阅的，股东可以请求人民法院要求公司提供查阅。

《公司法》赋予了股东对公司财务账簿的查阅权和复制权，同时也做了必要的限制。其中，股东是否可以查阅公司的原始会计凭证，在理论和实务上争议都比较大。

赵旭东教授认为，从立法的目的角度分析，立法原意即是赋予股东知情权，查阅原始会计凭证有助于股东知情权的实现；另外，大股东对公司的情况很了解，知道公司的财务状况，若不允许小股东查阅财务，违反了"股东平等"的原则。因此，应当赋予股东查阅公司原始会计凭证的权利。

笔者比较赞同赵旭东教授的上述意见。在实践中，公司财务作假的可能性是比较大的。允许股东查阅原始的会计凭证，可以有助于股东了解真实的财务状况，从而让股东的知情权成为一种实实在在的权利。

知情权是股东的一项法定权利，不应该被任意的剥夺。同时，为了防止股东滥用知情权，损害公司的利益，可以从以下几方面对股东的知情权做出限制：

第一，对要求查阅公司财务账簿的股东的持股比例做出限制。在这一点上，要区分有限责任公司与股份有限公司。有限责任公司不同于股份有限公司，其人合性很强，股东人数较少，组成公司是基于其相互间的信任关系，股东往往兼具投资者和经营者的身份，股东理应享有更大的知情权。因此，笔者认为，有限责任公司的股东，无论持股多少，均享有查阅财务账簿的权利。对于股份有限公司而言，由于其更侧重于资合性，股权较为分散，允许所有的股东都有查阅权有可能导致滥用权利损害公司利益的情况发生。因此，笔者建议，可以对股份有限公司股东的查阅权做出限制，比如，合计持有10%以上股份的股东提起请求时才可以进行查询。

第二，公司在接到股东的请求时，必须做出审查；拒绝查阅的，需给出合理的理由。

第三，股东不能接受公司给出的拒绝理由时，有权付诸司法救济；

第四，公司认为股东查阅会计账簿侵犯了其合法权益时，也可以付诸司法救济，由法院对股东的查阅行为和后果进行审查。如果股东查阅不当，给公司造成损害，应当承担相应的责任。

（二）关于股东对股东（大）会决议、董事会决议的撤销权

《公司法》第22条规定：公司股东会或者股东大会、董事会的决议内容违反法律、行政法规的无效。股东会或者股东大会、董事会的会议召集程序、表决方式违反法律、行政法规或者公司章程，或者决议内容违反公司章程的，股东可以自决议做出之日起六十日内，请求人民法院撤销。股东依照前款规定提起诉讼的，人民法院可以应公司的请求，要求股东提供相应担保。

《公司法》赋予股东撤销权，出发点在于保护股东的合法权益。但是在实践层面上，股东撤销权制度仍有以下几方面需要改进。

1. 股东的撤销权未做区分对待。《公司法》规定的撤销权，出发点只停留在了股东利益上，未考虑对善意第三人的保护。但是在交易过程中，第三人作为重要的主体，忽略其利益的保护是明显不公平的。因此，笔者建议对决议是否应当被撤销应区别情况予以对待：①公司股东会或者股东大会、董事会的决议内容违反公司章程的，可以被撤销。原因在于公司章程具有公示性，作为交易的另一方，为保护自己的交易安全，应当尽到一定的注意义务。在未对对方的章程进行适当查阅从而导致利益受到损害的，应当承担相应的不利后果；②决议程序违反法律、法规或章程规定的，则不应被撤销。原因在于，公司的决议是否符合程序性规定，外部交易人很难得知。在其不知情的情况下撤销其与公司签订的合同，无疑对该善意第三人不公平；另外，股东会、董事会做出的决议有可能对公司的发展较为关键，在决议已经生效的情况下对其进行撤销，往往使公司遭受重大损失，对于整个社会的交易与安全来讲也是得不偿失的。因此，笔者认为，可以要求由有过错的公司股东或董事对受损害的股东承担相应的赔偿责任。

2. 对决议撤销权除斥期间的规定不尽合理。根据《公司法》的规定，决议程序瑕疵或内容违反章程可在决议做出之日起60日内请求法院撤销。该条规定有如下问题：①如果参与会议的所有股东或董事集体合谋，将书面决议或会议记录上的时间提前，那该如何认定决议做出的时间将是一个很大的问题。②会议已经召开，但是相关股东却不知道会议已经召开，而是在会议召开60日之后才知道决议。在这种情况下，该股东撤销权的除斥期间自决议做出之日起算就很不合理，无异于剥夺了他的撤销权。

针对上述问题，学界也展开了很多的讨论。有人认为，可以将除斥期间的时间延长，如规定为一年；或者将股东行使撤销权的期间改为"自知道或者

应当知道之日起 60 天"。笔者认为，上述建议各有合理之处，但是也有无法避免的局限性。如果改为"自知道或者应当知道之日起 60 天"，无疑混淆了除斥期间与诉讼时效的差别，在法律的逻辑和体系上会造成混乱；如果延长除斥期间，未免又会因为时间的过长导致举证的困难。因此，笔者建议，不妨将股东行使撤销权的期间改为"自决议做出之日起 60 日，但是在股东主张不知情的情况下，由公司证明其已经履行了告知义务"。

3. 关于担保。《公司法》第 23 条第 3 款规定"股东依照前款规定提起诉讼的，人民法院可以应公司的请求，要求股东提供相应担保"。法律做出这样规定的背景是，为防止股东滥用诉权，阻碍公司正常的生产经营活动。但是，一般来说，提起无效或可撤销之诉的往往为中小股东，其财力有限，在无力提供担保的情况下即丧失诉权，无疑与《公司法》"赋予股东诉权，保护中小股东的合法权益"的立法宗旨相悖。因此，笔者建议采取"主观恶意标准"，由公司负责举证证明提起诉讼的股东存在主观恶意，由法院进行审查，要求滥用诉权的股东提供担保。

（三）关于债权人知情权的保护

《公司法》第 174 条、第 176 条规定了公司进行合并、分立时，应当通知相关的债权人，并在报纸上进行公告。

《公司法》第 174 条、第 176 条是对公司债权人的一种特殊保护。公司法之所以对公司债权人进行特殊的保护，乃根源于公司独立人格和股东有限责任制度的内在缺陷。作为公司内部人的股东如果恶意滥用公司独立人格和股东有限责任制度，会给公司债权人带来严重的损失。[1] 为此，公司法设计了很多特殊的规则对债权人进行保护。如公司设立无效时发起人对外承担无限连带责任；公司的"资本三原则"；公司合并、分立时债权人的知情权以及要求提供担保的权利，公司的信息披露制度，公司法人人格否认制度等等。公司合并、分立是公司的重大事项，事关公司的发展，更关系到债权人的切身利益。赋予债权人以知情权，法律的出发点是善意的，但是在运行过程中，这一制度也暴露出了很多缺陷。

1. 未明确的如果公司做出分立或合并决议之后没有通知和公告债权人，公司该如何承担责任，债权人权利如何救济。笔者认为，此种情况下，法律应该赋予债权人提起诉讼要求公司清偿债务或提供担保的权利，如果由此给债权人造成损失的，还可以要求公司赔偿，抑或可以要求相关责任人承担连带赔偿

① 李建伟：《公司法学》，中国人民大学出版社 2008 年版，第 465 页。

责任。连带赔偿责任人的范围包括公司的股东、董事、监事、高级管理人员，能够证明自己没有过错的可以免责。

2. 对债权人异议的效力未做出规定。《公司法》规定，债权人自接到通知书之日起 30 日内，未接到通知书的自公告之日起 45 日内，可以要求公司清偿债务或者提供相应的担保。这也是公司合并、分立过程中对债权人利益进行保护的重要内容。从以上规定可以看出，在我国，只要债权人提出异议，就可以要求公司清偿债务或者提供相应的担保。但是同时也暴露出这样一个问题：如果公司不清偿债务或者不提供担保，公司的合并、分立能否进行下去呢？考察旧《公司法》，其规定"不清偿债务或者不提供相应担保的，公司不得合并"。现行公司法取消了这样的规定，但是却又未做出新的规定。如此一来，在债权人的异议不被认可的情况下，债权人的利益如何得到救济呢？这也是我国现行《公司法》亟须解决的问题。

四、关于股东会的召集问题

《公司法》第 39 条、第 40 条、第 41 条对股东会如何召集作了规定。笔者认为，《公司法》在股东会召集问题上，有以下问题需要进行细化规定。

1. 董事会或执行董事的"不能履行或不履行"应当如何界定？

《公司法》第 41 条规定了有限责任公司的股东会由董事会召集；不设董事会的，由执行董事召集。在董事会或者执行董事不能履行或者不履行召集股东会会议职责的由监事会或者不设监事会的公司的监事召集或者主持。现实中，"不能履行或者不履行"是个很难界定的概念。因为往往有可能出现这样的状况：董事会任期届满或因其他原因不复存在，未了避免召集股东会，公司迟迟不选举新的董事会；董事会同意召开股东会，但是将股东会召开的时间排的非常靠后，以至于公司内亟待召开股东会解决的问题得不到及时的解决；董事会召集了股东会，但是在会议过程中借词宣布休会，以至于公司内部的问题得不到及时解决。

那么，该如何认定董事会或者执行董事不能履行或者不履行召集的义务呢？对此，台湾著名公司法学者刘连煜教授认为，通常情形，应在董事会怠于行使其召集权时，监察人（相当于大陆公司法中的监事）始得行使召集权，但若有紧急情事，不在此限。①

笔者建议：具体到中国大陆《公司法》，结合中国目前的情况，应当将

---

① 刘连煜：《公司法原理》，中国政法大学出版社 2002 年版，第 226 页。

"召集"从实质的角度去认定，看董事会或执行董事在公司确需召开股东会时，是否真正地履行了召集义务。在"董事会未实质履行召集义务，为了公司的利益，确有必要召集股东会时"，赋予监事会和股东召集股东会的权利。

2. 如何防止股东滥用召集权，什么时候有必要召开股东会，在没必要召开股东会时仍然要召开的后果。

对于该问题，我国《公司法》未做出任何细化的规定。导致实践中股东与公司之间在股东会召集问题上发生争议时法院难以解决。笔者建议从立法层面对"必要"做出限定：为了公司利益，急需召开股东会商议有关公司事务时。为了防止股东滥用召集权，可以从以下方面进行约束：①对履行召集行为的股东的持股比例做出限制，如持有 10% 以上的股东联合或单独提起时；②赋予其他不同意召开股东会的股东诉讼救济权。当其认为已经召开的股东会做出的决议损害了其利益或对公司利益不利时，可以向法院提起诉讼，法院以司法介入的形式对股东召集的程序、是否有必要召集，以及决议的效力做出认定。如果没必要召开股东会，股东会上做出的决议应当归于无效。

五、关于公司的强制解散问题

《公司法》第 183 条规定：公司经营管理发生严重困难，继续存续会使股东利益受到重大损失，通过其他途径不能解决的，持有公司全部股东表决权百分之十以上的股东，可以请求人民法院解散公司。

笔者认为，该条规定有如下几方面的不足。

第一，对于什么是"公司经营管理发生严重困难"没有给予清晰、充分的界定。结合我国司法实践的现状，如此模糊的法律规定在适用中必将遇到困难，势必会给股东或公司带来不必要的损失。建议通过司法解释根据列举或概括的方式，对公司经营管理发生严重困难的情形予以说明。

第二，对享有请求权的股东的规定并不妥当。根据《公司法》第 183 条可知，只要股东持有公司全部股东表决权 10% 以上，即有权请求人民法院解散公司。即使对公司解散有过错的股东，只要其持有公司全部股东表决权 10% 以上，同样可以请求人民法院解散公司。那么，存在过错的股东即可以通过这样的方式规避应有的法律制裁。因此，应该将对公司解散存在过错的股东排除在外。建议修改为"……持有公司全部股东表决权百分之十以上且对公司解散不存在过错的股东，可以请求人民法院解散公司"。

第三，对于公司僵局的救济手段规定得过于单一，仅可采用强制解散的方式显得太过极端。目前在公司法的规定中，仅此一条涉及公司僵局的应对办法。在股东请求法院解散公司的情况下，如果法院判决解散，则解散后被零星出售的公司资产，其价值肯定会大幅度缩水。而公司存续经营时的价值（如无形的商誉、经营性资产的组合价值等）将无法反映。这对所有股东而言都将是巨大的损失。而如果采取强制收购的方式，要求部分公司股东以合理价格收购对立方股东的股份，则公司的存续经营价值都将得以保留，同时也可实现打破公司僵局的效果。相较于强制解散公司这种极端方式，强制收购更容易被各方股东所接受，同时对公司债权人而言也更有利。因此，笔者建议，可以在《公司法》的司法解释中增加"强制收购"这种打破公司僵局的救济方式或者公司章程可自行约定强制收购的救济方式。

六、关于股份回购问题

《公司法》第75条规定：有下列情形之一的，对股东会该项决议投反对票的股东可以请求公司按照合理的价格收购其股权：①公司连续五年不向股东分配利润，而公司该五年连续盈利，并且符合本法规定的分配利润条件的；②公司合并、分立、转让主要财产的；③公司章程规定的营业期限届满或者章程规定的其他解散事由出现，股东会会议通过决议修改章程使公司存续的。

该条的出发点在于股东利益的保护，在部分股东对股东会的决议持反对意见的情况下，赋予该部分股东退出公司的权利。但在实际运行过程中，该条仍有以下方面需要完善：

第一，"五年连续"的条件是非常苛刻的，在法条规定的两个"五年连续"中，任一个条件不符合，股东都不能行使退股权。而实际上，公司连续五年盈利且连续五年不分配利润的情况很少出现，因为公司往往会通过改变任一条件造成五年连续的中断。因此，笔者认为，可以将"连续五年"改为在一个时间段中总计不分配利润的期限为五年，比如，十年中总计有五年不分配利润，股东即可请求公司回购其股权。

第二，该条规定的"股东异议"，指的是股东连续五年提出异议，还是说在"公司连续五年盈利，连续五年不分配盈利"这一条件满足之后才提出异议呢？《公司法》的该条规定较为模糊，令人费解。

第三，该条对回购的具体程序未做出规定。第一款明确了在三种情形下有限责任公司的异议股东可以将所持有的股份退与公司。然而，公司收购股份之后如何处置呢，是注销还是转让？如果异议股东的退股造成公司减资，是否应当通知相关的债权人呢？这些问题条文中并未予以规定。笔者认为，基于有限责任公司人合性的特点，如果公司回购股份后进行转让，其他股东可以协商决定各自购买的比例，或者也可以在协议的基础上将股份对外转让；如果公司收购股份后进行注销，由于股份的注销将导致公司减资，可能损害债权人的利益。因此，公司在回购股份之后应当履行相应的信息披露义务，具体是：应当在确定没有股东愿意购买该股份并且经相关债权人同意的前提下方可进行注销。

七、结语

新《公司法》实施之后，很多的制度设计较以往的规定相比，都有了很多的提升和完善，也受到了各界的广泛好评。但是，由于各种各样的因素，《公司法》在运行过程中还是未能尽如人意，显示出很多先天性的缺陷以及制度设计上的不够细致。笔者在本文中主要从六个方面进行了探讨，并提出了一些修改的建议。希望在不断地探讨和研究中，《公司法》能够趋于更加完善。

论违法合同效力的实质问题
兼评《〈合同法〉解释（二）》
中的"效力性强制性规定"

齐晓琨*

内容摘要 对于违反何种"法律"会导致合同无效的问题，在我国经历了"广义的法律→狭义的法律及行政法规→前述规范中的强制性规定→前述强制性规定中的效力性规定"这一发展过程。最高人民法院《〈合同法〉解释（二）》第十四条的规定貌似是一个进步，但实际上存在着严重的逻辑错误，且没有涉及违法合同效力的实质问题，并会给审判实践带来问题。本文从一个真实案例出发，通过分析我国立法、司法和理论界对该问题的认识过程，以及对比域外法对这一问题的处理，批判了对这一问题僵硬的法律实证主义态度。

关键词 合同法 违法合同 合同效力

一、问题的提出

本文的大部分内容原为对一个真实案例①所作的法理评议，因此，有必要对此案先做一个简单介绍，需要说明的是，本案发生在《〈合同法〉解释（二）》颁布之前：

甲信用社向乙企业提供贷款，由丙企业提供连带担保。贷款到期后，乙有部分款项无法归还。甲起诉乙和丙。法院查明，在贷款时，乙企业已经数年未

---

* 2004年9月至2006年9月在中国社会科学院法学研究所博士后流动站从事民法学博士后研究，现为南京大学法学院暨中德法学研究所副教授。

① 一审：常州市武进区人民法院［2003］武民二初字第1295号（2003年11月10日）；二审：常州市中级人民法院［2004］常民二终字第56号（2004年2月27日）。

参加工商年检，工商部门已准备对它做出吊销营业执照的行政处罚，并发出了行政处罚听证告知通知书。甲信用社向乙企业发放贷款时，未对它是否参加工商年检进行严格审查。

就此，担保人丙企业认为：国务院的行政法规《金融违法行为处罚办法》第十六条规定了金融机构办理贷款业务时，不得采取的一些行为，其中第（四）项中明确指明包括"违反中国人民银行规定的其他贷款行为"；而《中国人民银行贷款通则》第十七条规定"……借款人申请贷款，……应当符合以下要求：……除自然人和不需要经工商部门核准登记的事业法人外，应当经过工商部门办理年检手续"。根据上述规定，结合《合同法》有关"违反法律、行政法规强制性规定的合同无效"的规定，丙要求认定贷款合同无效；进而，因为主合同无效，所以担保合同自然无效，自己也就无须承担担保责任。

在一审和二审当中，法院均驳回了丙的请求。法院认为："既然认定合同无效是依据法律、行政法规的强制性规定，那么对于《金融违法行为处罚办法》第十六条第（四）项显然不宜做出过于宽泛的解释，而应将其解释为只有在法律、行政法规中有明文规定的，属中国人民银行禁止的其他贷款行为，才能纳入第（四）项的范畴，而不能任意解释为其他效力等级较低的部门规章中的相关规定均被该条款所包容。本案中甲信用社的违规操作，恰恰只能从作为部门规章的中国人民银行发布的《贷款通则》找到相应的规定。故甲对此未尽审查义务，即对未办理工商年检的乙企业放贷的行为，因未违反法律、行政法规的强制性规定，应认定该借款合同仍然合法有效。"

根据《合同法》第五十二条第（五）项，"违反法律、行政法规的强制性规定"时，合同无效；而且，最高人民法院《关于适用〈中华人民共和国合同法〉若干问题的解释（一）》（下称《〈合同法〉解释》）第四条的解释目的，就是明确地将上述"强制性规定"限定在"全国人大及其常委会制定的法律和国务院制定的行政法规"的范围之内，从而阻断了法官判决时，对"强制性规定"的外延做出任何扩大解释的可能性。

在上述背景之下，就本案而言，法官将《金融违法行为处罚办法》第十六条中直接规定了违法具体事实要件前三项与条文援引性质的第（四）项区别对待，从而否定原告根据第（四）项所援引的低位阶规章《贷款通则》的适用，这在判决理由的表层内容似乎是正确的，并且基本上达到了一个符合基本公平和正义原则的判决结果。

但是，深入分析本案的判决理由，可以发现，其判断一个条文是否适用的标准，完全是根据法规的外在表现形式，因而，让人感觉到似乎还没有触及问题的实质。

特别是如果将本案判决理由的标准结合《〈合同法〉解释（一）》进行泛化，那么，根据逻辑推理得出的结论必然是：一方面，只要是违反了严格意义上的法律和行政法规中的强制性规定，则合同均为无效；另一方面，任何位阶低于法律和行政法规的其他规范性文件，无论其内容如何，均不得作为认定合同无效的依据。上述结论的正确性是值得质疑的。

就前者而言，最高人民法院对于认定合同无效，采取的态度十分谨慎。分工负责民事审判的副院长和其他负责人多次公开表示，对于违法合同，不要轻易确认其无效。① 并且，有关司法解释也表明：即使明显违反了全国人大及其常委会制定的法律中的强制性规定，也并不必然导致合同无效。②

对于后者，则可以举出很多对其质疑的例子。例如，作为部门规章的国家技术监督局《关于严厉惩处经销伪劣产品责任者的意见》列举的应予禁止生产和销售的伪劣商品包括：（1）失效、变质的商品；（2）危及安全和人身健康的商品；（3）所标明的指标与实际不符的商品；（4）冒用优质或认证标志和伪造许可证标志的商品；（5）掺杂使假，以假充真，以旧充新的商品；（6）国家有关法律、法规明令禁止生产、销售的其他商品。其中，对应第（1）项中的内容，除了《食品卫生法》和《药品管理法》中规定的食品和药品外，胶卷、电池、化妆品等商品也可能出现失效或变质的情况，但却没有相应的人大及其常委会制定的法律或国务院制定的行政法规对此做出规定。但这时，若以上述《意见》第（1）项作为依据来认定一份合同的无效，显然能为我们正

---

① 参见 2006 年由最高人民法院编写并出版的《最高人民法院司法解释小文库》丛书中的《合同法司法解释》刊载的下列内容：2003 年 5 月 7 日，最高人民法院副院长黄松有就《关于审理商品房买卖合同纠纷案件适用法律若干问题的解释》答记者问，第 54 页；2004 年 10 月 27 日，最高人民法院副院长黄松有就《关于审理建设工程施工合同纠纷案件适用法律问题的解释》答记者问，第 67 页；最高人民法院负责人就国有土地使用权合同纠纷司法解释答新华社记者问，第 81 页。

② 最高人民法院法经〔2000〕27 号函《关于信用社违反商业银行法有关规定所签借款合同是否有效的答复》称："《中华人民共和国商业银行法》第三十九条是关于商业银行资产负债比例管理方面的规定。它体现中国人民银行更有效地强化对商业银行（包括信用社）的审慎监管。商业银行（包括信用社）应当依据该条规定对自身的资产负债比例进行内部控制，以实现营利性、安全性和流动性的经营原则。商业银行（包括信用社）所进行的民事活动如违反该条规定的，人民银行应按照商业银行法的规定进行处罚，但不影响其从事民事活动的主体资格，也不影响其所签订的借款合同的效力。"

当的法律感受所认可，也符合这一规定的立法目的和作用。

因此，合同违反强制性规定是否仍然有效的问题，其本质并不是该强制性规定的位阶或表现形式的问题，而是涉及更深层次的问题。这一点，作为一名民事法官，应当有一个理性和明确的认识。

在最新的 2009 年 5 月 13 日开始实施的《〈合同法〉解释（二）》（法释[2009] 号 5）的第 14 条中，将《合同法》第五十二条第（五）项中的"强制性规定"又进一步限制为"效力性强制性规定"；在随后下发的《关于当前形势下审理民商事合同纠纷案件若干问题的指导意见》（法发[2009] 40 号）中，还强调了要区分"效力性强制性规定"和"管理性强制性规定"，这虽然存在严重问题（下文将会论述到），但起码反映了近期的司法实践和最高人民法院对这一问题法理上的进一步认识。

对于认定违法合同的有效性问题，国内的论述已经为数不少，特别是其中以比较法的视角进行论述的文章，不乏精辟之作，本文对其中的观点就不再过多的重复，意图对这一问题做深入理论研究的读者，可以按照本文的注释来查阅这些原文。但鉴于域外经验对我们的借鉴意义，本文也会用一节的内容对此进行介绍，作为一点补充或提出某些不同的观点。在这节的后面，本文将以本案案情和判决理由为出发点，结合其他司法实践，探讨据以确定合同无效的法律、法规的实质性标准，以及法律实践工作者，特别是法官，在现行法律框架之下为了达到公正执法而可以采取的具有可操作性的对策。

二、域外法的历史与现状

法律行为违反强制性规定时效力的确定，在罗马法时期就已经是一个被注意到的问题。罗马法学者按照强制性规定中的制裁方式的不同，将违反这些规定的效力分为四种情况：（1）完全法律，违反时无效；（2）次完全法律，违反时仅行为人受到刑事处罚，行为效力不受影响；（3）不完全法律，违反时不受任何制裁；（4）最完全法律，违反时行为无效且受刑事处罚。但强制性规定的性质，在罗马法上，被认为须依"解释"而定。①

---

① 苏永钦：《私法自治中的经济理性》，中国人民大学出版社 2004 年版，第 32 页；对此内容的引用另参见孙鹏《论违反强制性规定行为之效力》，载《法商研究》2006 年第 5 期，第 122 页，以及雷裕春《无效合同判断标准的法理学研究》，载《学术论坛》2007 年第 12 期，第 130 页。

　　在英美法系国家，把合同法上的违法分为制定法上的违法和普通法上的违法。制定法上的违法即违反制定法上的禁止性规定，并认为非法的协议是无效的。如，联邦、州及地方的一些法律常要求人们必须取得许可证才能进行某些营业或执业，对于未依法取得许可的商人或专家订立合同的效力，法院通常需要根据许可证的性质来做出判断。如果许可证是规范性的，则合同是非法和无效的；如果许可证只是为了增加财政收入上的考虑，与公共利益无多大关系，那么未取得许可证而进行营业订立的合同一般是有效的。①

　　德国《民法典》第134条对违反法律的禁止规定的法律行为的无效也做出了规定，并由判例和学说极大地丰富了这一行文看似简单的条文的实际内容，对此，本文在下面还要作较为详细的论述。

　　《日本民法典》第90条规定，以违反公的秩序或者善良风俗的事项为目的的法律行为无效。第91条规定，法律行为的当事人所做出的意思表示与法令中与公的秩序无关的规定不同时，遵从其意思。在具体运用法律的过程中，通过对第91条的"得出相反结论"（argumentume contrario）的解释方法，② 再直接根据第90条的内容，以二元论的方式，构成了判断违法行为效力的法律条文基础，按其通说的结论即为：违反强行法规（也称效力规定）的行为无效，而对于违反取缔法规的行为的效力，则"除了仔细地研究立法的宗旨、社会对违反行为的伦理批判的程度、对一般交易产生的影响以及当事人间的信义、公正等要素来决定外，别无他法"。③ 但值得注意的是，在法律条文未作任何修改的情况之下，日本的审判实践和学术界，对认定违反广义上的何种法律的行为无效的标准和认定方法却在将近一个世纪的时间内，经历了至少四个较为明显的阶段性变化，这些变化主要是取决于当时社会的经济和政治状

---

　　① 整个这一段文字均摘自前引文雷裕春，第131页，但该文作者也未表明这段文字的出处。在这里，笔者推荐邢建东著《合同法（总则）——学说与判例注释》，法律出版社2006年版。该书具有很强的资料性，作者逐条收集了我国《合同法》的判例和司法解释，并且，针对每一条的内容，列举了英美法中的典型案例和法理学说，其中，第195—197页的内容即为英美法中违法合同的效力问题的案例分析。

　　② 日本法上的用语似乎为"反对解释"，但分析其方法和得出的结论，实际上就是已存在于罗马法时代的这种解释方法。参见解亘《论违反强制性规定契约之效力——来自日本法的启示》，载《中外法学》2003年第1期，第40、44、45页。用这种解释方法解释第91条，其结论即为：法律行为的当事人所做出的意思表示与法令中与公的秩序有关的规定不同时，不遵其意思。

　　③ 转引自文，第40页，日本法学家我妻荣著作中的原文，以及前引文作者在文章该页脚注30提到的其他人的观点。对于何为"二元论"和"一元论"，国内学者对日本法的转述似乎不完全相同，另参见前引孙鹏文，第125—127页。

态，以及这些状态与当时的法学理论相互之间的影响。①

在我国台湾地区适用的"中华民国民法典"第71条规定："法律行为，违反强制性或禁止性之规定者，无效。但其规定并不以之为无效者，不在此限。"因资料有限，笔者无法评价自1935年以来，根据该条文对违法行为的效力的判定的问题在司法实践和理论上的整个发展轨迹。但根据目前司法实践和理论界的通说，民法中的规范分为任意规范和强行规范（违反任意规范的行为有效，此为一显而易见的基本民法学原理，在此无须论述），而强行规范即包括了第71条中所称的强制性规定和禁止性规定：强制性规定指应为一定行为的规定，禁止性规定指禁止为一定行为的规定，② 违反强制性规定的行为可能无效也可能有效。而禁止性规定又可进一步区分为取缔规定和效力规定，违反取缔规定时，要对违反者加以制裁，以遏制其行为，却并不否认其行为私法上的效力；而违反效力规定的，将导致行为无效。③ 特别是将禁止规范区分为取缔规范和效力规范的方法和术语，已为台湾地区"高等法院"所采用。④ 但区别的标准何在，法院判决并未加以说明。

下面着重介绍一下德国法上对违法合同效力问题的规定以及司法实践和法学理论。之所以把这部分内容放在最后，是因为，同为大陆法系的日本法和我国台湾地区的法律，深受德国法的影响，前面提到的二者的法律规定和理论，很多都可以在德国法中找到其渊源。这样的内容在下面的论述中则可以简略之，并且可以较清晰地分析出其在借鉴德国法时理解上的失误。

对德国《民法典》第134条进行生硬的直译的译文应当为"违反某项法

---

① 对此的精辟论述参见前引文解亘，特别是该作者在第47页的总结。

② 陈自强：《民法讲义Ⅰ契约之成立与生效》，法律出版社2002年版，第146、147页，该作者称，此定义引自王泽鉴《民法总则》，第297页，但笔者在更早些史尚宽先生的著作中也找到了相同的定义，参见史尚宽《民法总则》，中国政法大学出版社2000年版，第329页。

③ 参见《民法讲义Ⅰ契约之成立与生效》，第147—149页。

④ 参见《民法讲义Ⅰ契约之成立与生效》第147、148页中，对1979年度台上字第879号判决的评述。该书作者认为，这一区分源于史尚宽先生，但笔者发现，史尚宽先生在论述该问题时，所采取的逻辑思维方式是值得质疑的，他不是在第71条的法条术语"强制规范"之下而是在"强行规范"之下来区分取缔规范和效力规范的："强行法得为效力规定与取缔规定，前者着重违反行为之法律价值，以否认其法律效力为目的；后者着重违反行为之事实行为价值，以禁止其行为为目的。"该段引文见上引文史尚宽，第330页。

律禁止规定的法律行为无效（其条件为），当从该法律中不得出其他结论"①（本译文中括号里的内容是笔者顾及汉语的表达习惯而加上去的，因原文中的后半句本身就是一个条件从句，所以，这样理解该条内容是没有问题的）。针对这一条款，首先要阐明三个问题：

（一）这里的"法律"要广义地去理解，即德国《〈民法典〉施行法（EGBGB）》第 2 条所称的"各种法的形式（jede Rechtsform）"，包括国内的联邦法律、行政规章、州法律、地方自治机构的规章，甚至公法机构和企业的章程，也包括通过对成文法进行适用解释而形成的习惯法；一些宪法条文通过所谓宪法的"第三效用（Drittwirkung）"② 也可成为这里的法律禁止规范。此外，还包括国际法、欧盟法，以及按照德国国际私法规范而应当适用的外国法。③

（二）任意法（dispositives Recht 或 nachgiegiges Recht ius dispositivum）和强制法（zwingendes Recht ius cogens，国内有学者译为强行法④）作为一对概念出现时，本身就是属于民法范畴的概念。后者的目的就在于通过限制当事人权利和法律行为的类型，或者通过规制基于私法自治而形成的法律关系，从而

---

① 列举几个国内对该条的错误译文："法律行为违反法律上的禁止的，法律行为无效，法律另有规定的除外。"杜景林、卢谌译：《德国民法典》，中国政法大学出版社 1999 年版，第 28 页；"除法律另有规定外，违反法定禁止的法律行为无效。"陈卫佐译：《德国〈民法典〉》，法律出版社 2004 年版，第 41 页；"本法无其他规定时，违反法律禁止规定的法律行为完全无效。"［德］卡尔·拉伦茨：《德国民法通论》（下册），王晓晔等译，法律出版社 2005 年版，第 587 页；"以法律没有另外的规定为限，违反法律上的禁止规定的法律行为无效。"［德］迪特尔·施瓦布：《民法导论》，郑冲译，法律出版社 2006 年版，第 468 页。这些译文错误的关键就在于其中的条件句，其排除条件并不是法律有了其他的规定，而是"从该法律中不得出其他结论"（... wenn sich nicht aus dem Gesetz ein anderes ergibt.）。上述错误译文误导了国内大量试图借鉴德国法的学者。实际上，史尚宽先生早就指出了这种译法的错误，见上引史尚宽文，第 331 页脚注 5。值得庆幸的是，在备受推崇的陈卫佐译文中，该译者在其 2006 年新版译文中，将该条的译文修改为"除基于法律发生其他效果外，违反法律禁止规定的法律行为无效"，陈卫佐译《德国〈民法典〉》（第 2 版），法律出版社 2006 年版，第 41 页。虽然这一译文仍然不准确，但起码反映了该译者在研习德国民法方面取得的可喜进步；但令人万分遗憾的是，在该译者 2010 年重新修订的《德国〈民法典〉》（第 3 版）中，第 134 条又重新被译为"法律不另有规定的，违反法定禁止的法律行为无效"。个中原因实在使人匪夷所思。笔者认为，如果既忠实原文意思，又照顾汉语法条的语言表达习惯，可采用"但书"将其译为："违反某项法律禁止规定的法律行为无效，但从该法律中可以得出其他结论的除外。"

② 宪法"第三效用"的简单解释参见齐晓琨《"索拉娅案"评注》，载《现代法学》2007 年第 1 期，第 191 页。

③ 根据德国几部通行的民法典评注的说明和列举的判例：MünchKomm. Bd. 1, 3. Aufl., § 134, Rd. 28—37；Staudinger—BGB, §§ 134—163, Aufl. 2003, § 134, Rd. 16—53；Erman—BGB. Bd. 1, 11. Aufl., § 134, Rd. 8；Palandt—BGB, 64. Aufl. § 134, Rd. 2—4。

④ ［德］迪特尔·梅迪库斯：《德国民法总论》，邵建东译，法律出版社 2001 年版，第 482 页。

缩减私法自治的空间。因而，法律对违反强制法时的民事法律行为的效力往往直接进行了规定，所以无须再借助第 134 条来判断其效力。这一点，通过第 134 条本身就可以看出来：该条是一项强制法，但却不是法律禁止性规定。再例如，《民法典》第 118 条规定，缺乏真意的意思表示无效，该条为一强制性法律，但却并非禁止法律规定，因为，该条款并不意图禁止我们生活中时常出现的戏谑行为。而第 134 条所称的"法律禁止规定"所要禁止的，一类是某些本身不属于民事法律行为的行为，例如，杀人行为、伤害行为；另一类恰恰是按其一般性质可能存在于我们的法律秩序中的行为，但法律对其结果或者在某种情况下意图对其本身进行否定，例如，行贿（本为赠与）、销赃（本为买卖）。通过上述分析，则不难理解，这里的法律禁止规定主要存在于《民法典》以外的特别法当中，而立法者这时所直接考虑的并非私法自治以及与此相关的法律行为的效力问题，而是意图以此实现其一定的经济或社会政策目的。① "因此，第 134 条的真正意义，看来是针对不属于民法领域的、并且仅仅规定了民法以外的制裁的法律禁令。这些法律规定，对那些违反了自身规定的、民法上的行为之是否有效，本身未作直接的规定。这些法律规定最需要第 134 条。"②

（三）从一开始，德国的立法者就意识到，表面上违反法律禁止规定并不绝对导致法律行为无效，这一点可以从该条规定的后半句很明显地看出来。有学者认为，这里的法律禁止规定具有指示功能（Indifikationsfunktion），即当存在法律禁止规定，但是否可以从该法律禁止规定得出法律行为无效的结论有疑问时（in Zweifel），可以依推定（Vermutung）认为该法律行为无效。③ 但也有学者认为，该条仅仅是一项解释性规则（Auslegungsregel），其只说明，只有当对违反禁止规定的行为效力的否定，是该禁止条款的意义和目的所要求的时，该行为才无效。④

那么，究竟对违反禁止规定的行为效力采取什么样的标准呢？德国法上普遍认为，首先，单纯以法律条文中"不得"（darf nicht）、"不应"（soll

---

①　以上内容参见 Larenz/Wolf, Allgemeiner Teil des Bürgerlichen Rechts, 8. Aufl., 1997, S. 734, 735。

②　前引迪特尔·梅迪库斯，第 482 页。

③　Canaris, Gesetzliches Verbot und Rechtsgesch? ft, 1983, S. 15；另参见前引迪特尔·梅迪库斯，第 483 页脚注 4 梅迪库斯的态度。

④　Flume, Allgemeiner Teil des Bürgerlichen Rechts, 2. Bd., 3. Aufl., 1992, § 17, 1, S. 341；另参见［德］卡尔·拉伦茨《德国民法通论》（下册），王晓晔等译，法律出版社 2005 年版，第 587、588 页。

nicht）、"不能"（kann nicht）、"不允许"（ist unzulässig）这样的表述来判断，是无法得出正确结论的，但这种用语往往起到一个提示的作用。① 其次，某些行为所违反的禁止性规定，仅仅是为了禁止该行为的种类和方式，此时，违法行为的内容并非无效。例如，法律规定商店在一定时间后必须关门，在此后进行的交易并非无效。再次，在禁止性规定所禁止的不是行为的种类和方式，而恰恰是行为的内容时，还要考虑这种禁止是针对行为的双方还是单方：如果是前者，则行为通常无效，如为后者，特别是当只有一方违法而另一方不知情时，这时应当为保护不知情一方的利益而认定行为有效，这并不影响对违法一方进行处罚。另外，还可能考虑禁止规定针对的仅仅是整个行为过程中的负担行为还是也包括了处分行为，例如，禁止买卖毒品不但要禁止买卖的合意，也要否定毒品的交付。需要考虑的问题可能还有：履行行为是尚未开始、正在发生，还是已经完成；履行过程中，禁止性规定发生了变化，对行为效力的认定是否溯及既往；认定全部无效还是部分无效；立即认定无效还是效力待定。②

但需要注意的是，上面所述的标准主要还是学理上的总结，任何一种情况在判例中都可以找到例外。因此，最终仍然要回到问题的本质，即禁止性法律的目的，正如联邦最高法院的判决书中所言："如果任由法律行为涉及的法律规范容忍该行为及允许该行为存在时，会出现与禁止性规定的意义和目的不一致"，③ 则应当认定行为无效。

对比上述三个大陆法系的法律对违法行为效力问题的处理，其焦点实际上都在于，在意识到并非所有违法行为均为无效的情况下，认定的标准何在。区别在于，日本法和台湾地区的法律虽然也分析强制性条文的目的和意义，但始终都在努力以确定条文的表面性质的方法来确定违反某种性质条文的行为的效力。这种方法产生的另外一个后果就是，不同行为违反同一强制性法律规定，在效力方面必然导致相同的结果。而在德国法中，分析一个法律禁止规定的意义和所要达到的目的时，都是针对个案中某个具体的法律行为，因而，违反同一法律禁止规定的不同情况、不同性质的行为可能出现不同的效力状态。笔者

---

① Brox/Walker, Allgemeiner Teil des BGB, 30. Aufl. 2006, S. 177；另参见前引书卡尔·拉伦茨，第590页。

② 参见 MünchKomm. Bd. 1, 3. Aufl., §134；Staudinger—BGB, §§134—163, Aufl. 2003, §134, Rd.；Erman—BGB. Bd. 1, 11. Aufl., §134；Palandt—BGB, 64. Aufl. §134 中的相关内容。另参见 Brox/Walker, Allgemeiner Teil des BGB, 30. Aufl. 2006, S. 177, 178。

③ BGHZ, 85, 39, 23. 另参见前引迪特尔·梅迪库斯，第484—491页中的深入分析；另参见上引卡尔·拉伦茨，第591—596页。

认为，既然意识到了违法的法律行为的效力问题要具体情况具体分析，那么无论在意识上还是在论证方法上都应当彻底抛弃法律实证主义的僵硬态度。

而在这方面我国台湾地区的法律恰恰是一个反面的例子。虽然苏永钦教授认为，"台湾民法典"第71条无论在体例上还是在文意上都与德国民法第134条十分相似，因而也应当借鉴德国法的解释方法，[①] 但实际上，台湾的民法学界和法律实践却走上了一条与德国法迥异的道路。笔者认为，台湾地区的方法在实践中是不可取的。首先，台湾地区的理论界和实务界长期以来以为"民法"第71条所称的强制及禁止性规定为所有的强制法的总和，甚至将该条作为"民法"内部认定违反"强制法"效果的单纯技术性规定，造成了民法学在法律体系中"孤芳自赏"的不正常现象，使公法措施和私法自治领域产生越来越大的冲突。[②] 其次，区分取缔规定和效力规定的难度并不会比探寻法规的目的和意义的难度要小。并且，即使把区分法规性质只是作为判决正当化的一个手段，这一手段也具有严重的逻辑缺陷：区分取缔规定和效力规定的目的是为了判定法律行为的效力，但区分这两类规定的标准首先要解决的问题就是它们对法律行为效力的影响。遗憾的是，最高人民法院《〈合同法〉解释（二）》（法释〔2009〕号5）第14条规定："合同法第五十二条第（五）项规定的'强制性规定'，是指效力性强制性规定。"这很显然是借鉴了台湾地区的上述错误理论。

三、我国法律界当前对违法合同效力的认识

自1949年至今，我国的合同效力制度发生了明显的变化，总的趋势是，意思自治原则越来越发挥出实际效能，法律对合同无效的规定逐渐放松，鼓励交易原则越来越落到实处，无效合同的范围逐渐缩小。对于这一变化，崔建远教授不久前做过一个系统的总结。[③] 阅读该文，对我们回顾过去，总结经验，清醒地认识我国违法合同效力问题发展的现状及原因是十分有好处的。建议从事审判实践工作的法官能够阅读该文，从而在法律允许的范围内能够运用自由裁量权时，更好地把握法律发展的方向，适时地推进违法合同效力制度的进一步合理化。

---

① 前引苏永钦，第34页。
② 前引孙鹏，第122页。
③ 崔建远：《我国合同效力制度的演变》，载《河南省政法管理干部学院学报》2007年第2期，第27—36页。

对于违法合同无效的范围逐渐缩小的趋势，单从我国现行的法律中就可以很明显地看出来。在《民法通则》第 58 条第一款第（五）项中，民事行为无效的条件为"违反法律或者社会公共利益"，这里的"法律"在最初的司法实践中被理解得十分宽泛，包括全国人大的法律、国务院的行政法规、各部委的行政规章以及地方性法规；该规定从文上对于法律的具体内容没有进行区分，导致甚至可以理解为违反任意性条款的合同也无效；并且，"违法合同无效"被绝对地公式化，只要是违反法律规定的合同，都可能被认为当然是无效。这种情况，导致司法实践中大量合同被判定无效，在我国建立市场经济的过程中，严重影响了交易安全，浪费了大量社会财富，造成许多合同当事人正当利益不必要的损失。

鉴于这种情况，作为《民法通则》的特别法，1999 年开始实施的《合同法》中，一改此前《经济合同法》的内容，规定只有违反"法律、行政法规"的合同无效。而《最高人民法院关于适用〈中华人民共和国合同法〉若干问题的解释（一）》第 4 条对此进行的进一步解释，不但再次明确了"法律、行政法规"的含义，还从反面强调认定合同无效"不得以地方性法规、行政规章为依据"。这些措施，似乎受到了学界的普遍欢迎，其中以谢怀栻先生的观点最具代表性，他认为：据以认定合同无效的强制性规定仅限于法律、行政法规的规定，不得扩大到地方性法规、行政规章及其他规范性文件，这是因为：（1）只有这样，才能有利于形成一个统一的社会主义市场经济，而不是"地方割据"的封建经济和以部门利益为核心的"条条经济"。（2）地方性法规、行政规章及其他规范性文件不应限制人民的民事权利。较《民法通则》和此前的《经济合同法》，《合同法》的规定，对建立中国统一的社会主义市场经济和保护人民的民事权利使其免遭行政机关的侵害、促进交易、保障安全更为有利。[①]

但也有学者指出，客观而言，《合同法》及最高人民法院相应的司法解释将影响法律行为效力的强制性规定限定在法律、行政法规的范围之内，缩小无效法律行为的范围，最大限度地实现私法自治并鼓励交易，其出发点是无可厚非的。特别是鉴于地方法规和部门规章本身可能具有的缺陷，将其排除于私法评价之外，具有现实意义。但同时，不能否认的是，法律、行政法规不可能强制所有需要强制的事项，地方性法规、行政规章也未必都背离正义与理性，简单地"一刀切"不仅从根本上否定了地方性法规和行政规章的法源性，而且

---

① 谢怀栻等：《合同法原理》，法律出版社 2000 年版，第 119、121 页。

也难以使私法审判担当起匡扶社会正义的使命。①

笔者以为，对于上述问题，立法者和做出司法解释的机关不可能没有意识到，但是在暂时无法根据这些地方法规和行政规章的内容确定一个衡量的标准的情况下，不得已而部分地牺牲了法律制度的内在价值，采取了一个简单、明确、易行但又显得生硬的方法，从法律规范的位阶和表现形式上做了一个切割。

还有一些学者认为：虽然法院不得引用行政规章和地方性法规作为判断合同无效的依据，一般来说，却可以作为参考。但作为参考时，第一，应当考虑这些地方性法规和行政规章是否有上位阶法存在；如果这些地方性法规和行政规章是根据上位阶法制定的，但上位阶法规定的比较原则，地方性法规和行政规章对上位阶法做出了具体规定，可以依照上位阶法确认合同效力，地方性法规和行政规章可以作为确认合同效力的参考。第二，如果上位阶法授权地方或者某部门做出解释或者补充，则这种解释和补充可以作为确认合同无效的参考。第三，如果地方性法规和行政规章的制定，旨在保护国家和社会公共利益，则对于违反了地方性法规和行政规章中这种规定的合同，可以以损害国家和社会公众利益为由，依据《合同法》的规定确认合同无效。②

这里所提到的方法，虽然看似具有可操作性，但实际上仍然是在法律的表现形式上兜圈子，而没有触及问题的实质。其中的第二点就与本案有关，而却得出的是与本案不同的结论，这也显示出这种方法的局限性。而在第三点中，既然可以依据损害国家利益和社会公众利益判定合同无效，为什么还要回溯到不可作为审判依据的地方法规和部门规章去寻求支持呢？显然，提出这种观点的人仍然局限在僵化的法律实证的思维方式之中。

针对根据现行法律和司法解释而缩小无效合同的范围，我们可以进一步提出的一个问题就是，是否合同违反了上述严格意义上的法律和行政法规都必然产生无效的民事法律后果。崔建远教授认为：在《合同法》颁布前后的很长的历史时期，无论是实务界还是学术界，都毫不怀疑地坚持，违反强制性规定的合同一律无效。近年来，学术界才开始对此进行反思，体悟到违反强制性规范的合同不一定无效，其合理思想已经被司法解释所吸收。作为例证，崔建远教授提到了 2003 年的法释［2003］7 号《关于审理商品房买卖合同纠纷案件适用法律若干问题的解释》，在该《解释》中，在符合一定条件下，并未依据

---

① 孙鹏：《论违反强制性规定行为之效力》，第 123 页。
② 参见陈晓影《关于无效合同若干问题的探讨》，载《科教文汇》2007 年 9 月（上旬刊），第 158 页；石景峰《无效合同的违法性探讨》，载《内蒙古科技与经济》2005 年第 2 期，第 89 页。

《城市房地产管理法》第 37 条而认定商品房买卖合同无效。①

但实际情况却是，学者对这一问题的反应比司法实践慢了半拍。我们来看看 2000 年最高人民法院法经［2000］27 号函《关于信用社违反商业银行法有关规定所签借款合同是否有效的答复》的司法解释规定得多么明确：

"《中华人民共和国商业银行法》第三十九条是关于商业银行资产负债比例管理方面的规定。它体现中国人民银行更有效地强化对商业银行（包括信用社）的审慎监管。商业银行（包括信用社）应当依据该条规定对自身的资产负债比例进行内部控制，以实现盈利性、安全性和流动性的经营原则。商业银行（包括信用社）所进行的民事活动如违反该条规定的，人民银行应按照商业银行法的规定进行处罚，但不影响其从事民事活动的主体资格，也不影响其所签订的借款合同的效力。"

而更早一些，在 1999 年，全国优秀法官宋鱼水在最高人民法院主编的《人民司法》第 2 期发表了一篇文章，其中针对非法人组织对外缔约和法人超范围经营的问题，就对违反法律和行政法规的合同绝对无效这一命题提出了异议。②

而同年的最高人民法院《〈合同法〉解释（一）》实际上已经在大量条文中，体现了"合同违反法律和行政法规并非绝对无效"的内容，如其中的第三条、第九条、第十条。

而同一时期的知名学者的论著中却写道："法律、行政法规的强制性规定，包括强行性规范和禁止性规范，是任何人必须遵守的不得排除其适用的规范。这类规范本为维护社会公共利益、国家利益而设，是限制合同当事人的意思自由的，当事人订立合同时不得违反。因此，违反法律、行政法规的强制性规定的合同，当然无效。"③

稍晚些，学者们才通过比较法的研究，渐渐发现了我国《合同法》对这个问题的有关规定所存在的问题，④ 但这也似乎并未形成很强的声音。倒是实践部门通过诸如法释［2003］7 号第二条、第六条第一款，法释［2004］14 号第五条、第七条，法释［2005］5 号第二条、第九条、第十一条、第十六条，法释［2005］6 号第十四条等针对具体实践问题的司法解释，为理论界研究"违反法律、行政法规的合同并非绝对无效"这一命题，提供了大量佐证。

---

① 崔建远：《我国合同效力制度的演变》，载《河南省政法管理干部学院学报》2007 年第 2 期，第 36 页。

② 参见宋鱼水《无效合同的认定和处理》，载《人民司法》1999 年第 2 期，第 42、43 页。

③ 郭明瑞、房绍坤：《新合同法原理》，中国人民大学出版社 2000 年版，第 168 页。

④ 参见王利明《合同法研究（第一卷）》，中国人民大学出版社 2002 年版，第 656—660 页。

在这里，是实践部门还是学者首先推动了这一法律制度的发展这一事实本身并不重要，笔者认为，关键的问题在于，司法实践在理论界并未形成所谓通说之前，也应当有勇气突破旧的实践经验和理论的束缚，推动法律制度的发展。这不但是最高人民法院做出的司法解释所要履行的职责，也适用于下级法官依法所运用的自由裁量权。

但我们需要认识到的是，导致最高人民法院不得不做出大量司法解释，而现实中下级法院对行使自由裁量权却顾忌重重的原因，主要是因为《合同法》第 52 条第（五）项在规定违反法律、行政法规的合同无效的同时，缺少像德国《民法典》第 134 条和台湾地区民法第 71 条后面的给例外预留了空间的但书。这不能不说是我们立法者的一个失误。

四、并非所有违反强制性规定的合同均为无效的原因及标准

对于广义的法律的作用，我们可以从不同的角度进行解读，其中之一就是将其看做调整各种社会关系的规范。而对这些社会关系进行研究时，其中的一种分类方法是将其分为命令与服从的"垂直"关系和平等协商的"水平"关系。而这一分类方法正是将法律划分为公法规范和私法规范最重要的标准。在这里谈论这个问题似乎是有点扯远了，但是，若要研究本案问题的实质—强制性规范对民事（法律）行为[①]的效力的影响，这恰恰是一个无法回避的最本质的问题。

私法最主要的作用在于调整民事主体之间的民事法律关系，其中的一个方面就是在保障民事主体的意思自治的基本前提下，在必要时，对其又进行一定

---

① 根据《民法通则》第 54 条至 62 条的内容，我国民法对"民事法律行为"和"民事行为"作了区分，这实际上是我国民事立法在基础理论上最大的一个败笔，这使整部《民法通则》在形式逻辑上充满了无法自圆其说的矛盾。对此的论述参见马俊驹、余延满《民法原论》，法律出版社 2007 年版（第三版），第 179、180 页（虽然作者对此问题也没有完全论述透彻，但也十分具有参考价值）。我国"民事法律行为"的概念来源于德国法中的"Rechtsgeschäft（法律行为）"（因其本身就是民法范畴的一个概念，因此无须再出现"民事"的字样），这里的"法律"的含义并不是指行为本身合法，而是指当事人的行为意图在于产生某种法律效果，至于是否会产生这种法律效果，则是另外的问题，而不会影响到是否存在一个"民事法律行为"。因此，侵权行为本身不是民事法律行为，而违法的民事法律行为或无效的民事法律行为却是存在的。例如，雇凶杀人合同也是一项民事法律行为，合同双方所追求的效果分别为一方有义务为一定行为或产生某种后果，而另一方有义务为此支付对价，至于行为内容为杀人或产生的后果为他人的死亡，并不影响雇凶杀人合同作为民事法律行为的构成要件，而只是因违反法律的禁制性规定，会导致该合同无效，从而对双方均无法律约束力。有关法律行为概念的中文资料参见上引迪特尔·梅迪库斯书，第 148、149 页以及该书整个第十八章，另参见上引卡尔·拉伦茨，第 426—431 页。本文所论述的问题实际上也是一个"违法的民事法律行为是否有效"的问题，进而言之，就是"违法的民事法律行为是否会产生行为人意图产生的民法上的法律效果"的问题。

的限制，而这种必要性，是基于对民事法律关系所涉及的各方利益进行权衡的结果。因为私法对意思自治调整的手段就是规定民事法律行为是否产生法律所认可的效果，所以，通过利益权衡有必要对意思自治进行限制时，私法规范所规制的对象也就自然直接指向民事法律行为的法律效果。因此，在私法范畴中，如果当事人从事了私法规范所禁止的某种行为，或者私法规范规定了某种义务而当事人却违反了这一义务时，其导致的后果必然而且也只能①是涉及行为的民事法律上的效果。换一个角度说，基于私法规范的目的和调整手段，违反这种规范对法律效果的影响是毋庸置疑的。

在公法对社会关系的规制中，也会涉及许多在民法中被称为"民事法律行为"的行为。但是，基于公法的目的和作用，其对这些行为的限制，采取的却是与私法截然不同的角度和手段：基于管理秩序和公众利益，对应予禁止的行为进行"惩"和"戒"。而对于这些行为在私法领域的法律效果，则并不是公法所直接关注的对象。

当然，在人类社会中，至少是在同一法域内，公法和私法都有着共同的价值取向，公法所禁止的行为往往也是在私法范畴的民事法律效果中所不能容忍的。例如，重婚罪和婚姻关系无效，销赃罪和所有权转移无效。假如私法能够对公法中所有被禁止的行为的民事法律后果都做出相应的规定，那么，私法和公法的关系就达到了一种完美的状态，这时，公法和私法用各自特有的手段履行其职责，也就不存在公法和私法的冲突问题了。但是，众所周知，由于公法所规制领域本身的广泛性、复杂性和趋势上的扩张性，以及国家根据现实情况对行政管理的及时调整，使得私法领域不可能对于公法所禁止的所有行为在民法上的法律效果都进行相应的具体规定，因此，为了法律共同的价值取向，各国的民法中普遍都有违反法律强制性或禁止性规定的民事法律行为无效的概括性条文，在我国法律中的明显表现即为《民法通则》第 58 条第一款第（五）项，直接涉及本案的即为《合同法》第 52 条第（五）项。② 这些概括性条文，是沟通公法强制和私法自治的"管道"。但是，这一"管道"的铺设，并不应

---

① 对于这一问题，《民法通则》第 61 条第二款规定"应当追缴双方取得的财产，收归国家、集体所有"，实际上是不适当地增加了民事审判的职责，《合同法》第 127 条对此进行了修正，将此权力回归至行政机关和刑事审判。当然，对这一问题有不同观点，但这不影响本文所要论述的问题。

② 这里涉及的一个问题就是，对于《合同法》第 52 条第（五）项所称的"法律、行政法规的强制性规定"中的"法律"，应当理解为民事法律规范以外的法律。因为如正文中所述，如果私法意图对民事法律行为进行限制，则只能直接体现在对行为的民事法律效果的否定上，要么是直接规定了违法行为的无效，要么是可以推知行为的无效。因此，在民事法律规范中有对某种合同行为的强制性规定时，只需直接引用该规定来判定合同的效力，而无须再叠床架屋地引用《合同法》第 52 条第（五）项。

当导致公法规范畅行无阻地进入私法领域，其中最主要的原因在于，通过这一"管道"被引入的公法规范，其目的是基于"垂直"关系对违法人进行惩戒，并不会直接涉及基于"平行"关系的行为人和民事法律关系其他当事人的民事利益，因此，公法规范没有也无须着眼于行为人作为民事法律关系当事人的民事利益或者当事人之间的利益平衡，而这些，却恰恰是私法规范判定民事法律行为效力的目的和做出结论时所要采取的最基本的标准。所以，为了避免损害私法自治和民事审判中利益平衡的基本原则而导致严重的不公平，在通过这种概括条款引入公法强制性规定时，有必要从当事人民事利益平衡的角度重新审视这些规定对民事法律效力的影响。①

那么，以私法原则衡量这些公法规范应当考虑哪些方面以及采取什么样的标准呢？对于这一问题，无论是我国还是域外法的经验，还都没有一个定论。笔者认为，可以从以下几个方面予以考虑：

（1）考察强制规范的重点是保护个别当事人的利益还是重大的社会公众利益，如果重点是后者，则往往应当认为行为无效。例如，行贿行为导致的是赠与合同的无效，销赃导致的是买卖行为无效。如果是前者，就要考虑认定合同无效是否确实有利于实现这一保护目的。

（2）假如认定合同无效会导致一方利益受到损害，则要对法律关系中各种利益进行价值评判和价值权衡，以确定个案中是否应当确定合同无效。例如，最高人民法院《〈合同法〉解释》第十条规定"当事人超越经营范围订立合同，人民法院不因此认定合同无效。但违反国家限制经营、特许经营以及法律、行政法规禁止经营规定的除外"。在这里，超范围经营实际上也是违反了有关法律和行政法规的规定，而认定合同无效会损害经营者的商业利益，这时，只有对国家监管具有重大意义的限制、特许和禁止的领域所体现的意义才可与经营者的商业利益相抗衡，而其他只具有一般管理意义的经营范围的申报和登记则不具有这样的意义。

（3）针对公法规范普遍具有的惩戒作用，考虑认定合同无效是否对于这种惩戒目的的实现是可行的、必要的和适当的（比例原则）。

上面三个方面的考虑并不是孤立的，而是要互相结合交叉进行考虑，并且顾及的情况还应当包括合同单方违法还是双方违法，合同是否刚刚成立还是正在履行或者履行完毕。

具体到本文开头提到的案例，笔者认为，在该案中，假如认定合同无效，

---

① 对于这一问题的论述，上引孙鹏的文章具有很好的参考价值，本文由于篇幅所限，对其中观点不再重复。

出现的结果恰恰违反了金融审慎监管所要达到的保证金融机构实现盈利性、安全性和流动性的目的。况且，如果对该案做进一步的民法上的分析，则除了贷款人应当调查了解借款人的还款能力和信誉外，担保人在提供担保时，为保证自己的利益，也应当对此知晓，其中，了解借款人的年检情况是一个重要的途径，因此，其对于借款人的年检情况是知道或者应当知道的。而本案的保证人却以借款人未年检为理由，要求认定主合同无效，从而免除自己的保证责任，这也有悖于诚实信用原则。

笔者认为，该案的法官在判定合同效力时，未必没有考虑到公法规范与私法规范的关系以及各种利益的平衡，但只是在判决理由中没有体现，而是用法律实证主义的方法，结合法律条文和最高人民法院的司法解释，仅仅是从法律规范的外在表现形式方面进行了论证，因而，并未触及问题的实质。应该注意到的是，《金融违法行为处罚办法》第16条第（四）项是一个授权性条款，绝对地否定根据它所援引的低位阶规章，在逻辑上是有缺陷的。法院在判决理由中，没有说"不可通过援引而适用低位阶的规范"，而是用了"对于十六条第（四）项显然不宜做出过于宽泛的解释"这种模糊的表达，也反映出法官对此是有所认识的。

上面我们已经对问题的实质进行了较为全面的分析，笔者认为，法官在判决理由中，当然可以借助法律规范的表现形式作为判决正当化的一个手段，但也要从法律和行政法规所要达到的目的和利益权衡的这一问题的实质去说明问题，这样，判决理由才能真正具有说服力。在可以与本案类比的2000年2月13日法函［2000］12号《关于展期贷款超过原贷款期限的效力问题的答复》中，最高人民法院的表述为："展期贷款性质上是对原贷款合同期限的变更。对于展期贷款的期限不符合中国人民银行颁布的《贷款通则》的规定，应否以此认定该展期无效问题，根据我国法律规定，确认合同是否有效，应当依据我国的法律和行政法规，只要展期贷款合同是合同双方当事人在平等、自愿基础上真实的意思表示，并不违反法律和行政法规的禁止性规定，就应当认定有效。"从这段文字中可以看出，这里在说明理由时，也是在尽力做到两者兼顾。另外，由最高人民法院审结且刊登在《最高人民法院公报》2006年第9期的《西安商业银行与健桥证券股份有限公司、西部信用担保有限公司借款担保合同纠纷案》中的判决理由，也十分具有借鉴意义。

五、最高人民法院《〈合同法〉解释(二)》第14条的严重错误

在本文开头所述案例审理之后，最高人民法院于2009年颁布了《〈合同

法〉解释（二）》（法释［2009］5号，5月13日开始实施）。该解释的第14条规定："合同法第五十二条第（五）项规定的'强制性规定'，是指效力性强制性规定。"结合《〈合同法〉解释（一）》第4条的规定，则得出的结论必然是：只有违反严格意义上的法律和行政法规中的效力性强制性规定合同才是无效的。以此为依据，解决问题表面上似乎容易了很多。但是，这一规定仍然是试图用一个明确的、法官可以直接适用的概念，来界定可以导致合同无效的法律规范的范围，这实质上仍然没有脱离法律实证主义的僵硬思维。而在随后的《关于当前形势下审理民商事合同纠纷案件若干问题的指导意见》（法发［2009］40号）当中，虽然强调"人民法院应当综合法律法规的意旨，权衡相互冲突的权益，诸如权益的种类、交易安全以及其所规制的对象等，综合认定强制性规定的类型"，但其基本前提仍然是要机械地将强制性的规定生硬地打上一个"效力性"或者"管理性"的标签。

本文在上文已经提到，无论是限制还是扩展强制性规定的范围，以法律表现形式为标准都是不恰当的。上文中也提到，《〈合同法〉解释（二）》第14条的规定明显是借鉴台湾地区的理论，但这种理论却明显是错误的。下面对此再做一点进一步的分析：

（一）这一规定的逻辑关系在于：判断法律和行政法规的强制性规定是否可以影响合同的效力，其标准在于它是否属于效力性强制性规定；而判断它是否属于效力性强制性规定，则要首先考察它是否对合同的效力产生影响；也就是说，影响合同效力的强制性规定是效力性强制性规定，而效力性强制性规定可以影响合同的效力。这种逻辑上的同义反复和循环定义是没有任何意义的，归根结底还是回到问题的原点：什么样的强制性规定或者在什么情况下强制性规定应当导致合同无效？最高人民法院这一条解释的出发点可能是好的，可以使法官做出判断时，能有一个法律依据。但正如前面分析的，这一规定因其逻辑上的根本性错误，已经不足以作为一个实体标准，因而不能成为法官进行三段论思维时的大前提。退一步说，即使是仅仅作为法官判决正当化的一个形式上的依据，这一规定也只能是造成更多的困惑。这涉及下面的问题。

（二）谁来确定哪些强制性规定属于效力性规定？如果由立法者或者有司法解释权的机关来确定，那么，"效力性规定"就成了一个法定概念，因此，一项强制性规定是否属于效力性规定也应当是确定的。但是，如前文所述，实际上，制定强制性规定的着眼点并不涉及法律行为的效力，因此，私法中"民事法律效力"根本就不是公法强制性规定所采取的思维方式，并且，在实践中不可能绝对地确定一项强制性规定是否应当被打上"效力性"的标签。简明的例子如上文提到的德国《商店关门法》，在法律禁止的时间营业，则不必然导致商店与顾客之间的买卖合同无效；但是，根据该法的立法原旨，营业员在法律禁止的时间向商店提供劳务的合同内容则应当认定为无效。也就是说，同一条强制性规定在不同的法律关系当中，对法律行为效力的影响是不同的。

即使我们假设立者或者有司法解释权的机关也采取这种"视具体情况而定"的思维方式，那么，立法或进行司法解释时，就要充分考虑到公法条文涉及私法法律行为（包括合同）的效力的各种可能情况，这必将突破现代大陆法"事实要件→法律后果"这一公式中对"事实要件的抽象性"的要求，将"事实要件"变成了"事实情况"，这就完全倒退到了古代"成文判例法（Kasuistik）"的立法模式。更关键的是，如果由立法者或者有权做出司法解释的机关承担"甄别效力性规定"这项任务，那就意味着在这一问题上排除了法官的自由裁量权，在没有相应的法律或司法解释时，法官也就变得无所适从了；而实际上，对这一问题做出事无巨细的规定或解释，本来就是一件不可能的事情。

（三）如果我们把最高人民法院的这条解释解读为：法官可以在个案审判过程中，具体判断某个强制性规定是否属于效力性规定，从而确定合同的效力。那么，如前所述，法官本身的思维就会陷入一个无法克服的逻辑矛盾，其实，他最终还要回到强制性规定的"目的和作用"当中去寻求答案。而对于当事人来说，如果某强制性规定在此案中被认定为"效力性规定"，而在彼案中被认定为"非效力性规定"，那么，他对法律确定性的疑惑，对法律公正性的怀疑，也就可想而知了。在这种情况下，即使考虑到判决正当化需要一个理由，把"效力性"这一概念引进来也是不恰当的，它只能给司法工作带来更大的麻烦。

总之，最高人民法院《〈合同法〉解释（一）》第4条和《〈合同法〉解释（二）》第14条的规定，都是试图确立一个确定的标准，来帮助法官判断什么样的强制性规定导致合同无效。但这两个规定的思维方式，始终越不过法律实证主义的藩篱，而拘束在试图为法规内在的价值评判寻找一个外在表现形式的困境当中。这条路必然是走不通的。

【法条指引】

《中华人民共和国民法通则》

第五十八条　下列民事行为无效：

……

（五）违反法律或者社会公共利益的；

……

无效的民事行为，从行为开始起就没有法律约束力。

《中华人民共和国合同法》

第五十二条 有下列情形之一的，合同无效：

⋯⋯

（四）损害社会公共利益；

（五）违反法律、行政法规的强制性规定。

《金融违法行为处罚办法》

第十六条 金融机构办理贷款业务，不得有下列行为：

（一）向关系人发放信用贷款；

（二）向关系人发放担保贷款的条件优于其他借款人同类贷款的条件；

（三）违反规定提高或者降低利率以及采用其他不正当手段发放贷款；

（四）违反中国人民银行规定的其他贷款行为。

金融机构有前款所列行为之一的，给予警告，没收违法所得，并处违法所得 1 倍以上 5 倍以下的罚款，没有违法所得的，处 10 万元以上 50 万元以下的罚款；对该金融机构直接负责的高级管理人员、其他直接负责的主管人员和直接责任人员，给予撤职直至开除的纪律处分；情节严重的，责令该金融机构停业整顿或者吊销经营金融业务许可证；构成违法向关系人发放贷款罪、违法发放贷款罪或者其他罪的，依法追究刑事责任。

《中国人民银行贷款通则》

第十七条 ⋯⋯

借款人申请贷款，应当具备产品有市场、生产经营有效益、不挤占挪用信贷资金、恪守信用等基本条件，并且应当符合以下要求：

⋯⋯

二、除自然人和不需要经工商部门核准登记的事业法人外，应当经过工商部门办理年检手续

⋯⋯

第二十四条 对贷款人的限制：

⋯⋯

二、借款人有下列情形之一者，不得对其发放贷款：

（一）不具备本通则第四章第十七条所规定的资格和条件的；

⋯⋯

最高人民法院《关于适用〈中华人民共和国合同法〉若干问题的解释（一）》（法释［1999］19 号）

第四条　合同法实施以后，人民法院确认合同无效，应当以全国人大及其常委会制定的法律和国务院制定的行政法规为依据，不得以地方性法规、行政规章为依据。

第九条　依照合同法第四十四条第二款的规定，法律、行政法规规定的合同应当办理批准、登记等手续才能生效，在一审法庭辩论终结前当事人仍未办理批准手续的，或者仍未办理批准、登记等手续的，人民法院应当认定该合同未生效；法律、行政法规规定合同应当办理登记手续，但未规定登记后生效的，当事人未办理登记手续不影响合同的效力，合同标的物所有权及其他物权不能转移。

……

第十条　当事人超越经营范围订立合同，人民法院不因此认定合同无效。但违反国家限制经营、特许经营以及法律、行政法规禁止经营规定的除外。

最高人民法院《关于展期贷款超过原贷款期限的效力问题的答复》（法释［2000］12 号）

上海市高级人民法院：

你院［1998］沪高经他字第 36 号"关于展期贷款超过原贷款期限的效力问题的请示"收悉。经研究，答复如下：

展期贷款性质上是对原贷款合同期限的变更。对于展期贷款的期限不符合中国人民银行颁布的"贷款通则"的规定，应否以此认定该展期无效问题，根据我国法律规定，确认合同是否有效，应当依据我国的法律和行政法规，只要展期贷款合同是双方当事人在平等、自愿基础上真实的意思表示，并不违背法律和行政法规的禁止性规定，就应当认定有效。你院请示涉及案件中的担保人的责任，应当依据《中华人民共和国担保法》以及法发［1994］8 号《最高人民法院关于审理经济合同纠纷案件有关保证的若干问题的规定》予以确认。

最高人民法院《关于信用社违反商业银行法有关规定所签借款合同是否有效的答复》（法经［2000］27 号函）

河北省高级人民法院：

你院［1999］冀经请字第 3 号《关于信用社违反商业银行法有关规定所签借款合同是否有效的请示》收悉。经研究，答复如下：

《中华人民共和国商业银行法》第三十九条是关于商业银行资产负债比例

管理方面的规定。它体现中国人民银行更有效地强化对商业银行（包括信用社）的审慎监管，商业银行（包括信用社）应当依据该条规定对自身的资产负债比例进行内部控制，以实现盈利性、安全性和流动性的经营原则。商业银行（包括信用社）所进行的民事活动如违反该条规定的，人民银行应按照《商业银行法》的规定进行处罚，但不影响其从事民事活动的主体资格，也不影响其所签订的借款合同的效力。

此复。

二〇〇〇年一月二十九日

最高人民法院《关于适用〈中华人民共和国合同法〉若干问题的解释（二）》（法释〔2009〕5号）

......

第十四条　合同法第五十二条第（五）项规定的"强制性规定"，是指效力性强制性规定。

......

试论税企争议的法律属性

——兼论税法之特质

滕祥志*

内容摘要 税务问题可以有经济学、财政学、会计学、政治学、法学等研究视角。但税收实务的诸多环节和方面（征管、稽查以及税企争议），都与解释和适用法律密切相关。以往谈及税企争议，较多从税收程序法角度理解其法律属性，不无偏颇，应从税收实体法的视角，即从税收构成要件之纳税主体认定和税收客体认定来把握，从行为和所得主体的"名—实"冲突和"形—实"冲突、"法律关系"和"交易定性"的协调与冲突、税收客体的"定性"与"定量"的决定关系中来把握，并由此理解税收活动的法律属性、税法的特质及实质课税原则于税法之作用。

关键词 税法文化 税企争议 交易定性 法律属性 税法特质 实质课税

税务问题的法律属性是一个在理论和实践层面有待厘清的问题。税务问题可从经济学、财政学、会计学、政治学等视角研究。最初的税务问题是从国家财政归集和国民收入之间关系视角展开的，例如亚当·斯密的《国富论》和威廉配第的《赋税论》和《政治算术》等，因此，税收问题最初是财政学和经济学的问题领域；由于税收问题涉及中央和地方的权利配置和架构设计，故税收问题同时进入政治学视野，纳入国家结构形式和政体架构的范围；随着企业组织和赢利活动的普遍化，产生企业所得的计量及税收问题，企业所得的计量又与成本、费用、损失的归集与扣除密切相关，于是税收问题引入会计学的视角，成为财会学之固有"专业食槽"。

---

* 2008 年 9 月至 2010 年 9 月在中国社会科学院法学研究所从事民商法专业博士后研究工作，现为北京市君泽君律师事务所专职律师。

在中国，一直存在税务文化与税法文化的分野。[①] 税法与税务一字之差，却南辕北辙，相去甚远。税法及其税法学是以法律的视角研究涉税活动以及涉税活动各方当事人的权利义务配置的学问，重在主体及其权利义务结构、各种权利的价值序列的差序格局分析。税务问题历来事关国家公共管理和获取财政收入的途径和方法，开征何种税，何时开征，对财政收入影响若何，宏观税负若何等等。因此从宏观角度看，税务问题乃是一个经济学和财政学问题；从企业微观来说，税务问题便是哪笔收入该记入哪个科目该进入哪一税种纳税，适用何种税率，如何扣除等等，这些问题在税务局内部被称为"税政"或"税收政策问题"。以下将要论证，这种认识并不正确。但从遍布高等财经院校的税务学系看，或从诸多财经学院或税务学院的课程设置和遍布全国的"税收学会"察之，税务文化已经高度发达、根深蒂固且源远流长，而税法文化之培育则指日可待且方兴未艾。

税收咨询一直是会计学术背景和会计咨询公司的传统业务领域，直至税务师出现之时，其执业资格考试中始嵌入税收相关法律制度一科，其职业活动才渐渐渗入法律因素。诚然，税务师的执业活动围绕适用和解释税法展开，但是，其执业考试范围仅限于民商法概念初步和税收行政程序法初步。然而，税务师和会计咨询公司所从事的税收业务活动，无论税务咨询、税收筹划、税务鉴证，还是税企争议的协调解决，既受到行政程序法的约束，又在税收实体法即税收构成要件的层面上展开。以笔者的税法实务经验，大量的税企争议围绕着纳税主体和税收客体（有无、定性及其量化）展开，由此，税务问题的法律属性不仅局限于行政程序法层面（听证、复议或诉讼），相反，实务中大量税企争议更多围绕税收实体法的适用和解释展开。以下试从税企争议的两个关键环节，即纳税主体和税收客体认定角度简述其法律属性。

一、纳税主体认定

税法与典型的经济法不同，经济法如反垄断法的立法、解释和适用往往离不开经济学的理论支撑，因此带来反垄断法的解释和适用的前后矛盾，其法学

---

① 滕祥志：《律师专业定位与税法专业硕士培养——全国税法硕士专业学位专家论证会演讲词》，载《中国财税法网》，2010 年 10 月 9 日访问。

品行不足而经济学秉性有余。① 税法的独特性在于，其与交易行为和民商事行为密切相关，其虽以经济交易为评价对象，但是税法问题的判断则是纯法学的。税法的判断基于私法行为，以私法行为为评价基础和前提，因此，最早发端并成熟于司法实务（私法）领域的法律关系分析技术，对于税收活动而言不可或缺。

以中国税法经验观之，随着改革开放的深入，商事交易活动日益纷繁复杂，且呈现愈益深化的趋势。成文的税法无法前瞻性地预知商业交易的类型和环节，故成文法对各种商事交易的税法规制只能挂一漏万，税法的不严密性和漏洞日益呈现。由于税法原则有填补法律漏洞的作用，对于税法原则的提炼和研究就非常必要。但法律原则不能凭空产生，它必须建基于税法处理民商事交易的实践经验之上，是具体的税法实践经验的抽象和表达，也即，税法的一般原理蕴涵在税法经验和实践的累积之中，有待学术眼光去发掘和表达，并以此逐渐形成税法学之学术共识。商事交易中，若行为主体与所得主体一致，则税法应将实质行为主体或实质所得主体认定为纳税主体；若存在行为与所得主体之名义（形式）与实质相悖之处，则税法应将取得实质所得之主体认定为纳税主体。在第三人介入合同②的交易关系中，除承包、租赁、挂靠、借用资质或者借用名义外，尚有代理、行纪、居间、信托、隐名投资、融资租赁、拍卖等交易类型，其纳税主体的鉴别，主要有赖于民商法的法律关系分析技术，分别确定其相互法律关系，认清交易之中的资金、劳务、货物和发票流转关系，然后确定所得主体和行为主体。由此，纳税主体的认定活动主要依赖于民商法之法律关系分析技术，系典型的法律关系分析活动。

但税法对民商法判断又不能照单全收。即便在最困难、最复杂和最惊心动魄的反避税领域，税法的判断也具有税法学本身的法学秉性，其问题的解决主要不依赖于艰深、复杂、多变的经济学概念或理论支持，也不以民商法呈现的表面交易形式为准。面对名实不符或形实不符情形，税法主要依赖投资关系、所得关系、管控关系和法律关系的分析技术，来核定名义与实质、形式与实质，在民商法交易外形或者行政法登记的外壳之下，税法有必要追究其名实是

---

① 薛兆丰：《商业无边界——反垄断法的经济学革命》，第一章"反垄断问题的深湛和困难"，法律出版社 2008 年版，第 9—17 页。

② 关于第三人介入合同的税法评价讨论，参见杨小强、叶金育《第三人介入的税法处理》，载《合同的税法考量》，山东人民出版社 2004 年版。但该著作未讨论"企业承包"、"企业租赁"、"资质借用"、"名义借用"等论题。

否相符。因此，窃以为，税法之独特性（或特质）① 在于其独特的构成要件理论，构成要件理论作为税法的核心概念，使得税法成为一个独立的法学部门。② 税法的税收构成要件系由立法确定，在解释和适用税收诸多构成要件时，既有税收法定主义的约束，也有实质课税原则的约束；本质意义上，税法系现代宪制的一个重要环节和方面，甚至是主要环节和方面。从历史的角度和应然的角度观察，税法都是现代宪制的表现形式和组成部分。税法规则之创制、解释和适用，之所以必须贯彻实质主义，追求实质正义，如果非得寻找实定法宪法之依据，其宪法根据和依据就是宪法平等原则（公民在法律面前人人平等），以及税收法定主义。由此，税法呈现出去形式而求实质的独特精神气质。

二、税收客体与交易定性

交易定性是税法的核心概念和环节，而法律关系是法律共同体从事法律活动的基本分析工具。交易定性和法律关系两个概念的关系，决定了税企争议无可争辩的法律属性，以及法律分析在税企争议中的核心地位。法律关系与交易定性的关系是辩证的。一方面，在单一交易（即单一合约交易）场合，法律关系的性质决定交易定性，而且每一涉税案件无不涉及交易定性问题，因此，税务问题的法律属性凸显出来，税企争议的法律属性由此呈现；在复合交易情形，交易通过一组合约安排实现，则单个合同的法律属性不能表征和决定整体交易的性质判断，这样，势必引入经济实质的理念，撇开交易表面的形式和外观，追求经济交易的实质，此即实质课税的理念。传统的税收活动，将税企争议理解为会计核算和计量的问题，以及依据税法对会计计量进行纳税调整问题，这都是对税企争议的误解。

税收客体是税收最基本和最重要的要素，系从质的规定性上对各税种做出法理区分，决定纳税主体应负何种纳税义务，以何税率计算税基，税基如何量化，成本费用如何归集和扣除，税收优惠条件是否成就等等，是故，税收客体之甄别，牵一发而动全身，对税企争议而言，至关重要。若行为主体为经济交

---

① 论者认为，税法的特质系"实质的特质"和"形式的特质"，前者包括：①捐税法律关系的公共性与公益性；②课税权人的优越性，后者包括：①成文性；②强行性；③复杂性与技术性；④类型化与外观、形式性。参见陈清秀《税法总论》，植根法学丛书，2002 年 10 月第 2 版，第 7—10 页。
② 相关讨论参见滕祥志《税法实质课税原则研究》第五章"实质课税原则的几个基本问题"，中国社会科学院法学研究所博士后研究报告 2010 年。

易符合税收客体，则产生赋税义务。我国税收客体大致可抽象为所得税（企业所得税、个人所得税）、流转税（增值税、消费税、营业税、关税）、财产税（房产税、车船税）和行为税（屠宰税、筵席税、契税、土地使用税、资源税、耕地占用税）。实质课税原则之运用最常见和最重要的领域莫过于税收客体之甄别。由于商事交易领域的广泛性，税收客体的确认有时变得非常复杂，甚至似是而非，这就必须依靠实质课税的原则精神连同民商法之法律关系分析技术，从而探求到交易的实质。

具体而言，税收客体的确认包括税收客体的定性、税收客体之有无、税收客体发生之时点、税收客体的量化（税基及其量化）、成本费用损失之归集与扣除几个方面。以下从税收客体之定性、有无和量化等环节分别探讨。

三、税收客体之定性

税法实质课税原则分两个方面：即"实质归属课税"原则和"实质把握课税"原则。前者指确定纳税主体时，实质所得者课税或者实质归属者课税原则；后者指在确定税收客体时贯彻实质把握课税原则。所谓实质把握者，指税法评价以查明实质法律关系和甄别交易定性为基础，以法律关系推断出经济交易定性。民法的核心概念为"法律关系"（或合同性质），税法的核心概念为"交易性质"。在一般情形下，法律关系与交易定性二者具有同一性，民商事法律关系决定和代表着交易关系之税法认定，税法对交易关系的定性以民商事法律关系的定性为前提，这时，税法评价以私法秩序为基础表现最为充分，税法与私法呈协调与融合状态；但在特定情况下，民商事法律关系不等于双方的交易关系，以复合交易（连环交易、交易回购）、虚假交易、恶意避税等为表现形式，这时，税法评价不以表面呈现的交易形式、外观为准，实质课税原则就表现为把握交易的实质内容，撇开交易的表面法律形式追求交易的经济实质，即合同性质与交易定性分道扬镳，此时，税法与私法呈现冲突与龃龉状态。税收客体之定性在税企争议中居于核心地位，这也集中体现了税收活动（征管、稽查）和税企争议的法律属性，兹分述之。

（一）法律关系与交易定性同一

准确把握法律关系的性质成为解决涉税争议案件的一个基本功和基本前提。在绝大多数涉税案件中，尤其是通过单一合约安排实现商业目的交易中，法律关系定性与交易性质定性（下称"交易定性"）① 二者同一，若确定了合同法律关系性质也就等于认定了税法上经济交易的性质。法律关系的性质有时以虚假的外观、形式、名称、结构表现出来，此时，税法评价应按照实质课税理念的要求，撇开交易的外观、形式、名称、结构或者流程等，探求交易的实质，整个过程有时会相当复杂，歧义丛生，似是而非。

私法所呈现的交易形式，乃是税法判定交易定性的基础，但二者并非一一吻合。比如，一味坚持私法所呈现出来的交易形式，而对名义所得（如隐名投资）、名义保有财产或所有权（如房产落实政策但不能行使所有者权能）、名义上的行为人或者交易人（如借用资质）课征赋税，则有可能损害税法秩序和公平正义；如何确定税收客体之有无或者性质，坚持税收的法律实质主义，在名为"联营"实为"借贷"、名为"联建"实为"以物易物"、名为"买一赠一"实为"折价销售"、名为"投资合作"实为"租赁"、名为"赠与"实为"租赁"、名为"销售—回购"实为"融资"、名为"承包"实为"挂靠"（借用资质）、名为"借款"实为"利润分配"② 等等，不胜枚举，在这种交易性质的认定中，"法律关系"分析技术作为合同法的基本武器之一，必须为税法所掌握和运用，且税法在此表现出与私法的衔接、协调和融通。税法与私法之所以具有融通性，或者二者之间内在冲突并不明显，源于税法秩序本身就建基于私法秩序。在认定法律关系方面，合同法律制度固有之成熟的分析技术，在合同形式或者名称与合同关系的法律实质冲突时，坚持法律关系的实质也是税法法理的精神所在；而且，此时税法没有必要对特定的概念做出有异于民商法的新解释，比如个人所得税中"工资薪金"所得、"股息、利息红利所得"、"特许权使用费所得"、"财产转让所得"、"劳务报酬所得"、"财产租赁所得"、"生产经营所得"、"承包租赁所得"，每一项所得都对应一项民商

① 税收客体或者征税对象绝大部分为动态客体，比如所得税、流转税和行为税，皆出于动态的交易行为，也可以统称为（交易）行为税；其中一类客体是静态的客体，如财产税之房产税、资源税等，是以静态财产的拥有或者使用为征税对象，不涉及交易行为问题。实质课税原则在这部分税种不涉及"交易定性"问题。但是，在"税收客体的量化"、"纳税主体的确认"、"税收管辖权"、"特别纳税措施"等方面仍有适用实质课税原则的余地。

② 《关于规范个人投资者个人所得税征收管理的通知》（财税〔2003〕158号）第2条规定："纳税年度内个人投资者从其投资企业（个人独资企业、合伙企业除外）借款，在该纳税年度终了后既不归还，又未用于企业生产经营的，其未归还的借款可视为企业对个人投资者的红利分配，依照'利息、股息、红利所得'项目计征个人所得税。"另外，《个人所得税管理办法》（国税发〔2005〕120号）第35条第（四）项规定："加强个人投资者从其投资企业借款的管理，对期限超过1年又未用于企业生产经营的借款，严格按照有关规定征税。"

事合同法律关系，二者具有一一对应性。比如，宗庆后涉税案件中①，不能把宗庆后在数十家公司取得的所得皆认定为"工资薪金"所得，因为，宗庆后不可能同时与数十家企业成立"劳动合同关系"，法理上只能从一处取得工资薪金所得②，其他皆为"劳务报酬"所得，除非税法对"工资薪金"之概念另有界定且这一界定不违反税收法定主义。

"交易分解法"也具有法律分析的典型特征。税法中的"交易分解法"主要应用于"以物易物"（"互易合同"）的交易场合，比如：以房抵债、以房抵息、以股抵债、企业并购（现金换股、以股换股、以债券换股、债转股）等多种场合，交易各方的交易实质必须一一进行税法考量，从而对交易各方的营业税（城建税及其附加）、所得税、契税、印花税分别做出税法处理。税法的交易分解法还涉及资产重组、以物易物、以货抵债、以服务冲抵租金等形形色色的交易安排。适用交易分解法为税法评价的一般特征和条件是：（1）存在一个两方主体的复合交易。此所谓"复合"交易，虽指"单一合约交易"但合同性质乃为"复合合同"，而非指合同形式为复合（合同）交易。（2）

---

① 案情：娃哈哈集团创始人宗庆后与外方法国达能公司爆发合资纠纷，2007年7月，达能中国区总裁秦鹏举报宗庆后涉嫌巨额偷税，税务稽查局随即启动稽查程序。查宗庆后之所得为：（1）因履行《服务协议》产生"服务费"。1996年签订《服务协议》约定："宗先生将全职并全心全力履行本协议规定的各项服务、职责和义务，并获得工资以及与业绩挂钩的奖金。"2003年协议续签。同时，《服务协议》第五条规定："根据合营公司的经营业绩，甲方股东（达能方）可以其同意的形式给予宗先生任何特别奖励。"（2）履行《奖励股协议》而产生的"奖励"：①"奖励股"（新加坡金加投资、卡尔文有限公司等境外公司股权）；②"股权分红"1505.6876万美元（1996—2006年）；③股权回购款4000万美元。上述境外公司金加、卡尔文公司境外支付，其中100万美元系支付宗庆后提供达能与乐百氏合资的牵线搭桥"奖励"，以境外股权回购模式支付。上述款项共7100万美元，按照宗庆后指定打入其香港账户。其中宗庆后5000万美元，宗妻、宗女、宗友（杜建英）共2000万美元。税企双方至税法专家就其所得性质发生争议。参见《宗庆后3亿个税案无结论，专家：企业家税法风险增大》，载正义网 http://www.jcrb.com/zhuanti/fzzt/zqh/jd3/200806/t20080630_33326.html，2009年12月15日星期二访问。

② 滕祥志：《宗庆后税案之法律分析》，http://www.jcrb.com/zhuanti/fzzt/zqh/jd3/200806/t20080630_33196.html，载正义网，2009年12月15日星期二访问。国税发〔2006〕162号《个人所得税自行纳税申报办法（试行）》第二条第二款提及"从中国境内两处或者两处以上取得工资、薪金所得"的概念，另国务院令第519号《中华人民共和国个人所得税法实施条例》（2008年3月1日起施行）第三十六条第二款："纳税义务人有下列情形之一的，应当按照规定到主管税务机关办理纳税申报：从中国境内两处或者两处以上取得工资、薪金所得的"，表明行政法规对工资薪金的外延做出了超出《劳动法》关于劳动合同关系的界定。这一界定是否能够自立？税法（行政法规）是否能够对"工资薪金"做出超越法律的概念界定？值得探讨。宗庆后所得发生时，适用旧的《个人所得税法实施条例》，不过无论新旧《个人所得税法实施条例》对"两次取得工资新基金所得"均未做出修改。宗庆后税案的再讨论参见汤洁茵《宗庆后涉税案件的评价与反思》，载熊伟主编《税法解释与判例评注》，法律出版社2010年版，第90—107页。

其复合交易体现为一方不以现金结算或者给付对价，而以形形色色的经济利益（货物、产品、劳务、债券、股权、收益权、期权等等）冲抵对价；（3）上述经济利益可以金钱计量，构成会计学上的经济利益净流入，从而可以将双方交易进行分解，分别进行税法评价；（4）对交易分解的过程乃是一个寻求和发现交易实质和交易对价的过程，与实质课税原则不无关联。交易实质决定交易定性，交易对价决定交易定量，二者同为税收客体之两造。比如，税法处理"房屋联建"和"资产重组"问题，就运用了典型的"交易分解法"。

（二）法律关系与交易定性相悖

合同是当事人进行经济交易的主要工具，经济交易主要表现为私法领域的自治行为，这时丰富多彩的合同形式呈现出来，民法的关注点在于分析实质的法律关系，以便确定参与交易各方之权利义务关系。法律关系的性质认定固然重要，但是，税法评价不能止步于法律关系的性质而最终取决于经济交易的性质。税法系公权力对私法秩序之合法和强力介入，客观上成为公法连接私法的桥梁，税法评价必然以追求经济交易的实质为基础，否则，无法把握税收客体。

法律关系与交易定性相悖的一般情形和特征如下：（1）复合交易。比如上文提到的连环交易、线性交易、交易回购等，及后文简要检讨之信托、融资租赁等交易；（2）虚假交易。即以虚假的交易形式掩盖一个真实的交易实质。虚假交易在民法为无效或者可撤销合同，在税法，被虚假交易掩盖之实质必须得以挖掘和认定，并不以民法之或然无效判断为准，若交易双方获得并保有其经济利益，则可税。（3）税收规避。此种情形尤为复杂，有些税收规避行为实属私法主体意思自治范围，税法无缘置喙，故不宜一概否定①；而有些税收规避行为因其交易形式与实质不相吻合，税法必以实质课税原则否定之。反避税领域的实质课税原则适用，变化无穷，异常生动，俟有心力且具税法功力者，切磋之，琢磨之。有关税收规避话题，容后检讨。

当法律定性与经济交易定性二者发生冲突时，税法必以经济交易的性质为据，准确把握经济交易的实质，并以此做出税法评价。故税法不能止步于民法关于合同关系性质的区分，民法的重点在法律关系，税法的重点在交易定性，二者关注点不一样，并非一一对应。当合同法律关系与交易性质二者相悖时，实质课税原则的内涵是：撇开合同呈现的表面交易形式，把握隐藏在合同之后的经济交易实质，并以

---

① 张守文：《税法原理》，北京大学出版社 2007 年版，第 130—131 页；张守文：《税收逃避及其规制》，载《税务研究》2002 年第 2 期。

此做出税法评价。以下试以交易回购和融资租赁为例简析之。

1. 复合交易与交易定性。一项商务交易有时通过一组合约安排得以实现，这时，经济交易便成为复合交易。在复合交易的场合，交易的法律外观呈现为一组合约安排，这时，合同法律关系之外观与税法之交易定性势必产生冲突。最明显和最简单的例子就是"销售—回购"交易。一般推论：特定标的物的买卖与回购（比如土地、股票、期权、国债）作为融资手段，在商事交易中曾经大量呈现，并不鲜见。从合同呈现的法律结构看，表面存在销售和回购两个合同关系，但是综合交易双方最初的真实意思表示和履约情况，实质是"销售—回购"方的借款行为和"购买—出售"方的放贷行为；"销售—回购"方以较低价钱售出约定的标的物，而"购买—出售"方则以较高价钱在约定的期限内回售，中间的差价即为融资之利息对价。双方融资行为之税务处理和税法评价为：销售—回购方支付的价差视同利息支付，在满足借贷利息的税法规定前提下准予利息税前扣除；而"购买—出售"方则取得利息收入，应计入所得合并缴纳所得税。

2. 举例：融资租赁①。

融资租赁交易模式，实乃典型之复合交易，其中的税法评价必以实质课税的观念对待，方能妥当处置以求诸公平。

（1）融资租赁交易要点。融资租赁是指具有融资性质和所有权转移特点的租赁业务。即：出租人根据承租人所要求的规格、型号、性能等条件购入设备租赁给承租人，合同期内设备所有权属于出租人，承租人只拥有使用权，合同期满付清租金后，承租人有权按照残值购入设备，获得设备的所有权。（a）出租人交易的目的不仅是为了取得租赁物件的所有权，而是通过租赁物件所有权来赚取其资金融通的利润，租赁物件的所有权实质上是一种信用关系的载体，而非单纯的民事权利。融资租赁是融通资产使用权的一种方式，而不是取得资产所有权。（b）在融资租赁合同中，承租人有权选择所需设备及其厂家、供应商，出租人只能依承租人要求出资购进设备，进而租给承租人使用。②且实务上，购买的启动和选择权只能源于承租人。（c）承租人负责设备质量、规格、数量以及技术上的鉴定验收，并承担设备在使用过程中的保养、维修、保险和风险，这种承租人跨越出租人同出卖人所建立的特殊关系，及由

---

① 滕祥志：《从公平出发，完善与融资租赁》，载《中国税务报》2009 年 1 月 19 日第 9 版。《融资租赁之国际税法比较》，参见［美］罗伊·罗哈吉《国际税法基础》，林海宁、范文祥译，北京大学出版社 2006 年版，第 187—189 页。

② 《合同法》第 237 条："融资租赁合同是出租人根据承租人对出卖人、租赁物的选择，向出卖人购买租赁物，提供给承租人使用，承租人支付租金的合同。"

此形成的出租人瑕疵担保免责①，标的物之危险及维修义务由承租人负担等特点，构成融资租赁合同与经营性租赁合同之根本区别。（d）由于租赁物件系承租人指定从出卖人处购得，故其通用性差，为确保出租人能通过融资租赁交易获取利润，融资租赁合同的租金往往具有特殊性，通常包括设备购置成本、融资成本、租赁手续费及利润四项要素，故对于承租人而言，"租金"并非租赁物件使用收益的对价，而是"融资"②的对价。

（2）实质课税与融资租赁税制。以私法观之，融资租赁行为可分解为三方主体之间的两个合同关系，其一为买卖合同，其二为委托买卖及融资兼租赁服务合同。这是融资租赁交易合同的法律外观。这种合同外观或合同交易模式，乃交易各方在长期博弈中力图规避交易风险所致，其核心在于：赋予"出租人"租期内的"所有权"以控制承租人拒付"租金"的风险，以及货物瑕疵担保责任移转至厂方以便"出租人"从真正"租赁"的法律关系③中脱身。但是，从实质课税理论观之，融资租赁（转移所有权前提下）的经济交易实质是，厂方与承租方完成货物买卖行为，而出租人在此提供了融资兼中介的服务。从交易目的看，出租人旨在赚取服务差价，以"融资"—"买卖"—"租赁"的手段和交易结构实现这一目的。承租人（买方）出于经营方式和经营成本的考虑，不愿意一次性地出资购置作为固定资产的机器设备、厂房或者不动产，尤其是在《增值税暂行条例》未修改之前，购置机器设备固定资产的进项税额不予抵扣，固定资产只能在一定年限内以折旧的方式逐年扣减成本，这势必加大买方的财务负担。而融资租赁公司具有市场信息和资金充裕的优势，其乐意提供融资的服务并以此收取服务费，故产生了租赁公司"先买后租"的经营方式。因此，从交易的经济实质观察，出租人提供了融资服务收取手续费，依法为营业税纳税主体，而买方公司（承租人）则以支付"租金"的方式支付"服务手续费"，"出租人"对机器设备等的"购买"仅

---

①　《合同法》第244条："租赁物不符合约定或者不符合使用目的的，出租人不承担责任，但承租人依赖出租人的技能确定租赁物或者出租人干预选择租赁物的除外。"第240条："出租人、出卖人、承租人可以约定，出卖人不履行买卖合同义务的，由承租人行使索赔的权利。承租人行使索赔权利的，出租人应当协助。"第242条："出租人享有租赁物的所有权。承租人破产的，租赁物不属于破产财产。"

②　《合同法》第243条："融资租赁合同的租金，除当事人另有约定的以外，应当根据购买租赁物的大部分或者全部成本以及出租人的合理利润确定。"故，融资租赁的租金往往要高于一般租赁的租金。

③　在租赁关系中，出租人需保证租赁物的使用价值和品质，使其处于适租的状态。由于合同的相对性，租赁物的瑕疵担保责任之首要责任主体应为出租人，而非货物的厂家。但融资租赁则不然，有关出租人对于租赁物之瑕疵担保责任，参见王泽鉴《民法概要》，中国政法大学出版社2002年版，第360—363页。

具有法律形式的意义，不具有经济实质的意义，故在税法处理或会计处理上，均不应将出租人以买方或货物资产"所有权"人的法律外观处理。

（3）融资租赁会计处理中的法理。按照《国际会计准则第17号——租赁会计》的相关规定①，出租人在法律上拥有"所有权"的资产之收益，在资产负债表中不得作为不动产、厂房和设备等"固定资产"计提折旧，收益应当按照"应收账款"入账，其金额等于该项投资的净额。出租人租金收入应分解为收回投资本金和财务收益两部分，作为对出租人对其投资和劳务的补偿和报酬。我国关于融资租赁的相关会计准则②，与国际会计准则大同小异，而对于固定资产和租金的下列处理原则完全一致：其一为出租人不得将租赁资产计入固定资产计提折旧，租金收入只能计入应收账款，体现投资收益和劳务报酬的性质；其二为承租人获得由于使用该资产而产生的收益，因而应视同自有资产在承租方作资本化处理，即承租方将融资租入资产确认为承租企业的资产计提折旧，予以税前扣除。这两项会计处理的会计法依据为，由于租赁资产上的"一切风险和报酬"都已转移给了承租方，承租方实质上已经拥有了"控制权"，故应按实质重于形式的原则，将融资租入资产确认为承租企业的资产。由此可见，会计法上实质重于形式原则③为：在法律形式与经济实质不一时，应以交易或者事项的经济实质处理，在出租方，资产之风险和收益已经转移至承租方，故会计上不得视为固定资产并计提折旧；在承租方，则应计入固定资产科目允许税前扣除折旧。

（4）融资租赁税制之缺陷。《国家税务总局关于融资租赁业务征收流转税问题的通知》（国税函〔2000〕514号）规定：对经人民银行等批准经营融资租赁业务的单位，无论租赁货物的所有权是否转让给承租方，均征收营业税，不征增值税；其他单位从事融资租赁业务的，租赁货物的所有权转让给承租方的，征收增值税，不征收营业税；未转让给承租方的，征收营业税，不征收增

---

① 《国际会计准则第17号——租赁会计》（1982年公布，1994年格式重排）第28条："在融资租赁下持有的资产，在资产负债表中应确认为应收账款，而不是确认为不动产、厂房和设备，其金额应等于对该项租赁的投资净额。"第29条："在融资租赁中，出租人实质上转移了与所有权有关的全部风险和报酬，因此，出租人应将应收租金作为本金的收回和财务收益处理，作为出租人对其所作的投资和劳务的补偿和报酬。"

② 财政部2001年11月27日印发、2002年1月1日起施行《金融企业会计制度》（财会〔2001〕49号）；财政部2006年2月15日印发、2007年1月1日起在上市公司范围内施行，鼓励其他企业执行的《企业会计准则第21号——租赁》。

③ 会计法的实质重于形式原则，最早为税法实质课税原则提供了实践土壤和思想先导。但二者的区别在于，税法实质课税原则在于对交易行为的税法评价，不在于对交易或者事项的经济计量，前者的概念内涵包含后者。

值税。由此可见，行政审批造成了身份差异，身份差别又决定税收的差别待遇，这本身就违反税法正义[1]。而消费性增值税转型后[2]，经审批从事融资租赁的企业，不得抵扣进项税也无从开具专用发票，进而影响到客户的税收利益。客观来说，这一税收规范有其具体的背景，但是，在增值税转型的大背景下，融资租赁税制造成横向的不公正。重构融资租赁税制应符合实质课税原则和税收公平原则。解决的可能方法是，不对现行税制做大的调整的，将融资租赁行为通过税收立法规定为"视同销售"。

（5）重构之方向。因此，融资租赁税制的改革方向，是将税法对交易行为实质的追求呈现，同时配合私法领域的动产登记和公示制度，以实现实质课税和有效规避交易风险。简言之，承租方可以拿厂方的增值税票直接抵扣进项[3]，同时在融资租赁领域，辅以租赁物的强制登记公示制度，以保护动产物权法律秩序，杜绝承租方在所有权转移之前凭发票在手而恶意转手。这就需要税法与民事基本法的配套跟进。在全球爆发金融危机的背景下，中央决策部门重申促进金融产业发展的政策和决心，融资租赁作为新兴的金融产业，具有巨大的发展潜力，且多数承租方为中小企业，系民生经济之重点关注所在。因此，在民事基本法无法做出修改的前提下，宜先发挥税务总局的授权立法优势，对"视同销售"范围做扩大解释，并配套融资租赁动产登记的行政法规出台，为中小企业和金融产业振兴营造公平税收竞争环境。

四、税收客体之有无

税收客体的有无和量化实乃税收客体之性质和数量两端，前者由交易定性

---

[1]　滕祥志：《法治与医改》，载《中国发展观察》2009年第1期。医院的税收待遇上也是如此。经卫生行政机关审批为"非营利性医疗机构"的，免收所得税和营业税及其附加税，而其他不能获得许可的则定位为"营利性医疗机构"，税收待遇以普通企业法人对待。

[2]　2009年1月1日起施行之《中华人民共和国增值税暂行条例》，修订内容为：一是允许抵扣固定资产进项税额。二是为堵塞因转型可能会带来的一些税收漏洞，修订后的增值税条例规定，与企业技术更新无关且容易混为个人消费的自用消费品（如小汽车、游艇等）所含的进项税额，不得予以抵扣。三是降低小规模纳税人的征收率为3%。四是将一些现行增值税政策体现到修订后的条例中。主要是补充了有关农产品和运输费用扣除率、对增值税一般纳税人进行资格认定等规定，取消了已不再执行的对来料加工、来料装配和补偿贸易所需进口设备的免税规定。五是根据税收征管实践，为了方便纳税人纳税申报，提高纳税服务水平，缓解征收大厅的申报压力，将纳税申报期限从10日延长至15日。明确了对境外纳税人如何确定扣缴义务人、扣缴义务发生时间、扣缴地点和扣缴期限的规定。

[3]　相关方案，参见元玲慧《增值税转型后财税法治指导融资租赁业解困》，载《中国法学会财税法学研究会2009年年会暨第十一届海峡两岸财税法学术研讨会论文集》。

确定，说明税收客体之质的规定性；后者由税收客体的量化决定，表彰税收客体之量的规定性。税企争议中，除纳税主体确定之外，尚有甄别税收客体的有无、性质和数量之重任，此乃课税要件（税收构成要件）确认之重要方面。当然，纳税主体和税收客体的甄别，有时并非截然两分或分阶段依次循序进行，而是互相论证、互相支援或互为前提条件。以下简要讨论税收客体的定性和量化以及其与实质课税原则的密切关联。

（一）税收客体有无

税收客体的定性乃是，一项交易明显属于应税交易，但难以在诸多备选项（甲乙丙）中准确定性，故产生交易定性问题。税收客体的有无乃是，面对一项交易，难以取舍其交易行为是否为应税交易或行为。判断税收客体的有无之提问方式为："是否存在应税行为"或"是否取得应税所得"？要言之，欲判断某种行为是否"应税行为"，涉及该行为是否交易行为，该交易行为是否应税交易行为两个方面。判定某种所得是否为应税所得，则更为复杂。

判定是否存在税收客体的前提是对经济交易或者经济事项定性，交易定性之后才能判定被定性的交易是否符合税收客体（征税范围或征税对象），然后才涉及对税收客体的量化进行税法确认，因此，交易定性位于税法评价的首要环节。在日益复杂的商事交易中，对交易之税法定性乃税企争议的焦点所在，也是税企争议中最具复杂性、专业性和法律性的核心和难点。在具体的涉税案件中，税收客体的认定和定性，有时显得十分复杂而难以斟酌，税企双方往往各执己见，莫衷一是。此时，坚持和探求交易背后的法律和经济的实质，而不为交易之表面法律形式或合同形式所限，确立实质课税的原则和标准就成为税法的独特秉性和精神气质所在。

在税法实务中，是否产生应税所得系针对税收构成要件中课税客体而言，存在着相当丰富多彩、相当复杂的表现形式，这也使得税法呈现出复杂性、综合性和多变性，须借助综合法学（各部门法学之综合）的分析技术，才能准确应对，这也凸显了税企争议核心环节的法律属性。是否取得应税所得，事关所得定性问题，本质上属于交易定性的范畴。再如，限售股转流通股时，限售股股东对流通股股东的"补偿"是否为"应税所得"[1]？企业分立时，土地房

---

① 相关分析参见滕祥志《税法实质课税原则研究》，中国社会科学院法学研究所博士后研究报告，2010 年。

产进行分割是否需要缴纳土地增值税①？物业公司代收水费电费煤气费是否应计算营业额并缴纳营业税②？公用企业收取集资费是否应计算所得③？相应地，电力企业收取电能表成本费究竟系代收款还是应计算所得④？在财产税，位于城市、县城、建制镇之有顶、有柱、无墙（能避雨但不能遮风或避雨遮风功能均较差）之"仓库"是否为"房屋"？相应地该储物之"仓库"是否为房产税之课税客体？在我国台湾税法，对于住宅之房产实行免税，问题是作为圣坛庙产之房屋是否系"住宅"⑤亦是否应在免税之列？

　　实务中，由于思维惯性使然，人们首先喜欢把这类问题当成"财务"问题而非"税法"问题，或者仅看成一个"税务"问题而非"税法"之法律问题。由于大型会计公司由财务咨询和财务审计入手，极易顺利切入税务咨询，

---

① 《土地增值税暂行条例》第二条："转让国有土地使用权、地上的建筑物及附着物（以下简称转让房地产）并取得收入的单位和个人，为土地增值税的纳税义务人（以下简称纳税人），应当依照本条例缴纳土地增值税。"《土地增值税暂行条例实施细则》（财法字〔1995〕6号）第二条："条例第二条所称的转让国有土地使用权、地上的建筑物及其附着物并取得收入，是指以出售或者其他方式有偿转让房地产的行为。不包括以继承、赠与方式无偿转让房地产的行为。"

② 《国家税务总局关于物业管理企业的代收费用有关营业税问题的通知》国税发〔1998〕第217号：关于物业管理企业代收费用是否计征营业税的问题，根据《中华人民共和国营业税暂行条例》及其实施细则的有关规定精神，现通知如下：物业管理企业代有关部门收取水费、电费、燃（煤）气费、维修基金、房租的行为，属于营业税"服务业"税目中的"代理"业务，因此，对物业管理企业代有关部门收取的水费、电费燃（煤）气费、维修基金、房租不计征营业税，对其从事此项代理业务取得的手续费收入应当征收营业税。维修基金，是指物业管理企业根据财政部《物业管理企业财务管理规定》（财基字〔1998〕7号）的规定，接受业主管理委员会或物业产权人、使用人委托代管的房屋共用部位维修基金和共用设施设备维修基金。

③ 史学成：《铺设天然气管网收取集资费应否纳税》，载《财税法论丛》（第2卷），法律出版社2003年版。笔者拙见：公用企业收取公用事业集资费，虽然作为收费依据的相关规范性文件将收费名头冠以"专户专用"或"收支两条线"管理，但本质上，在实际未进入"专户专用"和"收支两条线"管理的情况下，该等收费系企业向用户收取费用取得收入的行为，且不属于企业所得税法之免税收入范围，故应计缴所得税。

④ 《某供电局诉某地税稽查局税务处理决定超越职权一案的法律分析》，载北京市地方税务局、北京市地方税务学会主编《税务稽查疑难案例法理评析》，中国税务出版社2007年版，第1—21页。本质上，电能表成本费，向用户收取用于安装农电用户之室外电表，该项费用究竟系"代收款"还是供电局之"资本性支出"？取决于电能表成本费之实际收支状况，而不取决于国家或者省发改委某个规范性文件将之定行为"代收费"或者"收支两条线管理"。实际情况为：施工合同、验收报告、结转固定资产决算表，证明电能表是构成农网改造工程的一部分，且供电局收取费用时向农户开具发票，在其中某一个年度结转收入并缴纳企业所得税，说明性质上电能表是成本费应该是工程投入的固定资产的一部分，本应由供电局资产投入，但是，却向农户收取，故应以收入看待，且不得税前扣除，而应该在固定资产中逐年计提折旧。

⑤ 参见台湾大法官会议释字第460号，载http://mywoojda.appspot.com/j1x/j1x?id=180，2010年10月9日访问。

目前该类问题总由会计师公司最先接触并解答，其问题之法律属性尚未充分展示和推演出来。这也是"税务文化"和"税法文化"的分歧和差异所在。究其原因，在于税法理论研究之脱离实际、对实务问题的解释能力和法学功力欠缺所致。同志仍需努力。

五、税收客体之量化

税收客体之量化即解决应纳税所得额的计算问题，这也是会计学与税法学的交叉领域。揆诸以往税务学界，对税收政策的解释、领悟和执行较多，但缺乏从法律角度对诸多税法规范的评判和剖析，因此，当法律力量介入税务事物时，税务活动的法律秉性才逐渐显露出来，传统的税务问题逐渐演变成一个税法问题。即便在税基及其量化的领域，首先呈现在税企争议双方面前的依然是税法定性问题，然后才涉及会计语言之计量问题。执业的会计师或税务师亦逐渐发觉，必须以解释和适用税法的角度来说明和自证其执业行为的正当性。

然而，会计师或税务师之专长不在税务问题的法律分析，其知识结构和训练亦不具有法律思维之先天优势，且会计计量之目的和税法判然有别。会计之于税法如同手足之于身体，要莫大焉，然手足仍不能取代身体，更不能替代大脑，亦为常识；会计准则之宗旨在于解决经济活动之计量问题，且会计计量的最初目的是提供经济核算，以供投资决策者财务判断之用。在公众公司，其股东凭会计出具之财务报表等研判财务数据，以作投资决策之凭据，故会计准则的直接目的乃是客观计量和防止财务造假虚假夸大，会计准则具有特定目的和规范，其与税法虽密切相关但不能互相取代；当二者存在冲突时，会计计量及其准则应服从于税法规则。而会计与税法的冲突与协调亦众所周知，会计计量须根据税法规则进行纳税调整也由来已久，此种冲突与协调贯穿于每个税法领域，于所得税领域尤甚。因此，不能以会计判断取代税法判断，更不能以会计计量之技术手段论证并取代某种经济交易的税法性质判断。质言之，经济交易的税法性质是由交易本身的性质决定，而非由交易的会计计量手段决定。有时，交易之会计计量或科目分类，即指代税法之交易定性，然更多情形之下，前者并不能指代后者。

欲求得税收客体的准确量化，其前提乃是税收客体之有无和税收客体之定性分析，然后才涉及收入实现的时点、成本费用扣除与收入之间的期间归属关系。要言之，定性在先，定量从之。无论定性抑或定量，此等税收活动皆赖于审慎的法律判断和法律分析技术，而不纯属于单纯的数字计算或者会计计量活动。法律判断不仅擅长于定性，而且决定和指引着税收客体的量化。以往的观念，包括法学界的主流观念，忽视税收客体定量的法律属性，以为定量问题纯属会计学的领域，有失偏颇。随着税法理论研究的深入，税法实践的推进和认识的深化，这一观念有待纠正。所得实现的数量、时点和扣除等具有非常复杂的表现形式。就实现时点而言，个人所得税的所得实现，以现实所得为原则，以权益所得为补充。而企业所得税以权益所得（权责发生制）为原则，以现实所得为补充。两种所得税在所得实现上秉持了不同的原则：前者为现实所得原则，后者为权益所得原则。

例如，房产税之税基问题。房产税计税房产原值中是否应该包括地下车库和配套设施？由于从物理和使用特性看，地下车库和相关配套设施系房产之不可分割之有机组成部分，开发商在归集建设开发成本和费用时须将地下车库和小区配套设施计入开发成本，因此，地下车库和配套设施系"房产"，应该合并计算缴纳房产税。财税〔2005〕181号《关于具备房屋功能的地下建筑征收房产税的通知》规定，具备房屋功能的地下建筑，包括与地上房屋相连的地下建筑以及完全建在地面以下的建筑、地下人防设施等都需要征收房产税。再如，与厂房一起转让的中央空调应如何纳税？是否应单独计征增值税？从物理特性看，中央空调系房产的配套设施和有效组成部分，应当计入房产原值计缴房产税，并计入固定资产逐年计提折旧并所得税税前扣除，相应的，在房产转让时中央空调的转让应该计入房产转让总值计算缴纳营业税（及附加）和企业所得税。① 其他问题如：股权转让所得之持有收益和转让收益问题②。公车私挂其所得税纳税主体问题、成本费用归集和扣除问题。在企业所得税法，收入的确定应遵循权责发生制和实质课税原则，那么利息的扣除（某地产公司借款案）同样遵循权责发生制？也即利息的扣除按照合同约定已届支付期限，但实际未支付，此时能否主张税前扣除？所得实现的时点？所得实现的数额？所得实现判定的准则及其法理依据？等等。本文囿于篇幅，恕不对上述问题作详尽分析，似可存留以为深入探讨之线索。

---

① 《财政部、国家税务总局关于固定资产进项税额抵扣问题的通知》（财税〔2009〕113号）规定："以建筑物或者构筑物为载体的附属设备和配套设施，无论在会计处理上是否单独记账与核算，均应作为建筑物或者构筑物的组成部分，其进项税额不得在销项税额中抵扣。附属设备和配套设施是指：给排水、采暖、卫生、通风、照明、通信、煤气、消防、中央空调、电梯、电气、智能化楼宇设备和配套设施。"中央空调属于附属设备和配套设施。因此，纳税人销售厂房附属的中央空调，应按照转让不动产对待。

② 关于"持有收益"问题，参见刘燕《我国股权转让所得税存在的问题及改进》，载《中央财经大学学报》2005年第6期。刘燕：《未完成的改革：企业股权转让所得确认的法律冲突及其解决》，载《中外法学》2005年第3期。

六、结语

税务活动中纳税主体之认定也好，税收客体之有无、量化和定性也好，欲求得合理合法之解决，离开法律分析的技术和综合法学的功底，殊难奏功。较之其他法学部门，此亦彰显税法之综合性、复杂性、挑战性和独特性。而实质课税之理念，既在简单合约交易的场合贯彻，以求得税法之公平正义；亦在复合交易或交易定性和法律关系相悖时呈现，以彰显税法之独特精神气质。税法之复杂性在于，其多学科、跨部门和法学综合的特性造成了税法势必后于民商法、行政法、刑法甚至会计学而形成知识积累，并在此基础上形成自觉、自足或繁荣发展之局面。然而，当税务问题之法律秉性日益呈现的时候，税法之日益精细和逻辑自足之历史机遇随之呈现。纳税主体之确定、税收客体之有无、定性或量化，具有非常复杂的法律特性和丰富多彩的表现形式，税法去形式而求实质的精神气质在此领域亦有非常精彩的表现，有待深入挖掘和提炼。

我国企业年金税收优惠制度的完善

张新生[*]

内容摘要 随着我国人口的老龄化，作为中国养老保障制度的重要支柱之一的企业年金，逐渐受到政府的重视。我国的企业年金虽然有近二十年的探索与发展，现状仍不容乐观，税收优惠不足是阻碍年金市场发展的重要原因之一。因此，应完善我国企业年金税收优惠制度，加快税收优惠立法，明确税收优惠模式，加大税收优惠力度，健全税收优惠监管制度。

关键词 企业年金 税收优惠 制度

一、健全我国企业年金税收优惠制度的必要性

据中国可持续发展研究会研究，预计中国老年人口（60 岁及以上）将以年均 3.2% 的速度增长，2010 年、2035 年老年人口占总人口比例将分别达到 10%、27%；2050 年老年人口将超过四亿，约占总人口的 33%。① 作为养老保险"第二支柱"的企业年金（补充养老保险）应该有很好的发展前景。据世界银行预测，2010 年中国企业年金规模将超过 1 万亿元，2030 年将达到 15 万亿元，市场潜力很大。② 然而，目前我国的企业年金事业发展仍显缓慢，税收优惠问题则是阻碍年金市场发展的主要瓶颈之一。

---

* 2009 年 12 月起至今，在中国社会科学院法学研究所博士后流动站从事民商法专业博士后研究工作。

① 参见袁伟荣《养老基金投资与资本市场发展的双重性》，载《探索与争鸣》2007 年第 3 期，第 38—41 页。

② 参见卫力《基于税收优惠激励视角的企业年金制度建立分析》，载《生产力研究》2007 年第 8 期，第 104 页。

虽然企业年金计划是企业的自愿行为，但它的发展程度和覆盖范围却受政府税收政策的影响较大。美国政府给予年金计划很大的税收优惠，如雇主对雇员401K①账户拨款，享受全部免税的优惠；雇员对自己401K个人账户的缴款享受推迟纳税的优惠，即税前缴费，且政府对该账户赚取的红利、利息、资本所得免税，退休后领取养老金时才征税，递延纳税带来的税收优惠对401K计划的发展起到很大的激励作用，2007年年底为止，401K的市场已达到814万亿美元。② 在发达国家，1/4的老人以及1/3以上劳动人口参加了企业年金计划，在 GDP 中所占比例甚至达到73%（英国）、66%（美国）和70%（瑞士）。与发达国家相比，我国企业年金发展明显滞后，税收优惠政策的欠缺是其主要原因。目前我国很多地方对企业年金的税收优惠还局限于企业缴费层面，职工个人缴费环节并无统一优惠，主要是各省市自行给予税收优惠。因此，应尽快完善企业年金税收法律制度，解决企业年金税收优惠问题，调动企业和个人参与企业年金计划的积极性，是目前急需解决的问题。

二、我国税收优惠制度存在的问题

我国企业年金税收法律制度主要存在以下几个问题。

（一）企业年金税收优惠立法空白，政策层次低

目前我国在新企业所得税实施条例中规定，补充养老保险（企业年金）允许按国务院、税务主管部门规定的标准扣除。有关企业年金税收优惠的规定仅仅停留在部门规章、地方性法规层面，都是政府的《决定》、《通知》、《复函》、《试点方案》、《试行办法》等政策性文件。除此之外，税法有关企业年金税收的规定基本空白，国家的立法机关及税务机关并没有专门的规定，还没有制定企业年金税收优惠的法律法规。因此，企业年金的税收优惠政策的层次和权威性不高。

---

① 401K计划也称401K条款，401K计划始于20世纪80年代初，是一种由雇员、雇主共同缴费建立起来的完全基金式的养老保险制度，是指美国1978年《国内税收法》新增的第401条K项条款的规定，1979年得到法律认可，1981年又追加了实施规则，20世纪90年代迅速发展。由于缴费和投资收益免税，只在领取时征收个人所得税，所以401K计划逐渐取代了传统的社会保障体系，成为美国诸多雇主首选的社会保障计划。

② 参见胡金华《美国2万亿美元个人养老金蒸发401K计划告急》，《华夏时报》2008年11月4日。

（二）税收优惠的水平缺乏科学论证，企业年金税收优惠限额偏低

2000 年，国务院第 42 号文件《关于完善城镇社会保障体系的试点方案》规定，"企业年金实行基金完全积累，采用个人账户方式进行管理，费用由企业和职工个人缴纳，企业缴费在工资总额 4% 以内的部分，可从成本中列支"。这项优惠政策一定程度上鼓励了企业年金发展，但 4% 税收优惠水平的科学性有待探讨。如果企业按 4% 限额供款，未来企业年金替代率会很低；非试点地区企业年金的所有费用都来自于企业税后留利；尤其还要从该费用中扣除 5% 作为备税（5% 的备税是防止这部分费用以其他方式被转移）。这将大大增加企业的负担（还有 33% 企业所得税），影响企业实施企业年金计划的积极性。因此，我国企业承担着双重成本：一是年金的运行成本，二是因不能充分享受税收优惠必须由企业承担的额外费用成本，这种高成本会严重阻碍企业年金的发展。

据统计，我国现有 26 个省、市（直辖市）、自治区陆续实施了企业年金的税收优惠，优惠比例介于 4%—12.5% 之间。其中，15 个省市的税率为 4%，重庆税率为 6%，山西税率为 8.3%，湖北和江苏税率最高为 12.5%，其余 7 省市大约在 4%—6% 之间。可见，我国现有的试点地区企业缴费部分可税前列支的比例远远低于国外许多国家，如德国 10%、美国为 15%、加拿大为 18%、澳大利亚为 20%、法国为 22%。[①] 按照我国现有优惠税率的平均水平计算，即使投资收益再好，其积累额也很难达到我国企业年金 20% 的目标替代率。

（三）缺乏统一和明确的税收优惠政策，税惠政策实施混乱，地区差异较大

国务院出台《关于完善城镇社会保障体系的试点方案》之后，2003 年国家税务总局的《关于执行〈企业会计制度〉需要明确有关所得税问题的通知》规定，"企业为全体雇员按国务院和省级人民政府规定的比例缴纳的补充养老保险、补充医疗保险可以在税前扣除"。虽然税收政策有些突破，但也仅在各试点地区执行，且各试点地区的实际税收优惠水平又各不相同，没有在全国范围实施。2007 年 12 月 11 日《中华人民共和国企业所得税法实施条例》颁布，尽管从税收法律层面对企业年金表示鼓励与支持，但优惠范围与标准仍然没有配套的实施细则规定，具体操作还存在一系列问题。缴纳阶段的企业年金优惠政策还是由各省、直辖市地方政府确定、实施，而积累与领取阶段的税惠问题仍然没有明确规定。

2007 年 7 月为止，我国 26 个地方省级行政组织实施了从最低的 4% 到最高的 12.5% 不同抵扣比例的税收优惠。我国统一规定了试点地区的列入成本

---

① 中国养老金网，http：//www. cnpension. net 2006（5）。

比例为4%，非试点地区只规定了列支出处，并未提出重要的列入成本比例。因此，非试点地区为了鼓励本地区企业年金的发展，地方政府只能自行规定，导致地区差异较大和税惠政策混乱。高低不同的税前扣除比例给那些在不同省份有分公司的大型企业带来操作难度。有的地方规定过高的扣除比例，将会造成国家财政损失；而有的地方在政策模糊、监管不力的情况下，可能会将企业缴费和职工缴费全部列入成本。各自为政造成较大的地区差异，税收优惠政策实施混乱，实际上也弱化了我国企业年金发展的动力，增大了企业年金运作的难度，同时也留下监管的漏洞。

（四）企业年金税惠政策缺乏税收管制

税收优惠与税收漏洞是紧密相连的。人们常把发达国家企业年金计划提供的税收优惠比喻为"避税所"，大大激励各类企业建立企业年金计划的动力，但同时也可能被滥用。因此，制定税惠政策，不仅要对享受税收优惠的主体进行限制，而且要对企业年金计划的长期性、账户管理、参加计划的职工权益保障等方面实施严格、合理的限制。1995年我国劳动部颁发的《关于建立企业补充养老保险制度的意见》规定，建立年金计划的企业"必须已经参加了当地的养老保险统筹；企业的生产经营状况比较稳定；企业具有良好的民主管理基础"。满足以上条件的企业能够享受税收优惠。但是，对于可能出现的其他问题都没有出台相应的税收政策、法规进行约束，存在明显的税收管制"漏洞"，例如长险短做、提前退保、账户管理不规范、投资管理机构选择、职工权益保障等。另外，目前我国企业年金整体制度不健全，年金发展环境欠佳，其中税收政策的执行不到位的问题比较突出。我国全国性的支付电脑记录系统还不完善，现金结算方式可逃避电脑系统的记录，达到避税的目的。因此，需要进一步完善税收优惠监管机制。

（五）企业年金税收优惠环节单一，缺乏与基本养老保险税收优惠政策的协调

我国目前对年金的税收优惠很少。从涉税环节看，我国的税收优惠政策仅仅涉及了企业的缴费环节，对于个人的缴费环节、投资环节、领取环节没有优惠，企业年金的征税模式是TTT，[①] 对个人的税收优惠不足，很难调动个人参与企业年金计划的积极性。对于企业来说，我国企业年金税收优惠政策，仅仅

---

① 6企业年金通常分成三个环节，分别是缴费环节、累积环节和领取环节。企业年金的三个环节对应不同的税种，每一环节对应的税种不尽相同。如果税收待遇简单的区分为征税（taxing，T）和免税（exempting，E）两种，那么针对企业年金每一环节的税收待遇来区分企业年金的税制类型，可以将企业年金的税制类型分为8种：EEE、EET、ETE、TEE、ETT、TTE、TET、TTT。

涉及了企业的缴费环节，采取的是 ETT 模式，其他两个环节却没有相应的税收优惠待遇，税收优惠环节过于单一。

目前我国基本养老保险采用的税优模式是 EEE；对于个人来讲，企业年金采用的税优模式是 TTT；对于企业来讲，企业年金采取的税优模式是 ETT，并且企业缴费的税优限额仅为 4%。我国基本养老保险和企业年金在税收政策上差距如此之大，将会大大降低人们参加企业年金计划的积极性。从长远来看，随着老龄化时代的到来，第一支柱的基本养老保险将给政府养老保险基金带来巨大的压力，分流减压是政府未来的必然选择。增加第二支柱企业年金的市场规模，建立多元化的养老保险体系势在必行。因此，政府应该给予企业年金更多的税收优惠政策，协调好养老保障的第一、第二支柱的税优政策，引导我国养老保障健康协调发展。

（六）企业年金税收优惠拉大了贫富差距，加剧了社会不公平

我国目前企业年金有如下几个特点：一是行业分布，主要是电力、石油、石化、民航、电信、铁道等优势性行业，这些行业有能力和意愿参与年金计划。二是地区分布，沿海发达地区明显高于中西部地区，东部经济发达地区参与年金计划的意愿强烈，而西部经济不发达地区没有足够的能力来启动年金计划。三是企业内部分布，低收入雇员是真正的需要企业年金的人，但收入低而不愿意参与企业年金；收入较高的雇员可能对此具有强烈的兴趣。

我国给予企业缴费一定税收优惠，并没有任何限制性条件与审查制度，这可能会导致以下问题：企业年金成为高薪雇员的特有收益；中小企业难以建立收益良好的年金计划；企业通过企业年金缴费进行逃税等问题。这在某种程度上加剧了社会不公平拉大了贫富差距，有违企业年金税制设计的公平性原则。

三、完善我国企业年金的税收优惠法律制度的对策

（一）加快企业年金的税收优惠立法

我国在社会保障制度立法上，必须加快步伐制定一部企业年金税收法律，进一步规范企业年金税收优惠制度，从法律上明确企业年金税收的立法依据和宗旨、基本原则、优惠范围、优惠水平、优惠对象、优惠模式、监管机制等。应尽快由我国最高立法机关制定和颁布《中华人民共和国企业年金税收法》，以法律形式规范企业年金税收优惠行为，使企业年金税收工作有法可依，结束

多年以来企业年金税收的混乱和效率低的状态。

（二）制定年金税惠法律制度应遵循以下原则

一是激励与约束相结合原则。企业年金的建立以自愿为基础，应与政府税惠政策的鼓励和支持结合起来。但税收优惠的滥用会导致税收漏洞，需对税惠政策进行适度的约束。二是公平性原则。企业年金税惠政策的制定要体现公平，不仅要与现有基本养老保险税收政策保持一致性，而且兼顾企业内部高、中、低收入水平的员工，避免分配不公。三是匹配性原则。税收优惠政策会给当期的财政收入带来影响，因此，政府制定企业年金税惠政策，一定要考虑与政府财政承受能力相匹配，应量力而行。

（三）确定享受税收优惠的主体资格

企业年金税收法首先应当确定企业年金计划享受税收优惠政策的条件。根据法律规定，税务主管机关负责年金计划的审批及批准证书的颁发。税务机关应对年金计划实施动态监管，一旦企业年金计划的方案、运作、基金管理等方面不再符合法律规定的免税条件，税务机关应及时注销其批准证书。只有等待其重新符合法定免税条件时，可经审核合格后再行批准。企业年金税收立法除对企业缴费给予税收优惠外，对职工的缴费也应当给予税收优惠。如果企业和职工的缴费在职工工资一定比例内，都应该享受免税待遇，企业年金基金的投资收益也应免税。从企业年金计划中领取养老金时，职工养老金收入应当作为工资收入缴纳个人所得税。

（四）明确我国企业年金的税收优惠模式

目前我国税法中专门针对企业年金税收法基本空白，针对我国企业年金规模小、税惠力度小和发展需求迫切等特点，依据税收优惠政策的激励性、公平性与匹配性原则，借鉴英国、美国、瑞典等发达国家的成功经验，我国企业年金可采用 EET 税惠模式。

1. 在缴费阶段，国家可规定：企业年金单位缴费部分，允许职工工资总额一定比例以内的部分直接从成本中列支，超出一定比例的部分在企业税后留利中列支。个人缴纳企业年金免征个人所得税。我国大多数省市制定的税前扣除比例为 4%—5%，只有少数几个省市达到 12.5%，扣除比例明显偏低，激励效果差，很难提高企业年金的替代率。为了实现我国社会保障体制改革目标，企业年金未来的替代率将达到 20%，这就要求必须提高企业缴费的税前扣除比例，激励更多的企业和职工参与年金计划的积极性，扩大年金覆盖面。

2. 在投资环节，给予必要的企业年金基金运营税收优惠。我国立法规定企业年金基金的运营实施市场化运行模式，通过竞争性的市场机制来实现企业年金基金的保值增值。在企业年金发展初期，政府应制定特优利率和贴补率政策，对企业年金基金的投资收益实行免税。若投资于基础设施建设、投资于银行存款、债券等金融工具，应全部免征所得税；若投资于国内外股票及衍生工具则应适当减免所得税。另外，国家根据宏观经济形势和资本市场的发展情况，在适当的时候可以放宽对企业年金投资范围和投资幅度的限制。

3. 在领取环节，减征企业年金个人所得税。《个人所得税法》规定，按国家统一规定发给干部、职工的退职费、退休工资、离休工资、离休生活补助费列入免税范围。企业年金作为一种延期消费产品，应减征个人所得税。目前我国企业年金信托处于立法成规后的发展初期，受投资渠道狭窄、通货膨胀等因素的影响，职工多年积累的企业年金承担着许多经营风险。如果再对职工领取的企业年金征收个人所得税，会影响退休职工的生活水平和在职职工参与企业年金计划的积极性，也与国家建立多层次养老保险体系的目的相偏离。

（五）制定全国统一的税收优惠政策，加大年金税收优惠力度

1. 应考虑国家财政的承受能力。如果税式支出规模过大，超过了财政可承受能力，会引发财政赤字乃至整个经济和社会的矛盾。因此，一方面要以税收优惠的方式鼓励企业和职工进行养老储蓄，减少他们对基本养老金制度的依赖，另一方面又要充分考虑国家的财政承受能力。

2. 实行适度的税收管制，堵塞税收漏洞。如果企业年金计划采取 EET 的征税模式，就会有避税的机会。为此在给予企业年金计划税收优惠的同时，制定一些反避税的条款，加大监管力度，避免企业借企业年金之名税前提取资金。

3. 以现有政策为基础，进一步完善企业年金税惠政策。现有的企业年金税惠政策主要针对企业在年金的缴纳阶段，优惠水平偏低没有充分体现税惠政策的激励作用。应该结合企业年金的目标替代率来扩大涉税环节及税种，例如，企业年金投资环节实施税收优惠，个人所得部分纳入免税范围等。还应结合公平性原则适当扩大税收优惠的税基，对税收优惠的最高工资总额进行限定；对年金实际收益率超过一定比例的投资收益照常征收企业所得税，这样有利于约束企业年金的高风险投资行为。充实和完善这些配套细则，将大大调动企业发展年金的积极性。

（六）完善我国企业年金税收优惠的管制制度

实施企业年金税惠政策，充分调动企业与员工的积极性，同时防止税惠滥用而导致的税收漏洞和滋生腐败。因此，加强企业年金税惠政策的管制非常重要。

第一，明确享受税收优惠的对象与水平。制定企业年金税惠政策，要对享受税收优惠的企业与员工进行明确规定，要结合我国企业年金的目标替代率（20%—30%），同时考虑我国财政的承受能力，确定享受税惠水平的高低。

第二，制定合理的免税限额和税前扣除比例，注重税收公平。目前税收优惠政策存在很多不公平，如垄断性行业、经济发达地区和高收入者更有条件参与年金，可以获得更多的税收优惠。科学的税收优惠政策要有税收优惠的比例限制和额度限制，避免高薪职工获得过多优惠，防止偷税和避税。我国制定税惠政策，一定要考虑年金计划的覆盖范围、缴费额和退休金额，强调税惠政策的公平性。

第三，合理规定参加年金计划的员工受益权。为了保障员工的权益，防止企业随意终止年金计划，应该合理规定受益权。通常员工个人账户上积累的资金分员工自己缴纳和企业资助缴纳两部分。自己缴纳的积累额，员工一参加计划就应享有全部受益权，而企业缴纳部分应根据员工在企业服务时间长短来分段享受。

第四，制订"合格年金计划"标准。由国家税务部门制订"合格计划"标准，符合"合格计划"标准的年金计划可以享受税收优惠。标准主要有：一是现金缴费的普享制计划，保证适用范围的普惠性，真正实现无歧视；二是企业缴费、个人缴费和缴费总额占年度工资的比例不得高于年金法规规定的标准；三是年金计划设计应具有收入再分配功能，受益权和企业缴费配套禁止歧视性规定和不公正标准；四是年金基金资产目的是满足退休保障，原则上不得提前支取或终止计划；五是年金计划必须严格遵守集体协商原则，赋予职工知情权。

第五，完善企业年金税惠监管制度。从税惠管制角度规范企业年金计划建立和运作流程；加强税惠管制的信息化建设，建立和完善企业年金税惠管制的信息披露制度；建立税收优惠稽查制度，杜绝滥用税收优惠和偷漏税现象。

企业境外上市的监管研究

刘 轶[*]

内容摘要 随着境外直接上市实践的发展，以《公司法（1993年）》为基础，由有关行政法规、规章和其他规范性文件等构成的监管规范体系逐步建立并不断充实。在新形势下，境外直接上市监管暴露出了诸多问题，如监管框架不尽合理，上市条件过于严格、僵化，监管效率和透明度不高等。现阶段，为了维护国家经济安全和社会公共利益，促进境外上市公司规范运作，确有必要对境外直接上市活动实施一定程度的监管，但境内监管应与境外上市监管合理衔接，并充分尊重市场机制的作用。为此，亟须统筹考虑优化境外直接上市监管框架，完善监管制度，明确监管标准，提高监管效率并增强监管工作的透明度。

关键词 证券监管 境外上市 直接上市 监管框架 监管标准

随着我国经济的迅猛发展和对外开放程度的日益提高，境内企业到境外发行证券和上市已成为其接触国际成熟资本市场、实施国际化战略的重要方式。通过到境外发行上市，境内企业拓宽了融资渠道，完善了治理结构，规范运作水平和国际竞争力不断提升，并树立了良好的国际形象。[①] 近几年，随着国际资本市场环境以及我国相关监管政策的变化，境外直接上市方式更多地受到了重视，但相应的监管框架和监管制度体系却暴露出诸多缺陷和不足，亟待统筹完善。本文首先概括了境外直接上市的实践和监管框架，其次归纳和分析了现

---

* 2006 年 7 月起至今，在南开大学应用经济学博士后流动站从事金融学专业博士后研究工作。本文系 2009 年度国家法治与法学理论研究项目（批准号：09SFB3036）的研究成果，并得到了中国博士后科学基金会的特别资助。

① 20 世纪 90 年代中期以后，境内企业到境外发行上市逐渐发展出直接和间接两种不同的方式，相应的监管框架和监管制度也分别确立起来。然而，有关法律、法规等一直未对境内企业直接到境外发行上市（以下简称境外直接上市）和间接到境外发行上市（以下简称境外间接上市）的内涵和外延等做出界定。实践中，境外直接上市是指在境内注册成立的股份有限公司到境外发行证券或者上市；境外间接上市是指境外公司取得境内企业的股权、资产或者收益后，以该境外公司为主体在境外发行证券或者上市。

行监管框架、制度和实践存在的问题，进一步论证了对境外直接上市活动进行监管的理论依据和原则，并对改进监管工作提出了若干政策建议。

一、境外直接上市的实践和监管框架

20 世纪 90 年代初，我国开始建立全国性的证券市场。上海证券交易所和深圳证券交易所于 1990 年年底成立后，还分别建立了境内上市外资股（B 股）市场。此后，为了进一步扩大证券市场的对外开放，借鉴发达国家和地区发展证券市场的先进经验，推动国有企业改革和吸收外汇资金，国务院直接领导启动了股份制企业到境外发行上市工作。1993 年 6 月 19 日，中国证监会、香港证监会、上海证券交易所、深圳证券交易所和香港联合交易所签署了五方《监管合作备忘录》，为内地与香港证券监管合作和执法协助奠定了基础。同年 7 月，青岛啤酒股份有限公司（0168，HK）公开发行境外上市外资股（以下简称 H 股）并在香港联合交易所上市，这是首家实现境外直接上市的境内企业。截止到 2010 年 7 月底，已先后有 166 家境内企业到境外直接上市（含已经终止上市的 6 家企业），募集资金累计超过 1390 亿美元。

就上市地点而言，境外直接上市较为集中于香港联合交易所。在现有的 160 家境外直接上市公司中，157 家在香港联合交易所上市，3 家在新加坡证券交易所上市；上述在香港联合交易所上市的公司中，有 15 家同时还在纽约证券交易所、伦敦证券交易所或者新加坡证券交易所等多地上市。特别是，2003 年 6 月内地与香港签署《关于建立更紧密经贸关系的安排》（CEPA）后，一批大型国有控股企业先后在香港联合交易所上市，屡屡刷新发行纪录。例如，2006 年 10 月，中国工商银行股份有限公司（1398，HK）成功实施"A + H"发行方案（即 A 股和 H 股的同时招股、同时发行、同股同价、同日上市），是当时全球规模最大的首次公开发行项目，其中境外发行募集资金约 160 亿美元；2008 年 3 月，中国铁建股份有限公司（1186，HK）首次公开发行 H 股冻结申购资金约 6312 亿港元，迄今仍为香港市场上的历史最高水平；2010 年 7 月，中国农业银行股份有限公司（1288，HK）先后发行 A 股和 H 股，是本次国际金融危机爆发以来全球规模最大的首次公开发行项目，其中境外发行募集资金约 120 亿美元。

此外，境外直接上市的操作方式也在积极创新。除中国工商银行股份有限公司和中信银行股份有限公司（0998，HK）先后实施"A + H"发行方案外，中国中铁股份有限公司（0390，HK）、中国铁建股份有限公司、中国南车股份有限公司（1766，HK）、中国冶金科工股份有限公司（1618，HK）和中国农业银行股份有限公司等先后成功实施了"先 A 后 H"的发行方案（即先发行 A 股后在较短的时间内完成发行 H 股）。

随着实践的发展，以《公司法》（1993 年）为基础，境外直接上市的监管框架从无到有，逐步建立起来。

首先，对境外直接上市进行监管的基本法律依据得到明确。其一，相关法规明确要求，境外直接上市应当经有关主管部门批准。《股票发行与交易管理暂行条例》（1993 年）第 6 条规定："……境内企业直接或者间接到境外发行股票、将其股票在境外交易，必须经证券委审批，具体办法另行制定。"《证券法》（1998 年）和《证券法》（2004 年修正）也有类似规定。其二，相应的审批依据得到了明确。《公司法》（1993 年）第 85 条规定："经国务院证券管理部门批准，股份有限公司可以向境外公开募集股份，具体办法由国务院作出特别规定。"该法第 155 条规定："经国务院证券管理部门批准，公司股票可以到境外上市，具体办法由国务院作出特别规定。"《公司法》（1999 年修正）和《公司法》（2004 年修正）均有相同的规定。但值得注意的是，《证券法》（2005 年修订）第 238 条规定："境内企业直接或者间接到境外发行证券或者将其证券在境外上市交易，必须经国务院证券监督管理机构依照国务院的规定批准。"据此，对境外直接上市进行审批的基本法律依据不再是国务院的"特别规定"，而是国务院的"规定"。其三，上述基本法律依据的立法体例进行了调整。2006 年以前，对境外直接上市进行监管的基本法律依据分别在《公司法》、《证券法》中有所体现，《公司法》（2005 年修订）则未予保留。此外，《证券法》（1998 年）和《证券法》（2004 年修正）在正文部分第二章（证券发行）中对境外直接上市作了规定，《证券法》（2005 年修订）则将上述条款调整至附则部分。这间接表明了立法机关对境外直接上市法律适用问题的态度，即境外直接上市既不属于公司法的调整范围，原则上也不应适用我国证券法。

其次，依据《公司法》（1993 年）第 85 条的规定，国务院制定了《特别规定》，在境外上市公司发起人人数、H 股投资人资格、法律适用和争议解决等方面作了一系列特殊的或者与《公司法》不一致的规定。①

---

① 在发起人人数方面，根据《公司法》（1993 年）第 75 条的规定，设立股份有限公司，应当有五人以上为发起人；根据《特别规定》第 6 条的规定，以发起方式设立的股份有限公司，发起人可以少于五人。在 H 股投资人资格方面，《公司法》（1993 年）并未对股份有限公司公开发行股份的投资人资格做出限制性规定；根据《特别规定》第 2 条的规定，H 股仅限于境外投资人认购。在法律适用和争议解决方面，《公司法》（1993 年）并未对涉外公司争议的解决方式及其准据法问题做出规定；根据《特别规定》第 6 条的规定，涉及 H 股股东的公司争议依照公司章程规定的解决方式处理，适用中华人民共和国法律。

再次，为了规范境外上市公司的组织和行为，依据《公司法》（1993 年）和《特别规定》的有关规定，原国务院证券委员会和原国家经济体制改革委员会联合制定了《到境外上市公司章程必备条款》（证委发［1994］21 号，以下简称《必备条款》），对境外上市公司章程涉及的重要内容作了统一规定。

复次，中国证监会先后制定了《关于企业申请境外上市有关问题的通知》（证监发行字［1999］83 号，以下简称《境外主板上市通知》）和《境内企业申请到香港创业板上市审批与监管指引》（证监发行字［1999］126 号，以下简称《香港创业板上市指引》），分别明确了申请直接到境外证券交易所主板上市和创业板上市的条件以及申请和审批程序。

此外，国务院以及中国证监会等有关主管部门还单独或者联合制定了若干其他规范性文件，对境外上市公司的治理结构、持续信息披露、外汇管理、国有股减持和非境外上市股份集中登记存管等方面的事项作了具体的规定。①

综上，现行关于境外直接上市的监管规范体系包括三个层次，即《证券法》（2005 年修订）第 238 条作为基本的立法和监管依据，《特别规定》确立了基本的制度框架，《香港创业板上市指引》、《境外主板上市通知》和《必备条款》等其他规范性文件确立了具体的监管标准。从调整事项来看，上述其他规范性文件可以进一步划分为发行上市、持续监管、公司治理和规范运作、外汇管理等四个模块。

二、境外直接上市监管存在的问题

近几年，国际资本市场环境发生了较大变化，各国证券市场之间在吸引上

---

① 国务院制定的其他规范性文件是《减持国有股筹集社会保障资金管理暂行办法》（国发［2001］22 号，以下简称《减持国有办法》）；中国证监会等有关主管部门制定的其他规范性文件包括：《关于批转证监会〈关于境内企业到境外公开发行股票和上市存在的问题的报告〉的通知》（证委发［1993］18 号，以下简称《境外发行上市报告》）、《关于境外上市企业外汇管理有关问题的通知》（证监发字［1994］8 号）、《关于境外上市公司 1995 年召开股东年会和修改公司章程若干问题的通知》（证委发［1995］5 号，以下简称《1995 年年会通知》）、《关于境外上市公司进一步做好信息披露工作的若干意见》（证监发［1999］18 号，以下简称《信息披露若干意见》）、《关于进一步促进境外上市公司规范运作和深化改革的意见》（国经贸企改［1999］230 号，以下简称《规范运作意见》）、《境外上市公司董事会秘书工作指引》（证监发行字［1999］39 号，以下简称《董事会秘书指引》）、《关于进一步完善境外上市外汇管理有关问题的通知》（汇发［2002］77 号）、《关于规范境内上市公司所属企业到境外上市有关问题的通知》（证监发［2004］67 号，以下简称《分拆上市通知》）、《关于境外上市公司非境外上市股份集中登记存管有关事宜的通知》（证监国合字［2007］10 号，以下简称《股份登记通知》）和《关于加强在境外发行证券与上市相关保密和档案管理工作的规定》（证监会公告［2009］29 号）等。

市资源方面的竞争日益加剧。同时，境内证券市场的基础设施日益完善，《公司法》和《证券法》均作了较大幅度的修订，相关的配套法规、规章等也基本完备，这有力地提升了境内证券市场的竞争力和吸引力。并且，随着外汇储备规模的不断膨胀，内地越来越注重吸收外资的实质和质量。在这种情况下，支持、鼓励境外直接上市、限制境外间接上市的政策取向已愈见清晰。然而，就当前的监管框架、监管制度和监管实践而言，大多数中小型企业搭建国际资本平台的通道并不顺畅。

　　首先，监管框架不尽合理。其一，监管权力的外延不明晰。从理论上讲，跨境上市活动同时受到发行人本国法和上市地国法的调整，涉及公司法的事项应主要适用发行人本国法，涉及证券法的事项应主要适用上市地国法（Alférez, G., 2007）。因此，境内企业境外直接上市的条件以及上市后的持续信息披露等事项均应主要遵守境外上市地的监管规定，主要由境外上市地监管机构或者证券交易所进行监管。然而，《境外主板上市通知》却对股份有限公司申请到境外证券交易所主板上市的条件作了规定，《信息披露若干意见》却对境外上市公司的持续信息披露义务作了规定。例如，根据《信息披露若干意见》的有关规定，境外上市公司依照境外监管规定披露的重大事件等信息应报中国证监会备案；境外上市公司在董事长、监事会主席、总经理、财务负责人等发生变动之前，应通告中国证监会。这些规定的可操作性不强且没有相应的实施保障机制，事实上也未得到有效执行。其二，功能相同的核心监管规范分散，不利于理解和适用。例如，《境外主板上市通知》属于规章性规范性文件，对境内企业直接到境外证券交易所主板上市的条件以及申请和审批程序作了规定；《香港创业板上市指引》属于法规性规范性文件，对境内企业直接到境外证券交易所创业板上市的申请和审批程序作了规定。这两项其他规范性文件不但效力等级不对称，而且透明度也不及行政法规和行政规章。其三，部分监管规定略显冗余。例如，《1995 年年会通知》所规范的事项早已执行完毕，调整对象已消失；《境外发行上市报告》所规范的事项已被《特别规定》、《境外主板上市通知》和《香港创业板上市指引》等加以明确。但是，上述两项其他规范性文件仍未被宣布废止。

　　其次，上市条件过于严格、僵化，且上市前股权投资的退出渠道不畅。其一，根据《境外主板上市通知》的有关规定，境内企业申请直接到境外证券交易所主板上市的，在财务状况、经营成果和预计筹资额等方面应满足若干定量的条件，即净资产不少于 4 亿元，过去一年税后利润不少于 6000 万元，按合理预期市盈率计算的筹资额不少于 5000 万美元。上述条件不但高于境内首次公开发行股票并上市的条件，也远高于香港联合交易所等境外上市公司较为集中的证券交易所规定的上市条件。其二，《境外主板上市通知》对发行 H 股的最低筹资额作了要求，这就意味着境外直接上市只能通过首次公开发行 H 股的方式进行，不能通过借壳上市、换股上市以及股东出售存量股份并上市等方式，在不募集资金的情况下，实现境外直接上市。《香港创业板上市指引》虽未明确规定最低筹资额，但相应的监管实践也是如此。其三，按照现行监管政策，境内企业境外首次公开发行前已发行的股份均为内资股，原则上不能在境外上市地证券交易所上市交易，而只能通过协议转让的方式在境内流通。上市前股权投资的退出渠道不畅，正是大量境内企业选择境外间接上市的主要原因之一。

再次，《特别规定》和《必备条款》亟待修订完善。其一，《特别规定》中与《公司法》（2005 年修订）不一致的规定，均应及时修正。这是因为，根据《证券法》（2005 年修订）第 238 条的规定，《特别规定》的立法依据发生了变化，即相关法律不再授权国务院就此制定特别规定。例如，根据《特别规定》第 20 条的规定，召开股东大会的书面通知应提前 45 日发出；根据《公司法》（2005 年修订）第 103 条的规定，股东大会召开的时间、地点和审议事项应提前 30 日公告。其二，由于《特别规定》是《必备条款》的上位法，《特别规定》修订后，《必备条款》中与《公司法》（2005 年修订）、《特别规定》不一致的规定，也应当及时修订。例如，根据《必备条款》第 50 条的规定，代表公司有表决权股份 5% 以上的股东可以向股东大会提出议案。但是，根据《公司法》（2005 年修订）第 103 条的规定，单独或者合计持有公司 3% 以上股份的股东可以向股东大会提出议案。其三，《特别规定》和《必备条款》中关于争议解决和法律适用的规定应当修改完善。一方面，与境外直接上市有关的民商事争议主要有两类，一类是涉及公司法事项的争议，应适用公司本国法解决；另一类是涉及证券法事项的争议，应适用公司上市地法解决。但是，根据《特别规定》第 6 条的规定，解决涉及 H 股股东的公司争议一概适用中华人民共和国法律。另一方面，上述争议的解决方式理应尊重当事人的意思自治。但是，根据《必备条款》第 163 条的规定，涉及 H 股股东的公司争议应一概通过仲裁的方式解决。其四，《特别规定》和《必备条款》有部分规定与实践的发展脱节。例如，近年来，经国务院批准，全国社会保障基金理事会（以下简称社保基金会）、中国投资有限公司以及一些保险公司等境内机构相继开始在境外证券市场从事投资活动，证券投资基金管理公司、证券公司和商业银行等金融机构也可以通过合格境内机构投资者（QDII）的形式投资于境外证券市场，加之境内自然人、法人等在境外直接投资 H 股的情形也不鲜见，H 股投资人的范围实际上已经大大拓展，并不限于境外投资人。

复次，H 股公司的监管要求与境内上市公司的监管要求不尽协调。例如，在国有股减持方面，根据《减持国有股办法》第 5 条的规定，发行人首次公开发行或者增资发行 H 股时，均应按比例减持国有股。据此，发行人有国有股东的，在向中国证监会提交境外发行上市申请前，必须获得国务院国资委和社保基金会的批准文件。然而，对于 A 股公司而言，根据《境内证券市场转持部分国有股充实全国社会保障基金实施办法》（财企〔2009〕94 号）第 5 条的规定，国有股减持只在首次公开发行时进行，在增资发行 A 股时，国有股东无须减持国有股。又如，根据《必备条款》第 55 条的规定，拟出席股东大会会议的股东所代表的有表决权的股份数未达到公司有表决权股份总数二分之一以上的，公司应以公告形式再次通知股东后，方可召开股东大会会议；但是，在《公司法》（2005 年修订）以及适用于 A 股公司的《上市公司章程指引》（2006 年修订）（证监公司字〔2006〕38 号）中，都没有关于股东大会会议通知催告程序的特殊要求。再如，根据《必备条款》第 93 条的规定，每名董事在董事会会议上有一票表决权，反对票和赞成票相等时，董事长有权多投一票。但是，根据《上市公司章程指引》（2006 年修订）第 118 条的规定，董事会决议的表决，严格实行一人一票。随着境内、境外两地或者多地同时上市公司数量的日益增加，上述情形无疑会使这些上市公司在确保合规运作方面面临较大的困难。①

最后，监管的效率和透明度有待提高。其一，有关行政许可事项偏多，监管审核程序冗长，在一定程度上制约了境外上市公司的决策效率和融资能力。按照现行监管制度，除了首次公开发行 H 股外，后续增资发行 H 股、发行可转换为 H 股的公司债券以及自境外证券交易所创业板转至主板上市等事项，均应适用相同的行政许可程序，经中国证监会批准。通常，中国证监会将经两至三个月的审核程序才会做出行政许可决定。相对而言，对于上市公司的后续再融资以及转板上市等事项，境外上市地证券监管机构和证券交易所的监管要求往往非常宽松，审核程序也极为简便。其二，部分行政许可标准欠缺透明度，处于"内部掌握"状态。虽然《境外主板上市通知》和《香港创业板上市指引》等规定明确了境外直接上市的主要条件，但中国证监会在个案的审核程序中，通常还关注申请人的独立性、关联交易、募集资金投向、固定资产投资立项、自有土地和房屋权属以及社会责任等方面问题，并在事实上将申请人在上述方面的合法合规作为行政许可的实施条件。对于这些"隐性的"监

① 据统计，截至 2010 年 7 月底，在现有的 160 家境外直接上市公司中，已经有 71 家同时在上海证券交易所或者深圳证券交易所上市。

管要求，申请人无疑难以及时、全面地了解和把握。其三，中国证监会的"窗口指导"不利于提高境外直接上市活动的市场化水平。例如，基于为境内证券市场保存上市资源或者缓解外汇储备增长过快的压力等原因，通过非正式的指引限制境外直接上市；或者要求申请人优先发行 A 股并在境内上市；或者不合理地限定 H 股募集资金的用途，要求仅用于境外项目，不得调回境内使用；或者干预 H 股的发行价格，要求不低于发行人 A 股的发行价格或者 A 股的市场价格等。

三、改进监管工作的若干政策建议

对境外直接上市活动实施有效监管的首要前提是准确定位这项监管工作的宗旨，这是优化监管框架、完善监管制度的基础。一般来讲，证券监管的首要原则是保护投资者的利益。据此，跨境上市公司本国的证券监管机构往往缺乏充分的理论依据对境外发行上市行为实施监管。既然境外上市公司发行的 H 股主要由境外投资者认购，H 股的交易也在境外进行，保护这些境外投资者的利益似乎并不属于中国证监会的法定职责。尽管如此，我们也应当看到，我国现阶段的市场经济法制环境远不完善，境内企业整体的规范运作水平不高，对境外资本市场的法规和规则以及运作规律的了解也不够充分。同时，国际政治经济关系的发展变化也要求我们高度重视境内企业到境外发行上市对国家经济安全和重大国家利益的影响。实践中，新兴市场国家基于维护国家经济安全和社会公共利益的考虑，普遍对本国企业到境外发行上市活动实施了一定程度的监管。例如，根据俄罗斯的监管规定，境内企业到境外发行上市应当经俄罗斯联邦金融市场管理局（FSFM）批准；业务活动对国家防卫和安全有重要影响的企业在境外发行上市的股份不得超过公司股份总数的 5%。[①] 即使在金融服务自由化程度较高的成熟市场国家或者地区，通常也认可一国可以基于维护本国金融市场声誉等方面的理由对跨境金融活动采取限制措施（M. Tison, 2002）。因此，在我国，为了维护国家经济安全和社会公共利益，促进境外上市公司规范运作，确有必要对境外直接上市活动实施一定程度的监管。

在明确监管宗旨的基础上，还有必要进一步强调，境内监管权力的运行应当遵循有限性原则，从而在境内外监管权力之间以及境内监管权力与市场机制

①　Regulation on the Approval by the Federal Service for Financial Market of Offerings and/or Trading of Securities of Russian Issuers Outside the Russian Federation, approved by Order No. 06—5/pz—n of FSFM Russia, dated January 12, 2006.

之间划定清晰的界限，做到监管既不缺位也不越位，确保监管的适度和有效。一方面，境内监管权力作用的广度应当合理。作为境外上市公司本国的证券监管机构，中国证监会的监管权力应主要限于涉及公司法的事项，对于 H 股的发行、交易以及境外上市公司的持续监管等涉及证券法的事项，应尊重境外上市地法律，尊重境外上市地证券监管机构的监管和证券交易所的自律管理。另一方面，境内监管权力作用的深度应当适当。对于特定的事项，监管权力是否应当进行干预，应以是否有助于维护我国证券市场的声誉和境外上市公司的整体形象为标准。如果公司自治或者股东自治不会危及上述监管宗旨，监管权力理应让位于市场机制。

遵循上述监管宗旨和原则，建议从以下几个方面入手，统筹改进境外直接上市监管工作。

首先，应当优化监管框架，将公司治理和规范运作、发行上市和持续监管等三个方面作为监管重点。其一，依据《证券法》（2005 年修订）第 238 条的规定，及时修订《特别规定》，明确境外直接上市的各项基本监管制度，取消《特别规定》中与《公司法》（2005 年修订）等上位法不一致的规定，修正不合理的或者与实践脱节的规定。特别是，应当明确 H 股公司内资股到境外流通的渠道和机制，为后续有关政策的发展奠定基础。其二，对《境外主板上市通知》、《香港创业板上市指引》、《分拆上市通知》和《股份登记通知》等涉及境外发行上市条件和程序的其他规范性文件进行整合，制定新的部门规章，为直接到境外证券交易所主板和创业板上市确立统一的监管标准。其三，对《必备条款》、《信息披露若干意见》、《规范运作意见》和《董事会秘书指引》等其他规范性文件进行整合，制定新的规章性规范性文件，为 H 股公司的治理结构和规范运作确立系统完整的监管标准。其四，建议及时进行法规清理，废止《1995 年通知》和《境外发行上市报告》。

其次，应当完善监管制度。其一，修正《必备条款》等其他规范性文件中与《公司法》不一致的规定，确保各项监管制度的协调性。其二，放宽上市条件，降低净资产、税后利润以及预计融资额等方面的要求，允许通过股权置换、股东出售存量股份并上市等不融资的发行方式实现境外直接上市，为境内企业灵活运用境外资本平台开辟合理的空间。其三，根据境外直接上市监管的宗旨，废除以保护境外投资者利益为出发点的规定或者制度，如争议解决和法律适用制度、类别股东制度等。其四，鉴于境外上市公司的持续信息披露由境外上市地证券监管机构或者证券交易所负责进行监管，建议及时修订《信息披露若干意见》，取消关于境外上市公司就重大事件等向中国证监会备案或者报告的规定，并可考虑建立境外上市公司定期向中国证监会报告的制度或者类似的机制，做到既对境外上市公司保持适度的持续监管，又与境外监管权力合理衔接，减轻境外上市公司的合规负担。其五，在充分考虑并尊重各主要境外上市地证券法的前提下，统筹协调 H 股公司的监管要求与境内上市公司的监管要求，有效降低跨境上市公司的合规成本。

最后，应当简化或者规范行政许可程序，增强监管工作透明度。其一，在保留境外首次公开发行 H 股行政许可项目的同时，考虑取消其他行政许可项目或者简化其他行政许可项目的审核程序。其二，在修订整合《境外主板上市通知》等规定并重新制定的部门规章中，明确各项行政许可的审核标准、申报文件和审核时限等，建立公平、公正的行政许可程序。其三，减少"窗口指导"和其他不必要的监管干预，提高境外直接上市活动的市场化水平。

总之，通过上述整合修订工作，境外直接上市监管框架体系的结构将更为合理、明晰，监管重点将更为突出，监管标准将更为明确。同时，这一监管框架体系还体现了开放性，为各项监管制度的不断完善留有必要的空间。

网络交易标错价格的案例分析

林瑞珠

一、前言

根据台湾"经济部"商业司"新网络时代电子商务发展计划"的研究调查显示，近三年 B2C（Business to Customer，B2C）及 C2C（Customer to Customer，C2C）电子商务的发展呈现持续快速发展。2009 年我国台湾 B2C 电子商务市场规模达新台币 2076 亿元人民币，C2C 电子商务市场规模达新台币 1427 亿元人民币，总计新台币 3503 亿元人民币，约合 113 亿美元。相对于此，根据淘宝网资料，仅其一个网站，C2C 金额达 2000 亿元人民币，B2C 的交易金额达 100 亿元人民币，总计约 2100 亿元人民币，约合 294 亿美元。足见，两岸电子商务交易均是未来商机所在。[①]

台湾 B2C 电子商务市场主要以虚拟或实体跨入虚拟为主，根据图 1 显示，台湾纯粹电子商店业者占 42%，其次为实体店面跨入电子商店业者占 35.1%，由此可知，网络不仅吸引民众以低成本方式于网络开店，亦吸引众多零售业者之目光，将网络视为一重要之销售渠道。电子商店发展至今，已成为消费者消费的重要渠道之一，市场销售额每年更达到上千亿元，随着政府积极辅导企业电子化后，可预见未来电子商务发展之荣景。[②]

再者，若就台湾数字消费行为分析，[③] 虽然网友在消费通路的选择上，常去的通路仍是以便利商店、量贩店及超市等生活常见的通路为前三名。但拍卖网站或购物网站的排名已经领先百货公司、DIY 卖场、精品店，位居网友消费通路排名第五及第六（见图 2）。

---

① 经济部商业司研究报告，翁培珊：《浅谈新网络时代电子商务现况、商机及未来发展方向》，第 1 页。

② 经济部商业司研究报告：高幸玉《我国电子商务发展概述》，第 2—3 页。

③ MIC 研究报告：《数字消费行为与网络消费市场发展趋势》，第二章"数字消费行为分析"，2009/10/7。

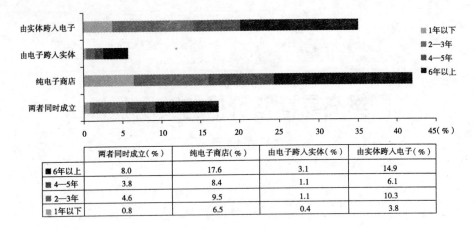

	两者同时成立（%）	纯电子商店（%）	由电子跨入实体（%）	由实体跨入电子（%）
6年以上	8.0	17.6	3.1	14.9
4—5年	3.8	8.4	1.1	6.1
2—3年	4.6	9.5	1.1	10.3
1年以下	0.8	6.5	0.4	3.8

图1   2009年电子商店成立年资与经营模式

资料来源：经济部商业司"新网络时代电子商务发展计划"，2009年。

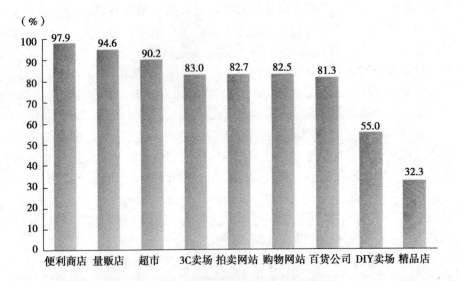

图2   2008年台湾网友过去一年消费通路选择

资料来源：资策会 MIC 经济部 ITIS 计划，2008年11月。

此外，若进一步将网友拜访频率作比较，则可发现前往网站的频率，明显较百货与3C卖场高，每周拜访至少一次的网友比率约在17%，相对之下百货与3C卖场则仅在5%—6%之间（见图3）。此凸显了网络无时空限制的特性，已经成为网友经常性拜访之消费通路，而频率较高也显示网友在网站消费机会增加之可能性。

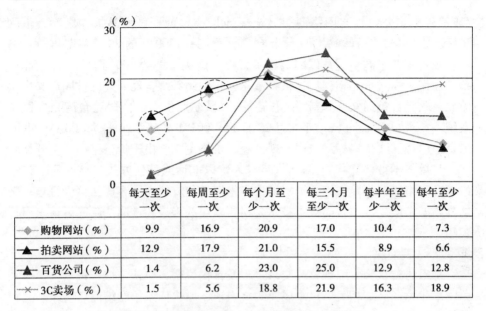

图3 2008年台湾网友拜访消费通路频率之比较

资料来源：资策会 MIC 经济部 ITIS 计划，2008 年 11 月。

	每天至少一次	每周至少一次	每个月至少一次	每三个月至少一次	每半年至少一次	每年至少一次
购物网站（%）	9.9	16.9	20.9	17.0	10.4	7.3
拍卖网站（%）	12.9	17.9	21.0	15.5	8.9	6.6
百货公司（%）	1.4	6.2	23.0	25.0	12.9	12.8
3C卖场（%）	1.5	5.6	18.8	21.9	16.3	18.9

然而，一连串的标错价格事件，[①] 让消费者对于网络交易之安全性产生莫大质疑，更产生负面评价。[②] 是以，本文拟以戴尔（DELL）网络购物平台标错价为例，拟摘述台北地院 98 年度北消简第 13 号与第 17 号民事判决所认定之事实与法院判决，并就此二判决为评析提出相关建言，期有助于法治文明与公平正义理念之落实。

二、案例事实与法院判决摘述

（一）台北地院 98 年度北消简字第 13 号民事判决

1. 案件事实

2009 年 6 月 25 日原告甲乙于被告戴尔企业股份有限公司之台湾分公司

---

① 举其重要事件如下：自由电子报—8900 相机只卖 890 又是标错价（2010/8/9），自由电子报—苹果计算机网站疑标错价 47710→19900（2010/7/24），笔电 10 万卖 1 万戴尔又标错价（2010/4/30），HOLA 标错价 6.4 兆史上最高—华视新闻—华视新闻网（2009/9/28），又是标错价！25" Full HD LCD 123 元一台！（2009/9/27），网站标错易游网全埋单（2009/7/10），自由电子报—戴尔又标错价笔电 6 万卖 1.8 万（2009/7/6），夏日大特价，Dell 屏幕仅售 500 元（2009/6/26）。

② 戴尔标错价事件负面口碑急升 17.56 倍（2009/7/8），http://www.ectimes.org.tw/Shownews.aspx? id=090707174745。

（下简称戴尔公司）之网络商店（www. dell. com. tw）做商品折扣之际，依网页标示之价格，分别购买了一台新台币（下同）1700元的20寸液晶屏幕；另一名原告丁某于同年同月以网页标示价格，购买了一台500元的19寸液晶屏幕。在发现在线折扣错误后，被告戴尔公司网站系统自动回复邮件嗣后又发出第二封收到订单通知，并新增一段声明："戴尔股份有限公司（台湾）的网站系统（www. dell. com. tw）于6月25日11：00PM至6月26日7：00AM期间，信息中出现在线价格标示错误，现已经将价格更正。由于价格错误，在此期间下的订单将不被接受。"且被告人员并未曾以电话或其他方式与该期间下订单的顾客联络确认订单详细数据，被告亦未以任何方式向顾客确认接受订单，契约自始即未成立。原告向被告戴尔公司要求履约未果，遂向法院起诉请求履行契约。

2. 法院判决

承审法院认为，综观整体交易过程及首揭说明，应认定被告戴尔公司于系争网络张贴商品之相关信息系属要约之引诱，原告依系争网络商店所张贴之相关信息下单订购始为要约，至为明确。且原告既未能举证证明其于前述要约后，被告曾对其为承诺之意思表示之事实，则原告主张两造间买卖契约业已成立，洵属无据，并不足采。是故，本件两造间就系争商品之买卖契约并未成立，原告主张被告应履行出卖人之责任，交付如其诉之声明所示系争商品，为无理由，故将原告之诉全予驳回。

（二）台北地院98年度北消简字第17号民事判决

1. 案件事实

2009年6月25日被告戴尔公司在其网址"www. dell. com. tw"之网络商店上，就其品牌部分商品标明有在线折扣之优惠。原告见折扣优惠甚高，随即依系争网站所标示之折扣价格及订购方式，于系争网站所具体设计供填写信用卡数据之字段，并进一步依被告戴尔公司交易指示填写其信用卡类型、号码、到期日、卡片上名称、信用卡确认号码、发卡国家等信用卡信息后，订购系争网站上被告戴尔公司展售之 DELL E2009 W 20″Digital Widescreen LCD Monitor 型号之20寸液晶屏幕及 DELL 2009W 20″Ultra sharp Widescreen LCD Monitor 型号之20寸液晶屏幕各1台，其后并获取两组订单号码，被告戴尔公司亦随即发出通知信告知已收取完整之订单相关数据。讵料被告戴尔公司事后竟以系争网站上在线价格标示错误、订单不被接受为由，拒绝履行两造间就系争商品所成立之买卖契约。经请求未果，原告遂向法院起诉请求履行买卖契约。

2. 法院判决

在程序法方面，法院认定按法律行为发生债之关系者，其成立要件及效力，依当事人意思定其适用之法律。涉外民事法律适用法第 6 条第 1 项定有明文。本件原告既主张于被告戴尔公司所有之网络商店网站上订购物品而生买卖关系，依该网站上所载定型化契约约定，应适用新加坡法律，此准据法之定型化契约约定又经原告援用，两造间买卖关系之成立要件及效力，依当事人意思应适用新加坡法。

于实体法方面，按当事人互相表示意思一致者，无论其为明示或默示，契约即为成立。《民法》第 153 条第 1 项定有明文。原告提出要约后，被告戴尔公司虽以电子邮件为如确认收受订单之通知，[①] 唯除表明系争通知非属承诺，将另行以传真、电子邮件或电话为承诺与否之答复外，亦已明确表明不接受含原告要约在内之 1998 年 6 月 25 日至 1998 年 6 月 26 日之订单，是以被告戴尔公司既已明示拒绝承诺之旨，两造意思表示未能一致，系争契约当未成立，原告依契约之法律关系，请求判命被告给付系争商品之主张，尚非有据，故予驳回。

三、判决评析

就台湾台北地方法院 98 年度北消简字第 13 及 17 号判决而言，主要事实皆为 DELL 公司因作业上之错误，致使订购者径于网络上下达订单，嗣因 DELL 公司以系统错误主张为由，主张"订购者之订单将不被接受"，终引发相关的诉讼争议。在历经一审诉讼主张后，台湾台北地方法院咸认，网络上的商品信息，应属要约之引诱；订购者在网络上所为订购行为应属要约；故在 DELL 公司未有承诺之前，契约应不成立。此外，值得注意的是，98 年度北消简字第 17 号更尝试援引利益衡量的法律经济思维，提出法官心证与看法，对诉讼当事人而言，属法官心证之具体阐明，值得吾等进一步思考。

---

① 通知内容如下："订单已收到＊＊＊这是系统自动邮件——请不要回复＊＊＊感谢您选购 DELL 产品并利用 dell.com.tw 采购所需产品。戴尔股份有限公司（台湾）的网站系统（www.dell.com.tw）于 6 月 25 日 11：00PM 至 6 月 26 日 7：00AM 期间，信息中出现在线价格标示错误，现已经将价格更正。由于价格错误，于此期间下的订单将不被接受。我们正在深入调查，待了解状况后将直接与顾客联系，妥善处理这个事情。为此给客户带来的任何不便，我们深感歉意。本邮件仅表示 DELL 已收到您的订单，但并不表示 DELL 已接受您的订单。您可以透过本邮件的附件来检视您的订单细节。DELL 会在下一个工作日与您联络，以确认订单的详细数据，包括最后的总购买金额，以及您的 DELL 客户编号和 DELL 订单编号。DELL 确认收到您的付款后，就会立即处理您的订单，并透过传真、电子邮件或电话通知您，确定 DELL 已经接受并着手处理您的订单"。

　　缘本案富饶根本性的要约、承诺等法律概念涉及电子商务发展的核心基础，本文乃尝试就台湾台北地方法院98年度北消简字第13（下称第一案件）及17号（下称第二案件）判决为例，提出分析如下：

（一）涉外因素之评价与准据法之选择问题

　　在国际私法上，应否承认契约当事人得以合意指定应适用之法律，学说上虽曾有肯定说与否定说之看法，唯目前各国于实证法上则多采当事人意思自主原则，其理由多为契约法与任何国家多无直接利害关系、符合当事人正当期待利益的保护、避免诉讼并有单纯明确之便利性等等。① 然而，面对附合契约的高度使用及消费者权益保障的特殊考虑，晚近对于当事人意思自主原则的适用，则有加以限制的趋势。以奥地利1978年国际私法第41规定为例："契约之一方当事人依其惯常居住所在地国之法律，给予消费者之特别的私法保护者，如该契约系因企业或其受雇人有意在该国从事活动之结果而订立者，适用该国法律。在涉及该国法律强制规定之范围内，损害消费者之准据法选择不生效力。"瑞士于1987年国际私法第120条更规定："消费者为购买其业务或商务活动无关，得提供个人或家庭使用之物品而形成之契约，有下列情形之一者，适用消费者惯常居所地法律：（1）出卖人在该国收到订货单者。（2）订立契约之要约或广告在该国发出且消费者为订立契约在该国完成必要的行为者。（3）消费者受出卖人影响，为订货而前往国外。当事人自行选定之准据法无效。"仅为②是以，本诸自由市场经济原则，在法律变动过程中，尊重当事人的选择空间，系解决电子契约涉外民事管辖问题中，所应重视者；③ 唯在附合契约及消费者保护的考虑下，当事人自主原则应有其限制，以避免因缔约地位不平等而损及消费者权益。

　　DELL案中，法院依DELL公司网站所载定型化契约，认定该案应适用之法律为新加坡法，本于消费者保护的前提下，实有不当之处。盖本案在选法的过程中，DELL公司于定型化契约中选定一个与本案毫无牵连事实的新加坡法律为准据法，其正当性已然有疑！其次，依照涉外民事法律适用法第6条第1项，法律行为发生债之关系者，其成立要件及效力，依当事人意思定其应适用之法律。则如双方当事人合意定新加坡法固无疑义，但对于双方是否有此合意，则应为法院审酌的事实，然第二案件法官认定准据法适用的基础事实于判

---

①　刘铁铮、陈荣传：《国际私法论》，台北三民书局2004年，第305—306页。

②　承峰编著：《国际私法讲义》，双榜文化事业公司1996年，第294—305页。

③　林瑞珠：《论涉外电子契约之民事管辖》，《台北大学法学论丛》2003年第53期，第159页。

决上似仅为"准据法定型化约定既经原告援用，就两造买卖关系之成立要件及效力，应依当事人意思适用新加坡法……"类此，在被告否认契约成立之前提下，法院是否得仅凭原告单方主张准据法条款即认定双方有准据法选定之合意，亦有疑问。

诚然，当事人自主原则固有明确化、便利化选法规则之优点，但是否存有当事人合意？该合意有无规避法律？等等，皆应为法院确认准据法前所应斟酌之事项。就本案而言，如未能确认双方已然具有共同选择新加坡法为准据法之合意在，依台湾"涉外民事法律适用法"第 6 条第 2 项规定，自应以行为地法为准据法。就此，于判决后再次查访 DELL 公司目前于在线所使用的销售、服务及技术支持之条款条件第 13 条："本约定条款条件应以台湾法律为准据法，并遵守该法律而为解释。本约定条款条件应受台湾台北地方法院之专属管辖。"① 则未来如仍有争议存在，应认定以本国法为准据法，以免订购者之权益受损。然值得注意的是，销售、服务及技术支持之条款条件第 13 条并规定专属管辖法院为台湾台北地方法院，唯依我国台湾"民事诉讼法"第 28 条第 2 项："第二十四条之合意管辖，如当事人之一造为法人或商人，依其预定用于同类契约之条款而成立，按其情形显失公平者，他造于为本案之言词辩论前，得声请移送于其管辖法院。但两造均为法人或商人者，不在此限。"第 436 之 9 条："小额事件当事人之一造为法人或商人者，于其预定用于同类契约之条款，约定债务履行地或以合意定第一审管辖法院时，不适用第十二条或第二十四条之规定。但两造均为法人或商人者，不在此限。"则未来此一约定专属管辖条款之约定，是否得对消费者发生其法律上约定管辖之效力，亦有疑义。

（二）契约之成立与生效问题

一般而言，所谓的要约是指以订立契约为目的之须受领的意思表示，其内容须确定或可得确定，并得因相对人的承诺而使契约成立；至于承诺则是指，要约的受领人向要约人表示其欲使契约成立的意思表示。相较于要约，如其表示之目的在于引诱他人向其为要约，其本身并不发生法律效果者，则为要约之引诱。② 此时，如要约引诱之相对人对该要约引诱之内容表示同意时，并不会成立契约而仅属要约的性质，此时，要约之引诱人对契约是否成立，仍保有最

---

① DELL 公司销售、服务及技术支持之条款条件。参访网站：http://www1. ap. dell. com/content/topics/topic. aspx/ap/policy/zh/tw/terms？c = tw&l = zh&s = gen，参访日期：2010/1/27。

② 王泽鉴：《基本理论债之发生》，2000 年版，第 169—196 页。

后之决定机会。

尽管要约与要约之引诱在理论上易其区分，唯实际于个案判断上，则显有不易。特别在于进入网络时代以后，如何区分要约与要约之引诱，将更形困难，故有论者主张，在网页上出售实体商品，为对不特定多数人的广告，应仅属要约之引诱，而非要约本身。① 是以，就要约与要约引诱之区分，应在于考虑：（1）表示内容是否具体详尽；（2）是否注重相对人的性质；（3）要约是否向一人或多数人为之；（4）当事人间的磋商过程；（5）交易惯例等多重要素考虑之。②

对此，本文以为，电子商务的发展固然促使法律现象有所改变，但需借由正确的价值认知，始得给予适切的法律评价。睽诸 DELL 案件的事实，消费者与 DELL 公司所涉及之法律关系应为买卖关系。按，当事人就标的及其价金相互同意时，买卖契约即为成立，此民法第 345 条订有明文；是以，买卖契约之要素既为标的物及价金，如此二者意思一致，契约即为成立，至于履行期、履行地、买卖费用等，虽未表示意思，亦无碍契约成立。③ 是以，就现行法律规定，契约之成立系以要约及承诺相互一致为前提，而于买卖契约中，苟买卖契约之要素，即标的物及价金一致时，契约即为成立。基此，当 DELL 公司详述货物内容、规格、价金等具体数据于网络以供消费者购买时，既已确认系争标的物及价金，则 DELL 公司所为之表示应属具体明确，法律解释上应即属要约，而非要约之引诱，此时消费者对此要约而为下单之表示时，在要约、承诺相一致的前提下，契约应即成立。至于 DELL 公司计算机系统自动回复"本邮件仅表示 DELL 已收到您的订单，但并不表示 DELL 已接受您的订单。……DELL 会在下一个工作日与您联络，以确认订单的详细数据，包括最后的总购买金额，以及您的 DELL 客户编号和 DELL 订单编号。DELL 确认收到您的付款后，就会立即处理您的订单，并透过传真、电子邮件或电话通知您，确定DELL 已经接受并着手处理您的订单"等语，既为契约有效成立后所为之单方表示，除经消费者同意外，尚难认其片面之表示而发生拘束双方当事人之法律上效力。

（三）利益的衡平与司法分际

我国台湾的法制虽以大陆法系的法典为主，然近年来在司法裁判上则逐渐

---

① 陈自强：《契约之成立与生效》，台北：学林文化出版公司 2002 年版，第 70—72 页。
② 王泽鉴：《基本理论债之发生》，2000 年版，第 174—176 页。
③ 郑玉波：《民法债编各论上册》，台北三民书局 1991 年版，第 21 页。

呈现类同于英美法系中"司法造法"（judge made law）功能之运用，期能于瞬息万变的民事领域，尤其是在日新月异的电子商务中，解决法律制订过程往往落后于科技发展的困境。其实法官若能以其智慧灵活适用法律，以拉近立法时空与执法背景的落差，便能避免法律落于僵化之窘境。准此，法院于判决2号中不惮辞费，在附记事项中翔实记在其心证之形成过程与依据，于促进当事人之信赖及审理之公开化有其实益，即属之。惟其叙及："……本院忝为网路'乡民'，于被告发生系争标价错误事件斯时，亦亲身参与其在 PTT、Mobile01 等 BBS 社群及网路论坛所引发之盛况，并亲眼见诸多网友、乡○于○路上借此标价错误疯狂下订之'战况回报'，本件被告固未能举证原告订购系争商品，同系基于此借被告之错误标价而贪小便宜、给大企业一点苦头，甚至落井下石而得利之心态……"等语，不免引人质疑，法院于中是否掺杂了过多之个人心证，在审理本案前，即因"身为乡民并亲身参与"消费者群起订购戴尔电脑之"盛况"而形成先入为主之心证，倘法院于审理时就此部分又未予当事人充分辩明之机会，则于司法分际之拿捏，似有所逾越。①

四、结语

戴尔公司就同样的标错价格事件，却在海峡两岸有不同的处理方式。对于大陆地区的网民发表道歉声明并承诺出货，② 客户的订单已按照下单时间先后顺序生产和发货，货物将在我们正常承诺的送货期限内送交客户。由于我们的工作失误给消费者带来的不便，我们深表歉意。③ 在台湾，则连司法单位都漠视网络交易信守承诺的意义，作出与大陆截然不同的判决，这种判决，自经济分析的角度来看，是标准的双输零和游戏（zero sum game）。

按法院以网民射幸为由，作为戴尔可归责于已错误解套之"正义"，进而将传统网络交易的消费者下订单与厂商确认回函解释为不符契约成立要件，这种为网络交易所生新型纠纷个案，直接将所有网络交易惯例，也是网络交易安

---

① 这部分是否可评价法院有《民事诉讼法》第 32 条或第 33 条等回避事由尚待讨论，唯纵使法院认定该事项属公知之事项，不待举证亦可斟酌，依照《民事诉讼法》第 278 条之规定，于斟酌前亦应予当事人有表示意见之机会，以免造成突袭性裁判。

② 其声明全文为"戴尔公司网站 2 月 15 日至 18 日的信息中出现了一个系统错误，导致报价系统中显示的 27 寸液晶显示器的价格较大幅度地低于我们正常的出货价格。发现这个错误后，我们立即进行了更正，并与大部分受影响的客户进行了沟通，部分客户接受了我们的道歉并同意取消订单。对于热忱希望购买该款产品且不同意取消订单的客户，戴尔公司已决定将该错误报价作为实际出货价格，并将在系统错误期间生成的该部分订单按照正常订单处理，戴尔公司将自行承担因此带来的损失"。

③ http://news.sohu.com/20080227/n255396025.shtml.

全之基础的法律关系解释为有利厂商的做法，将导致双输的局面。首先，消费者将无法信赖网络交易，从而无法享有信息科技带来的降低搜寻成本与沟通成本的效益，相对地，对于所有的网络厂商而言，必须配合戴尔一己之错误，在交易过程增加人事或技术成本，以针对消费者的网上订货进行审视，这完全抹杀了信息科技降低交易成本的效益。更重要的是，在快速发展的网络交易过程中，牵涉千千万万网民财产利益的契约风险分配原则，岂容单一法官以司法造法之空间就个案正义加以论定；即便在美国，强调司法造法功能的法院在面临人民基本权相关问题时，无不采限缩解释，以避免对于法律的基本原则做出原则性解释，而将法律原则的变更或制定交给立法机关。整体言之，本文论及的两个判决，既不符买卖双方之真实利益，更不无妨碍科技进步与交易安全，乃至紊乱司法与立法分际之嫌。

其实在这两个判决之前，台湾的消费者保护体系主动出击，并尝试创下消费者保护官依法开罚的先例，也因此消费者纷纷诉诸司法希望获得救济，孰料两个判决却都以"DELL胜诉"作结，① 让社会各界为之哗然。是以，台南地区订货的网友黄正和等31人，乃再次集体向台南地院提起履行契约诉讼，并获得首宗胜诉判决。② 台湾台南地方法院1998年度诉字1009判决书，指出"要约"与"要约引诱"，应有下列之不同：（1）性质不同：要约为意思表示，要约引诱则为单纯事实通知；（2）目的不同：要约为唤起相对人为承诺，要约引诱为唤起相对人为要约；（3）是否具体明确：要约须具体表明契约内容，要约引诱未具体表明契约内容；（4）重视当事人资格否：要约注重当事人资格，要约引诱不注重当事人资格。系争契约是要约，盖网路购物：在无法律特别规定之情形，则应视表示之内容物是否明确、契约是否重视当事人或物之资格以及依交易习惯或社会通念加以认定。原则上，如销售者之网站中有使订购者得确定商品之外观、规格、型号以及售价，同时订购者得于确认后直接为订购之表示者，销售者提供之商品订购选单因足以呈现契约必要之点，应属要约之表示，而于定购者以鼠标或按键圈选或勾选者即为承诺之表示。此时，除另有契约约定（例如限制销售数量，否则认为契约成立），③ 参酌民事起诉状的证1至证35被告的网路商店明确标示商品的外观、规格、型号及售价甚

---

① 标错价事件，乡民法官判戴尔胜诉，参访网站：http：//news. pchome. com. tw/science/cnet/20100122/print—12641321414411351005. html，参访日期：2010/1/25。另参见台湾台北地方法院1998年度度北消简字第13号判决、台湾台北地方法院98年度北消简字第17号判决。

② 苹果日报，戴尔标错价31网友告赢，http：//tw. nextmedia. com/applenews/article/art＿id/32566643/IssueID/20100606，参访日期：2010/8/14。

③ 林诚二：《契约之成立与推定成立》，《月旦法学教室》2009年第82期，第10—11页。

至保固，整个订购过程足以呈现契约必要之点，因此符合要约的表示买家在网站下单后，依指示完成汇款到指定账户或线上刷信用卡付款等手续，买卖契约就算完成，不能因戴尔电脑不认账，就说买卖契约不成立。[①] 同时各行业举办促销活动，也有限时或限量抢购，戴尔电脑在官网上的标价，难让买家有任何怀疑。而戴尔电脑虽主张给付折价券给下单买家作为损失赔偿，但只能购买指定商品，法官认为戴尔电脑没诚意，是一种促销伎俩；故认为戴尔电脑应负起过失责任，判处戴尔电脑应该履行契约，出货给 31 名买家。本文以为，台南地方法院的判决，确实符合回归契约基本要件，并以个案事实为本的论述，且避免混杂个人主观道德评价，符合前述美国经验所示，司法造法的限缩主义，将法律规范的道德评价留待立法处理之意旨。

至于，本文所探讨之标错价问题而言，其值得探讨的法律问题在逻辑层次上至少包括；契约是否成立？是否有非因可归责于双方所导致之错误而有可撤销之虞？以及消费关系中是否有违反消费者保护法平等互惠原则之定型化条款等，唯有将这些问题依次梳理开来，方可见其正义。至于就执司法律适用之司法单位而言，谨守法律规范之文义解释，辅以论理及目的论的探讨本为其职责所在，[②] 亦为裁判当然之依据。今细观本文所论及之二则判决，似对于契约基础要件之论述已混入其个人的道德观，并对网络交易惯例做出有违一般交易当事期待的定性，此外则对于消保法之适用并未触及（这有违分配的正义 distributive justice），或用以评价被告戴尔公司主导交易机制与要求消费者配合事务的不合理之处（例如若契约未成立何以要求消费者先付款）。另就集体正义（collective justice）角度而言，这种逾越司法分际的判决，恐将影响网路交易制度之健全与提升。综言之，面对多元的科技新议题，如何妥适地体现既有法律规范精神，实为吾等未来戮力之方向。

---

① 林瑞珠：《电子商务与电子交易法专论》，元照出版社 2008 年版，第 186—187 页。
② 范建得：《重行检视网际时空应有之法律规范》，《月旦法学杂志》2006 年第 130 期，第 26 页。

反垄断司法审查若干
基本理论问题探析

毛德龙* 顾 芳**

内容摘要 反垄断司法审查制度是所有选择了"行政模式"的国家都必须具备的一项重要制度，由于我国反垄断法对司法审查规定的过于笼统和模糊，使得我国的反垄断司法审查几乎无法正常开展。反垄断司法审查有两个模式，一个是德国模式，一个是日本模式，我国应借鉴德国模式。反垄断司法审查涉及若干亟待厘清的基本理论问题，包括由什么法院进行审查、法院审查的内设机构、复议与诉讼的设置、专家委员会制度、司法审查的范围、抽象行政行为的审查等。

关键词 反垄断法 司法审查 执法模式 德国模式

一、中国反垄断法执法模式的选择

《中华人民共和国反垄断法》这部中国"市场经济的基本法"、"经济宪法"、"经济法的核心"、"自由企业的大宪章（The Magna Carta of Free Enterprise）"，① 经过千呼万唤终于在 2007 年 8 月 30 日经第十届全国人大常委会第二十九次会议通过，并于 2008 年 8 月 1 日起施行。《反垄断法》的出台是新中国法治建设中的一件大事，它标志着与中国特色社会主义市场经济相适应的经济法律制度已经基本确立，中国社会主义法律体系的框架已经基本构建完成。

纵览世界各国反垄断法的执行，主要包括两种模式：一种方式是法律赋予特定的公共机构执行反垄断法的权力，称之为反垄断法的公共执行（Public

---

* 毛德龙，2009 年 9 月至今，在中国社会科学院法学研究所博士后流动站从事经济法专业博士后研究工作。

** 顾芳，华中科技大学东莞研究院法律部主任，北京市普华律师事务所广州分所副主任律师。

① 王晓晔：《竞争法学》，社会科学文献出版社 2007 年版，第 23 页。

Enforcement of Law），在没有规定反垄断刑事责任的国家，公共执行与行政执法是同义词。另一种方式则称之为反垄断法的私人执行（Private Enforcement of Law），是指自然人、法人或者其他组织通过到法院起诉的方式保护自己不受违法行为之害。[①] 事实上，大多数国家均同时规定了这两种执行制度，只不过侧重点不同罢了。美国鼓励私人诉讼，司法审判主导反垄断价值取向，这被称之为反垄断法执行的"司法模式"；而欧洲则更倾向于由行政机关主导反垄断法的执行，这被称之为反垄断法执行的"行政模式"。相比较而言，行政模式更有效率、成本较低、更加灵活；司法模式则更加客观公正。

　　而我国的反垄断法显然是选择了欧洲的行政模式，这其中原因是多方面的，如我国与欧洲同属大陆法系，法院的地位与英美国家不可同日而语，行政执法可以更加实用快捷等等。就目前我国的《反垄断法》来看，反垄断法的三大执法机构——商务部、反垄断局、国家发改委价格监督检查司和国家工商总局反垄断与反不正当竞争执法局组成的"三驾马车"已经形成，各司反垄断职责的格局业已明朗。[②] 当然，也有学者对目前中国反垄断法执行之"行政模式"表示了强烈的质疑和批判，但短时间内改变这种模式似乎根本不可能做到，或许，在这个基础上进行"改造"并赋予法院更大的权力是反垄断法未来发展的一个方向。[③]

二、反垄断司法审查制度的确立

　　正是因为我国采取了反垄断法的行政模式（如果采纳司法模式，自无司法审查制度存在的必要），才使得司法审查制度成为反垄断法施行中不可或缺的一环。但是，由于种种原因，我国《反垄断法》对司法审查制度，仅规定了一条两款，总共才102个字，该法第53条规定："对反垄断执法机构依据本法第28条、第29条做出的决定不服的，可以先依法申请行政复议；对行政复议决定不服的，可以依法提起行政诉讼。对反垄断执法机构做出的前款规定之外的决定不服的，可以依法申请行政复议或者提起行政诉讼。"这一条基本上可以说是确立了我国反垄断法的司法审查制度，但由于条文过于抽象笼统，因

---

　　① 黄勇：《中国反垄断法民事诉讼若干问题的思考》，《人民司法·应用》2008年第19期，第20页。

　　② 闻鹰、刘继峰：《反垄断，小规章大作为》，《人民法院报》2009年7月5日第5版。

　　③ 李俊峰：《中国反垄断行政执法的资源、意愿与威慑力》，载王晓晔主编《反垄断法实施中的重大问题》，社会科学文献出版社2010年版，第353—354页。

此，对反垄断法司法审查制度更为精深的研究就显得尤为迫切和必要。

从世界各国的反垄断司法审查制度来看，又可以分为德国模式与日本模式。前者是充分审查模式，后者是有限审查模式。前者卡特尔当局的准司法色彩不甚浓厚，而后者公正交易委员会的准司法性质非常明显。前者一审是全面审查，二审是法律审查，后者只有一审，就是法律审查，基本不涉及对事实的审查。前者法院处理的结果是多样的，而后者法院处理的结果只能是撤销原审决或者发回重审。前者私人诉讼并不受制于卡特尔当局的处分，而后者私人诉讼却要受制于公证交易委员会的审决。①

但是，从目前我国《反垄断法》第53条，我们根本看不出我国司法审查制度是采用德国模式还是日本模式，笔者认为我国反垄断司法审查应当采纳德国模式，理由是：第一，从我国行政诉讼传统来看，我国行政诉讼从来都是既进行事实审查，又进行法律审查，单纯进行法律审查不符合我国行政诉讼的传统。第二，从我国反垄断执法机关的性质和以往执法的情况来看，我国反垄断执法机关从来就不具有准司法的性质，无论是商务部、国家工商总局还是发改委，都是标准的行政机构，从来就不涉及准司法的裁决问题，如果贸然赋予如此众多的行政机关以准司法的性质，必然涉及对司法权的侵害，这对本就十分弱小的司法权来说无疑是雪上加霜。第三，从行政相对人的角度来看，如果不准许行政相对人对事实提出异议，就目前中国之现状而言，那么司法审查就可能成为一句空话。正是基于上述理由，笔者主张对于反垄断法的司法审查制度，我国应当采用德国模式。

三、反垄断司法审查的几个基本理论问题

（一）由什么法院进行审查

反垄断法的司法审查权归属于法院这似乎是一个不争的通例，对行政机关的行政行为进行司法审查是由司法权和行政权两种不同权力的性质决定的。司法机关不能代替行政机关行使行政权，行政机关也不能代替司法机关行使司法权，行政行为包括行政裁决基本上都是非终局性的，法院是对行政机关进行监督和解决争议的最后一道屏障。②

但是对于反垄断的司法审查而言，由什么样的法院行使管辖权确实有考量

---

① 参见《德国反限制竞争法》以及《日本禁止私人垄断以及确保公正交易法》的相关规定。
② 马怀德主编：《行政诉讼原理》（第二版），法律出版社2009年版，第76页。

的必要，如果普遍赋予所有法院按照一般行政诉讼法的管辖原则均对反垄断法的司法审查案件行使管辖权，无论从案件的复杂性、专业性、影响力还是数量因素，显然是不妥当的，也是不现实的。因此，依笔者之见，对于整个反垄断案件（包括司法审查案件和反垄断民事诉讼案件）可以考虑推行集中管辖制度，即可以考虑只授权直辖市和省会城市的中级法院管辖第一审反垄断案件，二审则由省高级法院行使，最高法院行使再审权。① 当然，对于特别重大复杂的案件，或者影响极为深远的案件，也可以考虑由最高法院指定某个高级法院作为一审法院。对于地域管辖，则可按照原告就被告的原则以及主要侵权行为地的原则来确定管辖权，被告有多个或者主要侵权行为地有多个的，由最先受理的法院行使管辖权，其他法院不得擅自重复立案。

在确定管辖时，还有一个重要的问题需要关注，那就是反垄断法的域外适用问题。反垄断法的域外适用是一个相当复杂的问题，它与其他的涉外法律适用规则不同，它明确规定："中华人民共和国境外的垄断行为，对境内市场竞争产生排除、限制影响的，适用本法。""随着这一条的实施，我国反垄断法就产生了两个重要后果：一是该法适用范围扩大到了那些在外国有其住所或者营业场所的企业，如果他们在国外策划或者实施的行为对我国市场竞争有限制性影响；二是该法对国际市场上从事生产经营活动的中国企业的适用受到了限制，如果他们的限制竞争活动对国内没有影响。简言之，我国反垄断法只适用于我国市场上产生的或者将要产生的限制竞争，而不管行为人的国籍、住所，也不管限制竞争行为的策源地在哪个国家。"② 由此可见，对于反垄断案件，不管垄断行为发生在境内还是境外，只要是对境内的竞争产生排除、限制影响的，我国境内的执法机构和司法机关就可以依法行使管辖权，并排除外国竞争法的域内适用。③

（二）法院司法审查内部机构的设置

按照最高人民法院 2008 年 4 月 1 日施行的《民事案件案由规定》，垄断纠纷属于第五部分知识产权纠纷项下的第十六类不正当竞争、垄断纠纷的一种，具体属于第 162 种，称之为垄断纠纷，而垄断纠纷之下则再没有进行细分。但是对于最高法院的此种案由分类，笔者以为不妥：首先，垄断纠纷很明显不止

---

① 邰中林、朱理：《反垄断民事诉讼基本问题探索——反垄断民事诉讼课题研讨会暨司法解释座谈会会议述》，《人民法院报》2009 年 8 月 6 日第 6 版。

② 王晓晔：《我国反垄断法的域外适用》，《上海财经大学学报（哲学社会科学版）》2008 年第 1 期。

③ 种明钊主编《竞争法学》，法律出版社 2005 年版，第 33 页。

民事纠纷一种，因行政相对人不服反垄断行政执法机构做出的行政行为而提起
的司法审查纠纷就不能归属于民事纠纷之列。当然，可能有人认为，此类纠纷
本质上属于行政纠纷，自然应当归行政庭审理。但是，即便如此理解，垄断纠
纷这种提法就显得不够严谨，至少应改为垄断民事纠纷较为妥当。其次，即使
改为垄断民事纠纷，将此类纠纷划归知识产权庭审理也明显不妥，垄断行为与
知识产权的关系虽然有之，但是究竟不是同一种类，垄断行为是无法创立一种
新的知识产权的，因此将垄断民事纠纷划归知识产权纠纷并由知识产权庭进行
审理也是令人费解的。再次，因行政相对人不服反垄断行政执法机构做出的行
政行为而提起的司法审查纠纷与传统的行政纠纷不同。传统的行政纠纷，法院
只能审理行政机关的具体行政行为，对于抽象行政行为则不能过问。但是我国
《反垄断法》第 37 条明确规定："行政机关不得滥用行政权力，制定含有排
除、限制竞争内容的规定。"由此可见，反垄断法已经将利剑指向了抽象行政
行为。尽管有的学者还是据第五十一条之规定将此理解为对于抽象行政行为法
院仍然不得审查，但是从法条释义以及文字理解来看，似乎立法者也并没有明
确表示司法机关不能染指对抽象行政行为的审查，因此，笔者更愿意在此模糊
地带将此视为真正司法审查的开端。①

　　因此，笔者以为，将垄断纠纷（包括垄断民事纠纷和垄断行政纠纷，我
国尚无垄断刑事纠纷）分别归属于知识产权纠纷和行政纠纷是不妥当的，应
当针对垄断纠纷的特点，将其归属于"原经济审判"的范畴，单列经济审判
庭或者经济审判的专门合议庭来审理此类案件。②德国《反对限制竞争法》就
规定在州高等法院和联邦法院专设卡特尔庭，专门审理反垄断纠纷，包括反垄
断民事纠纷、罚金纠纷和行政纠纷。德国的这一做法值得我们借鉴。③

　　需要说明的是，笔者对最高法院 2000 年撤销经济审判庭，建立所谓的
"大民事格局"本来就持有不同意见，经济审判庭的撤销，使得一些本来可以
顺理成章在经济审判庭审理的案件变得无所适从，例如：不正当竞争纠纷、环
境污染纠纷、企业改制纠纷、消费者保护纠纷等。以至于很多学者近来将所谓
的"民行交叉纠纷"作为研究重点，殊不知，所谓"民行交叉纠纷"，在很大
程度上正是中国"转型期经济法"上的纠纷的重要表征。因此，借反垄断法

---

　　①　以笔者之见，目前的行政诉讼还不能称之为真正的司法审查，只有法院能够审查抽象行政行
为，尤其是能够行使"违宪审查权"，才能够称之为真正的司法审查。

　　②　颜运秋：《经济审判庭宜改不宜废的思考》，《法学论坛》2001 年第 2 期第 92—98 页。

　　③　参见《德国反限制竞争法》第 87—94 条。

实施的契机，重建中国的经济审判体制未尝不是一件好事。①

（三）复议与诉讼的设置问题

对于反垄断司法审查是否需要经过上级行政机关的复议，学者之间颇有歧异：我国反垄断法第 53 条对此规定的也是非常模糊，给人以雾里看花、水中望月之感。该条规定："对反垄断执法机构依据本法第 28 条、第 29 条做出的决定不服的，可以先依法申请行政复议；对行政复议决定不服的，可以依法提起行政诉讼。对反垄断执法机构做出的前款规定之外的决定不服的，可以依法申请行政复议或者提起行政诉讼。"对于这一条款的理解，有的学者认为第一款设定了"复议前置"的两种情形，第二款则设定了"或议或诉"的选择机制。② 也有的学者认为，该条并未设置复议前置制度，只是告知当事人可以选择复议，也可以选择诉讼。

笔者认为，如果单纯从文义上来理解，第二种解释自无不妥，但是，如果联系上下文，我们就会发现，该条对于第一款中的情形与第二款中的情形规定是不一致的，第一款用了两个"可以"，而第二款则用了一个"可以"，一个"或者"。第二款明显排除了复议前置，如果第一款的意思也是排除复议前置的话，为何要有两种不同的表述呢？由此观之，该条第一款其本意确实是设置了复议前置制度的。为何对第 28 条、第 29 条的决定设置复议前置制度，而对反垄断执法机构的其他决定不设置复议前置制度，恐怕立法者主要考量的因素是企业集中控制的专业化相较其他非法垄断行为更加突出，故特别多设了一道审查程序。因此，笔者认为，人民法院在进行司法审查时应当关注是否有复议前置的情形，如果确实需要先进行复议的，则应当告知当事人先提起行政复议，而不是直接提起诉讼。

（四）司法审查的范围

所谓司法审查的范围，也称之为司法审查的广度与深度，主要就是司法审查是单纯的程序审查还是包括实体审查？是单纯的法律审查还是包括事实审查？是单纯的合法性审查还是包括合理性审查？

我国《行政诉讼法》的基本原则之一就是人民法院对被诉行政行为的合

---

① 毛德龙：《中国经济法学研究的转型与转型期经济法研究——中国经济法学理论的反思与追问》，中国法制出版社 2010 年版，第 273—274 页。

② 时建中：《反垄断法——法典释评与学理探源》，中国人民大学出版社 2008 年版，第 496—497 页。

法性进行审查，对高度技术性、专业性的问题尊重行政机关的首次判断，不能以司法权代替行政权。只要行政机关的自由裁量权在法律范围之内，一般司法不会干涉。只有行政行为显失公平的，司法机关才享有变更权。①

具体到反垄断司法审查而言，笔者认为，司法审查的范围应当既包括程序审查，又包括实体审查。既包括法律审查，也包括事实审查。既包括合法性审查，也包括合理性审查。但是司法审查也的确应当遵循一定的度，这个度就是不能干预行政机关应有的自由裁量权。另外，对于高度专业性和技术性的问题，应当尽量尊重行政机关的首次判断，除非有更有说服力的佐证，才能推翻行政机关做出的首次判断。《德国反限制竞争法》第71条第五款规定："卡特尔当局作出了错误的裁量的，即超越了裁量的法定界限或因裁量违反了本法的意义和目的，处分也是不合法的或不成立的。但是，在此，法院不应对整体经济的形势以及发展作出评价。"② 应当说，德国的做法值得我们借鉴。

（五）法院司法审查的能力与专家委员会制度

由于反垄断案件涉及市场经济运行的多个层面，横跨经济、法律多个学科领域，比如相关市场的认定，就必须对相关产品市场③、地域市场④、时间市场做出分析，其中单就相关产品市场而言，就必须考虑相似产品之间的替代性、需求交叉弹性和SSNIP检验等复杂的经济学分析。⑤ 以至于反垄断法的经济分析或者反托拉斯经济学已经成为一门单独的学问。⑥ 可以说，没有反垄断的经济分析，认定一个垄断行为是否合法几乎是不可能完成的任务。因而经济分析专家的意见对行政自由裁量权和司法自由裁量权的正确行使起到越来越重

---

① 杨临萍：《审理反垄断行政案件亟须正视的若干问题》，《人民司法·应用》2008年第19期，第25页。

② 参见《德国反限制竞争法》第55条。

③ 布朗鞋业公司诉美国案（BROWN SHOE CO. V. UNITED STATES 370 U. S. 294 1962），该案对相关产品市场进行了阐释。黄勇、董灵著：《反垄断法经典判例解析》，人民法院出版社2002年版，第18页。

④ 美国诉格林奈尔公司案（UNITED STATES, APPELLANTV. GRINNELL CORPORATION ET AL.）该案对相关市场进行了阐释。黄勇、董灵著：《反垄断法经典判例解析》，人民法院出版社2002年版，第72页。

⑤ 黄勇：《中国反垄断法民事诉讼若干问题的思考》，《人民司法·应用》2008年第19期，第21页。

⑥ [美] 奥利弗·E. 威廉姆森著，张群群、黄涛译：《反托拉斯经济学——兼并、协约和策略行为》，经济科学出版社1999年版，译者前言第1—36页。

要的作用。① 然而，要求法院的法官们个个精通反托拉斯经济学显然是不现实的，在这种两难境地，专家证人制度就应运而生。正是因为"反托拉斯法涉及很多经济学的知识，各国的反垄断法行政执法部门一般都有一个专门进行经济分析的班子。"②

因此，笔者建议，在中国承担反垄断司法审查的法院也应当建立相应的专家委员会，其中既包括反垄断法的专家，也包括反垄断经济学的专家，如果涉及某个具体的领域，还应当包括该领域的专家。法院可以充分借助这些专家的力量，对这些复杂的经济学问题求得一个令人信服的答案。

（六）对抽象行政行为的司法审查

根据我国行政诉讼法的规定，人民法院只受理对具体行政行为不服提起的行政诉讼，不受理不服行政机关针对不特定对象发布的能够反复适用的行政规范性文件的起诉。也就是说，法院不能审查抽象行政行为的合法性。

面对愈演愈烈的部门立法，法院的司法审查被排除在外，很多学者已经不止一次的呼吁扩大行政诉讼的范围，使行政诉讼不再是单纯的行政诉讼，而是真正意义上的司法审查。但是，这一现状直到目前也没有改变的迹象。而反观国外，根据美国《联邦程序法》的规定，除法律排除司法审查和行政机关的自由裁量不能进行司法审查之外，其他行政行为均应当接受司法审查。法院不仅可以审查具体行政行为，也可以对行政机关发布的规章、命令、许可等进行审查。③ 在日本，一般认为除关于政治性或者经济政策的适当与否，有关艺术性或者学术性评价的争议，不宜由司法机关进行判断之外，其余的均可以由法院进行司法审查。④

因此，对于抽象行政行为的司法审查势在必行，抽象行政行为相对于具体行政行为而言更具危险性和破坏力，行政机关利用抽象行政行为违法的现象愈演愈烈。⑤ 我们的反垄断法似乎给了我们对抽象行政行为进行司法审查的契机，该法第 37 条明确规定："行政机关不得滥用行政权力，制定含有排除、限制竞争内容的规定。"如果行政机关滥用行政权力，制定含有排除、限制竞

---

① 杨临萍：《审理反垄断行政案件亟须正视的若干问题》，《人民司法·应用》2008 年第 19 期，第 25 页。

② 王晓晔：《竞争法学》，社会科学文献出版社 2007 年版，第 404 页。

③ 王名扬：《美国行政法》，中国法制出版社 1995 年版，第 602—616 页。

④ ［日］室井力主编：《日本现代行政法》，吴微译，中国政法大学出版社 1995 年版，第 231—232 页。

⑤ 马怀德主编：《行政诉讼法原理》，法律出版社 2009 年版，第 176—177 页。

争内容的规定，由上级机关责令改正，并对直接负责的主管人员和其他直接责任人员依法给予处分。但是，对于当事人对上级主管部门的处理也不服的，则反垄断法未做明确的规定，仅在第53条中给出了一个笼统的解答："对反垄断执法机构依据本法第28条、第29条做出的决定不服的，可以先依法申请行政复议；对行政复议决定不服的，可以依法提起行政诉讼。对反垄断执法机构做出的前款规定之外的决定不服的，可以依法申请行政复议或者提起行政诉讼。"既然法律规定笼统模糊，笔者主张人民法院可就借此契机开展对抽象行政行为的司法审查，对于有排除限制竞争内容的文件或者规章或者地方性法规，可以径行宣布该文件或者该条款无效。

当然，由于众所周知的原因，法院开展对抽象行政行为的司法审查是有风险的，但是任何权利或者权力的获得绝非仅靠上天的恩赐。需知美国最高法院也不是一开始就有违宪审查权的，甚至一开始连独立的办公室都没有，只能在国会大厦的一个22平方米的地下室里办公，从地下室办公到违宪审查权以及最高法院地位的最终确立都是一代一代的大法官们争取的结果。1803年2月，当时美国最高法院的首席大法官马歇尔将军在著名的马伯里诉麦迪逊一案中庄严宣布："必须强调，认定什么是合法，是司法分支的职责范围。"从此，美国"收银机"增加了至关重要的一个制动开关。最高法院有了"司法复审权"。[1] 由此观之，我们的法院要想真正称之为法院，必须用一个个鲜活的案件去争取，而反垄断的司法审查就给了我们这样一个契机，如果我们的法院再不抓住这个契机，恐怕中国司法审查的进程还要推迟很多年。

四、结语

总之，反垄断司法审查制度是反垄断法中的一项重大制度，司法审查制度运转的好坏直接关涉到反垄断法的实施，还可能间接对我国的民主法治进程产生重要影响。由于我国反垄断法对此制度规定的过于笼统粗糙，基本没有实操性，因此，对这一制度进行细致化的研究就成为迫在眉睫的任务。但是令人遗憾的是，似乎学界和实务界对反垄断法其他制度的关注要远远胜于对司法审查制度的关注。[2] 笔者希望能够通过本文抛砖引玉，对推动我国反垄断司法审查制度的进步与完善贡献绵薄之力。

---

① 林达：《总统是靠不住的》，三联书店2006年版，第90页。

② 据笔者在《中国知网》的统计数据，目前国内还没有一本关于反垄断司法审查制度的专著，就连专门研究这一制度的文章都非常少，大约只有十多篇。

反垄断纠纷和解的经济学效率原则分析

王　超[*]

内容摘要　效率原则既是法经济学家们把经济学理论用于具体分析、研究和解决法律问题的过程中所提炼出来的一项基本原则，也是他们对法律问题的一个基本看法，效率原则既是法律赖以建立的基础，也是法律的出发点和归宿。反垄断和解是指在反垄断过程中，双方当事人在自愿、平等的基础上进行协商、谈判并以解决争执为目的的争议解决方式。然而面对反垄断案件的复杂性，如何有效率地进行和解便成为反垄断实践中的重点和难点，效率作为我们评判许多经济和法律制度的普遍原则在反垄断和解的达成问题上也同样适用，效率虽然不是研究反垄断和解的唯一原则和目标，但是效率确实是形成和解契约的价值追求，从法经济学的角度深入研究反垄断和解的效率原则有助于提高反垄断和解的成功率。

关键词　反垄断和解　效率　实体　程序

　　效率作为我们评判许多经济和法律制度的普遍原则在反垄断和解协议的达成问题上也同样适用，效率虽然不是法经济学研究反垄断和解协议形成的唯一目标，但是，效率确实是形成和解契约的价值追求，效率原则既是法经济学家们把经济学理论用于具体分析、研究和解决法律问题的过程中所提炼出来的一项基本原则，也是他们对法律的一个基本看法，效率原则是法律赖以建立的基础，也是法律的出发点和归宿。效率与剩余最大化几乎是同样的意思，效率是资源配置使社会所有成员得到的总剩余最大化的性质，当我们说一项制度是有效率的时候，指的就是这一制度用一定的资源和操作方法为人们提供了最大可能的满足，这种最大可能的满足意味着不存在浪费。效率也是一种最大化满足

---

　*　2009 年 11 月至今，在北京工业大学经济管理学院博士后流动站从事法经济学、管制经济学专业博士后研究工作。

的均衡，经济学家用"效率"一词描述消费者之间或生产者之间的均衡，一个生产上有效率的均衡指厂商不可能以更低的成本生产出既定的产出水平，或者不可能利用既有的投入组合来生产出更多的产品。

效率是经济分析法学的核心概念。无论是波斯纳的《法律的经济分析》还是罗伯特·考特的《法和经济学》等使用的都有效率概念。波斯纳在《法律的经济分析》第一章第一节的基本概念中提到"价值、效用、效率"三个概念。① 科斯的交易成本理论表明交易活动是稀缺的，稀缺就需要配置，配置就需要效率。经济学家用"配置效率"表示物品和服务在众多消费者中的均衡分配。如果不可能再分配产品以使至少一个消费者得益而同时不损害其他消费者的利益，那么产品在消费者之间的这个特殊分配就是配置上有效率的。

反垄断和解是一种资源的再配置行为，这种资源包括了法律制度、经济投入等要素，反垄断和解的效率原则研究就是所运用的法律制度、经济投入以及众多制度安排所带来的产出问题。在这里，"反垄断和解"如同一种产品的生产，"反垄断和解协议"便是产品，当在达成反垄断和解协议中不减少法律、经济投入的情况下，也不能增加另一种产品的产出时，这种生产便是有效率的。反垄断和解当中所谓的效率，如果从程序性的角度讲，是指达成反垄断和解时带来成本和收益相比的效率；如果从实体性角度讲，是指和解案件本身要按照能产生最大化效用的目标去进行和解。反垄断和解的效率既有实体性的因素，又有程序性的因素，这两者的结合决定了整个反垄断和解的效率，这种效率既是一种目标也是一种原则，它在世界各国的反垄断历史上都有所体现。现有的大部分经济学文献是把效率作为一种反垄断目标，也就是从反垄断和解的实体性角度进行研究和评述，而现有的大部分法学文献是从程序性的角度来研究和解的效率问题。实际上，无论是实体效率原则，还是程序效率原则，其根本目的都是一致的，均是为了实现实质上的效率。

一、效率原则的目标

（一）帕累托效率

帕累托效率是经济学对法律分析的起点。帕累托效率也称帕累托最优，是指一种在资源既定时不能生产出更多的商品而不少生产另一种商品或不可能使一个人的福利增加的同时而不减少另一个人福利的均衡状态。通俗地讲就是如

---

① 波斯纳：《法律的经济分析》，中国大百科全书出版社1997年版，第13页。

果一种变化并没有使其他人的环境变坏而至少使某些人的状况变好，这种变化的结果叫帕累托最优，这种变化的过程叫帕累托改善。如图1所示：

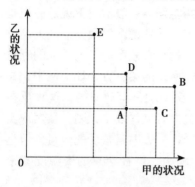

图1　帕累托效率

在图1中，如果 A 点代表现状，则 B 点就比 A 点更有效率，因为甲和乙的状况都有了正值的改善，C 点和 D 点也是一种帕累托改善，因为这两个点至少使一方的状况得到了正值的改善，同时没有减少另一方的状况。E 点则不是帕累托效率的体现，因为此点虽然增加了乙的状况，但是降低了甲的状况。如果 E 作为初始点，那么向 A、B、C、D 任何一点进行移动，都不是帕累托最优。帕累托最优状态下的效率最高。在反垄断和解的谈判中，谈判双方如同市场交易中的买卖双方，各方都对对方的信息给予较高的评价的话，则和解谈判就能给双方当事人带来帕累托改善。例如，垄断企业甲（被告）和另一个企业乙（原告）产生了纠纷，双方进行和解谈判：甲将它自己的诉讼预期定价为 1 亿美元，乙将诉讼预期定价为 5000 万美元，最后双方达成满意的定价为 8000 万美元，则甲认为和解致使它赚取了 2000 万美元，乙认为和解致使它赚取了 3000 万美元。这样一来，如果排除对第三者的影响，双方的和解谈判创造了 5000 万美元的总收益。这种和解谈判就是一项有效率的交易。由此看来，只要和解谈判使至少一方当事人收益，而不使另一方当事人受损，该和解就符合帕累托最优状态。这种和解的情况下，司法资源的配置乃至社会资源的重新配置就是有效率的，所确立和维护这项和解协议的法律制度安排也是具有效率的。

（二）卡尔多—希克斯效率

但是帕累托效率具有非常明显的局限性，而且在反垄断和解当中几乎不会有帕累托最优的存在。那种只有一方的情况变好而同时没有使另一方的情况变坏在现实当中的可能性很小。经济学家对效率的概念谈论虽然很多，但是经济学中起作用的效率概念并不是帕累托效率，波斯纳也曾经指出"帕累托效率在现在看来已经非常苛刻，而且对现实世界的可适用性很小，因为大多数交易都会对第三方产生影响"[①]。针对帕累托效率的不足，产生了卡尔多—希克斯

---

① ［美］理查德·A. 波斯纳：《法律的经济分析》，蒋兆康译，中国大百科全书出版社 1997 年版，第 16 页。

效率，卡尔多—希克斯效率的关注点不是资源重新配置是否会导致某些人的情况变坏，而是社会整体的收益是不是增加到最大值。当一位经济学家在谈论贸易、污染、竞争、反垄断等政策是否具有效率的时候，一般情况下说的应当是卡尔多—希克斯效率。按照卡尔多—希克斯效率，从资源配置中受益的人足够补偿那些利益受损的人的话，那么这种资源配置就是有效率的。这里面的利益受损人，不仅包括另一方当事人，也包括波斯纳所谓的第三方，如上例中，如果第三方全体的损失少于 5000 万美元，那么该交易就是有效率的，这种反垄断和解制度的安排就是遵循了效率原则，否则就没有遵循效率原则。虽然现实中很多受益人的财富增加的数量足够弥补利益受损一方财富减少的数量，但是即使受益人不去做任何补偿也不会影响效率，因为，从社会总的资源配置来看，整体财富是增加了。如图 2 所示①：

从图 2 中可以说明卡尔多—希克斯效率。假定斜线表示给定资源的可能效用曲线，斜线上的点是给定资源的最大效用在甲和乙之间的分配组合。从 A 点移动到 B 点的调整不是帕累托改进，但是甲的效用可以通过沿着斜线从 B 点到 C 点的移动得到补偿，这将使它获得调整之前的效用水平，此时，乙的效用比在 A 点时明显增加了。对于给定的资源，如果资源的再配置使效用组合 A 点移动到 B 点，尽管甲的效用减少了，但是这种调整

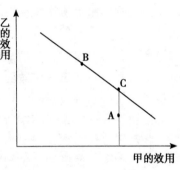

图 2   卡尔多—希克斯效率

所带来的增加利益足以补偿甲的利益损失，并且还有剩余。即使不过渡到 C 点，B 点还是增加了社会总利益。可见卡尔多—希克斯效率可以称为一种潜在的帕累托改进。

二、实体效率

反垄断和解所遵循的效率原则从实体上来说表现为和解行为、和解协议能够促进有效竞争和消费者福利，有效竞争和消费者福利是两个最基本的实体效率表征。

（一）有效竞争

克拉克提出的在市场不能达到完全竞争状态的时候，有效竞争才是市场竞

---

①   参见麦乐怡《法与经济学》（中译本），浙江人民出版社 1999 年版，第 34 页。

争的可能实现方式，由于现实环境的复杂性，决定了竞争的多样性。例如各个产业之间以及同一产业在不同阶段的竞争特性都不可能完全相同。克拉克认为虽然随着市场的发展，极端的产品差异性可能会导致垄断的倾向，但存在产品适度差异，特别是具有紧密替代关系和较多知识技术含量产品推动的竞争，可能是更为可行和有效率的。产业组织结构主义大师爱德华·梅森（Edward Mason）将有关有效竞争的定义和实现有效竞争的条件的论述归纳为两大类：一是寻求维护有效竞争的市场结构，以及形成这种市场结构的条件，被称为有效竞争的"市场结构基准"；另一种是从竞争可望得到的效果出发，寻求竞争的有效性，称为有效竞争的"市场效果基准"。他认为有效竞争的"市场结构基准"大致包括：市场上存在相当多的卖者和买者；任何卖者和买者所占的市场份额都不足于控制市场；卖者集团和买者集团之间不存在"合谋"行为；新企业能够在市场上出现。"市场效果基准"包括：市场上存在着不断改进产品和生产工艺的压力；当生产成本下降到一定程度后，价格能自动向下调整；生产集中在最有效率的但不一定在成本最低的规模单位下进行；不存在持续性的设备过剩；不存在销售活动中的资源浪费现象。在梅森研究之后，史蒂芬·索斯尼克（Stephen Sosnick）并依据标准的 SCP 分析范式来概括有效竞争的标准。他认为有效竞争的结构标准包括：不存在进入和流动的资源限制；存在对上市产品质量差异的价格敏感性；交易者的数量符合规模经济的要求。行为标准包括：厂商间不相互勾结；厂商不使用排外的、掠夺性的或高压性的手段；在推销时不搞欺诈行为；不存在有害的价格歧视；竞争者对于其对手是否会追随其价格调整没有完全的信息。绩效标准包括：利润水平刚好足够酬报创新、效率和投资；产品质量和产量随消费者需求的变化而变化；厂商竭力引入技术上更先进的产品和技术流程；不存在"过度"的销售开支；每个厂商的生产过程是有效率的；最好地满足消费者需求的卖者得到最多的报酬；价格变化不会加剧经济周期的不稳定。

　　通过总结这些经济学家的研究成果，反垄断和解的有效竞争原则此刻也已明晰，以上三位经济学家的延续性研究成果表示当今主要遵循的 SCP 范式所概括的有效竞争标准可以作为竞争是否持续的讯号，在一定意义上它们可以作为反垄断和解协议能否成立生效的依据，但由此引起的价值判断问题，以及在评价和解协议时面临的技术性问题，成为该原则应用过程中难以逾越的障碍。虽然有效竞争无论在理论上还是在操作上都有局限性，毕竟给出了制定和实施反垄断和解协议的出发点，因而有一定的现实意义。

（二）消费者福利

反垄断是为了消除垄断的福利损失，反垄断和解是一种消除垄断福利代价最优的一种方式，较之判决来讲，如果反垄断和解不能更有效地消除垄断的消费者福利代价，那么完全可以通过诉讼到底的方式来结束争端。消费者福利不仅是反垄断的政策目标和核心价值，或者说是终极目标，也是反垄断和解的终极目标，消费者福利成为执行反垄断和解的原则历来都受到经济学家和政策制定者的关注。

边沁的功利主义原则认为人生的目的都是为了使自己获得最大幸福，增加幸福总量。幸福总量可以计算，伦理就是对幸福总量的计算，他把"最大多数人的最大幸福"标榜为功利主义的最高目标。帕累托最优状态概念和马歇尔的"消费者剩余"概念是消费者福利的重要分析工具。马歇尔从消费者剩余概念推导出结论：政府对收益递减的商品征税，得到的税额将大于失去的消费者剩余，用其中部分税额补贴收益递增的商品，得到的消费者剩余将大于所支付的补贴。马歇尔的消费者剩余概念和政策结论对消费者福利理论起到重要作用。通过总结以往学者对消费者福利的研究成果，我们可以得知消费者福利原则的主要特点是以边际效用基数论或边际效用序数论为基础，以一定的价值判断为出发点，也就是根据已确定的个人和社会目标，建立操作和评价体系建立福利概念，在实际操作当中来制定法律和经济政策方案。

前文我们说过反垄断和解提高了反垄断的办案效率，但是并不意味着反垄断和解是简易处理争端的方式，和解案件中对和解协议的内容是否能够带来消费者福利也需要广泛的调查和研究，美国诉微软的案件就同意令等和解内容进行了公示，广泛征求意见，认真进行研究。在美国诉微软的和解案件当中，有人认为和解协议对微软过于仁慈，因为微软通过垄断带来的垄断利润是一种社会的损失，并且会阻碍创新和科技进步，这样就会降低消费者的福利；也有人认为和解协议对微软的处罚过于严重，因为微软的软件价格在逐渐下调，这样增加了消费者福利，如果没有微软，消费者可能要接受其他公司更高的软件价格、也可能得不到更多的免费软件。虽然关于是否真的能够带来消费者更大的福利有不同的声音，但是这种公示和考证的做法就已经表现出关注消费者福利是反垄断和解的重要原则。在反垄断和解案当中，还需要考虑的一个重要问题是，当前的消费者福利和以后的消费者福利，或者说固定的消费者福利和动态的消费者福利。反垄断执法机构在审核和解协议时不能只注重当前消费者福利的影响，还要注重一个动态的长期的消费者福利情况，这种研究和考量虽然会加大和解的技术难度，但是这种动态的消费者福利才是最大范围的最大多数人的最大幸福。

三、程序效率

程序效率的意义主要是通过节约诉讼成本，提高结案速度和质量来实现的。[①] 如果一个和解最大化地节约了谈判和裁判的成本，这个和解程序就最有效率。可以说反垄断和解就是一种帕累托改进，在没有影响其他主体的产权收益时提高了断案的效率、降低了断案的成本。反垄断和解需要正当的程序，正当的程序同时应当是有效率的程序。程序效率对于反垄断法实施体制有着相当的重要性，反垄断案件大都涉及面广，问题错综复杂，一个案件由调查开始至终审结案，往往积年累月，其中人力、物力的消耗不计其数，反垄断和解制度是一个提高效率的争端解决机制，在运用和解制度的时候是要本着提高司法效率要求而行进。在一些国家按照正当的程序灵活进行和解成为解决争端的主要方式，原告可以在庭审开始之前与被告达成一致判决建议，也可以在立案以后的任何一个环节与被告达成和解建议，该一致判决与和解建议经一定程序后可直接由法院宣判，从而使和解更加迅速便捷。[②]

（一）事实和证据的确认

大多数国家均将事实和证据的确认作为反垄断和解和判决的原则问题，在后续程序中，已经确认的事实和证据通常不再审查或者作为初步证据。这样的做法在法律程序层面上突出表现为时间的节省，时间的节省意味着社会资源的节省，也意味着和解效率的提高。[③] 在庭审前后将事实和证据的确认作为一项明确的制度安排在法律中使用，适用这一制度的好处在于：第一，可以提醒当事人从案件和解的开始就要认真对待，不能提供虚假信息；第二，可以减少当事人做出不利于和解的行为，如果发现当事人能够提供证据而没有提供或者故意拖延提供，当事人便不能得到相应的司法保护；第三，明确了当事人的和解预期，证据一旦经过执法机关的确认，那和解双方就都会知道这些被确认证据的法律意义，使和解朝着更快的方向发展；第四，提高司法工作的效率，避免程序的无谓反复。这样的确认制度尤其控制了当事人的机会主义行为，从开始就提高了当事人不和解或者恶意和解的机会成本，使得程序效率得以发挥

---

① 刘宁元主编：《中外反垄断法实施体制研究》，北京大学出版社 2005 年版。
② 美国《克莱顿法》第 4 条。
③ 德国《反对限制竞争法》第 87、88 条。

作用。

（二）不和解利益受损

不和解利益受损就是指一方当事人或者反垄断执法机构提出和解建议以后，不和解一方或者双方的利益在最终裁决时受到不可确定的损失。美国就有这样一种安排，规定不接受和解提议的一方，如审判判定的赔偿额超出了当时和解提议的赔偿额，说明拒绝是合理的，诉讼费用将由对方承担，如果判决额低于和解赔偿额，则拒绝和解是不理智的行为，拒绝方要承担诉讼费用。引入诉讼费用就改变了当事人对于未来不确定收益的预期，从而引导当事人更多地选择和解而不是诉讼。这项原则主要是为了提醒各方当事人尽量采用和解的方式进行结案，如果没有进行和解，反垄断执法机构不能保证最后的裁决可能对不和解者造成什么样的损失。在实践中，一般进行和解都是建立在证据交换的基础之上，庭审之前达成的谅解或者在诉讼中通过证据交换程序使得双方基本明确自身的权利和义务。在反垄断执法机关看来，双方对案件有了一致的预期判决以后，反垄断执法机构或者一方当事人提出和解建议或者要约，而另一方或者双方拒绝和解，法院即可以认为拒绝和解的当事人有意改变对案件的正常预期，从而浪费社会和司法资源，以及带来更高的社会和司法成本。我们知道证据的交换可以约束当事人对案件的诉讼预期，法院如果认定证据交换确实已经很充分并且当事人没有隐瞒更多的信息和证据，那么这样的裁决结果基本就可以确定，但是一般情况下法院或者反垄断执法机构出于缓和当事人关系、减少社会矛盾、减少实施裁决的执行成本等考虑，会优先使用和解程序，但是如果有当事人拒绝和解，如果经法院继续引导最终还是和解的话，这种前期的行为就会影响和解的程序效率，从而浪费资源，减少了资源配置的机会的数量。这种情况下，法院即使不能歪曲案件事实做出不利于不和解者的裁决，但在实践中最终的裁决往往对不和解者更为不利。这种看似没有规定的裁定行为却形成了有形的准则。

（三）和解程序的完善

一个比较普遍的观点认为和解过程具有非程序化的特征，但是这样的特征并不能保证提高和解程序的效率，所以在和解程序的设计上，要尽可能的加以完善，从而提高反垄断和解的程序效率。首先，在和解程序构造上要避免"调解型"审判模式，这种模式的主要特征是以调解结案为诉讼目标，以法官的职权调查活动为中心来展开的程序，由此决定在具体操作上，不强调程序的严密，不关注当事人参与程序的主体性，当事人的诉讼权利无法对审判权形成制约，审判人员的主观随意性强，结果导致和解效率低下或者产生更多的负外部性问题。其次，对当事人自由合意的程序保障力度要加强。例如德国设定了强制性的和解辩论程序和法官劝试和解的必要限度，为当事人合意的自由提供了程序保障。虽然和解方式灵活多样，程序可自由组合、不拘泥于程序法的规定，但是最基本的制度规定才能保证程序的效率。例如在和解中增设强制性信息交换程序、心证开示制度、反垄断执法机构的职权拘束制度、和解场所制度、和解公示制度等等，只有有效的制度完善才是目标达成的保证。

纵向协议分析：限制竞争
与经济效率之权衡

苏　华[*]

苏　华*

内容摘要　由于企业间纵向关系的复杂性，纵向协议的合法性分析持续挑战着竞争法理论和实践。中国《反垄断法》对此只是有一个缺乏可操作性的规则。这种状况一方面造成了企业分销行为合规的不确定性，另一方面也会出现企业打擦边球从而损害竞争和消费者福利的情况。本文简要介绍欧盟纵向协议集体豁免制度在 2010 年的新发展以及欧盟竞争法关于排他性分销和地域限制规则及其案例，提出以效果分析为原则的纵向协议评价的路径，并在此基础上对中国《反垄断法》关于纵向协议的规制提出了立法建议。

关键词　纵向协议　排他分销　地域限制　欧盟纵向协议集体豁免　中国反垄断法　竞争法多元目标

一、竞争法规制纵向协议的理据和困境

"纵向协议"是在生产和供应链上处于不同环节的经营者之间有关购买、销售或转售商品或服务的协议，如生产商和分销商之间的分销协议以及原料供应商和生产商之间的供应协议。与具有竞争关系的经营者之间的横向协议不同，纵向协议的当事方生产或提供具有互补性的产品或服务，比如下游分销商为上游生产商的产品提供分销服务。① 出于商业可行性等方面的考虑，生产商和分销商往往通过纵向协议限制转售商品的价格或分销商的数量、运营地域或行为，如排他分销、排他购买、地域限制、客户限制、选择性分销、特许专

---

* 2010 年 6 月至今，在中国社会科学院法学研究所博士后流动站从事经济法学专业博士后研究工作。

① 王晓晔：《中华人民共和国反垄断法详解》，知识产权出版社 2008 年版，第 101 页。

营、搭售等。这些纵向协议中各种常见的对行为或商业自由的限制被称为
"纵向限制"。[1]

　　目前学界达成的基本共识是纵向限制对竞争既可能产生积极影响也可能产
生消极影响。[2] 通常情况下，纵向限制能够提高分销效率，可以"推动企业进
入市场、减少搭便车、遏制物价飞涨、改善售后服务"。[3] 纵向限制的积极影
响还包括：保证特定投资的回收（如保证与专有技术转让相关的特定投资的
回收）、通过分销中的规模经济实现低价、保证品牌形象和统一质量等。[4] 大
多数纵向限制仅当相关贸易环节的竞争不充分时，即买方、卖方或买卖双方同
时拥有市场势力时才可能导致限制竞争问题。纵向限制的消极影响包括通过提
高准入障碍封锁其他供应商和分销商、通过排除品牌内或和品牌间竞争封锁市
场、推动价格卡特尔的形成、导致市场整合的障碍等。[5]

　　纵向限制对竞争的双重影响使得纵向协议具有两面性，并因此成为各国竞
争法的主要规制对象之一。尽管人们认识到纵向协议的两面性，也认识到缺乏
市场力量的企业间达成的纵向协议很难对竞争造成实质性的负面影响，但学术
界和实务界关于竞争法对纵向协议的规制仍未能达成共识。欧美曾对纵向协议
采取简单化的形式主义分析路径，如根据其是否限制转售价格将纵向限制区分
为价格限制和非价格限制，继而根据纵向协议是否包括价格限制或非价格限制
来评估其对竞争的影响。这种做法显然增强了法律的稳定性和可预见性，但由
于市场的动态性和纵向协议的多样性，过分关注行为分类导致了竞争效果分析
的不足，而且"简单标签往往不能提供现成答案"。[6] 另外，有评论者曾指出，
相对于维持转售价格而言，排他地域限制可能对价格产生更大影响。因为有效
的排他地域限制能够切断同种商品的其他供应渠道。既然价格限制和非价格限
制对竞争产生类似的影响，就应当以同一标准对其进行评估。[7] 美国法院在
Sylvania 案之后也认识到，对具有相似竞争效果的行为适用不同法律标准扭曲

　　① 王晓晔：《竞争法学》，社会科学文献出版社 2006 年版，第 260—261 页。

　　② 关于纵向协议的经济和法律分析，参见王晓晔《纵向限制竞争协议的经济分析》，原载《月旦
民商法》第 3 期，转载《王晓晔论反垄断法》，社会科学文献出版 2010 年版，第 139—162 页。

　　③ 同上书，第 141—143 页。

　　④ The European Commission Guidelines on Vertical Restraints（"Vertical Guidelines"），OJ C 130,
19. 05. 2010, para 107.

　　⑤ 王晓晔：《王晓晔论竞争法》，第 143—144 页；Vertical Guidelines, para. 100。

　　⑥ 美国法院在 BMI 案中的意见，转引自 Ernest Gellhorn and Others, Antitrust Law and Economics in
a Nutshell (5th edn, Thomson/West, 2004), p. 348。

　　⑦ William F. Baxter, "The Viability of Vertical Restraints Doctrine" 75 Calif. L. Rev. 933 (1987).

了生产商对分销策略的选择。①

简单、机械的类型化在欧盟委员会早期的执法实践中曾导致削足适履的商业行为和高昂的执法成本，② 在美国则鼓励了针对分销行为的滥诉，并导致了打击竞争的错误判决。③ 近年来，简单类型化的纵向协议规则正被一步步摈弃，对个案具体的竞争效果分析已成为欧美竞争法理论和实践的主流。在美国，联邦最高法院于 2007 年就 Leegin 案做出的判决中，9 位大法官以 5：4 的结果推翻了 1911 年 Dr. Miles 案所确立的对限定最低转售价格适用本身违法原则，确立了应适用合理原则对纵向价格限制进行合法性评价。④ 在欧洲，欧盟委员会（European Commission，以下简称"欧委会"）于 2010 年对完全否定核心纵向限制的态度做出了重要调整，宣布"在个案中，当事方可以提出效率抗辩，以具体证据证明一项协议由于含有核心纵向限制而带来或可能带来的效率大于该协议对竞争的负面影响"，并列举了核心纵向限制不违反欧盟竞争法的情形。⑤

下文通过介绍和评价欧盟竞争法对纵向协议的规制，特别是对排他分销和地域限制的规制，强调了对纵向协议的合法性评价要综合动态考虑相关的市场和竞争因素，揭示了执法者有时须要在可能相互冲突的利益中做出权衡。而这种综合考虑和利益权衡从一个侧面展示了竞争法多元目标之间的碰撞。

二、欧盟竞争法对纵向协议的规制

（一）概览

欧盟竞争法主要以成文法、欧委会的决定和欧洲法院的判例为表现形式。成文法主要包括作为基本法的条约中的概括性竞争法规则，以及由部长理事会（Council of the European Union）颁布的条例和部长理事会授权欧委会颁布的条例组成的次级立法。作为规制限制竞争协议的基本条款，《欧洲联盟运行条

---

① 前引 Ernest Gellhorn and others, p. 367。

② B. E. Hawk, "System Failure: Vertical Restraints and E. C. Competition Law" (1995) 32 CMLRev 973.

③ 如著名的 Schwinn 案。在该案中，美国最高法院采取了 Dr. Miles 案的财产法分析路径，判决对于商品转售设置地域或客户限制本身是违法的。这种机械分析受到了猛烈批评，十年后美国最高法院在 Sylvania 案中推翻了 Schwinn 案的先例，判决对纵向非价格限制应采用合理原则进行分析。

④ Leegin Creative Leather Products, Inc. V. PSKS, Inc., 551 U. S. 877 (2007).

⑤ Vertical Guidelines, paras 47, 60—64, 223, 225.

约》（以下简称《欧盟运行条约》）第 101 条没有区分横向限制竞争协议和纵向限制竞争协议。① 该条第 1 款列举了违法的限制竞争协议的形态，第 2 款宣布第 1 款列举的违法协议自始无效，第 3 款规定了可豁免的情形和条件。

适用第 101 条第 3 款取得豁免的限制竞争协议必须同时满足四个条件：（1）有助于改善商品的生产或销售，或有利于推动技术或经济进步；（2）能够使消费者分享适当的好处；（3）限制竞争行为对实现上述目的而言是绝对必要的；以及（4）不会实质性排除相关市场上的竞争。②

自 1983 年以来，欧委会通过发布一系列集体豁免（block exemption）条例具体规定了可直接被豁免的纵向协议的条件和类型。③ 2010 年 4 月，欧委会发布了《纵向协议和纵向协调行为适用欧盟运行条约第 101 条第 3 款的第 330/2010 号条例》（以下简称《纵向协议集体豁免条例》）。该条例于 6 月 1 日生效，取代了欧委会于 1999 年发布的《纵向协议和纵向协调行为适用欧共体条约第 81 条第 3 款的第 2790/1999 号条例》（以下简称 1999 年《纵向协议集体豁免条例》）。欧委会继而在 2010 年 5 月发布了《纵向限制指南》以取代其根据 1999 年《纵向协议集体豁免条例》于 2000 年发布的《纵向限制指南》（以下简称 2000 年《纵向限制指南》）。④ 下文通过介绍欧盟现行《纵向协议集体豁免条例》和《纵向限制指南》的主要特点并具体分析排他分销和地域限制规则，进一步探讨和评价了欧盟竞争法对纵向协议的规制。

（二）适用《纵向协议集体豁免条例》的分析步骤

1. 核心纵向限制

适用《纵向协议集体豁免条例》首先要确认纵向协议是否在目的上直接或间接地、单独或与协议各方所控制的其他因素相结合而含有条例第 4 列出的五种核心纵向限制。含有核心纵向限制的协议整体不能适用条例获得豁免，但可以根据条约第 101 条第 3 款进行效率分析以寻求个别豁免。第 4 条列出的

---

① 2009 年 12 月 1 日生效的《里斯本条约》(Treaty of Lisbon amending the Treaty on European Union and the Treaty establishing the European Community) 将原《欧洲共同体条约》(Treaty establishing the European Community，简称《欧共体条约》，又名《罗马条约》) 更名为《欧洲联盟运行条约》(Treaty on the Functioning of the European Union，简称《欧盟运行条约》)。原《欧共体条约》中有关竞争法的若干条款被重新编号，如原《欧共体条约》第 81 条和第 82 条分别成为现《欧盟运行条约》第 101 条和第 102 条。

② 前引王晓晔《竞争法学》，第 245—247 页。

③ 同上书，"有关纵向集体豁免条例在欧洲的发展和历史沿革"，参见第 151—184 页。

④ 欧盟《纵向协议集体豁免条例》和《纵向限制指南》可通过以下网址获得：http://ec. europa. eu/competition/antitrust/legislation/vertical. html。

核心纵向限制包括：

（1）维持转售价格（Resale Price Maintenance）。固定转售价和限定最低转售价不能得到豁免，但限定最高转售价和建议转售价可以得到豁免。

（2）某些地域限制或客户限制。但约定分销商仅在其营业处所（包括某一特定的地址、位置或地域）进行分销活动可以被豁免。[①] 另外，《纵向协议集体豁免条例》通过列出四种例外情况，明确了可被豁免的地域限制或客户限制的类型，包括：第一，在不限制买方客户的销售的情况下，限制买方对卖方或对卖方为另一买方保留的独占地域或专有客户进行主动销售。[②] 第二，限制批发商直接向最终用户进行销售。第三，限制选择性分销体系中的分销商向选择性分销体系覆盖地域中的未授权分销商进行销售。[③] 第四，为避免零部件被客户用于生产与卖方相同的产品，限制分销商向该类客户销售零部件。

（3）限制选择性分销体系中的零售商对最终用户的销售。限制选择性分销体系中零售商对最终用户的主动或被动销售不能得到豁免。但禁止选择性分销体系成员在未授权的营业处所进行经营活动可以得到豁免。

（4）限制选择性分销体系中的交叉供货。限制选择性分销体系中分销商（包括处于相同或不同贸易层级的分销商）之间交叉供货不能得到豁免。

（5）对零部件供应商的限制。零部件供应商和为装配目的而购买零部件的买方达成协议，限制该零部件供应商向最终用户、修理商或其他服务商供货不能得到豁免。

含有上述任何核心纵向限制的纵向协议整体不能适用《纵向协议集体豁免条例》。尽管《纵向限制指南》指出含有核心纵向限制的协议将被推定很难满足条约第101条第（3）款的条件而获得个别豁免，但指南同时明确指出，在特殊情况下，核心纵向限制可能在客观上是必需的，因此将不被条约第101条第（1）款所禁止，如为安全或健康原因禁止向某类客户销售危险品。另外，经营者可以在个案中根据条约第101条第（3）款主张效率抗辩。该指南列举了在协议含有核心纵向限制的情况下仍可能被个别豁免的情形。[④]

2. 市场份额安全港

在确认纵向协议不含有核心纵向限制之后，下一步需要计算协议各方的市场份额。根据《纵向协议集体豁免条例》，如果纵向协议的供应方在其出售协

---

① 对将分销商的分销行为限于其营业处所给予豁免是《欧盟纵向协议集体豁免条例》的新规定，参见：Vertical Block Exemption Regulation, art 4（b）；Vertical Guidelines, para 50。

② 关于主动销售和被动销售的区别，参见前引王晓晔《欧共体竞争法》，第177—178页。

③ 关于选择性分销的概念、定义和案例，参见前引王晓晔《欧共体竞争法》，第157—161页。

④ Vertical Guidelines, paras. 47；60—64；223；225。

议商品或服务的相关市场上的份额不超过 30%，并且纵向协议的买方在其购买协议商品或服务的相关市场上的份额不超过 30%，则该协议可以适用集体豁免规定。① 《纵向限制指南》特别考虑了中、小企业的实际情况以及合规成本，指出如果纵向协议各方的市场份额分别不超过 15%，该协议不含有核心纵向限制，且相关市场上类似纵向协议不导致显著的累积效应（cumulative effect），则该协议不属于条约第 101 条所禁止的范围。②

3. 个案评估和个别豁免

如果一个纵向协议的任一当事方的市场份额超过了 30%，或协议含有核心纵向限制，则该协议不能适用欧盟《纵向协议集体豁免条例》。须要注意的是，对于不适用《纵向协议集体豁免条例》的协议不能直接推定其违法，而需要进行个案评估以确定该协议是否属于条约第 101 条第（1）款所禁止的协议，然后确定该协议是否同时符合第 101 条第（3）款所列出的四个条件并因此可获得个别豁免。欧委会鼓励经营者进行自我评估，同时，为了提高欧委会进行个别评估的透明度并帮助经营者进行自我评估，《纵向限制指南》提供了明确详细的分析框架和方法，列出了评估时需要考虑的相关因素，以及对各类纵向限制的具体分析。③

在对一项纵向协议进行个案评估以确定其是否导致了条约第 101 条第（1）款项下的实质性限制竞争时，欧委会将进行全面的竞争分析，涉及的相关因素包括：协议的性质、协议当事方的市场地位、协议当事方的竞争者和客户的市场地位、进入障碍、市场成熟度、贸易的层级、产品性质等。④ 然后，欧委会将评估纵向协议是否能够通过提高效率而促进竞争，并因此可适用第 101 条第（3）款之规定个别豁免该纵向协议。下文以排他分销和地域限制为例，具体分析了欧盟纵向协议集体豁免和个别豁免制度。

（三）排他分销和地域限制的合法性分析

《纵向限制指南》对"排他分销"（exclusive distribution，又译"独家销售"）给出的定义是"为在某特定区域转售商品之目的，供应商通过协议承诺

---

① Vertical Block Exemption Regulation, Article 3；现行市场份额安全港与 1999 年《纵向协议集体豁免条例》第三条的规定有所不同，后者规定如果纵向协议的供应方在其出售协议商品或服务的相关市场上的份额不超过 30%，或在独家供货的情况下，买方在其购买协议商品或服务的相关市场上的份额不超过 30%，则该协议可以适用集体豁免规定。

② Vertical Guidelines, paras 8—11.

③ Ibid., paras 96—229.

④ Ibid., para 110.

在该特定区域仅对某一分销商供货。同时，该分销商不得向其他排他分销区域进行积极销售"。① 可以说地域限制是排他分销协议的主要特征。

排他分销可以提高分销效率，比如由于运输和分销中的规模经济而降低物流费用。在分销商必须为保护和建立品牌形象进行投资时，排他分销带来的效率尤为明显。排他分销潜在的竞争问题在于通过减少品牌内竞争和分割市场导致价格差别。另外，排他分销可能排除其他分销商进入市场，因此减少分销商之间的竞争。如果某类产品的大多数或全部供应商均采用排他地域限制，供应商和分销商层级的竞争均会被削弱，且供应商或分销商层级均将更容易达成共谋。②

如果某一排他分销协议卖方和买方的市场份额均不超过 30% 且不含有核心纵向限制，则该排他分销协议可以直接适用《纵向协议集体豁免条例》得到豁免。对于当事方市场份额超过 30% 的排他分销协议或含有核心纵向限制的排他分销协议则需要进行个案评估。《纵向限制指南》对排他分销协议的个案评估以分析和举例的形式提供了指导，指出在个案评估时，首先要考虑卖方及卖方竞争者的市场地位，因为仅当品牌间竞争有限时，品牌内竞争的减少才有可能导致竞争问题。超越了 30% 的市场份额安全港可能意味着品牌内竞争的显著削弱，这时需要通过考虑协议对其他供应商或分销商的封锁效应、下游市场的买方力量、市场的成熟度、产品的特性和贸易的层级等因素，对协议实际带来的效率和对品牌内竞争的削弱加以比较。

下文通过介绍《纵向限制指南》中就排他分销给出的两个案例以及对欧洲法院 STM 案和 Consten 案的比较，进一步探讨了欧盟竞争法对排他分销和地域限制的规制，展示了欧盟竞争法在公平竞争、效率与正当化商业理由之间的权衡，以及为实现欧洲市场一体化而担负的责任。

1. 批发层面的排他分销③

案例：A 公司是某消费者耐用品市场上的领头羊。A 公司通过排他批发商销售其产品。排他地域要么覆盖某欧盟成员国的全部领土、要么覆盖某欧盟成员国的某一地区。各排他批发商在其排他地域中对零售商但不对终端消费者销售 A 公司产品，并通过组织推广活动、演示新产品等负责向零售商推广 A 公司产品。该消费者耐用品市场上新技术和新产品研发层出不穷，对零售商和终端消费者的售前服务尤为重要。各排他分销商没有被要求仅从 A 处购买 A 公

① Vertical Guidelines, para 151；参见前引王晓晔《竞争法学》，第 276 页。
② Ibid. , para 151.
③ 本节案例和分析基于 Vertical Guidelines, para 165。

司产品，也不承担非竞争责任。对 A 公司产品的价值而言运输成本相对较低，因此批发商和零售商的套利行为在经济上是可行的。零售商同时销售若干 A 公司竞争者的产品，且在零售层级没有排他分销或选择性分销的安排。在整个欧盟该消费者耐用品批发市场上，A 公司占有 50% 的市场份额，在各成员国该消费者耐用品零售市场上，A 公司占有 40% 到 60% 的市场份额。在每一成员国市场上，A 公司有 6 到 10 个竞争者。其中公司 B、C 和 D 最为强劲，他们活跃于所有成员国市场并在各成员国市场上分别拥有 5% 到 20% 的市场份额。公司 B、C、和 D 拥有类似于 A 公司的分销体系。其余生产商仅活跃于单一成员国市场，这些生产商市场份额较小，通常直接供应零售商。

分析：在上述批发市场上，套利行为的存在使价格差别很难产生。品牌内竞争的减少对批发层级的影响不大，且批发层级的排他分销安排通常不会影响品牌间竞争。在上述零售市场上，品牌内和品牌间竞争均未受损。因此，该排他分销安排导致竞争问题的风险较小。即便有可能出现限制竞争的效果，A 公司的排他分销行为有可能符合条约第 101 条第（3）款的各项条件而获得个别豁免。

2. 同时使用排他分销和排他购买①

案例：A 公司是欧洲某大型消费者耐用品市场上的领头羊，该市场供需稳定，近年来未出现实质性技术革新。A 公司在多数欧盟成员国零售市场上占有 40% 到 60% 的市场份额。在 A 公司占有较高份额的成员国市场上，A 公司仅面对若干规模和市场份额远远落后的竞争者。这些竞争者通常仅活跃于一到两个成员国市场。A 公司通过其位于各成员国的子公司长期执行排他零售政策。A 公司的排他零售商不得向其他排他零售商的排他区域销售，这一地域限制使得排他零售商们愿意在各自的销售区域努力推广 A 公司产品并提供售前服务。实际上，各排他零售商也同时避免向其他排他区域送货。这些零售商同时是其销售区域上同类产品的主要销售商，他们同时销售竞争品牌，但成功度和热情度不尽相同。A 公司对各成员国市场实行 10% 到 15% 的差别定价，在竞争不激烈的市场上其产品价格相对较高。最近，A 公司要求各排他零售商只能从其所在国的子公司处购进 A 公司产品。

分析：在价格相对较高的成员国市场上，零售层级的排他地域安排以及最近开始执行的排他购买政策进一步减少了品牌内竞争。排他购买责任排除了零售商之间套利行为的可能性，因此助长了市场和地域分割。排他零售商们不得向其他排他区域主动销售，实践中他们也避免被动销售。另外，由于产品大型

---

① 本节案例和分析基于 Vertical Guidelines, para 167。

笨重，消费者或独立贸易商的套利行为非常有限。因此 A 公司有能力在各成员国市场上实行差别定价，其总销售额也因此大幅增加。考虑到对零售商产生的激励作用，主张排他零售的潜在效率抗辩比较有说服力，且排他购买能够带来运输中的规模效益。然而，同时采用排他零售和排他购买所带来的效率难以抵消差别定价和减少品牌内竞争所带来的负面影响。因此，该分销安排很难同时满足条约第 101 条第（3）款的条件而获得个别豁免。

3. STM 案和 Consten 案的比较

1966 年的 STM 案①涉及一个排他分销协议。根据该协议，德国公司 Maschinenbau Ulm GmbH（MUG）授予法国公司 Société Technique Minière（STM）对 MUG 公司正平机产品在法国市场上的排他分销权。STM 可以自由向法国市场之外再出口 MUG 公司的产品。随后协议双方产生纠纷，STM 在法国法院起诉 MUG，要求法院认定该排他分销协议由于违反欧共体条约关于限制竞争协议的规定而无效。巴黎上诉法庭就如何评估排他分销协议是否符合欧共体条约的相关规定向欧洲法院提出咨询（preliminary reference）。欧洲法院裁定指出，必须根据假定协议不存在时的市场状况来理解竞争。如果任命排他分销商对生产商进入新市场是非常必要的，认为该协议之目的是限制竞争的论调就值得商榷。在决定排他分销协议是否由于限制竞争的目的或效果而应该被禁止时，则必须综合考察协议所处的市场背景以及协议各方的市场地位，如协议对排他地域的保护程度（即该产品是否有可能被再出口或被平行进口）等。

由于允许再出口和平行进口，STM 案所涉及的排他分销协议没有对分销商设置绝对的地域保护或赋予分销商对法国市场绝对垄断的分销权。STM 案因此显著区别于欧洲法院同年就著名的 Consten 案②所作的裁决。在 Consten 案中，德国公司 Grundig 通过禁止平行进口赋予法国公司 Consten 绝对的地域保护。由于欧盟竞争法以实现统一的欧洲大市场为首要目的，欧洲法院裁定指出，绝对地域保护排除了所有的品牌内竞争并分割成员国市场，给予销售商绝对地域保护的排他条款适用欧共体条约第 81 条第（1）款，且不得根据第 81 条第（3）款给予豁免。在该案中，法院在统一市场、竞争和效率的权衡中最终没有采纳 Consten 和 Grundig 公司所主张

① Case 56/65, Société Technique Minière V. Maschinenbau Ulm GmbH［1966］ECR 234;［1966］CMLR 357.

② Joined cases 56 and 58/64？tablissements Consten S. à. R. L. and Grundig—Verkaufs—GmbH V. Commission［1966］ECR 299,［1966］CMLR 418.

的事实和效率抗辩。可以说，在欧洲纵向协议规则的发展史中，Consten
案彰显了竞争法多元目标间的博弈以及欧委会和欧洲法院在可能相互冲突
的利益之间做出的权衡和取舍。①

<h2 style="text-align:center">三、启示：进一步建立和发展中国
《反垄断法》纵向协议规则</h2>

　　中国《反垄断法》第十四条禁止经营者与交易相对人达成纵向垄断协议
"固定向第三人转售商品的价格"或"限定向第三人转售商品的最低价格"。
第十四条还包含一个兜底条款，即"禁止经营者与交易相对人达成国务院反
垄断执法机构认定的其他垄断协议"。《反垄断法》第十五条规定了豁免垄断
协议的原则和种类：第一款第（一）至（六）项列举了能够获得豁免的协议
类型，如技术合作协议、合理化卡特尔、危机卡特尔、中小企业卡特尔以及出
口卡特尔等；第（七）项则是一个兜底条款，即如果有法律和国务院规定的
其他情形，也可以给予《反垄断法》的豁免。② 可以说《反垄断法》垄断协
议的豁免规定是高度弹性和原则性的，并且主要针对横向协议。针对纵向协议
的实体规则和豁免规则均有待进一步建立和发展。

　　如欧盟竞争法纵向协议集体豁免制度所展示的，发达竞争法制度的演变为
中国提供了丰富的经验教训。为使《反垄断法》真正起到通过规制纵向协议
调整经营者的分销行为、保护公平竞争、提高经济效率和消费者福利、促进中
国市场经济的健康发展，《反垄断法》纵向协议规则需要通过配套法规以及执
法实践进一步具体化。笔者首先建议国家发展和改革委员会以及工商行政管理
总局参考欧盟竞争法，切合中国市场条件和经济发展状况引入纵向协议集体豁
免制度并发布纵向限制指南，与此同时注意与中国商务部纵向合并政策相协
调。建立纵向协议集体豁免制度和发布相应指南可以帮助企业对其分销协议进
行自我评估，对符合集体豁免制度的协议直接适用反垄断豁免，降低反垄断执
法机构对个案进行具体经济分析和合法性分析的成本，并提高决策过程的透
明度。

　　其次，执法实践中要注意纵向协议的两面性，尤其是以纵向协议之名

---

　　① 有评论者指出，在美国，纵向限制纠纷的背后往往是效率与民粹主义观点（要求确保企
业尤其是中小企业福利）的紧张关系，纵向限制规则的演进展示了经济学对法律标准的影响，揭
示了关于反托拉斯政策正确目标的各种不同观点之间的碰撞。参见前引 Gellhorn and others,
pp. 336 - 337。

　　② 前引王晓晔《中华人民共和国反垄断法详解》，第118—125页。

掩盖卡特尔之实的行为，避免对分销实践中的各类纵向限制听之任之。另外，在评估纵向协议时要深刻认识到中国市场的特殊性，以及健全统一、开放、竞争、有序的市场体系所面临的挑战。在评估纵向协议时要强调具体动态的市场和竞争分析，注意吸取欧美的经验教训，摈弃简单的类型化或简单的非法推定，以避免机械分析和不合理打击提高效率、对竞争产生积极影响的纵向协议。

运输成本与相关地域市场的界定

胡甲庆[*]

内容摘要 在生产成本和需求一定的情况下，运输成本决定着地域需求替代性和地域供给替代性的大小，因而是界定相关地域市场的重要因素。但是，实践上并不能直接运用运输成本界定相关地域市场，而是必须要结合不同地区厂商的生产成本和生产能力、消费者分布及规模状况、地区差价水平、具体的销售方式才能正确界定相关地域市场。

关键词 反垄断 运输成本 相关地域市场 界定

相关地域市场界定以"竞争约束"为基本原则。审查不同地区之间是否具有竞争约束力量，就得审查这些产品或地区之间的需求替代性和供给替代性，而在生产成本和需求一定的条件下，运输成本[①]决定着需求替代性和供给替代性的大小。因此，欧盟、美国等国家和地区通常运用运输成本界定相关地域市场。但是，运输成本与相关市场界定原理是否存在逻辑关联？具有怎样的逻辑关联？以及如何运用运输成本界定相关地域市场？对此，国内学界目前尚未做出有效的理论回应。本文就这些基本理论和实践问题展开探讨，以期对我国今后在相关市场界定方面的行政规章和司法解释的创制以及相关市场界定的反垄断执法司法实践有所裨益。

一、运输成本在相关地域市场界定中的作用

相关地域市场是指具有合理替代关系或有效竞争关系的地区的集合。也就

---

* 2007年8月至2009年8月，在中国社会科学院法学研究所博士后流动站从事经济法专业博士后研究工作，现为贵州财经学院法学院副教授。

① 所谓运输成本是指与运输相关的费用，包括运费、包装费、保险费等。

是说，只有构成同一相关市场的地区之间才具有竞争关系，而相关市场内的地区与相关市场之外的地区之间没有竞争关系。这意味着相关市场内不同地区的生产经营者作为一个整体（即如同控制了所有产出的垄断者或卡特尔一样）对于相关市场之外的地区可以行使市场势力，而不会受到相关市场外的生产经营者的有效竞争约束。从这个角度说，相关地域市场乃是"市场势力能够得以实施的市场（或现存市场势力能够得到加强的市场）"。① 所谓市场势力是指市场主体所具有的"控制价格"及"排除竞争"的能力，即"一种显著高于竞争水平的定价能力以及在显著期间维持这一定价而不为新的进入或扩张所消除的能力"。② 因此，界定相关市场的科学方法应是对"被告"③ 所在地区在竞争价格基础上进行涨价测试，以判断"被告"将价格设定在竞争水平之上能否有利可图或实现利润最大化。如果有利可图地设定超竞争价格，那么"被告"所在地区构成一个独立的相关市场，反之，则不能构成独立的相关市场。

界定相关地域市场的目的在于使不同地方的生产经营者的产品或服务之间的竞争关系得以明确和特定化，进而确定不同生产经营者产品或服务竞争的地域范围。也就是说，界定相关地域市场就是要识别哪些地方的生产经营者可以向"被告"用户提供与"被告"相同或近似的替代产品或服务。

而判断不同地方生产经营者之间是否具有竞争约束，则取决于不同生产经营者所在地区之间的需求替代性和供给替代性。所谓需求替代性，也称买方替代性、消费替代性，是指买方对价格变动的反应程度，即当"被告"产品涨价时，买方在多大程度上转而购买本地其他生产经营者提供的同质产品或近似替代品，或者转到其他地区购买其他同质产品或近似替代品。需求替代性越大，表明消费者因"被告"涨价转而购买其他生产商的产品或其他地区的产品的量越大，"被告"涨价的销售损失就越大，因而其他生产经营者对"被告"涨价的竞争约束力就越强。所谓供给替代性，也称卖方替代性、生产替代性，是指卖方对价格变动的反应程度，即当"被告"产品涨价时，卖方的

---

① ［美］J.E. 克伍卡，L.J. 怀特：《反托拉斯革命——经济学、竞争与政策》，林平等译，经济科学版社 2007 年版，第 11 页。

② AD/SAT V. Associated Press, 181 F. 3d 216, 227 2d Cir. (1999).

③ 为便于分析，本文将可能具有市场势力或获取、维持市场势力并假定受到反垄断调查或诉讼的生产经营者，都统称为"被告"，除非涉及具体的案例，否则本文提到的"被告"并不是指正处于反垄断行政程序和司法程序中的被告。文中出现的"被告"根据具体的反垄断事宜，可能是单个生产经营者（在滥用市场支配地位的场合），也可能是参与合并的几个生产经营者（在合并反垄断审查的场合），还可能是某地生产某种产品或提供某种服务的所有企业之间的"假定卡特尔"（在联合限制竞争协议的场合）。

反应程度，即当"被告"的产品涨价时，其他产品或地区的生产商多大程度上以及能够以多快的速度将其生产其他产品的部分产能转产"被告"的产品，或者利用其过剩生产能力生产"被告"的产品，或者进入"被告"所在地生产"被告"的产品。供给替代性越大，表明其他企业转产很容易，进入市场十分迅速，"被告"也不容易维持较高的产品价格；供给替代性越低，表明市场进入障碍和转产成本越高，其他企业无法进入市场参与竞争，而"被告"则可以维持高价格。

需求替代性是从消费、需求或买方的角度考察生产经营者之间的竞争或替代关系，进而确定相关市场；而供给替代性则是从生产、供给或卖方的角度，考察生产经营者之间的竞争或替代关系，进而以确定相关市场。具体说，一个地方的生产经营者（即"被告"）是否具有市场势力取决于两个因素：一是从地域需求替代的角度说，消费者选择其他地方购买与"被告"产品相同或近似替代的产品的能力和意愿；二是从地域供给替代角度说，距离较远的生产经营者选择被告所在的地域生产和销售其产品的能力和意愿。当然，影响地域需求替代性和供给替代性的具体因素多种多样，比如产品性质和特征、消费者偏好、运输成本及市场进入壁垒，等等。①

那么运输成本为什么可以作为界定的相关地域市场重要因素？直觉上看，运输成本的高低影响着产品的成本、价格，进而影响产品的竞争力。从界定相关地域市场的意义上讲，运输成本决定着生产经营者生产经营活动的地域范围，也就决定着相关地域市场的范围。也就是说，运输成本占产品总价格的比例越高，该产品的地域市场范围就越小；反之，地域市场的范围就越大。

对此，我们可以进一步从理论上进行分析。大家知道，一个企业的市场势力是该企业所面临的剩余需求弹性的函数。对于面临来自 B 地供应商边缘性竞争的 A 地的具有支配地位的企业而言，A 地企业销量对涨价的反应取决于该产品的需求弹性以及 B 地企业向 A 地增加"出口"② 的意愿。因 A 地涨价所引起的来自 B 地的"出口"反应即 B 地企业对 A 地的供给弹性取决于 B 地

---

① 欧盟"竞争政策第 22 报告"对这类因素的列举达 11 项之多，即：（1）地域性分销中有关产品的市场份额；（2）地域性分销中有关产品的价格；（3）主要供应商的居所地；（4）运输方式；（5）产品进出口贸易的情况；（6）市场进入障碍，包括资金障碍、技术障碍、法律政策障碍、文化障碍等；（7）消费者偏好；（8）运输成本；（9）分销系统；（10）产品的变化；（11）欧共体有关法律修改可能带来的影响等（See 22nd Report on Competition Policy, 1992. p. 135. 转引自阮方民《欧盟竞争法》，中国政法大学出版社 1998 年版，第 122 页）。

② 考虑到行文的方便，笔者借用国际贸易的术语，将跨区销售称为跨区贸易，将产品的外地销售称为"出口"，将产品的外地采买称为"进口"，并相应地将外销方所在地称为"出口地"，将采买方所在地称为"进口地"。

企业在对涨价做出反应时以多快的速度扩大产出（这正是 B 地企业的总供给弹性），取决于 B 地消费者对涨价做出反应时以多快的速度降低其购买量（这正是 B 地的需求弹性），以及取决于随"出口量"的增加，边际运输成本以多快的速度上升（这正是边际运输成本对"出口量"的弹性）。在其他情况都相同的条件下，B 地的需求弹性越高或 B 地企业的总供给弹性越高，从 B 地向 A 地"出口"的弹性就越高。而 B 地企业是否扩大产出或转换供给，取决于 B 地的"出口量"对运输成本的反应。① 运输成本上升得越高（意味着边际运输成本的相对高弹性），B 地企业向 A 地的"出口量"越低（意味着 B 地向 A 地"出口"的低弹性）。

理论上讲，在生产成本、需求一定的情况下，运输成本是决定不同地区是否构成同一相关地域市场的决定性因素。比如，假定 A 地只有一家企业以不变边际成本生产产品，而在 B 地有大量的企业以相同的边际生产成本销售相同的产品，同时，A 地消费者不愿意到 B 地购买这种产品，但是，在不变单位运输成本为 X 元的情况下，B 地企业愿意向 A 地"出口"产品，这时 A 地企业可以将价格定在不高于其边际成本再加上 B 地到 A 地的运输成本之和的水平上，而不会使其消费者转向 B 地企业。当然，如果 X 为零，那么 A 地企业将产品价格定在边际成本之上，就会失去所有消费者，因为按照上面的假定，B 地企业能够以不变成本无限的扩大产出。因此，在 A、B 两地企业的生产成本一定的情况下，B 地企业对 A 地企业的竞争约束的程度关键在于运输成本的高低。比方说，如果每单位产品运输成本为 2 元时，A 地企业就可将价格在 100 元的竞争价格水平之上提高 2%，但是，涨价的幅度最高也只能是 2%。如果实际发生的来自 B 地的"进口"产品能够约束 A 地企业设定超竞争价格，那么 B 地产品将来也可以阻止 A 地企业的涨价，即使 B 地企业并没有实际向 A 地"出口"产品也是如此。

当然，由于存在产能约束，有时即使 B 地企业实际向 A 地"出口"了产品，也不一定对 A 地企业产生约束。比如，假定 B 地企业"出口量"为 M（这是其最大的"出口"能力，在此能力之外，它们不可能"出口"更多的产品）时的不变联合边际生产与运输成本为 MC（b）+T，当 B 地企业的"出口量"达到 M 之前，其总边际成本低于 A 地企业的不变边际成本即 MC（d）。这时，A 地企业所面临的剩余需求曲线是 D（r），按照 A 地的竞争价格水平即

---

① 如果说"出口量"是作为供应方对涨价做出的供给反应，表明了地域供给替代性的话，那么，也可以从地域需求的角度，将"出口量"理解为"进口量"，即作为需求方对涨价所做出的转购反应。从这个意义上讲，运输成本也决定着"进口量"的大小，进而决定着需求替代性的大小。

MC（d），B 地企业也只能在其最大的"出口"能力范围内"出口"，即便 A 地企业的价格高于竞争水平，它们也不能多"出口"。根本原因不在于其"出口量"，而在于其对 A 地企业设定超竞争价格的反应能力。因此，在产能约束的情况下，尽管 B 地产品大量"出口"到 A 地，但是，A 地的利润最大化价格仍然远高于竞争价格。

二、运用运输成本界定相关地域市场的最小范围

如果知道了运输成本和各地生产商的生产成本，那么就可以准确地确定相关地域市场的最小范围。这里，我们运用一个简单模型来说明这一问题。在该模型中，假定生产同一产品的所有厂商的每单位生产成本都为 20 元，也即每个地方都是一种完全竞争性的价格；再假定 AB 两地之间每单位产品的运输成本为 2 元，以及消费者不在乎供应商所在地区，但是对价格敏感。由此条件，我们推断，"被告"即假定的 A 地的生产商卡特尔可以将价格设定在接近于 22 元的水平上，或者高于完全竞争性价格的 10% 的水平上，而不会受到从 B 地"进口"的约束。如果高于竞争性价格近 10% 的价格足以为反垄断法认定为"垄断性价格"，那么 A 地就是一个独立的相关地域市场。

为了更准确地说明这一点，可以具体考察一个仅在 A 地生产的"被告"的相关地域市场，即"被告"的相关地域市场的范围由下式给出：

$$M(r) = IC/T$$

这里，$M(r)$ 是相关地域市场的半径（相关地域市场以公里表示，系以生产某一产品的工厂所在地为中心所划定的一个范围）；I 是反垄断法规定的被视为足以构成"垄断性价格"的超出竞争价格水平的增量价格（以百分比表示）；C 是每单位产品的生产成本，或者是竞争价格；[①] T 是每公里的最低运输成本[②]（假定运输成本不变，[③] 并假定所有企业的运输成本相同[④]）。我们可以将这一公式表述为"相关地域市场范围"关系式。这一关系式表明：相关

① 在这里，生产成本与竞争价格是一回事，因此，有时如果生产成本无法知道时，可以当前价格代替生产成本。

② 如果成本不随路途远近而变化，那么本公式不适用，这样的市场很可能是全国性的，比如，按照相应尺寸和型号收取统一费率的信件或包裹等邮政服务就是这样一种市场。

③ 现实中，运输成本可能是变动的，因为短途运输的成本通常高于长途运输成本。

④ 现实中，所有企业应享受相同运输费率。当然，由于有些企业可以获得一定的费率优惠，或者控制了相关运输工具并拒绝向竞争对手提供运输服务，或者歧视性地提供运输服务，因此，相对于竞争对手而言，这样的企业显然会扩大其经营的区域范围。

地域市场范围的大小不仅取决于"被告"的生产成本、运输成本，还取决于反垄断法所规定的垄断定价的幅度。"被告"的生产成本及法定垄断定价的幅度越高，运输成本越低，相关地域市场的范围就越大；反之，则反是。

按照上一关系式，假定"被告"的生产成本为20元，垄断加成为10%，运输成本为每100公里1元，那么"被告"的相关地域市场范围则大致是以其工厂为中心的半径为200公里的地区。这意味着，在该相关地域市场范围内，任何一家生产与A地企业相同的产品的企业都可以有效地约束A地企业行使市场势力，但该范围之外的企业是否能够有效约束A地企业行使市场势力，则取决于消费者的分布及其规模。

比如，位于"被告"正西250公里的企业C，在上述各项假定条件不变的情况下，企业C在面对"被告"不合理的10%幅度的涨价的时候，不能做出在A地销售的反应。然而，"被告"西面（位于"被告"以西方向150公里处）的大量消费者离C企业足够近（本例中仅相距100公里，距离短于"被告"到此的距离），以致企业C可以向这些消费者有利可图地销售产品。当然，多大程度的销售损失才使"被告"无利可图，我们无法给出一般的结论。可以说，这是一个经验问题，需要具体分析不同消费者所处的地理位置及其规模大小。比如，如果"被告"的最大用户位于以西方向150公里处，其占"被告"销售额的35%，那么，"被告"的价格哪怕仅高于竞争水平的5%，该用户也会转向C企业购买产品。在这种情况下，仅仅失去这一个消费者就足以使"被告"的涨价无利可图，因而需要将C企业所在地区纳入到相关地域市场，尽管该地区位于"被告"200公里之外。由此看来，真实的地域市场范围可能要大于根据上述公式所界定的市场范围。因此，在运用运输成本和生产成本方法界定相关地域市场时，反垄断机构或法院应掌握消费者分布及其规模方面的信息，并根据这些信息对利用上述公式所界定的最小市场范围进行调整，否则会发生过窄界定市场的错误。

三、结合地区差价、销售方式界定相关地域市场

尽管运用运输成本和生产成本可以确定一个最小范围的相关地域市场，而且，当运输成本和生产成本的信息容易获得时，应用这些信息所界定的相关地域市场更为准确、可靠。但是，当生产成本不易获取，或者不同企业的生产成本各不相同时，必须结合地区间的差价和运输方式，才能正确地运用运输成本界定相关地域市场。

（一）运输成本接近于地区差价、持续的单向销售与相关地域市场的界定

如果同一产品在不同地区的价格存在差异，而且运输成本也接近于地区差价的水平，那么相关地域市场的界定不仅取决于受审查的反竞争行为的发生地是高价地区、还是低价地区，还取决于从低价地区向高价地区销售产品的具体原因。

假定 AB 两地各有 6 家和 12 家生产同质产品的企业，A 地企业的平均价格为 8.8 元，B 地企业的平均价格为 8.0 元，两地之间的运输成本为 0.8 元，同时 B 地企业大量并持续地向 A 地销售产品，那么，在审查 B 地企业合并或其他反竞争行为的市场势力时，A 地企业是无关的，因为不论发生这种单向销售的原因是什么，A 地企业都不能有利可图地向 B 地销售产品，除非 B 地企业显著涨价，使 A 地企业有利可图地向 B 地"出口"产品。① 因此，对于 B 地消费者而言，A 地企业的产品不是有效的竞争替代品。在这种情况下，B 地企业的相关地域市场的范围都应仅仅限于 B 地企业的总销量之内。

但是，在审查 A 地企业合并或其他反竞争行为的市场势力时，相关地域市场的界定则取决于 B 地企业持续的单向对 A 地销售产品的具体原因。细言之，单向销售的具体原因不外乎以下几种情况：

1. "出口"地即 B 地企业持续单向对 A 地"出口"产品，是因为它们具有可以抵消运输成本劣势的生产成本优势。在这种情况下，B 地企业的全部产出而不仅仅是"出口量"都应包括在为检验 A 地企业市场势力的目的而界定的相关地域市场范围内。对于 B 地企业而言，AB 两地是同一个地域市场，对于 A 地消费者而言，面对 A 地企业的任何涨价，B 地企业都可以自由地增加"出口"而做出反应，因此 B 地企业的产品是一种具有充分竞争性的替代品。在我们的例子中，由于 AB 两地存在差价，因此即便 B 地企业没有成本优势，它们在 AB 两地同样都可以获得净利润。在这种情况下，如果 A 地产品价格上涨，那么 B 地企业将向 A 地销售产品，直到差价不复存在时止。

2. 相对于 B 地的企业，A 地的本地厂商具有一定的成本优势，但是它们不具有足以满足本地市场需求的产能。在这种情况下，本地高价格是为了补偿外地厂商的运输成本，从而吸引外地厂商扩大对 A 地的"出口"，以满足本地市场需求。只要本地产能不足的瓶颈还继续存在，那么 A 地的本地厂商不可

---

① 当 A 地企业具有过剩产能，并且其短期边际成本低于 7.2 元（这意味着 A 地的超竞争价格）时，B 地企业的小幅涨价将会吸引 A 地企业向 B 地"出口"产品，但是，A 地的"出口"并不足以阻止 B 地企业的显著涨价，其对 B 地企业的竞争约束只是暂时的。

能以低于 B 地企业设定的价格提供产品。这样，对于本地消费者而言，AB 两地的厂商都是没有区别的替代品。与第一种情况一样，本地价格上涨导致外地企业扩大对 A 地的"出口"，直到两地的差价重新恢复到运输成本的水平时为止。在这种情况下，原则上应采取与第一种情况下界定相关地域市场一样的原则，即 B 地企业的全部产出而不仅仅是"出口量"都应包括在为检验 A 地企业市场势力的目的而界定的相关地域市场范围内。

不过，与第一情况不同的是，本地的产能不足可能只是一种暂时现象。如果本地厂商具有成本优势，那么超额利润将会激励本地在位厂商或新进入者去扩大产能。这样，当本地价格下降到本地生产成本时，就会将含有"运输成本"的"进口"品挤出本地市场。如果产能不足只是暂时现象，那么就不应将 B 地企业的全部产出包括在为检验 A 地企业市场势力的目的而界定的相关地域市场范围内。但是，必须注意的是，"产能不足是否为暂时现象"乃是一个待证事实。只有在证明"产能不足为暂时现象"的事实基础之上，才可以不遵循关于将"出口商"的总销量纳入到相关地域市场的一般市场界定原则，才能将 B 地企业的产出排除在为检验 A 地企业市场势力的目的而界定的相关地域市场范围之外。因此，相关地域市场的界定应建立在客观事实而非推测的基础上，而且不应考虑相关变量将来可能的变化，比如因高额利润所引起的产能扩张、可能改变相关地域市场边界的运输成本的变化等。因为未来变化的可能性、特别是变化的幅度通常具有太大的推测性。关于产能不足地区的超额利润将引起足够的产能扩张，进而消除产能不足，对这一事实的判断本身的推测性远甚于确定性。比如，在一个具有吸引力的产业中，本地产能不足也许是因为原材料的稀缺引起的。

产能不足的事实只能通过证实本地厂商的显著超额利润才能明确认定。当然，如果本地产能不足现象在"在建新工厂及显著的产能扩张并伴随'进口'下降的过程中"明显消失了，那么也可以证明产能不足只是暂时现象。比如在美国诉哥伦比亚钢铁公司一案中就遇到了这样的问题。在本案中，美国钢铁公司（United States Steel Co.，简称 USS）并购了联合钢铁公司（Consolidated Steel Co.，简称 CS）。其中，CS 是一家在加州、亚利桑那和得克萨斯州都设有工厂的钢铁制造公司，而 USS 则是一家既向钢铁制造厂出售轧钢又制造钢铁的公司。因此，当 CS 从 USS 处购买钢材时，对竞争性钢铁公司造成的市场挤出效应取决于反垄断机构和法院是否将相关地域市场仅限定在 CS 出售钢材的 11 个西部州的范围内。在本案中，法院将相关地域市场界定在西部地区的范围内，而不是全国性市场。因为尽管以往的销售方式表明钢材市场是一个全国性市场，但是，本案审理过程中发现，最近西部地区新设立了一些轧钢生产设施，以及由于新确立了"西海岸定价基点"（West Coast basing point，这是钢材市场常有的一种定价方式，即钢铁公司以某一地的价格作为基点价格，不管各钢铁公司距离该基点远近，都以该基点价格作为交割价格），从而使从新增轧钢设施那里购买的轧钢的西部地区交割价格更加低廉。这一事实表明，西部地区的钢铁公司今后在西部地区的钢铁销售额中占有最主要的份额。也就是说，西部地区已不再是一个需要花费高昂运输成本从东部地区购买轧钢的产能不足的地区。① 同样，早期的型材贸易方式也表明，这种产品是一个全国性市场。在这个市场上，东部地区的钢铁公司与西部地区的钢铁公司进行竞争，尽管东部地区的钢铁公司存在着严重的运输成本劣势，但是，当西部地区钢铁公司的钢铁生产增加时，这种成本劣势就具有决定性意义。在这种情况下，USS 在这一市场上就不再具有显著的市场地位，而它与其他钢铁公司的合并也不受反垄断法禁止。在本案中，法院采取了一种折中的态度，即一方面认定西部地区为一个相关地域市场，但另一方面，它又认定合并当事企业在西部地区的市场份额没有达到反垄断违法的标准，因而批准了该项合并。②

3. 如果"出口"是由于"进口"地的非竞争性定价引起的，那么，原则上，相关地域市场应限定在仅包括本地生产商的范围内。否则，就会发生相关产品市场界定时的"玻璃纸谬误"。③ 与前面两种情况不同，正是本地生产商设定非竞争性价格的能力本身说明了远距离的生产销售商不可能成为有效的竞争性约束者。因此，本地生产商之间的任何合并或其他垄断化行为都只会使竞争状况变得更糟。而且，这里的情况也不同于产能不足的情况，在后一种情况下，竞争损害是面向将来的、具有一定的推测性；而在前一种情况下，竞争损

---

① United States V. Columbia Steel Co. ，334 U. S. 495，510，514（1948）.

② Id. ，at 513.

③ 所谓"玻璃纸谬误"指的是，美国联邦最高法院在美国诉杜邦公司案中界定相关产品市场时所犯下的一个理论错误。在该案中，杜邦公司是玻璃纸的独家生产和销售商，政府认定该公司在玻璃纸产品市场上占有 100% 的市场份额。然而美国联邦最高法院在这个案件中却将玻璃纸作为包装材料的一种。这样一来，杜邦公司在整个包装材料市场上仅占 18% 的市场份额。因而，政府在该案中败诉。这一判决的错误在于法院没有考虑到杜邦公司是玻璃纸的独家生产和销售商的基本事实，就以现行价格作为计算买方替代性的参考价格。而当时玻璃纸的市场价格已经是一个垄断价格，在这样一个垄断高价下，任何细微的涨价都会导致消费者转向其他包装材料，由此得出的买方替代性显然很高。因为在足够高的价格水平上，即便劣质的替代品，消费者也会觉得好。因此，玻璃纸谬误的实质乃是错误地以既有的存在市场势力时的垄断价格作为市场界定时买方替代性计算的参照价格。See United States V. E. I. du Pont de Nemours & Co. ，351 U. S. 377（1956）（Cellophane）.

害是直接的、可合理确定的。

在这种情况下，是否需要界定相关地域市场，则取决于案件中"被告"所实施的具体定价行为以及"被告"所受到的具体指控。首先，相关市场界定服务、并服从于反竞争效果分析的需要。如果无须界定相关市场就可以完成反竞争效果的分析，那么就没有必要进行相关市场界定。在这里所分析的情况中，非竞争性定价的存在本身就证明"被告"具有市场势力或反竞争效果。而非竞争性定价的存在与否只能通过持续、显著的价格—边际成本之间的差，或者非由于产能不足引起的超额回报来举证证明。因此，这里没有必要再进行相关市场界定。其次，只有本地生产者发现在设定一个可以吸引大量"进口"的价格有利可图时，才会产生市场界定问题。如果本地生产商把价格设定在正好可以排除"进口"的适当低的水平上，那么市场界定问题就可迎刃而解，即远距离的生产商在本地没有任何销售，当然应被排除在相关地域市场之外。再次，只有当"进口"对涨价相对缺乏敏感性时，本地厂商将价格设定在吸引部分"进口"的水平上才能实现利润最大化。这通常又意味着：相对于本地厂商的产能，外地厂商的产能相对较小。如果这样，那么将外地"出口"厂商的产出纳入本地厂商的总产出内，不会显著降低本地厂商的市场份额，因而仅对合并案件的反竞争效果产生有限的影响。因此，这种情况不值得单独进行反垄断合并审查时需要进行的市场界定程序，因为在这种情况下，是否界定市场，其结果不会有太大差异。但是，如果"被告"受指控的行为是滥用市场支配地位等垄断化行为，那么就得进行相关市场界定，以认定"被告"是否具有市场势力或市场支配地位。当然，如果通过高利润或显著的价格—成本加成可以证实市场势力的存在，如何界定相关市场也就无关紧要了。

4. 产品差异。当 AB 两地的产品为同质产品时，提出将 B 地产出纳入 A 地相关市场的主张具有较强的说服力，但是，当 AB 两地的产品为异质产品时，则主张将 B 地产出纳入 A 地相关市场没有太强的说服力。对于后者，不存在唯一正确的答案，因为产品的异质程度具有很大的差异。一个极端的例子是，一些产品仅在产品担保、维修便利性、产品质量或品牌等方面存在一定差异。这些差异对消费者的消费决策影响不大，因而对于绝大多数消费者而言，这些产品实质上是可合理互换的。另一极端的例子是，一些产品的差异很大，在一定价格幅度内，绝大多数消费者认为这些产品彼此都不是替代品。在后一种情况下，尽管 B 地的部分产品"出口"到了 A 地，但是，原则上不应将 B 地差异化产品全部纳入到 A 地相关市场。原因是 A 地的真正"进口"仅满足了 A 地市场的小部分需求，B 地生产商不可能轻易地增加对 A 地的销售，以便对 A 地的涨价做出反应。①

　　下面我们分析两种情况。第一，"进口"品对于 A 地部分（但有限的）消费者具有吸引力，但是，即使在 A 地价格显著上涨的时候，B 地生产商也不可能显著地扩大"出口"。在这种情况下，AB 两地的产品在产品特性、维修服务、品牌等方面存在一定差异，因而不能成为一种可以有效约束 A 地生产商定价决策的替代品。比如，假定 B 地产品跟随 A 地产品的价格（该价格比 B 地价格高相当于两地间运输成本的水平）定价，并且真实的"进口"满足所有已克服了对 B 地产品存有心理偏见的消费者的需求，这时，将 B 地产出全部纳入 A 地相关市场将夸大 B 地企业对 A 地企业的竞争约束。即使这一事实获得证实，由于 AB 两地的产品是异质产品，也不应将真实的"进口量"纳入 A 地相关市场。第二，"进口品"在 A 地可能获得一定的溢价。事实上，正是由于 A 地存在的溢价才促使 B 地生产商克服了运输成本的跨区贸易的障碍，并得以向 A 地"出口"。即使 A 地企业涨价使部分消费者转向"进口品"，但是，这种消费者转换是否大到足以有效约束 A 地企业的程度，则取决于 A 地溢价的幅度以及产品差异化的性质与程度。

　　这就需要评估产品的替代性。这时，以往的价格关系就变得十分关键。也就是说，通过判断过去的以完全平行的方式发生的价格变动是否证明产品替代性程度足以达到使两种产品共同构成相关市场。如果替代性达不到这样的程度，那么就不应将真实的"进口量"（远低于 B 地企业的总产出）纳入 A 地市场。②

　　总之，如果存在持续的 B 地产品单向"出口"到 A 地，以及 A 地价格比 B 地价格高出两地间运输成本的水平，那么，出于对 A 地企业合并或滥用市场支配地位行为反垄断审查的目的所界定的市场应推定包括 B 地企业的全部产出，但是，当因 A 地产能不足引起的"进口"正处于消失的过程中时，B 地企业的产出则不应计入 A 地相关市场。

（二）运输成本高于地区差价时相关地域市场的界定

　　为便于分析，假定 AB 两地生产相同产品，两地间的运输成本为 0.8 元，

① L. Kaplow, The Accuracy of Traditional Market Power Analysis and a Direct Adjustment Alternative, 95 Harv. L. Rev. 1817, 1836—1837 (1982).
② 如果"进口"产品的量不大，那么将真实发生的"进口"品纳入相关市场，不会引起太大的问题，但是，如果将"出口"地企业的全部产出都纳入"进口"地相关市场，那么，当这两种产品根本就不属于同一市场时，将会发生严重错误，即使这两种产品都在本地生产时也是如此。

两地的价格都是 8.0 元，那么在审查 A 地企业的合并或 B 地企业的合并时应如何界定相关地域市场？考虑三种可能的购买模式：

1. 不存在跨区销售的情况，但当两地差价至少不低于运输成本时偶尔发生的跨区销售除外。如果 AB 两地间的运输成本高于两地间的差价，两地之间也不存在跨区销售的情况，那么 AB 两地各自都为独立的相关地域市场。在上面提到的假定例子中，如果 B 地企业从来不向 A 地出售产品，或者仅在 A 地的价格等于或高于 8.8 元时才短期向 A 地出售产品，那么 A 地显然是一个独立的相关地域市场，而且应将 B 地企业排除在 A 地市场之外。

2. 持续的单向销售。在这种情况下，即便 A 地的价格高出 B 地的价格的差额低于两地间的运输成本，B 地企业也持续向 A 地销售产品。虽然，在这种情况下界定相关市场的问题与运输成本低于差价时界定相关市场的问题相同，但是，这里的问题是，运输成本高于两地间的差价，这就意味着"出口商"正在实施价格歧视。也就是说，它们的"出口"所得小于本地销售所得。① 这就对为审查 A 地企业的合并而采取的相关市场界定带来了两个麻烦：

第一，"出口商"的生产成本优势只是暂时的，即较低的净回报表明其价格仅高于短期边际成本但低于长期边际成本。② 在这种情况下，"出口商"通常不会扩大主要用于"出口"的产能，因而，"出口"最终将被迫终止，或者仅在"进口地"暂时的商品短缺时期才会"出口"。③ 具体来说，如果 B 地企业的长期边际成本较 A 地企业低 0.8 元，那么 B 地企业就可以一直跟随 A 地企业将价格定在 A 地的水平，这样，A 地企业的"假定卡特尔"就不具有市场势力。但是，如果 B 地企业的长期边际成本与 A 地企业一样，或者仅比 A 地企业低 0.4 元，那么它们无法维持向 A 地"出口"的产能，A 地企业最终可以将价格提高到接近于 8.8 元的水平。因此，与上文分析"运输成本低于差价"部分中由于"产能不足"而界定相关市场时的情况一样，如果"出口商"的成本优势仅仅是短期的，那么，原则上应将"出口商"的产出排除在"进口商"市场之外。

---

① 如果 B 地企业的本地价格定在边际成本的水平上，那么产生较低净回报的"出口"将无利可图。因此，这样的"出口"便意味着 B 地企业在本地市场获取超额回报，也证明 B 地企业的市场势力（通过合谋或有组织的寡占相互依赖行为予以维持）不受 A 地企业的约束。

② B 地企业的可以抵消运输成本的成本优势也可能是短期性的。如果这样，那些可以在本地市场和外地市场都可以获取相同净回报的企业对于全部销售额只获取了低于正常回报的收益，并正在降低产能，从而减少"出口"。此外，持续的低于长期边际成本的销售是可能的，特别是当资本昂贵且为耐用品时，尤其如此。

③ 如果建立新的工厂将显著损害规模经济，那么生产商可能会扩大现有产能。

　　然而，这种情况在实践中很难识别。长期边际成本通常不能从当前商业账簿中推导出来，尽管可以当前的平均成本作为长期边际成本的合理替代指标，但是，由于需要确定资本成本，因此当前平均成本也很难确定。不过，与"产能不足"的情形一样，持续几个年度的购买模式是可以合理证明的。这样，"进口地"市场应将持续在该地销售的"出口商"的总产出包括进来，除非"出口商"在"进口地"的销售在持续的几个年度都稳定、显著地下降。

　　第二，"出口商"在对 A 地涨价做出反应时扩大的"出口量"低于它们在本地销售和"出口"销售上都获取相同净回报时的"出口量"。如果 B 地企业在本地和"进口地"都能获得 8.0 元的净价格（扣除到 A 地的运输成本），那么，A 地价格上涨 0.4 元将会吸引 B 地企业更多地向 A 地"出口"，直到 B 地企业在 AB 两地获得的净价格相同时止。在此以前，"出口商"新增单位的"出口"可以获得相当于两地差价的额外利润。但是，当 AB 两地的价格为8.0 元时，如果 B 地企业的"出口"所得低于 0.8 元，那么 A 地的 0.4 元的涨价使 B 地企业在 A 地的"出口"获得的净回报仍然维持在 0.4 元的水平上，因而低于其本地销售的净回报。尽管"出口"回报率低于本地销售的回报率，但是，B 地企业仍然会向 A 地"出口"。①

　　在这种情况下，是仅将实际发生的"进口量"纳入 A 地市场，还是像"差价高于运输成本"部分中所分析的那样将 B 地企业的总产出都纳入 A 地市场？若将 B 地产出排除在 A 地市场之外则会低估 A 地市场的范围，但若将 B 地产出纳入 A 地市场又会高估 A 地市场的范围。这种两难境地在那些近乎合法的合并案件中事关重大，如果采取前一种态度，那么将高估 A 地企业的市场份额；如果采取后一种态度，则会低估 A 地企业的市场份额。因此，无论哪种情况，都必须对从市场界定中推导出来的推论进行调整。尽管我们没有明确的理由相信，这两种市场界定的结果，哪一种更正确，但是我们倾向于第二种态度。我们倾向于哪种态度，最终取决于现行反垄断法律政策的取向。比如，对占有相对适中市场份额的企业之间的合并的禁止越严格，那么采取第二种态度就越具有合理性。

　　兰迪斯（Landes）和波斯纳（Posner）甚至走得更远，他们认为，即使 A

---

　　①　在 A 地涨价时，B 地企业的一些过剩产出销售到 A 地是有利可图的，因为这些产品的生产并没有超过短期边际成本。此外，将一些产品"出口"到 A 地将增加 B 地企业的净利润。与所有垄断或卡特尔的情况相同，当边际收益等于边际成本时，B 地企业在本地的销售会实现净利润最大化。实际上，一单位 B 地销售的边际成本就是"机会成本"，即将一单位产出"出口"到 A 地所获取的净价格。这样，由于 A 地价格上涨，B 地企业本地销售的边际成本也随之上升，利润最大化的用于本地销售的产出下降，从而使未在本地销售的产出被"出口"到 A 地。

地价格高出 B 地价格的差额低于两地间的运输成本，也应将更远地区的产出包括在 A 地市场。其根据是，B 地企业的本地价格高于其生产成本，这样，向 A 地"出口"至少还可以获得完全竞争性的回报。① 即便如此，但是正如我们所分析的，"出口"利润低于本地销售的利润，因此，不能想当然地将这里的 B 地企业向 A 地的销售与上文在"差价高于运输成本"部分中所分析的情况等同起来。毫无疑问，具有过剩产能的 B 地企业可以扩大"出口"而不损失本地销售，② 但是，不能认为它们具有持续的过剩产能。

（3）持续的双向销售。当两地间的运输成本低于地区差价时，如果存在持续的双向销售，那么我们一般可推定该两地构成同一个相关地域市场。当然，如果有证据证明，两地间的运输成本高于差价，那么该推定就不再成立。如果两地间的运输成本高于差价，那么双向销售就意味着，生产商在每一个地区都实行价格歧视，因为两地的生产商都接受较低的、向对方地区销售产品的净回报。反过来，这又意味着，每个地区的价格都是非竞争性的，因为竞争性定价将消除两个方向的跨区运输。因此，这种情况应受一般性规则约束，即显著的运输成本意味着各地构成不同的相关地域市场。

四、结论

综上所述，运输成本在相关地域市场界定中的意义和作用既取决于"被告"的生产成本、其他厂商的生产成本、需求状况、消费者分布特点及其规模，又取决于"被告"与相关地区之间的价格的相互关系以及是否存在跨区销售。因此，如果知道了不同地区厂商的生产成本、运输成本，我们就可以应用相关地域市场范围关系式直接界定一个最小的相关地域市场范围，并根据消费者的分布及其规模对由此界定的相关地域市场进行调整。如果不知道"被告"和其他地区厂商的生产成本和需求状况，那么应结合相关地区的价格差异和销售方式等因素来界定相关地域市场。但是，不同地区之间的运输成本既可能大致与不同地区之间的差价相同，也可能显著高于这一差价；单向或双向跨区销售既有可能不存在，也有可能是暂时存在或持续存在。这就要求反垄断机构或法院区别不同情况，做出不同的相关地域市场界定。原则上，应把握以

① W. Landes and R. Posner, Market Power in Antitrust Cases, 94 Harv. L. Rev. 937, 948 (1981).
② 正如美国联邦第七巡回法院所指出的，持续的过剩产能将使运输成本变成平均可变成本，并激励企业在一个更大范围的地域市场展开竞争。See, FTC v. Elder Grain, 868 F. 2d 901 (7th Cir. 1989)

下几点：

第一，持续的从一个地区向另一个地区的单向销售通常意味着，运输成本或其他跨区贸易的障碍事实上被克服了，或至少部分被克服了。因此，"出口"地是一个适于评估该地企业市场势力目的的独立的相关地域市场，也是一个适于审查该地两个或两个以上企业合并目的的独立的相关地域市场。同时，持续的从一个地区向另一个地区的单向销售通常意味着，当评估"进口"地企业的市场势力，或评估"进口"地企业合并及"出口"地与"进口"地企业合并对"进口"地的反竞争效果时，"出口"地企业的全部产出都应该包括进来。

关于这一点，根据不同的情况，可能存在不同的结论。申言之：（1）如果不同地区间的运输成本接近于地区间的差价，而且"出口"地企业的生产成本比"进口"地的生产成本大致低得与运输成本相近，那么这一结论是非常明确的；（2）如果"进口"地的高价格是由于本地卡特尔或垄断性的产出限制，或者是由于本地供应不足等原因引起的，那么这一结论的可靠性就不是很强，特别在后一种情况下，当本地商品匮乏的情况很快会结束时，就应该放弃这一结论；（3）当运输成本高于"进口"地的价格增量时，那么这一结论是可以反驳的；（4）虽然这一结论可能自相矛盾，但是，当商品在两个方向都流动时，尽管运输成本很高，不同地区都应被视为各自独立的相关地域市场。

第二，虽然不同地区之间的运输成本本身不随各地本地价格的变动而变动，但是跨区运输是对不同地区相对价格的反应。通常情况下，当两地间的运输成本低于地区差价时，如果存在持续的双向销售，那么我们一般可推定该两地构成同一个相关地域市场；当跨区贸易没有发生或仅是暂时性的，而且运输成本高于不同地区之间的差价时，本地市场就是一个独立的相关地域市场。不过，值得注意的是，地区之间不存在跨区贸易也可能仅仅意味着本地价格是竞争性的，买方或卖方没有必要承受哪怕是很小的运输成本到其他地区购买或向该地区出售商品。当然，如果本地价格上升到超过运输成本的程度，买方就会去其他地区购买商品，而卖方也会将商品运输到该地区。在这种情况下，相关地域市场的范围应大于本地的范围，尽管实际上没有发生跨区运输。同样，实际发生的"进口"① 只是因为本地价格已处于一种垄断水平，而且还不受远距离供应商的约束。因此，在运用运输成本方面的信息界定相关地域市场时要仔

---

① 本文中所称的"进口"，指的是来自于其他地区的商品，不论它是来自于国内其他地区的商品，还是国外的商品。而"本地"则是指一个生产经营者的住所地。

细、审慎。

第三，在界定相关地域市场时，反垄断机构或法院一般应审查某地（假定 A 地）的"被告"能否持久地维持垄断价格，或者其垄断价格能否为其他地方（假定 B 地）企业的生产所约束。当然，如果 B 地企业不能显著扩大产能，或者不能显著地将其产出从现有消费者那里转移到 A 地消费者，那么它们就无力约束 A 地企业的垄断定价。所谓垄断价格是指一种显著高于完全竞争价格的价格。不过，何谓"显著"，则取决于法律规定。比如，美国《横向合并指南》将"显著"的标准设定为 5% 或 10%。因此，运输成本在界定相关地域中的意义和作用取决于反垄断法可以容忍的垄断定价的幅度。如果反垄断法规定的垄断定价的幅度不得超过完全竞争价格的 5%，那么当运输成本超过生产成本的 5% 以上时，就意味着该地区是一个独立的相关地域市场。

生态损害：风险社会
背景下环境法制

梅 宏[*]

内容摘要 传统法律对于生态利益保护、生态损害预防和救济有着难以克服的局限性。保护人类最大的共同利益——生态利益不受侵害，防范生态风险，预防和控制生态损害发生，是环境法特有的使命。应对生态损害，要求法律针对生态损害的特点，结合其发生机制，考虑现实的社会条件，完善风险社会的环境立法。环境法一改传统救济方式重于事后惩罚与补救的立法思路，加强预防性法律制度的建设，重视对生态利益的保护，积极改变生态利益在多元利益冲突中处于弱势地位以至于易受损害的局面，以求从根本上预防生态损害的发生。

关键词 生态损害 生态利益 风险社会 环境立法

一、生态损害：风险社会的法律难题

全球环境危机将人类卷入全球性的风险之中，这种风险完全超出人类感知能力，并且不可预见。环境风险一旦转化为生态损害，就会引致系统的、常常是不可逆的损害，而且生态损害一般也是不可预见、不可计算的，"时间上和空间上都没有限制，不能按照因果关系、过失和责任的既存规则来负责，不能被补偿或保险"。^① 在风险越来越大的当代社会，生态损害无疑成为加剧风险程度的不利因素。

生态损害，是以生态保护的视角看待人的行为对生态系统的损害进而择定

---

* 2009 年 9 月至今在厦门大学法学博士后流动站从事国际法学专业博士后研究工作。

① ［德］乌尔里希·贝克：《世界风险社会》，吴英姿等译，南京大学出版社 2004 年版，第 101 页。

的概念。参考国内外学者对"生态损害"及相关概念所作的学理定义，本文将"生态损害"定义为：人们生产、生活实践中未遵循生态规律，开发、利用环境资源时超出了环境容载力，导致生态系统的组成、结构或功能发生严重不利变化的法律事实。①

生态损害的直接对象是生态系统。生态系统构成的特殊性决定了并非所有的"环境"都能构成相对独立的生态系统。如果某一局部环境没有构成一个相对独立的生态系统，即使对它造成损害，也不是生态损害，只是环境损害。"环境损害"这一概念因其多重语义，从而容易造成表达上的不便和理解上的困惑。现实中，既存在构成生态损害的环境损害，也存在不构成生态损害的局部环境损害。生态损害是环境损害的一个子集，当然，其为环境损害最重要的内容。

人类永远生活在充满"不确定性"的生态系统中。随着科技水平的提高，以及人类有能力大规模开发利用自然的社会制度设计能力的提高，这种来自生态的"不确定性"反而在加剧。② 后工业社会在创造极大物质财富的同时，也加剧了人类对环境风险控制及生态损害预防的不可感知性或不确定性。当代社会风险变得异常复杂，风险类型出现多样化趋势。而生态领域的风险与损害最早引起人们关注，它是现代社会发展对世界生态体系的冲击（包括物质资源的枯竭、污染与环境破坏、温室效应及全球气候变暖、严重的土地沙漠化、生态灾难等），是人类因不断扩展发展空间而导致的"自然的终结"，是因"人化环境"或者"社会化自然"所带来的风险，其严重程度令人瞠目结舌。③ 突如其来的生态损害，或经久蓄积、终于显现的生态损害，以一种整体的、平等的方式威胁或侵害每一个人，即使是富裕和有权势的人也无法逃脱。

稳定、有序的地球生态系统是人类文明发展的前提条件，人类必须将不破坏地球生态系统的良性循环、保护生态系统的良好状态作为新的文明——生态文明的重要标志。建设生态文明要求人类改变传统观念，树立新的生态观念，即全球生态系统整体观念和系统中诸因素相互联系、相互制约的观念。人类应当意识到自己并不是自然的主宰，而是自然的一部分；人类要尊重自身，首先要尊重自然，在自然规律允许的范围内与自然界进行物质、能量的交换。"生态文明需要法律的确认和保护。"④ 以建设生态文明为契机，生态损害能否得

① 关于"生态损害"概念的确立及其定义、特点的论述，参见梅宏《"生态损害"的法学界定》，载《中国环境资源法学评论》（2007年卷），人民出版社2008年版，第125页。
② 郑少华：《从对峙走向和谐：循环型社会法的形成》，科学出版社2005年版，第98—100页。
③ 参见斜晓东著《论环境法功能之进化》，科学出版社2008年版，第1—352页。
④ 张文显：《法理学》（第二版），高等教育出版社2003年版，第497页。

到法律规制以及如何被法律规制的问题日益受到法学研究者的关注，时有发生的生态损害法律争议不再因缺乏现行法律依据被置之不理。

生态损害，作为一个法律问题，首先是从司法实践中提出来的。在国内外司法实践中，针对生态损害的赔偿请求已有多例。然而，现有的法律制度却难以支持生态损害索赔。现代侵权法对损害的判断依据主要是该损害于法律上是否存在相对应的民事权利或法益；"利之所生，损之所归"，侵权行为法中的"损害"概念应该包含受侵权法保护的民事权利或法益被侵害的要素，[①] 非为对侵权行为法所保护的权利或利益造成的损害不是侵权行为法上的损害。由人们的环境侵害行为引起的人的利益损害是侵权行为法的调整对象，而由环境侵害行为引发的人的利益损害之外的生态损害不属于现行立法上环境侵权责任构成要件中的"损害"类型。相应地，包括环境侵权法在内的传统法律无法应对生态损害。

应对生态损害，必须将传统法律所说的"损害"，即对特定人的财产利益、人身利益、精神利益的损害，扩大到对生态系统的损害。当代法学"改变传统上仅仅将环境看作是致人权益受损之'媒介'，只重视对人的救济，忽略对环境损害之弥补这种观念"，[②] 开始界定"生态损害"的法律含义，将生态损害视为引起法律责任的原因之一，并结合生态损害产生的原因和特点，研究法律如何应对生态损害。早在 1980 年美国颁布的《综合环境反应、补偿和责任法》（CERCLA）中，就将自然资源等环境要素作为法律保护的对象；为积极补救人为活动对环境造成的损害，规定总统或任何州授权的代表可以"自然资源受托管理人"的公众代表身份，向环境损害责任人主张恢复或更新被损害的自然资源的费用。欧洲委员会自 20 世纪 80 年代末草拟《洛迦诺公约》，到后来通过《关于补救环境损害的绿皮书》、《欧盟环境民事责任白皮书》及至 2004 年 3 月 10 日通过《预防和补救环境损害的环境责任指令》，日益明确"环境损害"的含义，[③] 逐步构建了一套环境损害民事责任体制。国际公约方面，《1989 年国际救助公约》在第 1 条第 4 款规定了"环境损害"（Dan-

---

① 杨立新等：《精神损害赔偿》，人民法院出版社 1999 年版，第 57 页。
② 蔡守秋、海燕：《也谈对环境的损害——欧盟〈预防和补救环境损害的环境责任指令〉的启示》，载《河南省政法管理干部学院学报》2005 年第 3 期。
③ 《预防和补救环境损害的环境责任指令》正文的第 2 条规定："环境损害指的是对受保护物种和自然栖息地的损害。此种损害对受保护栖息地或者物种保育状况的顺利延续或者保持产生了重大不利影响……"

ger to the Environment），对"防止或减轻环境损害的责任"做了详尽规定。①
海上溢油造成的生态损害法律问题十分突出，尽管在《国际油污损害民事责
任公约》和《设立国际油污损害赔偿基金公约》近 40 年的实践和发展中，
"公约的条款规定经历了：从未明确考量该问题，到原则上排除环境本身的损
害，仅赔偿'合理'的清除费用和环境恢复费用的发展"，② 但是，包括我国
在内的一些公约当事国在相关案件的司法判决中已考虑了生态损害索赔，为法
律应对生态损害提供了重要案例。③

　　为应对已发生的生态损害而付诸司法实践，原告和司法机构只能考虑事后
救济，以期为恢复、治理受侵害的生态系统尽可能地争取经费。即便如此，生
态损害索赔案件中亦有不少新问题值得研究，如原告主体资格、生态损害价值
评估、生态损害赔偿范围、赔付标准和执行保障等。国内外的生态损害索赔案
件迟迟不能结案，个别结案的判决在生态损害赔偿方面远未满足原告的诉求，
这些都体现了生态损害赔偿的困难。"有损害必有赔偿"的法谚，在遇到生态
损害法律问题时，难以推论"同理可得"。在司法实践中首先提出的生态损
害，却在谋求司法解决的路径中遇到了难以攻克的困难，究其原因，生态损害
是一种迥异于传统损害的新型损害，它出现于被称为"风险社会"的今世，
无法沿袭传统法律的套路。只有在风险社会的背景下理解生态损害，才能准确
地找到其法律应对之途。

　　环境风险与以往社会的自然危险或危害相比，有其自身显著而独特的性
质，诸如非直接感知性、科学不确定性，等等。环境风险"既不能以时间也
不能以空间被限制，不能按照因果关系、过失和责任的既存规则来负责，不能
被补偿或保险"。④ 作为环境风险的显性表现，生态损害继承了环境风险的性
质。虽被习称为"损害"，但是，提出诉求的一方、受案法院和司法上确定的
责任主体都难以判断生态系统受损害的程度，亦难以确定赔偿的额度。司法诉
讼无法有效应对生态损害，这是因为，"司法是社会正义的最后一道防线"；

---

① "防止或减轻环境损害的责任"即"环境责任"已成为现代海难救助的新标的。有学者因此认
为，环境责任是除了船舶、货物、到付运费之外的第四种救助标的，并将其命名为第四海事财产。

② 竺效：《论在"国际油污民事责任公约"和"国际油污基金公约"框架下的生态损害赔偿》，
载《政治与法律》2006 年第 2 期。

③ 1978 年 3 月 16 日，Amoco 公司的 Cadiz 号超级油轮油污事故引起的自然资源损害索赔案件，
是最早在国际上产生重大影响的船舶溢油引起的自然资源损害索赔案件。其后有 Antonio Gramsci 油轮
漏油案，Patmos 案，Exxon Valdez 号油轮溢油污染索赔案，Haven 案，Erika 案，"塔斯曼海"轮溢油引
起的海洋生态损害索赔案。

④ 乌尔里希·贝克：《世界风险社会》，吴英姿、孙淑敏译，南京大学出版社 2004 年版，第
101 页。

就诉讼而言，起诉者面临的是已发生的生态损害，能否收集到生态损害索赔之诉的有力证据，将决定其能否得以胜诉；至于应当承担生态损害填补责任的诸主体能否实际承担赔偿或补偿责任，受侵害的生态系统是否因为得到终审判决书上确定的赔偿金而获得生态恢复的充分保障，已非法律本身所能解决的问题。在司法实践中引人关注的生态损害，并不能指望司法机关为其提供充分、有效的应对之策。应对生态损害，要求法律针对生态损害的特点，结合其发生机制，考虑现实的社会条件，创设新的法律制度。而司法，尤其在大陆法系国家，不过是国家司法机关及其工作人员依照法定职权和法定程序，适用法律处理案件的专门活动。在生态损害相关立法尚付阙如之际，司法诉讼能冲破生态损害索赔之诉现行法律依据的诸多盲区而提起，已属不易；受案法官要考虑诉讼程序、证据规则和司法鉴定结论，这使得能够进入司法救济环节的生态损害更受限制。生态损害的法律应对，重点在于针对这一新型损害的特点完善风险社会的环境立法，防止生态系统遭受不可逆转、难以恢复的损害，而非以谋求司法救济为唯一目标。事实上，生态损害的司法救济，在大多数情况下，都会受到立法不足的影响。有鉴于此，本文剖析生态损害的实质，探讨风险社会背景下环境立法的进路。

二、运用利益分析方法剖析生态损害的实质

　　生态损害之所以进入法律领域，被称为"新型损害"，是因为人们越来越深刻地认识到，生态损害一旦发生，在使生态系统发生严重不利变化的同时，也使处于这一生态系统中的所有人都受到生态利益的侵害乃至生态安全的威胁。这种损害未必及于特定人的人身、财产、精神权益，但是它侵害了人类生存、发展的根本利益——生态利益，故为人与自然之间关系的重大问题。

　　生态利益是生态系统对人的有用性或满足人的环境需要的属性，其为生态系统提供给所有人（集合意义上的人，包括任何一个个体意义上的人）的客观利益，具体表现为人的生命和健康的安全、生命系统的安全、生态系统的安全等。人类在长期的生产、生活中与生态系统存在交相与共的利害关系，人的生存、发展对于生态系统有着与生俱来的基本需要，"我们连同血、肉和脑都是属于自然界并存在于其中的"。[1] 人类社会的发展也时刻需要生态系统的支持，生态系统无私但非无限地满足着这种需要。无论是个体意义上的人，还是集合意义上的人，都对生态系统的健康、稳定具有基本需要。需要是利益的基

---

　　[1]　恩格斯：《自然辩证法》，人民出版社1984年版，第305页。

础和动因，利益是主体对客体的一种能动关系，可以肯定生态利益的存在。生态利益就是生态系统对人的有用性在社会意识层面的投影。清新的空气、生机勃勃的森林、生物多样性富集的湿地等生态系统的健康状态早已存在，只是在人类出现之后特别是在环境危机的背景下，这些原本被认为"无价值"的东西才变得"宝贵"起来。"以这种危机状态为背景，国民们认识到自然的重要性，开始意识到过去一直以为是无价值的天然资源和自然景观等，对于国民来说是无法替代的资产。"① 历史进入 20 世纪中后叶，来自生态损害的风险降临到人类的头上。这种无法摆脱的风险促使人们进行新的思考，寻求应对生态损害的立法进路。这种寻找立法进路的思考促使生态利益上升为环境法的利益。面对环境风险、生态损害不时威胁人的生存、发展，基于人类利益观，法学研究者率先将生态系统满足人的环境需要的属性赋予"利益"的术语，不懈地推动立法者将生态利益提升为法律保护的利益，并加强生态利益的法律保护。

由生物群落及非生物自然因素组成的各种生态系统为生活于其中的人们带来的生态利益是不可分的。人类作为整体享受着生态利益，个体却无法分割出自己那一份。生态系统的公共性与外部性，决定了生态利益只有自维性，没有自利性，具有公共性，不具排他性，其与受环境影响的私人利益（包括集体利益）具有本质区别。生态利益是"人类的共同利益"，它不是单纯的事实上的利益或反射性利益，而是法律上的利益本身。②

利益是人类行为的终极价值尺度。"环境问题的产生主要是因人们对利益的认识和追求的不当所致。"③ 用法律手段解决环境问题，就是要围绕与环境利益相关的多种利益束进行协调或调整。以建设生态文明为目标，环境法打破了以经济利益为核心的传统利益格局，将生态利益予以确认，使其与人身利益、财产利益、国家利益、社会利益等并立为法益。为应对生态损害法律问题，环境立法应当围绕确认生态利益、保护生态利益这一中心展开。

生态利益的公共性要求人们采取共同的行动，即使是出于自身长远利益的考虑，也应承担保护地球生态系统及其支系统的责任。生态危机中没有局外人，人人都是利益关联者。地球环境是一个完整的生态系统，任何区域、任何规模的生态损害都会对生态系统产生影响。国家不分大小、无论贫富，无一不承受来自生态危机的压力，因此，世界各国都对生态保护负有不可推卸的责

---

① ［日］原田尚彦：《环境法》，于敏译，法律出版社 1999 年版，第 66 页。

② 参见吕忠梅《环境法新视野》，中国政法大学出版社 2000 年版，第 115 页。

③ 李启家：《教育部人文社会科学重点研究基地重大项目成果报告摘要——环境资源法律制度体系的完善与创新》，参见 http：//www. riel. whu. edu. cn/show. asp？ID＝1190。

任。生活在地球上的人们是一个大的利益共同体，这一集体中的任何个体都有义务保护迄今为止唯一可供人类栖息的地球环境。倘若每个主体都最大限度地利用生态系统这一公共物品，不对环境资源的利用付出代价，不谨慎预防生态损害，所有人都将直接或间接地受到生态损害的不利影响。生态系统是一个整体，存在于生态系统之中的任何主体都无法超越生态损害所侵害的生态利益。诸生态系统之间物物相关、能流物复、负载有额等特点决定了，相关生态系统都可能因生态损害的发生而受到直接、间接的影响。生态损害的后果不限于某一生态系统，其影响广泛。地球环境是一个具有整体性和系统性的有限空间。生活在其中的人从诞生那一天起就因环境的有限性形成了一个天然的利益共同体。但是，在生态危机（规模大、程度深的生态损害）出现以前，人们往往认识不到自己是这个利益共同体的成员，认识不到人类利用环境资源行为的无序和过度一旦超出了生态系统的容载力，整个人类共同体的生态利益就会受到损害。酸雨、赤潮、臭氧层破坏、全球性气候变化、生物多样性锐减等生态破坏现象，使生态损害的后果愈益明显。面对频频发生的生态损害，人们认识到，仅仅依靠某个地方、某个国家的政府是无法有效应对的，它需要多个国家乃至世界各国广泛重视，需要相关的企业和民众共同维护生态安全，防止生态损害。

　　基于对生态利益公共性的认识，当代法学研究强调，对生态系统的损害和对人的损害一样重要甚至更重要，而且，生态损害远比以环境为媒介引起的人身、财产损害影响面大、危害程度深。生态损害需要法律规制。这是因为，在与可持续发展原则相背离的粗放型经济发展模式尚未彻底扭转之前，人为的生态损害难以避免。生态损害造成人类共享的生态利益遭受侵害。法律如何保护人类共享的生态利益是法学领域的新问题，是一个从法理分析到立法应对都存在困难的问题。

　　生态损害的实质是生态利益受到严重侵害。如果说，在"环境危机时代"之前，人类利用环境资源的行为对生态系统的破坏性影响有限，尚不足以危及生态利益，亦未造成显著的生态损害，那么，近半个世纪以来，一起起海上溢油事故、环境公害事件、环境破坏新闻表明：生态损害频发。随着环境问题日趋严峻，环境需要的增长和人类社会环境观的转变促成了生态利益的形成，人们意识到地球生态系统对人类生存、发展的重要性，保护生态利益的要求日益突出。生态利益已经形成并独立为一种新的利益，亟须法律保护。由于传统法对生态利益的保护、救济有着无法克服的局限，现有的法律制度不足以预防生态损害，造成生态利益法律保护不利。传统民法确立的财产权、人身权等私权是针对能为个人掌握、控制的物或私益而设立的，业已存在的权利保障体系无法对所有人共享的生态利益提供有效的保护与救济。生态利益得不到有效保护，就有可能引起突发事故型生态损害或造成蓄积型生态损害，这是生态损害法律问题日益突出的"症结"。

在生态危机愈演愈烈的形势下应运而生的环境法，担负着保护人类共享的生态利益的重任。拯救被破坏的地球环境，使不直接归属于具体的自然人或法人的生态利益得到保护，是传统法律难以应对的问题，是需要环境法依其特有的理论努力解决的问题。被称为"带动法学理论发展的最有生命力的法律部门"——环境法一改传统法学理论视环境为中介物的观点和看法，扩大了"损害"的范围，将"生态损害"纳入法学范畴，使法学上的"损害"从传统法益的损害扩大到生态利益的损害。

鉴于生态利益经常受到侵害或有受侵害之虞，有必要制定法律对生态利益加以保护。生态利益法律保护的重任主要落在以维护生态安全、建设生态文明为己任的环境法上。环境法对生态利益予以确认，将其确立为法益，并根据生态利益的特点和要求，给予其积极、充分的事前保护，尽可能地防止这种关系到人类生存、发展的利益受侵害。

三、预防生态损害：环境法治之途

"有权利必有救济"、"有损害必有赔偿"，这似是自古罗马社会以来就被私法领域广为接受和遵从的一条法则。然而，生态损害已非传统法律所说的"损害"，无论在侵害客体上还是在损害后果上，生态损害都显著区别于传统损害。生态损害是人的行为对生态系统的损害，其侵害客体是地球上某一生态系统，而非特定财产、人身或精神利益；就损害后果而言，生态损害的发生导致生态系统的组成、结构或功能发生严重不利变化，而未必及于特定财产损害或人身损害、精神损害及纯经济损失。对于这种因人的行为而致生态系统本身遭受的损害，我们必须结合生态系统自身的特点来加以认识。

从方法论上讲，环境立法应对生态损害的进路，不能亦步亦趋地效仿其他部门法。就像海商法独具特色的法律制度（共同海损制度、海难救助制度、海事赔偿责任限制制度等）无法用普通的民商法理论阐析一样，围绕生态损害的制度构建亦无法沿用"有损害必有赔偿"的民商法思路。鉴于生态损害的难以预见、难以计算、难以恢复，环境立法应着眼于生态系统的保护，而生态系统保护有其自在的生态规律，这种科学性的规律要为法律所表述。

预防生态损害是由生态规律决定的，生态损害的法律规制必须尊重生态规律。面对现代环境风险，人们不再关心获得"好的"东西，而是关心如何预防更坏的东西。如果说阶级社会的驱动力可以概括为：我饿！那么在现代环境风险中人们的驱动力可以表达为：我害怕！每一个人都应该免受毒害，自我限制作为一种目标出现了，焦虑的共同性取代了需求的共同性。① 面对环境风险对生态系统安全的威胁，我们除了谨慎预防，防患于未然，别无更好的办法。"消未起之患"，"医未病之病"，加强事前保护，积极预防生态损害，是环境法应对生态损害法律问题的理念。这一理念的确立，有其充分的科学依据和理论依据。在这一理念的指引下，环境法明确了生态损害预防是其应对生态损害法律问题的中心思路。生态损害预防，有赖于生态损害填补责任制度预防功能的发挥，有赖于突发环境事件应急控制机制的及时启动，有赖于环境行政执法的事前干预、环境公益诉讼制度的有效运用，更有赖于加强生态利益的立法保护。而加强生态利益的立法保护，是环境法治应对生态损害的必然要求。

为应对生态损害，环境法，这一风险社会的基本法，应以生态系统管理思想为立法指导思想，以遵循生态规律、维护环境承载力和生态系统的自我恢复能力为立法的认识基础，以增进生态利益的保护、预防和控制生态损害发生为立法目标，以谨慎防范原则、积极防止原则为立法原则，确立生态系统整体化管理的立法模式。这一立法模式将各种社会经济活动纳入生态保护的范围中，通过实施生态风险评价、生态系统健康诊断、生态核算，注重产业布局生态规划、促进循环经济发展、鼓励公众参与环境诉讼等手段，在强调生态保护的同时追求生态保护与经济增长、社会发展的协调与可持续发展；通过各项生态法律制度的建设，② 发挥环境法的利益调整功能、指引功能和保障功能，创设全过程战略与法律规则，引入生态利益促进规则，从源头解决不同利益取舍之间的矛盾，力求实现"利益冲突→利益衡平→利益和谐共生"的法治状态，实现从"被动善后"到"综合治理与建设"的转变。

采取全面、有效的措施防范生态风险，维护生态安全，预防生态损害是环境立法的进路。寻求生态损害救济之途在司法上固然重要，对生态损害的"源头"与"过程"实行全面控制更应受到重视。环境法将倾斜保护生态利益作为环境法功能运行的重要基点，通过对生态利益与经济利益、整体利益与个体利益等诸多利益关系束进行调整、衡平，积极改变生态利益在多元利益冲突中处于弱势地位以至于易受损害的局面，以求从根本上预防生态损害的发生。

---

① 乌尔里希·贝克：《风险社会》，何博闻译，译林出版社 2004 年版，第 56—57 页。
② 限于篇幅，本文围绕生态损害法律问题重点从法理层面分析环境立法的进路，有关制度构建的内容将另文阐述。

国际私法中的管辖权正义

付颖哲*

内容摘要 在广义国际私法的所有法律问题中，管辖权毫无疑问是首要问题，无论是国际私法中实体正义还是程序正义，它们的实现，首先依赖世界范围内各个国家在符合正义要求的基础上行使管辖权。因为缺乏世界范围内统一的立法和司法协调机构，所以国际私法中的管辖权正义始终缺乏明确的标准。那么，在国际私法中管辖权正义是什么，以及如何实现就成为各国法学研究的重要问题。本文将国际私法中管辖权的基本分类，即直接管辖权（审判管辖权）和间接管辖（承认管辖权）作为切入点，从两者的相互制约、相互影响的关系入手，着重分析国际私法中管辖权体系和协调机制，最终力图得出国际私法管辖权正义的规范性内容。

关键词 国际私法 直接管辖权 间接管辖权

古希腊哲学家亚里士多德将正义分为分配正义和矫正正义，他的正义体系是以首先承认在广泛的社会结构中存在不正义现象为前提，尽管建立在平等基础上的分配正义具有相当的稳定性，但正义的结论始终处在分配正义和矫正正义相互制约、相互影响的动态机制之中。① 随着国际民商事交往的日益增多，一个民商事争议往往涉及两个以上的国家，争议所涉及的国家都可以行使民事司法管辖权。与亚里士多德正义体系的基础不同，有关国际民商事管辖权正义没有经立法者进行统一分配的基础，这一方面导致管辖权正义的内容更加的不确定，另一方面导致矫正正义在实现管辖权正义的过程中更加显得举足轻重。这里，国际民商事管辖权被分为直接管辖权（审判管辖权）和间接管辖权

---

* 2009 年至今，在中国政法大学博士后流动站从事国际私法专业博士后研究工作，现为西北政法大学民商法学院讲师。

① 参见亚里士多德《政治学》，颜一、秦典华译，中国人民大学出版社 2003 年版，第 75 页。

（承认管辖权，Anerkennungszuständigkeit）前者承担实现分配正义的角色，后者完成矫正正义的任务。

一、国际民商事管辖权的分配正义

（一）管辖权分配正义的基础

如果从整体上审视国际法律交往，所有的跨国民事争议就如同一个巨大的蛋糕，由所有相关国家通过行使自己民事司法管辖权来分割这个巨大的蛋糕。因为缺乏一个超国家立法和司法协调机构，所以有关管辖权界限的法律规定除了很少的一部分来自国际条约外，大部分还是来自于各国内国法中的程序法律规定。因而，这个巨大的蛋糕并不是由一个巨大的餐刀来进行统一分配的；相反，管辖分配是由各个国家的国家法院借助自己国家的直接管辖权规范通过相互绞力完成的。对于一个跨国民商事争议而言，各国的直接管辖权有时相互之间交集、相互排斥（管辖权的积极冲突），有时则会游离于任何一个国家的直接管辖权之外（管辖权的消极冲突）。为了完成这一分配工作，每一个国家都需要对国家之间管辖权分配的正当性承担义务，并克制自己的管辖冲动。这种义务和克制对国家立法者来讲，体现在应当在研究和比较其他国家管辖权规则的情况下有所顾忌地制定直接管辖权规则；对内国法院的法官来讲，体现在严格地按照自己国家有关直接管辖权的规则对涉外案件实施管辖权，并在存疑时，依据与案件联系的紧密程度来行使管辖权。总而言之，管辖权正义要求每一个国家都要从国际管辖权分配正义价值理念出发制定管辖权规则，并行使民事司法管辖权。

（二）管辖权分配正义的标准

在剔除政治诉求（互惠关系要求和互惠关系所包含的政治利益）的理想状态下，对于一个民商事争议来讲，要获得公平正义的审判结果必须是在查明案件事实的基础上，在公正的诉讼程序中，依据正确的民商事实体法，由最无私的法官做出裁判。有鉴于此，一个公正判决被做出需要具备两个条件，即查明案件事实以及适用正确的民商事法律规定，前者相对于后者无疑具有优先地位。事实上，同一个民商事争议由不同国家的法院进行审理往往会得出不同的结果，其原因要么来自于案件事实查明程度不同，要么来自于实体法适用的不同。在进一步剔除法律选择差异的情况下，查明案件事实就成为获得公正审判结果的关键。那么，对于本文所讨论的管辖权问题来讲，什么是对查明案件事实帮助最大的标准呢？那就是与案件的联系，因为与案件的联系越多，有效获取案件信息的可能性就越大，很自然的，查明案件事实的可能性就越大。所以，世界范围内的所有国家几乎都将与案件联系的紧密程度作为制定管辖权规则、并完成管辖权分配任务的标准。但是与案件有联系的连接点有很多，例如原被告住所地、法律或事实行为所在地、结果发生地等等。国家在制定管辖权规则的时候，还必须考虑一些深层次的因素，因为它们往往关系到案件事实的查明。因此，在抽丝剥茧之后，笔者认为，决定管辖权分配正义的深层因素有以下几点：

1. 取证因素：空间的阻隔往往使一个国家在牵强附会地行使民事司法管辖权后陷入难以调查取证的困境。在证据不足，或者存疑情况下获得的判决结果也很难令人信服。司法实践中，取证因素一般体现在法律行为或非法律行为的行为地，以及行为结果的发生地之上。

2. 当事人因素：在一些案件中，当事人陈诉往往成为查明案件事实的关键。一些国家，如德国，将是否保障当事人的听审权作为衡量诉讼程序是否公正的最重要的标准①。司法实践中，在非当事人自愿的情况下进行缺席审判很多情况下并不能够做到真正地查明案件事实情况。所以，作为程序性安排，当事人因素一般体现在原被告所在地之上。

3. 承认和执行因素：在决定是否能够查明案件事实的时候，承认和执行往往也是必须考虑的因素。如果一个案件涉及域外的承认和执行，审判国就必须考虑承认与执行问题。一方面，案件可能与承认国有更为密切的联系，这种联系可能导致取证等司法协助在承认国中受到抵触；另一方面，如果承认国不承认审判国的缺席审判，那么当事人就有可能不参加正在进行的审判程序。② 就这一点来看，承认和执行因素就成为承认国对前两个因素在总体性的审查。

在审判国制定直接管辖权规则以及法官行使管辖权的时候，上述因素中取证和当事人因素成为管辖的主动因素；而承认与执行因素成为被动因素。所以，在审判国将与案件的联系作为管辖权分配正义的标准制定和行使审判管辖权规则的同时，必须考虑承认和执行问题。这也是本文分析直接管辖权与间接管辖权之间的关系，特别是间接管辖权对直接管辖权反作用的初衷。

---

① 《德国民事诉讼法》第 328 条第 1 款第 2 项。

② 本文统一将做出外国民商事判决的法院所在的国家称为"审判国"，而将被申请承认与执行外国民商事判决的国家称为"承认国"，这种称谓均来自于德国国际私法学界学者们的著述。

二、直接管辖权和间接管辖权的规范分析

国际管辖权包括直接和间接管辖权，直接管辖权是国家法院对带有外国联系的案件直接行使的管辖权，也叫做审判管辖权；间接管辖权，也被称为承认管辖权，是指被承认国审查并承认的审判国法院的国际管辖权，是对外国法院直接管辖权的一种事后审查。两者结合起来构成了完整的国际民商事管辖权体系，从一正一反两个方面完成实现国际民商事管辖权正义的任务。

（一）直接管辖权

各个国家，除了对具有直接国家利益的案件类型规定了专属管辖之外，针对其他类型的案件大致都会根据上述管辖权分配的正义标准来制定自己的审判管辖权规范。因为，审判管辖规范代表着国家授予法官行使管辖权的权限范围，所以法官在行使审判管辖权时都会严格遵守这些规范。对于审判国法官来讲，直接管辖权规范是"遵守规范"。① 同时，对参与诉讼的当事人来讲，直接管辖权是"行为规范"，具有导向作用，指引着当事人的提起诉讼的诉讼行为。出于法院行使管辖权的可操作性以及当事人诉讼行为的可预见性的规范目的，一般情况下都对有关直接管辖权的法律规范进行了详尽和明确地规定。

（二）间接管辖权

作为承认国而言，国家只能在"判决承认法"的框架内，以承认条件的形式，以承认或不承认作为审查的结果来间接地影响审判国法院行使审判管辖权。② 作为承认外国法院判决的条件，它实际上是承认国法官判断审判国是否具有间接管辖权的"裁判规范"（下简称承认管辖权规范）。如果符合承认国关于间接管辖权的承认条件，承认国就不能因管辖权问题而阻挠外国判决在其国内发生法律效力。在国家法院承认外国民商事判决的程序中，审判国行使直接管辖权的行为实际上是承认国法官审查和裁判的对象。因为"裁判规范"及其标准在一般情况下仅仅出现在实体法律当中。所以，在这一意义上讲，尽

---

① Jellinek, Die zweiseitigen Staatsvertraege ueber Anerkennung auslaendischer Zivilurteile, 1953, S. 26. 教授的观点是，不能一次性地从程序法上的意义来论及管辖权。承认国授权审判国无所作为，而是仅仅通过他的判决的效力有效性。尽管审判国法官不需要坚持己见，但是承认法官还是转向了裁判规范。

②．判决承认法：Anerkennungsrecht，这一术语来自于德国国际私法学界的通行界定，即国家法院在承认外国民商事判决时所依据的法律规范的总称，主要包括承认程序和承认条件。

管间接管辖权规范是一种程序法上的规范，但它毫无疑问地具有实体法维度。依据间接管辖权规范的这一规范性质，承认国法院依据间接管辖权规范就并不应当是仅仅着眼于审判国是否拥有管辖权问题而进行程序性判断，而且也在一定程度上着眼于对审判国法院管辖根据进行实体判断。因此，与审判管辖权规范不同，间接管辖权规范作为"裁判规范"，不宜列举的过于详细，以免法官在裁判遇到存疑情况时，没有自由裁量的空间。在存疑时，承认法官应当穷尽法律以及利益考量所提供的所有具体化手段，并做出裁判，即承认或者不承认。此外，作为裁判的依据，间接管辖权规范的规范目的是为了确保审判国法官在行使直接管辖权时在当事人和取证方面与民商事争议有充足到可以查明案件事实的联系。这样，剩下的问题就是，对这种联系的判断到底是从审判国出发依据其直接管辖权规范，还是从承认国自身出发依据本国的间接法律规范。依据后者，看上去似乎会与法治国原则下各国之间法律制度与司法程序的相互信任关系相违背。但是，从外国判决被承认之后即具有内国效力，从而排斥承认国法院的再次审判的结果来看，正是因为审判国法院的管辖符合承认国有关管辖权正义的判断标准，才使得审判国法院对管辖权的行使获得承认国的承认并获得程序既判力。因此，承认国的有关间接管辖权的规范内容也应当是承认国的有关直接管辖权的规范内容。

对于国际民商事争议的当事人来讲，间接管辖规范和直接管辖规范一样都是行为规范。所不同的是，在判决需要在外国承认与执行的情况下，直接管辖权规范一般情况下只能规范原告的诉讼行为，而间接管辖权规范在间接规范原告诉讼行为外，还能够作为被告的行为规范。因为，直接管辖权规范指引原告提起诉讼的同时，如果按照承认国的间接管辖权规范，审判国并不具备间接管辖权，那么被告完全可以不必参加诉讼。相反，如果按照间接管辖权规范审判国具有间接管辖权，那么被告就应当预料到判决将会在承认国得到承认。这将促使被告参加诉讼，并提出抗辩，形成诉讼程序中的争诉局面。这里涉及的是被告的一项"国际法院义务"，① 即经合法传唤被告违反其该义务不出席法庭，那么被告当然地承担缺席审判的法律后果，但是这一义务是否具有强制力完全取决于承认国的间接管辖权规范。与此相对，在直接管辖权规范指引原告提起诉讼的同时，如果按照间接管辖权规范审判国并不具备间接管辖权，那么原告将不会提起诉讼，因为判决中权利只有借助承认国的承认和执行才能够最终得以实现。由此可见，相对于直接管辖权而言，间接管辖权规范既指导着原告的

---

① Geimer, Zur Prüfung der Gerichtsbarkeit und der internationalen Zuständigkeit bei der Anerkennung ausländischer Urteil, 1966, S. 123.

诉讼行为，也在指导着被告的诉讼行为，其规范作用不容忽视。

在司法实践中，每一个国家关于审判管辖权的法律规定仅仅能够规范自己法院的管辖权行使，而不能规范外国法院。尽管不同的国家对直接管辖权规则的设定都有自己的"正义标准"，普通法系国家通常以"实际控制"，而大陆法系国家则主要以"地域原则"作为管辖的基础；但在事实上，无论采取哪种具体原则，原告在起诉时，往往首先考虑的是与法院的距离以及费用问题，以及诉讼所使用的语言、程序设定和法院组织构架。对他们来讲，在自己国家进行诉讼无疑具有巨大的诱惑力，这就促使几乎所有国家都不遗余力地规定过高的审判管辖权标准。但随之而来的就是平行诉讼、管辖权冲突以及最终涉及的判决的效力和可执行性问题。这样就必须从直接管辖权的反方面，即间接管辖权方面入手进行矫正。

三、国际民商事管辖权的矫正正义

对于外国的直接管辖权，承认国仅仅能够间接地，在承认条件的框架内以间接管辖权规范加以规范。[①] 如果通过审查确认间接管辖权的存在，意味着按照承认国的观点，一个正确的国际管辖权分配存在，也就在结果上符合管辖权正义要求。事实上，承认外国判决意味着国家在自己领域内进行司法保护行使直接审判权的垄断被打破，即承认国从自己的国家主权出发允许审判国管辖与自己有关的民商事争议。这绝对不是牺牲，而是一种对审判国行使直接管辖权保护当事人私法权益的一种肯定，也是承认国对自己行使直接管辖权冲动的克制。

事实上，各个国家都需要间接管辖权规范来控制直接管辖权的行使。对于当事人来讲，原告在与案件有联系的国家中有选择地提起诉讼，如果不是在被告所在国，那么远赴他国应诉对于被告来讲都是无法预见的负担，因为很大程度上被告无法在短期内判断直接管辖权的行使是否符合审判国的法律规范。间接管辖权规范正是对这种负担的限制，并将负担具体化，使被告能够预见不应诉的法律后果，即外国法院管辖是否符合承认国的间接管辖权规范。[②] 因此，从可预见性的规范目的出发，本国的间接管辖权规范与直接管辖权规范应当尽可能接近甚至一致，以至于本国的当事人能够简单地通过自己国家的审判管辖

---

① Makarov, Internationale Zustaendigkeit auslaendischer Gerichte, RabelsZ 34 (1970), S. 704.

② Whincop, The Recognition Scene, Game Theoretic Issues in the Recognition of Foreign Judgments, (1999) 23 Melbourne Univ. L. Rev. S. 425.

权规范获知外国法院对管辖权的行使是否正当。此外，如果审判国法院对直接管辖权的行使符合承认国的间接管辖权规范，那么这会为审判国法院的管辖获得国际法意义上的正当性。因为，间接管辖权规范除了服务于保护承认国自己的利益之外，还服务于国家之间的管辖分配。①

如果仅仅将承认法中的间接管辖权规范作为程序性安排来对待，那么它的意义就大打折扣。间接管辖权规范是审查审判国法院直接管辖权时依据的"裁判规范"，这种裁判是建立在自己对管辖权分配正义的标准之上，任何国家都不应当对直接管辖权规范和间接管辖权规范采取双重标准。所以，国家在进行管辖权立法时，应当对直接管辖权和间接管辖权规范使用同样的标准。在这一基础上，审判国和承认国之间的管辖权规范就具有了相互性。这里的相互性不是指两个国家的管辖权规范相互一致，而是指自己管辖权规定既规范自己的审判管辖，也规范别人的审判管辖。如果每个国家都规定了大范围的审判管辖，相反规定了狭窄的间接管辖，那么在国际范围内就只能够有仅仅几种类型的案件判决有流动的可能，在需要承认的案件中，将面临无人应诉的尴尬局面。有鉴于此，应当秉着"己所不欲、勿施于人"的原则，从整体性和统一性两个方面来设定间接管辖权和直接管辖权。在缺乏国际统一立法和协调机制的情况下，对间接管辖权的审查就必须基于一个相互性的审查之上：即审查的标准既对自己的法院适用也对外国的法院适用。

四、管辖权分配正义与矫正正义之间的关系

在国际民事司法实践中，各个国家都规定了自己的审判管辖权规范，虽然各不相同，但很多情况下是相互交织的。其中，直接管辖权规范是由审判国制定，但是审判国法院对案件的管辖是否符合管辖权分配争议标准并且同时享有间接管辖权呢？对这一问题的回答是由承认国的法官依据承认国的间接管辖权规范在承认程序中进行裁判。也就是说，审判国是否拥有间接管辖权由承认国的管辖权规范来决定，这实在是十分尴尬的制度安排。审判国和承认国这两名"运动员"竟然是在没有"裁判员"的情况下进行国际民事司法合作。事实上，管辖权的分配正义存在于审判国，而矫正正义存在于承认国，这种情况作为一种普遍而系统性的问题出现在国际私法的各个领域中。对每一个国家来

---

① 对于承认国来讲，进行审判管辖的审查是一项义务，因为需要承认，就会有国内联系，就有基于这种联系的保护性要求，从而产生了国内审判机关的管辖义务，那么就需要自己国家的审判机关做出裁判来满足这种义务的要求。

讲，既是审判国也是潜在的承认国，如果不想独立于国家判决交往之外，那么就必须在希望其他国家承认自己对案件的直接管辖的同时，也理性地对待其他国家案件的直接管辖。所以，一旦判决需要得到承认国的承认，那么审判国法院对直接管辖权的行使或多或少都会受到间接管辖权规范的影响，反之亦然。也就是说，任何一个国家通过国际民商事司法合作的实践不断矫正自己的管辖权规则体系。因此，对每一个国家来讲，制定合理的间接管辖权规范是十分有必要的，这种合理性应当来自于自己对管辖分配正义的正确认识。尽管承认外国的判决意味着承认国的领土司法垄断被打破，而且是在有利于实现外国判决内国效力的道路上被打破，[1] 但是，必须认识到，这种打破既有利于外国判决的"流入"，也有利于自己国家判决的"流出"，有利于在世界范围内建立国家之间对涉外案件的管辖秩序。事实上，这种"破"与"立"对每一个参与到国际司法合作的国家来讲都是有利的。

毫无疑问，国际私法中的管辖权正义是由直接管辖权规范的分配正义和间接管辖权规范的矫正正义组成的，两者存在内在机理上的一致性，这被称为"内部的相关性"。[2] 这不仅仅是一个国家法律制度自圆其说的问题，而且关系到国家统一的法律适用，以及法官的可操作性问题。在此，实际形成了直接管辖权的行使与间接管辖权的控制两者在体系上的循环关系。[3]

五、间接管辖权规范的立法模式

对于间接管辖权对直接管辖权的监督和制约，各个国家有不同的理解，并且形成了不同的立法模式：

（一）列举方式

列举方式是世界范围内被各个国家采用最多的立法模式，例如《中华人民共和国国际私法示范法》第 158 条列举了 8 项有关间接管辖权的情况。但是，在示范法的第 19—46 条，从一般管辖、特别管辖到专属管辖却列举了 30 种直接管辖权的情况。也就是说，除了第 158 条规定的情况外，大致有 22 种外国法院的间接管辖权在中国是不承认的。换句话说，如果外国法院在这 22

---

① Heldrich, Internationale Zuständigkeit und anwendbares Recht, 1969, S. 103.

② Lagard, La réciprocité en droit international privé: Rec. Des Cours 154 (1977—Ⅰ), S. 118; Gutzwiller, Peter Max, Jurisdiktion und Anerkennung ausländischer Entscheidungen im schweizerischen internationalen Ehescheidungsrecht, 1969, S. 65.

③ V. Bar/Mankowski, Internationales Privatrecht, Band I, 2 Aufl. 2003, S. 435.

种情况下行使了审判管辖权，那么它所得出的判决将得不到中国法院的承认，当事人必须到中国法院提起诉讼，其获得的判决才能在中国国内发生法律效力，这实际上是另一种形式专属管辖。而在大多数情况下，专属管辖仅仅是为了保障国家的利益。

（二）一般条款

英美法系国家对直接管辖权和间接管辖权大都采用一般条款的立法模式。[①] 如果国家对权利争议有足够的联系，那么就享有直接管辖权，这一点符合世界范围内扩大直接管辖权的趋势。但是，一个一般的间接管辖权规范无法承担法律的确定性、可预见性的目标。所以，在继续保留直接管辖权的一般规范的同时，英国自 1971 年的《离婚及法律分离承认法案》（Recognition of Divorces and Legal Separations Act）开始逐步引入具体的间接管辖权规范，借此避免通过一般条款被引发的法律的不确定性和不可预见性。这样的立法模式看似协调直接管辖权和间接管辖权规范两方面维护自己国家和国民的利益。但是它忽视了其他国家的反应，因为这种立法的利己主义倾向忽视了管辖权规范的规范目标，即在国际层面上按照管辖权正义标准对管辖权进行分配。当一个国家依据与案件的联系行使了直接管辖权却得不到英国承认的时候，无法解释为什么就同一情况而言，自己的法院可以直接管辖，而其他国家却不可以。这种从间接管辖反映到直接管辖的正当性要求无法使英国自己行使直接管辖权的行为满足正当性要求。

（三）镜像原则

该原则源自于《德国民事诉讼法》第 1 款第 1 项的法律规定，即"依据德国法律，该外国法院所属的国家无管辖权"。[②] 具体而言，就是将德国的直接管辖权规范映射到外国的直接管辖权之上，判断外国法院是否具有间接管辖权的标准是德国自身的直接管辖权制度。除了德国之外，意大利[③]、墨西哥[④]、奥地利[⑤]和西班牙[⑥]也同样适用镜像原则。

[①]　Gottwald, "Grundfragen der Anerkennung und Vollstreckung ausländischer Entscheidungen in Zivilsachen", ZZP 1990, 273ff. 276; Basedow IPRax 1994, 184, 186.

[②]　《德意志联邦共和国民事诉讼法》，谢怀拭译，中国法制出版社 2001 年版，第 328 条。

[③]　1995 年意大利《民法典》施行法第 64 条 I lit. a.

[④]　墨西哥《商事法典》第 1347—A 条。

[⑤]　奥地利执行条例第 80 条第 1 项。

[⑥]　LEC 第 954 条。

　　镜像原则将原被告之间在管辖权上的基本利益对立引入了一个以管辖权正义为导向的解决方案。在镜像原则之下，外国判决获得国内效力，实际上是在针对一个对被告进行了根据国内的观点不在不可期待的法院地应诉的有效保护的情况下完成的。间接管辖权规范激励被告无视其他国家在背离国内观点情况下行使的直接管辖。在间接管辖权规范化的道路上，镜像原则是在以自己的直接管辖权规范作为尺度对被告进行保护。也是在这一原则之下，人们完全能够得出这样的结论，即外国在管辖权问题上给予被告的保护，就像国内法院对纯国内案件行使管辖权时所坚持的一样。就镜像原则的价值来看，它在内外国法院都对管辖公正进行保障的基础上支配当事人，平衡原被告的利益格局；它是关于国家之间相互对等的问题，将自己的标准适用于其他人。在适用上，国内法院的法官依据镜像原则完全可以像自己行使管辖权一样审查外国法院的国际管辖权，这有利于进一步加强国家之间的法律交流和完成管辖权分配任务。国家立法者能够对国际管辖权的有效范围在一个平等的尺度之下自如地确定直接管辖权，因为它同样适用于间接管辖权。尽管两者是在不同的阶段和不同的国家中进行的国际民事程序，但是能够形成相互补充的规则体系，因为在镜像原则中，直接管辖权的设定标准在国家之间分配管辖权的同时，也将统一标准适用到了判决承认当中。

　　镜像原则的优点也在保护法律安全中看到。明确的管辖权规则，就像它通过镜像原则得到的一样，从直接管辖权和间接管辖权正反两方面对原被告之间在管辖利益上的对立给予了极具可预见性的解决方案，这种规范化的解决方案远比一般条款所带来的抽象化解决方案要安全和明确得多。

六、结论

　　按照亚里士多德对正义的分类模式对国际私法中管辖权问题进行分析就会发现，镜像原则应当是最为符合管辖权正义的原则。在这个原则之下，所有国家都处在一个平等地位之上，并且最大限度地实现了法律的确定性和可预测性。在全球经济一体化的进程中，任何一个国家都不能唯自身利益至上，具体到管辖权问题之上，任何国家在设置直接管辖权规范的时候，都应当通过间接管辖权规范给外国法院设置与内国法院相同的管辖权限，这样才能最终体现管辖权正义。

TRIPs 协定与健康权保护之关系研究[*]

刘敬东^{**}

内容摘要 "南非案件"争端双方的激辩使得 TRIPs 协定条款与公共健康权关系成为国际舆论关注的焦点。本文主要研究 WTO 中的 TRIPs 协定有关强制许可专利权条款与保护人权、特别是公共健康权之间的关系。通过本章的研究，我们可以得出以下结论：一、WTO 协定条款本身可能会遇到与人权法相冲突的情形，WTO 对此必须正视。当务之急是研究如何运用 WTO 现有机制协调、解决 WTO 规则与人权规则可能发生的冲突。二、通过考察、研究"多哈宣言"等法律文件诞生的过程、背景以及最终条款内容，深切地感受到人权保护问题的敏感性和复杂性。

关键词 TRIPs 协定 公共健康 人权保护

近几年来，关于人权法与 WTO 法律制度之间关系的争论已远远超出理论界和学术界范围之内：从美国政府多次提议将劳动权标准纳入 WTO 体制从而引发发达成员与发展中成员之间激烈对抗，到 WTO 部长会议西雅图会场之外各方对 WTO 贸易自由化政策及其体制的强烈批评、抗议，人权——这个原本与贸易无关的话题当前已成为 WTO 躲之不及、挥之不去的热点议题。面对各方责难，WTO 依然保持一种消极姿态，但人权与 WTO 贸易法之间关系的激烈争论已对 WTO 协定的实施产生了重要影响。其中，TRIPs 协定中专利权保护与基本药品获得权或人的健康权之间关系是一个备受关注的焦点，WTO 于 2001 年 11 月 14 日发表了关于 TRIPs 协定与公共健康问题的"新加坡宣言"，

---

* 本论文系中国社会科学院 2008 年重点课题"人权与 WTO 法律制度关系问题研究"的一部分。

** 2002 年 9 月至 2005 年 9 月在中国社会科学院法学所博士后流动站从事国际法专业博士后研究工作。中国社会科学院国际法研究所国际经济法室副主任、副研究员。

澄清 WTO 对于这场争论的立场。①

在 TRIPs 生效之前，各国是否建立国内专利制度以及如何建立这一制度完全属于国内法事务，国际组织鲜有干涉。在这种情况下，许多国家选择了对药物或药品不授予专利的方式，原因有二：一是这些国家担心如果对药品授予专利权，大多数专利势必会授予研发能力超强的发达国家或地区制药企业和跨国公司，这对于本国相对幼稚的制药产业仿制药品将会形成严重的法律阻碍，从而影响本国同类企业的生存和发展；二是这些国家担心一旦授予药品专利将会使许多药品的价格上涨，这无疑会降低普通大众的购买能力，国家的公共健康安全将受到严重威胁。基于以上因素，一些国家对药品未规定强制性授予专利权的规则。但是，随着 TRIPs 作为 WTO 一揽子协定的生效，原本没有药品专利制度的 WTO 成员则不得不改变传统做法，转而按照 TRIPs 协定授予药品专利权予以法律保护。

各国专利法发生的上述变化显然有利于发达国家或地区的制药企业，海斯特米尔教授（Holger Hestermeyer）曾指出："新的专利形势（指 TRIPs 协定生效后以及宽限期满后的专利规则要求，作者注）允许投资者为一个新研制的药品在许多国家获得专利权并生产该产品，因而，为了专利的存续，（他们）阻止竞争者使该药品普及化。"② 这种法律上的变化对发展中成员则意味着药品价格的大幅上升，普通民众由于买不起所需药品，公共健康安全形势越发严峻。

近几年来，在发展中国家公共健康安全每况愈下的情形下，国际上众多学者对过于严格的 WTO 专利权保护制度给发展中国家获得保证公共健康安全的基本药物能力所造成的严重损害以及由此引发的公共健康安全问题表示了极大关注，纷纷撰文呼吁 WTO 重视发展中国家的公共健康安全问题。泰勒教授曾经指出："一个开放的贸易体制应当考虑健康事务以及两种不同制度之间建立更为紧密联系的需求。"③ 而且，她认为，忽视健康权问题不仅在 WTO 中存在，其他一些国际组织，如世界卫生组织（WHO）在解决健康权问题上对于人权事务也认识不足，她对此表示惊讶："人权法的方法很少在谈判中运用，

---

① WTO: Declaration on the TRIP Agreement and Public Health, Ministerial Declaration, WT/MIN(01)/DEC. /2, 2001. 11. 14.

② Holger Hestermeyer, "Human rights and the WTO – The Case of Patents and Access to Medicines", Oxford University Press, 2007, xxxiv.

③ Thomas Cottier, Joost Pauwelyn, and Elisabeth Burch, ' Linking Trade Regulation and Human Rights in International Law: an Overview, "Human Rights and International Ttrade", Edited by Thomas Cottier, Joost Pauwelyn and Elisabeth Burgi Bonanomi, Oxford University Press, 2005. p. 8.

尽管人权与公共健康之保护有助于健康利益。"她将这一缺陷归因于 WHO 中大多数谈判者是公共卫生领域的专家，不熟悉人权法，而且对于人权法基本理论的运用也未必会被广泛接受，特别是对于广大发展中国家来说，更是如此。① 实际上，她所总结的这个原因同样适用于 WTO 谈判——参加多边贸易谈判的代表大多是各国的贸易代表和贸易法专家，他们对于国际人权法规则知之甚少。

在这场激烈的争论中，原本在人权、劳动权"入世"问题上声嘶力竭、摇旗呐喊的发达国家和地区却判若两人，不但极力反对 TRIPs 考虑健康权问题，而且还在 WTO 明确表态支持基于公共健康目的给予发展中国家基本药物专利权强制许可后，利用自身的贸易优势通过各种双边协定、地区性协定迫使发展中国家放弃这一正当权利。人们不禁要问，以往都是站在"救世主"的角度批评发展中国家人权状况的发达国家，这次却对发展中国家的公众健康漠不关心，究竟是何原因呢？原来，由于世界上生产药品的工厂以及药品专利绝大多数都属于发达国家，而 WTO 允许发展中国家对这些药品专利强制许可生产、销售的立场，虽能真正、切实保障发展中国家的基本健康权，但却损害了发达国家制药公司的经济利益，招致这些大型制药公司的极力阻止和反对，代表这些大公司利益的发达国家政府不得不屈从于国内利益集团，采取了与以前大相径庭的态度，发达国家对于人权事务这种态度上的巨大反差增强了发展中国家对"人权入世"真实意图的质疑。

一、关于"南非案例"的激辩

作为 WTO 的基本涵盖协定之一，TRIPs 协定的根本宗旨是为包括药品专利权在内的知识产权提供法律保护。由于欧、美等发达成员的强力推动，TRIPs 协定无论知识产权的内容、还是保护的手段、程序以及执行力度都比国际上已有的知识产权保护公约更加广泛、更加具体和严格。国际上的大部分知识产权集中于发达国家的企业和个人，这些国家科学技术研发、创新能力等均大大强于发展中国家，因此，利用 WTO 多边贸易法律体制强化知识产权保护从根本上是有利于发达国家的。关于这一点，国际上许多学者都已做出很多评论："的确，对于 TRIPs 协定而言，全部影响好像对发达国家比发展中国家更

---

① Thomas Cottier, Joost Pauwelyn, and Elisabeth Burch, "Linking Trade Regulation and Human Rights in International Law: an Overview, 'Human Rights and International Trade'", Edited by Thomas Cottier, Joost Pauwelyn and Elisabeth Burgi Bonanomi, Oxford University Press, 2005. p. 8.

为有利。证据表明，作为执行 TRIPs 协定的结果，日益增长的专利费支出不断从发展中国家流向了发达国家。世界银行研究显示，如果 TRIPs 义务完全被执行，那么对 6 个发达国家专利费的净增长每年将达到 400 亿美元到 600 亿美元。"① 可见，发达国家从 TRIPs 的生效和执行中受益匪浅。与之相反，广大发展中国家面临健康权或与公共健康问题密切相关的问题却日益严重。为了保护公共健康，防治艾滋病、肺结核、疟疾等严重影响公共健康安全的传染病，广大发展中国家政府强烈希望能将预防和治疗上述疾病的基本药物专利权予以强制许可生产和销售，这将导致价格昂贵的基本药物大幅降价，从而使发展中国家更多的普通民众获得这些维持生命所必需的药品。但不可否认，这种强制许可行为会损害拥有这类基本药品专利权的发达国家大型制药企业的利益。对此，WTO 究竟应当采取"放松"这类强制许可的政策？还是采取"严格控制"的政策呢？自 TRIPs 诞生那天，有关这个问题的争议就从未间断。

发达国家以及制药公司认为，如果不严格执行 TRIPs 专利权保护规定、而是放松基本药物专利权的强制许可，这将导致拥有基本药物专利权的制药企业利润下降，这种损害制药企业利益的行为将严重挫伤制药企业研发基本药物的积极性，反过来将威胁人类的生命健康。因此，他们强烈主张发展中国家应当严格履行 TRIPs 专利保护条款，建立完善的知识产权保护法律制度，这是发展中国家应当承担的 WTO 协定义务，不应放松管理。

但是，国际上的多项研究表明：药品专利权的保护对发展中国家获得基本药物的确有着巨大影响，特别是在防治艾滋病这类严重传染性疾病的药品使用方面。由于专利保护的原因，目前国际上防治艾滋病的药品大多价格昂贵，许多患者的经济能力根本承担不起。2001 年的一项国际研究证实：发展中国家仅有 4% 的艾滋病患者正接受他们所必需的抗病毒药物治疗，大多数患者未能得到这些药物治疗。联合国的一项计划指出：治疗艾滋病的价格昂贵，部分原因源于控制它们生产和消费的专利保护。② 世界卫生组织（WHO）多次表示：尽管 WHO 基本药典中只有少于 5% 的药品是属于专利保护产品，但最主要的新药，特别是那些抗击类似艾滋病这种影响公共健康最为严重疾病的药品都在专利权的保护之下，而这类影响公共健康的大量疾病往往发生在发展中国家，这无疑严重降低了广大发展中国家获得此类基本药物的能力，从而导致这些国家公共健康安全遭受巨大威胁。

---

① James Harrison: "The Human Rights Impact of the World Trade Organization", Oxford and Portland, Oregon, 2007. Hart Publishing, p. 150.

② Ibid. , p. 151.

针对发达国家声称不对药品执行严格的专利保护制度将严重挫伤制药企业的研发积极性、最终导致影响全球健康安全形势的观点，一些学者反驳道：那种认为药品专利费将刺激制药企业研发新药、如果保护不利将挫伤他们研发积极性的观点是没有实证依据的。哈里森教授指出："很少有证据表明，在缺少来源于发展中国家的利润时，制药企业就不进行必要的、针对世界范围内疾病治疗药物的研发。而且即便 TRIPs 协定实施以后，几乎没有证据表明，制药企业已在治疗主要影响发展中国家的疟疾、肺结核等疾病的药品方面投入更大的资金……而且，最近制药企业开支下降的证据表明，从药品销售中的全部获利更像是被花在广告和推广之上，而不是研发方面。"① 尽管如此，发达国家仍然坚持顽固立场，不肯在药品专利权强制许可方面对发展中国家做出让步。

正在此时，南非发生了一个涉及防治艾滋病药物专利权强制许可的案例，将这场争论推向了高潮。这个引人注目的案件极大地推动了 WTO 对 TRIPs 协定专利权保护制度开展反思并实施了具体行动。

1997 年 11 月，由于艾滋病肆虐全国，南非政府紧急制定了一部法案，旨在提高普通人群可获得适当的艾滋病药物治疗的能力，该法案名为"1997 药品和相关物质控制修正案"（The medicines and related substances control amendment act 1997）。法案的核心是授权采取包括平衡进口专利药品、强制许可生产生物药剂等措施在内的相关措施，促进向艾滋病感染者提供适合的、可获得的治疗艾滋病药品。这一旨在防止艾滋病流行造成严重社会后果的立法"一石激起千层浪"，美国政府以及国际上著名的大型制药企业迅即发表声明，强烈反对该法案。在对南非政府抗议无效的情况下，1998 年年初，国际上大约 40 家制药企业开始联合采取行动——向南非比勒陀利亚高等法院起诉南非政府，起诉理由是上述法案违反了 TRIPs 协定条款，并且不符合南非宪法，请求法院撤销该法案。除了法律行动外，代表制药企业巨头利益的美国政府频频向南非政府施加外交压力。美国贸易代表办公室宣布将南非置于美国贸易法案 301 条款"观察名单"之列，并取消了对产于南非的某些商品的优惠待遇。尽管面临巨大压力，但南非政府寸步不让，双方剑拔弩张。

案件发生后，南非国内舆论对美国政府和国际制药企业的指责表达了极大愤怒，与此同时，人们普遍担心美国以及大型国际制药企业运用其政治、经济影响力最终迫使南非政府放弃抗击艾滋病肆虐的努力，如果这样的话，将会造成灾难性后果。在美国国内，该案件也引发轩然大波，美国大型制药企业向美

① James Harrison: "The Human Rights Impact of the World Trade Organization", Oxford and Portland, Oregon, 2007. Hart Publishing, p. 152.

国政府施压，要求对南非采取报复行动，甚至威胁时任美国副总统戈尔的新一届总统竞选。美政府于 2000 年通过一项行政命令，该命令规定只有那些旨在推动艾滋病治疗的国家按照 TRIPs 协定采取了"足够有效的知识产权保护措施"的情况下，美政府才不可以采取报复措施。[①] 也就是说，如果美国认为某国未能按照 TRIPs 协定为艾滋病药品专利权提供足够保护，那么，美国政府则有权对其运用贸易报复手段。从公布的时间和内容上看，美国政府这个行政命令与南非的上述立法针锋相对。

正当人们关注南非政府与美国政府以及国际制药业巨头们之间这场法律大战鹿死谁手时，案件却发生了戏剧性变化——2001 年，作为原告的 40 家国际制药企业从南非法院悄然撤诉，随后，对南非政府的指责也销声匿迹。原来，在案件双方激烈争论过程中，联合国秘书长亲自出面协调，这使得制药公司撤回诉讼。2001 年 4 月 19 日，作为本案原告的制药公司还与南非政府共同发表声明宣布该行业承诺与南非一道促进南非人民的健康，同时，南非政府确认它在 TRIPs 中的承诺，并就涉案法规的第 15C 部分的执行问题与制药公司以及公众协商。[②]

国际上普遍认为，这是美国政府以及国际制药企业受到了国际舆论的强大压力不得已而为之的结果。案件发生后，南非国内成立了非政府组织"治疗行动运动"（Treatment Action Campaign），作为艾滋病患者的代表以本案"法庭之友"身份参加本案审理。此外，超过 130 个国家的 30 万人和 140 个各类团体陆续开展请愿活动，强烈要求制药公司撤回诉讼。就连美国国内的《纽约时报》、《芝加哥论坛报》等媒体也都密集报道此案。各国舆论和学者纷纷批评美国政府以及制药企业，指责他们只顾自己的药品专利权以及巨额利润，而置广大艾滋病患者的生死于不顾，坚决支持南非政府为抗击艾滋病肆虐威胁社会安全而采取的立法举措。这种几乎"一边倒"的国际舆论压力引发了国际制药企业的全球公关危机。同时，许多法律专家认为，南非政府的做法并未违反 TRIPs 协定，国际制药企业提起的诉讼注定失败。[③]

南非案件后，又有一个涉及治疗艾滋病药品专利权的案件发生——美国向 WTO 争端解决机构诉巴西专利保护措施案。[④] 美方提出：巴西政府为创造国内

　　① US Executive Order No. 13155, 3 CFR 268 – 70, 2000.

　　② Holger Hestermeyer: "Human Rights and the WTO – The Case of Patents and Access to Medicines", Oxford University Press, 2007, p. 14.

　　③ James Harrison: "The Human Rights Impact of the World Trade Organization", Oxford and Portland, Oregon, 2007. Hart Publishing, p. 158.

　　④ WT/DS199/3, 9. Jan. 2001.

就业机会而实施的专利权强制许可违反了 WTO 协定，是贸易保护主义措施。对此，巴西政府则抗辩说它实施的专利权强制许可措施目的在于为艾滋病患者提供适当药品，而这一措施完全符合 TRIPs 协定的强制许可条款。

对于巴西的这种强制许可措施，联合国人权高级专员办公室关于 TRIPs 的研究报告曾提及。该报告认为，这个措施大大降低了治疗艾滋病的药品价格，使得更多患者获得此类药品："巴西（政策）的战略效果显著。从巴西人应享有的健康权角度看，（这个措施）已减少了艾滋病导致在过去 40 年中 50% 的死亡率，而且，因机会感染而致病的住院人数减少 80%。"① 可见，巴西政府的措施效果十分明显。正当人们拭目以待 WTO 专家组如何裁决本案时，争端双方却于立案后不久宣布就此案达成了解决方案。许多学者认为，原因与南非案件类似，美国政府和制药企业面临着强大的舆论压力不得已而为之。哈里森教授就曾指出：这一结果"仅仅由于美国政府和制药公司意识到，当他们的政策处于公众高度曝光之下时，他们可能正面临另一个巨大损害"。②

以上两个案件最终均以有利于保护公共健康权的方式结案。尽管如此，不容忽视的一个基本事实是：导致这样结果的最直接原因是来自于国际舆论的压力，而不是 WTO 协定的法律权威，TRIPs 协定有关专利权强制许可的规定是否拥有这种有利于人权保护的灵活性仍受到广泛质疑。③ 事实上，上述两个案件同样给 WTO 造成很大压力，此外，世界上日益严重的公共健康形势也迫使 WTO 必须在这个重大问题上做出决策。就拿艾滋病来说，该病的流行已达到威胁世界和平与安全的程度，海斯特米尔教授曾感慨地指出："世界面临的流行病范围超乎想象。联合国已组织了 10 家联合国的机构采取联合行动抗击艾滋病病毒，它估计到 2005 年，将有 3860 万人感染艾滋病。而（对付）这一疾病的负担主要由发展中国家承担：2450 万名感染者生活在南撒哈拉非洲地区，而欧洲只有 72 万人，北美 130 万人。两千五百万人死于该疾病。在一些国家，艾滋病病毒已发展到威胁社会基础的程度：在斯威士兰，超过 30% 的成年人感染此病，其他三个南撒哈拉国家的感染率超过 20%，南非也达到了 18.8% 的感染率。2004 年，联合国秘书长成立的研究'威胁、挑战和变化'专家组将艾滋病列为国际和平与安全的威胁，同时指出，世界各国对此做出的反应不

---

① OHCHR, Report on TRIP, para 57.

② James Harrison: "The Human Rights Impact of the World Trade Organization", Oxford and Portland, Oregon, 2007. Hart Publishing, p. 159.

③ Ibid.

及格：'对艾滋病问题的国际反应程度之低令人震惊，并且存在难看的资源缺乏'。"①

　　在这种严峻的情形下，作为多边贸易管理者、协调者的 WTO 必须对 TRIPs 涉及的公共健康安全问题表明自己的立场。海斯特米尔教授曾形容说："在南非药品案发生后的几个月和几年中，TRIPs 协定与获得药品权之间的相关事项被广泛讨论，对 WTO 形成了必须处理此事的压力，否则，它就失去了开创事业的机会，因为人权组织和世界卫生组织将占领舞台。"② 2001 年，经各成员方多次协商，WTO 终于发表了著名的关于 TRIPs 协定与公共健康的——"多哈宣言"，该宣言成为 WTO 推动基本药品惠及广大发展中成员、改善发展中成员国家公共健康安全形势的一个历史性事件。

二、WTO"多哈宣言"

　　2001 年 6 月，在非洲成员集体（津巴布韦首倡）推动之下，WTO 的 TRIPs 协定理事会决定召开会议专门讨论 TRIPs 相关条款以澄清这些条款的灵活性含义。此次会议特别关注如何运用这些条款来提高发展中成员获得基本药物、确保公共健康的能力。时任 WTO 总干事的穆尔曾总结说："TRIPs 协定在提供知识产权保护——如果新药品和治疗技术要发展，这是根本——和允许有关国家能确保世界上最穷及最弱势的人们能得到治疗的灵活性之间创造一个精心谈判的平衡。国家必须感觉到它们运用这一灵活性是安全的。在 TRIPs 理事会中，今天开始的工作将强化这种安全感。"③

　　会议期间，欧盟以及在 16 个发展中国家支持下的非洲集团都分别提交了文件草案。会议讨论的中心集中于 TRIPs 的宗旨和原则、强制许可以及平行进口三大问题上。发展中国家的提案受到来自发达成员的强力阻挠。双方针对会议宣言的具体内容和表述争论得十分激烈。发展中成员提出，宣言的核心条款应当是"TRIPs 未阻止成员方采取保护公共健康的措施，而且，当有关成员运用 TRIPs 协定不同的灵活机制保护公共健康时，TRIPs 实质上给予成员方（运用这些机制的）自由裁量权，且不会招致发达成员方的贸易报复。"发展中成员提出的宣言草案还特别援引国际人权法作为宣言的前言以强调保护人权之宗

① Holger Hestermeyer: "Human Rights and the WTO – The Case of Patents and Access to Medicines", Oxford University Press, 2007, p. 7.

② Ibid. , p. 256.

③ Ibid. , p. 256.

旨。这份草案指出，正像《经济、社会和文化权利公约》确认的那样，在签署该宣言时 WTO 成员方应履行促进和保护人权之义务，即，确保生命权以及人们享有最高可获得的身体和精神健康权，包括防止、治疗和控制传染病、地方病、职业病和其他疾病，且应创造条件人们在生病情况下可获得医疗服务和医疗关注。①

与发展中成员强调保护健康权的核心宗旨针锋相对，以美国为代表的、代表国际制药企业利益的发达成员方提出的草案强调专利权保护对于新产品研发工作的重要性，主张对 TRIPs 相关条款及其灵活性予以限制性解释，而且，此次会议对于解决方案的讨论只能针对艾滋病治疗药物，而不应涉及其他类药物。不仅如此，发达成员一反常态，坚决反对在该宣言中引用国际人权法标准。在如何适用 TRIPs 协定条款问题上，双方的立场、出发点也是大相径庭。

正当发达成员与发展中成员各不相让时，国际舆论再次发挥了重要作用，强大的舆论压力使得发达成员不得不考虑做出让步，而且，美国 "9·11 恐怖袭击事件" 的爆发转移了美国政府的注意力。在这一背景下，TRIPs 理事会最后宣言采纳了发展中成员的主要观点，正如哈里森教授所言，这种情形在 WTO 谈判历史上是极为少见的，因为在大多数情况下，往往都是发展中成员不得不屈从于发达成员的各种压力，被迫同意他们的意见。② WTO 终于 2001 年 11 月 14 日发表了 "关于 TRIPs 协定和公共健康的多哈宣言"。③ 该宣言承认发展中成员有权利用 TRIPs 相关条款的灵活性。宣言明确指出：

"成员方承认影响许多发展中国家和最不发达国家的公共健康问题的严重性，特别是那些由艾滋病、肺结核、疟疾和其他传染病导致的（公共健康问题）……当重申我们对 TRIPs 协定的承诺时，我们确认该协定能够、也应当以一种支持 WTO 成员保护公共健康，特别是为促进所用人可获得（治疗疾病的）药品的方式来解释和适用。"

宣言进一步指出：TRIPs 应成为 "国内、国际上处理这类问题行动的一部分"。宣言再次强调了知识产权保护对研发新型药品的必要性，但表明 WTO 成员方第一次承认 "它（药品知识产权保护）对价格影响的关切"。海斯特米尔教授认为，宣言的 "这一发现是根本性的，因为它反映了这样的一种认识：

①　James Harrison: 'The Human Rights Impact of the World Trade Organization', Oxford and Portland, Oregon, 2007. Hart Publishing, p. 160.

②　Ibid. , p. 161.

③　WTO: Declaration on the TRIP Agreement and Public Health, Ministerial Declaration, WT/MIN(01)/DEC. /2, 2001. 11. 14

知识产权的确成为获得药品的障碍"。①

在关键性的强制许可条款上，宣言指出："每一成员均有权决定授予强制许可、并决定在何种情形下可被授予此类许可证书。并且，每一成员为协定之目的有权决定何为'国家紧急状态'或其他最危急状态。"上述规定为 WTO 中的发展中成员在本国公共安全受到严重威胁时强制性许可适用基本药品专利权打开了方便之门，很大程度上消除了他们对于这类措施违反 TRIPs 协定而遭到发达成员方指控的顾虑。

不过，对于宣言条款的具体含义，发达成员与发展中成员仍然存在不同的理解。例如，宣言的第四段指出："我们同意，TRIPs 没有理由且不应成为成员方采取保护公共健康措施的障碍。因此，在重申我们对于 TRIPs 承诺的同时，我们确认：该协定能够且应当被以一种支持 WTO 成员保护公共健康权利、特别是促进所有人获得药物的方式解释和执行。在这一关系上，我们再次确认 WTO 成员有权充分地运用为此目的规定灵活性的 TRIPs 条款。"发展中国家认为这一段内容反映了健康权优越于知识产权，而且，这种规定接近于删除了 TRIPs 第 8.1 条最后一部分，是重新整合了 GATT 第 20 条的解决方法。但发达成员却坚持认为：对这一段的理解不应脱离 TRIPs 协定本身，因为宣言确认 TRIPs 是促进而不是阻碍了公共健康问题的解决。② 很多学者意识到，这种理解上的严重分歧势必影响到"多哈宣言"的具体落实。

此外，仅靠"多哈宣言"完全解决 TRIPs 实施过程中发展中国家获得关乎公共健康安全的基本药物问题是不可能的。其中，最大的问题在于，尽管发展中成员根据"多哈宣言"取得了可授予强制许可的决定权，但一些发展中成员本身并不具备制药能力，这种强制许可权对它们来说并没有实际意义。根据 TRIPs 协定相关条款规定，强制许可应当主要用于国内供应，这无疑阻断了有生产能力的国家通过强制许可而生产的廉价药物向那些本身无生产能力的国家出口。对于发展中成员而言，另一个隐忧就是宣言所能适用的药品专利权强制许可的范围。"多哈宣言"规定："按照并依据上述第 4 段的要求，在坚持我们在 TRIPs 协定中的承诺的同时，我们承认这些灵活性包括：

1. 在适用国际公法条约解释的习惯规则时，TRIPs 协定的每一条款都应当依据该协定表述的目的和宗旨，特别是要按照它的目标和原则加以解释；

2. 每一成员均有权授予强制许可，且拥有决定该许可被授予的原因的自由；

---

① Holger Hestermeyer: "Human Rights and the WTO – The Case of Patents and Access to Medicines", Oxford University Press, 2007, p. 258.

② Ibid., p. 258.

3. 每一成员均有权决定构成一国紧急状态或其他极端紧急情形的因素，同时，应被理解为公共健康危机，包括艾滋病、肺结核、疟疾和其他传染性疾病等可代表一国紧急状态或其他极端紧急情况……"

代表制药公司利益的美国等发达成员认为：宣言仅适用于艾滋病、肺结核和疟疾这三类严重传染病药品，而治疗其他传染病的药品则不应适用宣言。这种缩小宣言适用范围的理解无疑将严重影响宣言的实际效果。与发达成员的以上理解不同，发展中成员认为应当对宣言做出扩大性解释，即强制许可应普遍适用于治疗发展中国家易爆发的所有主要疾病的全部药品，只有这样才符合"多哈宣言"的目的和宗旨。正如有的学者指出，这一矛盾的核心在于：一方面代表制药企业利益的发达成员希望严格适用生物药品的强制许可，从而可更大范围地保护药品的专利权；另一方面，发展中成员则希望运用宣言给出的空间获得更多的基本药物专利权。①

尽管存在许多问题，但作为一个 WTO 历史性文件，"多哈宣言"将促进发展中国家对于保护本国人民公共健康权的努力，同时，宣言的公布一定程度上回击了国际上对 WTO 忽视人权事务的指责。时任 WTO 总干事的素帕差在一个论坛上指出：宣言是"WTO 的历史性决定……再次向所有人证明，这个组织有能力处理人权与贸易之间的相关问题。"欧盟贸易代表拉米则认为，宣言的公布显示出 WTO 是"将人置于市场之前（来考虑）"（Put people before market）。② 对于"多哈宣言"，WTO 中的大多数成员以及国际上的大多数学者均表示欢迎，普遍认为宣言是在解决 TRIPs 协定条款与公共健康之间矛盾问题上的一大突破。但与此同时，国际上也有一些学者认为宣言的通过是对药品研发事业的严重威胁。③

需要指出的是，在"多哈宣言"的法律地位问题上，国际法学界至今还在争论。一些人认为，该宣言只是一种政策性声明或政治主张，并不具有法律拘束力，也不构成《建立 WTO 协定》第 9.2 条中的"权威解释"依据。例如，时任美国贸易谈判代表的佐利克先生就评论说"多哈宣言"是一个"标志性的政治宣言"。④ 这种观点的实质在于否认宣言的法律效力。更多的学者

---

① James Harrison: "The Human Rights Impact of the World Trade Organization", Oxford and Portland, Oregon, 2007. Hart Publishing, p. 162.

② Ibid. , pp. 165 – 166.

③ Holger Hestermeyer: "Human Rights and the WTO – The Case of Patents and Access to Medicines", Oxford University Press, 2007, p. 261.

④ Holger Hestermeyer: "Human Rights and the WTO – The Case of Patents and Access to Medicines", Oxford University Press, 2007, p. 279.

认为，在 WTO 体制内，"多哈宣言"对于 WTO 成员方具有法律拘束力，理由是：宣言开头就运用了"我们同意（We agree）"这一用语，显示了成员想使其成为一个有拘束力文件的决心。尽管宣言本身未按照《建立 WTO 协定》第9.2 条规定的程序确立它的法律地位（根据该条规定，要求首先由一个专业理事会提出建议，然后 3/4 多数成员投票通过，才能具有法律拘束力），但事实是，"多哈宣言"系由 WTO 部长会议全体一致通过，权威性甚至高于第9.2 条的规定，而"宣言"一词本身并不说明问题，国际法领域有许多国际法文件虽冠以"宣言"的名称，但却是具有法律拘束力的国际协定。当然，在赞成"多哈宣言"具有法律效力的国际法学者中也存在着一些分歧，有人认为"宣言"是一种《建立 WTO 协定》第9.2 条意义上的"权威解释"依据，即，在解释 TRIPs 相关条款时可发挥法律上的功效；另一些学者则认为，"宣言"就是 WTO 法律制度框架内的一个正式决议，属于《建立 WTO 的协定》第9.1 条意义上的解释条约中的"后续惯例"。

"多哈宣言"，体现了 WTO 成员方对公共健康安全的关注，体现了 WTO 想通过 WTO 自身机制协调人权与专利权之间关系的决心和信心。不论是将其作为"解释性"依据，还是"后续惯例"，"多哈宣言"具有的法律效力是显而易见的。更准确地说，"多哈宣言"属于《建立 WTO 的协定》第9.2 条规定的"权威解释"依据，是专家组、上诉机构解释 TRIPs 相关条款的法律依据。尽管"宣言"本身不是依据《建立 WTO 的协定》第9.2 条规定的程序确立的，但由于系经 WTO 部长会议通过，丝毫不影响"宣言"所具有的法律效力，海斯特米尔教授曾指出：

"这一缺陷（指'宣言'未按照第9.2 条规定程序通过，作者注）可被克服……我不认为该程序缺陷可被用来否定宣言作为权威解释的法律地位。既然成员方有权通过协定来改变条约，那么，毫无疑问他们可以忽视决策中的程序要求……程序问题应被认为是无关紧要的。这一观点符合一般国际法，诸如安理会等其他机构有时也会出现脱离程序规则而形成后续惯例（的情况）。最近的国际实践表明，成员方认为自己受到宣言的约束。因此，美国已明确地使得它的贸易政策符合宣言。"① 海斯特米尔教授的上述观点得到许多学者的认同，尽管一些学者并不完全同意他所说的"程序问题无关紧要"。在笔者看来，"多哈宣言"虽未按照《建立 WTO 的协定》第9.2 条规定的程序规则通过，但 WTO 成员方部长会议全体一致通过的事实已大大超出上述程序要求，不应

---

① Holger Hestermeyer: "Human Rights and the WTO – The Case of Patents and Access to Medicines", Oxford University Press, 2007, p. 261.

被认为未按 WTO 程序规则获得法律效力。

三、2003 年总理事会决议

为了解决"多哈宣言"遗留下来的问题，WTO 于 2003 年 8 月 30 日通过 TRIPs 总理事会决议。该决议的法律依据是"多哈宣言"第六段的规定："我们意识到，在制药领域能力不足或无生产能力的 WTO 成员可能面临有效运用 TRIPs 协定下强制许可所面临的困难。我们要求 TRIPs 理事会于 2002 年年底之前针对这一问题找到迅速而有效的办法。"

原来，TRIPs 理事会已将这一任务安排在 2002 年 3 月份召开的会议议程之中，在此次会议上，欧盟提交了一份有关这个问题的"概念性文件"以供各成员讨论，肯尼亚、阿联酋、巴西、美国等成员代表参加了讨论。随后，在 2002 年 6 月 TRIPs 理事会会议上，各成员又进一步对该文件开展讨论，许多学者和非政府组织参加了上述讨论。当时讨论的一个焦点就是：发达成员担心，在强制许可情况之下，各大制药企业生产、研制药品的动力和积极性会受到严重影响。2002 年 9 月，TRIPs 理事会会议形成了 4 点主要建议：

1. 对 TRIPs 第 31 条（f）段加以修订，从而允许制药企业生产供出口的药品的强制许可，因此，无生产能力的成员可申请其他成员强制许可且出口药品。在这一强制许可下，该成员可进口此类药品；

2. 对于 TRIPs 第 31 条（f）段出口限制的豁免；

3. 一个权威性解释：TRIPs 第 30 条允许在某些情形下产品仅供出口；

4. 对争端解决的暂缓（moratorium）：要求各成员对于在多哈宣言第 6 条规定之下出口药品的生产不提出挑战。

尽管达成了以上 4 点共识，但仍然存在两个重大问题：第一，发达国家主张建立一种保障制度，以防止在上述解决方案之下生产的药品回流到出口国市场。一些发达成员发现，原本在强制许可下生产的药品被以折扣或者捐献的形式一次又一次地从发展中国家回流到发达国家市场；第二，四点共识规定的解决方案所应适用的范围，这是一个最具争议的问题。这个问题涉及两个方面：一是究竟哪些成员可以获得运用上述解决方案的资格？宣言中规定的"在制药领域生产能力不足或无生产能力的成员"这一定义是模糊的，应当予以澄清；二是解决方案可适用的疾病种类包括哪些？关于这一点，各方分歧严重。美国坚持认为，根据第 6 段制定出的解决方案只能限制性适用于某些疾病，即多哈宣言第一段列举的"艾滋病、疟疾、肺结核和其他传染病"，而不是治疗所有疾病的药物，对此，发展中成员极力反对。他们反驳道：多哈宣言第一段提及的是影响发展中成员和最不发达成员的"公共健康问题","特别"指出了传染病,这种提法并未将宣言的适用仅仅限制于传染病。他们坚持解决方案应当覆盖公共健康的全部领域。发达成员与发展中成员在以上两大问题上未能达成妥协,直接影响到 TRIPs 理事会按时完成"多哈宣言"规定的任务。2002 年 12 月,各方冲突升级,此时的美国已成为唯一反对发展中国家立场的成员,为了避免谈判最终破裂,时任 TRIPs 理事会主席的莫塔(Motta)提出了一个决议草案,美国又提出一个新建议:对成员方以违反 TRIPs 第 31 条(f)段方式出口专利药品进口至中等或低收入、面临严重传染病、且无生产能力或生产能力不足的国家予以暂缓争端解决,实际上是对原方案的豁免加上了新的限制①。最终,WTO 总理事会采取了一个变通方式,在决议开头说明它"注意到"TRIPs 理事会指明的方向,这种措辞避开了对上述问题的争论。②最终,2003 年 8 月 30 日,TRIPs 理事会通过了执行"多哈宣言"的决议。

8 月 30 日决议的内容相当繁杂,既包括对决议适用对象的限定和定义,又包括适用对象国的范围,同时还包括三项豁免以及避免药品扩散的保护性措施。主要内容如下:

1. 适用的产品定义和范围:决议规定适用产品范围是"药品"(pharmaceutical products),第一段将其定义为:

"在宣言(指多哈宣言,作者注)认可的、需要解决公共健康问题的制药领域,所有专利药以及通过专利程序生产的药品。可以理解为:对药品生产以及为使用药品需要的试剂所必需的有效配料应包括在内。"

这一定义显然是采纳了发展中成员扩大解释宣言适用药品范围的主张,用海斯特米尔教授的说话就是:该定义以"不穷尽的方式"规定了适用药品的范围,而且,虽未明说但显然包括了疫苗的生产在内。③

2. 适用的对象国范围:决议规定适用于依据该决议建立的体制生产药品且将其出口至本决议规定的有权进口成员的任何成员;而"有权进口成员"

① Holger Hestermeyer: "Human Rights and the WTO – The Case of Patents and Access to Medicines", Oxford University Press, 2007, pp. 261 – 264.

② 原文为: Noting the Declaration on the TRIP Agreement and Public Health (WT/MIN(01)/DEC/2) (the"Declaration") and, in particular, the instruction of the Ministerial Conference to the Council for TRIP contained in paragraph 6 of the Declaration to find an expeditious solution to the problem of the difficulties that WTO Members with insufficient or no manufacturing capacities in the pharmaceutical sector could face in making effective use of compulsory licensing under the TRIP Agreement and to report to the General Council before the end of 2002.

③ Holger Hestermeyer: "Human Rights and the WTO – The Case of Patents and Access to Medicines", Oxford University Press, 2007, p. 265.

则包括所有最不发达成员；通知 TRIPs 理事会的计划利用这一机制的成员（仅履行通知义务，且无须 WTO 机构批准）。决议还指出：WTO 一些成员承诺不使用该机制，另一些成员则表示仅仅在国家紧急状态或出现极端情势时使用该机制。据统计，现有 38 个发达国家成员已宣称他们将不会运用该机制成为进口成员，而其他 11 个成员声明他们只在国家紧急状态或出现极端情势时使用。[①]

3. 关于 TRIPs 第 31 条（f）的豁免：这是决议的核心内容。决议豁免了需生产药品且出口到有权进口的成员或同类成员的生产药品成员在该条款项下授予强制许可的义务。为了取得这一豁免，申请使用该机制的进口成员须向 TRIPs 理事会提交以下文件：a. 药品名称及希望进口的数量；b. 非最不发达成员须证明它生产该药品能力不足或无力生产；c. 若该药品系其领土内的专利产品，依据 TRIPs 第 31 条和本决议条款，该成员已经或有意授予强制许可。

按照决议规定，申请使用该机制的出口成员须满足以下条件：A. 在强制许可下，仅生产能满足进口成员需求数量的药品，并且必须全部出口到已通知 WTO 的进口成员；B. 强制许可下生产的产品应注明特殊标志或标签生产，供应商应通过特殊包装且/或特别颜色/形状加以区分，只要这一区分方式是有效的，而且不会对价格产生显著影响；特殊标志下生产、运输的规定目的是防止在该机制下强制许可生产的药品被改变用途，扩散到有权进口成员以外的药品市场。C. 装运前，被许可成员得将药品目的地、数量以及产品区分标志放到它的网站或 WTO 秘书处使用的网站上。出口成员也要通知 TRIPs 理事会申请授予许可及附带的其他条件，但不必经其批准。

此外，决议第 6（i）段还对地区性贸易协定成员享有第 31 条（f）豁免做出规定，要求将第 31 条（f）的义务豁免至必要的程度，以便发展中成员或不发达成员能够在强制许可之下生产药品，并出口至地区性贸易协定中面临同样公共健康危机问题的发展中或不发达成员。关于 TRIPs 协定第 31 条（h）中规定的强制许可报酬问题，决议第 3 段要求在出口成员境内，按照进口方使用的经济价值支付报酬，如果进口成员也对同一药品授予强制许可的话，则该进口成员可豁免支付报酬。

应发达成员的强烈要求，在避免滥用宣言的豁免体制以及防止强制许可药品贸易扩散的问题上，决议规定了进一步的保障措施：有资格进口此类药品的成员应当采取必要的措施，以防止按照宣言体制进口到它们各自领土的药品再

---

① Holger Hestermeyer: "Human Rights and the WTO – The Case of Patents and Access to Medicines", Oxford University Press, 2007, p. 265.

出口至他国，即应避免再出口的贸易扩散风险。为此，发达成员可向发展中成员或最不发达成员提供必要的技术和资金援助。决议第 5 段则要求全体 WTO 成员确保上述保障性措施有效的法律手段的适用性。

上述决议公布之前发表的"主席声明"强调了在运用宣言机制时的善意原则，即，成员方确认该机制"应被善意地运用以保证公共健康（不受威胁）……而不是追求产业或商业政策目标的工具"。这段话表明，WTO 不希望宣言对维护公共健康安全的药品开的口子被用于单纯的商业目的，如果这样就违背了宣言的初衷，必将对制药企业的商业利益造成严重损害。不过，在正式的决议中却没有"主席声明"中的这一段话，一些人认为，如果在决议中加上这段话，将意味着在该机制下生产药品的企业均不得追求利润，这无疑会挫伤这些企业的积极性，实践中被授予强制许可权的企业不可能为运用该机制而全部放弃对利润的追求，因此，决议的最终文本没有采纳"主席声明"中的这段话。尽管如此，"主席声明"中这段话并非毫无意义，它充分表明，宣言和决议规定的体制只可被用于解决公共健康安全问题，决不可被用于单纯的商业目的。①

除了上述核心条款外，决议还规定 TRIPs 理事会应每年审查一次"多哈宣言"体制的运行情况，以确保这一体制的有效运作。决议第 11 条规定了效力终止的情形，即，TRIPs 相关条款修正案被通过且已对每一成员生效之时，该决议就不再有效。但到目前，TRIPs 修正案并未生效，因此该决议仍在执行之中。

WTO 通过的上述决议从法律上弥补了"多哈宣言"的许多不足，很大程度上采纳了发展中成员的意见，总体上体现倾向于保护公共健康安全的立法意图，受到了各方普遍好评。作为非洲集团代表，摩洛哥代表曾感慨地说：决议通过是一个"历史性时刻"。同时，由于决议重申并完善了防止药品贸易扩散的保障性措施，美国、欧盟等发达成员也对决议的通过表示满意，作为观察员的教廷代表（Holy See）也给予该决议以"道德上的认可"，认为决议的通过是"一个历史转折点，是显示贸易自身可为人类需求开放并对最广泛的个人福祉能做出反应的世界的关键性标志"②。当然，一些人认为决议中十分严格的法律和制度方面的要求会阻止各成员有效运用这一机制，还有一些学者对决议的实施效果持观望态度。③

---

① Holger Hestermeyer: "Human Rights and the WTO – The Case of Patents and Access to Medicines", Oxford University Press, 2007, pp. 269 – 270.

② Ibid. , p. 271.

③ Ibid.

　　笔者认为上述决议的通过实实在在体现了 WTO 关注人权、关注公共健康安全的态度和决心，决议以提供 TRIPs 义务豁免的方式解决了广大发展中成员的后顾之忧。在代表着各大制药企业利益的欧美等发达成员强力推行知识产权保护的大背景下，这一成果的确来之不易。一些人认为决议规定的适用条件过于苛刻，其实也是必要的。如果适用条件太过宽松，势必造成"多哈宣言"体制被滥用，作为 TRIPs 义务的豁免，就应当严格法律条件和程序，确保 TRIPs 保护知识产权的根本宗旨不受到损害。

　　目前来看，决议的执行效果并不理想。在决议通过后的 3 年时间里，没有一个成员向 TRIPs 总理事会提出运用决议机制的申请。对此，海斯特梅尔教授曾做过分析，他指出："首先，只要方便的话，进口方将进口印度生产的无专利药品，而不须借助于麻烦的（多哈宣言）机制，而且印度在授予药品专利方面（执行 TRIPs 义务）的过渡期到 2005 年才结束；第二，在出口国执行决议的国内立法以及具体执行方面需要时间，进口成员不得不耐心等待。例如，欧盟直到 2006 年 5 月才通过执行决议的内部法律；第三，在执行该机制时，进口成员面临着错综复杂的法律问题，不得不研究熟悉 WTO 法以及他们国内的专利法，而且还要知悉潜在的出口国执行该决议的国内法，而这样的专业在发展中国家往往是缺乏的；第四，由于出口成员不得不支付'足够的报酬'，而强制许可的好处却由进口成员享有，这至少不是在激励（出口方）为出口授予许可……目前，生产商不得不经常考虑是否完全按照进口方的要求开展生产——仅对一两个小的进口市场供应药品一般来说对他们是不划算的。"① 由此可见，决议真正能得以贯彻执行、取得实效还须各方努力，同时可能需要一定的时间。

四、关于 TRIPs 条款修订

　　WTO 的 2003 年 8 月 30 日决议就 TRIPs 条款修订做出要求，第 11 段规定："本决议，包括其中授予的豁免，应于代替本决议的 TRIPs 修订案对一成员生效之日时对每一成员终止适用。TRIPs 理事会应在 2003 年年底前启动这一修订工作，并冀 6 个月内通过，这一工作应基于以下谅解：修订案应适当地基于本决议以及不构成多哈部长会议宣言第 45 段提及的谈判的一部分的未来达成的谅解。"

　　尽管成员方做出了上述承诺，但修订 TRIPs 的工作异常艰难，归根到底，

① Holger Hestermeyer: "Human Rights and the WTO – The Case of Patents and Access to Medicines", Oxford University Press, 2007, pp. 271–272.

还是掌握着绝大多数药品专利权的发达成员方不愿对已经做出的某些让步予以法律上的确认所致。

2003 年 11 月 18 日，TRIPs 理事会正式开始条款修订工作，会议一开始就发生了激烈争论：在修订的形式方面，有成员主张将上述宣言和决议的重要条款以 TRIPs 第 31 条注释的形式加入协定，但另一些成员却认为，如采取这种形式无疑是在降低决议的重要性，而人为地提高了"主席声明"的地位，他们主张应当全面贯彻和满足上述决议的要求；在决议内容方面，瑞士、美国等成员认为"主席声明"是形成决议的基础，希望将"主席声明"的内容反映在修正案中，另一些成员如阿根廷、巴西等则反对修订案援引"主席声明"，认为这样做的结果是在与决议之间的关系上给予了"主席声明"更高的法律地位。①

由于双方立场迥异，又都不肯做出妥协，理事会 8 月 30 日决议规定的制定修正案时间底线一再被突破。正当各方认为修订 TRIPs 的努力即将毁于一旦之际，以尼日利亚为代表的非洲集团成员提出一项实质性动议，使得修订工作得以延续。

尼方动议的核心是：当修订 TRIPs 时，应当减少决议中的许多条款，因为在一项条约修正案中它们是多余的。对于这一动议，瑞士、美国等发达成员一开始持反对态度，在他们看来，决议的任何部分都不得被取消，认为"那些对于某些代表团看似多余的东西对另一些代表团却是根本性的"②。尽管分歧依在，但似乎出现了一丝成功的曙光，因为美国等发达成员提出可以用"主席声明"的部分内容作为接受尼方动议的条件。后又经多次磋商，各方终于在 2005 年 12 月 WTO 第 6 次部长会议召开前一星期同意总理事会发表关于 TRIPs 修正案的声明，该声明除了作为一项条约修正案所需要的技术性修改外，其他内容与前面的"主席声明"（为 2003 年 8 月 30 日决议而做出的）内容完全相同，总理事会以决议形式通过了上述声明，并将其作为 TRIPs 的条款修正案。依据《建立 WTO 协定》第 10.3 条之规定，该修正案须得到 2/3 的成员方接受方可生效，各方同意将努力在 2007 年 12 月 1 日达到这一生效的法律条件，但这一时间底线也一再被突破。到距以上期限仅一年前的 2006 年 12 月，只有 3 名成员宣布接受该修正案，目前看来，要想达到 2/3 多数成员方接受的法定标准并非易事。有人估计，接受批准的时间可能会延至 2009 年 12 月

---

① Holger Hestermeyer: "Human Rights and the WTO – The Case of Patents and Access to Medicines", Oxford University Press, 2007, p. 273.

② Ibid. .

31 日。

TRIPs 修正案将 2003 年 8 月 30 日决议的主要内容以条约法的形式增加到现行 TRIPs 中，使得决议以及"主席声明"等相关 WTO 决定得以条文化，增强了 TRIPs 协定在涉及公共健康安全这一重大人权问题上的灵活性。修订案的主要内容集中于 TRIPs 第 31 条的增订条款以及第 73 条的附件之后，主要包括以下内容：

1. 第 31 条增订 1：给予成员方对第 31 条义务的豁免至强制许可生产药品并出口至有资格进口成员的必须程度；

2. 第 31 条增订 2：解决依据第 31 条（h）项应支付的"足够的补偿"义务，增添了 30 日决议中有关该条款义务的豁免规定；

3. 第 31 条增订 3：对于地区性贸易协定增加对第 31 条（f）项的豁免，即决议中的第 6（i）段内容；

4. 第 31 条增订 4：规定成员方不得援引"不违法之诉"指控根据决议中规定的机制所采取的措施，即决议第 10 段的内容；

5. 第 31 条增订 5：8 月 30 日决议第 9 段有关"对 TRIPs 下现有权利非歧视（执行）"的内容。

除上述内容外，TRIPs 附件第 1 段吸纳了 8 月 30 日决议第 1 段中的定义，第 3、4 段增加了 8 月 30 日决议中第 4、5 段关于防止贸易扩散的保障性措施的内容，该决议的第 6（ii）段有关地方性专利的内容被增加到 TRIPs 附件的第 5 段中，技术转让条款规定在附件的第 6 段中。还应说明的是，8 月 30 日决议第 8 段规定的年度审议制度虽然被保留，但不再被视为《建立 WTO 协定》第 9.4 条规定的"审议义务"。此外，对成员方制药能力评估的制度性规定以 TRIPs 附件的形式得以保留；8 月 30 日决议第 11 段的"豁免终止"义务未能作为修正案内容进入 TRIPs 条款中；除了因欧盟成员扩大产生的变化外，该决议的全部脚注在修正案中得以无变化地保留。①

尽管 TRIPs 修订案尚未生效，但必须看到，该修正案的正式出笼是 WTO 为协调公共健康权与专利权之间矛盾和冲突采取的重大步骤，这种有利于发展中成员的成果能以法律形式被固定下来的情况在 WTO 中实属罕见。对于修正案的诞生，WTO 在香港召开的部长会议表示欢迎，许多制药企业也表示赞同修订案的内容，但也有一些非政府组织认为，该修正案仍显"笨重"，即缺少

---

① Holger Hestermeyer: "Human Rights and the WTO – The Case of Patents and Access to Medicines", Oxford University Press, 2007, p. 275.

灵活性，而且并未正视当今世界药品生产的现实。① 不过，无论如何，在涉及人类健康权方面，WTO 毕竟迈出了艰难的一大步。

WTO "多哈宣言" 以及后来的决议、TRIPs 条款修订案意义重大，对于广大发展中国家来说，这些法律文件无疑是一把强制许可本国生产基本药品、保障大多数人获得低廉药品的 "上方宝剑"。但仅仅出台 "多哈宣言" 等法律文件还远远不够，WTO 应当继续努力推动 TRIPs 协定修订案尽快生效，同时，应当进一步明确发展中成员权利并将上述文件适用于关乎发展中成员公共健康的所有药品。这一进程不可能一帆风顺，仍会遭到来自发达成员的强烈抵制，还将会采取各种手段阻挠发展中成员的权利实现，对此，发展中成员应予以充分认识。

事实上，"多哈宣言" 通过后不久，美国国内大型制药企业便以 "未保护专利药品为由" 极力推动美国政府针对 4 个国家适用 1974 贸易法中的 "301 条款"，威胁对它们实施贸易制裁。同时，为了抵消 "多哈宣言" 的巨大影响，美国政府正通过与之签订的或正在谈判的大量双边贸易协定对发展中国家施加压力，"迫使" 这些国家承诺实施最高标准的专利权保护。依据这些双边协定条款，这些国家甚至要承担 "超 TRIPs 协定义务"（TRIPs-PLUS），即延长特许销售时间、阻止平衡进口以及限制使用强制许可等。美国与智利、新加坡、秘鲁、哥伦比亚、泰国等国家谈判的双边贸易协定中都含有此类条款。发展中国家之所以 "自愿" 放弃 "多哈宣言" 给予的更大权利而接受所谓 "超 TRIPs 协定" 义务，原因就在于受到美国的强大压力以及利益的诱惑，以放弃权利来换取美国市场对这些国家商品的开放。美国实施的这一策略已经取得相当 "成果"，随着与美国谈判并签署双边贸易协定的国家日益增多，这无疑是对 "多哈宣言" 的巨大挑战和抗衡。哈里森教授曾深表忧虑："更大的关切在 WTO 之外：存在诸多潜在因素正腐蚀着 '多哈宣言' 提供的健康权保护。特别值得注意的是，双边或地区性贸易协定限制依据 TRIPs 获得基本药物的政策空间的强势条款的出现趋势对于保护人类健康权来说则是一个令人担忧的现象。"②

著名学者海斯特米尔教授发现当前国际上出现了三种对抗 WTO 上述努力的新情况："一个专利领域中的国际义务网络发展为三个结果。第一，它经常

---

　　① Holger Hestermeyer: "Human Rights and the WTO – The Case of Patents and Access to Medicines", Oxford University Press, 2007, p. 276.

　　② James Harrison: "The Human Rights Impact of the World Trade Organization", Oxford and Portland, Oregon, 2007. Hart Publishing, p. 168.

要求发展中国家不运用 TRIPs 的灵活性；第二，一般地，它施加的最低专利标准超出了 TRIPs 的标准（即，TRIPs-PLUS：超 TRIPs 义务）；第三，它包含几个不同条约多边条款的复杂结构不鼓励发展中国家使用任何'灵活性'，这样可避免挑战和压力——更为严密编织的网络主要包括两个因素：地区贸易协定和双边投资协定。"① WTO "多哈宣言"取得的成果正受到各方面挑战。

另外，一些学者认为"多哈宣言"本身并未完全解决发展中成员的全部疑惑和困扰。海斯特米尔教授就评价说："实际上，正如上所述，'多哈宣言'很大程度上重申了（TRIPs 协定）的法律状态。它未澄清 WTO 体制内药品获得权的作用。特别地，它未建立一个超越 TRIPs 义务的自动优先权。然而，'多哈宣言'对于澄清 TRIPs 条款中一些不明确的方面具有意义，最重要的表现在允许用尽国际救济方面。它也通过第四段显著强化了基于获得药品权的观点，它对于所有的（TRIPs 条款）解释问题具有潜在作用……然而，依然存在着许多对于 TRIPs 条款解释的不安全性。"② 他指出："美国特别努力地将知识产权的内容包含在它的地区贸易协定中。此类协定的内容有很大不同，从仅重申 TRIPs 条款，到明确限制 TRIPs 的灵活性，或者施加更多的义务……同时，WTO 对于 TRIPs 所做出的决议，诸如'多哈宣言'2003 年 8 月 30 日决议以及TRIPs 的新修订案对于地区贸易协定无效。"③ 对"多哈宣言"的前景，他忧虑道："双边投资协定一般含有投资者与东道国之间争端解决的途径，因此，存在这样的实质性危险：一些仲裁员未能足够考察 TRIPs 条款。美国要求保证将美国模式的双边投资协定更新（即，从其范围内排除与 TRIPs 相符的强制许可），而且它只希望其他国家紧随其后，旧的双边投资协定被修订了，或者稍好些，TRIPs 包括它的未来发展被明确给予优于双边投资协定的地位。"④

可见，"多哈宣言"的诞生以及 8 月 30 日决议、TRIPs 修正案的出台只是发展中国家争取运用 WTO 相关协定保护本国健康权的一个开端，真正实现TRIPs 协定强制许可药品专利、保护公共健康的目标依然任重道远。

---

① Holger Hestermeyer: "Human Rights and the WTO – The Case of Patents and Access to Medicines", Oxford University Press, 2007, p. 289.

② Ibid. , p. 261.

③ Ibid. , p. 290.

④ Ibid. , p. 292.

试析中美对专属经济区军事
侦测活动的立场差异

邢广梅*

内容摘要 近年来，因美军用舰船在中国专属经济区进行侦测活动引发了中美系列海上摩擦事件。双方对此存在如下立场差异：一是对摩擦事件发生海域的法律属性及其地位认识有差异；二是对沿海国在其专属经济区内是否享有对危害国家安全利益的侦测行为的专属管辖权认识有差异；三是对非沿海国在沿海国专属经济区内享有的航行、飞越自由权内涵认识有差异；四是对军事测量活动是否属于海洋科学研究范畴认识有差异。认识上的差异来源于国家利益的对抗，只有寻找到双方的利益共同点，才能找出解决摩擦的有效办法。

关键词 专属经济区 军事利用 "无暇号"

2001 年中美撞机事件、美"鲍迪奇号"军事测量船擅闯我黄海专属经济区系列事件发生以后，2009 年 3 月以来，中美之间又相继发生了美"胜利号"、"无暇号"等特种船未经中方许可先后闯入中国专属经济区从事军事测量、侦察活动，从而引发的两国船舶系列海上摩擦事件。这些摩擦事件的发生具有政治、战略、文化、法律等多重因素的作用。本文仅就中美双方对美方在中国专属经济区从事军事测量、侦察活动的法律立场差异做一分析，供学者们商榷。

经分析，中美双方在该问题上的法律立场差异主要体现在以下四个方面。

一、对摩擦事件发生海域的法律属性及其地位认识有差异

美方认为双方摩擦事件发生在公海或者国际水域，中方认为发生在中国的

---

* 2007 年 10 月至 2009 年 10 月在中国社会科学院法学研究所博士后流动站从事国际法专业博士后研究工作。现为海军军事学术研究所世界海军研究室主任，副研究员，法学博士，曾参与中美海上军事安全磋商。

专属经济区。譬如，在 2001 年的"鲍迪奇号"事件中，针对中方海监执法人员的询问，美方回复道："我是美国海军'鲍迪奇号'船，受美国国防部资助正在国际水域进行军事测量"，而我方的回答是："你船已进入中华人民共和国管辖海域，此海域是中国政府宣布的专属经济区，不是公海或国际水域，你船未经中国政府批准进入该海域从事非法军事测量活动，违反了国际法和中华人民共和国有关法律，必须立即停止活动并马上离开。"① 在 2009 年 3 月发生的"无暇号"南海摩擦事件中，美国参谋长联席会议主席迈克·马伦对媒体声称："无暇号"有权在公海活动，中国船舶是"不负责任"的；又说："无暇号"事件发生在国际水域，美方的活动完全符合国际法，中方认为事件发生在中国专属经济区内，但美国有权利进入这片水域，因为，"这里不是领海，领海只有 12 海里，专属经济区有 200 海里，任何国家都有权利进入这里"②。2009 年 3 月 10 日，中国外交部发言人马朝旭举行例行记者会时表示：美方的说法严重违背事实，颠倒黑白，中方完全不能接受。美方船只未经中方许可在南海中国专属经济区活动，违反了《联合国海洋法公约》、《中华人民共和国专属经济区和大陆架法》以及《中华人民共和国涉外海洋科学研究管理规定》的规定，要求美方立即停止有关活动，并采取有效措施避免再次发生类似事件；③ 此外，在 2009 年 6 月举行的中美副部长级防务磋商会议期间，中国人民解放军副总参谋长马晓天重申，美国舰船在中国专属经济区进行侦测活动违反了《联合国海洋法公约》和中国相关法律。而美国国防部副部长弗卢努瓦则解释道：这个问题源于双方对国际法的理解不同。中国认为这一海域是中国的专属经济区，但美国认为，根据国际法中公海自由航行原则，美国军事船只可以通过该海域。④

　　来自中美官方不同的表述使人感到困惑：中美海上摩擦事件究竟发生在什么海域？为什么双方对同一海域的名称，或者说是法律属性及其地位认识如此不同？为什么美方声称事件发生在公海或者说是国际水域？在美方看来，国际水域和公海是什么关系？美方似乎也承认摩擦发生在中国专属经济区，但又为

---

　　① 宿涛：《试论〈联合国海洋法公约〉的和平规定对专属经济区军事活动的限制和影响》，载高之国等编《国际海洋法论文集》（一），海洋法出版社 2004 年版，第 31 页。

　　② 马毅达：《中美正努力工作防止"无暇"号事件重演》，《东方早报》网，http://epaper. dfdaily. com/dfzb/html/2009 –03/16/content_ 118576. html。

　　③ 外交部：《美军监测船违规在中国专属经济区活动》，新浪：中国新闻网，http://mil. news. sina. cn/2009 –03 –10/2152545022. html。

　　④ 王宇、葛宇安：《中美防务磋商确定两国军事高层年内互访》，财经网，http://www. caijing. com. cn/2009 –06 –24/110189008_ 1. html。

什么不直接说明？这种种问题都需要首先从专属经济区制度的确立说起。

在近代以来人类海洋权益的争斗历史上始终存在着广大发展中沿海国家力图扩大本国的沿海海域管辖范围同海洋强国力图缩小、限制沿海国海域管辖范围的斗争。第二次世界大战以后，随着诸多中小国家的相继独立，要求扩大沿海国海域管辖范围的呼声逐步增高，势力逐渐增强，"专属经济区"概念就此诞生。

20 世纪 70 年代末举行的第三次联合国海洋法会议上，美、苏等少数国家反对建立专属经济区，只承认沿海国在 12 海里领海之外的一带海域享有生物资源的优惠权。而广大发展中国家则有的主张建立 200 海里领海，有的主张建立 200 海里专属经济区，但均主张将国家管辖权扩大至从领海基线量起的 200 海里处。最后，作为妥协，美、苏等少数国家接受了 200 海里这个距离，但是，仍然坚持沿海国在该海域只享有生物资源的优惠权，称该海域为"经济区"，而否认沿海国的专属管辖权，并一再强调"经济区仍然属于公海的一部分，必须在主要方面保持公海性质，只要同经济区的规定不抵触，有关公海的法律制度适用于经济区"①。大多数的发展中国家则主张专属经济区是不同于领海及公海的自成一类的海域，沿海国在该海域应享有对自然资源的主权权利及其对某些事项的专属管辖权。最终，在专属经济区法律制度问题上，发展中国家占据了上风，《海洋法公约》采用了"专属经济区"的称谓，并采纳了多数发展中国家对该区域的法律地位界定及其权利义务的分配意向。

由此，1982 年《联合国海洋法公约》（以下简称《海洋法公约》）第 57 条规定，"专属经济区"是指"从测算领海宽度的基线量起，不应超过 200 海里"的沿海国海域。第 86 条规定，公海指"不包括在国家的专属经济区、领海或内水或群岛国的群岛水域内的全部海域"。可见，按照海洋法公约规定，专属经济区既非公海，也非领海，而是"自成一类"的处于领海与公海之间的一带海域。与大陆架制度不同，专属经济区"不是各国所固有的，必须予以宣告，否则这部分水域仍然属于公海的范围"②。宣告应包括宣告专属经济区的范围、本国及他国在该海域的权利义务等，其内容应符合《海洋法公约》的相关规定。

中国于 1996 年成为《海洋法公约》的缔约国，1998 年颁布了《中华人民

---

① 陈德恭：《现代国际海洋法》，海洋出版社 2009 年版，第 150、152 页。

② 高健军：《中国与国际海洋法——纪念〈联合国海洋法公约〉10 周年》，海洋法出版社 2004 年版，第 65 页。

共和国专属经济区和大陆架法》，规定："中华人民共和国的专属经济区，为中华人民共和国领海以外并邻接领海的区域，从测算领海宽度的基线量起延至二百海里。"由此，我国正式确立了自己的专属经济区制度。从中美各个海上摩擦事件发生的海域看，事发地均在中国离岸 200 海里的范围内，因此，按照《海洋法公约》及其《中华人民共和国专属经济区和大陆架法》的规定，这些海域属于中国专属经济区，中方声称的"美国侦察、测量船是在中国专属经济区活动"于法有据。

　　而美国至今不是《海洋法公约》的缔约国，按照国际法的一般理论，美国不受该条约的约束。但是，国家实践表明，《海洋法公约》的许多内容已发展成为国际习惯法的一部分，对包括美国在内的所有国家有约束力，这一点已为国际法院"利比亚—马耳他大陆架划界案"所证实。同时，《奥本海国际法》也认为，"专属经济区已经成为国际习惯法的一部分，并不需要等待 1982 年《联合国海洋法公约》的生效"①。因此，有关专属经济区制度的规定对美国有约束力。1983 年 3 月 10 日，里根政府发表美国海洋政策声明，宣告美国的专属经济区为领海基线量起的 200 海里一带的海域，美国承认其他沿海国家对其沿岸 200 海里内符合海洋法规定的事项行使管辖权。该声明的措辞显示，美国政府已接受"专属经济区"这个表述及该制度对美国的约束。

　　按照美国的法律解释，公海是指"专属经济区以外的所有海洋部分"②。因此，正如中方外交部发言人所言，美方将摩擦事件发生的海域称为公海，是颠倒黑白、歪曲事实的说法。

　　美国又将中美海上摩擦事件发生海域称为国际水域，因为，一是美国对"国际海域"做了有背于国际海洋法的界定，认为国际水域"包括所有不受任何国家领土主权限制的海洋区域，包括领海以外的毗连区、专属经济区以及公海"③，而"根据当代国际海洋法，'国际水域'就是指公海，而不是历史上曾经有过的领海以外的全部水域"④。中国与当代国际海洋法的观点一致，认为国际水域即公海，而美方的观点落后、不合时宜。因此，中方也无法接受美

---

① ［英］詹宁斯·瓦茨修订：《奥本海国际法》第一卷第 2 分册，中国大百科全书出版社 1998 年版，第 206 页。

② 海军军事学术研究所译：《美国海上军事行动发指挥官手册》，海潮出版社 1993 年版，第 13 页。

③ 同上书，第 12 页。

④ 宿涛：《试论〈联合国海洋法公约〉的和平规定对专属经济区军事活动的限制和影响》，载高之国等编《国际海洋法论文集》（一），海洋法出版社 2004 年版，第 34 页。

方有关中国专属经济区为"国际水域"的说法；① 二是美国事实上已经默认发生摩擦的海域为中国专属经济区，但是，仍然使用"国际水域"这一模糊的词语，其意图在于淡化中国在该海域的专属管辖权，强化美方在该海域的航行自由权，这显示了美方的不公正、不负责任与霸道。

综上所述，中美双方对摩擦事件发生海域的法律属性及其地位的认识差异，错误来自美方。

二、对沿海国在其专属经济区内是否享有对危害国家安全利益的侦测行为的专属管辖权认识有差异

《联合国海洋法公约》（下称《海洋法公约》）第 56 条规定的沿海国在其专属经济区内享有的主权权利及其专属管辖权包括：① 勘探、开发、养护和管理海床上覆水域和海床及其底土的自然资源以及在该区域内从事经济性开发和勘探，如利用海水、海流和风力生产能等活动的主权权利；② 对海洋科学研究、海洋环境的保护和保全以及人工岛屿、设施和结构的建造和使用的专属管辖权；③《海洋法公约》规定的其他权利和义务。中美双方均已接受上述内容。美方基于鼓励海洋科学研究的目标，在 1983 年的海洋政策声明中自动放弃对其专属经济区海洋科学研究的专属管辖权，同时表示，同意其他沿海国对自身 200 海里范围内与国际法相一致的海洋科学研究的专属管辖权。美国的这一立场于 1994 年 10 月在由克林顿政府转交给美国国会的文件中再次确认。除上述一致性以外，中美双方对沿海国在其专属经济区内是否享有对危害沿海国国家安全利益的侦测行为具有专属管辖权存在认识上的差异，中方认为沿海国对此有专属管辖权，美方认为没有。

支撑中方观点的理由有三点：一是《海洋法公约》第 56 条提到的"本公约规定的其他权利和义务"包括沿海国对其专属经济区内危害其国家安全利益行为的专属管辖权；二是《海洋法公约》规定专属经济区仅用于和平目的，美方的行为违背了此原则；三是《海洋法公约》第 301 条有关一国在行使其公约下的权利或履行其公约下的义务时，"应不对任何国家的领土完整或政治独立进行任何武力威胁或使用武力，或以任何其他与《联合国宪章》所载国

---

① 目前，美方在中国有关部门及学者的多次抗议及建议下，在与中国打交道时，已开始注意避免使用"国际水域"一词。但是，由于这一观念在美国已根深蒂固，实践中，仍不乏有美军方或政府人员在使用该词，且美方的相关法律文件也仍沿用这一词语。

际法原则不符方式进行武力威胁或使用武力"的规定表明，非沿海国有义务不在沿海国专属经济区内从事对沿海国领土完整或政治独立进行武力威胁或使用武力的行为，而美方旨在为战场做准备的军事侦察、测量活动构成了对中方的武力威胁。

而美方认为："专属经济区是和自然资源有关的区域。它的中心目的是关于经济方面的"①，不承认沿海国在其专属经济区享有对情报侦察收集活动的专属管辖权，认为只要他国行使的是与沿海国自然资源无关的航行、飞越权，沿海国就无权干涉。美方在其《美国海上军事行动法手册》中指出："一些沿海国——在特定的时间内限制外国船只和军用飞机出现的数量，禁止或完全排除（非沿海国的）军事行动。国际法不承认沿海国这种权利，因为这种行为限制其他国家在领海以外的公海上行使与自然资源无关的自由航行和飞行的权利——美国不承认其平时的有效性。"②

综上，美国对沿海国是否对其专属经济区内危害其国家安全利益的情报侦察与收集行为拥有专属管辖权持反对态度，要求世界各国的专属经济区海域及其上空对其军舰与飞机的搜集情报活动完全开放，错在美方。

三、对非沿海国在沿海国专属经济区内享有的航行、飞越自由权内涵认识有差异

美国基于其全球战略的需要，非常重视本国舰机在世界海洋上的航行、飞越自由权。为此，美国曾在第三次联合国海洋法会议上据理力争，意图将公海的航行、飞越自由权以法律的形式固定在《海洋法公约》中。公约第 58 条规定："在专属经济区内，所有国家应享有公海的航行和飞越自由——以及与这些自由有关的海洋其他国际合法用途"，这种表述使美方坚信各国在专属经济区内享有的航行与飞越自由是纯粹的公海自由。例如，出席第三次联合国海洋法会议的美国代表团团长理查森曾认为：公约为其他国家保留的"航行和飞越自由"以及"与这些自由有关的其他合法用途"，不论在 200 海里以内或以外，都必须在质上和量上与国际法所承认的传统公海自由一样。质上一样是指权利的性质和大小与传统的公海自由一样；量上一样是指各种海洋用途不亚于传统的公海自由。而在美方看来，公海上的自由是指"所有船只与飞机在公

---

① 海军军事学术研究所译：《美国海上军事行动发指挥官手册》，海潮出版社 1993 年版，第 12 页。

② 同上书，第 13 页。

海上活动和作战以及在其上空飞行的完全自由权，包括特混编队的演习、飞行活动、军事演习、监视、情报搜集以及火炮的测试和发射"① 等。由此推知，上述活动也是美方所认为的他国在沿海国专属经济区享有的自由。美方对第58条第3款有关各国在沿海国专属经济区内行使权利应适当顾及沿海国权益② 的解释是，美方在行使航行、飞越自由权时，只受沿海国资源性权利的限制，不承认沿海国有背于国际法规定的国内法。

中方认为，各国在专属经济区内享有的航行、飞越自由权不同于公海的自由权，因为，一是这种自由权受沿海国在该海域的主权权利及其专属管辖权的限制，即当两者发生冲突时，航行权应服从于沿海国主权权利及其专属管辖权，这同各国在公海中的活动自由有明显的不同，是不完全的、相对的自由；二是这种自由并不意味着滥用权利，享有自由时必须适当顾及沿海国的权利，遵守沿海国的法律和规章；三是沿海国在该海域拥有维护自身国家安全利益的权利，为维护本国国家安全利益，沿海国有权利用海空力量限制他国的非法军事活动。

四、对军事测量活动是否属于海洋科学研究范畴认识有差异

《海洋法公约》没有对"海洋科学研究"、"军事测量"、"水文测量"等词语做出界定，这就为两国对此问题的认识差异埋下了伏笔。

如果说沿海国主张对危害其国家安全利益的侦测行为具有专属管辖权没有明确规定在《海洋法公约》中而难以被侦测国接受的话，将军事测量活动归类于海洋科学研究的范畴，从而纳入沿海国的专属管辖事项不失为沿海国的一种维权选择。我国部分学者即认为军事测量就是用于军事用途的海洋水文测量，是通过舰机的仪器对海道情况、海水流量、海洋水质、海洋气候特征、海洋生物等数据进行探测和搜集的活动，内容涉及海洋学、化学、生物学及声学等。虽然其获得的数据主要用于潜艇操作、反潜、布雷及排雷等军事目的，但实质上它仍然属于《海洋法公约》规定的海洋科学研究范畴，应接受沿海国的专属管辖。为此，美方应向中方政府提出申请，在经审查符合法律规定的情

---

① 海军军事学术研究所译：《美国海上军事行动发指挥官手册》，海潮出版社1993年版，第22页。

② 《海洋法公约》第58条第3款规定：各国在专属经济区内根据本公约行使其权利和履行其义务时，应适当顾及沿海国的权利和义务，并应遵守沿海国按照本公约的规定和其他国际法规则所制定的与本部分不相抵触的法律和规章。

况下，经批准可进入中国专属经济区从事该活动。

而美方认为，《海洋法公约》有两处提及"水文测量"，并且将"水文测量"与"海洋科学研究"并列，说明"水文测量"不属于"海洋科学研究"，而属于"对海洋的国际合法用途，诸如同船舶和飞机的操作及海底电缆和管道的使用有关的并符合本公约其他规定的那些用途"，可以在沿海国专属经济区内自由进行。"军事测量"与"水文测量"相类似，也不属于海洋科学研究的范畴，而属于与"公海自由"等质的航行和飞越自由权的行使。沿海国对其专属经济区内的"军事测量"活动不仅不享有管辖权，而且不得干扰或禁止他国的"军事测量"自由。①

总之，上述四个方面的差异体现了国际社会在维护海洋权益发展历程中两大利益集团的对立：以美国为代表的海洋强国力图扩大海洋自由活动的空间，以中国为代表的广大发展中国家力图维护本国管辖海域的权益，防止海洋强国的权力侵蚀。法律的认识差异源于国家利益的对抗，化解认知上的分歧尚需在国家利益方面寻找到双方的利益共同点，如此，才能找出避免双方海上冲突，乃至双方进一步合作的方法。

---

① 万彬华：《论专属经济区"军事测量"法律问题》，载《海洋开发与管理》2008 年第 2 期，第 16 页。

关于联合国大会决议若干问题的探析

张泽忠[*]

内容摘要 本文主要探讨联合国大会决议的法律效力及其对国际法的影响等问题。文章首先分析了重要联大决议的法律效力以及联大决议与软法的关系，然后阐述了重复援引联大决议对国际法的重要影响和联大决议对国际法渊源的作用，以及从实证角度剖析了联大决议可否直接作为裁判机关断案依据的问题，最后对联大决议获得正式国际法渊源的可行性进行了分析，并指出了发展中国家的因应之策。

关键词 联大决议 重复援引 习惯国际法规则

联合国大会（General Assembly，以下简称"联大"）是联合国最重要的机构之一。联大主要由6个委员会组成，[①] 其中第一委员会"裁军与国际安全"处理裁军和有关的国际安全问题，第二委员会"经济和金融"处理经济问题，第三委员会"社会、人道主义和文化"处理社会和人道主义问题，第四委员会"特别政治和非殖民化"处理第一委员会不处理的各种政治问题以及非殖民化问题，第五委员会"行政和预算"处理联合国的行政工作和预算，第六委员会"法律"处理国际法律事务。大会审议的问题数量多、范围广，截至2008年第63届联合国大会，其所通过的决议数量约有12480多个；[②] 议题包括经济增长、可持续发展、国际和平与安全、人道主义援助、促进人权、裁军、药物管制、预防犯罪和打击国际恐怖主义等。联大依照程序规则以书面形式做出各种决议，通常被称为"联合国大会决议"（General Assembly Resolutions，以下简称"联大决议"）。

---

[*] 2010年9月至今，在中国政法大学博士后流动站从事国际法专业博士后研究工作，现为江西师范大学政法学院讲师。

[①] 联大除了这6个委员会外，还设有全权证书委员会和总务委员会。

[②] 该数据系笔者依联合国大会公布的资料统计所得，载 http://www.un.org/chinese/documents/resga.htm，访问时间2009年6月17日。

一般地说，尽管联大不是通常意义上的立法机关，但其因处理或安排联大内部事务而做出的决定，如建立辅助机构、选举机构的成员、委任秘书长、选举国际法院的成员、通过程序规则、请求国际法院的咨询意见、接纳、中止和开除会员国、批准组织的预算和会员国间摊派经费等，通常被认为具有法律约束力，各成员必须履行和遵守。然而，对于那些因应对、处理或安排成员国之间的或其他外部事务而做出的决定，根据《联合国宪章》第 10 条"大会得讨论本宪章范围内之任何问题或事项，或关于本宪章所规定任何机关之职权；并除第 12 条所规定外，得向联合国会员国或安全理事会或兼向两者，提出对各该问题或事项之建议"之规定，在国内外的著述中，此类决议被普遍认为仅仅具有建议的效力，而不具有法律约束力，亦不属于国际法的正式渊源。① 尽管如此，随着国际社会形势的剧烈变化，本文认为有必要对此类决议的法律效力及其国际法的影响作一深入的剖析。

一、重要联大决议的法律效力

重要联大决议主要有如下几种：（1）"宣言"（declaration），如《联合国土著民族权利宣言》（A/RES/61/295）、《关于艾滋病毒/艾滋病问题的政治宣言》（A/RES/60/262）、《专门讨论落实儿童问题特别会议成果后续行动的高级别全体纪念会议的宣言》（A/RES/62/88）、《联合国千年宣言》（A/RES/55/2）；（2）"宪章"（charter）：如《世界自然宪章》（A/RES/37/7）、《各国经济权利和义务宪章》（A/RES/3281（XXIX））、《南部非洲境内移民工人权利宪章》（A/RES/33/162）；（3）"公约"（convention）：如《残疾人权利国际公约》（A/RES/61/106）、《保护所有人免遭强迫失踪国际公约》（A/RES/61/177）、《联合国国家及其财产管辖豁免公约》（A/RES/59/38）、《联合国国际贸易中应收款转让公约》（A/RES/56/81）、《儿童权利公约》（A/RES/44/25）；（4）"议定书"（protocol）：如《消除对妇女一切形式歧视公约：任择议定书》（A/RES/54/4）、《公民权利和政治权利国际盟约［第一项］任择议定书》（A/RES/2200（XXI））；（5）"协定"（agreement）：如《关于联合国和国际海底管理局之间关系的协定》（A/RES/52/27）、《联合国与联合国工业发展组织的协定》（A/RES/40/180）、《关于各国在月球和其他天体上活动的协定》（A/RES/34/68）。当然，联大还有许多没有以上述名称命名的重要决议，

---

① 参见王铁崖《国际法》，法律出版社 1995 年版，第 19、557 页；梁西《国际组织法》，武汉大学出版社 2001 年版，第 119 页。本文主要探讨的是联大的外部决议（除非本文另有说明）。

例如《联合国国际贸易法委员会国际商事调解示范法》(A/RES/57/18)。

本文认为,虽然联大决议并无法律强制力,但是具有重大的法律效果,即重要的联大决议可以作为某种行动的法律根据,或者具有违法阻止的功能,但其并不规定成员国是否在法律上有必须履行的义务。例如,联合国的实践显示,以"宪章"或"宣言"形式出现的决议具有特别的地位,"尽管'宪章'和'宣言'是一项正式的决议,比其他的决议没有更高的等级,但是它们被认为是一种更正式的、更庄严的文件,适用于那些规定、宣告特别重要原则的情况"①。而一项普通的决议被认为是较不正式或不那么庄严。② 同时,"宪章"或"宣言"会较多地使用立法性语言,如"必须"(shall)、"决定"(decides)等,③ 而其他普通的决议较少使用这些词,因此,非重要的普通联大决议的法律效果会相对小些。

特别要注意的是,联大做出的包含有关国际法原则、规则或制度的重要决议,只要直接确认、阐述或创立国际法原则、规则或制度,并经联合国成员国全体或绝大多数明确的同意或通过国家实践被接受,就具有重要的意义,对国际法的形成和发展起着极为重要的作用。④ 联大决议的这种法律效力的根源在于它们是由全体或绝大多数联合国成员通过协商、妥协而达成的共同意志的表现,决议的内容得到成员国的认可,体现了国际社会在政治、经济和社会文化领域中的一般行为准则。

二、联大决议与软法的关系

联大决议的性质并不属于具有强制法律约束力的国际法,鉴于它们具有一定的法律效果,目前国内外有学者认为这些决议应当属于软法(soft law)。然而本文认为这一观点值得商榷。

---

① See Cable from the UN Office of Legal Affairs (Nov. 16, 1981), 1981 UN JURID. Y. B. 149. The formulation is based on a Legal Memorandum of the Office of Legal Affairs, UN Doc. E/CN. 4/L. 160, quoted in part in 34 UN ESCOR Supp. (No. 8) at 15, UN Doc. E/3616/Rev. 1 and E/CN. 4/832/Rev. 1 (1962).

② Editorial Comment: Standing to Challenge Human Endeavors That Could Change the Climate, The American Journal of International Law, Vol. 84, p. 526.

③ 例如,《各国经济权利和义务宪章》第25条 "In furtherance of world economic development, the international community, especially its developed members, shall pay special attention to the particular needs and problems of the least developed among the developing countries..." 再如,《残疾人权利宣言》(XXX) 第10条 "Disabled persons shall be protected against all exploitation, all regulations and all treatment of a discriminatory, abusive or degrading nature".

④ 参见王铁崖《国际法》,法律出版社1995年版,第19—20页。

一般的，软法是与有法律约束力的条约、公约等硬法相比较而言的，指在国际法的创制过程中不具有法律约束力，但具有一定法律效果的国际性文件。软法作为法律创立过程的一部分，具有不同的表现形式，包括政府间的会议宣言以及国际组织制定的各种行动准则、指南。尽管不同的形式有不同的法律效果，但是它们都具有共同的特征，即都包含了谈判细节、细致草拟的声明、善意的承诺、影响国家实践的愿望、创立和逐步发展法律的意图等因素。① 与硬法相比，软法有如下三个核心的构成要素：②

一是软法不具有约束力，因此软法有时也被称为"没有牙齿的法律"。但软法在与有约束力的条约发生作用后可以向硬法转变，或软法所规定的原则经国家单独或集体的接受后就可以使其非约束力的属性发生改变，成为真正的法律。③

二是软法一般包括"准则"（norms）或"原则"（principles），但不包括"规则"（rules）。"规则"含有明确的、合理的和具体的承诺，硬法一般都具有这些规则；而"准则"或"原则"的内容及用词则更开放些或更一般化。

三是软法不能直接通过有约束力的争端解决制度予以实施，如《臭氧层公约的蒙特利尔议定书》就没有包含具有约束力的争端解决制度的内容，这与具有强制性的调整争端内容的条约相区分。

因此，本文认为：并非所有的联大决议都属于软法，换言之，如果一项联大决议满足了如下条件，即阐述了国际法的原则或者国际法原则的具体实施的要求，绝大多数成员国投票赞成通过，或做出了善意的承诺，并存在创立和逐步发展法律的意图，没有直接通过有约束力的争端解决制度则应属于软法，其具有相当大的政治和道义的影响力。一般来讲，前文提到的重要联大决议大都满足这些条件而具有软法的性质，如《世界人权宣言》（A/RES/217（Ⅲ））、《国际谈判原则和准则》（A/RES/53/101）、《联合国国际贸易法委员会跨国界破产示范法》（A/RES/52/158）和《各国经济权利和义务宪章》（A/RES/3281（XXIX））等。而其他不具备这些条件的联大决议，则不属于软法，例如《世界提高自闭症意识日》（A/RES/62/139）、《西撒哈拉问题》（A/RES/62/116）、《以色列侵害占领领土内居民人权措施特别调查委员会的报告》（A/RES/3005（XXVII））等。同时，这些具有软法性质的联大决议经国家单独或

---

① See Some Reflections on the Relationship of Treaties and Soft Law, Reflections on Treaties and Soft Law, Vol. 48, Oct. 1999, pp. 901 – 902.

② 同上。

③ 参见黄瑶《国际法关键词》，法律出版社 2004 年版，第 151 页。

集体的接受后就可以使其非约束力的属性发生改变，成为真正的国际法。

三、重复援引联大决议对国际法的影响

联大的一个普遍现象就是其在调查事实、草拟与适用规则以便处理一些争议时，经常重复援引自己以前所做出的某项决议，特别是对一些重要的或特别的决议进行重复、持续的援引。例如，有学者研究发现，第 217（Ⅲ）号决议（即《世界人权宣言》）通过后的 19 年内就有 75 个决议援引了它，第 1514（XV）号决议（即《关于准许殖民地国家及民族独立的宣言》）也一样，在其通过后的 6 届联大会议里，就为 95 个决议所援引。① 本文认为，这种重复援引的行为将会对国际法产生重要的影响，具体表现如下：

（1）持续援引重要的决议，将会加强该决议对所有成员的重要性，让它们知道其潜在的法律关系。而且重复引用将加强其中的具体原则，使之变成一个法律规则，并加强该决议的语言、通过该决议的动力、所重复的内涵和许多其他因素。这是因为联大的决议不仅仅是对争议事件的描述或各国关于特别问题的看法，还通过草拟成文，取得联大大多数成员的支持，同时在实践中也往往能获得更多成员国的赞同。②

（2）重复援引的现象可使联大过去所通过的有极其重要地位的决议从所有决议中分离出来，即这种重复引用的过程将把那些含有表达深刻、较为稳定确信的决议与那些较为短暂的、平和的决议区别开来。③

（3）持续地援引一个确定的决议意味着它包含了国际社会长期的观点，而非为联大的政治"偶然事件"。频繁地引用联大决议所蕴涵的机理是增加了期望的合理性，即联大所重复引用某些以前的决议作为判断具体成员国的行为表现的一个标准，或作为全体成员国应当遵守的原则的表述，将会加强那些原则在实践中应得到遵守的期望。

（4）联大援引以前的决议的行为揭示了联大决议可以作为法律创立的方式，该决议可以当做对《联合国宪章》的一个权威性解释，以及国际社会对习惯法所要求的行为的一种信念的表达，或者决定某些规则是文明社会所认可的一般法律原则。这类决议的创立法律特征不是来源于联大的正式授权，而是

① See Samuel A. Bleicher, The Legal Significance of Re-citation of General Assembly Resolutions, The American Journal of International Law, Vol. 63, p. 444.

② Ibid., p. 451。

③ Ibid., p. 477。Also see Blame Sloan, General Assembly Resolutions Revisited, 58 B. Y. I. L. 39 (1987).

来源于期望的合理性，即已经集体地表达了法律所要求的某种行为的观点的成员国期望依它们所表达的内容进行行为。①

因此，联大决议的重要性及其对国际法的影响与后续的援引密切相关。而且那些被联大持续、重复援引的原则大部分应当被赋予了法律约束力，因为它们根植于已经确立的国际法渊源，援引行为是在宣告具有法律约束力的原则。例如，《世界人权宣言》在 1948 年通过后频繁地为后来的联大决议所援引，包含于其中的各项人权保护规则都已经具备了法律约束力。② 我国著名国际法学家王铁崖教授也对此肯定道："自从联合国大会成立以后，大会就开始并不断地通过包含有关国际法的宣言的决议，而且其中有一些曾被接受为有拘束力的，无论是被明示接受的，或是通过国家实践而被接受的。"③

我们应当注意到，上述联大的重复援引行为类似于普通法院援引先例，因此，两者存在某些相似之处：首先，两者都需要持续地面对一些相似的情况；其次，争议各方为了努力说服决定做出者支持自己的立场，都试图把其期待的结果与先前在同样情况下做出的一般性意见或观点联系起来；最后，为了回应这些意见或观点，决定做出者在阐述其决定时将自然而然地参照那些先前的一般性意见或观点的报告来支持其结论。

但是，两者却存在着重要的区别，一方面，普通法院是根据"遵守先例"规则，而"遵守先例"对法院来说是有法律约束力的，而联大的援引行为却不具有法律约束力。不过作为一个政治组织，联大的实践已显示在讨论中十分关注以前决议的重要性，并重视以前决议对即将做出的决定之先例价值。④ 另一方面，联大不能经常地执行其所做出的决议，而包括普通法院在内的各国国内法院却可以经常地执行其裁决。

四、联大决议对国际法渊源的影响

根据《国际法院规约》第 38 条之规定，国际法的渊源包括国际条约、习惯国际法、一般法律原则，以及作为确定法律原则之辅助资料的司法判例和各国权威最高之公法家学说。在实践中，联大决议对国际法渊源有着重要的影响，具体表现如下：

---

① Supra note 11，p. 477.
② Ibid. ，p. 478.
③ 参见王铁崖《国际法》，法律出版社 1995 年版，第 19 页。
④ Supra note 11，p. 454.

首先，联大决议对《联合国宪章》及其他条约的影响。联大决议能够用具体的条文阐述《联合国宪章》或其他国际条约下的义务条款，使得其与有约束力的法律渊源的条约相联系。决议这样的阐述具有相当于对一个条约的一般解释的效力。①

其次，联大决议对习惯国际法的影响。根据《国际法院规约》，一项习惯法规则应具备"国家实践"（即存在各国与该规则一致的行动）和"法律确信"（即认为这些行动是国际法所要求的那种信念）两个基本要素。联大决议在确立习惯规则方面具有以下几个作用：一方面，联大决议可以证明习惯规则的存在。"联大决议是习惯国际法的证据，特别是当一个决议是全体一致同意通过时。"② "由联大所通过的法律文件，如具有极具重要性的'决议'、'宣言'不可能没有任何法律价值。有些法律文件往往加快或创新了国际法的新规则，不管它们是否得到足够的认识或支持，或甚至包括创立了习惯国际法。"③ 有的还认为，决定联大决议作为国家实践的证据的分量需考虑如下因素：决议的条款（是否用精确的法律语言，所使用的词语是否使得这些条款具有强制性）、目的、通过的一致性、支持该决议的国家能否有效地实施、弃权的国家的数量及理由、后续被引用或重复的情况，以及后续的国家实践及非该组织国家的行为表现。④ 另一方面，联大决议可作为习惯国际法规则的"法律确信"要素的证据。如国际法院（ICJ）在核武器咨询意见中就指出："联大决议……为建立规则或法律确信提供了重要的证据……一系列的联大决议可以显示新规则建立所必备的法律确信的逐步发展。"⑤

再次，联大决议对文明国家所认可的一般法律原则的影响。如果决议声明某个一般原则为各个法系所接受，这就等于在国际社会中正式表达了成员国承认该原则在不同法系存在。同时，这些决议如果得到联大压倒性多数的支持，那么该声明本身就宣告了该原则是被普遍接受的。少数弃权或反对的国家只要没有形成一个法系的主要代表，那么就不能损抑为其他所有国际社会所认可的决议的法律重要性。

---

① Supra note 11, p. 448.

② Schachter, "International Law in Theory and Practice", quotation in: Barry E. Carter, Phillip R. Trimble, International Law, Third Edition (New York: Aspen Law & Business, 1999), p. 140.

③ Szekely, Alberto, A Commentary on the Softening of International Environmental Law, 91 Am. Soc'y Int'l L. Proc. 236 (1997).

④ Malagar, Leo B., Magdoza-Malagar, Marlo Apalisok, International Law of Outer Space and the Protection of Intellectual Property Rights, 17 B. U. Int'l L. J. 340 (1999).

⑤ See Advisory Opinion, Legality of the Threat or Use of Nuclear Weapons, 1996 I. C. J. 226, pp. 254–255 (July 8).

最后，联大决议对其他渊源的影响。众所周知，国际法院（ICJ）的判决除了对当事方有约束力外，对其他成员国没有约束力。但是，如果联大决议正式宣布国际法院观点的行为，并且事实上清楚地表达了一个普遍接受的约束所有国家的法律原则，那么，无论该观点来源于条约、习惯或其他渊源，都将成为成员国信赖其他成员国声明的基础。而权威最高之公法家学说，尽管没有那么具有普遍性，但是为联大决议所采纳的学说应当具有同国际法院一样的效果。

总之，联大决议通过一些途径与一个或多个传统国际法的渊源联结，可以作为法律创立的一种机制。决议可以解释《联合国宪章》或其他条约，加速一个习惯规则的形成或澄清其范围，或认可、确认一个为文明国家所认可的一般法律原则。换言之，决议通过这种方式与某些国际法的渊源相互联结，可以合理、明确地表述国际法的存在。

五、联大决议能否作为裁判的依据

对于尚未成为正式国际法渊源的联大决议，国际仲裁机构和各国国内法院是如何对待的呢？能否直接作为裁判的依据？下面以 Texaco Overseas Petroleum Co. V. Libyan Arab Republic 案①和"菲拉蒂加"案（Filartiga v. Pena-Irala）②的判决为例予以剖析。

1. Texaco Overseas Petroleum Co. V. Libyan Arab Republic 案

该案缘于利比亚政府在 1973—1974 年间颁布国有化法令，收回外国控制的石油资产。对此美国 Texaco 公司声称反对这种行动的法令，并认为利比亚政府违反了优惠条件的承诺。公司根据仲裁条款提出了仲裁请求，并任命了一位仲裁员，而利比亚政府拒绝接受仲裁，也未指派仲裁。根据仲裁条款规定，该公司请求国际法院院长任命一位仲裁员审理并裁决此案。利比亚政府反对这样的请求，并递交了一份备忘录。1974 年 12 月 18 日国际法院院长任命 Rene Dupuyg（法国籍法学家）作为唯一的仲裁员。

---

① Texaco Overseas Petroleum Co. V. Libyan Arab Republic, International Arbitral Award, Jan. 19, 1977, 17 I. L. M. 1 (1978), available at http://lic. law. ufl. edu/ ~ hernandez/IntlLaw/texaco. htm, last visited on March 18, 2008.

② United States Court of Appeals, Second Circuit (630 F. 2d 876), Dolly M. E. FILARTIGA and Joel Filartiga, Plaintiffs-Appellants v. Americo Norberto PENA-IRALA, Defendant-Appellee, No. 191, Docket 79—6090, Argued Oct. 16, 1979, Decided June 30, 1980, available at http://www. uniset. ca/other/cs5/630F2d876. html, last visited on March 18, 2008.

(Texaco Exercising their rights under their Deeds of Concession, the Companies requested arbitration and appointed an arbitrator. The Libyan Government refused to accept arbitration and did not appoint an arbitrator. Pursuant to the arbitration provision in their Deeds of Concession, the Companies requested the President of the International Court of Justice to appoint a sole arbitrator to hear and determine the disputes. The Libyan Government opposed such request and filed a memorandum with the President contending, inter alia, that the disputes were not subject to arbitration because the nationalizations were acts of sovereignty. On January 19, 1977, the Sole Arbitrator delivered an Award on the Merits in favor of the Companies. Approximately eight months after the Award on the Merits was rendered, Libya and the Companies reached a settlement of their disputes.)

在审理过程中，仲裁员 Rene Dupuyg 通过对若干个联大决议的分析和对比后，认为第 1803（XVII）号联大决议（即《天然资源的永久主权》）所规定的适当补偿最能满足标准。其理由是那些由联大通过的具有高质量的法律文件具有法律价值，并对联合国的活动和当代国际法的内容产生了重大影响。因此，他在衡量和分析该决议的投票等情况之后认为，1962 年 12 月 14 日以绝大多数通过的第 1803（XVII）号决议（87 赞成、2 票反对和 12 票弃权）尤其重要，因为在这多数投赞成票的国家中既包括许多第三世界国家，也包括西方发达国家中最重要的美国。这一决议的原则不仅得到众多国家的肯定，而且代表了所有的经济体系。

(Refusal to recognize any legal validity of United Nations Resolutions must, however, be qualified according to the various texts enacted by the United Nations. These are very different and have varying legal value, but it is impossible to deny that the United Nations' activities have had a significant influence on the content of contemporary international law. In appraising the legal validity of the above – mentioned Resolutions, this Tribunal will take account of the criteria usually taken into consideration, i. e. , the examination of voting conditions and the analysis of the provisions concerned. It is particularly important to note that the majority voted for this text, including many States of the Third World, but also several Western developed countries with market economies, including the most important one, the United States. The principles stated in this Resolution were therefore assented to by a great many States representing not only all geographical areas but also all economic systems.)

2. "菲拉蒂加案"（Filartiga v. Pena-Irala）

1980 年美国上诉法院第二巡回法庭在"菲拉蒂加案"的审理中也对联大

决议十分重视。本案的原告和被告都是巴拉圭公民，并且两位原告都正在美国寻求政治避难，其中被告是以旅游签证入境的巴拉圭警官。原告根据美国1789 年的《外国人侵权追讨法》(*Alien Tort Claims Act*) 提起诉讼，指控被告曾在巴拉圭向他们的儿子施用酷刑并致死。《外国人侵权追讨法》授权美国联邦法院处理外国人提出的关于有违国际法或美国缔结的条约的侵权行为的民事诉讼。上诉法院为了获得对此案的管辖权，援引了联大涉及保护所有人免受拷打、酷刑的决议，如第 2625（XXV）号（即《关于各国依联合国宪章建立友好关系及合作之国际法原则之宣言》）、第3452 号（即《保护人人不受酷刑和其他残忍、不人道或有辱人格待遇或处罚宣言》）和第 217（Ⅲ）（A）号决议；并最终裁定该法院具有管辖权，理由是有关酷刑行为违反了国际人权法，因而也是违反了国际法。

由上可知，上述两案例的国际仲裁员或美国法院出于维护外国投资者利益或借保护人权之幌子，直接援引了联大决议作为裁判案件的依据。而且在"菲拉蒂加案"之后，有少数美国法院含蓄地采纳了"菲拉蒂加案"扩张性地把联大决议作为完全的国际法渊源的做法，如 Fernandez v. Wikinson 案。[①] 和 Jafari v. Islamic Republic of Iran 案。[②] 但是，美国其他法院则很快就拒绝再使用这样直接适用联大决议的方式来断案，拒绝把联大决议作为权威性的国际法渊源，如"菲拉蒂加案"之后翌年的 Banco Naciona de Cuba v. Chase Mahattan Bank 案[③]就对"菲拉蒂加案"案援引联大决议的做法持坚决反对的态度。这种态度的转变，本文认为，真正的原因在于美国法院认识到该做法可能会产生严重负面的后果，即发展中国家也可能会效仿该做法，援引联大决议作为裁决的根据，若是这样，这无疑为发展中国家树立了先例或榜样。若更多的国内法院直接适用联大决议裁决，则很可能会使援引联大决议的做法成为一项习惯国际法或国际惯例，这是发达国家所不愿看到的，因为毕竟大多数联大决议有利于发展中国家。

六、联大决议获得正式法律渊源的途径的可行性分析

在 1945 年联合国成立和成员国起草《国际法院规约》时，缔约者只把传统的学说编纂为国际法的渊源，不仅没有意识到要把传统的法律渊源扩大到联

---

① See Rodriguez-Fernandez V. Wilkinson, 654 F. 2d 1382 (10th Cir. 1981).

② See Jafari v. Islamic Republic of Iran, 539 F. Supp. 209, 211 (N. D. Ill. 1982).

③ See Banco Nacional de Cuba V. Chase Manhattan Bank, 658 F. 2d 875, 884 (CA2 1981). http: // www. altlaw. org/v1/cases/553306, 2008 – 03 – 19.

大决议，而且还拒绝了赋予联大立法权以制定国际法规则的建议。① 1945 年后，联合国的功能发生了剧烈的变化，联大也成为了国际重要的对话舞台。其通过的大量关于国际法原则的决议涵盖了广泛的领域或议题，并且联大决议所处理的大量敏感领域中，诸如习惯国际法、条约等传统的国际法正式渊源却无法提供国际法律指南。鉴于此，许多联大成员国希望这些联大决议所包含的国际法原则能够成为准则性的标准。

联大决议要获得《国际法院规约》规定的正式国际法渊源的地位，则联大本身要获得有正式的立法权，而不是建议权。理论上说，联大获得立法性权力的途径有如下：① 修改《联合国宪章》；② 所有成员国的外交部门发表声明或主要官员发表讲话，声明或认可联大的立法能力；③ 通过联大全体一致接受的、毫无争议的具体决议，规定以后的决议具有法律效力需要满足的特定条件；④ 压倒性多数通过的决议之后能得到广泛的援引和响应，并且这些援引和响应没有争议或得到以后的决议的承认，则不需要表达正式的同意就能从中推断出该决议具有法律约束力。

相比之下，前三种途径离现实比较远，这是因为修改《联合国宪章》或者硬性要求全体成员同意认可，在当前国家依然是国际法主要主体的国际社会中，尚未达到它们能把自己的法律权利委托给一个"一国一票"的联大手中的高度的情形下很难做到，况且，现在南北分歧甚多，矛盾重重。换言之，联大仍然是一个适于公平和无限制讨论的场所和政治机构，联大的优势是做国际政治机构，而其弱点是做国际立法机构。如果成员国知道它们将受制于它们的投票的约束的话，许多决议将永远不会通过，而联大作为世界意见声音的独特的功能无疑将受到损害。

最后一种途径较为现实。根据本文第三、四部分的阐述，若联大决议获得绝大多数成员的通过，并为之后其他决议和国际法文件所援引、重申的话，则构成了一项新的习惯国际法规则，具有了约束力。例如，《各国经济权利和义务宪章》在 1974 年 12 月 12 日为联大压倒性多数通过之后，至少有四十多个联大决议和二十多个其他国际法文件对之进行了援引、重申、确认，已经满足了习惯国际法的"通例"与"法律确信"要件，应该获得了习惯国际法的地位。②

---

① 菲律宾代表在 1945 的 San Francisco 会议上提出了赋予联大这样作用的建议，但与会国却压倒性多数投票反对该建议，只赞成赋予联大建议的权力。See Richard A. Falk：Editorial Comment on the Quasi-legislative Competence of the General Assembly, The American Journal of International Law，Vol. 60，1966，p. 783. Also see 9UNCIO Docs. 316（1945）.

② 参见拙著《〈各国经济权利与义务宪章〉国际法效力之反思》，载《国际经济法学刊》2008 年第 2 期。

总之，目前国际社会形势较之联合国成立之初发生了巨大的变化，而西方发达国家总是以《联合国宪章》第 10 条；联大决议是不可靠的世界意见指示器；决议的内容经常是矛盾的、冲突的，或是表达得太模糊以致不能作为法律来予以适用；法院在裁判时适用联大决议会贬损习惯国际法的严格要求等为由，只承认联大决议的建议性。它们这种僵硬的冷战思维，顽固地拒绝承认重要决议的法律约束力，严重地阻碍了国际法的发展和国际问题的解决。因此，为了建立公平、公正的国际政治经济新秩序，广大发展中国家应当思考如何更充分地利用联合国大会这一政治经济舞台，发挥集体机制。本文认为，发展中国家可从如下方面寻求出路：一方面，重视联大作出的重要的决议和经常被援引的决议，据理力争，从被国际性文件所频繁援引的重要联大决议上升为具有约束力的习惯国际法找到突破口，从而摆脱西方大国过时思维的禁锢；另一方面，加强援引联大决议来解决联合国成员国之间的国际争端，尤其是发展中国家与发达国家之间的国际争端，这样有利于使援引联大决议裁判的行为上升为一种国际习惯。